イエメン
アデン湾
ソマリア
赤道

の聖なる森林
・ジーザス要塞

インド洋

0 200 400km

の遺跡群
Anara

アクスム　Aksum
1980年に文化遺産に登録（→ P.172）

エチオピア文化発祥の地と呼ばれる古代アクスム王国の首都、アクスム。モーゼの十戒の石板を収めたアーク（契約の箱）がシオンの聖マリア教会にあるという伝説がある。

オベリスクが林立する

ラリベラの岩窟教会群
Rock-hewn Churches Lalibela
1978年に文化遺産に登録（→ P.160）

一枚岩を掘り抜いて造られた12の岩窟教会が集中するラリベラ。12世紀、ラリベラ王によって「第2のエルサレム」として造られて以後、キリスト教国エチオピアの人々の聖地となっている。

聖ギオルギス教会

ハラール・ジュゴル歴史要塞都市
Harar Jugol, the Fortified Historic Town
2006年に文化遺産に登録（→ P.176）

「第4のメッカ」とも呼ばれ、99ものモスクが集中する町ハラール。キリスト教徒が大多数のエチオピアでは珍しくイスラム教徒が多く住む町である。ジュゴルと呼ばれる城壁が町を取り囲んだ旧市街には独自の空気が流れている。

要塞都市の路地裏

ザンジバル島のストーン・タウン
Stone Town of Zanzibar
2000年に文化遺産に登録（→ P.248）

15世紀にバスコ・ダ・ガマが訪れて以来、この地の覇権はアラブ人とヨーロッパ人によって争われた。そのため島全体に散在するイスラム建築のなかにキリスト教建築が点在し、独自の雰囲気を残す町並みとなった。

ストーン・タウンの路地

その他の世界遺産

文化遺産
オモ川下流域（エチオピア）
ティヤ（エチオピア→ P.157）
アワシ川下流域（エチオピア）
コンソの文化的景観（エチオピア→ P.187）
ラム旧市街（ケニア）
ミジケンダのカヤの聖なる森林群（ケニア）
モンバサのフォート・ジーザス要塞（ケニア→ P.208）
コンドアの岩絵遺跡群（タンザニア）

自然遺産
シミエン国立公園（エチオピア→ P.47）
ケニア山とレワ野生物保全地域（ケニア）
ツルカナ湖国立公園群（ケニア）
大地溝帯にあるケニアの湖沼群（ケニア→ P.77）
セレンゲティ国立公園（タンザニア→ P.98）
セルー動物保護区（タンザニア→ P.103）
ブウィンディ原生国立公園（ウガンダ→ P.42）
ルウェンゾリ山地国立公園（ウガンダ）

地球の歩き方 E09 ● 2016～2017 年版

東アフリカ

ウガンダ　エチオピア　ケニア　タンザニア　ルワンダ

East Africa

地球の歩き方 編集室

EAST AFRICA CONTENTS

出発前に必ずお読みください！**旅の安全情報と注意したい病気**・・348～、359～

Column

本書で用いられる記号・略号

住 地図位置と住所(P. O. Box私書箱を含む)

交 交通機関、行き方

☎ 電話番号

FAX ファクス番号

e eメールアドレス

HP ホームページアドレス

営 営業時間

料 料金(交通機関の場合特記以外片道)

✈ 航空機

🛳 船

🚃 鉄道

🚌 バス

🚐 ミニバスなど

🐾 動物の情報、特徴

sh シリング(ケニア、タンザニア、ウガンダの通貨単位。ただし、2ヵ国の料金比較の場合はそれぞれの国の頭文字を大文字で加えKsh、Tsh、Ushと表記)

B エチオピアブル

RF ルワンダフラン

€ ユーロ

US$ 米国ドル

N.P. 国立公園

N.R. 国立保護区

C.A. 保全地域

G.R. 動物保護区

アディスアベバ
Addis Ababa

市外局番 011

日本大使館
住Map P.150:2-C
P.O.Box 5650 Addis Ababa
Kirkose Kifle Ketema k. 19 H. No. 653
☎011-5511088
FAX011-5511350

空港内観光案内所
Airport Tourism Info Center
住ボレ国際空港内

観光案内所
住Map P.150:2-B　マスカル(アビオット)広場北側
☎011-5512310/5540275
営8:30〜12:30・13:30〜17:30 (月〜木曜)、8:30〜11:30・13:30〜17:30 (金曜) 土・日曜休
町の地図や主要都市のパンフレットがある。隣は政府系のみやげ物屋。

アムハラ語でアディスは「新しい」、アベバは「花」を意味する。新しい花という名前をもつエチオピアの首都アディスアベバはメネリク2世の妻、タイトゥ皇后により命名された。1891年にはメネリク2世もこの地に腰を落ち着けたとされる。ハイレ・セラシエ皇帝はここに近代的な官庁やメネリク2世の銅像、またLion of Judahという大きなライオンの石像を建てた。1958年にはECA(国連アフリカ経済委員会)の本部が、1963年には現AU(アフリカ連合)の本部がおかれた。

人口は周囲も含めると約400万人、都市部の標高は2300〜2500mだが、近郊のエントット山は約3000m。気温は平均20℃くらい。日中の日差しは強いが日陰に入れば涼しい。高地のため空気が薄く、走ると息切れや頭痛の症状が出ることもあるので注意。この町の雰囲気はアフリカの他国の都市とは異なる。道行く人々は礼儀正しく控えめで、アフリカ特有の陽気さや騒がしさとは無縁である。アディスアベバの中心部にはビルが建ち並び、市街地を取り囲む高速道路やトラム(路面電車)も開通し、車も人も多い。周辺には牛やヤギの群れが行き交い、都市と田舎が隣接している。親日家も多く、日本人を見ると満面をかけて歓迎してくれる店もあるほど。

トラム(路面電車)が開通した

どんどんビルが建てられている

148

H シェラトン ·Sheraton Addis H
住Map P.150:2-B　P.O.Box 6002　Taitu St.
☎011-5171717　FAX011-5172727
HP www.sheratonaddis.com
料@US$275〜　WUS$335〜＋税
アコン・トイレ・シャワー付)＋税
エチオピア屈指級ホテルだけ特定の系列ではない。B バー、
完備。ナイトクラブはドレスコードスニーカー、サンダル、ジーン
無料。タクシーは駐車場で下車…金額に特別料金あり。

ホテル

R ヨハネス・クットフォー・Yohannes Kitfo
住Map P.150:2-C　Axum の近くの裏通り
☎0911522626, 0930012249
HPwww.muyaethiopia.com
休 日曜、クリスマス，非HIV
クットフォー専門店。料理は
り美いクットフォーを食べる
金額に特別料金あり。

スタッフ

レストラン

S ムヤ・Muya
住Map P.150:1-8 外　P.O.Box 613
☎011-1234015
営5:00〜12:30・13:30〜17:00
eムヤ
myaethiopia@ethionet.et
伝統的な織物の工房兼ショップ。白地に模様が織り込まれた、なめらかな手触りのショールやクッションカバーなどを販売している。

ムヤでの作業

ショップ

物件リストにある略号

H ホテル　G ゲストハウス

L キャンプ、ロッジ(国立公園などの宿泊施設でのみ使用)

R レストラン、食堂、喫茶店

S ショップ

T ナイト、プレイスポット(カジノ、クラブ、バー、ディスコ、スパ、美容院など)

住 地図位置と住所 (P.O.Box私書箱を含む)

交 交通機関、行き方

☎ 電話番号

FAX ファクス番号

e eメールアドレス

HP ホームページアドレス

地　図

- Ⓗ ホテル
- Ⓖ ゲストハウス
- Ⓛ ロッジ（国立公園など の宿泊施設）
- △ キャンプ
- Ⓡ レストラン、食堂、喫茶 店
- Ⓨ ナイト、プレイスポット
- Ⓢ ショップ
- Ⓑ$ 銀行、両替所
- 🏤 郵便局
- ☎ 電話局
- ⊞ 病院
- 🚌 バスターミナル
- 🚗 マタツ、タクシーなど のターミナル
- 🚏 バス停
- ✈ 飛行場
- ❶ 観光案内所
- ⛪ キリスト教会
- ☪ モスク（イスラム教会）

　　読者投稿には ✉ のマークを付け、（名前　都道府県　寄稿年度）が記載してあります。年度が古い投稿文については再調査を行い、それにともないデータを更新した場合には再調査年度を［16］の形で名前などの後ろに記しました。今回取材ができなかった部分については、そのデータが確認された年を表記しました。

- 🈺 営業時間（24時間制）
- 🈹 宿泊料など
- Ⓢ シングルベッドルーム
- Ⓦ ツインベッドルーム
- Ⓣ トリプルベッドルーム
- Ⓢⓤ スイートルーム
- Ⓓ ドミトリー：多人数部屋の1 ベッド
- Ⓕ ファミリールーム
- 水シャワー：水のみのシャワー
- カード クレジットカード
- Ⓐ アメリカン・エキスプレス
- Ⓓ ダイナース
- Ⓙ JCB
- Ⓜ マスター
- Ⓥ VISA

■この本について

　本書は、2015年10月～2016年6月の現地取材をもとにして作られました。東アフリカの政情、治安状況、経済は激しく変化します。そのため物価や交通運賃は常に変わり続けています。本書に掲載されたデータや記事も、時間の経過とともに実情とズレる可能性があります。料金や時刻などのデータや記事は、あくまで目安として使用してください。

■地図について

　地方都市は正確な市街地図が入手できず、取材者自身が計測して作ったものが含まれていますので、建物の大きさや間隔、距離など、実際とはある程度の誤差があることもあります。

■国立公園やホテルの料金

　これらの料金は、その国の住人と外国居住者とで格差があります。本書では外国居住者価格で表示しました。また旅行者の多い夏（7～8月）とクリスマス、そのほかの時期で料金は異なります。

■文中の表記など

　時間は現地時間で24時間制、人名、地名などは原則としてカナ表記です。固定電話の番号、ファクス番号は市外局番から、携帯電話は国内からかける場合の0から始まる番号で表記しています。またホテル、レストランなどの店名の最後にホテルやゲストハウス、レストランが付くものは、日本語表記ではホテルやゲストハウスなどの部分を略し、欧文スペルはHやGH、Rで略記しました。

■発行後の更新情報について

　本書に掲載している情報で、発行後に変更されたものにつきましては、『地球の歩き方』ホームページの「ガイドブック更新情報掲示板」で可能な限り更新しています（ホテル、レストランなどの料金の変更などは除く）。旅立つ前に、ぜひ最新情報をご確認ください。🏤support.arukikata.co.jp

■掲載情報のご利用にあたって

　編集部ではできるだけ最新で正確な情報を掲載するように努めていますが、現地の規則や手続きなどが変更されたり、またその解釈に見解の相違が生じることもあります。このような理由に基づく場合、または弊社に重大な過失がない場合は、本書を利用して生じた損失や不都合などについて、弊社は責任を負いかねますのでご了承ください。また、本書をお使いいただく際は、掲載されている情報やアドバイスがご自身の状況や立場に適しているか、すべてご自身の責任とご判断のうえでご利用ください。

東アフリカの国別
いち押しスポットガイド

ひとくちに東アフリカといっても、それぞれの国に個性あふれた自然、歴史、文化が息づいている。各国の魅力をいち押しスポットとともにご紹介。

ウガンダってどんな国？

かつて「アフリカの緑の真珠」と呼ばれたウガンダは、面積6万8800km²、世界第3位のビクトリア湖を抱える国のひとつ。湖の広さは九州の約2倍、琵琶湖の約100倍以上というから、その巨大さがわかるだろう。海に面していない内陸国だが、大量の雨を大地に降らせ、さまざまな動植物の命の源となる熱帯雨林をつくったビクトリア湖の存在は大きい。その熱帯雨林には、地球上にわずか880頭となったマウンテンゴリラたちの半数が生息しているという。赤道直下にもかかわらず、標高が高いため、過ごしやすいウガンダ。大自然に囲まれた楽園のなかで、多種多様な生物の息づかいをぜひ感じてほしい。

～ウガンダのいち押しスポット～
❶ マチソン・フォールズ国立公園（→ P.39）
❷ ブウィンディ原生国立公園（→ P.42）

迫力あるマチソン・フォールズ

ルワンダのゴリラより毛が短い

ムルシ族

ルワンダってどんな国？

アフリカ大陸の中央、赤道のすぐ南にあるアフリカで最も人口密度が高い国。20年前に起こったジェノサイド（大虐殺）の悲しい過去を抱えつつ、近年、目覚ましい発展を遂げている。アフリカのほかの国に比べて町もきれいで格段に治安がよく、四国ほどの小さい国なので、コンパクトに周れる点も旅行者にとってありがたい。「千の丘の国」といわれるルワンダの象徴的な風景が広がる首都キガリから、わずか約2時間のドライブで、野生のマウンテンゴリラたちに出合えるヴォルカン国立公園に行ける。また、コーヒー新興国としても近年注目を集めている高品質のルワンダ産コーヒーは、日本での取引も増えているという。郊外のコーヒーツアー、町なかのカフェ、おみやげなど楽しみ方もいろいろある。

～ルワンダのいち押しスポット～
⓫ ヴォルカン国立公園（→ P.107）
⓬ フイエ・マウンテン・コーヒーツアー（→ P.304）

マチソン・フォールズ国立公園
ジンジャ
ブウィンディ原生国立公園
ヴォルカン国立公園
フイエ・マウンテン・コーヒーツアー
ビクトリア湖
ウガンダ
ルワンダ
ケニア
マサイ・マラ国立保護区
ンゴロンゴロ保全地域
キリマンジャロ国立公園
タンザニア

ヴォルカン国立公園のゴリラ

コーヒーツアー

エルタ・アレ火山

ラリベラの聖ギオルギス教会

ダナキル砂漠

ベラ

エチオピア

🏴 エチオピアってどんな国？

世界でも早い時期にキリスト教化を受け入れ、今でも古いキリスト教文化が息づいている。特に北部のラリベラを中心とした地域は石窟教会で有名だ。植民地の歴史をたどらなかったエチオピアは、独自の文化が色濃く残り、ほかの東アフリカ諸国とは違った雰囲気が漂う。なかでも80以上もの少数民族が南部のオモ川流域を中心に伝統的な暮らしをしているのは興味深い。また、大自然の織りなす不思議な風景に出合えるのも旅行者をあきさせない。そのひとつが、エチオピア北東部のダナキル砂漠。世界でも珍しい溶岩池と塩湖の大パノラマに、地球の息吹を感じることができる。

~エチオピアのいち押しスポット~
❸ ダナキル砂漠　　　❹ ジンカ　　　❺ ラリベラ
（→P.12～13、54～55）　（→ P.188）　（→ P.160）

マサイ・マラ国立保護区

ナイロビ国立公園

🏴 ケニアってどんな国？

英国の植民地時代にナイロビが英国領東アフリカの中心都市とされて以来、東アフリカの政治経済の中心的役割を果たしてきた。とりわけ、最近の発展は目覚ましいが、すぐ隣りに国立公園が存在し、ビル群をバックに野生動物たちが悠然と歩く姿を見られるのはナイロビならでは。また、典型的なサバンナの草原が広がるマサイ・マラ国立保護区では、草食・肉食動物の種類と数量で世界最多を誇る。特に夏から初秋にかけては、隣接するタンザニアのセレンゲティ国立公園からヌーを中心とした草食動物100万頭近くがマラ川を移動する光景が見られ、アフリカを肌で感じることができる。

~ケニアのいち押しスポット~
❻ マサイ・マラ国立保護区（→ P.56）
❼ ナイロビ国立公園（→ P.66）

キリマンジャロ国立公園

インド洋に浮かぶザンジバル島

ザンジバル島

🏴 タンザニアってどんな国？

日本の約2.5倍の国土に、多種多様な民族が暮らすタンザニアはタンガニーカとザンジバルの連合国。誰もがアフリカの最高峰キリマンジャロ山を思い浮かべるだろう。標高5895mにもかかわらず、トレッキング感覚で登れる（ただし高山病には注意）。頂上の氷河から流れ出る水が周辺のサバンナの生物の源となっている。ンゴロンゴロ保全地域は、リフトバレー（大地溝帯）に点在する火山のクレーターで、各種の動物が定住するが、弱肉強食の頻度が少なく、動物園のような雰囲気が漂う。タンザニアの魅力は陸だけにとどまらない。インド洋に浮かぶザンジバル島は、古くからアラブ人の居住地となっていたため、今でもほとんどがイスラム教徒である。治安がよいため、リゾート地として人気が高い。

~タンザニアのいち押しスポット~
❽ キリマンジャロ国立公園（→ P.90）
❾ ザンジバル島（→ P.248）
❿ ンゴロンゴロ保全地域（→ P.93）

ンゴロンゴロ保全地域のクレーター

巻頭特集 1 **東アフリカで注目度上昇中！**

ルワンダの魅力を探る

四国の約1.5倍の面積という小国ながら、人口は約1100万人で、アフリカでは
もっとも人口密度の高いルワンダ。アフリカのなかでは治安もよく、観光産業
も発展しつつあるこの国のおすすめ観光地を紹介しよう。

POINT 1

**"千の丘の町"
キガリの絶景を
見る**
(→ P.300)

ルワンダの首都。「千の丘の国」といわれるルワンダの中でも
小高い丘を抱える坂の多い町で、ビルが林立するムムジがその
中心。映画『ホテル・ルワンダ』のモデルとなった🅗ミルコ
リンズも、ここにある。

丘を埋める住宅。丘の中心はビジネス街でビルの林立するムムジ地区

コンゴ国境に接する火山群の南山麓の国立公園で、世界で
も約880頭しかいないマウンテンゴリラの観察で有名。こ
のマウンテンゴリラはルワンダのシンボルのようである。

POINT 2

**ヴォルカン国立公園で
ゴリラ・ウオッチング**
(→ P.107)

左／タケノコをかじるマウンテンゴリラ
右／ゴリラ・ウオッチングは群れに出合うまでは大変
だが、ゴリラに合えれば疲れも吹き飛ぶ

今年もコーヒー豆は豊作です

こうしてコーヒーの実をひと粒ひと粒摘み取る

POINT
3

コーヒーの名産地
フイエ近郊へ
（→P.304）

フイエは旧名ブタレでキガリに次ぐ町。周辺はコーヒーの名産地で、郊外にはコーヒー農園が広がっている。コーヒーの実の取り入れからコーヒー豆つくりまで体験する「コーヒー農園訪問」はいかが。

POINT
4

キブ湖で
コンゴ・ナイル・
トレイルを行く
（→P.307）

キブ湖はコンゴとの国境をなすルワンダ最大の淡水湖。風光明媚なところで、漁業も盛んだ。大西洋に流れるコンゴ川の源流にもなっており、湖岸の道はトレッキングの適地ともされている。

漁業も盛んで、大型の四手網を使った漁は観光客も参加できる

風光明媚なキブ湖岸には瀟洒な別荘やリゾートホテルが建つ

子守や家事のお手伝い。子供の時からよく働く

伝統芸能も盛んになってきた

チャーミングなホテルマン＆ウーマン

虐殺を乗り越え、若者たちは未来を目指す

都会にはおしゃれな美女が多い

POINT
5

今を生きる
ルワンダの人たち

民族対立をあおられジェノサイド（大虐殺）に及んでしまった過去を踏まえ、国民の和解と意識の統合を進めるルワンダ。明日を目指す彼らの目は、輝いている。

忘れてはいけないことがあります。

左／虐殺された幼児たちの写真
右／あの過ちを繰り返してはならないというメッセージ（ともにキガリ虐殺記念館にて）

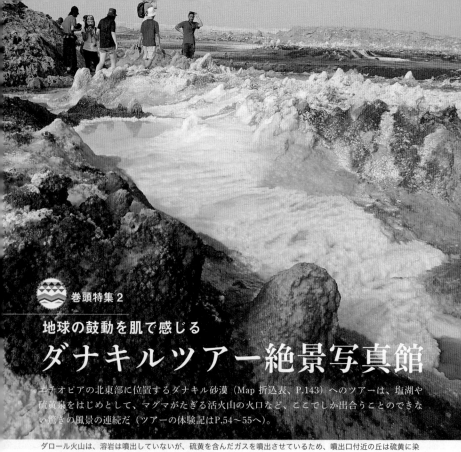

巻頭特集2

地球の鼓動を肌で感じる
ダナキルツアー絶景写真館

エチオピアの北東部に位置するダナキル砂漠（Map 折込表、P.143）へのツアーは、塩湖や硫黄泉をはじめとして、マグマがたぎる活火山の火口など、ここでしか出合うことのできない驚きの風景の連続だ（ツアーの体験記はP.54〜55へ）。

ダロール火山は、溶岩は噴出していないが、硫黄を含んだガスを噴出させているため、噴出口付近の丘は硫黄に染まっている

自然が織りなす神秘

左上／40℃を超える炎天下、析出して岩盤状になった塩の掘り出し作業は過酷な労働である　左下／ラクダに積みやすくするため、掘り出した板状の塩の塊を野球のベースサイズに仕上げている。ひとつが3〜4kgである　右上／アッサル塩湖では、乾燥のため水中の塩分が表面に板状に析出する。まだ残る水分が鏡のように塩の表面を覆う。この塩の板、車が乗っても大丈夫なほど丈夫　右下／アッサル塩湖で採取した塩の板をラクダに積む。塩の塊を一頭に40個も載せる

上左／エルタ・アレ火山の噴火口からは間欠的に溶岩が噴出する　上右／噴火口は火口壁で取り囲まれていて噴煙が当たらないところでは溶岩だまり近くまで寄って観察ができる　下／噴火口の底は溶岩だまりで、煮えたぎった溶岩と噴煙が噴出している

見る者を圧倒する
世界一熱い絶景

どこまでも続く広大な大地

アッサル塩湖で採取した板状の塩塊を積み、ラクダ隊がダナキル砂漠を行く。塩塊を積みに行くラクダは早朝に町から塩湖に向かい、夕刻に塩湖で塩塊を積んで町の製塩工場に向かう

It's our contribution

アフリカの未来の主食!?「ネリカ米」普及を支援

アフリカの環境に適した品種として、日本や国連開発計画などの支援で開発されたネリカ米。
現在、ウガンダではネリカ米の研究・栽培に関わる人材育成や栽培技術の向上・普及を通じて生産量を向上させ、米自給率の向上に貢献することを目的に、日本による稲作支援が進められている。

乾燥した土地でも栽培できる陸稲
ネリカ米普及プロジェクトが進行中

　1994年、収量の高いアジア稲と病気や害虫・雑草に強いアフリカ稲の交配よって開発されたネリカ米。ネリカとは、"New Rice for Africa"の略である。ネリカ米は、アフリカの乾燥した土地でも育ち、アジア米並みの高収量を誇る。「奇跡の米」「アフリカの農業革命」とも呼ばれるこの米を普及させるため、国際協力機構（JICA）はいち早く専門家をウガンダに派遣。2004年から活動を開始したJICA専門家の坪井達史氏は、首都カンパラ近郊にある国立作物資源研究所で、ウガンダ人研究者や青年海外協力隊、そしてアフリカ稲作の研究・普及を担う日本人専門家らと共に、ネリカ米の研究と稲作の指導にあたっている。

農家の生計向上にもつながる稲作
アフリカの食料事情改善に寄与

　2003年にJICAの稲作支援が本格的にスタートした時には、ウガンダの稲作耕地は1万ヘクタールだった。だが今では16万ヘクタールまで広がり、その内ネリカ米の耕作地が3分の1以上を占めるまで

になった。高収量のネリカ米は、食料事情を改善するだけでなく、現金収入を得られる作物でもあるため、小規模農家の関心は高い。茨城県のJICA筑波国際センターで稲作研修を受け、現在はネリカ米の普及活動に従事しているウガンダ人研究者・サイモン氏は、「都市部で米を食べる人は増えているが、農民にとっては高価。しかし、トウモロコシやバナナより高く売れる米の栽培に関心が集まっている」と語る。同じく普及活動を行う青年海外協力隊員は「稲作を行ったことで生活費や教育費をまかなえるようになったと農家から聞き、彼らの生計向上に貢献できていることをうれしく思う」と語っている。現在、ウガンダではマトケ（バナナ）やポショ（トウモロコシ）、キャッサバ（イモの一種）などが主食だが、将来的にはウガンダ国内どこでもネリカ米が日常的に食べられる日がやってくるかもしれない。

独立行政法人　国際協力機構
〒102-8012　東京都千代田区二番町5-25
　　　　　　二番町センタービル
TEL.03-5226-6660から6663（代表）

| JICA | 検索 | http://www.jica.go.jp |

JICAはODA（政府開発援助）の実施機関です。ODAとは、開発途上国の経済・社会の発展や福祉の向上に役立てるために政府が行う、資金・技術提供による協力のことです。

JICAボランティア｜募集は4月・10月の年2回。派遣期間は原則2年ですが、1か月からの短期ボランティア制度もあります。

サファリで出合う動植物

美しい自然の中、野性の動物や珍しい植物との出合いは東アフリカの旅の醍醐味。

ここに紹介する動植物は、東アフリカで出合うもののほんの一部にすぎないので、それらの名前や特徴をもっと知りたい人は、現地の大きな書店や高級みやげ物店で絵や写真満載の図鑑や写真集などの購入をおすすめする。最近は日本語の入った版も見かけるようになった。

動物図鑑

チンパンジー
Chimpanzee (Sokwe)
霊長類で人間に最も近い。タンザニア西部とウガンダ西部など、おもとして森林にすむ。オスの成獣は直立すると約170cm、体重約80kg。習性はゴリラに似るが雑食で、たまにほかの猿や小動物を捕食する。知能は優れ道具も使う。（写真提供：BIC TOURS）

サバンナモンキー
Savannah MonkeyまたはVervet Monkeyまたは
Green Monkey (Tumbili)

背中が茶色っぽい灰色で、腹は白、顔は黒いサル。長い尾の先端も黒い。体長約50cm、尾長約60cm、体重約5kg。人を恐れず食物をねだったりするが、餌をやるのは厳禁。車の中やテントに入ってくることもある。

ゴリラ（マウンテンゴリラ）
Gorilla (GorillaまたはNyani mkubwa)
霊長類最大の種類で、ウガンダ西部、ルワンダとコンゴの東部の限られた地域にすむ。オスの成獣は直立すると約200cm、体重200kgを越える。おもに植物食で、1頭のオスのもと数頭のメスと子供の10数頭の小集団で森林で生活する。昼行性で夜は巣を作る。

ヒヒ（バブーン）
Baboon (Nyani)
体長約110cm、尾長約75cm、体重約5kgにもなるオナガザル科のサル。やせ型で体色の淡いキイロヒヒとがっちりして茶褐色のアヌビスヒヒがいる。アンボセリN.P.以東はキイロヒヒ、それ以外はアヌビスヒヒが生息する。鼻を突き出し、尾をループ状にして歩く。数十頭の群れをつくり、公園内の残飯もあさる雑食家。ときには子供のカモシカや鳥なども捕食する。

モリイノシシ
Giant forest hog
体長130〜210cm、尾長30〜45cm、体重約300kgにもなるイノシシ科の最大種。上下1対ずつ牙をもち、オスは上牙が発達し、鼻より上へ反り上がる。オスの成獣は頭部に皿状になった隆起を1対もつ（イボイノシシは半分ほどの大きさで、イボを2対もつ点が異なる）。成獣では体毛は黒く長く特に首筋部分がたてがみ状に発達する。草食獣だが、雑食である。日中はブッシュなどに隠れあまり見る機会が少ないが、夜行性なので夕方は見るチャンスが多い。前足を折って首を下方に向け植物の根などを採食する様子はイボイノシシと同じ。

アビシニアコロブス
Abyssinian Black & White Colobus (Mbega)
体毛が白と黒で、オナガザル科のコロブス亜科に属するサル。体長60〜75cm、尾長約80cm、体重20kg。顔の周り、背から尻、尾の半ばから先端までが白く、頭、腹、脚、尾の根は黒い。エチオピア南部、ウガンダ以東、ケニア山、アバディア、アルーシャなどの森にすみ、草食。朝夕、うがいをするような声で鳴く。その美しい毛のためかつて乱獲された。

（ザンジバル）レッドコロブス
Red Colobus (Nyekundu Mbega))
オナガザル科のコロブス亜科に属する草食性のサルで体長45〜70cm、尾長50〜90cm、体重約2kg。背部は鮮やかな赤褐色の毛に覆われ、頭部には冠のような長く白い毛をもつ。胃内バクテリアの発酵を利用したセルロースの消化吸収が可能なため、若い葉や花、果物などを主食としている。大陸部には基準種のレッドコロブスが生息する。写真のザンジバルレッドコロブスはタンザニアのザンジバル島ジョザニC.A.に約2350匹のみ生息。

イボイノシシ
Warthog (Ngiri)
イノシシ科の草食獣だが雑食である。体長約130cm、尾長約50cm、体重約100kgにもなる。顔面にその名のとおり2対のイボをもつイノシシ。灰茶色で、鼻の上まで反り上がった長い牙と小さい上向きの牙の2対の牙をもつ。尾は細く、うなじに長く黒い毛が生えている。ツチブタが荒地に穴を掘った巣を利用してすんでいる。驚いて走るとき、親子連れで尾をピンと立て、一定の距離が開くと立ち止まって、必ずこちらを見る姿などはとてもユーモラス。

アフリカヤマアラシ
African Porcupine（Nungu）
齧歯類ヤマアラシ科に属す体長60〜90㎝、尾長8〜17㎝、体重12〜25kgの草食性の夜行動物。広くアフリカに分布するが、アルミ缶に穴を開けるほどの鋭く硬い太さ約1㎝、長さ約30㎝の棘が背中に密生し、襲われると棘を逆立て後ろ向きに対峙するのでライオンでも手を焼く。単独行動がおもだがつがいで行動することもある。

シママングース
Banded Mongoose（Nguchiro-Miraba）
食肉類マングース科に属す体長30〜45㎝、尾長18〜25㎝、体重1〜2.5kgの中型のマングース。被毛は灰褐色、背部から尾部にかけて35本の暗褐色の横縞をもつ。血縁関係をもつ群れで生活し、鳴き声を上げながら仲間と連絡を取り合う。東アフリカでは水辺に生息し広く分布する。昼行性で集団行動をとるのでよく見かける。昆虫、爬虫類、果物などを食べる雑食性。

アカクビノウサギ
crawshays hare（sungura）
全長45〜65㎝　尾長7〜14㎝　体重1.4〜4.5kgの中型のウサギだが、個体差が大きい。アフリカのみに分布し、一般的には森林の縁辺にすみ、乾燥した地域にはまれである。首の後ろは赤みの強い茶色で腹部は白く、尾の上部は黒い。昼はなかなか現れないが夕方からサバンナにも出没する。

キンイロジャッカル
Golden Jackal（Bweha wa Mbuga）
イヌ科ジャッカル属で体長60〜106㎝、尾長20〜30㎝、体重7〜15kgの大型のジャッカル。セレンゲティN.P.やンゴロンゴロC.A.でよく見られる。一雄一雌性で家族が群れの単位となる。前年生まれでつがいになっていない子供は親元にとどまり、当年誕生した小さな子供を養育するヘルパーの役割を担う。ガゼルなどの子供をおもな獲物とするが、昆虫から果物など雑食。屍肉あさりもする。近年、コヨーテやオオカミの近縁種であろうといわれてきた。

アラゲジリス
Unstriped Ground Squirrel（Kichakuro）
齧歯類リス科に属す体長約20㎝、尾長約20㎝、体重約300gのリス。地上で生活するためジリスと呼ばれる。客室やテント内に入り込むなど人慣れしている。草食性だが昆虫や鳥の卵なども捕食する。伸縮性のあるほお袋には多量の食物を保存でき、地上に巣穴を掘り集団生活を営む。被毛は背中が灰褐色で腹部は白くなる。

セグロジャッカル
Black（Silver）-backed Jackal（Bweha-miraba）
タンザニアやケニアにすむ一般的なジャッカル。名のとおり首筋から背中いっぱいにかけて黒と灰色の毛が混ざって生えている。つがいで行動する。ほかにヨコスジジャッカルなどがいる。

オオミミギツネ
Bat-eared Fox (Bweha-masikio)
先端が黒く大きな耳が特徴のイヌ科の食肉類。体長約65cm、尾長約30cm、体重4〜5kg。つがいで見かけることが多い。ツチブタの穴などを巣として利用し、おもに夜行性。現在出合いやすいのはマサイ・マラN.R.、セレンゲティN.P.、タランギーレN.P.など。

シロサイ
White Rhinoceros (FaruまたはKifaru)
体長約400cm、尾長約70cm、体重約3トンと、体重からいえば、アフリカゾウ、カバに次ぐ大型草食獣。角はクロサイに比べ細く長く真っすぐで、首の後ろに大きいコブがある。口は、正面から見ると幅広い。ケニアでは野生種は密猟で絶滅したが、近年南部アフリカから移入した個体は各国立公園内で増加している。皮膚の色は灰黒色。

ブチハイエナ
Spotted Hyaena (Fisi)
コーヒー色をした斑点がある体長70〜90cmのハイエナ科最大の肉食獣。尾長20〜35cm、体重40〜85kg。尾は黒く、強い歯で屍肉や骨を食べるところから、「草原の掃除屋」と呼ばれるが、少なくともンゴロンゴロC.A.、セレンゲティN.P.ではライオンが食べている獲物の半分はハイエナから横取りしたものという報告もされている。夜の吠え声は甲高く笑っているようである。エチオピアのハラール付近では人家周辺に出没し、残飯を処理している。

クロサイ
Black Rhinoceros (FaruまたはKifaru)
体長約300cm、尾長約70cm、体重1〜1．4トンに達する大きい動物。皮膚が角質化した角を2本もつ。下の角は大きく前に突き出し、上の角は小さい。また上唇が下唇の前に出ており、葉や枝の採食に適している。視力は悪いが嗅覚、聴覚が鋭い。テリトリーは広く、疎林帯や草原にすむ。群れはつくらない。皮膚の色は灰黒色。密猟で激減している。

ハイラックス
Hyrax (Pimbi-mdogo)
体長40〜50cm、尾長約2cm、体重約3kgとウサギくらいのイワダヌキ科の小動物でツリーハイラックスとイワハイラックスに分けられる。体色は焦げ茶色と灰色で、ツリーのほうが少し濃い。イワが昼間活動するのに対して、ツリーは夜行性で、見るの

は難しい。イワはケニア、タンザニアの岩場で群生するのが容易に見られる。分類学上ゾウに最も近い仲間である。確かに小さい体のわりに牙が鋭い。写真右：ツリーハイラックス　写真左：イワハイラックス

カバ
Hippopotamus (Kiboko)
ゾウに次ぐ大きな体をもち、体長約500㎝、尾長約50㎝、体重約4トンにも達するものがいる。皮膚が弱いため日中は河川、湖沼の水中に目、鼻、耳だけを出して潜んでいることが多い。夜、上陸して草を食べる。上陸中は自分と水の間にあるものは水に戻るのを妨害する敵とみなして攻撃することもあり、アフリカで最も危険な動物とされている。

アフリカゾウ
African Elephant (TemboまたはNdovu)
陸上最大の動物。体長約500㎝、体高約300㎝、成長するとオスは体重約6トンに達する。大きな耳と大きな牙が特徴。草食性で1日の大半を草、葉などの採食に費やす。年老いたメスをリーダーとした群れをつくる。象牙のための密猟で個体数が減少している。ツァボN.P.やタランギーレN.P.にバオバブの木の幹をかじる群れがいるなど各地にさまざまな習性をもつ集団がいる。密猟の多い地域の群れや子連れは気が荒い。フンは乾燥すると少し臭うが、よく燃える。

アミメキリン
Reticulated Giraffe (Twiga)
体長約480㎝、尾長約100㎝、体重約1トン、肩高約370㎝にも達する。動物のなかでいちばん背が高く、長い脚と首、舌をもつ草食獣。角は1対あり、太くて短い。頭の中央にコブ状の突起をもつ。体の模様によって数種類に分けられる。大きな網目のアミメキリンはケニアではサンブルN.R.、メルーN.P.などで見られる。マサイとアミメの中間的模様をもち、ひざから下が白いロスチャイルドキリン(ケニア中央部では絶滅。ナクルに移入)などが生息している。おとなしそうだが、蹴られるとライオンでも殺されるほど。

マサイキリン
Masai Giraffe (Twiga)
ツタの葉を崩したようなギザギザの入った模様をもつキリン。脚には黄褐色の斑点がある。ケニア南部からタンザニアに多く見られる。

ライオン
Lion（Simba）
体長170〜250㎝、尾長約100㎝、体重約200kgのネコ科の大型肉食獣。「百獣の王」と称されるが、その実態は狩りが下手だったり、屍肉を食べたりとだらしない。群れ（プライド）を構成し、若いメスが共同で子供の保育をしている。おもにメスが狩りをする。昼間はよく寝そべっている。木登りライオンはセレンゲティN.P.、マサイ・マラN.R.でたまに見られる。

ヒョウ
Leopard（Chui）
体長約160㎝、尾長約90㎝、体重約80kgの大型のネコ科の肉食獣で黄褐色の皮膚に、梅の文様のような黒の斑点がある。胴体のわりに足は短く、体はがっしりしている。警戒心が強く、単独生活していることが多い。よく木の上に登っている。

サーバル
Serval（Mondo）
ネコ科の中型の肉食獣で、体長67〜100㎝、尾長24〜40㎝、体重10〜18kg。サハラ以南の中部アフリカに分布する。しなやかな体型で黄褐色の被毛に黒い斑点がある。肩の黒い線と先にいくにつれてリング状になる尾の黒い斑点が特徴。下腹部は白い。夜行性だが昼間でも活動し、極めて敏捷。耳が大きく聴力も際立っている。繁殖期以外は単独行動を好み、縄張りをもち、木に登ることもある。ヒョウの子供として毛皮が売れるため、密猟され個体数が減っている。

チーター
Cheetah（Duma）
体長約140㎝、尾長約80㎝、シェパードほどの大きさのネコ科の肉食獣。ヒョウと同様にうす黄に黒の斑点が全身にあるが、黒い筋が目の内側をとおっている点と体の斑点が一つひとつ独立している点が違う。サバンナの草原にすみ、乾季には2〜3匹の子連れを見かけることがある。地上で最も速く走る動物といわれているが、全力疾走できるのは300mくらいで、あとは息切れして立ち止まりゼイゼイしている。近年数が減っているのは、マサイ・マラN.R.、セレンゲティN.P.が見やすい。

ジェネット
Genet（Kanu）
40〜55㎝もの長い尾を除いても体長45〜60㎝で肩高約18㎝、体重15〜20kgと細長い体型のジャコウネコ科に属する夜行性の肉食獣だが、雑食もする。樹上生活がおもだが地上で捕食をすることも多い。よく人に慣れ、ロッジなどで餌をねだりに来る個体を目にすることも多い。

シマウマ
Common Zebra (Punda milia)
ウマ科の数少ない生存種で、太く黒い縦縞と、背中から尾にかけて横縞がある草食獣。体長約240㎝、尾長約50㎝、体重約300kgにもなる。

グレービーシマウマ
Grevy's Zebra
白と黒との細い縦縞が体全体にあり、腹部は白く、耳は丸い。ケニア北部のやや乾燥した地域に生息する。

バッファロー
Buffalo (NyatiまたはMbogo)
体長340㎝、尾長約110㎝、体重約870kgにもなる。別名アフリカ水牛。草食獣のなかで最も気が荒く、ときどきサファリカーをひっくり返したりするので、近づき過ぎると危険。頭の角は太く、外側に長く伸び反り返っている。数十頭から数百頭の群れをつくり、ライオンに襲われた仲間を救い出すこともある。

エランド
Eland (Pofu)
ウシ科で体長約300㎝、尾長約80㎝、体重約950kgにもなるアフリカ最大のアンテロープで跳躍力が優れている。縦縞があり、オスは灰色でメスは黄色がかっている。尾の先は黒く、のどに長い肉垂れがある。角はよじれながら真っすぐ伸び、オスは太く短く、メスは細長。草原から疎林帯にかけて群れですむ。

グレータークドゥ
Greater Kudu (Tandala mkubwa)
灌木林に生息する大型の美しいアンテロープで胴体に数本から10本ほどの白い縦縞をもつ。体長200〜250㎝、尾長37〜48㎝、肩高122〜150㎝、体重200〜300kgとなる。雄は100〜180㎝にもなるらせん状の見事な角をもつ。たてがみは後頭部から尾の付け根まで生え、雄は首付け根から房のように体毛が垂れ下がっている。

レッサークドゥ
Lesser Kudu (Tandala)
体長約175cm、尾長約30cm、体重約110kgにもなる中型のアンテロープで、オスはコルク栓抜きのようにねじれた角をもち、灰茶色の体に白い縦縞が十数本ある。

トピ
Topi (Nyamera)
コークハーテビーストと同じくらいの大きさのアンテロープ。濃茶色で脚と眉間が黒い。数頭で群れをつくり、アリ塚の上に立って物見をしている姿をよく見かける。クイーン・エリザベスN.P.、マサイ・マラN.R.、セレンゲティN.P.で見られる。草食動物ではいちばん速いといわれる。

ウオーターバック
Waterbuck (KuroまたはNdogoro)
体長約200cm、尾長約35cm、体重200〜300kgと大型のアンテロープの仲間で、川や水場近くの林や草原にすむ。オスの角はU字型で平均75cmもある。尾が全体に白いデファーサ（ナイロビ以西）と、バンギリ（スワヒリ語で女性のブレスレットの意味）のように、白い毛が尾を丸く囲んでいるコモン（ナイロビ以東）の2種類がいる。ナイロビN.P.では両方を見ることができる。メスには角がない。

ヌー（ウシカモシカ）
Wildebeest (Nyumbu)
ひとめでウシ科とわかる体型の体長180〜240cm、尾長約50cm、体重200〜250kgの大型草食獣。全体は黒っぽいが、顔とたてがみと尾はより黒く、ひげは白い。角はウシの角、ひげはヤギのひげ、尾はウマの尾を神さまが集めて作ったといわれる。数十万頭もの大きな群れをつくり、5〜6月にセレンゲティN.P.からマサイ・マラN.R.へ、11〜12月にその逆というヌーの大移動は壮観。ガゼル類、シマウマと同様、多くの国立公園や保護区で見られる。

リードバック
Reedbuck (Tohe)
ウシ科リードバック属の中型草食獣で、体長120〜150cm、尾長18〜25cm、体重50〜65kgでこの属のなかでは最大のアンテロープ。サハラ以南の中部アフリカに広く分布する。頭頚部から背部にかけては灰褐色〜黄褐色、腹部や目の周りなどは白い。オスにのみ頭部に先端が上方外側へ向かう30cmほどの角と頚腹部に三日月状灰白色の斑紋がある。水辺に生息し、夜行性で家族群を形成し、縄張り内に別のオスが近づくとのどの斑紋を見せて威嚇する。

オリックス
Oryx (Choroa)

体長約160㎝、尾長約50㎝、体重約200kgにも達するアンテロープで、耳の先に長い毛の房があるフサミミ（ケニア南東からタンザニア北東）とそれがないベイサ（ケニア北部より北）に分かれ、疎林帯と周辺草原にすむ。茶灰色で目からほお、鼻筋の隈取り、前脚のひざ上、横腹の筋、尾が黒い。真っすぐの約100㎝もの長い角をもつ。真横から見ると角が1本に見え、伝説の一角獣のモデルといわれている。

ブッシュバック
Bushbuck (Pongo)

体長約150㎝、尾長約30㎝、体重約80kgにもなる中型のアンテロープ。オスは2ヵ所でねじれた約50㎝の角をもち、体は黒っぽい。メスは茶褐色で角がない。どちらも背中に白い線や斑点があり、単独またはつがいでブッシュの中にすんでいる。オスはヒョウと勇敢に闘うといわれている。

セーブルアンテロープ
Sable Antelope (Palahala)

体長約230㎝、尾長約60㎝、体重200～270kgと大型のアンテロープで、オスは体全体が黒く、メスは濃いコーヒー色。尻と下腹部が白く、首筋に長いたてがみが生えている。特徴は弓形に大きくそった長い角で、100㎝近くある。ケニアのシンバヒルN.P.や、タンザニアのルアハN.P.で見ることができる。

コークハーテビースト（コンゴニ）
Coke's Hartebeest (Kongoni)

体長150～190㎝、尾長約40㎝、体重約150kgの大型のアンテロープ。体は茶色。尻、腹は白っぽい。角はいったん水平に伸びたあと上に向いた鍵状。尾は黒毛で長い。数頭から十数頭の小さな群れになって行動する。ケニア南からタンザニア北の乾いた荒地に生息する。ほかにも数種のハーテビーストがいる。

インパラ
Impala (Swala-pala)

シカによく似た体長約150㎝、尾長約30㎝、体重50～70kgのウシ科のアンテロープ。竪琴のような形の角はオスだけ。後ろから見ると尾の黒い筋を中心に両側の尻に黒筋があり川の字に見える。オス1頭に対しメス数十頭のハーレムをつくり、疎林帯とその周辺の草原にすむ。あぶれたオスはその周辺にオスだけの群れをつくりハーレム奪取の機会を狙っている。写真左：ハーレム　写真右：オスの闘い

ウガンダコーブ
Uganda kob

体長140〜180cm、尾長20〜40cm、体重65〜180kgのウシ科のアンテロープ。体は赤褐色で、オスのみインパラのような角があり、ハーレムを形成する。生息環境もインパラとほぼ同じだが、主要生息地は東アフリカではウガンダで、ここにはインパラは生息せず、両種は混在しない。インパラによく似ているが、インパラは後脚後部に黒色の縦の筋があるが、ウガンダコーブにはこれがないので区別できる。

グラントガゼル
Grant's Gazelle (Swala-granti)

大型ヤギほどの大きさで、体長約150cm、尾長約25cm、体重約80kgの中型のアンテロープ。背中は灰茶色、腹は白、尻は尾の付け根を含んでT字型に白くなっている。オスの角は耳の約3倍の45〜80cmもあり、メスの角は短く細い。メスの横腹には黒帯が見られる個体もある。

ゲレヌク
Gerenuk (Swala-Twiga)

体長約150cm、尾長約30cm、体重30〜50kgの中型のアンテロープの一種。一見インパラやグラントガゼルに似ているが体は赤褐色で細く、首と脚は長い。スワヒリ語の名前の意味はキリン・カモシカだが、キリンとは近縁ではない。角はオスだけでインパラより短く太い。後脚で立ってアカシアの木の葉を食べる姿をよく見かける。

トムソンガゼル
Thomson's Gazelle (Swala-tomi)

体長90〜100cm、尾長約20cm、体重20〜30kgとグラントガゼルよりやや小さいウシ科の小型アンテロープ。目の下に黒縞、横腹に黒い横帯がある。オスは約30cm、メスは十数cmの角をもつ。飛び跳ねながら走る姿は美しく、近くで目を見ると澄んだきれいな色をしている。

クリップスプリンガー
Klipspringer (Mbuzi Mawe)

体長約80cm、尾長約10cm、体重10〜18kgの小型のアンテロープ。岩場につま先立つ姿からこの名前がついた。黄色がかった短い毛をもつ。大きな耳と目が愛らしい。角は真っすぐで短い。岩の多い丘にすんでいる。メスにも角がある亜種もいる。左がメス、右がオス。

レインボーアガマ
Common Agama (Kawaida Mjiusi)

爬虫類アガマ科アガマ属のトカゲ。全長20～30cm、体重約300g。夜間は褐色だが、昼間はオスのみ鮮やかな赤と青の配色に変化する。森林や砂漠、岩場などさまざまな環境に生息し、縄張りをもつ。肉食性で昆虫などを主食とする。写真上：オス、写真下：メス

ディクディク
Dik-dik (Dikidiki)

体長約45～70 cm、尾長約4～6 cm、体重約5kgほどの小型のアンテロープ類。褐色の体毛に覆われ、鼻は長く丸い目の周りは白い。角は小さく（約8 cm）、メスには角がない。ほぼつがいで行動し、ふんで自分たちのテリトリーを主張する。ブッシュや森林などで見られる臆病な動物。写真上：ギュンターディクディク、写真下：キルクディクディク

ナイルワニ
Nile crocodile (Mamba)

爬虫類クロコダイル科に属する全長約5m、体重約700 kgにも達する巨大なワニ。体色は黄褐色～暗褐色で後肢に発達した水掻きをもつ。湖や沼地、川辺やマングローブ林などに生息し、夜間は陸上を移動することもあり、走れば時速30キロにも達する。魚類や両生類、爬虫類、小型哺乳類のほか、甲殻類も食し、シマウマや小型のカバなどの大型動物すら水中に引きずり込んで食す。人畜も例外ではなく、野生動物で人を襲うことが最も多い動物といわれている。共食いをすることもあり、ときには屍肉も食べる。雨季に水辺に穴を掘って産卵する。マサイ・マラ N.P. のマラ川、マチソン・フォールズ N.P. のナイル川などでよく見られる。全体としてはワニ皮採取のため減少している。

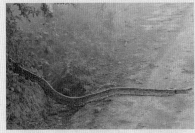

アフリカニシキヘビ
African python (Joka)

爬虫類ヘビ科。サバンナでは草に隠れて見られないが、水辺から山地までほとんどどこにでも生息する。無毒だが5～6mと巨大になるアフリカ最大のヘビ。アフリカ人がヘビを異常に怖がるのは、このヘビに人が飲み込まれた例があるのと、コブラなど猛毒のものがいるためだ。ウオーキングサファリの最中に草むらに入った場合、こうしたヘビに出合うこともある。

鳥類図鑑

東アフリカでおもに観察できる鳥

ホロホロチョウ
Guinea-Fowl (Kanga)
ニワトリ程度の大きさのウズラの仲間。羽にエメラルド色が散在している。オスは鶏冠が見事。早朝サファリのときに、数十羽の群れで草原を走り回っているのがよく見かけられる。

アフリカハゲコウ
Marabou Stork (Kongoti)
体長1.5mの大型のコウノトリ。名前のとおり、ハゲた赤い頭で、首の周りには、衿巻きのような白い毛が生えている。胸から腹にかけて白いが、成長するとのどにピンク色の袋のようなものがぶらさがる。サバンナだけでなく、町なかでゴミをあさっている姿も見られる。

ダチョウ
Ostrich (Mbuni)
現存の鳥類のなかで最も大きく、体長は2.5mくらい。太い脚をもち、砂漠や草原をすごいスピードで走り抜ける。群れをなしていたり、つがいでいたりする。オスは黒と白の羽をもち、メスは灰色の羽でオスより小柄。

ヘビクイワシ
Secretary Bird
ニワトリよりやや大きい体をもつ肉食性の鳥。体のわりに大きな脚で闊歩し、ヘビやトカゲを見つけると、ダッと駆け寄る。

ハゲワシ
Vulture (Tai)
大型のワシ。東アフリカではシロエリ、エジプト、マダラ、コシジロ、シロガシラ、ミミヒダの6種が一般的に見られる。翼長はエジプトの60cm余からミミヒダの1mまで。頭は皮膚が露出している。白いエジプトハゲワシを除いては濃淡差はあるがいずれも茶色。林や岩山にすみ、鳥獣の屍肉をあさる。写真左：シロエリハゲワシ、写真右：シロガシラハゲワシ。

フラミンゴ
Flamingo (Heroe)
グレーターフラミンゴ（オオフラミンゴ）とレッサーフラミンゴ（コフラミンゴ）の2種類いる。グレーターフラミンゴは体長1.4mと大きく、体は白く、くちばしは黒い先端以外はピンク。レッサーフラミンゴは体長1mで、よりピンクがかかった羽と赤黒いくちばしをもつ。ソーダ性の湖にのみ生息し、プランクトン類を捕食する。1卵を産み、口から出すミルク状の食物で雛を育てる。

カンムリヅル
Crowned Crane (Korongo)
体長1mの大型ヅル。頭に黄色の冠をかぶったような鶏冠があるので、この名前がついた。黒に黄色の尾羽、冠、のどもとの赤と、カラフル。サバンナでは色を添え、歩き方も優雅だ。ウガンダの国鳥でもある。鳴き声は姿と違い、壊れたラッパのような声を出す。

アフリカオオノガン
Kori Bustard
飛べる鳥としては世界最大で18kgになるというが、サバンナではそう大きく見えない。エチオピア、ソマリア、ケニア、ウガンダなどに生息。平原、乾燥したブッシュの草原で見かける。特にアバデアN.P.付近とマルサビット山に近いケニアの北部に広く分布。

アフリカトキコウ
Yellow-Billed Stork
大型の水鳥でコウノトリの仲間。くちばしは黄色で、くちばしから目のあたりまでは肌が露出し、赤い帯になっている。羽先は黒い。繁殖時には羽がとき色に染まるのでこの名がついた。淡水の水辺にすみ、くちばしを水中に突っ込み餌を探している。

ハシビロコウ
Shoebell
絶滅危惧種。ウガンダ西部からマラウイなどに生息する大型の鳥で体長約1～1.5m、翼開長約2.3～2.6m、体重4～7kg。淡い黄色の巨大なくちばしをもち、青みのある灰色の羽毛で包まれている。脚は長くしっかりしており、2.3日間も微動せず捕食のチャンスを待ち立ち続ける。極めてまれに飛翔する。
©Sherry McKelvie Wildlite Photography

27

サファリで出合う動植物

オオヤマセミ
Giant Kingfisher
淡水の大きい湖沼や川の周辺に生息する世界でも最大級の大型カワセミ。体と羽は縞模様で、胸の茶色が目立つ。縄張り意識が強いようで、だいたい同じ枝にとまっている。

ヒメヤマセミ
Pied Kingfisher
カワセミの一種。黒と白の羽毛、頭にはたてがみのような羽毛がある。胸の黒い線が2本あるのがオスで、1本だけなのがメス。

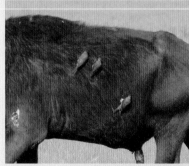

ウシツツキ
Oxpecker
大型動物にとまってダニや虫を食べたりしているやや大型の小鳥。キツツキならぬウシツツキの名のように皮膚を破って肉をつつくこともある。ほかの動物が近づくと飛び上がって危険を察知させるというが、サファリカーが近づいても一向に逃げない。

アフリカハサミアジサシ
African Skimmer
エチオピア全域とウガンダ、中央アフリカに生息している。おそらく群れが繁殖するルドルフ川で最もよく見ることができる。アジサシ（カモメの仲間）のような、大きくて粗い声で鳴く。

アカバシコサイチョウ
Red-billed Hornbill
サイチョウの仲間でサバンナの乾燥した森林にすみ、昆虫や果実を餌とする雑食。ロッジに餌をねだりに来ている鳥では約45cmと大きいほう。樹洞に営巣するが、メスは抱卵後もヒナが成長するまで巣の中に籠り、オスが餌を運ぶ。

ギンガオサイチョウ
Silvery-Hornbills
東アフリカからエチオピアにかけてよく見られる大型のサイチョウ。果物や昆虫を食べる。大きなくちばしとその上にある突起が特徴。

ハタオリドリ
Weaver Bird
スズメ程度の小型の鳥。サバンナのアカシアの木などに植物の茎や葉で編んだ太めの徳利のような形をした立派な巣を作る。何種類もいる。

ツキノワテリムクドリ
Superb Starling
ムクドリの仲間だが尾羽が短い。瑠璃色の光沢のある美しい羽をもつ、ギャーギャーとわめくように鳴く小型の鳥。たいていのロッジに居着いているようで、餌をねだりに来たり、飲み水を飲んだりしている。サファリ客に寄生することで居住区域を広げているのかもしれない。

ライラックブッポウソウ
Lilac breadsted roller
ライラック色の目立つ美しいブッポウソウの仲間。中型の肉食性の鳥で、サバンナのブッシュの枝にとまり昆虫などを捕食している姿を見かける。

アフリカクロトキ
Sacred Ibis
オーストラリアクロトキともいう。トキの仲間。日本の種はすでに絶滅した。古代エジプトでは神として扱われた聖なる鳥である。頭部は羽毛ではなく、露出した黒い地肌である。

カワウ
White-necked Cormorant
泳ぐときは体が水中にあり、首だけ水面から出している。ペンギンに次ぎ潜水がうまいといわれている。潜水するときは翼ではなく発達した足ひれを使う。

ツメバゲリ
Spurwing Plover
エチオピア、ソマリア、ウガンダ東部、ケニア、タンザニア中央部にかけて水辺に群れをなして生息。短い草地を好み、湿地帯によく姿を見せる。

サファリで出合う動植物

シュモリドリ
Hammerkop
東アフリカの留鳥で、わずかな群れが中央アフリカにも生息している。川辺や池のほとりにいて、ゆっくりと歩き魚を探す。カエルを好んで食べる。

ホワイトペリカン
White Pelican
渡り鳥の代表的な種類。なかには大西洋を越え、遠くアメリカ大陸に渡る種類もいる。翼を広げると幅2.5mにもなる巨大な鳥である。水辺の草むらや樹上に集団で生息し、魚を大きな袋のついたくちばしですくってつかまえる。

ダイサギ
Great White Egret
サギの仲間ではかなり大型。長い首と黒い脚が特徴。夏羽ではくちばしは黒く、冬羽になると黄色くなる。飛ぶときは長い首を折りたたみ、脚を伸ばして飛ぶ。

セイタカシギ
Black-Winged Stilt
冬にアフリカに渡ってくる。竹馬のように長いピンク色の脚と、真っすぐなくちばしが特徴。優雅に水辺を歩き魚を探す姿を観察できる。

アオツラジサイチョウ
Ground Hornbill
真っ黒な体とオスの赤いのどが特徴。メスはのどの根元が青味がかっている。サイチョウの仲間だがその特徴であるくちばし上部の突起があまり目立たない。ジサイチョウの仲間はほかのサイチョウとは生態が違い、おもに地上を歩き、虫を捕らえて食べる。

オニアオサギ
Goliath Heron
エチオピアの非常に狭い範囲で生息しているサギの仲間。西洋の神話に登場する巨人ゴリアテからその名が取られたとおり、大型である。首、肩の先が赤茶色、のどから首にかけては白地に黒斑がある。くちばしは黒い。

アマサギ
Cattle Egret
サバンナで大型動物の近くでよく見かける約55cmの小型のサギの仲間。動物の背などに乗っているのをよく見かけるが、動物が草原を移動する際に驚いて飛び出す昆虫を補食する習性をもっている。

エジプトガン
Egyptian Goose
ガンの仲間。小さい沼やちょっとした水場でもよく見かける水鳥。つがいかファミリーでいることが多い。留鳥だが、東アフリカに広く分布する。古代エジプトの壁画にも彫られているほど。

クラハシコウ
Saddle-Billed Stork
1.4〜1.7mと大型の水鳥でコウノトリの仲間。赤、黄、黒に色分けされたくちばしをもつ。ピンク色の膝と長い灰色の脚をもち、胸に羽毛の生えていない赤い肌が露出した部分がある。湿地帯で静かな足どりで魚やカエルを捕食する。メスは目の周りが黄色い。

サンショクウミワシ
African Fish Eagle
全長約80cmとやや大型のタカの仲間。和名は、頭部から背面と尾羽は白、腹部や後肢は赤褐色、腰や風切羽は黒と3色に分かれるため。英名は魚が主食であることから。魚のすまないソーダ湖ではフラミンゴを主に捕食する。つがいで飛翔したり木に止まるなど仲がよい。

コシジロウタオオタカ
Eastern Chanting-Goshawk
脚が長い中型のタカの仲間で、翼幅約1m。相対的に尾は短く、体長約50cm。オスはメスより小柄である。和名は繁殖期の初期にオスが木の頂上付近で歌うように鳴くことによる。小型の動物や大型の昆虫などを捕食するが、死肉もあさる。

アフリカキジフクロウ
Pel's Fishing Owl
世界最大のフクロウの種のひとつで、湖や川の水面から魚やカエルを捕獲している。動作が遅いためねぐらと捕食のために、川などに大きく張り出した木に止まることを好む。サハラ以南のアフリカの限られた地域でのみ見られる。ウガンダでは、マチソン・フォールズN.P.とセムリキN.P.で稀に見ることができる。

アフリカワシミミズク
Spotted Eagle-Owl
アフリカでよく見かけるフクロウで、体長約40cm、体重480〜850g、翼幅約1m。体は灰茶色で縞模様のある羽毛に包まれ、頭部に耳状の羽毛をもつ。虹彩は黄色である。小型哺乳類や鳥類、昆虫、カエルなどを捕食する。1、2年間隔で生息地を循環する。

植物図鑑

ホウオウボク
Delonix Regia

マメ科の落葉高木で「鳳凰木」と書く。マダガスカル産だがアフリカ全土でもよく見られる。属名のDelonixは「明瞭な鈎爪」の意で、花弁の形に由来する。高さ10〜20mの高木で、上部に広がっている。ピーコックフラワーという英名でも親しまれている。

ハイビスカス
Hibiscus

ハイビスカスといえば、ハワイのレイを思い浮かべるが、東アフリカでも標高2000m以下の所ではよく見かける。高さ2〜5mの低木に白や黄色、深紅色などの鮮やかな大輪の花を咲かせる。

ジャカランダ
Jacaranda

12〜15mの巨木。紫色の細長いベル型の花をつける。街路でよく見かけるが、残念なことに花が咲くのは10〜11月の間だけ。この時期は、町中ジャカランダの色と香りに満ちている。

ブーゲンビリア
Bougainvillea

オシロイバナ科の低木で、可憐な美しい花が木全体を覆うように咲く。発見者のフランス人の航海家ブーゲンビーユからこの名がつけられた。色は白から濃い赤や紫などさまざま。

アロエ
Aloe

アフリカの熱帯から南部に広がるユリ科の植物。約300種もある。属名は「苦味がある」の意味。漢方、胃腸薬、消毒薬として用いられ、日本でもなじみ深い。乾燥地によく見られ、多肉質で表皮が厚く、水分を多分に含んでいる。

トラベラーズツリー
Traveler's Tree

バナナの葉を扇形に広げたような格好のヤシ科の植物。マダガスカル原産。その扇形のかなめの部分には、旅人にとって貴重な水がたっぷり含まれている。

アカシア
Acacia

アカシアの仲間は大別しても100種を超すといわれているが、そのなかでもその形からアンブレラツリー、テーブルツリー、ソーンツリーと呼ばれる種類が有名。マラリア蚊の多い多湿な所に生える。樹皮が黄色い種類は、フィーバーツリーとも呼ばれている。サバンナのあちこちで見かけ、水平に広がる枝の形は印象的。

バオバブ
Baobab (Mbuyu)

悪魔が根ごと引き抜いて、逆さまに突き刺したという伝説をもつ、アフリカ固有のユーモラスな姿の落葉樹。どっしりとした幹と、横に広がるように伸びる複雑な枝が特徴。雨季になると、白い花がぶら下がるように咲く。しばしばアフリカゾウが幹をかじるため穴があいた大木が見られる。

ココナッツパーム
Coconut Palm

海岸地方へ行けば必ずお目にかかる。ラグビーボールくらいの大きさの実は、お菓子や料理の材料になり、中のジュースはさっぱりした甘みがあって、暑い地方にはぴったりの飲み物だ。ココナッツの強い繊維からはロープが作られる。

ソーセージツリー
Sausage Tree

高さ10〜15mの高木。マノウゼンカズラ科の植物で、内陸でよく見かける。実がソーセージの形をしているので、この名前がついた。木からたくさんの実がぶら下がるが、この実は食べられない。

ユーフォルビア
インゲンス
Euphorbia Ingens

サファリに行くとよく見かけるのが、柱サボテンのようなこの植物。東アフリカのサバンナに広く分布するトウダイグサ科の多肉植物で、高さが10mもある。多数に分かれた枝は乳液が豊富で、枝を傷つければ滴り落ちるほど。

ワピ・アフリカから感動の贈りもの

"サファリ" とは、東アフリカの言語、スワヒリ語で「旅」の意味。
WAPI AFRIKA は、お客様のご要望にあわせたサファリプランを手作りでお届けします。
みなさまも、WAPI AFRIKA でアフリカのサバンナへ行ってみませんか？

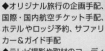

100万羽のフラミンゴが湖面をピンク
色に染める「ナクル湖」。

獲物を待つチーターの親子
（マサイ・マラ国立保護区）

アフリカ最高峰のキリマンジャロ山の前を
群れるアフリカ象（アンボセリ国立公園）。

地球の色を身にまとうマサイ族の
女性たち（マサイ村）。

どこまでも続くサバンナの地平線に
ポツンと佇む一本の木。

アウェンド村の子供達へ衣類を寄贈。

◆オリジナル旅行の企画手配、
国際・国内航空チケット手配、
ホテルやロッジ予約、サファリ
カー＆ガイド手配
◆テレビ撮影や取材のコーディ
ネート
◆フォトグラファーにも対応
◆登山／キャンピング
◆英語・スワヒリ語の留学
（ホームステイあり）
◆個人旅行でも安心！空港か
らホテルまでの送迎お1人様
US＄35〜
◆あらゆるお客様からのご要望
にお応えいたします！
◆ワピ・アフリカはケニアの
ナイロビにある東アフリカ専門
のサファリツアー会社です。

● アフリカ・ビギナーズの旅（ケニア7日間）
ナイロビ2泊、ナクル湖1泊、マサイ・マラ2泊
US＄1,500〜

● ポレポレの旅（ケニア9日間）
ナイロビ2泊、アンボセリ2泊、ナクル湖1泊、マサイ・マラ2泊
US＄1,900〜

● タンザニア・スペシャル！3大国立公園の旅（タンザニア8日間）
マニヤラ湖、ンゴロンゴロ、セレンゲティ
US＄2,300〜

● 体験！African Life 〜田舎を訪ねる旅（ケニア8日間）
ルオ族の村でのホームステイとビクトリア湖
US＄1,880〜

● ウガンダ・サファリとゴリラトレッキング体験（7日間）
クイーンエリザベス国立公園
US＄2,600〜

● 固定テント式キャンピング・サファリ（5日間）
ナイロビ1泊、マサイ・マラ2泊、ナクル湖1泊
（他のお客さまと混載）
US＄950〜

● キリマンジャロ山／ケニア山 登山（8日間）
US＄2,050〜

● ハネムーン・スペシャル（11日間）
マサイ・マラ、セイシェル島、ビクトリアの滝
US＄4,520〜

● 自分探しの旅〜孤児たちとのふれあい〜（8日間）
親のいない子供たちを訪問。ナクル湖、マサイ・マラも
US＄1,400〜

● アウトドアテント式キャンピング・サファリ（5日間）
ナクル湖1泊、マサイ・マラ2泊
US＄1,200〜

※上記はローシーズンにおける2名様ご参加の場合の1名様の最安値の料金（現地までの往復航空チケットは別途）。宿泊施設、シーズン、参加
人数によって料金は異なります。表示日数は往復渡航日数を含む。日数はご希望に応じて変更可能。ご旅行代金のお支払いは日本代口座まで。
（ドル支払いの場合は別途、送金手数料が必要です。）

WAPI TOURS
AFRIKA
http://www.wapiafrika.info
For your amazing discoveries!
WAPI AFRIKA

ご予算、行き先、参加人数、日程など、お客様のご要望に合わせたプライベートサファリを
プランいたします。お気軽にお問い合わせください！
Email：info@wapiafrika.info まで
※特にシーズン中はメール返信に若干時間を要することがございますので悪しからずご了承ください。

【WAPI AFRIKA 問い合わせ先】
■ ケニア ナイロビ
1st Ngong Avenue,5th Flr Wing A,
A.C.K. Garden House
Tel：(+254)-20-2715743
Fax：(+254)-20-2715742
Mobile Phone：(+254)-20-2531417
Email：info@wapiafrika.info
■ 日本連絡先
Tel&Fax:072-866-0297
Email：info@wapiafrika.info
URL http://www.wapiafrika.info/
ケニア観光局ライセンスナンバー：TLO/1/A/2189
ケニア政府発行登録ナンバー：417211

メールも電話も
日本語OKです！

ナイロビ
事務所

日本大使館から
徒歩8分！

クイーン・エリザベス国立公園
Queen Elizabeth National Park（ウガンダ）

　ウガンダ西部にあり、コンゴとの国境に接している国立公園で、東アフリカで最も多様性のある環境保護を誇っている。1979年に、動物や湿地の自然資源の保護を目的とする生物圏保護区として認定された。

　天然の水路であるカジンガ運河を境に西部と東部にわけて説明するが、公園内を20km以上も完全な舗装道路が貫通していて、そこを通過するだけで動物を見ることができる。

 歩き方

　大地溝帯にできたジョージ湖とエドワード湖、それをつなぐ天然の水路であるカジンガ運河を中心にした国立公園で、サバンナ、火山やクレーター湖も含んでいる。湖や川の水辺にはカバやワニが多数生息し、サバンナはアカシアやユーフォビアインゲンスが点在し、ウガンダコーブ、バッファローの大群が見られる。ライオン、ヒョウも少なくない。チンパンジーをはじ

クレーターがいくつも見られる

クイーン・エリザベス国立公園

カジンガ運河のボートサファリ

クイーン・エリザベス国立公園
⌂P.O.Box 22 Lake Kate Kasese
☎041-4355000（カンパラ）
FAX041-4346291
@ info@ugandawildlife.org
料入園料
US$40／24時間、車US$15（車種による）

...Access...

🚐 カンパラから（フォート・ポータルかマサカ、ムバララ経由）: 約467km、舗装道路、所要約7時間。簡易滑走路もある。
フォート・ポータルから:
🏨Mweya Safari Lodgeまで約129km、舗装道路と園内は轍、所要約2時間30分。

ボートサファリ
⊠US$30（2時間）
予約制で、定員が少ないので、早めにオフィスで予約を。料金支払いは乗船直前でも可。

バルーンサファリ
Uganda Balloon Safari
早朝5:30に滞在先ホテルにピックアップ。熱気球搭乗は7:00頃から。所要約1時間。着陸地点での朝食付き。
㊟Plot 1 Portal Ave.
Kampala（本社）
☎0759002552
Ⓔinfo@ugandaballoonsafari.com
ⒽPwww.ugandaballoonsafari.com/
⊠US$380/人（熱気球体験＋朝食＋滞在ホテル送迎＋税金）
ｶｰﾄﾞV（現金の＋5%）

バルーンが出発準備完了

めとして、10種の霊長類が生息し、モリイノシシ、ウォーターバック、トピ、ハイエナがよく見られ、特にモエヤ半島ではイボイノシシがよく見られる。また鳥類は東アフリカのどの国立公園より多いという。

園内を赤道がとおっている

●山あり、湖あり、人家あり
　カバトロ・ゲートKabatoro Gateから西部を車で行くと、草木の間にゾウ、ハイエナ、バッファロー、トピ、ハーテビースト、ウガンダコーブの大群などを見ることができる。東部の疎開林とイシャシャ川Ishasha River近辺には、チンパンジー、クロシロコロブス、アカオザルなどが生息しているがまずお目にかかれないだろう。
　また周辺にはバンニャンコレ、バキガ、バコンジョの各民族が居住し、園内に11の漁民の集落が点在する。

●カジンガ運河のボートサファリ
　カバが多数生息するカジンガ運河のボートサファリは、ほかの公園ではあまり見かけないもので、カバやワニ、水浴びをするゾウ、バッファロー、水鳥などや漁民の生活が観察できる。

カバの親子

漁民の生活も垣間見られる

子ゾウを見かけることもある

水鳥も多い

●木登りライオンが生息する

東部のイシャシャ地区にはフィグトゥリーに登るライオンがよく見られるので有名。暑さよけとも虫よけで登るともいわれている。

●バードウオッチング

606種もの鳥類が見られる。ガイドは鳥に詳しく、ウガンダで最も珍しいとされるシュービルストークを見かける確率が高い。そのほか、アフリカフィッシュイーグルやマーシャルイーグル、パパイラスゴノレック、アフリカンスキマーなども見られるが、多くの鳥を観察するには、2～3泊の滞在をすすめる。

木登りライオン

宿泊施設

→P.114 日本からの電話のかけ方

※東アフリカのサファリでは、1～3月、7月～12月はハイシーズン、4～6月がローシーズンだが、ロッジによって料金の設定が違うので予約時に要確認。以下同。

[L]ムウェヤ・サファリ・ロッジ・Mweya Safari Lodge

[住]Map P.35　P.O.Box40288
☎039-2796773、0772798880（直通）041-4259390～5（カンパラ予約）FAX031-2260262
[HP]www.mweyalodge.com
[料]ⓈUS$206～400　ⓌUS$364～500（トイレ・シャワー・3食付）デラックスⓌUS$453～800（エアコン・トイレ・シャワー・3食付）[カード][M][V]

古くからあった政府経営のロッジをリニューアルした、大型の高級ロッジ。モエヤ半島の高台に建ち、景観はすばらしい。[R]やバーのほかプール、マッサージサービスもある。コテージタイプの大部屋（4～6人部屋）もある。通電、給湯24時間。Wi-Fi無料。全49室+3コテージ。

高台に建つムウェヤ・サファリ・ロッジ

[H]イハンバ・サファリ・ロッジ・Ihamba Safari Lodge

[住]Map P.35　P.O.Box 26320 Kampala（予約）
☎039-3513675、0789727574
[e]info@ihambasafarilodge.com
[HP]www.ihambasafarilodge.com/en/
[料]ⓈUS$170～185　ⓌUS$207～228（トイレ・シャワー・3食付）

国立公園内にあるが幹線道路からすぐなのでアクセスしやすいロッジ。ジョージ湖に面し、湖面を渡る風でいつも涼しい。早朝に実施されるバルーンサファリに便利。通電、給湯24時間。Wi-Fi無料。全8室。

ジョージ湖に面した静かなロッジ

[H]カセニ・サファリ・キャンプ・Kasenyi Safari Camp

[住]Map P.35　Lake Bunyampaka
☎0756992038、0791992038（予約）
[e]info@kasenyisafaricamp.com
[HP]www.kasenyisafaricamp.com
[料]ⓈUS$315　ⓌUS$385（トイレ・シャワー・3食付）

国立公園内にあり、ジョージ湖付近のソーダ湖であるバニャンパカ湖畔のロッジ。塩を舐めに訪れる野生動物が見やすい。キバレ・フォレストN.P.とクイーン・エリザベスN.P.周遊の中継宿泊地としても使える。通電、給湯24時間。Wi-Fi無料。全6室。

[料]左がローシーズン、右がハイシーズンの料金

カセニ・サファリ・キャンプのアフリカテイストの本部棟

バンダ

公園管理事務所の南に少し離れてバンダとキャンプサイトがある。

Ｌ UWA・バンダーズ・UMA Banders
住Map P.35
☎0392-700694（予約）

041-4373050（カンパラ予約）
ⓔgueenelizabethnp@yahoo.co.uk
料Ⓢ3万1000sh Ⓦ6万2000sh（トイレ・バス共同、朝食付）
安さを追求する人向け。ベッドとシャワー以外の設備はないシンプルな部屋。隣にRあり。営7:00～23:00（客がいれば）。全20室。3号室が管理人室。

清潔な客室

チンパンジーに合えるキバレ・フォレスト国立公園

ウガンダの西部に位置するキバレのジャングルには、チンパンジー、アカオザル、アオザル、アビシニアコロブス、アヌビスヒヒなど13種の昼行性霊長類、カモシカ類、イボイノシシなどが高密度で生息し、国立公園となっている。
● キバレ・フォレスト国立公園
Kibale Forest National Park
住Map P.113、138右　P.O. Box 3530 Kampala
（予約はUTBにて）
☎041-4355409～10
ⒽPwww.ugandawildlife.org/explore-our-parks/parks-by-name-a-z/kibale-national-park
料US$40／人／24時間
交フォート・ポータルから6:00発のカナヤンチュ Kanyanchu行き乗り合いタクシーで、キバレ・フォレストN.P.のKanyanchuビジターセンター付近で途中下車。所要約1時間、約1万sh。ボダボタ（バイクタクシー）で所要約30分、2万sh。
● 観光コース
チンパンジーの痕跡を追跡しながら森林内を半日歩くコース。1グループ最大6名、3～4時間。1日通して観察するコースもある。
● チンパンジー・トレッキングの規則
・発熱、咳、鼻水、下痢などの症状がある場合、入場不可。
・チンパンジー・トレッキングは最大6名、12歳以下の参加は不可。
・森林内では単独行動しない。
・野生動物との距離は10m以上を保持。
・動物に向けたフラッシュ撮影は禁止。
・ゴミは持ち帰る。
料半日コース：US$150／人（4,5月と11月はUS$100／人、入園料、ガイド料込み、所要約2時間）
1日コース：US$200／人
ツアーガイドはすべて英語が通じる。
● キバレ国立公園訪問に便利な宿
Ⓗホイマ・カルチュラル・サファリ＆リゾート・ロッジ ● Hoima Cultural Safari & Resort Lodge
住100 Hoima Cultural Drive , Hoima
☎0750671281、0704671288
ⓔreservations@churchillsafaris.com
ⒽPwww.hoimaculturalsafarilodge.com
料ⓈUS$105～135 Ⓦ US$140～180（トイレ・シャワー・2食付）
ホイマの中心部、かつてのブニョニ王国宮殿の向かいにある、アフリカ風コテージタイプのホテル。マチソン・フォールズN.P.とキバレ・フォレストN.P.を周遊する場合に便利。通電、給湯24時間。Wi-Fi無料。全6室。

チンパンジー（写真提供：BIC TOURS）

ホイマ・カルチュラル・サファリ＆リゾート・ロッジⒽのコテージ

マチソン・フォールズ国立公園

Murchison Falls National Park（ウガンダ）

ウガンダ最大の国立公園で、面積約3985km²。この公園は河川、滝、デルタ地帯、湖沼、サバンナ、森林地帯と変化に富むため、野生動物の種類が非常に多く、ケニアやタンザニアではなかなか見られないウガンダ固有の動物も見られる。

 ## 歩き方

●マチソンフォールズ

特に有名なのは、公園中央部を流れるナイル川のマチソン・フォールズ（滝）である。川幅約100mのビクトリア・ナイルが僅か約5～7mにまで狭められ、轟音とともに落差約42mを流れ落ちる迫力はまさに壮大。この滝を境にビクトリア・ナイルは白ナイルと名前を変えるのである。この滝は、かつてアミン大統領の頃はカバレガ・フォールズと付近の部族の名前で呼ばれたこともある。この川一帯にはバッファロー、カバ、ナイルワニ、ゾウも多く生息している。

公園北部の白ナイル北岸にはサバンナが広がっているので、ライオン、ハイエナ、セグロジャッカルなどの肉食獣も多く見られる。南岸は森林地帯が大半でチンパンジーもすむが視界は利かないため出合うのは難しいかもしれない。

野生動物ばかりでなく、水鳥と水辺にすむ鳥が豊富で60種もの野鳥が記録されていて、世界の「バーダー」に

マチソン・フォールズを滝上から見る

入園料

US$40／24時間
車US$15（車種による）
ボートサファリUS$30
（2時間）
バルーンサファリUS$380

...Access...

カンパラから：フェリーでナイル川の北岸に渡るとよいだろう。この北側のほうが動物は多い。ボートからの水上サファリでは、岸辺に数え切れないほどいるカバ、ナイルワニ、水鳥を観察しながらマチソン・フォールズの200～300m手前まで近づく。なお、この滝は、車で行く場合は上流からも眺められるので、ゲームサファリ中に立ち寄るのもよし、ボートサファリの終点の川辺から滝の上まで歩道が整備されているので徒歩で滝上に行く事も可能である。

●マチソン・フォールズへの行き方

白ナイルの南岸を上流方向へ車出約20分。駐車場から徒歩数分。

●白ナイルのフェリーに注意

フェリーは8:00～19:00しか運航しないため、対岸に渡る場合は最終に間に合うように注意。

ナイル川の北側に向かうフェリー

おもな動物
肉食獣
ライオン、ヒョウ、ハイエナ、セグロジャッカル、ワニ
草食獣
ゾウ、イボイノシシ、カバ、ダイカー類、ウオーターバック、リードバック、ブッシュバック、バッファロー、アヌビスヒヒ、サバンナモンキー、ブルーモンキー、アカオザル、アビシニアコロブス、他国の保護区では見るのが困難なウガンダコーブ、オリビ、ロスチャイルドキリンなど。

■チンパンジー観察専用のツアーがある。

も人気がある。キンランチョウRed Bishop、テンニンチョウPin-tailed Whydahがよく見られ、サバンナでは青い顔のアオツラジサイチョウAbyssinian Ground Hornbillが見られる。また、オニアオサギ、クラハシコウなど大型の鳥やムネアカハチクイ、アオエリネズミドリなどのカラフルな鳥たちが見られるほか、大変珍しいハシビロコウShoebillが見られる可能性がある。ただ、ハシビロコウは眠り病を媒介するツエツエバエに汚染されていることもあるため、防虫対策には念を入れること。ロパラ地区は、かつてゲリラが出没していたこともあり、Ⓛ Paraa Safari Lodgeより北の立ち入りには注意が必要。

ボートサファリはこんな船で

マチソン・フォールズを白ナイルよりのぞむ

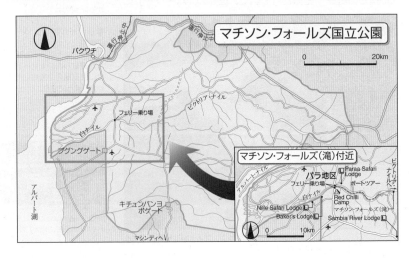
マチソン・フォールズ国立公園
0　20km

宿泊施設

→P.114 日本からの電話のかけ方

[L]パラ・サファリ・ロッジ・Paraa Safari Lodge

[住]Map P.40右下
☎0772788880、0772799991、031-2260260～1、041-4255992(カンパラ予約) FAX031-2260262(カンパラ予約)
[料]ⓈUS$176　ⓌUS$270(トイレ・シャワー・朝食付) ⓈUS$200　ⓌUS $318(トイレ・シャワー・3食付)
[e]mweyaparaa@africaonline.co.ug
[HP]www.paraalodge.com

フェリーで白ナイル川を渡ってすぐの所にある。1954年に建てられた老舗で、公園内では最も有名なロッジ。同系列の[L] Chobe Safari Lodgeがマチソン・フォールズより約200kmの所にある。こちらのほうがいくらか豪華だが(ⓈUS$206　ⓌUS$371いずれもトイレ・シャワー・3食付) 遠方にあるため不便。

東アフリカでも老舗のロッジ

[L]ベーカーズ・ロッジ・Baker's Lodge

[住]Map P.40右下
☎0772721155 (予約)
[e]ereservations@ugandaexclusivecamps.com
[HP]ugandaexclusivecamps.com/bakers-lodge/
[料]ⓈUS$360　ⓌUS$560(トイレ・バスタブ・3食付)

国立公園内のビクトリア・ナイル南岸にあり、エコを追求しているロッジ。そのため通電は6:00～9:00・12:00～14;00・15:00～22:00、給湯24時間。Wi-Fi無料。全8室。

エコを打ち出した最新のロッジ

[L]ナイル・サファリ・ロッジ・Nile Safari Lodge

[住]Map P.40右下
☎031-2260758(直通)、041-4258273(カンパラ予約)
[e]reservations@geolodgesafrica.com
[HP]geolodges.com
[料]ⓈUS$220　ⓌUS$532(トイレ・シャワー・3食付)

公園外にあるが、カンパラから行くとマシンディ側のゲートから公園内に入り、[L] Sambiya Lodge近くの分岐点で左折し、そのまま進み公園から出た所にある。川辺にあり、景色はよい。クイーン・エリザベスN.P.とマビラ・フォレストに姉妹ロッジがある。

ナイル・サファリ・ロッジの客室

[L]レッド・チリ・キャンプ・Red Chilli Camp

[住]Map P.40右下
☎0772509150、031-2202903(直通)、041-4223903(カンパラ予約)
[e]reservation@redchillihideaway.com
[HP]redchillihideaway.com
[料]バンダⓈⓌUS$35～38(トイレ・シャワー共同) ⓈⓌUS$50～55(トイレ・シャワー付)
サファリテントⓈⓌUS$30～33
キャンプサイト US$7／日／人

[L]Paraa Safari Lodge付近のフェリー乗り場近くにあり便利。[R]では予約なしで食べられる。欧米のバックパッカーも多い。敷地内にイボイノシシが数頭昼寝をしているのを見かけることもある。川辺にあり景色も最高。

レッド・チリ・キャンプの食堂

[料]左がローシーズン、右がハイシーズンの料金

ブウィンディ原生国立公園

Bwindi Impenetrable National Park（ウガンダ）

世界遺産
ブウィンディ原生国立公園

料ゴリラトレッキングのパーミット料：US$600（1時間）（4、5月と11月はUS$450）US$1500（4時間）。現金でのみ購入、入園料はこの金額に含まれる。

...Access...

カンパラから：カバレ行きでNtungamo下車、Rukungiri行きに乗り換え。RukungiriからButogota経由Buhoma下車。Buhomaからは管理事務所やロッジなど、すべて徒歩圏。

ゴリラトレッキングはカンパラのUWA（Uganda Wildlife Authority）で予約が必要

住Plot 7 Kira Rd. Kamwokya
☎041-4355000
FAX041-4346291
e info@ugandawildlife.org
www.ugandawildlife.org

ゴリラ見物
1日13グループ、1グループは8名まで。Rushaga地区の5群とRuhija地区の3群とBuhoma地区の3群とNkuringo地区の1群は観光客用。

ウガンダ南西部の西部地溝帯に位置し、コンゴとの国境に接している森林の国立公園。総面積は約331km²で、海抜は約1160（Ishasha渓谷）～2607m（Rwamanyonyi Peak）。年間平均気温は7～20℃で、最も寒い時期は6～7月。公園の周辺にはキガ族とフムビラ族が多く住み、彼らの人口密度はウガンダではここが最も高い（350人／km²）。

ブウィンディ原生N.P.で特に有名なのがマウンテンゴリラで、現在世界に生存する個体の半数、約440頭が生息している。鳥は346種、蝶は200種以上。樹木は324種あり、そのうち10種はウガンダではここのみ生息する。ヘビはあまりいないが有毒の昆虫類はいる。

 歩き方

●ゴリラトレッキング

　ここの観光のウリで、17群のゴリラが観光の対象となっている。ルシャガ群はゴリラ10頭からなり、シルバーバックが1頭いて、1993年から人付けされている。ハビンヤンジャ群は1998年から、ルシャガ群は2002年から、ンクリンゴ群は2004年から、それぞれ人付けされ、人になれている。

　ゴリラトレッキングは希望者が多く、予約は2年

ここに来ればマウンテンゴリラに会えるかも

以内、少なくとも3ヵ月前までにしておく必要がある（観光客が集中する期間は6ヵ月以上前にほぼ満員となる）。トレッキングは森林の山地を歩行するため相当きついので、参加は健康で体調のよいときにすべきである。入場は7:45から。8:00から（14:25よりスタートする組もある）トレッキングは始まり、ゴリラの群に出合うまでに数時間から終日かかることもある。（ヘビの心配はあるが、血清もあり、医療者もいる。事故の場合はレスキュー隊がかけつける。毒のある昆虫などがいるので、虫除けは必要だろう。ゴリラに嫌われないよう臭いのしないものがよい）。

持参すべきもの
ぬかるみに適した靴、ジャングルシューズ。合羽、雨具、日焼け止め、帽子、虫除け、耳栓、弁当。

ゴリラに合える確率
管理事務所によるとゴリラに合える確率は98％とのこと。

宿泊施設

→P.114 日本からの電話のかけ方

[L] サンクチュアリー・ゴリラ・フォレスト・キャンプ・Sanctuary Gorilla Forest Camp

[住]Map P.42　P.O.Box 7799 Kampala
☎0772753619（直通）、041-4340290（カンパラ予約）
[HP] www.sanctuaryretreats.com/uganda-camps-gorilla-forest
[料]ⓈⓌUS$355～595（トイレ・シャワー・3食付）
[カード][M][V]

この地区で最も大きい、静かな森に囲まれたコテージタイプのロッジ。[R]、バー、みやげ物屋あり。ソーラー電気で通電、給湯24時間。料金にビール、ワインの飲物代も含まれている（適量）。全8室。

サンクチュアリー・ゴリラ・フォレスト・キャンプのレストラン

[L] シルバーバック・ロッジ・Silverback Lodge

[住]Map P.42
☎0312-260260、0753777855（直通）、041-4259390～5（カンパラ予約）
[HP] www.silverbacklodge.com
[料]ⓈUS$187～224　ⓌUS$237～300（トイレ・シャワー・朝食付）ⓈUS$211～248　ⓌUS$285～348（トイレ・シャワー・3食付）

小高い丘の上にあり、ブウィンディの森を上から眺めることができる。建物には麻のロープや植物のツルなど地元の素材が使われている。Wi-Fi無料。全12室。

クラシックなロッジ

環境保護のためのルール

1.インフルエンザ、下痢などの感染症患者は入場不可。
2.ゴリラに接近した場合はバラバラにならず、グループから離れずに行動。ゴリラを取り囲まないこと。
3.ゴリラに7m以上近づかないこと。ただしゴリラが近づいてきた場合はこの限りではない。
4.撮影時にはフラッシュ不可。
5.ゴリラから200m以内に接近した場合はたばこや食事不可。
6.くしゃみと、咳をするときはゴリラに向かってしない。鼻と口を手で覆う。
7.人糞は30cmより深くに埋め、穴を土で覆うこと。
8.ゴミは捨てない。すべて公園外に持っていく。
9.15歳以下は参加不可。
10.騒音を出したり、突然、行動を起こさぬこと。
11.ゴリラとの接触は1時間以内に限る。
12.公園内では植物や土につばを吐かないこと。つばを吐く場合はティッシュに。

自然散策

2、3日滞在の場合はハイキングツアーが4コースあり、霊長類を含め多くの鳥類や植物が見られる。ツアーにはガイドが必要で、ガイドは公園の管理事務所受付で手配できる。

7:30　レジストレーション（登録）
8:30　プレゼンテーション
9:00　ブリーフィングとトレッキング。近い所から見る
●1日13グループ（各グループはガイド1名トラッカー1名が付く）の入園制限がある。

Uganda Wildlife Authority本部
☎041-4355000
[開] 8:00～17:00　無休

[料]左がローシーズン、右がハイシーズンの料金

[L]ブホマ・コミュニティ・レスト・キャンプ・Buhoma Community Rest Camp

[住]Map P.42　P.O.Box 992 Kabale
☎0772384965（直通）、041-4501566（カンパラ予約）
[HP] www.buhomacommunity.com
[料]ⓈUS$115　ⓌUS$166（トイレ・シャワー共同、3食付）ⓈUS$100　ⓌUS$120（トイレ・シャワー共同、3食付）

ブホマ村のコミュニティで経営するロッジで、エコを重視している。通電6:00～12:00・18:30～23:00、給湯24時間。Wi-Fi無料。全9室。

[L]ヘイブン・ロッジ・Haven Lodge

[住]Map P.42　[L]ブホマ・コミュニティ・レスト・キャンプと同じ
☎0791050808、0788-656310（直通）
[料]ⓈUS$201　ⓌUS$318（トイレ・シャワー・3食付）ⒻUS$600（4名以下。トイレ・シャワー・3食付）

ブウィンディの公園外の斜面に建つ、ブホマ村のコミュニティが経営する高級ロッジ。支払いは現金のみ。夕食時に翌朝の朝食をオーダーする、ランチボックス可。食事の塩加減がよい。部屋は広く5人宿泊可能なほど。通電5:00～7:30・17:00～22:00、給湯19:00～22:00。湯たんぽあり。Wi-Fi無料。全4室。

デッキからの眺めがよい

[L]ルヒジャ・ゴリラ・ロッジ・Ruhija Gorilla Lodge

[住]Map P.42　Bwindi Impenetrable Forest Kabale
☎0414-503065（直通）
[料]ⓈUS$218～364　ⓌUS$242～404（トイレ・シャワー・3食付）
[e]reservation@gorillasafari.travel
[HP]www.gorillasafari.travel/

ルヒジャの見晴らしのよい小山にあるロッジ。ルヒジャのゴリラ群を見るのに便利。眺望がよく、ルワンダとの国境の火山群が見える。海抜約2000mと高いので朝晩は冷える。Wi-Fi無料。全8室。

国境の山々

[L]バチガ・ロッジ・Bakiga Lodge

[住]Map　P.42
☎0774518401、0700113920（直通）
[料]ⓈUS$180　ⓌUS$250（トイレ・シャワー・3食付）
[HP]www.bakigalodge.org

[L]ルヒジャ・ゴリラロッジに近く、ルヒジャのゴリラ群を見るのに便利。支払いはUS＄の現金のみでウガンダ・シリング不可。壁にはめたワインの空き瓶がかわいい。通電7:00～10:00・19:00～23:00（ソーラーのため電圧は不安定）、給湯24時間。Wi-Fi 無料。全4室。

[L]ルシャガ・ゴリラ・キャンプ・Rushaga Gorilla Camp

[住]Map P.42　P.O.Box710 Kabale
☎0752409510、0774633331（直通）
[料]ⓈUS$100　ⓌUS$160（トイレ・シャワー共同・3食付）
[e]gorilla@rushaga.com
[HP]www.rushaga.com

ルシャガ・ゲートへ向かう道の途中、半島状に飛び出た丘に建つ。ルシャガのゴリラ群を見るのに便利。食事US$10～／人。全6室

[L]クラウズ・マウンテン・ゴリラ・ロッジ・Clouds Mountain Gollira Lodge

[住]Map P.42
☎0414-251182、0772489497（カンパラ予約）
[料][SU]US$516～795　ⒻUS$790～1220（トイレ・バスタブ・3食・飲料付）
[カード][M][V]（現金支払より5%加算）
[HP] www.wildplacesafrica.com/our-lodges-camps/clouds/

ンクリングにある米国の海外援助組織と村のコミュニティの所有。ンクリングのゴリラ群を見るのに便利。民間会社が運営する高級感あふれるロッジで、ソフトドリンクとビールは飲み放題、一般マッサージ、洗濯（夜までに出すと翌朝仕上げ。靴含む）すべて無料とサービスもすばらしい。部屋入口やベッドに花びらのハートマークが、夕食のテーブルにも花のメッセージがあった。通電6:00～10:00・18:00～22:00、給湯24時間。海抜2000m近いので夜は冷えるが湯たんぽあり。Wi-Fi 無料だが接続不良。全8室（[SU]とⒻのみ）。

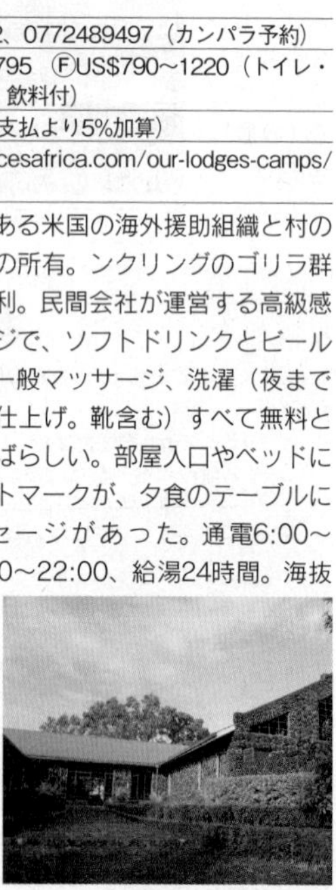

高級感のただようロッジ

[料]左がローシーズン、右がハイシーズンの料金

ムブロ湖国立公園
Lake Mburo National Park（ウガンダ）

ウガンダ南西部のムバララに近いムブロ湖を中心にした国立公園で、シマウマやインパラなど草食動物が中心のこぢんまりした公園で派手さはないがその分のんびりと自然を満喫できる。もちろん、ウオーキング・サファリも可能だ。この国立公園にはヒョウやハイエナはいるものの大型の肉食獣がいないため、ここに生息する草食動物はゆったりと過ごしているように見える。

⊠入園料
US$40／人／日（子供
US$20／人／日）
車US$15／台
ボード巡遊US$45／2時間

...Access...

🚌 カンパラから：ムバララ行きのバスか乗り合いタクシーでサンガ下車。所要約4時間、約1万5000sh

歩き方

舗装されたムバララへの道路からの入り口はリャントンデLyantodeとサンガSangaから、それぞれ9km、13km南に入るとンシャラNsyaraゲート、サンガSangaゲートがある。しかし、リャントンデゲートからは湿地帯をとおらねばならない。

公園と外部との境には何もなく、どこからが公園なのかわからないが、ゲートを入れば草食動物にすぐ出合うだろう。まずは中心のムブロ湖をめざそう。湖にはカバがすみ、ボートクルーズもある。船着き場には食堂もあり、付近には警戒心が強いはずのイボイノシシがたわむれていたりする。

公園外だが宿泊可能な🄻Mihingo Lodgeが小高い岩山の上に建っている。ここからの眺望はなかなかすばらしい。またバードウオッチングタワーも設置されている。

ムブロ湖の船着き場

🄻Mihingo Lodgeより、眼下に広がるムブロ湖N.P.

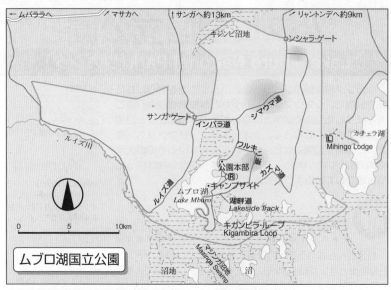

警戒心の強いイボイノシシも人慣れしている

インパラやシマウマなど草食動物がいっぱい

 # 宿泊施設

→P.114 日本からの電話のかけ方

L ミヒンゴ・ロッジ・
Mihingo Lodge

住PO. Box 28142 Kampala（予約）
☎ 0752410509
料S320〜370 WUS$440〜520（トイレ・シャワー・3食付）
HPmihingo-lodge.com カードAMV

公園の境界付近の小高い岩山に建つロッジ。Rも客室のシャワールームもともに石造り。見晴らしは非常によい。しかし移動には急な階段を使わねばならないのが難点。馬を15頭飼育しており、ホースライド・サファリもできる（有料）。通電、給湯24時間。ムブロ湖ボートサファリの手配も可。全8室。

岩山に建つ固定式テントロッジ

シミエン国立公園
Simien National Park（エチオピア）

エチオピア最高峰、4533mのラスダッシェン山を頂く国立公園。シミエンはアムハラ語で"北"を意味する。公園内は4000m級の山々が連なる独特の景観とともに、多くの植物や鳥類のエチオピアの固有種を有し、ユネスコの世界遺産にも登録されている。大地にできた深い割れ目のような崖が続く様子は、まるでチェス盤に駒を置いたように見える。

さらに、哺乳類の固有種は、大きな背中まで反り返った角をもつワリヤアイベックス、興奮すると胸の赤味が増し真っ赤になるゲラダヒヒ、最近は見ることがかなり難しくなったシミエンフォックス（別名：エチオピアオオカミ、シミエンジャッカル）などがいる。

近年ゴンダールからの道路が舗装されたことでアクセスが飛躍的によくなり、欧米からの観光客を中心に人気が高まっている。なおシミエンN.P.の設立に尽力し、公園初の園長を務めたのはC.W.ニコル氏であり、2011年からはJICAがプロジェクトを行うなど日本との関わりも深い。

世界遺産
シエミン国立公園
🎫入園料200B／日
車80B
スカウト（警備）40B／日
公園ガイド770B／日
入園料は、国立公園入口の町ダバルクにあるシミエン国立公園事務所で払う。ガイドの手配や地図入りの資料の入手などもできる。

...Access...

🚌 ゴンダールから：ダバルクから公園へは公共交通機関がないため、ゴンダールで車をチャーターするか、ゴンダールからのツアーに参加する。

歩き方

全行程トレッキングでラスダシェン山を目指す場合はダバルクから往復2週間程度を要するが、園内のキャンプサイトに宿泊しながら見どころを回る2泊3日程度の行程でも公園の魅力を十分味わえる。トレッキングと車移動を組み合わせて日帰りで公園を訪れるツアーもある。6～9月中旬の雨季の訪問は避けたほうがよいだろう。また、ガイドや銃を持ったスカウトの同行は必須なので、国立公園事務所で紹介してもらう。

第1ストップのサンカバル・キャンプ（標高約3250m）や第3ストップのチェネケ（標高約3620m）までは車両で入ることができ

BJ Tours &Trekking
🏠P.O.Box1008
☎0911831629
🌐www.bjtoursandtrekking.com
ゴンダールを拠点に、シミエンN.P.のトレッキングに強い旅行会社。

雄大なシミエンの山々の景観

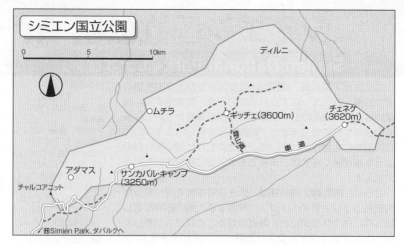

シミエン国立公園

0　　　　5　　　　10km

ディルニ

ムチラ

ギッチェ(3600m)

チェネケ(3620m)

登山道

車道

アダマス

サンカバル・キャンプ
(3250m)

チャルコアユニット

H Simien Park、ダバルクへ

ビレッジツアー

公園周辺には1000年以上も前から独自の文化を守り続けてきた人々が暮らしており、彼らの村を訪ねるビレッジツアーが注目を集めている。日本のJICAがこのツアーを開発し、自然保護と住民生活の両立に取り組んでいる。ビレッジツアーの申し込みはダバルクの公園事務所でできる。
HP www.facebook.com/DiscoverSimien
E discoversimien@gmail.com（日本語可）

る。ちょうど公園の中心にあたる第2ストップのギッチェ(標高約3600m)へは3〜4日かけてトレッキングを楽しむことができる。イミティゴーゴー(標高約3920m)からラスダッシェン山も観察できる。ゲラダヒヒはいたるところで見ることができ、2〜3m先まで近づいて写真を撮ることもできる。

　標高が高いので、日本からいきなり行く場合は高山病の予防のために少なくとも1〜2日間、ゴンダールやダバルクで体を慣らしてから登ったほうがよい。頭痛や吐き気などがしたら、迷わず下山をすること。

　高原地は朝晩かなり冷え込むので、セーターや長袖の衣類を持っていくべきである。防水加工のジャンパーなどがあるとなおよい。また、テントとマットはキャンプをする場合には必要。日中は日差しが強いので、帽子や傘、サングラスを必要とする。水は必ず持っていくこと。キャンプにはトイレもキッチンも水のシャワーもあるが、必要な物はゴンダールやダバルクで用意するとよい。

🏢 宿泊施設

→P.144 日本からの電話のかけ方

H シミエン・パーク・
Simien Park H

住 Map P.48外　P.O.Box 12
☎ 058-1170055、0928955858
HP www.simienparkhotel.com
料 S 500B（トイレ・シャワー共同）S 1000B
W 800B（トイレ・シャワー・朝食付）＋税

ダバルク市内、シミエンN.P.の入口手前にあるホテル。国立公園事務所、バス停まで約500m。トレッキングツアーの手配も行っている。R もあり、エチオピア料理、西洋料理などひととおりの食事を取ることができる。全50室。

公園入口近くにあるシミエン・パーク・ホテル

アワシ国立公園
Awash National Park（エチオピア）

料入園料200B
車80B
スカウト（500B）
温泉200B。

...Access...

🚐 アディスアベバから:
車をチャーターし、約3時間。アディスアベバから日帰り圏内。

アフリカ大地溝帯の低部のサバンナと、半乾燥地帯に設けられたエチオピアで最初の国立公園。アディスアベバから東へ200kmほどの所に位置する。標高約1200m。面積約830km²で、公園の南から北にかけての渓谷には、エチオピア国内では最長であるアワシ川が流れる。この川は、アクマルのダナキル砂漠に吸い込まれるように消えていくという。また、このアワシ川下流域は化石人骨ルーシーが発見された地で、世界遺産に登録されている。

公園北側の道路脇にトルコブルーの美しい温泉（約36℃）があり、泳ぐこともできる。

公園入口のゲート

食事
N.P.内はレストランはロッジ内に1店のみ。食料や飲料は各自で準備したほうがよい。

温泉
アムハラ語で温泉は「フルハ」という。乾燥地帯の砂ぼこりを落とすのにちょうどよい。

🐻 歩き方

多くの鳥類、ワニやカバを見るなら、公園南のバセカ湖へ。ベイサオリックス、グレータークドゥ、レッサークドゥ、イボイノシシ、ハマドリュアディスヒヒ、アビシニアコロブス、ヒョウ、チーター、ハイエナなど50種類以上の哺乳類、400種類ほどの鳥類を観察できる。ゲート付近の施設では、公園内で見られる動植物などを紹介しており、予習するのにちょうどよい。

また、アディスアベバとディレ・ダワ間の幹線道路アディス・アッサブ・ロードとエチオピア唯一の鉄道が公園内を通過する（2016年4月現在、鉄道は運休中。2016年9月運行再開予定）。道路からベイサオリックス、グレータークドゥ、イボイノシシがときおり見られるほど、動物は比較的見やすい。雨季が始まったばかりの2月と6月は緑がいっせいに芽吹き美しい。標高が高いので、昼夜の気温の差が30℃になることもある。日中は暑く、乾燥しているので、水を持っていったほうがよいだろう。また、日差しも強く車の中にいても日焼けするほどなので、日焼け対策とサングラスを忘れないようにしよう。

バードウオッチングや自然観賞を楽しめる

アワシ国立公園

見どころの多くは、南側に集まっている。メインゲートから7kmほど南下した所には園内に生息する動物の標本を展示した小さな博物館があり、その近くにトイレもある。さらに進むと、水量が多く迫力のあるアワシ滝がある。この滝は公園の境界となるアワシ川に注いでいて、この川にはワニが生息している。

ときおりバブーンが姿を見せる

アワシ滝の濁流

180度の虹のアーチ

 # 宿泊施設

→P.144 日本からの電話のかけ方

L アワシ・フォールズ・ロッジ・Awash Falls Lodge

住Map P.50　アワシN.P.内
☎022-1191182/3
HP www.awashfallslodge.net
料SUS$70　WUS$100　TUS$110（蚊帳・トイレ・水シャワー・朝食付）

国立公園内のロッジ。アワシ川を見下ろす高台にあり、自然を満喫できる。ロッジは伝統家屋を模した小屋タイプと家族向けの2階建てタイプがある。夜はキャンプファイアーを楽しめる。Rもある。全25室。

手入れが行き届いている

H ゲネット・Genet H

住Map P.50　アワシ市内
☎022-2240040
料S620B　T780B（蚊帳・エアコン・トイレ・水シャワー付）＋税

アワシのバスターミナルから100mほどの所にある、アワシ市内でいちばん快適なホテル。設備は新しく、清潔で、客室は広々としている。1階にRがあり、簡単な食事を取ることができる。アルコールも販売。全39室。

近代的な外観

ナッチサハル国立公園
Nechisar National Park（エチオピア）

ナッチは白、サハルは草の意味で、乾季になると広大な草原地帯が白一色になることから、この名で呼ばれている。エチオピア南部に位置するナッチサハルN.P.は、エチオピア固有種「スワイナスハーテビースト」の保護を目的として指定された。面積約514km²のうち約78km²が湖。タナ湖に次いでエチオピアで2番目に大きいアバヤ湖とチャモ湖のふたつの湖の一部を含み、草原と森林のふたつの環境をもつ。91種の動物、351種の鳥類が観察されている。アバヤ湖は赤銅色でチャモ湖は涼しげな青色。このふたつの湖の間は「神様の橋」と呼ばれている。

国立公園の本部、ヘッドクオーターはアルバ・ミンチ市街セカラ地区の幹線道路沿いの入口を約1.5km内側に入った所にある。3〜5月の雨季は道路がぬかるむので、できれば避けたほうがよい。

広いチャモ湖

 ## 歩き方

動物は人間に慣れていないため車が近づくと姿を隠すものが多いが、公園スカウトと一緒に歩いて回ると、かなり近くまで行っても逃げない。おもな動物はシマウマ、スワイナスハーテビースト、トムソンガゼル、グラントガゼル、グレータークドゥ、ウオーターバック、アンテロープ、カバ、イボイノシシ、ライオン、ヒョウ、ブチハイエナ、アードロフハイエナ、ジネットキャット、ワニなどがいる。ゾウ、キリンといった大型動物はいない。ただし鳥に関しては人を恐れず非常に観察しやす

入園料
外国人200B
（ガイドなど）200B、車80B、いずれも／24時間
レインジャー（スカウト）は門から数分のヘッドクオーターで雇える。料金もここで支払う。
簡単な地図と観察記録のある動植物のリストの入ったパンフレットがあれば、売ってくれる。
レインジャー200B／日
開6:30〜17:00

...Access...

✈ アディスアベバから:
最寄りの町アルバ・ミンチまで毎日、所要約1時間、片道3887B〜
アディスアベバへ:毎日
🚌 アディスアベバから:
マルカート北東のAutobus Teraから発。所要約10時間、アルバミンチまで139B

宿泊
アルバ・ミンチの町が近いため内部に宿泊施設はない。キャンプは可能。

湖を楽しむ
国立公園に含まれるチャモ湖のボートツアーもおすすめ。カバやワニ、ペリカンなど大型の水鳥の観察には最もよいポイントのひとつである。

ペリカンの群れが泳ぐ

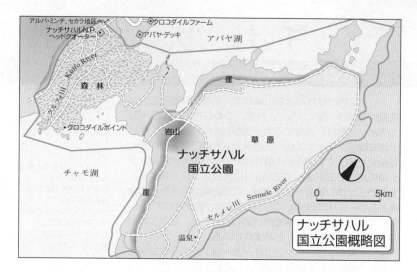

ナッチサハル
国立公園概略図

クルーズの際は

水しぶきの連続なので防水機能付きジャンパーがあるとよい。カメラやビデオも水にぬれないよう注意しよう。日中は照り返しもあるのでサングラスがあったほうがよい。

い。森林の鳥と草原の鳥を同時に観察できる。ゆっくり動物を観察したいなら動物が活動する夕方の時間帯が狙い目だ。

公園内にロッジや食堂、店はないので食料や飲料水などはアルバ・ミンチの町で十分用意していこう。持っていった食料はどこで食べてもよいが、ゴミを置いていくようなことはしないように。

密猟者と出くわして、危険な目に遭わないためにも、公園内の移動はできるだけ武装したレインジャーに同行してもらうか、アルバ・ミンチの町で車をチャーターして行くことをすすめる。

国立公園のゲート

シマウマなど草食動物はよく見かける

ワニの親子が日なたぼっこ

ヘッドクオーター付近に広がる森林

アビヤタ、シャラ湖国立公園
Abijata-Shala Lakes National Park（エチオピア）

アフリカ大地溝帯に点在する湖水群を含む国立公園のひとつで、アディスアベバの南約150kmに位置する。面積約887km²のうち約482km²を湖が占める。フィケ山を挟んで北にアビヤタ湖、南に大地溝帯中最も深いシャラ湖（最深約260m）がある。どちらも塩水湖だが、水が茶色のシャラ湖はリューマチに効くとされる温泉が湧いている。

鳥の保護を目的として設けられた公園には、436種類以上の水鳥や森林鳥がいるという。特に多くの鳥を観察するなら、8つの島があるシャラ湖がよい。そのうちのひとつペリカン島（保護区なので上陸はできない）は、アフリカで最大のペリカン群生地。ホワイトペリカンを筆頭にフラミンゴ、ウ、アフリカフィッシュイーグル、エジプトガン、ダチョウなども見られる。動物は76種、グラントガゼル、グレータークドゥやオリビなどが見られるが、ハイエナ、ヒョウなど肉食動物は少ない。

入園料200B
車80B
ガイド料150B〜／日
（ウオーキングサファリ2時間。ガイド付＋300B）

...Access...

アディスアベバから：シャシャマネ行きバスでAbijata N.P.下車。所要約5時間、120B
アディスアベバから車をチャーターし、ズワイ湖やアワサ湖周遊の旅の途中に立ち寄る人が多い。ちなみにランガーノ湖南岸のロッジへは幹線道路から入るじゃり道を走り約15分。

歩き方

ウオーキングサファリがおもで、ガイド付きで2時間、エチオピアの南部の自然を満喫できる。目玉はアビヤタ湖のフラミンゴの大群。車で湖のほとりまで行き、あとは湖岸まで歩く。湖岸に近づけばフラミンゴは遠ざかっていくので、鬼ごっこをしているようでおもしろい。ロッジやホテルは幹線道路を挟んで向かいのランガーノ湖側にある。ランガーノ湖はアリ山を望む景観のよい保養地で、水は茶色だがきれいで水遊びに適している。湖畔にはキャンピング場やホテル、ロッジもあり人々の憩いの場となっている。

フラミンゴの群れ

宿泊施設
→P.144 日本からの電話のかけ方

L ビシャンガリ・ロッジ・
Bishangari Lodge
住P.O.Box 818
☎0911201317
Ereservations@bishangari.com
HPwww.facebook.com/pages/Bishangari-Lodge/303790246323348
料ⓈUS$65　ⓌUS$88（平日）　ⓈUS$138
ⓌUS$224（週末）（バンガロー）年末年始は割増料金
幹線道路を挟んで国立公園の向かい、ランガーノ湖畔の泉の周囲に造られた木造のロッジ。夜間早朝のみ自家発電する。大木を利用した2階建てのバーは非常に風雅である。

H サバナ・ビーチ・リゾート・
Sabana Beach Resort
住Langano Lake
☎046-1191181/1191466
HPwww.sabanalangano.com
料ⓈUS$76　ⓌUS$91（トイレ・シャワー・朝食付）
ランガーノ湖畔にある人気リゾートホテル。自然に囲まれたなかでのんびりできる。地元素材を使ったシンプルな造りのバンガローが並ぶ。カヌーやビーチバレーなどのアクティビティのほか、湖を巡るツアーもある。

"地球上でもっとも過酷な地"を訪ねる!? ダナキルツアー体験記

●ダナキルツアーとは？

　エチオピアの北東エリアで、エチオピアと国境を接するエリトリア、ジブチにまたがるダナキル砂漠を訪れる3泊4日の現地発ツアー。見どころのハイライトは美しいアッサル塩湖と目の前で赤いマグマが渦巻く様子が見られるエルタ・アレ火山。地球の鼓動を感じる大自然が織りなす絶景を見る瞬間は、この上ない感動だ。ただし、ツアーは体力的にはかなり過酷なもの。事前の情報収集をしっかりと行い、体調を整えて参加し、一生ものの思い出を作ろう。

●ツアーの行程

1日目

09:30	メケレ出発
12:30	ハレンでランチ休憩
15:30	ハメデラのキャンプサイト到着
16:00	アッサル塩湖
19:00	ハメデラのキャンプサイト到着後、夕食
22:00	就寝

2日目

05:30	朝食
06:00	ハメデラのキャンプサイト出発 ダロール火山→ソルトマウンテン→硫黄泉→アッサル塩湖塩採掘現場
10:00	ハメデラのキャンプサイト出発
12:00	ランチ休憩
15:00	アバの民宿到着
17:00	夕食

3日目

10:00	アバの民宿出発
12:00	ランチ休憩
16:00	登山基地に到着
18:00	エルタ・アレ火山に登山開始
21:30	エルタ・アレ火山の噴火口
24:00	山頂野営地で夕食後就寝

4日目

| 05:00 | 火口見学 |

06:30	下山開始
08:30	登山基地に到着後、朝食
09:30	登山基地出発
12:30	ランチ休憩
16:00	メケレ到着

●アッサル塩湖に向かう（1日目）

　ダナキル砂漠に向かうツアーはメケレから出発する。現地の旅行会社「エチオ・トラベル＆ツアーズ」がこのツアーを組織していて、国境地帯の入域許可手続き代行も含め定価はUS$600。

　9:30にホテルを出発し、ハレンHalenの掘っ立て小屋で、昼食としてパスタをいただく。ハレン出発後、約2時間でハメデラHamedelaに到着。メケレからハメデラまでは舗装された道が続くが、その舗装の途切れるあたりにツアー客が宿泊する旅籠（といっても掘っ建て小屋）が並ぶキャンプサイトがある。掘っ立て小屋のひとつに腰を下ろし、水分補給の後にアッサル塩湖に向けて出発する。

　湿気が大変多い気候で、常にサウナにいるような息苦しさ。気温は約40℃。車の窓を開けると熱風が肌をなでつける。途中、塩湖から塩の塊を運ぶラクダの列に出合った。塩湖は場所によって濃度や塩の析出程度が異なり、わずかに水面の残る部分で下車。まるで鏡のように人影や車影を反射して美しい。裸足で歩き回るツアー客も。塩が固まっていないために、足首ぐらいまで埋もれてしまう箇所があった。そのままサンセットを観賞。

　再びハメデラの旅籠に戻り、ビュッフェスタイルの夕食になったが、料理の種類は少ない。夕食を終えると、外はすでに闇につつまれている。木枠に紐を張っただけのベッドは、外に置かれていて、天井も囲みもなく、ただ並べられているだけ。日が沈んでからやっと心地よい気温に。1日目が無事に終わり、星空の下で就寝。

●活火山で地球の鼓動を感じる（2日目）

　翌朝は5:30に朝食、6:00に出発。アッサル塩湖に向かう途上、これから塩を採掘に行くラクダ引きの列に出合う。砂漠を背景に、何頭ものラクダが一列に並ぶ様子は圧巻だ。旅籠から小1時間

黄色く染まったダロール火山。熔岩噴出は止まっているが、硫黄の噴煙は上がっている

アッサル塩湖の表面には厚い塩板が氷のように張っている

でダロール火山に到着。硫黄の吹き出し口までは緩い登りで約30分。干上がった茶色の大地に硫黄泉の青、そのまわりは黄色く染まり、とてもきれいだ。その後、ソルトマウンテンの洞窟を経由して赤い硫黄泉を見物し、塩の採掘現場を見学する。ラクダは、ここで採掘された塩の塊約150kg近くを背中に乗せ、塩の精製所までの長い道のりを歩くのである。

ハメデラの旅館に戻ってから、水分補給をして休憩をとり、アバへ出発。行きに昼食をとったハレンで再び昼食。その後、約2時間でアバに着き、ここの民宿に宿泊。久しぶりのシャワーと洗濯。シャワーといってもバケツからくみ上げて頭から流すだけというかなり原始的なものだ。

●エルタ・アレ火山へ（3日目）

アバの民宿を10:00頃に出発し、2時間ほどでレストランに到着し、昼食にピラフをいただく。さらに2時間ほどで溶岩原へ。道はガタガタ。ここを走破し、登山基地に到着。国境地帯のため、警備の兵士が数人駐在している。

18:00頃寝袋と水を支給され出発。約2時間は平地を歩き、その後1時間は登山という行程。途中、体調不良で歩くのを断念し、チャーター料600Bを支払ってラクダに乗せてもらった。

ラクダに乗ったのでやや早く山頂の野営地に到着。ラクダ引きが指差すほうを見ると、赤い溶岩の光が空に輝く様子が目に入ってくる。感動の一瞬だった。

●エルタ・アレ火山の噴火口をのぞく（3〜4日目）

野営地にも兵士が数人いて警備している。エリトリア国境に近いので、テロを警戒しているという。野営地裏の急な崖を20mほど下ると、もう溶岩原。活火山としては、最も近くで見ることができる噴火口に到着。溶岩原には皮のように薄い部分があり、ボロッと落ちる。懐中電灯を頼りに、盛んに吹き上げている噴火口に到着。たぎる溶岩が、波のように縁に押しよせている。最短距離でおそらく3mほどまで行くことが可能だろう。

放射熱のために熱すぎて、溶岩の流れる縁には立っていられない。目の前で溶岩が吹き上がるのを見るのは、初めてである。まさに「地球は生きている」と言う表現が的確である。全員20数名

が、ここで深夜まで過ごし、24:00ごろ野営地に戻る。

野営地に戻ってほどなくラクダが食事とマットレスを積んで登ってきて、1:00近くに夕飯。食事はピラフでおいしい。ここにはベッドはなく、溶岩原に石のブロックで囲いがしてあるだけで、もちろん屋根はない。マットレスが支給され、そこに寝袋を敷いて眠る。

●エルタ・アレ山より下山する（4日目）

翌朝は5:00に起こされ、再度噴火口へ。山頂が朝日を浴びる頃、太陽が顔を出したが、噴煙のため、黄色く、かなりぼんやりしている。帰路は、ラクダは使わず徒歩で下る。

下山後はさっそく朝飯だが、疲れていてスイカしか食べられない。早い者勝ちなので、遅くついたものはピラフしか残っていない。水は、山頂でもう1本支給されたが、これもすべて消費。炭酸水のアンボの小瓶に砂糖と塩を入れて持ち歩いていたのが役立った。

朝食後すぐにアバに向けて出発。途中、昼食タイムをはさんでメケレに向かう。アバからは車で2時間ほどでメケレに到着。過酷な気候と環境のなかで、体力的にはかなり辛いツアーではあったが、自然の神秘を感じる絶景を堪能したツアーであった。

Access メケレへの行き方

✈ アディスアベバから：毎日4〜6便、所要約1時間30分、US\$325〜（往復）

🚌 アディスアベバから：毎日1〜2便、所要約12時間、料金600〜

●総合手配

トラベル・エチオピア ＊ Travel Ethiopia

🏠National Hotel ADD

☎011-5525478/5510168

📧info@travelethiopia.com

🌐www.travelethiopia.com

●現地手配

エチオ・トラベル&ツアーズ ＊ Ethio Travel and Tours

🏠Atse Yohannes Hotel Mekelle

☎09114027893、0911213177

📧ethiopiatravel@gmail.com

🌐www.ethiotravelandtours.com

エルタ・アレ火山の噴火口の溶岩池。地球は生きている

溶岩流はすぐ手前までゆっくり流れていた。近づくと、髪が焦げる熱さ

マサイ・マラ国立保護区
Masai Mara National Reserve（ケニア）

料入園料
公園内大人US$70（子
供US$40）
公園外大人US$80（子
供US$45）
●保護区内に宿泊の場合
US$10割引（18歳以下
US$5割引）
●子供料金は12歳未満

バルーンサファリに参
加する前に！
着地事故が多いためか事
前に、死亡しても責任の追
及はしない、という文書に
サインさせられる。事故で
死亡したり、下半身不随
になった人もいる。なお、
バルーンサファリは気温
が低く風の少ない早朝に限
られ、浮遊高度は平均約
50m、飛行は約1時間。要
予約。シーズンには数ヵ月
前より予約でいっぱいだが
キャンセルもある。
料US$450

ケニア南西部、ビクトリア湖とグレート・リフト・バレー
（大地溝帯）の間に位置しているマサイ・マラN.R.。南に広
がるタンザニアのセレンゲティN.P.と国境線で隣接し、野
生動物の数の多さではケニアでは一番の地区である。面積
約1840km²は、大阪府とほぼ同じ。

この地区は、ほかの灌木の多い公園と違って、見渡す限
りの大草原。サバンナには数万頭のヌーや数千頭のシマウ
マ、ガゼルやバッファローなどの大群が見られる。草食獣
が多いために、ケニア最大のライオン生息地ともなってい
る。そのほかにチーター、ヒョウ、ハイエナなどの肉食獣
も多く、彼らのハンティングを見たい人には、この保護区
は最適な場所だ。

もうひとつの特色は、熱気球に乗るバルーンサファリが
楽しめることだ。もちろん料
金も高いが、大空から見る大
草原や動物は感動もの。また、
西側の地区はほかの国立公園
より規制がやや甘いので、動
物を近くから見るチャンスが
多いといわれる。

動物を見るならマサイ・マラ

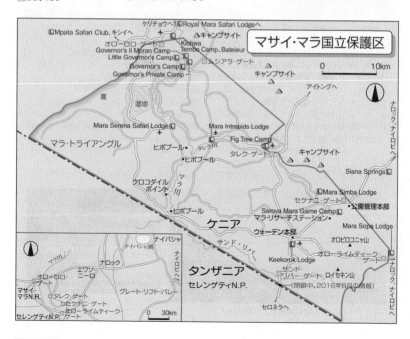

歩き方

●保護区外でも野生動物が豊富だ

保護区には柵のない所も多く、保護区外でもキリンやガゼルたちの姿があちこちに見られるほど、野生動物が豊富である。セケナニ・ゲートSekenani Gateを過ぎ、道を少し行った小高い山の斜面に野生動物の研究調査を行っているマラ・リサーチステーションがある。

ゲートから西に進めば、マサイ・マラN.R.の大草原の真っただ中へ出る。ここで目につくのはウォーデン本部の建物で、左奥には**L**Keekorok Lodgeがある。ここからタンザニアのセレンゲティN.P.へと通じている道（2016年6月現在閉鎖中）を南下するとサンド・リバー・ゲートSand River Gateであり、サンド・リバー・ゲートから先は通行不可。

●マサイ・マラN.R.はライオン王国

肉食獣たちの最も生きいきとした時間帯は、早朝と夕方。昼間はブッシュの中でごろりと横になっていることが多い。ハンティングを見たければ、やはり日の出と共に行動しよう。運がよければ、ロッジから数百mと離れていない所で、迫力あるシーンが見られるかもしれない。しかし、いくらライオンの数が多いといえども、広い保護区内では、そう簡単に見られるとは限らない。いちばん確実なのはレインジャーをガイドとして雇うことだ。「ライオンを見たい」と言えば、優れた視力と鋭い勘で、ほぼ100%ライオンを見つけてくれる。

また、サバンナではチーターも期待できるし、川沿いをじっくり探して拠水林の中でヒョウを発見することも夢ではない。

sidebar**ガイドを頼む場合**
LKeekorok Lodge前のウォーデン本部へ行ってレインジャーに頼む。正規のガイド料のほかにチップ（US$20）が必要。

強盗団に注意
強盗団が出現し、日本人観光客が指を切られたことがあった（2005年）ので、車1台だけの行動は避け、何台かで行動することをすすめる。ナイロビの旅行会社や日本大使館などでの情報収集は大切だ。

マラ川を渡るヌーとシマウマ

ライオンもよく見る

....Access....

✈**ナイロビから：**エアー・ケニア、サファリ・リンクの小型機が毎日2〜3便運航。
🎫サファリ・リンク片道US$219,往復US$370。エアー・ケニヤ片道US$214〜、往復US$349〜。ナイロビはウイルソン空港発着。マサイ・マラN.R.の飛行場は草原そのもので、宿泊予定のロッジより送迎の車を出してもらう（有料。すべて入ったパッケージツアーが便利でお得）。

🚌**ナイロビから：**マサイ・マラN.R.へ行くには、ナクルへ向かう新道を走る。「地球の溝」ともいわれるグレート・リフト・バレーの大景観を左に見ながら、途中、ナイバシャ、ナクルへと続く旧道を西北にたどり、20数kmで「ナロック方面」の標識に従い左に下り、リフト・バレーの底をめがけて下っていく。

途中、右側にある小さな教会堂は第2次世界大戦中、道路の建設に当たったイタリア軍捕虜の記念碑でもあり、その間の犠牲者の慰霊碑でもある。その教会から2km足らずで本道と分かれ、左方にあるナロックの町へと向かう。ナロックまでの道はすべて舗装道路。

ナロックは銀行などもある大きい町。ここから約23kmのセケナニ・ゲートSekenani Gate、オローライムティーク・ゲートOlo-laimutiek Gate、タレク・ゲートTalek Gate、ムシアラ・ゲートMusiara Gate、オローロロ・ゲートOloololo Gateなどのゲートまで道は続くが未舗装がほとんどで、かなりの悪路。

※タンザニアのセレンゲティN.P.へは、ここの国境を越えて直接行くことはできない。2016年6月の情報では徒歩入国も禁止されている。

サファリを楽しむ　マサイ・マラ国立保護区

壮大なマラ・トライアングル

木登りチーター（写真提供：清水梨沙）

ヒポプール
カバの生息する川の流れが緩い場所のこと。
ここは観光客が車から降りることが許可されているので、川辺でカバの足跡を探してみよう。同様のヒポプールは北方の⬛Governor's Campの そばなどにもある。

🔭 ゾウに限らず、ライオンやクロサイ、バッファローなどにもいえることだが、治安限界の範囲内に踏み込んだ場合は、攻撃してくることもある。ゾウの場合は威嚇だけということもあり得るが、サイ、バッファローなどはただちに本物の攻撃をしてくる。決して動物たちを脅かすようなサファリはしないこと。

●ヒポプールでカバの群れを見る

　⬛Keekorok Lodgeから北西へ30kmくらい行くと、水量の豊かなマラ川Mara Riverに着く。この地域で最大の河川で、ヌーの大移動シーズンにはヌーやシマウマの川渡りが見られるので有名である。

　橋の手前を右折し車を川岸に停める。川では数十頭のカバの群れが、頭と鼻先だけを出してプカプカ浮いている。カバは夜行性なので、昼間はほとんど水中で休息し、夜になると陸に上がって草を食べるため、足元を見るとカバの足跡がたくさんある。昼間のカバは岸辺で寝ているか水中でじっとしていることが多く、ときどき2頭が大きな口を開けて水しぶきを上げながら、ブォーといううなり声とともに対峙する光景を目にすることがあるくらいだ。

　このヒポプールは、保護区内のメイン道路のちょうど中間地点にある。北の⬛Mara Serena Safari Lodgeや、手前のマラ・トライアングルと呼ばれている草食獣の多くいる地帯へも、ここからは行きやすい。

マラ川ヒポプールのカバ

宿泊施設

→P.192 日本からの電話のかけ方

[L]キーコロック・ロッジ・Keekorok Lodge

[住]Map P.56　P.O.Box 40075 Nairobi（予約）
☎020-2345463～5、0703048000（ナイロビ予約）、0703048100（直通）
[e]info@sunafricahotels.com
[HP]sunafricahotels.com
[料]ⓈUS$220～320　ⓌUS$300～490　ⓉUS$330～630（トイレ・シャワー・3食付）
[カード][A][M][V]

マサイ・マラN.R.の中心ともいうべきロッジ。簡易飛行場にも近い。庭の奥にヒポプールがある。通電5:00～9:30・12:30～15:30・18:30～24:00、給湯24時間。Wi-Fi無料。全101室。

キーコロック・ロッジの客室

[L]マラ・セレナ・サファリ・ロッジ・Mara Serena Safari Lodge

[住]Map P.56　P.O.Box 48690 GPO Nairobi
☎020-2842000（ナイロビ予約）、0772203420
[HP]www.serenahotels.com
[e]mara@serena.co.ke
[料]ⓈUS$190～305　ⓌUS$315～400（トイレ・シャワー・3食付）　[カード][A][D][J][M][V]

オローロロ・ゲートから約40kmのトランス・マラ地区の中心にあるロッジ。海抜約1625mの丘陵の上に建つロッジで、マサイの住居をかたどった長屋式のコテージや[R]のテラスからの見晴らしはケニアで1、2を争うほどすばらしい。この地区は走行規制がやや緩いので非常に人気がある。通電、給湯24時間。Wi-Fi無料。全74室。

美しくなったマラ・セレナ・サファリ・ロッジの客室

[L]マラ・シンバ・ロッジ・Mara Simba Lodge

[住]Map P.56　P.O.Box 66601 Nairobi（予約）
☎0754743021（直通）、020-4444401～2、0722603303、0734600415
FAX020-4444403（以上ナイロビ予約）
[e]sales@simbalodges.com
[HP]www.simbalodges.com
[料]ⓈUS$245～315　ⓌUS$295～360（トイレ・シャワー・3食付）
[カード][A][M][V]

1棟6部屋の2階建てコテージと客室用テントのロッジ。[R]&バーからは、タレク川が見え、夜間、ワニやカバが上陸する。洗濯サービスあり。Wi-Fi無料。全84室＋17テント。

マラ・シンバ・ロッジの2階建て客室

[L]マラ・イントレピッズ・ロッジ・Mara Intrepids Lodge

[住]Map P.56
☎020-44446651/4447929/4444582/4444585（ナイロビ予約）FAX 020-4446600（ナイロビ予約）
[e]sales@heritagehotels.co.ke
[HP]www.heritage-eastafrica.com
[料]ⓈUS$465～950　ⓌUS$625～1295（トイレ・シャワー・3食付）　[カード][M][V]

マラ川の橋を渡っていく固定テント式ロッジ。2日に1度、アフリカ料理が楽しめる。ロビー、通電5:30～15:00・18:00～24:00、給湯5:00～9:30・18:00～20:30。洗濯サービスあり。バーのみWi-Fi無料。全30室。

マラ川に架かる橋を渡っていく

[料]左がローシーズン、右がハイシーズンの料金。

[L]サロバ・マラ・ゲーム・キャンプ◆ Sarova Mara Game Camp

[住]Map P.56
☎050-22386/22194（直通）、020-2767000（ナイロビ予約） FAX020-2715566（ナイロビ予約）
[e]sarova.mara@sarovahotels.com
[HP]www.sarovahotels.com
[料]ⓈUS$200～430 ⓌUS$280～540（蚊帳・トイレ・シャワー・3食付） [カード][A][M][V]

セケナニ・ゲートから近く、橋を渡ってレセプションへ行く。ブッシュの中に点在する客室用テントの中は広く、トイレ、シャワーは固定式。通電4:00～16:00・18:00～24:00、給湯24時間。敷地が広過ぎるので客室へ行くのが遠い。US$65／人でブッシュ・ディナー可。全75室。

サロバ・マラ・ゲーム・キャンプの本部棟

[L]ムパタ・サファリ・クラブ◆ Mpata Safari Club

[住]Map P.56 外 P.O.Box 58402-00200 Nairobi
☎020-310867（ナイロビ予約）
FAX 020-310859（ナイロビ予約）
（日本）☎（03）3546-2298 FAX（03）3541-4650
[e]info@mpata.com [HP]www.mpata.com
[料]ⓈUS$355～655 ⓌUS$530～1070（マサイ・マラN.R.の飛行場からの送迎・朝夕2回のサファリドライブ料含む、トイレ・シャワー・3食付）
[カード][A][M][V]

保護区外のオロー口ロの丘に建ち眺望がよく、居心地がよいロッジ。予約、問い合わせが日本ででき、現地に日本人が常駐する。通電早朝～10:00・18:00～22:30、給湯24時間。パブリックエリアでのWi-Fi無料。全23室。

レストラン、バーが入るムパタ・サファリ・クラブの中央棟

[L]フィグ・ツリー・キャンプ◆Fig Tree Camp

[住]Map P.56 P.O.Box 40683 Nairobi
☎0722202564（直通）、0721701014（ナイロビ予約） FAX020-2651890
[e]sales@madahotels.com
[HP]www.madahotels.com
[料]ⓈUS$140～435 ⓌUS$220～580（蚊帳・トイレ・シャワー・3食付） [カード][A][M][V]

保護区外のロッジ、タレク川が蛇行する半島状の敷地に建ち、つり橋を渡ってレセプションに行く。コテージと固定式テントあり。通電5:00～10:00・12:00～15:00・18:00～24:00、給湯5:30～8:30・18:00～21:00。バルーンサファリUS$450のほか、ナイトサファリUS$60／人やウオーキングサファリも行っている。Wi-Fi有料。全32室+48テント。

フィグ・ツリー・キャンプのテント式客室

[L]マラ・ソパ・ロッジ◆ Mara Sopa Lodge

[住]Map P.56 予約先：P.O.Box 72630 Nairobi
☎050-22196（直通）、020-3750235/3616000（ナイロビ予約）
[e]info@sopalodges.co.ke
[HP]www.sopalodges.com
[料]ⓈUS$149～248 ⓌUS$150～347（トイレ・シャワー・3食付） [カード][M][V]

保護区外のロッジ、入口、レセプションやロビーはとてもおしゃれ。野外プールからは眺めがよい。通電12:30～14:00・17:30～翌10:00、給湯6:30～10:00・17:30～22:00。Wi-Fi無料。全100室。

おしゃれなマラ・ソパ・ロッジ

[料]左がローシーズン、右がハイシーズンの料金。

アンボセリ国立公園
Amboseli National Park（ケニア）

アーネスト・ヘミングウェイがハンティングを楽しみ、『キリマンジャロの雪』を執筆した所で有名なアンボセリ。

アフリカ最高峰キリマンジャロ山（5895m。山頂はタンザニア側）の山麓の北に広がる原野を国立公園としたもので、かつて動物保護区時代は約3248km²で東京都の1.5倍だったが、1974年に国立公園になるときにわずか約392km²になってしまった。

アンボセリは、キリマンジャロ山噴火の際に噴出した土砂が造った古アンボセリ湖が干上がってできた平地で、火山灰土に覆われているので土の色は白っ茶けている。アカシアの林があり、灌木がところどころに藪をつくっているという典型的な乾燥サバンナである。

その一方では、キリマンジャロ山の雪解け水が地下から湧き出て、中央の湿地帯を常に潤している。その結果、🅛Ol Tukai Lodge周囲の湿地帯は、地盤沈下がはなはだしく、草原、道路の水没が進んでいる。

🅟入園料
大人US$60
子供US$35
カード支払いのみ

ゾウの大群もよく見られる

...Access...

✈ **ナイロビから**：エアー・ケニアが小型機でハイシーズンは毎日3便、ローシーズンも毎日2便あり、サファリ・リンクもほぼ同様、サファリ・リンク片道US$178,往復US$302。エアー・ケニヤ片道US$179～、往復US$266～。

ナイロビはウイルソン空港発着。アンボセリの簡易飛行場は何ヵ所かあり、どこに到着するか確認のうえ、車の送迎を頼むこと（ロッジからの送迎車有料）。

🚌 **ナイロビから**：ナマンガNamangaルートとエマリEmaliルートがある。🅛Amboseli Lodgeまでならほぼ同じ距離だが、ゲートからはエマリ・ルートのレメボティ・ゲートLemeboti (Ele mito) Gateやキマナ・ゲートKimana Gateのほうが近い。公園外にある🅛Amboseli Sopa Lodgeに泊まるのなら、このエマリ・ルートのほうが便利だ。

キマナ・ゲートをとおり、ツァボ・ウエストN.P.へ行く道も利用者が多い。キマナ・ゲートから🅛Kilaguni Serena Safari Lodgeまで105kmほど。キリマンジャロ山を眺めながら約2～3時間走行する。

ナマンガ・ルート

ナマンガに入ってすぐ左側のガソリンスタンドで左折してしばらく行くと、疎林帯の東へ向かう赤土の道になる。途中1ヵ所だけ右前方へ分かれる細い道があるが、それを無視して左の本道をとおれば、ナマンガ・ゲートNamanga Gateまでは一直線である。

道の両側は低灌木帯で、たまにアカシアの木が見える。乾季には緑はほとんど見られない。このあたりではときおり、ディクディクや首の長いゲレヌクを運がよければ見ることができる。

乾季はもうもうとほこりが上がり、先行車と最低50mの車間距離を空けないと完全に道が見えなくなる。では雨季ならよいかというと、雨季は道が川となって走行に大きな障害となる。

ナマンガから約45km、平原が始まって間もなくの所にアンボセリN.P.の玄関口のナマンガ・ゲートがあり、ここで入園料を払う。

ここからの本道は、まるで洗濯板のような砂利道にもかかわらず、高スピードで、サファリカーはロッジへ向かう。横転している車を見かけるくらい事故も多い。道はアンボセリ湖の北岸をとおっているのだが、乾季だとほとんど湖は見られない。アンボセリ湖は雨季だけ出現する"隠れ湖"で、乾季は干上がっただの乾いた平地になっているためだ。

しかし、湿地帯以外は年々乾燥が進み、砂漠化していて、あちこちに倒木や立ち枯れた木が見られる。乾季には草も枯れ、白っ茶けた土地が延々と続き、日中はサバンナや湖の跡に大きな竜巻が何本も舞い上がっている。

この砂漠化は、地球温暖化の影響と思われるが、密猟者に追われ、ここに安住の地を求めたゾウの増加による生態系の変化も原因のひとつといわれている。

朝焼けのキリマンジャロ山

🐻 歩き方

●キリマンジャロ山は朝焼けが最高！

まずロッジのテラスにでも腰かけ、ゆっくりキリマンジャロ山を眺めよう。キリマンジャロ山の山頂はタンザニアにあるが、ここアンボセリから見る姿が最も美しいと親しまれている。日中は雲が多かったり、もやがかかったりしてなかなか山容を現さないが、日の出、日の入り前後の十数分は山頂を見せることが多い。朝夕は諦めず頻繁に見上げてみよう。

早朝4:00過ぎから、うっすらと山影が明るみ始める。ほんのわずかずつだが、山頂が紫色を帯び始め、やがて真っ赤に染まる。その頃、東の空はやっと明るくなり出したくらいだ。山頂は赤から橙に変わり、ほんの一瞬、金色に光り輝く。ちょうど山頂だけに日が当たった頃だ。空は青みがかり、やがて全体の姿が日に照らされてくっきり見えるようになると日の出だ。

●How to サファリ

アンボセリはサイを除くケニアにいる大型動物のほとんどが見られる所だ。とりわけ乾季は水場が少ないので、中央の湿地帯近くに集まりやすく、比較的楽に大型動物が見られる。

LOl Tukai Lodgeを西へ向かうと、左側にオブザベーション・ヒルObservation Hill行きの標識がある。ここを左折し、

キリマンジャロ山とアフリカゾウ

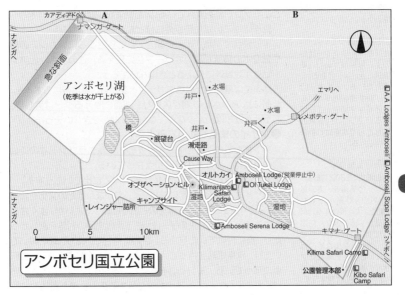

カアディアドへ

ナマンガへ

ナマンガ・ゲート

急な斜面

アンボセリ湖
（乾季は水が干上がる）

橋

・展望台

井戸

・水場

井戸

・水場

井戸・

エマリへ

レメボティ・ゲート

滑走路

Cause Way

ナマンガへ

オブザベーション・ヒル

・レインジャー詰所

キャンプサイト

湿地

オルトカイ

Kilimanjaro
Safari
Lodge

Amboseli Lodge（営業停止中）

Ol Tukai Lodge

湿地

Amboseli Serena Lodge

キマナ・ゲート

ツァボへ

Kilima Safari Camp

公園管理本部・

Kibo Safari
Camp

0　　　5　　　10km

アンボセリ国立公園

A.A Lodges Amboseli　Amboseli Sopa Lodge

道なりに行くと前方に湿地帯が見え、横に排水溝の穴が開いている土手橋Cause Wayがある。キリマンジャロ山の雪解け水が足元で左から右へ流れていくのを眺めていると、山のスケールの大きさを実感する。この湿地帯を横切ると左側に小高い丘が見える。これがオブザベーション・ヒルだ。

●オブザベーション・ヒルはアンボセリN.P.の展望台

　ケニアの国立公園内（保護区を含め）では、観光客は車から降りてはいけないのが原則だが、この丘は例外地のひとつで、徒歩で登れる。高さ数十mの丘で、所要約5分。公園内で唯一徒歩で外に出られる場所なので、ぜひ登ってみよう。

　この丘の上からの見晴らしは、すばらしいのひと言。天候に恵まれていれば、キリマンジャロ山がくっきりと見える。そのはるか右側にはタンザニアのメルー山（標高約4566ｍ）が見える。山の手前には緑のベルトを敷いたような湿地帯が広がり、

モーニングサファリ
日の出は6:30頃と、ほぼ1年を通じ一定。モーニングサファリは日の出と同時に出発する。モーニングサファリ終了後、ロッジで朝食を取る人が多い。

オブザベーション・ヒル前の湿地で遊ぶゾウ

🔭チーター、クロサイは見るチャンスが少ない。

双眼鏡を持っていこう
オブザベーション・ヒルの上には東屋があり、望遠鏡もセットしてあるが、壊れていることもあるので、双眼鏡を持っていくことをすすめる。これがあるとアンボセリN.P.のあちこちで草をはむ動物が見られる。

マサイ集落見学
[料]相場はUS$30／撮影者
マサイの集落を、道の途中や国内で見かけても(集落はよく移動する)事前交渉することなく訪問してはいけない。キマナ・ゲートを出た所の近くに、観光客に慣れたマサイの集落があり、ドライバーに頼めば見学可能。もちろん、ドライバーへはUS$10のチップを。

ここでゾウが草を食べているのが見られることが多い。

乾季にはこの湿地帯以外にほとんど緑は見られない。白っぽい半砂漠状の平地が延々と続き、ところどころにアカシアの林や低灌木の集落が深いオリーブ色に見える。このときほどアンボセリが殺風景に見えるときはないだろう。

雨季には基本色が緑色にガラッと変わる。湿地帯はもちろん、北側にはアンボセリ湖が広がり、湖面に映える夕日は美しい。もっとも近年は雨が少なく、なかなか湖ができないそうだ。

●マサイの集落を訪ねてみよう

アンボセリは、もともとマサイのホームグラウンドなので公園の外には、マサイの集落が点在している。ロッジにはマサイの若者が働いていたり、踊りのショーなどに出ていたりする。

マサイは、一般に非常に誇り高く、なかなかほかの文化を認めないといわれている。一応そのとおりと思ってよいが、よく注意してみると、彼らも人の子、けっこう現代文明の利器を欲しがったり、身に付けていたりする。腕時計をしていたり、靴を履いていたり、携帯電話を持っていたりする人はあたりまえだし、自転車に乗っている人もいる。そもそも、彼らのまとっている赤い布は、メイド・イン・チャイナだったりするのだ。槍も英国製の鉄で作っているそうだ。

マサイの集落。集落の周囲をイバラのある木で囲み、動物の襲撃を防いでいる

ただし、写真を撮るとなると注意が必要だ。なかには例外もいるが、一般的に写真に撮られるのを嫌がる。宗教的な理由以外に、コミュニケーションもなくパチパチされるのを嫌がるのだと思ってよいだろう。

撮られてもよいという人たちには、チップを払う必要があるので、事前に交渉して料金を決め、支払うこと。

宿泊施設

→P.192 日本からの電話のかけ方

[L]オル・トカイ・ロッジ・Ol Tukai Lodge

[住]Map P.63:B
☎(254)735350005、(254)726249697（直通)、020-4442100/4445514(ナイロビ予約)
[e]emarketing@oltukailodge.com
[HP]www.oltukailodge.com
[料]ⓈUS$130〜310　ⓌUS$252〜388(蚊帳・トイレ・シャワー・3食付）サファリドライブUS$35／人(2時間、2人以上）US$216／日（貸し切り)
[カード][M][V]

アンボセリでいちばん人気のある老舗のロッジ。簡易飛行場に近く、レセプションも部屋もきれい。マサイダンスや野生動物のビデオ上映がある。天気がよければ敷地内からキリマンジャロ山、サバンナのゾウ、シマウマなどが見られる。レセプション近くでWi-Fi無料。全80室。

オル・トカイ・ロッジの客室

[料]左がローシーズン、右がハイシーズンの料金。

L アンボセリ・セレナ・ロッジ・
Amboseli Serena Lodge

住Map P.63：B
☎073552236、0732123333（ナイロビ予約）
FAX020-2718103（ナイロビ予約）
eamboseli@serena.co.ke
HPwww.serenahotels.com
料SUS$145〜340　WUS$285〜470（トイレ・シャワー・3食付）

L Ol Tukai Logeから南へ約3km。マサイの家をかたどった土まんじゅう形コテージのロッジ。アンボセリで最も大きく、通電、給湯24時間。庭の火山岩の間を歩けば池に行ける。ただし、敷地内からキリマンジャロ山は見えない。サービスは普通。Wi-Fi無料。全92室。

食堂テラスのかたわらにシマウマも来る

L キボ・サファリ・キャンプ・
Kibo Safari Camp

住Map P.63：B　P.O.Box 49265-00100 Nairobi
☎020-2672834/2324676、0733617977（ナイロビ予約）FAX020-8120934（ナイロビ予約）
einfo@kibosafaricamp.com
HPwww.kibosafaricamp.com
料SUS$120〜140　WUS$160〜180（蚊帳・トイレ・シャワー・3食付）

公園外にある常設テント式ロッジ。プールや食堂があり、夜はマサイのダンスショーもある。客室テントは屋根の覆いはあるが簡素。通電5:00〜9:00・18:00〜23:00、給湯24時間。デジカメなどの充電はフロントに頼む。Wi-Fi無料。全81テント。

キボ・サファリ・キャンプの客用テント

料左がローシーズン、右がハイシーズンの料金。

L キリマ・サファリ・キャンプ・
Kilima Safari Camp

住Map P.63：B　P.O.Box 40683-00100 Nairobi
☎0722741161（直通）、0721701014、0733640339（ナイロビ予約）
esales@madahotels.com
HPwww.madahotels.com
料SUS$125〜350　WUS$325〜572（蚊帳・トイレ・シャワー・3食付）
カードMV

キマナ・ゲートすぐそばの公園外にあるテント式ロッジ。客室はリニューアルされた。固定建築のRの中央にある4階建ての展望塔からのキリマンジャロ山は絶景。ディナーショーとしてマサイダンスがある（無料）。通電5:00〜9:00・12:30〜15:00・18:30〜24:00、給湯24時間。全12室、60テント。

展望塔をもつレストラン棟

L アンボセリ・ソパ・ロッジ・
Amboseli Sopa Lodge

住Map P.63：B　外　P.O.Box 72630 -00200 Nirobi
☎020-3750235（ナイロビ予約）、0723328482
einfo@sopalodges.co.ke
HPwww.sopalodges.com
料SUS$143〜223　WUS$220〜314（蚊帳・トイレ・シャワー・3食付）　カードMV

公園外にあり、ヘミングウェイが『キリマンジャロの雪』を執筆した所。旧名、キリマンジャロ・バッファロー・ロッジ。ゲートから車で約10分と遠い。通電5:00〜8:00・13:00〜14:00・18:00〜24:00、給湯5:30〜10:00・18:00〜22:00。全83室。

L エイ・エイ・ロッジス・アンボセリ・
A.A Lodges Amboseli

住Map P.63：B外　P.O.Box 51147Nairobi
☎078634444、0737444417
ereservations@aalodges.com
HPwww. aalodges.com
料SUS$150　WUS$200（蚊帳・トイレ・シャワー・3食付）　カードMV

公園外の離れたところにある中国資本の固定テント式ロッジ。キリマンジャロも望める。簡素なテントだが最低必要なものはある。中国人コックがいる場合は中華料理を特別注文可能。通電、給湯24時間。Wi-Fi無料。全50室。

ナイロビ国立公園
Nairobi National Park（ケニア）

入園料
大人 US$43（子供 US$22）
カード払いのみ
※本来1泊分の料金だが、ここには宿泊施設がない。

...Access...

ウイルソン空港　Wilson Airport を左手に、新興住宅街を右手に見ながら進み、軍隊前の段差チェックを過ぎると、公園のメインゲートだ。

入園前に情報収集をゲートにいるレインジャーから情報を聞くとよい。彼らは最も詳しく、動物の動きを知っている。

軽飛行機がすぐ上を飛んでいる

　ナイロビ N.P. は、ナイロビ市街の中心地から約8kmの所にあり、ジョモ・ケニヤッタ国際空港から目と鼻の先にある国立公園で、ケニア最初の国立公園のひとつである。2016年現在、周囲には柵をめぐらし、一部の北端部はバイパスのため削られてしまった。

　公園の広さは約113km²で、2〜3時間でだいたい1周できる。ライオン、チーター、ヒョウなどの肉食獣、ガゼル、シマウマなどの草食獣、運がよければカバやクロサイも見ることができる。

　ナイロビ市内から近くて手頃な公園なので、アンボセリ N.P. やマサイ・マラ N.R. のような広大な所へ出かける前に一度訪れておくとよいだろう。また、帰国の便が午後遅い場合などは、空港へ行く途中でここでサファリをして、そのまま空港に送ってもらうのもよいだろう。

🐾 歩き方

● How to サファリ

　メインゲートを入るとゆったりした下り坂になる。林間をしばらく進むと右手にダムが見える。ダムで右へ曲がり、その先のT字路を右にたどれば、丘の麓で直進する道と右への道に分かれる。ここを右にたどると道は登りとなり、右へ回っていく。その行き止まりが、ナイロビ N.P. を一望に見下ろすインパラポイントである。眼下にシマウマ、ヌーなどが草をはみ、双眼鏡の威力が発揮される場所である。ここで地図を広げ、これからの道順や方角を頭に入れておこう。

　草原内をひととおり見たら、バブーン・エスカープメントへ行ってみよう。ここの休憩所で食事をするのもよいだろう。

ナイロビ市内のビル群をバックに野生動物が生活している

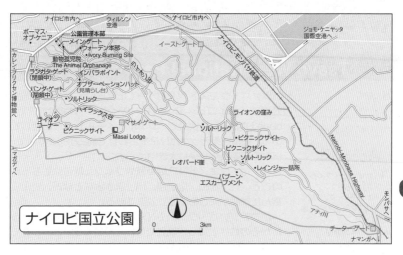

ナイロビ国立公園

0　　　　3km

　忘れてほしくないのは、1989年に当時のモイ大統領が、さらに2016年に現ウフル・ケニヤッタ大統領が象牙取り引きを絶滅させるとの決意を示すため、密猟された約6000頭分の象牙を燃やしたIvory Burning Siteである。先ほどのダムのそばを北側に行くとその時の灰の残りと記念碑が建っている。

密猟された象牙を燃やしたIvory Burning Site

●動物孤児院 The Animal Orphanage もまた楽しい

　メインゲートの左手にある動物孤児院。ここには各地から集まった動物の孤児たちが飼育されている。休日にはケニアの親子連れでにぎわい、この国の家族像も垣間見られる。

小学生も見学する動物孤児院

■自分たちで行く場合は、レンタカーを借り、お弁当を持っていって、公園内2ヵ所の休憩所、インパラポイント、バブーン・エスカーブメントなどのピクニックサイトで動物やサバンナを見ながら食事をすることもできる。何人かまとまれば、費用もそれほどかからない。

動物孤児院
料 入園料大人 US$22
（子供 US$13）

■車の制限速度は時速30キロ。ゆっくり周りを見ながら走ろう。

ナイロビ N.P. ツアー
N.P. のみの半日ツアーは約US$80。ボーマス・オブ・ケニアやジラフ・センターの見学を組み合わせたツアーもある。

ツァボ・ウエスト国立公園

Tsavo West National Park（ケニア）

料入園料
大人US$52
（子供US$35）
カード払いのみ

...Access...

✈ ナイロビ（ウイルソ
ン空港）から：サファリ・
リンク　毎日1〜2便運航。
料US$225（往復US$
359）
🚗 右の本文参照

🦁 ツァボのライオン
ツァボに生息するライオ
ンは他地域のものと比
べ、オスのたてがみは少
なく色も薄い。なにより
オスもハンティングに参
加するし、餌もメスと平
等に食べる。

🦣 ツァボのゾウ
"赤ゾウ"と呼ばれてい
る。ここの土がれんが色
をしているため、土浴び
などをしたときにゾウの
体が赤く染まるからであ
る。イボイノシシなども
同様。

ツァボ・ウエストN.P.はナイロビの東南に位置する国立公園で、ナイロビ・モンバサ・ハイウェイNairobi-Mombasa Highwayを挟んで、ツァボ・イーストN.P.と接している。面積は東西ツァボN.P.を合わせて約2万812km²で、日本の四国よりも少し大きい。

ツァボ・ウエストN.P.は草原やブッシュ地帯はもちろんのこと、丘、岩山、熔岩原、川、湧き水などなど、変化に富んだ景観が楽しめる国立公園である。

かつてツァボ・ウエストN.P.はアフリカゾウの宝庫だったがその数は激減し、現在では2000頭くらいといわれている。数百頭のゾウの大群は今ではなかなか見られない。

しかし生息する生物は多様で、60種を超える哺乳類（ネズミ、コウモリなど多数）、400種の鳥や23種の爬虫類、700種の植物が記録されている。なかでもバオバブはツァボを代表する木で、樹齢1000年を超えるような巨木が、あちこちに点在している。

 ## 歩き方

●ナイロビからツァボ・ウエストN.P.へ

ツァボ・ゲートTsavo Gateやムティット・アンディ・ゲートMutitt Andy Gateから公園に入るが、いずれもナイロビとモンバサを結ぶNairobi-Mombasa Highwayからすぐなので、渋滞がなければナイロビから約4時間30分である。ムティット・アンディ・ゲートからは赤土の道を約30分、ブッシュ帯を走る間、ときどきゾウやキリン、シマウマなどが見られる。

●アンボセリN.P.からツァボ・ウエストN.P.へ

アンボセリN.P.からキマナ・ゲートKimana Gateを出て、キマナKimanaを経て未舗装の赤土の道を道なりに約1時間30分〜2時間走るとゴツゴツした熔岩原に出るが、ここはクリップスプリンガーが生息することで有名である。

チュル・ゲートChyulu Gateからツァボ・ウエストN.P.に入ると、ブッシュ帯に入る。入るとすぐ大型の動物に出合うだろう。

動物は溜め池に水を飲みにくる

●中心はキラグニ

　ツァボ・ウエストN.P.はツァボ・イーストN.P.に比べ早くから開けていて、宿泊施設やバンダ（ロッジ）が多い。ⓁKilaguni Serena Safari Lodgeが中心となる。このロッジは空路でも便利で簡易飛行場に隣接している。レストラン前には池が掘られ、動物たちが水を飲みに来る姿がよく見られる。ときには水浴びするゾウの群れもいるとのこと。

●ムジマ・スプリングス

　ⓁKilaguni Serena Safari Lodgeより南西方向へ約12kmにあるムジマ・スプリングスMzima Springsという、きれいな水が豊富に湧き出ている泉がある。車は駐車場に停めて、泉まで歩いて行くことができるが、レインジャーがガイドとして付いてくるのでチップ（1グループ200sh）が必要である。ここは、動物たちにとって格好の水場で、岸辺にはウオーターバック、シマウマ、バッファロー、ゾウ、ときにはライオンもやって来る。泉にはカバやワニもすみ、運がよければ東アフリカの主要な野生動物をひととおり見られる。

　水中には、ガラス張りの展望室が造られていて、泉の中を観察できる。たくさんの魚が泳いでいる光景が見られるだろう。カバがこの展望室のそばをとおるなら、水底を歩いているユーモラスな姿も見られる。

ツァボ・ウエスト国立公園

動物と遭遇の珍事件
かつて、東アフリカ鉄道建設のときに、ちょうどボイあたりに人食いライオンが出て、鉄道の完成が何年も遅れたのは有名な話である。そのため地名にムティト・アンディ（人食い）が残っている。今は人食いライオンこそ出ないが、ゾウが出ることがある。

きれいな水のムジマ・スプリングスに生息するカバ

水中の魚も見ることができる

宿泊施設

→P.192 日本からの電話のかけ方

■L キラグニ・セレナ・サファリ・ロッジ・
Kilaguni Serena Safari Lodge
住 Map P.69
☎020-8030800（ナイロビ予約）、0734699865
e kilaguni@serena.co.ke
HP www.serenahotels.com
料 ⓢUS＄140〜290　ⓦUS＄285〜410
（蚊帳・トイレ・シャワー・3食付）

建物、設備ともにツァボでは最高級のロッジ。テラスと食堂から庭の水場に集まる動物が見渡せ、ゾウの群れを眺めながらの食事は格別だ。食事は3食とも、量、味、サービスすべてにおいてよい。通電、給湯24時間。ナイトサファリも可能。Wi-Fi無料。全56室。

キラグニ・セレナ・サファリ・ロッジの食堂

■L タイタ・ヒル・ロッジ・Taita Hill Lodge
住 Map P.69
☎043-30540/31271、0728608765、
020-2767000（ナイロビ予約）
e sarova.taita@sarovahotels.com
HP www.sarovahotels.com
料 ⓢUS＄94〜283　ⓦUS＄188〜362（トイレ・シャワー・3食付）

この国立公園から遠く離れたタイタ・ヒルにある美しいロッジ。近くに同系列の■L Salt Lick Lodgeもある。花が咲きみだれ、よく手入れされた木々が繁る。通電、給湯は24時間。Wi-Fi無料。全60室。

花の多いロッジ

■L ングリア・サファリ・ロッジ・
Ngulia Safari Lodge
住 Map P.69
☎0722139393、0733156675（直通）、
020-2244173（ナイロビ予約）
e sales@kenya-safari.co.ke
HP www.safari-hotels.com
料 ⓢUS＄160〜190　ⓦUS＄230〜270（トイレ・シャワー・3食付）

庭先のプールの脇からはクロサイの保護区となっている地区の雄大な眺めが楽しめ、テラスの前庭にはさまざまな動物が来る。肉をつるす場所にはほとんど毎晩ヒョウが来る。通電4:30〜12:00・18:00〜24:00、給湯5:30〜7:00・19:30〜21:00。Wi-Fi無料。全52室。

ホテルのような外観のロッジ

■L リノ・バレー・ロッジ・
Rhino Valley Lodge
住 Map P.69　P.O.Box 244 Voi
☎043-30050、0721328567、0736018339
FAX043-30285
e tsavocamps@zmail.co.ke
HP www.tsavolodgesandcamps.com
料 ⓢUS＄55〜150　ⓦUS＄90〜200
ⓢUS＄280（蚊帳・トイレ・シャワー・3食付）

Ngulia hillの麓にあるこぢんまりしたアフリカ風ロッジ。通電5:00〜8:00・18:00〜23:00、給湯24時間。全14室＋バンダ6室（料7000sh、食事なし）。

アフリカンテイストの客室

料 左がローシーズン、右がハイシーズンの料金。

ツァボ・イースト国立公園
Tsavo East National Park（ケニア）

ツァボ・イーストN.P.はナイロビの東南約200km、モンバサの北西約150kmに位置する国立公園で、面積は約1万1747km²、Nairobi-Mombasa Highwayとケニア鉄道のナイロビーモンバサ線を挟んでツァボ・ウエストN.P.と接している。両国立公園の面積は合わせて約2万812km²で日本の四国よりも少し大きい。

丘、岩山、火山岩地、川、湧き水などがある変化に富んだツァボ・ウエストN.P.の景観こそないが、標高が低いこともあって熱帯直下の広大なサバンナが楽しめる。とりわけ■Voi Safari Lodgeからの景観はケニアで1、2を争う雄大なものである。

バオバブはツァボを代表する木で、巨木が、あちこちに点在し、ゾウにチューイングされたものもよく見かける。

歩き方

●ナイロビからツァボ・イーストN.P.へ

公園への入口はツァボ・ゲートTsavo Gateやボイ・ゲートVoi Gateを利用するが、いずれもナイロビとモンバサを結ぶNairobi-Mombasa Highwayからすぐで、アクセスが便利である。また、モンバサとも近いため、モンバサから来る場合はプチュマ・ゲートPuchuma Gateから入るとよいだろう。

単調な環境が延々と続いているので

入園料
大人US$52
（子供US$35）
カード払いのみ

...Access...

ナイロビから：
ボイまでモンバサ行きバスが頻発。そこから先はベースとなるロッジなどから車で迎えに来てもらう。車をハイヤーしてくる人が多い。

ツァボ・イースト国立公園

0　　　　　　30km

巨大なムタンダ・ロック

ゾウの水飲みが間近に見られる

動物を探すのが難しいといわれているが、ツァボ・ウエストN.P.に比べれば、宿泊施設やバンダが少ないこともあり、ひと気があまりないぶんゆっくり動物を観察することができる。バオバブの木をチューイングするゾウの群れに出合うことも珍しくない。

●ムダンダ・ロックMudanda Rockでゾウの群れを見よう！

ツァボ・イーストN.P.のボイ・ゲートとマニャニ・ゲートの中間のNairobi-Mombasa Highwayにほぼ平行して走る巨大な岩脈がある。ムダンダ・ロックと呼ばれる、高さ20～30mほどの岩が、ほぼ南北方向に延々と続く様は見事である。

地質学的には花崗岩が褶曲のため盛り上がり、その頂上部分が露出したものとされている。

岩山は登りやすく、なだらかにうねる頂上の岩盤から眺めると、見渡す限りのサバンナが眼下に広がっていて、大型動物たちの生活が眺められる。

宿泊施設

→P.192 日本からの電話のかけ方

[L]ボイ・サファリ・ロッジ◆ Voi Safari Lodge

[住]Map P.71　予約先：P.O.Box 42013-00100 Nairobi
☎041-2004804（直通）、020-2244173（ナイロビ予約）
[e]sales@kenya-safari.co.ke
[HP]www.safari-hotels.com
[料]ⓈUS$160～190　ⓌUS$230～270（蚊帳・トイレ・シャワー・3食付）

古くから開業している落ち着いたロッジで、展望台からの眺めは、"さすがアフリカ"という強烈な印象をあたえる。ここからは赤いゾウたちの群れが見えることもある。眼下の水飲み場近くまで地下道をとおって行くと、ゾウなどが水を飲む姿を真近に見ることができる。Wi-Fi無料。全53室。

落ち着いたボイ・サファリ・ロッジ

[L]アシニール・アルバ・ロッジ◆ Ashnil Aruba Lodge

[住]Map P.71　予約先：P.O.Box 10557-00100 Nairobi
☎020-3566970～3（ナイロビ予約）
[e]info@ashnilhotels.com
[HP]www.ashnilhotels.com
[料]ⓈUS$86～171　ⓌUS$171～228（蚊帳・トイレ・シャワー・朝食付）
[カード][M][V]

草原の真っただ中にあるきれいなロッジ。雨季にはダムの水位が上がり一面が湖になる。通電、給湯24時間。Wi-Fi無料。全40室。

アシニール・アルバ・ロッジのテラス

[料]左がローシーズン、右がハイシーズンの料金。

サンブル国立保護区
Samburu National Reserve（ケニア）

　万年雪を頂いたケニア山の北方、ナイロビからゲートまで約340kmの地点にサンブルN.R.とバッファロー・スプリングスN.R.がある。面積は合わせて約296km²と、それほど広くないが、動物は種類、数ともに豊富。ほかの地区では滅多に見られない動物、グレービーシマウマ、アミメキリン、ベイサオリックス、ゲレヌクなどが観察できる。

　この一帯は同じサバンナでも低灌木とアカシアが多く、広々とした草原は少ない。特に水量豊かなエワソ・ンギロ川Ewaso Ngiro Riverが流れているため川の周辺は樹木が多く、緑が濃い。川にはワニが生息し、ロッジのテラスからじっくり観察できる。最近川の流れが変わり、老舗のロッジが流され橋も壊れたが、橋のみ再建された。

🅿入園料
US＄70／24時間。
（子供US＄40／24時間）
※1泊2日の料金。バッファロー・スプリングスN.R.をとおってサンブルN.R.へ行く場合は、バッファロー・スプリングスN.R.の入園料も払う。

■サンブルとバッファロー・スプリングスの両保護区は単にエワソ・ンギロ川を挟んだ南北の地域で、動物相、植物相はそう変わらないので本書ではサンブルN.R.と一括して扱う。

バッファロー・スプリングス（泉）N.R.
バッファロー・スプリングス・ゲートBuffalo Springs Gateより北西へ約1.2km。

歩き方

●川の北岸は乾燥したサバンナ

　縞模様が細くて多く、美しいグレービーシマウマは、このあたりでよく見かける。普通のシマウマと一緒にいることもある。2本足で立って高いところの木の葉を食べる独特の行動をするゲレヌクも、この周辺に多い。

●川岸には動物が集まる

　サンブルN.R.とバッファロー・スプリングスN.R.の境界線はその間を流れるエワソ・ンギロ川。川幅が広く通常は水量も多いので、周囲は緑の木立が多い。ふた股に分かれた背の高い珍しいヤシの木も立っている。バッファロー・スプリングスN.R.側と🅛Samburu

エワソ・ンギロ川にはゾウが水飲みによく訪れる

...Access...

　✈ ナイロビから:エアー・ケニア、サファリ・リンクの小型機が毎日5〜6便運航。
　🎫US＄214〜249（マサイ・マラN.R.からハイシーズンのみ毎日1便、US＄393）
　🚗 ナイロビから:ティカ、ムランガ、ナニュキの町を通過し、イシオロを経由するケニア山西側コースが最も早い。景色もこの道が抜群で、天気がよければ、万年雪の凛々しいケニア山を眺めながら進むことができる。
　　ナイロビからナニュキまでは200km弱。そのわずか手前で、赤道を通過する。いくつも

の看板が出ているのですぐわかる。ナニュキを過ぎると、ケニア山のすそ野をどんどん上がっていく道に入り、眺めもますます雄大になる。あちこちに見えるビニールハウスはランの栽培場で、欧州に出荷するのだとか。サバンナのイメージとはまったく違う景色だ。登り切った所からイシオロまでは下り一直線。

　エチオピアとの国境までは約500kmもあるというのに、イシオロの町を出た所に監視所がある。ここでケニアの警備隊に、車のナンバー、人数、目的地などをチェックされる。イシオロから約30kmで川を渡りすぐ左折、さらに行くこと15km少しでゲートに到着する。

マルサビットへ
レインジャー詰所
アーチャーズ・ポスト・ゲート
ポリス・ポスト
シャバ N.R.へ
店 S S
Samburu Simba Lodges
サンブル N.R.
コイトゴア山
バッファロー・スプリングスの水場
M.O.W. キャンプ
レインジャー詰所
キャンプサイト
Ashnil Samburu Camp
Samburu Intrepids
ウエスト・ゲート
エワソ・ンギロ川
Game Trackers Samburu Camp
Larsen's Tented Camp
バッファロー・スプリングス・ゲート
Low Bridge
Samburu Game Lodge
メイン・ゲート
バッファロー・スプリングス N.R.
ガレ・マラ・ゲート
公営キャンプサイト
キャンプサイト
公営キャンプサイト
滑走路
レインジャー詰所
公営キャンプサイト
イシオロへ
イシオロへ

サンブル国立保護区

0　　　　5　　　10km

サンブルN.R.とバッファロー・スプリングスN.R.を結ぶ橋

西寄りの■Samburu Game Lodgeの近くにあり、動物の水飲みが見られる絶好の場所でもある。近年、再建された。

Game Lodgeまでの間、川の北側を川沿いに走ると、ゾウたちの水浴びや吸水する大型動物を見かけることもある。

●バッファロー・スプリングスBuffalo Springs

　ガレ・マラ・ゲートNgara Mara Gateから北へ約6km、それから左折して西へ約6kmの所にバッファロー・スプリングスという泉がある。きれいな湧き水で、周囲を人工的に囲ってあるので、プールのようになっている。この泉から流れ出る水は小川になり、すぐ近くのエワソ・ンギロ川へ注いでいる。

①グレービーシマウマ　②ベイサオリックス　③ゲレヌク　④アミメキリン

小川は、動物たちにとっては格好のオアシスで、イボイノシシやウオーターバック、シマウマやガゼルの仲間が、仲よく水を飲んだり、水浴びをしている。実に平和でのどかな風景だ。泉の一区画は、動物たちが直接入って来られないように石で囲まれているので、人間も水浴びできないことはない。ロッジのプールで泳ぐのはどの公園でも可能だが、この泉のように動物たちと水浴びができるところは、東アフリカの国立公園多しといえどもここ以外にはない。

透明度抜群のバッファロー・スプリングス

宿泊施設

→P.192 日本からの電話のかけ方

[L]サンブル・ゲーム・ロッジ・Samburu Game Lodge

[住]Map P.74
☎064-30781、0720626366(直通)020-2045835(ナイロビ予約) FAX020-2047203(ナイロビ予約)
[e]sales@wildernesslodge.co.ke
[HP]www.wildernesslodges.co.ke
[料]ⓈUS$350　ⓌUS$440(1年をとおして同料金、トイレ・シャワー・3食付)

川の北側に位置し、川に面したコテージと2階建ての客室からなる。プールもある。食堂やロッジからは河岸で日光浴をするワニを眺められる。鳥類も豊富で、サバンナモンキーやリスなども、客室の周囲を走り回る。全61室(8室はバスタブ付)。

サンブル・ゲーム・ロッジのコテージ

[L]サンブル・イントレピッズ・Samburu Intrepids

[住]Map P.74　予約先:P.O.Box 74888 Nairobi
☎064-30453(直通)、0713136482、020-4446651(ナイロビ予約)
FAX020-4446600(ナイロビ予約)
[e]reception@heritagehotels.co.ke
[HP]www.heritage-eastafrica.com
[料]ⓈUS＄260～720　ⓌUS＄350～540(トイレ・シャワー・3食付)

サンブルN.R.の西部にあり、エワソ・ンギロ川に面した半固定式テントロッジ。木材を組み合わせたレセプションと[R]はセンスがよい。料理はおいしい。[R]とバーでWi-Fi無料。通電5:00～15:00・18：00～24:00、給湯24時間。全28テント。

テントロッジの入口

[L]サンブル・シンバ・ロッジ・Samburu Simba Lodges

[住]Map P.74 バッファロー・スプリングスN.P. P.O. Box 66601 - 00800（ナイロビ予約）
☎020-4444401～2/4442218～7（ナイロビ予約） FAX020-4444403（ナイロビ予約）
[e]sales@simbalodges.com
[HP]www.simbalodges.com
[料]ⓈUS$245～495 ⓌUS$295～575（ファン・トイレ・シャワー・3食付）

エワソ・ンギロ川の南岸に位置する。バッファロー・スプリングスへのアクセスに便利だろう。通電12:00～14:00・18:00～21:30、給湯24時間。Wi-Fi無料。全60室。

サンブル・シンバ・ロッジの客室

[L]ラールセンズ・テンテッド・キャンプ・Larsen's Tented Camp

[住]Map P.74
☎0720626367（直通）、020-2108795（ナイロビ予約）
[料]ⓈUS$520 ⓌUS$650（1年をとおして同料金、トイレ・シャワー・3食付）
[e]Larsens@wildernesslodges.co.ke
[HP]www.wildernesslodges.co.ke

川の北岸、[L]Samburu Game Lodgeよりさらに東側にある高級テントロッジ。設備、食事、サービスなどはかなり豪華。テント内は広い。レセプション近くでWi-Fi無料。通電5:30～9:00・12:00～16:00・18:00～23:30、給湯24時間。全12テント。

自然と調和するテントロッジ

[L]アシニール・サンブル・キャンプ・Ashnil Samburu Camp

[住]Map P.74 P.O.Box 10557Nairobi（予約）
☎020-3566970～3 Fax020-3566974（ナイロビ予約）
[e]info@anilhotela.com
[HP]www. aalodges.com
[料]ⓈUS$150 ⓌUS$200（蚊帳・トイレ・シャワー・3食付）
[カード][M][V]

バッファロー・スプリングスN.P.の川岸にある新しい固定式テントロッジ。インド系の経営で、簡素なテントだが必要最低限のものはある。通電5:00～10:00・12:00～1:00・18:00～24:00、給湯24時間。Wi-Fi無料。全30室。

川のほとりにたたずむ新しいロッジ

[L]ゲーム・トラッカーズ・サンブル・キャンプ・Game Trackers Samburu Camp

[住]Map P.74
☎0711309513（ナイロビ予約）
[料]パックツアーのみ、8日間US$960～（トイレ・水シャワー共同、3食付）

メインゲートから西に約5kmの林にあるテント・ロッジ。固定式テントロッジと異なり、完全な移動式テント。食事はウガリ中心の現地食で設備はトイレや水シャワー以外ほとんどないが、若年グループに人気がある。ナイロビの旅行会社やゲストハウスなどを通じて主催会社に申し込む。全12テント。

安くサファリをしたい人向け

[料]左がローシーズン、右がハイシーズンの料金。

ナクル湖国立公園

Lake Nakuru National Park（ケニア）

フラミンゴの大群で有名であったナクル湖N.P.だったが、2019年6月現在、その姿を見かけることはほとんどない。

アルカリ性の湖のみに生息する小さな甲殻類のプランクトンや藻の類いなどを食べているフラミンゴはこうした条件が整っている大地溝帯内に散在するソーダ性の湖を渡り歩いて生活していて、ときには数十万から200万羽近い大群をつくる。このナクル湖にはかつて数百万羽のフラミンゴが集っていたが、水位上昇によって補食条件が悪化したためほかの湖にほとんど移動して、2019年6月現在、ほとんど見かけない。しかし、ウやペリカンなどは生息している。

この項では、ボゴリア湖、ナイバシャ湖、ヘルズ・ゲートN.P.、ロンゴノットN.P.を含めて紹介する。

世界遺産
大地溝帯にあるケニアの湖沼地帯

入園料
大人US$60
（子供US$35）
カード払いのみ

ナクル湖N.P.への入り方
ナクル湖N.P.はナクルの町から南へ約3kmの所にゲートがあり、町の外れからも湖や樹林帯、後ろにそびえる山の美しい光景が目に入る。

 **歩き方**

気候変動のせいか、最近は降雨が多くこの地溝帯の湖はいずれも水位が上昇している。公園の旧メインゲートは水没しつつあり、園内の主要道路も冠水してサファリができない。

この状況がいつまで続くかわからないが、当分の間はフラミンゴ観察には適さない。

水没しつつある旧メインゲート

ナクル湖国立公園
Lake Nakuru National Park

ナクル湖の宿泊施設

→P.192 日本からの電話のかけ方

L サロバ・ライオン・ヒル・ゲーム・ロッジ・
Sarova Lion Hill Game Lodge
住 Map P.77
☎020-2767000、0709111000
Ⓔcentralreservations@sarovahotels.com
Ⓗwww.sarovahotels.com/lionhill-nakuru
料Ⓢ US$165〜390　ⓌUS$260〜567（トイレ・シャワー・3食付）
カードＡＭＶ

ナクル湖を見下ろす丘の中腹にある。コテージ風。Ⓡのビュッフェではベジタリアン用やムスリム用に料理をわけている。Wi-Fi無料。全67室。

ライオン・ヒルの山腹にあるサロバ・ライオン・ヒル・ロッジ

L フラミンゴ・ヒル・テンテッド・キャンプ・
Flamingo Hill Tented Camp
住 Map P.77
☎0734 972929
Ⓗwww.flamingohillcamp.com/
料Ⓢ US$160　ⓌUS$180（トイレ・シャワー・3食付）

ナクル湖N.P.内にあり、メインゲートに近い固定式テントのこぢんまりしたロッジ。現在はフラミンゴを見かけることはできないが、かつての盛況をその名に残している。湖面に近く湖の水が気化熱を奪うため、周辺の大気が冷却されて早朝は吐く息が白くなる。通電、給湯24時間。Wi-Fi無料。全12テント。

よく手入れされた庭に囲まれている

...Access...

ナクルから車チャーターで約2時間。マタツは湖のかなり手前のボゴリアまでしか行かない。途中で赤道を越えるので、降ろしてもらうとよい。次のマタツを止めて乗車。

料入園料
大人US$50
（子供US$15／24時間）

 フラミンゴはボゴリア湖の西岸に多い
写真を撮るなら午後から夕方に行ったほうがよい。くちばしの黒い**コフラミンゴ**と、体色は白っぽいが、くちばしがピンクの**オオフラミンゴ**がいる。
※4〜6月は、産卵のためナトロン湖に行ってしまうのでここにはいない。その他のシーズンは事前に確認を。

近郊の町と見どころ

西岸ではフラミンゴが見られる

〔ボゴリア湖国立保護区　Lake Bogoria N.R.〕

　数年前までナクル湖の湖畔をうめていたフラミンゴは、2019年6月現在、地溝帯のいくつかのアルカリ湖に移住している。ケニアではナクルから約60km東北に位置するボゴリア湖に多くのフラミンゴが移住し、その西側湖畔がピンクに染まる光景が観察されていた（2015年）。

　この湖は面積約150km²とやや小さく、フラミンゴを観察するのに適しているが、水位上昇中でフラミンゴがどこに移動するかはわからないので、事前に現地の旅行代理店などに問い合わせることをすすめる。かつて18ヵ所も存在した間欠泉や熱水の噴出口も水没した。

料左がローシーズン、右がハイシーズンの料金

ボゴリア湖のフラミンゴの群れ（2015年撮影）

ボゴリア湖の宿泊施設

→P.192 日本からの電話のかけ方

[H]レイク・ボゴリア・スパ・リゾート・Lake Bogoria Spa Risort

[住]P.O.Box 58 -30403 Marigat ボゴリア湖の近く
☎020-2249055　FAX020-2249066
[HP]www.lakebogoria-hotel.com
[料]ⓈUS$225～ ⓌUS$311～（エアコン・蚊帳・トイレ・シャワー・3食付）
元大統領モイの系列のリゾートホテルで温泉がある。Wi-Fi無料。通電、給湯24時間。温泉のみの利用も可（有料）。全84室。

ホテルの中心棟

〔ナイバシャ湖　Lake Naivasha〕

ナイロビからナクル、エルドレットへと続く道路、A104を北上すると、最初に見えてくる湖がナトロン湖でその次がナイバシャ湖である。大地溝帯の一端に横たわり、周囲のみひときわ緑が濃いのが印象的だ。

ナイロビの北約88kmにあり、面積約177㎢の真水の湖。ペリカンやウなどの水鳥が多く生息し、ナイロビから手軽に行ける絶好のバードウオッチングポイントだ。また、周辺にヘルズ・ゲートN.P.やクレーター湖、ロンゴノットN.P.などの見どころもあるので、1泊以上しても十分楽しめる。

湖畔のロッジのほとんどは、野鳥やカバを見に行く約1時間のボートサファリをアレンジしてくれる。なかでも絶好のポイントは三日月島Crescent Island。島のガイドと一緒にウオーキ

...Access...

✈**ナイロビから:**サファリ・リンクの小型機が毎日1便運航。
[料]US$147（往復US$235）
🚗**ナイロビから:**カントリー・バスターミナルからマタツで所要約1時間30分、200sh
ナクルから:マタツで所要約1時間30分、150sh
7:00～17:00の間、約1時間毎に1便出ている。
ナイバシャ湖へ:マイエラMaiela行きとオセリアンOserian行きのマタツが、

Moi South Lake Rd. に沿ってコンゴニ・ポリスポストまで通過するので、希望の場所で途中下車する。

三日月島

[料]**入園料**大人US$30
子供US$15
■渡船料US$80／艘

ングサファリができ、野鳥のほかキリンやウオーターバックが目の前に現れることもある。

湖岸からバードウオッチングを楽しむのなら、フィッシャーマンズ・キャンプがベスト。また、西岸にはカバが見られるヒポポイントがあるが、ボートでしか行けない。

三日月島は草食動物の天国。上陸して、ウオーキングサファリも楽しめる

ナイバシャ湖の宿泊施設

→P.192 日本からの電話のかけ方

[L]エナシパイ
Enashipai

[住]Map P.80 Moi Southlale Rd.　ナイバシャ湖岸
☎051-2130000　[HP]enashipai.com
[料]ⓈUS$275〜405　ⓌUS$480〜686（ファン・蚊帳・トイレ・シャワー・3食付）
[カード] [M][V]

ナイバシャでは最新かつ最高級のロッジ。湖まで徒歩約5分。セキュリティはしっかりしている。通電、給湯24時間。敷地内にケニアでも最高級のスパ Siyaraがある（別料金）。Wi-Fi無料。全135室。

エナシパイのコテージ

[L]レイク・ナイバシャ・ソパ・リゾート
Lake Naivasha Sopa Resort

[住]Map P.80
☎050-50139〜40（直通）、020-3616000（ナイロビ予約）　FAX020-3750649（ナイロビ予約）
[e]info@sopalodges.co.ke
[HP]www.sopalodges.com
[料]ⓈUS$149〜248　ⓌUS$220〜347
ⓉUS$290〜484（トイレ・シャワー・3食付）

プールやサウナをもつ大型ロッジで夜間、庭にカバが上陸することが多い。Wi-Fi無料。全84室。

レイクナイバシャ・ソパ・リゾートの2階建てのコテージ

[料]左がローシーズン、右がハイシーズンの料金

L レイク・ナイバシャ・シンバ・ロッジ
Lake Naivasha Simba Lodge

住Map P.80
☎050-50305〜7（直通）、020-4444401〜2（ナイロビ予約）FAX020-4444403（ナイロビ予約）
e simbalodges@outlook.com
H www.marasimba.com
料S US$245〜495　W US$295〜575
T US$443〜863（トイレ・シャワー・3食付）
カード A M V

ジムやテニスコート、プールなどの設備も充実したロッジ。子供用の遊具も充実し、部屋もシンプルでかわいい。Wi-Fi無料。全70室。

レイクナイバシャ・シンバ・ロッジのコテージ

L レイク・ナイバシャ・カントリー・クラブ
Lake Naivasha Country Club

住Map P.80　P.O.Box 102124-00101 Nairobi
☎0703048000（ナイロビ予約）、0735800140
e info@sunafricahotels.com
H www.sunafricahotels.com
料S US$150〜190　W US$180〜242（蚊帳・トイレ・シャワー・3食付）
カード A M V

このあたりの老舗のロッジ。宿泊しないで敷地内へ入るにはホテル食堂で飲食する必要がある。三日月島へのボートツアー5000sh（入島料別、US$25／人）、サンセットクルーズ1000sh／人をアレンジしている。Wi-Fi無料。全51室。湖岸に水上ロッジの L キボコ・ロッジを運営している。

レイクナイバシャ・カントリー・クラブの庭

〔エルザミア　Elsamere〕

『野生のエルザ』などの著者故ジョイ・アダムソンの屋敷を自然保護の研究センターとしている。小さな博物館があり、写真や著書、遺品が置いてある。紅茶を飲みながら、ジョイ・アダムソンに関するビデオ（45分）が観られる。また、宿泊も可能。夜はカバが建物の周辺に来ることもある。

〔ヘルズ・ゲート国立公園　Hell's Gate N.P.〕

大昔、ナイバシャ湖が北に広がるエレメンテイタ湖やナクル湖とともにひとつの大湖をなしていた頃、湖水は南端のオル・ジョロワ峡谷、つまりヘルズ・ゲートHell's Gate（地獄門）をとおって流れ落ちていた。川床は今は草原となり、両側には絶壁が立ちはだかっている。その中にフィッシャーズ・タワー Fisher's Tower やエンバルタEmbartaと呼ばれる半溶解の溶岩が押し出されて固まった岩塔が突き立っている。周りには黒曜石も見られる。

〔ロンゴノット国立公園　Longonot N.P.〕

大地溝帯の底に咲く一輪の花のような、直径約1.6kmの火口をもつ秀麗な独立峰。標高2776m。1日登山も可能で、ロンゴノット村から火口1周を含めて往復時間は約6〜7時間。

ロンゴノットN.P.のクレーター

エルザミア
住Map P.80
☎0722648123
開9:00〜18:00
料2000sh（入園料、紅茶代、ビデオ鑑賞代含む）
e reservations@elsamere.com
H www.elsamere.com
交ナイバシャのマタツ乗り場からオセリアン行きマタツで、近くに来たら下車。所要約30分、80sh

ヘルズ・ゲート国立公園
料入園料大人US$26（子供US$17）現金払い不可。1984年設立。深い峡谷に遊歩道があり、ケニアでは珍しく歩いて動物を見ることができる。トムソンガゼル、バブーン、インパラ、シマウマなどがいる。
交YMCAキャンプ場近くのMoi South Lake Rd.から公園入口のElsa Gateまで約2km。園内にはキャンプ場もある。

ロンゴノット国立公園
料入園料大人US$26（子供US$17）現金払い不可。登山口には駐車場もあり、レインジャーもいる。
交Mai-Mahiu行きのマタツで、所要約30分のロンゴノットN.P.入口下車。キャンプ場もある。

料左がローシーズン、右がハイシーズンの料金。

アバデア国立公園
Aberdares National Park（ケニア）

入場料
大人US$52（子供US$
26）
カード払いのみ

…Access…

ナイロビから：
ニエリまでバスが頻発
LTree Topsに行くには、
ニエリの**H**Out Spanから。
LThe Arkにはムウェイ
ガの**L**Aberdares Coun-
try Clubから。バスはムウ
ェイガまでで、そこから先
はベースとなるホテルなど
から、宿泊客用の4WD車
を利用する

アバデアN.P.のゲート

サバンナの国立公園が多いケニアにあっては珍しい、う
っそうたる森林の国立公園。ナイロビの北東にあり、サバ
ンナでは見ることが困難な森林性の動物（アビシニアコロ
ブス、モリイノシシ、ヒョウ、ジェネットキャット、ブッ
シュバックなど）や夜行性の動物（ブッシュベイビー、ボ
ンゴなど）を見るのに最適の国立公園である。

歩き方

宿泊客用の4WD車はそれぞれのロッジに直行するが、そのほ
か園内のロッジの前に水場と塩場が設置してあるので、水と塩
を求めてやって来る動物をロッジから見るということになる。
森の中をとおるときに、サルの鳴き声が聞こえたりするのもア
フリカらしさを感じられて楽しい。

また4WD車をチャーターして、途中2〜3時間のサファリを
楽しみながら目的のロッジに行くこともできる。

ここの**L**Tree Topsは、イギリスの女王エリザベス2世が王女
のころケニアを訪問中、木の上にあるこのロッジで女王になっ
たことでも有名である。王女はアバデアN.P.のこのホテルに泊
まった晩、父ジョージ6世国王の訃報が届き、王位を継いだ。つ
まり木の上で女王になったのである。

アバデア国立公園

アバデアN.P.の森。中央右側にゾウがいる

宿泊施設

※目安としてハイシーズンは1～3月、7～12月で、ローシーズンは4～6月だが、ロッジ、ホテルによって設定が違うので要確認。

H アウト・スパン・Out Span H

住Map P.82　P.O.Box 24 Nyeri
☎061-2032424（直通）、020-4452095～9（ナイロビ予約）FAX 020-4452102（ナイロビ予約）
einfo@aberdaresafarihotels.com
Hwww.aberdaresafarihotels.com
料SUS$135～222　WUS$244～340（トイレ・シャワー・朝食付）

アバデアN.P.外にあるLTree Topsのチェックイン専用ロッジ。

L ツリー・トップス・Tree Tops

住Map P.82　P.O.Box 24 Nyeri
☎061-2032425（直通）　予約先：HOut Spanと同じ
料SUS$220～250　WUS$640～680（トイレ・シャワー・2食付）

ケニアでも古くからあるサファリロッジで、かつては巨木の上にロッジがあったのでこの名前がある。現在はその巨木は枯れたが、高い柱の上に木造の3階建て建物が載っている。ロッジ内には創建時の巨木が残されている。またエリザベス王女が、王女から女王となった部屋が保存され、このQueens Roomにも予約が取れれば宿泊できる。通電、給湯24時間。Wi-Fi無料。全37室。

L アバデア・カントリー・クラブ・Aberdares Country Club

住Map P.82　P.O.Box 48995 Nairobi
☎020-557009、0737799990、0737799992
FAX020-556126（ナイロビ予約）
ekenyasales@marasa.net
Hwww.aberdarecountryclub.com
料SUS$113～178　WUS$205～238（トイレ・シャワー・3食付）

LThe Arkのチェックイン専用ロッジでアバデアN.P.外にある。

L ジ・アーク・The Ark

住Map P.82　P.O.Box 48995 Nairobi
☎予約先：LAberdares Country Clubと同じ
Hwww.thearkkenya.com
料SUS$133～210　WUS$243～279（トイレ・シャワー・2食付）

LAberdares Country Clubで4WD車に乗り換え、アバデアN.P.内のLThe Arkへ入る。近代的な雰囲気の木造高床式ロッジ。前庭の池に近づく動物を大きなガラス越しの屋内や屋上のテラスから見ることができる。夜はストロボを使用しない、静かにするなど、見る側のマナーが要求される。通電、給湯24時間。Wi-Fi無料。サファリドライブは半日US$160、1日US$305、いずれも1台7人まで。全60室。

柱の上に建物が載っている

眺めのよいジ・アーク・ロッジ

ニャフルル Nyahururu

ナイロビからアバディアN.P.に向かう途中の小さな町。ケニアでもっとも標高の高い町のひとつ。トムソンズ・フォールと呼ばれる落差約74mの滝が有名。
入場料
大人200sh（子供100sh）

トムソンズ・フォール

料左がローシーズン、右がハイシーズンの料金。

ケニアの主要国立公園で見られる
おもな動物リスト

日本語	英語	カタカナ発音	Aberdares アバデア	Amboseli アンボセリ	Masai Mara マサイ・マラ	Lake Nakuru ナクル湖	Samburu サンブル	Tsavo ツァボ	Nairobi ナイロビ
サバンナモンキー	Savannah Monkey	サバンナモンキー	×	△	◎	◎	◎	◎	◎
ヒヒ	Baboon	バブーン	△	◎	◎	◎	◎	◎	◎
アビシニアコロブス	Abyssinian Black&White Colobus	アビシニアン ブラックアンドホワイト コロバス	△	×	×	△	△	×	×
アフリカゾウ	African Elephant	アフリカン エレファント	◎	◎	◎	×	◎	◎	×
イワハイラックス	Rock Hyrax	ロック ハイラックス	×	×	◎	◎	◎	◎	◎
ツリーハイラックス	Tree Hyrax	トゥリー ハイラックス	×	×	◎	×	◎	×	×
ライオン	Lion	ライオン	△	△	◎	△	△	△	△
チーター	Cheetah	チータ	△	△	◎	△	△	△	△
ヒョウ	Leopard	レオパード	△	△	△	○	△	△	△
バッファロー	Buffalo	バッファロー	◎	△	◎	◎	◎	◎	△
カバ	Hippopotamus	ヒポポタマス	×	△	◎	◎	◎	△	△
クロサイ	Black Rhinoceros	ブラック ライノソーズ	△	×	△	◎	△	×	△
シロサイ	White Rhinoceros	ホワイト ライノソーズ	×	×	△	◎	×	×	○
アミメキリン	Reticulated Giraffe	レティキュレーテッド ジラーフ	△	×	×	×	◎	×	×
マサイキリン	Masai Giraffe	マサイ ジラーフ	△	◎	◎	×	×	◎	◎
ロスチャイルドキリン	Rothchild Giraffe	ロスチャイルド ジラーフ	×	×	×	○	×	×	◎
シマウマ	Common Zebra	コモン ジーブラ	△	◎	◎	○	◎	◎	◎
グレービーシマウマ	Grevy's Zebra	グレービーズ ジーブラ	×	×	×	×	◎	×	×
インパラ	Impala	インパーラ	△	△	◎	◎	◎	◎	◎
トムソンガゼル	Thomson's Gazelle	トムソンズ ガゼール	△	◎	◎	◎	◎	◎	◎
グラントガゼル	Grant's Gazelle	グランツ ガゼール	×	◎	◎	△	△	◎	◎
ディクディク	Dik-dik	ディク ディク	◎	△	△	△	○	△	△
ゲレヌク	Gerenuk	ゲレヌク	×	△	×	×	◎	△	×
トピ	Topi	トピ	×	×	◎	×	×	×	△
ヌー	Wildebeest	ワイルドビースト	△	◎	◎	△	△	△	△
ハーテビースト	Hartebeest	ハーテビースト	×	×	○	×	△	△	◎
ブッシュバック	Bushbuck	ブッシュバック	◎	×	△	△	△	△	○
ウオーターバック	Waterbuck	ウオーターバック	△	△	△	◎	◎	△	◎
オリックス	Oryx	オリックス	×	×	△	△	◎	◎	×
エランド	Eland	イランド	×	×	○	△	△	×	△
イボイノシシ	Warthog	ワートホッグ	△	◎	◎	◎	◎	◎	◎
オオブチジェネット	Large-spotted Genet	ラージスポテッド ジェネット	◎	×	△	×	△	×	×
オオミミギツネ	Bat-eared Fox	バットイヤード フォックス	×	△	△	×	△	△	△
セグロジャッカル	Black-backed Jackal	ブラック バックド ジャッカル	△	△	◎	△	△	△	◎
ブチハイエナ	Spotted Hyaena	スポテッド ハイナ	×	◎	◎	△	△	△	△
シマハイエナ	Striped Hyaena	ストライプト ハイナ	×	×	△	×	△	×	×
ブッシュベイビー	Bushbaby	ブッシュベイビー	△	△	△	×	×	△	×
シママングース	Striped Mongoose	マングース	◎	◎	◎	◎	◎	◎	◎
ナイルワニ	Crocodile	クロコダイル	×	×	◎	×	◎	◎	△

◎ よく見られる　○ たいてい見られる　△ 運がよければ見られる　× いない　(本多喜員作成、編集部2014年更新)

地球の歩き方 旅の図鑑シリーズ

見て読んで海外のことを学ぶことができ、旅気分を楽しめる新シリーズ。
1979年の創刊以来、長年蓄積してきた世界各国の情報と取材経験を生かし、
従来の「地球の歩き方」には載せきれなかった、
旅にぐっと深みが増すような雑学や豆知識が盛り込まれています。

W01
世界244の国と地域
¥1760

W07
世界のグルメ図鑑
¥1760

W02
世界の指導者図鑑
¥1650

W03
世界の魅力的な
奇岩と巨石139選
¥1760

W04
世界246の首都と
主要都市
¥1760

W05
世界のすごい島300
¥1760

W06
世界なんでも
ランキング
¥1760

W08
世界のすごい巨像
¥1760

W09
世界のすごい城と
宮殿333
¥1760

W11
世界の祝祭
¥1760

W10 世界197ヵ国のふしぎな聖地&パワースポット ¥1870	**W12** 世界のカレー図鑑 ¥1980
W13 世界遺産 絶景でめぐる自然遺産 完全版 ¥1980	**W15** 地球の果ての歩き方 ¥1980
W16 世界の中華料理図鑑 ¥1980	**W17** 世界の地元メシ図鑑 ¥1980
W18 世界遺産の歩き方 ¥1980	**W19** 世界の魅力的なビーチと湖 ¥1980
W20 世界のすごい駅 ¥1980	**W21** 世界のおみやげ図鑑 ¥1980
W22 いつか旅してみたい世界の美しい古都 ¥1980	**W23** 世界のすごいホテル ¥1980
W24 日本の凄い神木 ¥2200	**W25** 世界のお菓子図鑑 ¥1980
W26 世界の麺図鑑 ¥1980	**W27** 世界のお酒図鑑 ¥1980
W28 世界の魅力的な道 178 選 ¥1980	**W29** 世界の映画の舞台&ロケ地 ¥2090
W31 世界のすごい墓 ¥1980	**W30** すごい地球! ¥2200

※表示価格は定価（税込）です。改訂時に価格が変更になる場合があります。

マニヤラ湖国立公園

Lake Manyara National Park（タンザニア）

囲入園料
US$53.1／日
開6:30〜18:30

…Access…

アルーシャから:舗装道路を約155km（所要約2時間）のムト・ワ・ンブが、マニヤラ湖畔の大きな町。ンゴロンゴロC.A.の道中にある町なので、詳細はンゴロンゴロC.A.（→P.93）

ナイトサファリツアー
18:30頃から、ナイトサファリができる。夜の入園料US$59が別途かかるほか、夜用のサファリカー代などが別途US$55。2名以上で催行。旅行会社などで要予約。

カヌーサファリ
9:30と14:30の1日2回。所要約2時間30分、カヌー許可料US$23.6とカヌー代US$55がかかる。2名以上で催行。要予約。

タンザニア北部にあるマニヤラ湖N.P.は、東アフリカのほかの湖と同じく大地溝帯（グレート・リフト・バレー）の底にあるソーダ性の水の湖。湖のほかに森林帯や草原もあり、動物の生活環境に富んでいる。

「木登りライオン」で有名な国立公園だったが、ここ十数年はほとんど見かけなくなっていた。しかし、近年、木登りライオンを見かけた人が現れてきている。また、ダグラス＆イアン・ハミルトン著『Among the Elephant（邦題・野生の巨象――藤原英司訳、朝日新聞社）』でマニヤラ湖のゾウは有名になったが、季節的な変動のみならず、近年、タランギーレN.P.からマニヤラ湖N.P.への移動が減っているので、同書にあるような大きな群れはまず期待できない。

しかし、マニヤラ湖の魅力は、森林、草原、湖といった複雑多岐な環境のため多彩な生物相を観察できる点であり、ペリカンの群れや数万羽のフラミンゴが湖岸に集まる様を眺められることもある。

動物の観察に適したN.P.

大地の溝グレート・リフト・バレーとマニヤラ湖

アヌビスヒヒの親子

湖岸のカバの群れ

マニヤラ湖国立公園

■ゲート横には、鳥類、寄生虫の標本を集めた小さな博物館(無料)があるので、入園前に見学しておくとよい。

[H]Lake Manyara Wildlife Lodge
[住]Map P.87
☎027-2539162
FAX027-2539164
[料]ⓈUS$240～280
ⓌUS$360～400(トイレ・シャワー・朝食付)

■南に下ると温泉が2ヵ所あるが、近いほうの温泉はちょろちょろといったものなので、よほど時間があるのならともかく、訪れる必要はないだろう。

歩き方

植物好きの人は、東アフリカでは珍しい森林相を簡単に見られ、鳥好きな人はその種の豊富さに目を見張るだろう。公園が狭いためか、草食動物も車に慣れているので、観察や撮影に適している。特にサル類では、アヌビスヒヒ、サバンナモンキーのほかに、森林帯にしかいないブルーモンキーが観察しやすい。

陸に群れて上がるカバでも有名で、かつてほどの大群ではないがヒポポイントで群れて上陸するカバの姿を見ることができる。また、ペリカンやフラミンゴが湖に群れをなす姿を見ることも多い。大地溝帯の一部である絶壁から流れ出る透明な清流がいくつも森の中にあり、その河原にアヌビスヒヒが何十頭も群れて「社会」を構成している姿を垣間見たり、サファリカーに接触するほどに近づいてくるゾウの群れと合えるなど、コンパクトな国立公園ならではの魅力が詰まっている。

また、崖の上に建つ[H]Lake Manyara Wildlife Lodgeから見下ろす公園の朝日と夕日は、その壮大な姿を際立たせている。

タランギーレ国立公園

Tarangire National Park（タンザニア）

料 入園料
US$53.1／日

...Access...

🚐 アルーシャから：南西
へ約118km。ンゴロンゴ
ロC.A.、マニヤラ湖N.P.へ
の分岐点マクユニから幹
線道路を直進すると約20
kmでタランギーレN.P.の
分岐点へ。ここを左折する
と約10kmでゲートである。

タランギーレN.P.は、もともとクロサイの保護区として設
置されたものだが、残念ながら今はクロサイは見られない。
地形的には草原、疎林、川、丘など複雑な様相を呈し、それ
にしたがって豊富な植物相、動物相を提供してくれている。

まず目につくのは何といってもバオバブの巨木群だろう。
樹齢数百年、ときには千年を超えていると推定されるバオ
バブが、あるいは並木のように、あるいは密集して立ち並
んでいるのは、ここならではの風景だろう。別名「バオバ
ブ公園」と呼ばれるゆえんである。

 歩き方

乾季、雨季にかかわらず、300頭ものゾウの大群に出合うこ
ともまれではない。1年中緑色をたたえる沼地には、ヌー、シマ
ウマ、バッファロー、インパラ、ガゼル、ハーテビースト、エ
ランド、ゲレヌクなどが集まり、また
550種もの鳥が集う世界最大級の鳥の
繁殖地でもある。アフリカオオノガン、
ダチョウ、ジサイチョウのほかに、生
息地域の限られたハイイロオナガテリ
ムクやクリオオニハタドリなども見る
ことができる。仲間やパートナーへの

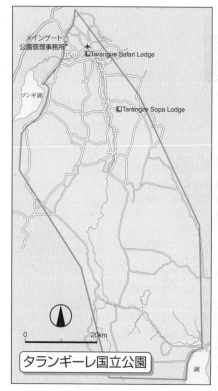

バオバブの巨木とゲート

ゾウが噛んでボロボロになったバオバブ

タランギーレ・サファリ・ロッジからの眺望

絆と情愛が深く、英名でラブバードLove Birdとも呼ばれるキエリボタンインコを探すのも楽しいだろう。

公園内を蛇行する川にこれらの動物が水を飲みに来る様を、丘の上や崖の上をとおる道路またはロッジのテラスから見ることができる。

タランギーレN.P.とマニヤラ湖N.P.を自由に行き来していたゾウたちだが、近年そのとおり道に多くの家が建ち移動が難しくなったせいか、公園内のゾウの個体数は増えているようだ。その反面、増えたゾウたちがチューインガムのように噛んで樹液を吸うため、バオバブの樹皮の被害が増えてきている。樹皮どころか木の幹がゾウの牙でくり抜かれ、向こう側が見える痛々しいバオバブも散見される。また、ゾウと近隣住民が対立する事件もしばしば報道されている。

公園内にある[L]Tarangire Safari Lodgeは、テント周囲に四六時中ディクディクがうろついており、入口の鍵をかけ忘れるとサバンナモンキーなどが侵入することもあるという。

■夕刻、小動物がテントの周辺に現れるが、餌をやったり触ったりしてはいけない。

宿泊施設

→P.228 日本からの電話のかけ方

[L]タランギーレ・ソパ・ロッジ・Tarangire Sopa Lodge

[住]Map.P.88
☎027-2500630（予約）　FAX 027-2508245
[HP]www.sopalodges.com
[料]ⓈUS$175～385　ⓌUS$350～680（トイレ・シャワー・3食付）
[カード][M][V]

メインゲートから約1時間の斜面に建つロッジ。林の中にあり柵もないため、動物や多くの鳥が見られる。部屋は広く設備も整っている。通電24時間、給湯5:00～8:00・17:00～20:00。Wi-Fi無料。全75室。

高級ホテル並の設備をもつ

[L]タランギーレ・サファリ・ロッジ・Tarangire Safari Lodge

[住]Map.P.88
☎027-2531447/2544752（予約）、0784202777
[HP]www.tarangiresafarilodge.com
[料]ⓈU$270～　ⓌUS$420～（トイレ・シャワー・3食付）
[カード][M][V]

メインゲートから約25分の高台に建つテント式ロッジ。テント内は設備も整い、快適で眺望がよく真下をタランギーレ川が流れる。通電6:00～10:00・18:00～23:00、給湯24時間。Wi-Fi無料。全40室。

眺望のよいロッジ

[料]左がローシーズン、右がハイシーズンの料金

キリマンジャロ国立公園

Kilimanjaro National Park（タンザニア）

世界遺産
キリマンジャロ国立公園
入園料
US$82.6／日
山小屋宿泊料（マラング
ルートのみ）US$70.8
／日、キャンプ場利用料
US$50／日、レスキ
ュー代　US$23.6

…Access…

モシから：登山口の
ひとつマランブまで約
35km、所要約30分
モシから：マラング
まで所要約40分～1時
間、1000sh

氷河
現在氷河があるのはキボ
峰だけだが、マウエンジ峰
は半恒久的な氷をもって
いるほか、季節によっては
膨大な氷雪を頂くこともあ
る。シラ峰はかつて氷河の
あった形跡を残すのみとな
っている。キボ峰を取り囲
む氷河のうち、最も低い地
点（海抜約4600m）にあ
るのはペンク氷河で、登山
道中左側に見える。しかし、
これらの山頂の氷雪はし
だいに分割され、縮小しつ
つある。

空から見たキリマンジャロ
の山頂

ヘミングウェイの小説『キリマンジャロの雪』を読んで
いない人でも、キリマンジャロ山がアフリカ最高峰の山の
名だということは知っているだろう。縦約50km、横約
30kmと東南東方向に楕円形に広がった火山で、西から
シラ峰、キボ峰、マウエンジ峰の3つの峰が並んでいる。
中央のキボ峰が最高峰（ウフル・ピークUhuru Peak 標
高約5895m）で最も美しい。全体としてはなだらかなコ
ニーデ型の山で、富士山を大きく、かつ平たくしたような
姿をしている。

キリマンジャロの名は地元のチャガ語で、Kilema＝
山、Kyaro＝神が由来といわれている。また、スワヒリ
語のKilima＝丘、njaro＝輝くからきているという説もあ
る。その名のとおり、ほぼ赤道直下にある山なのに、1年
中、山頂付近は氷河や氷雪を頂いている。

かつて最高峰キボのウフル（独立の意）・ピークにはタン
ザニア初代大統領ジュリアス・K・ニエレレの言葉「われわ
れは、かなた国境に輝くキリマンジャロ山頂に、灯火をか
かげよう。絶望あるところに希望を、憎悪あるところに尊
厳を与えるために……」の銅板レリーフがあった。この言
葉のようにキリマンジャロ山は、1960年代のアフリカ植民
地独立の象徴でもあった。

 歩き方

●1日目：マラング・ゲートからマンダラ・ハットへ
（歩く行程は3～4時間。以下同）

キリマンジャロ登山ルートは全部で5つ（マラング、マチャメ、
ロンガイ、レモショ、ウンブエ）。マラング・ルートのみ山小屋
泊となり、ほかはすべてキャンプ泊となる。山小屋は満室とな
る日もあるので、事前予約が必要。日本人登山客には短い行程
（4泊5日～）で、山小屋泊となるマラング・ルートが一般的だ
が、高度順応がしやすい巡回コースのマチャメ・ルート（5泊6
日～）や、ゆっくりしたペースで登れるレモショ・ルート（6泊
7日～）、またマウエンジ峰が間近で見られるケニア国境近くか
らのロンガイ・ルート（5泊6日～）も最近人気が出てきている。

ここでは最も一般的なマラング・ルートを紹介しよう。

出発の朝に、マラング・ゲートMarangu Gateで諸手続きを
済ませると11:00になる。ゲートからマンダラ・ハットMan-
dara Hutまでは徒歩約3時間。行程の半分以上は約4m幅の
ダラダラした登り道で、畑地やうっそうとしたジャングル地帯

をとおる。

　直射日光が差し込まないため、空気は湿っぽくムッとしている。樹間からはサルの鳴き声などが聞こえ、アフリカの山を登っていると実感する。雨がよく降る地帯で、雨上がりは黒土でスリップしやすく、歩きにくい。

　ジャングルを抜けたあたりから道が急になる。展望が開け始めた所に初日の宿、マンダラ・ハットがある。雲海の中の山小屋だ。

●2日目：マンダラ・ハットからホロンボ・ハットへ
（6～8時間）

　ジャングルの中の急な道を20分ほど歩くと草原に出る。なだらかな尾根を越え、左へ右へと回り込むように登っていく。枯れ沢をいくつか横切ると徐々に展望が広がり、岩峰が現れる。これがマウエンジ峰だ。左方向には雪に輝くキボ峰が山容を見せ始める。なだらかな登り下りを繰り返すとやがて**ホロンボ・ハットHorombo Hut**の三角形の小屋が見えてくる。この時点ですでに富士山の高度を抜いている。ここで高度順応のために2連泊してもよい。

●3日目：ホロンボ・ハットよりキボ・ハットへ
（4～6時間）

　白いエバーラスティングフラワー（永遠の花）が群生している湿原地帯が現れてくる。尾瀬のような湿原を横切ると最後の水場に出る。

　やがて道は砂漠化した赤みをおびた土と岩に変わる。

　この平地とキボ峰との接点のガレ地に白いトタン屋根の**キボ・ハットKibo Hut**が見える。

　この日の行程は、キボ峰が1時間ごとに違った姿を見せる変化に富んだ道で、高山病さえ起こさなければ、のんびりと楽しめる。

　夕方、キボ・ハットのテラスからは、かすかにモシの町の光が眺められる。

●4日目：キボ・ハットからウフル・ピークへ
（ギルマンズ・ポイントまで上り4～6時間、下り約3時間。ウフル・ピーク往復2～4時間。キボ・ハットよりホロンボ・ハット

キリマンジャロ国立公園概略図

ウフル・ピーク（5895m）
アスカリ・ピーク
ギルマンズ・ポイント（5690m）
ラッシェル氷河
ハンス・メイヤーズ・ケーブ
キボ・ハット
ザ・サドル
マウエンジ峰（5151m）
ゼブラ・ロック
マウエンジ・ハット（4600m）
ホロンボ・ハット（3780m）
草原帯
森林地帯
ジャングルではサルも見かける
森林地帯
マンダラ・ハット（2729m）
コーヒー園帯
マラング・ゲート（国立公園管理事務所）
水場
マラング（1550m）
キリマンジャロの登山道は一本道。地図なしでも迷うことは、まずない。

マラング・ゲートへの交通
モシから、まずはマラング村まで頻発するバスで約1時間、1000sh。ここからゲートまでの5kmほどの登り坂も、ピックアップで約15分、500shくらい。モシからゲートまでタクシーなら10万sh（またはUS$50）。帰りのタクシーをハットから無線で呼ぶこともできる。日中は、バス、ピックアップの便がたくさんある。

LCapricorn Hotel
住P.O.Box 938
Marangu Kilimanjaro
☎027-2751309
FAX027-2752442
einfo@thecapricornhotels.com
HPwww.thecapricornhotels.com
料SUS＄110～120
WUS＄140～160（朝食付）
マラング・ゲートまで車で約5分。

HMarangu Hotel
住P.O.Box 40 Moshi
☎0717408615、
0754886092
FAX 027-2756591
HPwww.maranguhotel.com
料SUS＄85～120 WUS＄150～200（2食付）
マラング・ゲートから約5km下った所にあるホテル。

高山病に注意！
平坦な一本道だから、道に迷うことはないが、ほとんどの人が程度の差こそあれ高山病にかかり、歩行が遅くなったり、頭痛や吐き気に襲われる。重い高山病の症状が現れたら、下のハットで休み、症状が治まってから再度チャレンジするか、治らぬようなら勇気をもって下山しよう。ガイドでさえ高山病にかかったケースがあることにも留意すること。登山の素人が楽々登頂することもあるが、ベテランが高山病で後遺症を残したり、命を落とすということもあり得るので、決してあなどってはならない。

登山証明書

ウフル・ピーク（5895m）用は金色の縁、ギルマンズ・ポイント（マラング・ルートの場合）およびステラ・ポイント（マチャメ・ルートの場合）用は緑色の縁の2種類。下山した所のゲートでもらえる。

ハット（山小屋）について

ハットはマラング・ルートのマンダラ、ホロンボ、キボの3ヵ所のみ。マンダラは、4人用の小屋と大部屋（約20名収容）があり、水道、水洗トイレ、水シャワー、食堂はいずれも共同。ホロンボは、4人用および6人用の小屋と大部屋がある。設備はマンダラとほぼ同様。キボは、大部屋のみ。水はないので、トイレは水洗ではない。料理用水は下の川からポーターが運んでくる。ハットの電源はいずれもソーラーで、デジカメの充電はレインジャー駐在所で有料で可。

まで約3時間）

　夜11:00～12:00くらいに起床後、食事を取り、キボ・ハットを出発。火山礫や砂地のカール状のガレ地をジグザグに登る。道は崩れやすく、登りにくい。

　4時間ほどで、キボ峰のクレーターの縁にある**ギルマンズ・ポイントGilman's Point**に達する。眼下に広がる雲海ごしのご来光は最高だ。

　最高峰**ウフル・ピーク**への道は、横線上の岩場や氷河を回り込みながら進む。ここは世界で最も高い火山で直径約2.4kmのクレーターがある。

　頂上のクレーターは青白く林立する氷柱群や白い大雪原に覆われている。これらを右側に見ながらひたすら足を進めると、ウフル・ピークに達する。クレーターより吹き上げる風も登頂の満足感で心地よく感じる。アフリカ大陸でこれ以上高い所はないのだ。眼下に広がるサバンナの大パノラマは一生の思い出になるだろう。

　各ピーク登頂後は一気にホロンボ・ハットまで下山する。

　5日目はホロンボ・ハットを朝出発、昼頃には登山口のゲートに到着する。事務所で借用した物があったらここで返却する。ここで登山スタッフたちが最後に歌を歌ってくれることもある。簡単な道のりではないが、一生の思い出となるアフリカ最高峰登頂の楽しい締めくくりである。

キリマンジャロ山登山の費用について

●**登山費用について**

　キリマンジャロ登山費用は、人数が多いほど安くはなるが、それでも決して安いものではない。入園料など国立公園側に支払う部分だけでも結構な金額になる。例えばマラング・ルート4泊5日の場合、入園料US$70／日×5＝US$350、山小屋宿泊料US$60／泊×4＝US$240（キャンプ泊の場合にはUS$50／泊）、レスキュー代US$20がかかる。これに同行スタッフ費用、食料、登山口までの交通費、手配会社手数料などが加わる。

●**安全には代えられない！**

　なるべく費用をおさえたいというのはもちろんなんだが、あまりに安い料金を出している登山手配会社は、スタッフたちに正当な給料を支払っていない場合や、登山中の食料が粗末なもの（スタッフの食料を十分に用意していないなど）であることも考えられる。タンザニア政府から発行される登山手配ライセンス（TALAと呼ばれ、サファリ手配のライセンスとは別）を持っている会社であること、また評判や実績を確認して慎重に選ぶことが大事だ。費用をおさえるために、荷物を自分たちで持ってポーターの数を減らすことも考えられるが、キリマンジャロ山は標高5895mという高山だということを忘れないでほしい。普段から登山をしている人でも、高度順応がうまくいかずに登頂できないことがある。安全かつ楽しい登山にするために、ある程度の出費はやむを得ない。

●**チップについて**

　お世話になった登山スタッフたちへチップを渡す習慣がある。誤解やトラブルを避けるためにも登山開始前に、申し込んだツアー会社にチップの相場や渡し方について必ず確認をしておくこと。不要になった登山用品や衣類をプレゼントすると大変喜ばれる。

●**海外旅行保険に必ず入ろう**

　万が一のために、日本で海外旅行保険に入ってから出発しよう。キリマンジャロ登山はアイゼンやピッケル等の登山専門用具は必要としないため、普通の海外旅行保険で補償する保険会社がほとんどだが、加入時に確認をすること。

●**薬に注意**

　キリマンジャロのような高山では、普段から服用している薬がおもわぬ副作用を起こすことがある。常用している薬がある人は、出発前に必ず医師に相談すること。また健康面で気になることがある人は、必ず事前にガイドに伝えておこう。滋養強壮剤の使用は禁物。できるだけ余計な薬は飲まずに、十分な水と食事だけで登山に臨みたい。

ンゴロンゴロ保全地域

Ngorongoro Conservation Area（タンザニア）

タンザニア北部に位置するンゴロンゴロC.A.は南北約16km、東西約19kmのクレーターの底を中心とした保全地域である。このクレーターの火口縁は標高2300～2400m、クレーターの底は標高約1800m、深さは約600m、約264km²の火口原で、そこにはキリンとインパラを除き東アフリカで通常見られる多くの動物がすむ。

火口原内の湖にはフラミンゴが群れをなし、カバがすみ、まさに火口壁に囲まれた自然の楽園だ。保全地域管理事務所では多くの動物学者とレインジャーによって、減りつつあるサイやおもな肉食獣の数を正確に把握するために、子供が生まれた日や数まで記録するよう努力している。

ほかの公園、保護区に比べると、比較的容易に動物たちを観察できる。ここでは百獣の王ライオンの獲物の半分はハイエナなどからの横取りであるとの研究報告もある。ほとんどの動物はクレーター内で一生を過ごす。そしてここは世界でも数少ない、人間と自然の共存を見事に成功させている場所としても注目すべきであろう。2019年現在保全地域にはマサイの人々も入れなくなっている。

歩き方

6:30からクレーターの底の火口原への進行が許されるため、それ以前にロッジやキャンプから出発する。北東部のムンゲ川沿いのルートは別として、クレーター内の上り下りの道は専用道路が決まっている。理由は道幅が狭く、対向車がとおれないからだ。

下り道は、村の付近から約11kmセレンゲティN.P.に向かった所にあり、標識はない。その直前、標高約3000mを超えるマクルート山が真左になる頃、左側下方に緩やかな別の古いク

世界遺産
ンゴロンゴロ保全地域

入園料
US$70.8／回
隣接するセレンゲティN.P.に行く場合、車や定期バスで単に公園を通過する場合でも1回ごとに入園料を払わなければならない。なお入園料のほかに、クレーター・サービス・チャージといって、クレーターに下りるたびに車1台、US$295を払う。（2019年6月現在）

ンゴロンゴロC.A.への道中にある町
ムト・ワ・ンブ：スワヒリ語で、"蚊の川"の意。町ではマサイの民芸品やマコンデなどが売られ、市場もあり、ロッジも数軒ある。赤いバナナは、ねっとりとした食感で甘くおいしい。ここでしか売られていないので、ぜひおためしを。
カラトゥ：タンザニア有数の小麦やトウモロコシの産地。

国道のメイン展望台からクレーターを望む

■サイや肉食獣の記録に興味のある人は、火口原へ下りる前にあらかじめ村の入口にある事務所で知ることができる。

レーターが展開し、道がいったん右へカーブしたあと、行く手がそのクレーターを大きく左へ囲んでいくのが見える。

　登り道はレライの森から**L**Ngorongoro Wildlife Lodgeの真下へ向かって直進したほうに横切る。これ以外の分かれ道はない。

　火口原の草原のかなたにはテーブル・マウンテンが見える。道路脇にはユーフォルビアが林立し、美しい花も多い。下りきった所は右が小さな沼、左は草地の中の広場になっていてトイレ

...Access...

第1のチェックポイント、ムト・ワ・ンブ

🚗**アルーシャから**：ンゴロンゴロC.A.のゲートまで約220km、車で約2時間30分の道のり。アルーシャからドドマ方面の舗装道路を約80km行くと、**マクユニ村**である。「マニヤラ湖、セレンゲティ、ンゴロンゴロは右折」の標識で右折。山を右側に見てほぼ40kmを一直線に行くと、やがて**ムト・ワ・ンブ**の町に出る。もうここはマニヤラ湖畔で、行程中、**カラトゥ**と並んで最大の町である。ここはセレンゲティN.P.やンゴロンゴロC.A.のロッジへ物資を輸送するトラックがよくとおる。雨季にはバスが不定期となり、ツアー以外に行く方法がないこともある。

LTwiga Campsite & Lodge
住P.O. Box 16 Mto wa Mbu
☎027-2539101、0686333361
Ｅres@twigalodgecampsite.com／
info@twigalodgecampsite.com
Ｈwww.twigalodgecampsite.com
料ⓈUS$60〜　ⓌUS$80〜（トイレ・シャワー・朝食付）

　ムト・ワ・ンブの中心地にある老舗ロッジ。ロッジのほかに広いキャンプ場もあり（キャンプ場利用US$10）、キャンプ利用客用の料理スペース、共同シャワーとトイレも完備。プールあり。24時間通電。

マニヤラ湖N.P.とリフト・バレーの景観

　ムト・ワ・ンブを過ぎ、間もなくマニヤラ湖N.P.への道を左に見て、リフト・バレーの壁へのジグザグの登りとなる。急坂のためあまりスピードが出ず、時速30キロ以下のスピードで高度を上げていくのだが、眼下に広がるマニヤラ湖とリフト・バレーの美しい景色を見るにはちょうどよい。

　そこを登りきる少し手前左側に展望台があり、ここから小さな谷を隔てて**H**Lake Manyara Wildlife Lodgeが見える。リフト・バレーの崖の上にあって、眼下にマニヤラ湖を見下ろす絶好の位置にある。さらにそこを登りきると丘陵地帯となり、トウモロコシやサイザル麻の畑が続く。

　やがて道はカラトゥにいたるが、ンゴロンゴロの村までガソリンスタンドはなく、ンゴロンゴロ村はガソリンが品切れのこともあるので、ここが給油する最後のチャンスとなる。スペアタンクにも給油すること。

　ここからゲートへの案内板に従って樹林帯や畑の中を5kmほど行くと、ンゴロンゴロの火山の麓にあるンゴロンゴロC.A.のメインゲートへ。

メインゲートを越えてンゴロンゴロ村へ

　保全地域内は赤土の道で、樹林帯の中を蛇行した急坂である。右は山腹、左は谷で、サルオガセが木の枝にかかり始めたら間もなく火口縁である。

　火口縁に登り詰めた所は、クレーター内部を見下ろす展望台のビューポイントとなっている。ここからの眺望はすばらしいが、この地で自然保全のために命を捧げた人たちの記念碑もあるので敬意を表しよう。

　火口縁の道を右に折れると**L**Ngorongoro Sopa Lodgeへ行く道である。そのほかのロッジや管理事務所、ンゴロンゴロ村、セレンゲティN.P.への道は左である。クレーターを右手に見ながら、若干の登り下りのある曲がり道をたどると、右に三角形の石塔がある。これは"セレンゲティの父"といわれるベルンハルトゥ・チメック博士に協力中、飛行機事故で亡くなったその子息ミハエルの追悼碑である。

　間もなく**L**Rhino Lodgeへの道が左にある。それを過ぎると右に**L**Ngorongoro Wildlife Lodgeへの分かれ道。その先右側から登って合流する道は、クレーターから**L**Ngorongoro Wildlife Lodgeの真下をとおって上がってくる登り専用道路である。その先の右側の道路側に**L**Ngorongoro Crater Lodge、さらにその先に郵便局などのあるンゴロンゴロ村と飛行場がある。

ンゴロンゴロC.A.のゲート

もあり、ここで通常ひと休みする。車の天井を開けたり、カメラなど、サファリの本格的な準備に取りかかろう。

　登り口付近のレライの森には、サバンナモンキー、アヌビスヒヒが多い。カバを見られる所は、湖の西側ヒポポイント、クレーターの東端のゴイトクトクの泉およびレライの森の東の沼の3ヵ所である。フラミンゴは年と季節（2～6月）によって何万羽も見ることができるが、通常はせいぜい数千羽である。

クレーター内は4WD車以外は入れない
4WD車以外で来た場合はここで乗り換える。バスなどで来る人は、前日ホテルのフロントで4WD車を予約するか、朝、直接ツーリストオフィスで申し込むしかない。しかし1台をチャーターすることになるのでひとりでは高くなる。

■クレーターの登り下りの道の途中で写真を撮るために車を停めるのは禁止。

■限定されたクレーター内とはいえ、季節、天候による動物の移動はかなり激しいので、最新情報の事前入手は不可欠。また草地を守るため、道路以外の走行は厳禁である。

レライの森
トイレもあり、車の外に出ることができるが、サルのいたずらに遭わないよう、食べ物を見せないこと。

ウオーキングサファリ
クレーターの外輪をレンジャー同行のもと歩く。数時間であればUS$23.6／人、4時間を超える場合はUS$29.5／人。保全地域内にある他2つのクレーター（オルモティクレーターとエンバカイクレーター）への長いウオーキングサファリもある。

捕食後のチーター

イボイノシシ

砂浴びをするゾウ

ブチハイエナ

ロッジ（料金はシーズンにより変動）が5
軒ある。各ロッジでは通電や給湯時間の
制限がある。約2300mの高度にあるンゴ
ロンゴロは、朝夕冷える（特に6〜7月）
ので、セーターなどを準備しておこう。

Ⓛンゴロンゴロ・クレーター・ロッジ・
Ngorongoro Crater Lodge
🏠Map P.95　P.O.Box 751 Arusha
☎027-2524199/2548078　FAX 027-5544295
ℍⓅwww.andbeyond.com
料Ⓢ US$1075〜2220　Ⓦ US$860〜1480（エア
コン・TV・トイレ・シャワー・バスタブ・3食付）
ンゴロンゴロC.A.の最高級ロッジ。施設、サー
ビスともに優れ
ている。コテー
ジ風客室の室内
もクラシック調
で豪華。バスタ
ブあり。Wi-Fi
無料。全30室。

高級感のある客室

Ⓛンゴロンゴロ・ソパ・ロッジ・
Ngorongoro Sopa Lodge
🏠Map P.95
☎027-2500630〜9　FAX 027-2508245
料Ⓢ US$175〜385　Ⓦ US$350〜680（エアコ
ン・TV・トイレ・シャワー・3食付）
クレーターの東側にある設備の整ったロッジ。
プールもある。
通電24時間、給
湯5:00〜8:00・
17:00〜20:00。
Wi-Fi無料。全
97室。

ンゴロンゴロ・ソパ・ロッジ

Ⓛンゴロンゴロ・ワイルドライフ・ロッジ・
Ngorongoro Wildlife Lodge
🏠Map P.95　P.O.Box 877 Arusha
☎027-2544595　FAX 027-2548633（予約）
料Ⓢ US$150〜320　Ⓦ US$260〜550（トイレ・
シャワー・3食付）
最も老舗でロケーションが抜群。部屋からク
レーターの奥まで眺められる。Ⓡからの眺望
もすばらしい。通電5:00〜11:00・17:00〜
23:00。全80室。

Ⓛンゴロンゴロ・セレナ・ロッジ・
Ngorongoro Serena Lodge
🏠Map P.95
☎027-2508175/4153　FAX 027-2504155
ℍⓅwww.serenahotels.com
料Ⓢ US$250〜520　Ⓦ US$370〜870（トイレ・
シャワー・3食付）
景観に配慮した石
造りのユニークな
デザイン。部屋か
らのクレーターの
眺めもすばらしい。
全75室。

外壁は石積みの客室

Ⓛライノ・ロッジ・
Rhino Lodge
🏠Map P.95　ⓁNgorongoro Wildlife Lodge少し手前左側
☎0762359055、0785500005
ℯrhino@ngorongoro.cc
ℍⓅwww.ngorongoro.cc
料Ⓢ US$160　Ⓦ US$290
保全地域内で最も手
頃な料金で泊まれる。
シンプルな造りだが、
お湯がしっかり出て
食事もおいしく、居
心地のよいロッジ。

鮮やかな赤色が迎えてくれる

キャンプサイト

Ⓒシンバ・キャンプ・サイト・
Simba Camp Site
🏠Map P.95
クレーターへの下り口とⓁNgorongoro
Crater Lodgeの中間をクレーター側に入った
所にある。傾斜地の広場の端にはバオバブの
大木が繁り、シマウマやゾウがよくやって来
る。水洗トイレ、シャワー、自炊場があり清潔。
トンビが食べ物を狙うので注意。

キャンプ場ではトンビが食べ物を狙うので注意

近郊の見どころ

〔オルドパイ峡谷　Oldupai Gorge〕

　アフリカ大地溝帯は、エチオピアからケニア、タンザニア、マラウィなどを経てモザンビークにいたる。この地溝帯には数々の遺跡があり、そこで猿人たちの化石が発見されたことから、ここが、われわれ人類の祖型が発生した地のひとつであると考えられている。

　オルドパイ峡谷は、1959年ルイス・リーキー博士とマリー夫人がジンジャントロプス・ボイセイ（後にアウストラロピテクス・ボイセイ）を発見したことで、あまりにも有名な所だ。

　下部層である第1層から第2層の石器文化の内容が、現地の博物館で展示説明されている。

　オルドパイ文化と呼ばれる石器文化の特徴は、出土した各種の石器が、獲物を仕留めてから皮を剥ぎ、解体して肉を切り取るまでの過程に使用され、また木材や骨角を折ったり削ったりして加工するための作業の道具としても使用されていたこと。この頃、すでに各種の石器と製作方法が発達し、かなりの形態の分化が進んでいたことが、この遺跡からわかる。この文化は、約180万年前から数十万年前まで、ホモエレクトス（原人類）が出てくるまで、継続していたと思われる。東ツルカナでも石器文化が存在していたことが知られているが、その文化もオルドパイ文化に対応する地域集団文化とされている。

　グランドキャニオンを小さくしたような峡谷は、昔はもっと緑豊かだったと思われる。ここに人類の祖先が住んでいたのだと思うと感無量である。

〔ンドゥトゥ湖　Lake Ndutu〕

　セレンゲティ国立公園のゲート少し手前左に、ンドゥトゥ湖へ向かう道がある。ンドゥトゥ湖周辺のエリアは、12〜2月にかけて大移動中のヌーのとおり道となり、それと共にたくさんの動物が見られる場所として有名。ロッジやテントキャンプが数軒あるが、ヌーの大移動シーズンにはどこも満室となるので早めの予約が必要。

...Access...

ンゴロンゴロC.A.の火口縁から約40km、セレンゲティN.P.に近づいた所にある。山を下り、平原に出た所の標示を右折して北へ向かう。道路標識はないが、軌に従って走行（車で約5分）。ンドゥトゥ湖方面は、オルドパイ峡谷よりセレンゲティN.P.の公園ゲートに向かって15kmほど走る。ヌーが来ている時期には道路の両側がヌーだらけになることもある。ツアーのときは事前に必ずリクエストすること。

料入園料US$35.4／日

博物館
2017年10月にリニューアルされた。
料上記入園料に含まれる。2室からなり、それぞれ年代順に説明されている。博物館の横から峡谷を一望でき、休憩所では飲料のみ販売。

オルドパイ峡谷で人類の祖先に思いを馳せる

セレンゲティ国立公園

Serengeti National Park（タンザニア）

世界遺産
セレンゲティ国立公園
料入園料
US$60／人／日
プリペードカードへは廃止
された。事前にオンライ
ンでの支払いがメインと
なっている。入口では現
金での支払いは受け付け
てくれない。
アルーシャからムワンザ
行きバスが公園内を通過
するが、下車しなくても
入園料を取られる。

■セレンゲティとは、マ
サイ語で「果てしない平
原」という意味。地平線を
感じる所でもある。

⬛ビデオがオススメ
普段から写真撮影に自信
がなかったのでビデオを
持参していきましたが、私
にとっては正解でした。風
の音や鳥の声はもちろん、
ガイドの説明も記録され
るので、帰国後時間がた
っても繰り返し楽しめます。
（鳴海 優子 青森県 '01）
デジカメで代用する場合
はバッテリーと記録用メ
ディアを多めに持ってい
くとよい。　　　　['16]

セレンゲティN.P.は、東アフリカの数多い国立公園のな
かでも、最もよく知られた国立公園のひとつである。

セレンゲティN.P.は、タンザニア北東部に位置し、林を
含めて約1万4763km²。東京圏（東京、神奈川、埼玉、
千葉）が約1万3404km²だから、その広さが想像できる。
マサイ語の「果てしない平原」の名のとおり果てしなく広
がる草原と、そこにすむヌーの群れとその大移動には、自
然の雄大さを感じるだろう。大平原の中をセロネラ川Se-
ronera Riverが北西に流れビクトリア湖に入りナイル河へ
と続いている。

 ## 歩き方

●セレンゲティのへそに当たるセロネラSeroneraへ

ナービ・ヒル・ゲートをあとにして道は一路北西に。ヌーの
ほか、シマウマ、トムソンガゼル、グラントガゼル、トピ、コー
クハーテビースト、キリン、イボイノシシ、ゾウなどを見な
がら平原をどんどん進む。

セレンゲティのど真ん中、セロネラまで約70km。そこには
岩山の大きな岩を利用して建てられた、LSeronera Wildlife
Lodgeがある。そのそばを流れるセロネラ川沿いでは、ライオ
ン、チーター、ハイエナ、ジャッカルなどの肉食動物を見るこ
とができる。

●セレンゲティの主役はヌー

セレンゲティにすむ約300万頭の草食動物のうち約3分の1が、
ヌーである。ヌーは4～8月（特に5月末～6月初め）にかけて、

...Access...

🚙アルーシャから：アルーシャから中心のセ
ロネラまで約360km、車で約7時間。一般的に
は、アルーシャからンゴロンゴロC.A.の中をとお
っていく。ンゴロンゴロクレーターの火口縁の
北西の斜面を下るとセレンゲティ大草原に出る。

セレンゲティの公園ゲート、ナビ・ゲートよ
り手前に広がる地域ンドゥトゥNdutuは、12
月頃～2月頃にかけてヌーの大移動のとおり道
となっており、その時期にはぜひ立ち寄りたい。

ンドゥトゥ湖に向かわず直進すると間もなく
大平原の中にポツンと建った門が見えてくる。こ
ちら側を向いた標識にはセレンゲティN.P.、裏に
はンゴロンゴロC.A.とあり、ここがふたつの国立

公園の境界だ。道は北西に一直線。ンゴロンゴ
ロC.A.から ナービ・ヒルNaabi Hillまで 約
65km。

正面に草の海に浮かぶ島のような小山が見え
てきたら、そこがセレンゲティN.P.のナービ・
ヒル・ゲートNaabi Hill Gateである。ここで
入園料を払う。ゲート横には新しく清潔なトイ
レもある。また、ここの駐車場には鳥が多い。
ツアーでは、ここで昼食を取る団体が多い。

ケニアから：2016年6月現在、マサイ・マラN.
R.から車ではもちろん徒歩でも直接入ることは
残念ながらできない。事前に問い合わせて、
もし通過可能になったならこのコースは最大
のおすすめである。

セレンゲティ大平原から、北東に接しているケニア国内のマサイ・マラN.R.に向けて、草を求めて数百kmもの壮観な大移動を行う。そして12〜1月に、セレンゲティN.P.に戻ってくる。どうして同じ草原に戻ってくるのか。まさにこれは自然の驚異である。

ここはヌーの大移動で有名で、最盛期の9月のシーズンには数十万頭のヌーやシマウマなどが隣のマサイ・マラN.R.からやってくる。両国立公園を流れるマラ川は狭い所ではたかだか20mほどしかない川だが、雨季には赤茶けた濁水がとうとうと流れ、大移動の大きな障害となっている。9月末でもヌーは移動中で、河原はヌーやシマウマの死骸で埋まり、付近は死臭がただようことも。上空にはハゲワシが群舞し、死骸をついばんでいるものも多い。まさに生と死のドラマが繰り広げられている。

バルーンサファリも楽しめる

ヌーの風貌

「昔、たくさんの動物をこしらえた神様は、もうアイデアが尽き、そこでウシの角、ヤギのひげ、ウマの尾などを継ぎ足して創られたのがヌーである」と、アフリカの民話にもあるような不思議な動物である。

バルーンサファリ

早朝に超低空飛行する気球からセロネラ地区を眺めるのが流行っている。超低空なので動物を間近に見られ、騒音もないのがうれしい。時間と予算に余裕があれば、ぜひおすすめ。ただし、何が起こっても自己責任とする旨の書類にサインする。前日までに各ロッジまたはセロネラのビジターセンターで予約するがハイシーズンは満員なので数ヵ月前の予約が必要。所要時間3〜4時間。約US$599（飛行約1時間、送迎、朝食付）。

かつてのサファリゴールデンコース

かつてはナイロビから、マサイ・マラN.R.、セレンゲティN.P.、ンゴロンゴC.A.、マニヤラ湖N.P.、アルーシャをとおり、ナマンガ、アンボセリN.P.と経て再びナイロビへ戻る（その逆のコースも）のが、東アフリカサファリの典型的なコースといわれていたが、2016年6月現在はサンド・リバーすなわちセレンゲティN.P.とマサイ・マラN.R.間が閉ざされているので、残念ながら利用できない。（事前に問い合わせて、もし通過可能ならこの周遊コースは最大のおすすめである。ただ、季節によっては国境付近の道が悪い）

①授乳中のライオン ②木登りライオン（田中 朋子 千葉県 '11） ③物色中のブチハイエナ ④マサイキリンもよく見かける

ベストシーズン

ヌーの大移動は、12〜4月にかけてはセレンゲティ南部ンドゥトゥエリア、5〜7月にかけてはセレンゲティ西部、8〜11月にかけてはセレンゲティ北部や東部で見られる可能性が高いが、その年の気候や雨量によって異なる。観光客が多いのは乾季に当たる1〜2月と6〜9月頃。4〜5月は雨季に入るが、ほこりがなく花が美しい時期でもあり、宿泊料金が安くなる。

鳥を集めたい人へ

ランチボックスか白い箱を見せるだけでたちまち集まってくる。ただし、絶対餌をやってはいけない。

移動時間を節約

アルーシャ空港からセレンゲティの各地域にセスナ機（Coastal Aviation、Air Excelなど）が出ている。移動時間を節約したい人におすすめ。特にセレンゲティ北部まで行く場合には便利。セスナ機に持ち込める荷物は15kgまでなので要注意。

●セロネラ付近

　セロネラは大草原に囲まれた疎林帯、小川などからなっているので、動物相は非常に豊富である。**L**Seronera Wildlife Lodgeの西側セロネラ川岸をたどり、カバ、ワニを見ることができるし、運がよければ川辺の林付近でヒョウを見ることもできる。また、草原のかなたにチーター、ポツンポツンと立っている木の下にライオンを見つけることもできるかもしれない。道が入り組んでいるうえに、ヌーの大移動にともなって肉食獣の相当部分も移動するので、ドライバーガイドの腕がためされる。

　日程に余裕があれば、北方の**ロボLobo**への遠出、または西方の**キラウィラKirawira**へも足を延ばせば楽しい。ただし季節によって動物の数が激変するので、事前の情報収集が必要。あるいは東または南に散在する、岩丘群**コピーKopje**（オランダ語）を訪れるのも楽しい。

セロネラのコピー

セロネラのツーリストセンターに現れるイワハイラックス

セロネラ付近はライオンが見やすい所でもある

 # 宿泊施設

→P.228 日本からの電話のかけ方

L フォーシーズンズ・サファリ・ロッジ・セレンゲティ・
Four Seasons Safari Lodge Serengeti
住Map P.99　P.O Box 14321　Serengeti N. P. Arusha
☎0778888888、0768981893（予約）
HPwww.fourseasons.com/serengeti
料ⓈUS$650〜2480　ⓌUS$1000〜2840（エアコン・トイレ・バスタブ・3食付）
カードＡＭＶ

　おそらく、タンザニアのナショナルパークでいちばん豪華なロッジ。セロネラからほど近く、サバンナの灌木林にある岩山を取り込んで建てられている。客室はスタンダードでも広く、設備は整っている。
　客室から R や管理棟へは高床式の廊下でつながれ、肉食獣や強盗の襲撃を防いでいる。地表にクリックスプリンガーが姿を現すこともある。ツエツエバエ汚染地域に近いため、ロッジ出入りの際は十二分の防虫対策が必要。Wi-Fiあり。全77室。

水を使った庭園の美しいフォーシーズンズ・サファリ・ロッジ・セレンゲティ

✉マサイ村を訪問

　アンボセリ国立公園から5分ほどのところにあるマサイ村を訪問した。写真は自由に撮ることができた。村に着くと村長の息子が案内してくれた。まず若い村人20人ほどがキリマンジャロ山をバックに祈りの踊りを披露してくれ、私たちも一緒に踊った。その後、火起こしや家の中の案内、薬草について教えてくれた。住居の裏手では20人ほどがアクセサリーやお面を売っており、買うよ

うにかなりすすめられた。最後に小さなトタンぶきの学校を1時間ほど訪問したが、将来の改修に向けて寄付をせがまれた。子どもたちは大変かわいく、なわとびで遊んでいた。今回、マサイマラ、ンゴロンゴロ、セレンゲティ、アンボセリのロッジに泊まったが、どこもお湯と電気の制限があり、夜中は真っ暗なので懐中電灯は必携だ。

（海うさぎ　神奈川県　'14）['16]

[L]セレンゲティ・ソパ・ロッジ・Serengeti Sopa Lodge

[住]Map P.99 P.O.Box 1824 Arusha
☎028-2500630（予約） FAX027-2508245
[HP]www.sopalodges.com
[料]ⓈUS$175～385 ⓌUS$350～680（蚊帳・トイレ・シャワー・3食付）

中心のセロネラからやや西南に約30km。セレンゲティN.P.では最大級の規模でプールもあり、豪華なホテルのようだ。各部屋からサバンナが見渡せる。室内は広く、アフリカムードが漂う。給湯5:00～8:00・17:00～20:00。[R]もゆったりしている。バーで紅茶、コーヒーが無料で飲める。全73室（スイートは2階建ての登り階段付きメゾネットタイプ）。

プールもあるセレンゲティ・ソパ・ロッジの客室

[L]セレンゲティ・セレナ・ロッジ・Serengeti Serena Lodge

[住]Map P.99 予約先：P.O.Box 2551 Arusha
☎027-2508175 FAX028-2621521
[HP]www.serenahotels.com
[料]ⓈUS$250～510 ⓌUS$370～855（トイレ・シャワー・3食付）
[カード][A][M][V]

セロネラから車で約30分ほど離れた疎林帯にあるカエルの顔のような外観をしたアフリカ民家風コテージのロッジ。内装もアフリカ色を強く出したデザイン。プールもある。セロネラの飛行場送迎US$60／人。バルーンサファリのアレンジもあり（5:00～7:30出発、朝食付。6ヵ月以上前の予約が望ましい。US$539／人）。通電、給温24時間。Wi-Fi無料。全66室。

レリーフで飾られたセレンゲティ・セレナ・ロッジの客室

[L]セロネラ・ワイルドライフ・ロッジ・Seronera Wildlife Lodge

[住]Map P.99 予約先:Hotels and Lodges Tanzania P.O.Box 2633 Arusha
☎027-2544595、028-2621516 FAX027-2548633
[HP]www.hotelsandlodges-tanzania.com
[料]ⓈUS$150～320 ⓌUS$260～550（トイレ・シャワー・3食付） [カード][M][V]

中心付近のセロネラにあり、岩丘を巧みに取り入れたロッジ。客室は2階建てアパート風で草原部分にコの字型に建ち並ぶ。バスタブのある部屋もあり、防蚊のため殺虫剤をまいてくれる。巨岩を利用した食堂やバーはすばらしい。食堂の南面の窓はガラス張りで、サバンナが見渡せる。岩丘の頂点のバーは屋外の巨岩上に建ち、プールさえ備えている。ここからのサンセットは最高。通電5:00～11:00・17:00～23:00、給湯6:00～10:00・18:00～22:00。インターネットUS$5／30分。全75室（2015年1月に火災に遭い、2016年10月に再オープン予定）。

巨岩を利用したセロネラ・ワイルドライフ・ロッジの食堂

[料]左がローシーズン、右がハイシーズンの料金

セルー動物保護区

Selous Game Reserve（タンザニア）

タンザニアの南部を流れるこの国いちばんの大河、ルフィジ川中流に広がるアフリカ最大の動物保護区。面積約5万km²の広大な公園内には、いまだにハンティングが許可されているルフィジ川以南の部分と観光客用のサファリのみのルフィジ川以北部分とに大別されている。本書で紹介するのは観光客のサファリ用に開放されている地区でルフィジ川の北岸一帯。

セルー北岸地区にはサバンナ地帯はほとんどなく、木の茂った山地と灌木の茂る比較的湿潤な疎林帯、そして疎林帯にはルフィジ川が流れ、多くの湖沼が点在している。これらの川や湖沼のボートサファリは東アフリカでは非常に珍しい。

 歩き方

タンザニア北部やケニアの国立公園と違うのは動物が人に慣れておらず警戒心をあらわに行動することで、いかにも野生動物のワイルドな生活が垣間見られる。その反面、人ずれしていないがゆえに車の接近を感じるとほとんどの動物は姿を隠すか、警戒距離分だけ離れようとするため、間近で見ることがなかなか難しい。ただしアフリカ全土で最大の生息数をほこるゾウやバッファローはいたるところで見かけられる。運がよければ、あまり人を恐れないグループがキャンプに来ることもある。窓をのぞき込むゾウに合うことすら可能である。ただし、キャンプ内で万が一野生動物に出くわしたら、絶対に騒がないこと。自分のテントからメインエリアなどに移動する際には、キャンプ常駐のガードマンに必ずエスコートしてもらおう。

●ボートサファリ

4、5人乗りの小型ボートで水辺を探索するボートサファリはおすすめ。

世界遺産
セルー動物保護区
料入園料75$／人／泊

...Access...

ダル・エス・サラームから：ダル・エス・サラーム空港の旧ターミナルからセルーG.R.内やその近くの飛行場まで軽飛行機の定期便が大雨季以外は毎日3便ある。特殊な目的以外は飛行機の利用が時間、金銭的にもおすすめ。ちなみにダル・エス・サラームからの飛行機は往復約US$300。

飛行場からはロッジの送迎車を使うのが一般的。ダル・エス・サラームから車をチャーターする場合、天候のよいときでも片道約5時間以上かかるので車をチャーターするなら最低2日は必要だ（約US$200／日）。

保護区内は宿泊施設の車やボートでのサファリが原則。

大自然のなかでピクニックランチ

マンゼ湖のカバの群れ

ロッジに泊まるとボートサファリがセットで付いてくるので、早朝発か16:00発のどちらかに参加するとよい。ルフィジ川ボートサファリの場合、川沿いに約1時間ほどゆっくり遡り、川辺の水鳥や水中のカバやワニなどをおもに見ることになる。しかしエンジン音がうるさく、動物が逃げてしまうケースが多々あるので、スピードを落とすように頼むとよいだろう。その点、**L**Lake Manze Tented Campは水流のあまりないマンゼ湖のボートサファリなので、静かに動物を見ることができる。

●モーニングサファリ

　早朝のモーニングサファリは食事前に出発することが多い。林間をぬうように車を進めるため、突然大型動物たちに出合うこともまれではない。またライオンやリカオンなどの肉食動物のハンティングも運がよければ見られるであろう。しかし、かつて世界最大の生息数を誇ったクロサイは密猟のため激減した。

●列車からのサファリもおすすめ

　ダル・エス・サラーム〜ザンビアのナコンデのタンザン（タザラ）鉄道が動物保護区内をとおっているので車窓から野生動物を見ることができる。ただ、列車は夜間通過するものがあり、動物を見たい場合は昼間このあたりをとおる列車を選びたい。

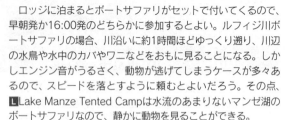

ルフィジ川を渡るゾウ

寝ているライオン

ワニも多い

ロッジの営業休止期間
4〜5月の大雨季は川や湖が増水し、道は車の通行が極めて困難になるため、ほとんどの宿泊施設は閉鎖される。

湖のボートサファリ
水の流れがないため船はゆっくり進み、エンジン音もほとんど気にならない。動物を見るにはこちらがよい。

ボートサファリはこんな船で

サファリを楽しむ セルー動物保護区

Lルフィジ・リバー・キャンプ・
Rufiji River Camp

住Map P.104　P.O.Box 13824　Dar Es Salaam
☎022-2862357（ダル・エス・サラーム予約）
Efox@safaricamps.info
Hwww.rufijirivercamp.com
料SUS$375～495　WUS$650～790（3食・
1日2回のゲームドライブ＋ボートサファリ付）

ムテメレ・ゲートの近く、ルフィジ川岸畔に建てられたイタリア人経営のテント式ロッジ。セルーの飛行場まで車ですぐ（送迎は料金に含む）。設備は整い、プールもある。車をチャーターする場合、ドライバーの宿舎がないので、ドライバーが付近の村に泊まるぶん出発時間が遅くなる。ルフィジ川のボートサファリがセットになっている。全14テント。

ルフィジリバー・キャンプの客用テント

Lレイク・マンゼ・テンティド・キャンプ・
Lake Manze Tented Camp

住Map P.104　P.O.Box 3052　Dar Es Salaam
☎022-2601747（ダル・エス・サラーム予約）
FAX022-2601744（ダル・エス・サラーム予約）
Emanze@selous.cc
Hwww.lakemanze.com
料SUS$450～555　WUS$740～950（3食・
1日2回のゲームドライブ＋ボートサファリ付）

マンゼ湖畔に建つイタリア人経営のテント式ロッジ。セルーの飛行場まで車で約40分（送迎は料金に含む）。食堂のほか客室のすぐそばまでゾウがやってくることもある。セットが一般的で、宿泊と食事以外にマンゼ湖のボートサファリとアフタヌーンサファリが催行される（料金に含まれる）。通電は8:00～10:00・12:00～14:00・17:00～21:00。毎年3月中旬～5月末は営業休止。全12テント。

広々とした宿泊テント

タンザニアのそのほかの国立公園

　タンザニアにはほかにもいくつかの国立公園がある。セレンゲティ国立公園やンゴロンゴロ保全地域ほど有名ではないが、人が入らないぶん、自然が残されている。

●アルーシャ国立公園
(Arusha National Park)
住 Map折込表
　北部のキリマンジャロ山とメルー山の間に位置する珍しい森林帯の国立公園。ウオーキングサファリができる。入園料US$45

●ルアハ国立公園
(Ruaha National Park)
住 Map折込表
　タンザニア最大の国立公園で、ルアハ川に沿って広がっている。入園料US$30

●サダニ国立公園
(Saadani National Park)
住 Map折込表
　海に面した面積約1083km²の国立公園で、ワ

ミ川のボートサファリもできる。入園料US$30

●ウズングワ山塊国立公園
(Udzungwa Mountains National Park)
住 Map折込表
　面積約1990km²の森林の多い国立公園で大型肉食獣がいないため、ウオーキングサファリも可能。入園料US$30

●カタビ国立公園 (Katavi National Park)
住 Map折込表
　面積約4471km²の国立公園で、交通の便の悪さではタンザニアいち。最も近いムベヤからでも車で約6時間かかる。入園料US$30

●ゴンベ・ストリーム国立公園
(Gombe Stream National Park)
住 Map折込表
　キゴマ近くのタンガニーカ湖畔にある面積約52km²の国立公園で、チンパンジーが生息するので有名。入園料US$100

料左がローシーズン、右がハイシーズンの料金

日本語	英語	カタカナ発音	Ngorongoro ンゴロンゴロ	Serengeti セレンゲティ	Tarangire タランギーレ	Manyara マニヤラ
タテガミヤマアラシ	African Porcupine	アフリカン ポークパイン	◎	◎	◎	◎
ブッシュベイビー	Bushbaby	ブッシュベイビー	◎	○	△	◎
サバンナモンキー	Savannah Monkey	サバンナモンキー	◎	◎	◎	◎
ヒヒ	Baboon	バブーン	◎	◎	◎	◎
アビシニアコロブス	Abyssinian Black and White Colobus	アビシニアンブラックアンドホワイトコロブス	△	○	△	△
オオブチジェネット	Large-spotted Genet	ラージスポテッド ジェネット	◎	◎	◎	◎
シママングース	Banded Mongoose	バンデッド マングース	◎	◎	◎	◎
ブチハイエナ	Spotted Hyaena	スポテッド ハイエナ	○	○	○	○
オオミミギツネ※1	Bat-eared Fox	バットイヤード フォックス	◎	◎	◎	◎
キンイロジャッカル	Golden Jackal	ゴールデン ジャッカル	◎	◎	◎	◎
セグロジャッカル	Black-backed Jackal	ブラック バックド ジャッカル	◎	◎	◎	◎
ライオン	Lion	ライオン	○	○	△	○
チーター	Cheetah	チーター	△	◎	△〜×	△〜×
ヒョウ	Leopard	レオパード	◎	◎	○	◎
サーバル	Serval	サーバル	◎	◎	◎	◎
イワハイラックス	Rock Hyrax	ロック ハイラックス	×	◎	◎	◎
アフリカゾウ※2	African Elephant	アフリカン エレファント	◎	◎	◎	◎
カバ	Hippopotamus	ヒポポタマス	◎	◎	×	◎
クロサイ	Black Rhinoceros	ブラック ライノソーズ	△	△	×	×
イボイノシシ	Warthog	ワートホッグ	◎	◎	◎	◎
マサイキリン	Masai Giraffe	マサイ ジラーフ	◎	◎	◎	◎
シマウマ	Common Zebra	コモン ジーブラ	◎	◎	◎	◎
インパラ	Impala	インパーラ	◎	◎	◎	◎
トムソンガゼル	Thomson's Gazelle	トムソンズ ガーゼル	◎	◎	◎	◎
グラントガゼル	Gurant's Gazelle	グランツ ガーゼル	◎	◎	◎	◎
ディクディク	Dik-dik	ディク ディク	◎	◎	◎	◎
ハーテビースト（コーク）	Hartebeest	ハーテビースト	◎	◎	◎	◎
ウオーターバック	Waterbuck	ウオーターバック	◎	◎	◎	◎
ブッシュバック	Bushbuck	ブッシュバック	△	△	△	△
アカダイカー	Red Duiker	レッド ダイカー	○	◎	◎	◎
レッサークドゥ	Lesser Kudu	レッサー クドゥ	△	◎	◎	×
トピ	Topi	トピ	×	◎	×	×
ヌー	Wildebeest	ワイルド ビースト	◎	◎	◎	◎
オリックス	Oryx	オリックス	×	×	△	×
エランド	Eland	イランド	○	○	○	○
バッファロー	Buffalo	バッファロー	◎	◎	◎	◎
ナイルワニ	Crocodile	クロコダイル	×	◎	×	×
アフリカハゲコウ	Marabou Stork	マラボウ ストーク	◎	◎	◎	◎
ホロホロチョウ	Guinea-Fowl	ギニーフォウル	◎	◎	◎	◎
ダチョウ	Ostrich	オーストリッチ	◎	◎	◎	◎

◎ よく見られる　○ たいてい見られる　△ 運がよければ見られる　× いない　　（小俣知子作成、2014更新）
※1 ンゴロンゴロC.A.では4月、夜に見られる。　※2 タランギーレN.P.とマニヤラ湖N.P.間を移動している。

ヴォルカン国立公園
Volcanoes National Park（ルワンダ）

コンゴとの国境に接する火山群、ムハブラMuhabura山（4127m）からカラシンビKarasimbi山（4507m）の火山群の南山麓に広がる国立公園。マウンテンゴリラの観察で有名だが、ゴールデンモンキーも生息している。火山性の湖であるルホンドRuhondo湖とブレラBurera湖がウガンダ国境沿いにあり避暑地として使われている。

入園には事前予約が必要で、予約はキガリの管理機構、Rwanda Development Board(RDB)に直接行う。予約は1年前から受け付けているが、ハイシーズンはなかなか空きがないので早めに申し込む必要がある。

 歩き方

●ゴリラトレッキング

国立公園のヘッドクオーターに早朝集合し、1グループ8人編成で、ガイド2人とともに当日割り振られたゴリラ群を観察しに行くことになる。車は柵と石垣で区切られている公園の境までは行けないことがほとんどなので、長時間歩行することは覚悟しておこう。

この国立公園は急峻でぬかるんだ山道を、ゴリラをもとめて数時間以上歩くことが多いので、足に自信のない人にはトレッキングをサポートしてくれるポーターを頼むことをすすめる。雨が多いため、雨具（レインコートやポンチョなど、登山用雨具がベスト）は必携である。できればゴリラを驚かさないような色のものを持っていったほうがよい。杖は無料で貸してくれるが、レインコートやスパッツは有料（US$10）。

マウンテンゴリラの群は常に移動するので、柵から30分くらいで見つかることもあれば、6時間歩き回っても合えないこともある。ゴリラに遭遇しなくても入園料は返却してくれない。ゴリラはグループによって、移動するテリトリーが決まっている。例えば、サビーニョ群はサビーニョ（Sabyinyo）山からガヒンガGahingaの間で見ることができる。見つけやすいグループと移動を頻繁に行うグループがある。おおむね2時間ほどの観察時間があるが、探す時間が長くなるほど、観察時間が短くなる。

●観察の注意

ガイドがゴリラを探すので、ガイドに従い公園内を移動する。ゴリラに遭

💵入園料US$1500／1時間（ゴリラトレッキング料金）

…Access…

🚐 キガリから：北西に車で所要約2時間。

■現在、観察可能な群は8群で、それぞれに名前がつけられている。東から順にクイトンダKwitonda、ヒルワHirwa、アガシャAgachya、サビーニョSabyinyo、アマホロAmahoro、ウムバノUmubano、スサSusa、カラシンビKarasimbi。

こんなゴリラに合えるかも

→P.298 日本からの電話のかけ方

遇した場合は決して声をあげたり、ストロボをたいたりしてはいけない。ゴリラとの接近についてはガイドの指示に従う。子供のゴリラが触りにこようとした場合は、そっと後ずさりする。シーズンによってはタケノコを食べにくるゴリラもいる。あたかも歯を磨いているように見える。

　ヘッドクオーターで出発を待つ間、村人による伝統的な舞踊が披露される。コーヒーが無料で振る舞われるが、チップを忘れずに。ゴリラに遭遇できた場合には、ガイドにチップを渡す。チップの相場はガイド2人に対して、US$20／人である。また、ポーター費用はUS$10、チップはUS$5～15が相場である。

■ゴリラ・トレッキングの予約
管理機構のRwanda Development Board(RDB)に電話かメールで直接予約をする。
☎0252-576514
ℯreservation@rwandatourism.com
ℍℙvolcanoesnationalparkrwanda.com
旅行会社経由で予約も可

宿泊施設

Ｌル・バンブー・ゴリラ・ロッジ・ Le Bambou Gorilla Lodge
住Map P.108　P.O.BOX 7347 Kinigi Musanze
☎0788307374
ℯinfo@lebambougorillalodge.com
ℍℙlebambougorillalodge.com
料ⓈUS$130　ⒹUS$180（昼食か夕食付でどちらか選べる）
ヴォルカンN.P.のヘッドクオーターの近くにある竹をモチーフにした落ち着けるホテル。ゴリラ・トレッキングツアーに参加するには便利。通電、給湯24時間。全21室。

竹を使ったロッジの本部棟

Ｈムハブラ・H Muhabura
住Map P.108　Ave. Du 5 Juillet　Ruhengeri
☎0788364774　ℯinfo@hotelmuhabura.com
ℍℙwww.muhaburahotel.com
料USS$45　ⒹUS$55（蚊帳・トイレ・シャワー・朝食付）
由緒ある老舗ホテル。サービスがよく、Ｒもある。全30室。

Ｌマウンテン・ゴリラ・ビュー・ロッジ・Mountain Gorilla View Lodge
住Map P.108　KN 9 Ave. Nyarutarama Kigali（予約:3B GROUP OF HOTELS）
☎078305708（予約）　ℯinfo@3bhotels.com
ℍℙ3bhotels.com/our-properties/mountain-gorilla-view-lodge/
料US$220　ⓌUS$340（トイレ・シャワー・3食付）
ヴォルカンN.P.のヘッドクオーターに車で10分ほどにある、ゴリラ・トレッキングに便利なロッジ。通電、給湯24時間。Wi-Fi無料。全20室。

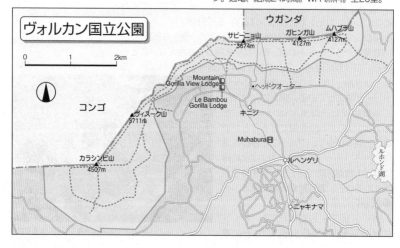

ヴォルカン国立公園のゴリラ・トレッキング

ルワンダでゴリラを観察するにはRDB（→P.108）のゴリラトレッキングに参加するしかない。そのトレッキングの流れや様子を紹介する。

■トレッキングの流れ

7:00　N.P.ヘッドクオーターで登録確認
8:00　ブリーティング
8:20～30　トレッキング出発地付近まで車で移動
9:00頃　塀を超え入園。割り当てられたゴリラ群を探す
12:00頃　ゴリラに合えた場合、下山し、昼食（会えない場合はひたすら山中を探し回る）。
13:00　ヘッドクオーターに戻り「証明書」をもらって解散

●ヘッドクオーターでの手続き

ヘッドクオーターは国立公園管理所。ここでゴリラトレッキング代（入園料とガイド代は含まれている）確認と参加者の氏名・年齢・パスポート番号を登録。

●ブリーティング

参加者は使用可能言語によってグループ分けされる。ブリーティング前までは待合室でコーヒーと紅茶が振る舞われる。外では村人たちの舞踊が見られる。いずれも無料。雨具やスパッツの貸し出しも可能（各US$10）。

ブリーティングはガイドの自己紹介後、参加者全員の名前と国籍が呼ばれ、当日割り当てられたゴリラの群れの紹介がある。ゴリラの群は、オスのリーダーであるシルバーバックと数頭のメスと子供たちからなっている。ごく最近生まれた赤ん坊を除き全員に名前が付けられている。

ここで、ゴリラ観察上の注意やルールを守るよう言われる。国境地帯のため、パスポートは必携である。

■トレッキング

ヘッドクオーターから、それぞれのグループごとに割り当てられたゴリラ群に近い場所までガイドとともに車で移動。舗装していない山道は火山の山麓だけあって火山弾や溶岩が道に露出しているため車は左右上下に揺れる。

下車地点にポーターが待っているので、必要なら雇う。参加者各人に杖が配られる。しばらくは周囲を溶岩や火山弾で囲われた畑道を行く。この囲いは風と動物の侵入を防ぐためである。歩道が途切れ、背丈より高い石積みの塀が現れるが、ここからN.P.になる。この塀は万里の長城と目的は同じ、N.P.内に生息する野生動物の畑や人家への侵入防止用である。

塀に梯子がある場所からN.P.内に入るが、塀を境に景観はガラリと変わる。陽が燦々と当たる畑地から薄暗い林間の獣道を歩き出す。ガイドは山刀を振るってツタや枝を切り落として道を開いていく。

杖の頭にはゴリラの彫刻がある

周辺は竹が密生したバンブーゾーンで、境界の塀からの登りはかなり辛い。

●ゴリラ観察

割り当てられたゴリラ群にはかなりの高確率で合えるはずである。シルバーバックは、人間の出現は全く気に留めない。参加者はガイドが指を口に当てて歓声を止めさせるほど大喜び。

憧れのゴリラにご対面

ゴリラと目があったら、そっと目をそらそう

●雨季の下山は滑りやすい

ゴリラ観察は約1時間。その後、道なき道をほぼ一直線に下山。特に、竹の上を歩くときは滑りやすく、雨季には足元はぬかるむので注意。ポーターを頼んでいれば手助けしてくれる。石積みの塀を超えて公園外に出る。

滑りやすいので、ポーターの補助がうれしい

ここでツアーから支給されるランチボックスを食べ、降車した場所まで早足で下る。

●チップのこと

帰りの乗車時まで、ポーターは手助けしてくれるので、ここで正規のポーター代とチップを渡す。ヘッドクオーターでは「ゴリラ面会証明書」がもらえる。ガイドへのチップもこの時渡すのがよいだろう。

●ルワンダの旅行会社

・**Africa Adventure Safaris**
☎0784445444　ℯinfo@rwandagorillassafari.com　ℍℙwww.rwandagorillassafari.com
・**Gorilla Trek Africa**
☎0782186562　ℯinfo@rwandagorilla.com
ℍℙwww.rwandagorilla.com
・**Abacus Africa Vacations**
☎0772331322、0712331332
ℯinfo@abacusvacations.com
ℍℙwww.abacusvacations.com

取材協力：BIC TOURES、RDB

アカゲラ国立公園
Akagera National Park（ルワンダ）

入園料
US$40／日、US$20（6〜12歳）
車の使用料はUS$40

...Access...

マキガリからンゴマまで：Stella Express、Matundaなどのバス会社が6:00〜20:00の間に30分毎に1本運行。所要約2時間30分。ンゴマからバイクタクシーでアカゲラ国立公園へ。

ボート・サファリ
☎0782166015
📧akagera@african-parks.org
US$45（2時間）
7:30、9:00、15:00、16:30発の1日4回、平日は客が少ないとキャンセルされる。
所要約1時間。

ルワンダ東部、タンザニア国境に接したサバンナのある国立公園で、アカゲラ川の西側に広がっている。面積は約1085km²、ビクトリア湖に注ぐナイルの源流のひとつであるアカゲラ川沿いにいくつかの湖が点在し、面積約90km²を誇る最大のイヘマIhema湖ではボート・サファリが楽しめる。湖沼地帯は森林、北部は半乾燥のサバンナで、多種多様な動物が見られる。キガリから車で所要約3時間であるため、早朝に出発して日帰りする観光客が多い。

歩き方

ブルンジに抜ける幹線道路を東に折れ、さらに約20kmは舗装された道で、赤土のやせた土地が続き、アカシアの低木と草原が始まるとアカゲラN.P.である。

野生のゾウが農業へ害を加えないよう、電気柵で公園を取り囲んでいる。ゲートをくぐるとほどなくビジターセンターで、ここで入園料を支払う。レインジャーの同行も可能（US$20）だが、セルフドライブもできる。

ビジターセンターからイヘマ湖まではほとんどブッシュ地帯で、動物を探しにくい。湖では、ボート・サファリも楽しめる。入り江の多くにはカバやワニが小さい群れをつくっている。湖岸にはマングローブやパピルスが群生し、あちこちの灌木ではウやハタオリドリなどが営巣しており、上陸しているワニや水鳥の群生などの様子も観察できるだろう。

サバンナのサファリは湖岸に沿って北側までの一帯で行う。この公園は、ほかの公園に比べ、トピの群れが多いほか、アフリカゾウ、カバ、キリン、インパラ、シマウマ、ブッシュバッ

イヘマ湖畔にゾウがよく現れる

甲羅干しするワニ

上／翼を乾かすウ
下／営巣中のハタオリドリ

アカゲラ国立公園

0　1　2km

ニュングウェゲート
ルワンニャキジンガ湖
タンザニア
ムヒンディ湖
アカゲラ川

ハゴ湖
キウンバ湖
ルワンダ

イヘマ湖

Akagera Game Lodge
公園管理事務所ⓘ
Ruzizi Tented Lodge

メインゲート

キガリへ

国境
アカゲラ川

カバロンド

ク、リードバック、ダイカー、イボイノシ
シなど草食動物が見つけやすい。これほど
草食動物が多いのはライオン、チーターが
いないためであろう。ただし、ヒョウは生
息している。湖岸のブッシュ帯でよく見か
ける巨大トカゲはワニの卵を食べるので、
卵は30個のうち10個しか孵化しないという。
　イヘマ湖では約1時間30分のボート・サファリがある。小型遊
覧ボートにドライバーとガイドのふたりがつく。岸辺のマングロ
ーブに似た木々の間に翼を広げ乾かしているウ、営巣中のハタオ
リドリ、じゃれあっているカバや甲羅干しをしているワニなどが
楽しめる。土・日曜、祝日の7:30、9:00、15:30、17:00発の
4回。平日は客が少ないとキャンセルされることもある。

 宿泊施設

→P.298 日本からの電話のかけ方

Ⓛルジジ・テント・ロッジ・
Ruzizi Tented Lodge

住Map P.111　Akagera N.P.

☎0787113300

ⓔruzizi@african-parks.org

ⒽPwww.ruzizilodge.com

料ⓈUS＄230　ⒹUS＄330（蚊帳・トイレ・シャワ
ー・朝食・夕食付）

おしゃれなロッジは外国人にとても人気。
全9室。

Ⓛアカゲラ・ゲーム・ロッジ・
Akagera Game Lodge

住Map P.111　Akagera N.P.

☎0785201206

ⓔakagera01@gmail.com

ⒽPwww.akageralodge.com

料ⓈUS＄100　ⒹUS＄120（蚊帳・トイレ・シャ
ワー・朝食付）

国立公園内の北東にあるロッジでイヘマ湖や荒
原が見渡せる。全17室。

ニュングウェ・フォレスト国立公園

Nyungwe Forest National Park（ルワンダ）

[料]入園料
US$20／日
ガイド費用は各トレッキングコースにより異なる。

...Access...

🚗キガリから：南西に車で所要約4～5時間。

ルワンダの南西、ブルンジとの国境に近い面積約1020 km²を有し、熱帯雨林、竹林、草原、沼地からなる国立公園。240種もの樹木や140種ものランが彩るこの国立公園は、310種類もの鳥がすむ重要な生息地にもなっており、高さ70m、長さ約200mのつり橋の上からバードウオッチングができる。ほかにチンパンジーなど13種類の霊長類も生息している。

高さ70mのところにかかる観察用つり橋

ウオーキングサファリコースがいくつかあるが、最短のもので約1km、観察用のつり橋往復ができる。公園内に[G] Gisakura GHがある。

チンパンジートレッキングを含めると[料]US$100。入園料込み。

宿泊施設

→P.298 日本からの電話のかけ方

[G]ギサクラ・ゲストハウス・Gisakura GH

[住]Map P.307
☎0788675051
[e]ghnyungwe@yahoo.com
[料]ⓈUS＄37　ⒹUS$55（トイレ・シャワー共同、朝食付）

国立公園のヘッドクオーターから2km離れた場所にあるゲストハウス。全5室。

[L]ニュングウェ・フォレスト・ロッジ・Nyungwe Forest Lodge

[住]Map P.307
☎0252-589106
[HP]www.newmarkhotels.com/accommodation/lodges/nyungwe-forest-lodge/
[料]ⓈUS＄350　ⒹUS$650（蚊帳・トイレ・シャワー・3食付）

プールやマッサージルームなどが完備されたリゾートホテル。ティープランテーションの中に位置する。外国人観光客に人気で、部屋は広くてきれい。全22室。

[H]ニュングウェ・トップ・ビュー・ヒル・Nyungwe Top View Hill H

[住]Map P.307
☎0787109335
[HP]www.nyungwehotel.com
[料]ⓈUS＄135　ⒹUS$ 200（蚊帳・トイレ・シャワー・朝食付）

ティープランテーションに囲まれた見晴らしのよいリーズナブルなホテル。全12室。

すっきりと美しいロッジ

ウガンダ

Uganda

▶P.118

ウガンダの基本情報

▶ 旅の言葉→P.387

国 旗
黒はアフリカ人を、黄は夜明けの太陽を、赤は人民の同胞愛を意味している。中央の鳥はカンムリヅルで、特定の部族や王のシンボルになったことがない中立性が採用されたという。

正式国名
ウガンダ共和国　Republic of Uganda

国 歌
ウガンダ共和国国歌
Uganda National Anthem

面 積
約24.1万km²（日本の本州とほぼ同じ）

人 口
約4286万人（2017年国連人口部）

首 都
カンパラ（Kampala）人口約200万人

元 首
ヨウェリ・カグタ・ムセヴェニ（Yoweri Kaguta Museveni）大統領（2019年6月現在）

政 体
共和制国家でイギリス連邦加盟国、一院制

民族構成
ガンダ族、ランゴ族、アチョリ族など。国民の3分の2がバンツー系の民族で、その主力はカンパラを中心に住む農耕民のガンダ族で人口の10%ほど。残りをソガ族、トロ族、ニョロ族などが占めている。歴史的にガンダ王国を構成していたガンダ族の勢力が相対的に強いといえよう。
　国民の残りの3分の1はさまざまで、警官や軍人に多いナイル系のアチョリ族、マサイ族に似た遊牧の習慣をもつナイロハーマナイト系のカラモジョン族、テソ族、ルワンダから来たツチ族などのほかにインド人やヨーロッパ人の子孫も、以前ほどではないが少なくない。

宗 教
キリスト教（60%）、伝統宗教（30%）、イスラム教（10%）
　19世紀後半から激しさを増した植民地化に並行してキリスト教（カトリック）の布教が進んだ結果、人口の3分の1ほどがカトリック教徒で、残りがカトリック以外のキリスト教、イスラム教、伝統宗教に属している。

言 語
英語、スワヒリ語（ともに公用語）、ガンダ語などの民族語

祝祭日（おもな祝祭日）

年によって異なる移動祝祭日（※印）に注意。

1月	1/1		新年
	1/26		解放記念日
3月	3/8		国際婦人デー
4月	4/14（'17）	※	グッドフライデー
	4/17（'17）	※	イースターマンデー
5月	5/1		メーデー（労働者の日）
	6/3		ウガンダ殉教者の日
6月	6/9		英雄の日
	6/26（'17）	※	ラマダン明け　イスラム教
9月	9/11（'16）	※	犠牲祭　イスラム教
10月	10/9		独立記念日
12月	12/25		クリスマス
	12/26		ボクシングデー

電話のかけ方

▶ 通信事情→P.336

日本からウガンダへかける場合　　カンパラ（041）の1234567へかける場合

国際電話会社の番号		国際電話識別番号	ウガンダの国番号	市外局番（頭の0は取る）	相手先の電話番号
001（KDDI）※1		**010**	**256**	**41**	**1234567**
0033（NTTコミュニケーションズ）※1					
0061（ソフトバンク）※1					
005345（au携帯）※2					
009130（NTTドコモ携帯）※3					
0046（ソフトバンク携帯）※4					

※1 「マイライン」の国際通話区分に登録した場合は、国際電話会社の番号は不要。詳細はゆwww.myline.org
※2 auは、005345をダイヤルしなくてもかけられる。
※3 NTTドコモは事前にWORLD WINGに登録が必要。009130をダイヤルしなくてもかけられる。
※4 ソフトバンクは0046をダイヤルしなくてもかけられる。
※ 携帯電話の3キャリアは「0」を長押しして「＋」を表示し、続けて国番号からダイヤルしてもかけられる。

通貨と
為替レート

▶通貨、両替の知識
→P.329

▶旅の予算
→P.332

　単位はウガンダ・シリング (Ush)。紙幣は1000sh、2000sh、5000sh、1万sh、2万sh、5万sh。コインは1sh、5sh、10sh、50sh、100sh、200sh、500sh、1000shがあるが、50sh以下はスーパーぐらいでしか使われていない。コインでは500shが最もサイズが小さい。

為替レート

　1ウガンダ・シリング (Ush) =約0.029円US\$1=約3707Ush (2019年7月1日現在)

1000sh　　**2000sh**　　**5000sh**

1万sh　　**2万sh**　　**5万sh**

100sh　　**200sh**　　**500sh**　　**1000sh**

ビジネスアワー

　一般的な営業時間の目安。店舗によって30分～1時間前後の違いがある。

官庁

8:00～17:00 (月～金曜、昼休みを13:00～14:00に取るところが多い)

銀　行

8:30～15:00 (月～金曜)、8:30～12:00 (土曜)

レストラン

　一般には12:00近くから14:00ぐらいと17:00頃から21:00頃までが多い。

電気＆ビデオ

電圧とプラグ

　電圧は220～230Vで、周波数は交流50 Hz。プラグはBFタイプが一般的だがたまにCタイプも使われている。日本国内の電化製品はそのままでは使えないことが多く、変圧器が必要。停電も多くパソコンが使えないことがあ

BFタイプ

るので予備のバッテリーがあるとよい。

ビデオ、DVD方式

　ウガンダのテレビ、ビデオ方式 (PAL) は日本 (NTSC) と異なるPAL方式なので、一般的な日本国内用ビデオデッキでは再生できない。DVDソフトは地域コードRegion Codeが日本と同じ「2」と表示されていれば、DVD内蔵パソコンでは通常PAL出力対応なので再生できるが、一般的なDVDプレーヤーでは再生できない。(PAL対応機種なら可)。

ウガンダから日本 (東京) へかける場合　　例 (03) 1234-5678 または (090) 1234-5678へかける場合

国際電話 識別番号 **000** ※	+	日本の 国番号 **81**	+	市外局番と携帯電話の 最初の0を除いた番号 **3または90**	+	相手先の 電話番号 **1234-5678**

※ホテルの部屋からは外線につながる番号を頭に付ける

▶ウガンダ国内通話
▶公衆電話のかけ方

市内へかける場合は市外局番は不要。市外へかける場合は市外局番からダイヤルする
①受話器を持ち上げる
②テレホンカードを、カードに示された矢印の方向に入れる
③相手先の電話番号を押す
④テレホンカードの残りが画面に表示される。通話が終わったら、受話器を置き、カードを取る

Uganda Telecomからの国際電話サービスはなくなった。
町なかにある各電話会社のブースから国際電話はかけられる。

▶旅の準備と道具
→P.323

▶東アフリカへの道
→P.310

チップ	

ホテル
　ホテルのレストランではサービス料が請求されるのでそれ以外に渡す必要はない。市内の高級レストランでは通常1000sh前後、高級ホテルのボーイの荷物運搬代も1000sh程度が目安。

タクシー
不要。

トイレ
不要。

飲料水		度量衡	

　ミネラルウオーターを購入すること。どうしても水道水しかないときは必ず煮沸、濾過してから。

　日本の度量衡と同じで距離はメートル法。重さはグラム、キロ、液体はリットル単位。

気　候	

　かつて、英国のチャーチルをして「アフリカの真珠」、「緑の国ウガンダ」と言わしめたこの国の美しさは、今でも健在である。ビクトリア・ナイルに豊潤な水を注ぎ込むマチソン・フォールズやいくつもの湖、自然の神秘を感じさせるルウェンゾリ山地、多くの野生生物のすむ森や大平原。これらの美しい自然と過ごしやすい風土は、イギリス人にも大いに気に入られ、第2次世界大戦中、ドイツの攻撃に耐えかね、臨時に首都をウガンダに移す案もあったほど。東アフリカでも抜きん出ていることは間違いない。

　アフリカの中央部、赤道直下にある国だが、国土の大半が平均高度1200mにある。東部から南部はサバンナ地帯とビクトリア湖があるため、決して高温に悩むことはない。年間平均気温は約23℃と過ごしやすい。しかし、国土の西側から北側に連なる山岳地帯は、天候が変わりやすく、朝夕の冷え込みも厳しい。3～5月と10～12月には雨季があり、国土の5分の1を占める湖や川の水量は増加する。

　一方、北方は極度に乾燥し、砂漠地帯となり、南スーダンに続く。

カンパラと東京の平均気温と降水量

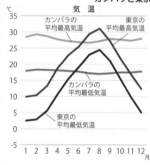

気　温

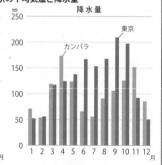

降水量

日本からのフライト時間	

　日本からの直行便はないが、エチオピア航空やエミレーツ航空などの経由便がある。総フライト時間は17時間～。

時差とサマータイム	

　GMT+3時間。日本との時差は6時間で、日本時間から6時間引けばよい。つまり日本のAM7:00が、ウガンダのAM1:00となる。サマータイムは採用されていない。

郵便

日本までは、はがき1900sh、封書3400sh〜。航空便は約10日、船便なら約2ヵ月で届く。DHLやEMSならば5〜7日程度。

▶ 通信事情
→P.336

年齢制限

車の運転は18歳から。飲酒と喫煙に関しては両親の管理とされ、特に年齢制限はない。

税金

税金払い戻し制度はない。

TAX

安全とトラブル

南スーダン、コンゴ民主共和国との国境付近で反政府勢力の襲撃事件が相次いでいた。2016年6月現在、情勢は落ち着いているが、注意は必要。日本外務省から「渡航の延期をおすすめします」との危険情報が発出されている地域もあるので、十分注意が必要である。

警察 救急 消防
999または112

▶ 旅の安全情報
→P.348

入出国

▶ 出発までの手続き
→P.312

▶ 入出国と税関
→P.317

※2019年6月にコンゴからの移住者にエボラ出血熱が発症。
日本国大使館から全土に感染注意が出ている。

ビザとパスポート

ビザが必要。観光目的の滞在は3ヵ月まで。最低6ヵ月のパスポートの残存有効期間が必要。ビザはオンラインでの申請・取得となっている。空港や国境でアライバルビザが取得できる（US$100）。ビザの運営方法を含めしばしば変更があるので旅行前に要確認。

2014年1月からケニア、ウガンダ、ルワンダ3ヵ国内を90日間自由に行き来できる東アフリカ観光ビザも取得可（→P.315）。

入出国

入国の場合は、イミグレーション、税関チェックがある。イミグレーションで滞在日数を聞かれた場合、申請日数どおりが記載されるようなので、少し余裕をもって申請するとよいだろう。観光を推進しているので、入出国手続きはスムーズ。

持ち込みおよび持ち出し制限＆検疫

入出国に際し外貨の持ち込み、持ち出しに制限はなく、申告も不要。カンパラ以外の地方都市には銀行や両替所が少ないので、事前に空港または都市部で両替しておくこと。VISAなど大きなクレジットカードでは、大手銀行のATMで現地通貨の引き出し可。現地通貨の持ち出しは禁止だが、ウガンダ、タンザニア、ケニア間の旅行者は5000GBP（イギリスポンド）相当額まで

は可である。免税持ち込み品の範囲は、アルコール類1ℓ、香水類500ml、紙巻きたばこ200本。狩猟した野生動物の頭部などは輸出入とも禁止。税関検査は、密輸防止強化、汚職対策のため、厳重に行われている。

イエローカード

黄熱病の汚染地域に滞在してから、入国する場合、予防接種証明書（イエローカード）の提示が求められる。黄熱病の予防注射は必須でマラリアの予防薬服用が望ましい。

ウガンダは黄熱病汚染国に指定されており、ウガンダから他国へ出国並びに入国する際に黄熱病予防接種証明書（イエローカード）の提示を求められる。黄熱病の予防接種はウガンダでも受けることは可能だが、ワクチンの品質が保証できないため、信頼できる国での接種が好ましい。

カンパラ
Kampala

世界遺産
カスビのブガンダ歴代国
王の墓

市外局番　041

日本大使館
住Map P.120:1-B 外
P.O.Box 23553 Kampala
Plot8 Kyadondo Rd.
Nakasera
☎041-4349542~4
FAX041-4349547
URLwww.ug.emb-japan.
go.jp
開8:30~12:30・13:30
~17:00 (月~金曜)
必要に応じて国内の治安
状況の資料をもらえる。

西部はコンゴとの関係に
より治安の影響を受ける
ので、この方面の状況に
ついては大使館で確認の
こと。

イミグレーション
住Map P.120:1-D 外
P.O.Box 7165　内務省ビ
ル内
☎041-4231031~3
ビザの延長業務などを行
っている。

ウガンダの首都カンパラは、19世紀に隆盛を極めたブ
ガンダ王国の都だった。海抜約1150mに位置するこの町
は、ビクトリア湖を見下ろすなだらかな7つの丘からなる、
古い伝統をもつ町だ。1970~1980年代はクーデターが
続き、長い間治安が悪い状態にあったが、近年は落ち着き
を取り戻している。

ときおり兵士が巡回する程度と緊迫感はなく平和である。
欧米人旅行者が多く、女性のひとり旅もしばしば見受けら
れる。市民は知的な顔立ちの人が多く、正しいきれいな英
語を話す人も少なくない。東アフリカの名門校といわれる
マケレレ大学がこの地にあるからだろうか。マケレレ大学
の広いキャンパスは、町の見どころのひとつとなっている。

近代都市カンパラ

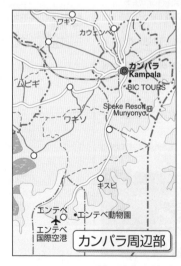

カンパラ周辺部

歩き方

●中央郵便局 (G.P.O.) は町の中心

カンパラの町の中心には中央郵便局
(Map. P.120:2-B) があり、日中はたくさん
の人が出歩いていて活気に満ちている。中央郵
便局を出てカンパラ・ロードKampala Rd.を左
へ駅（旅客営業はしていない）のほうへ行って
みよう。数百m歩くとパーラメント・アベニュ
ーParliament Ave.が左側に延びている。

さらにパーラメント・アベニューを進むと、
サイド・バレー・アベニューSaid Barre Ave.
に突き当たる。正面に国立劇場、その裏手には
ウガンダ放送局がある。

●ナイル・アベニューとシェラトン・ホテル

Said Barre Ave. を左折するとナイル・アベ

ニューNile Ave. である。これを左に曲がると、Serenaがあり、さらに道沿いに行くと右側は高級ホテルSheratonである。このホテルは、昔カンパラ公園だった所に建てられたこともあって、ロケーションはとてもよい。青々とした木々が茂り、ホテル内の芝生に寝転んで鳥の声を聞いたり、小動物を見たりして、ゆったりとした時間を過ごすことができる。

　Nile Ave.をナイル・マンションのほうへ戻り、シモニ・ロードShimoni Rd.を直進すればゴルフ場に出る。ゴルフ場の中の道を進めば高級住宅地、各国の大公使官邸が建ち並ぶ、コロロ・ヒルKololo Hillへ行く。ここも商業地区として発展しつつある。

● オウィノ・マーケットとオールド・カンパラ

　一方、町の南西部、ナキブボ・プレースNakivubo Placeとカフムベ・ムカサ・ロードKafumbe Mukasa Rd.の間にあるオウィノ・マーケットOwino Market（Map P.120:2-A）は、カンパラ市民の衣食を支えている市場である。市場内には食料品店や雑貨店が集まり、ムンムンしている。ほとんど1日中食料品を売っている。治安はあまりよくないので、気をつけること。

···Access···

✈ 国際線（空港はエンテベにある）
アディスアベバから：毎日4便
アブダビから：毎日1便
ドバイから：毎日1便
ナイロビから：毎日5便
ダル・エス・サラームから：毎日4便
キガリから：毎日4便
アムステルダムから：毎日1便（キガリ経由）
国内線（イーグル航空☎041-4344292）
エンテベ ↔ カセセ：毎日1～2便
○空港から市内へ
　空港から市内へシャトルバスが運行中。料金は3000sh。直接空港から市内まで行く空港タクシー（スペシャルタクシー）は8万sh。特急バス、所要時約1時間、10万sh。

🚌 Starways Express
　住Map P.120:1-B　Buganda Rd.
　☎0784111555
ナイロビへ（ブシア、キスム、ナクル経由）：毎日16:00発。所要約12時間、6万sh
キスムへ：毎日16:00発。4万sh
ナクルへ：毎日16:00発。5万sh
　Easy Coach
　住Map P.120:1-D　国立劇場の近く。De Winton Rd.
　☎0706533079
ナイロビへ：毎日6:30、10:00、19:00発。所要約12時間、7万sh
キスムへ：毎日6:30発。所要約14時間、4万sh
　Kampala Coarch
　住Map P.120:2-A　Ben Kiwanuka St.
　☎0779898410

ナイロビへ：15:00（ブシア経由）、19:00（マラバ経由）発。所要約14時間30分～15時間、7万sh
ダル・エス・サラームへ：14:00発。所要約14時間、16万sh
　Jaguar
　住Map P.120:1-A
キガリへ：7:00、8:00、9:00、20:00、21:00、22:00発。所要約10時間。4万sh。

🚐 乗合タクシー（ケニアでいうマタツのこと、ウガンダではタクシーと呼ぶ）
ムバレ、トロロへ：所要約4時間、1万5000sh
マラバへ：所要約5時間、1万7000sh
ブシアへ：所要約5時間、1万7000sh
ジンジャへ：所要約2時間、5000sh
カバレへ：所要約6時間、2万5000sh
マサカへ：所要約3時間、1万sh
マシンディへ：所要約3～4時間、1万5000sh
フォート・ポータルへ：所要約5時間、2万5000sh
カセセへ：所要約6時間、3万sh

　※乗合タクシーは、遠距離は出発する時間帯が決まっているが、近郊は人が集まりしだい出発
　※所要時間に関しては予想できない。バスは途中停車を何度も繰り返して客を詰め込むので、非常に時間がかかる。このほかにも各地への私営バスの便が数多くある。

🚃 2019年6月現在、鉄道は旅客営業休止中。

タクシーパーク

陸路でカンパラへ入ったらどこに着く？
バス：旧市街近くにあるNamirembe Rd.横のバスターミナルに
タクシー：ジンジャ、トロロ、カセニ、エンテベなどおもに東部方面からはBen Kiwanuka St.に面した三角形のタクシーパーク（Map P.120:2-A）に。ガバレ、カセセ、フォート・ポータルなどおもに西方面からはナキブボ・スタジアム向かいのニュー・タクシーパーク（Map P.120:2-A）に

ウガンダ　カンパラ

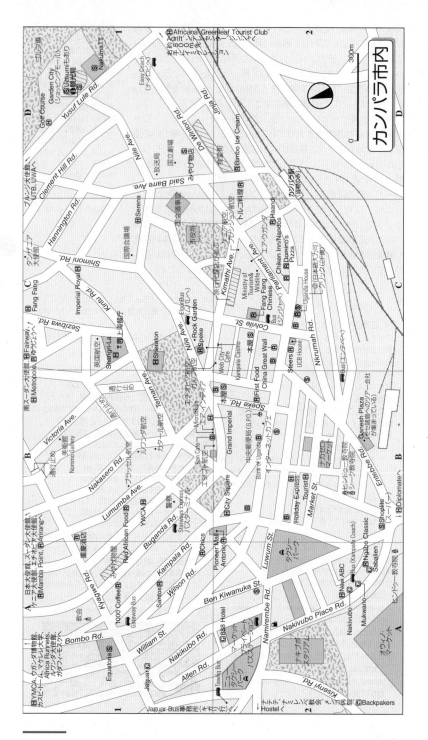

カンパラ市内

マーケット・ストリートMarket St.を進めば、数百台ものタクシーが集まるタクシーパークに出る。バスターミナルを含め、この周辺にはキオスクや露店が並んでいる。この周辺とナカセロ・マーケットNakasero Market（Map P.120:2-B）が、安く食事の取れる場所だ。

見どころ

密猟で親を亡くした動物たちも保護する
エンテベ動物園（ウガンダ野生生物教育センター） Uganda Wildlife Education Centre

ウガンダ唯一の動物園で野生動物保護を行なっている。通称UWECまたは旧名Entebbe Zoo。エンテベ国際空港からも近く、ビクトリア湖や自然の森に隣接し、チンパンジーなど約30種類の野生動物が飼育されている。200種以上の野鳥が観察されるほか、野生のサルや小型のアンテロープ類も生息している。ボランティアが園内をガイドする（有料、英語）。園内には宿泊施設もある。

チンパンジーも飼育されている

展示が充実している
ウガンダ博物館 Uganda Museum

ウガンダの自然や文化についてコンパクトながら工夫された展示をしていた博物館だがかなりさびれている。

人類発生から先史時代、そして現代にいたる東アフリカの歴史を理解するのによいだろう。また楽器類の展示が充実しており、楽器演奏もときどき行われる。庭に各民族の住居が展示されている。

ウガンダの文化センター
ンデレ・センター Ndere Center（The Home of Cultures）

ウガンダ国内の42地域2000以上の各種文化団体のセンター。水・金・日曜日の18:00～21:30に観光客も含めた一般人相手にウガンダ各地の歌や踊りが披露されている（入場料5万sh）。食事は郷土料理のビュッフェ（15万sh）あり。歌や踊りの合間にユーモアいっぱいに伝統文化の説明あり。センター内には R、バーのほか、宿泊施設、サファリツアー会社、庭園、キッズコーナーもある。屋外なので夜は冷える。防寒具を忘れずに。

楽しいステージ

観光局UTB（Uganda Tourist Board）
住Map P.120:1-D Garden City内入口の左側
☎(256)414342196
開8:00～17:00（月～金曜）、8:30～13:00（土曜）
HPwww.visituganda.com
旅行会社のパンフレットが置いてあり、人も親切。「THE EYE」という無料情報誌は便利。

エンテベ動物園
住Map P.118 P.O.Box 369 Entebbe エンテベ国際空港より約5km
☎041-4320520
開9:00～18:00 無休
料入園料5万sh／US$15（子供2万／US$10）
einfo@uwec.ug
HPuweczoo.org
交カンパラから乗合バス所要約1時間、3000sh（ゲート前までは行かない）。降車位置からバイクタクシー（ボダボダ）で1500shか徒歩約10分。

ウガンダ博物館
住Map P.120:1-A外 P.O.Box 7103
☎041-4232707
開10:00～17:30 無休
料大人5000sh（居住者2000sh）、子供1500sh。写真撮影5000sh
交町中心から約3.5kmのKira Rd.沿いにある。タクシーで約5分、約700sh。
R も併設。

ンデレ・センター
住Map P.120:1-D外 P.O.Box11353 Kampala Plot4505 Butuukirwa Kisaasi-Kira Rd.
☎041-4597704、0772200104
HP www.ndere.com
交町 からNtinda Kisaasi行きミニバスで1500sh。タクシーで3万～4万sh。

カスビ・トーム（カバカの墓）
住 Map P.120:1-A 外
開 9:00～18:00
交 ニュー・タクシーパークよりKasubi行き乗合タクシーで所要約15分、2000sh。

世界遺産のブガンダ王の墓
カスビ・トーム　Kasubi Tomb　世界遺産

　かつてのブガンダ王国の初代カバカ（王）のムテサ1世から最後のエドワード・ムテサ2世までの4代のカバカが祀られていたブガンダ王国の墓所。建物は2010年に焼失したため再建中だが、2016年6月に公開禁止されてしまった。火災の際、お棺や100年以上も前から使われているブガンダの太鼓（現在も祝典などで使用）などはからくも持ち出された。

庶民の市場ナカセロ・マーケット

カンバラ市民の台所
ナカセロ・マーケット
Nakasero Market

　カンバラ中央部に古くからあるマーケットで、生鮮食品が多いが、木彫りの動物などのみやげ物も扱っている。まさにカンバラ市民の生活を担っているにふさわしいにぎわいである。他国の同様のマーケットに比べ、はるかに治安がよいが、スリやひったくりの被害にあう人もいるので、油断は禁物である。

ナカセロ・マーケット
住 Map P.120:2-B
開 6:30～日没
交 タクシーパークから徒歩数分。

ナミレンベ教会
住 Map P.120:2-A 外
交 町からミニバスで2000sh。徒歩で約45分。
礼拝は日曜8:30から。

ガダフィ・モスク
住 Map P.120:1-A 外
Oldkampala Rd.
☎ 0782837536
料 1万5000sh

見晴らしがよい
ナミレンベ教会
Namirembe Cathedral

　美しい緑の芝生に覆われた小高い丘の上に建つ教会。町からは約2km離れているが、この丘からはカンバラの町がよく見渡せる。
　聖堂のそばにある墓地には、東アフリカに初めて医術を伝えた偉大な人道主義者アルバート・クックが埋葬されていて、彼の名を冠した病院も隣接している。

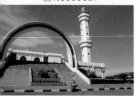
ガダフィ・モスク

ウガンダ最大のモスク
ガダフィ・モスク　Gaddafi Mosque

　かつてリビアの独裁者カダフィ（ウガンダではガダフィと呼ぶ）の全額寄付で建てられたモスク。ミナレットよりの展望がすばらしい。見物するにはガイドが来るまで待たねばならない。

✉赤道へ行こう

　カンバラから日帰りで観光できる場所として、赤道があります。Kisenyi Rd.付近にあるタクシーパークから乗合ワゴンで1時間30分～2時間で着きます。イクエーターと言っておけば、赤道モニュメントのある場所で降ろしてくれます。料金はカンバラ発のほうが高く、行きは7000sh、帰りは5000shでした。赤道モニュメントの近くにはおみやげ屋さんとレストランがあるのみですが、よい話のタネにはなると思います。帰りの乗合ワゴンは路上で捕まえましたが、満員の場合は来たときの進行方向へ数キロ歩くか、バイクタクシーで移動すると村があり、そこのタクシーパークがカンバラ行きの始発になっているので確実に乗れます。人数が多い場合などはそちらが確実だと思います。私はふたりで行き、3台目で運よく乗合タクシーに乗ることができました。

（yunyun　長野県　'13）［'19］

ホテル

→P.114 日本からの電話のかけ方

〔高級ホテル〕

[H]シェラトン・Sheraton H

[住]Map P.120:1-C　P.O.Box　7041　kampala Ternan Ave.
☎041-4420000　FAX041-4256696
[e]reservation@sheratonkampala.com
[HP]www.sheraton.com/kampala
[料]ⓈUS$365　ⓌUS$415　[SU]US$850（エアコン・トイレ・シャワー・バスタブ・朝食付）＋税・サービス料別　[カード][A][D][M][V]

高級ホテルで庭が美しい。テニスコート、サウナなどがある。ビジネスセンターなども充実している。エンテベ国際空港への送迎サービス（US$60）あり。Wi-Fi無料。全231室。

公園にそびえるシェラトン・ホテル

[H]セレナ・Serena H

[住]Map 120:1-C　P.O.Box7814 Kintu Rd.
☎041-4309000　FAX041-4259130
[e]kampala@serena.co.ug
[HP]www.serenahotels.com
[料]ⓈUS＄228　ⓌUS＄245（エアコン・トイレ・シャワー・バスタブ・朝食付）＋税・サービス料
[カード][A][D][M][V]

もとはウガンダ国営ホテルで、民営化された今でもその面影は残っている。同じ敷地内に国際会議場があり、ウガンダで開かれるほとんどの国際会議はここで催される。その期間中は警備が非常に厳しくなるので要注意。敷地内はかなり広く豪華な庭園もあり、朝夕には鳥たちも訪れ、散歩にも最適。Wi-Fiあり。全152室。

庭園の中にあるセレナ・ホテル

[H]グランド・インペリアル・Grand Imperial H

[住]Map P.120:1-B　P.O.Box　7195　Plot6 Nile Ave.
☎041-7111001　FAX041-4250606
[HP]www.imperialhotels.co.ug
[料]ⓈUS$130　ⓌUS$170　[SU]US$250（エアコン・衛星TV・トイレ・シャワー・朝食付）＋税・サービス料　[カード][A][D][J][M][V]

エンテベ国際空港から約40km。カンパラ市街地で最も古い外国人用ホテル。中心部に近いわりに静か。[R]の下のみやげ物屋街は充実している。Wi-Fiあり。全103室。

グランド・インペリアル・ホテル

[H]スピーク・Speke H

[住]Map P.120:1-C　P.O.Box　7036　Kampala 7/9 Nile Ave.
☎041-4259221、0752711701　FAX041-4235345
[e]spekehotel@spekehotel.com
[HP]www.spekehotel.com
[料]ⓈⓌUS$166（エアコン・トイレ・シャワー・朝食付）＋税・サービス料　[カード][A][D][M][V]

木造2階建てホテルで、部屋は広く、公園側の部屋はベランダが付き、居心地はよい。インド、イタリア料理の[R]やカフェテリアがあり、どれもおいしいと評判。Rock Gardenはカンパラで人気のバー＆クラブ。Wi-Fiあり。全50室。

スピーク・ホテル入口

[H]メトロポール・Metropole H

[住]Map P.120:1-C 外　P.O.Box 22774　Kampala Plot51/53 Windsor Crescent
☎041-4391000～2　FAX041-4500116
[e]metropole@metropolekampala.com
[HP]www.metropolekampala.com
[料]ⓈUS$125　ⓌUS$145（エアコン・衛星TV・トイレ・シャワー・朝食付）　[カード][A][M][V]

2007年に完成した高級ホテル。高級住宅街にあり、周囲は静か。館内には24時間営業のコーヒーショップや東南アジア料理の[R]がある。Wi-Fiあり。全60室。

メトロポール・ホテル

Ⓗアフリカーナ・H Africana

住Map P.120:1-D　外　P.O.Box 10218　Kampala
Plot2-4 Wampewo Ave.
☎041-4777500　FAX041-4348090〜1
ⓔafricana@hotelafricana.com
ⒽPhotelafricana.com
料ⓉUS\$120　ⓦUS\$150　ⓈUS\$300（Ⓦのシン
グルユース）ⓊUS\$160（エアコン・トイレ・バスタ
ブ・朝食付）
カードⒶⒹⓂⓋ
プール、サウナ、マッサージ、エアロビクス、
スチームバスがある。Wi-Fiあり。全253室。

ホテル・アフリカーナ

Ⓗインペリアル・ロイヤル・Imperial Royal H

住Map P.120:1-C　P.O.Box 4326 Block
Kampala　No.B-5 Plot18 Kintu Rd.
☎041-7111000　FAX041-4250146
ⓔdonald@hoteleg.com
ⒽPwww.imperialhotels.co.ug
料ⓈUS\$150　ⓦUS\$300　ⓊUS\$1000（エアコン・
衛星TV・トイレ・シャワー・朝食付）＋税・サービス料
カードⒶⓂⓋ
2007年オープンの大型高級ホテル。グランド
インペリアルと同系列だが一段上のクラス。中
華Ⓡ、プール、ジム、ヘルスクラブがある。
Wi-Fi無料。全270室。

重厚な外観のインペリアル・ロイヤル・ホテル

Ⓗゴルフコース・Golf Course H

住Map P.120:1-D　P.O.Box 22774　Kampala
Plot 64-86　Yusuf Lule Rd.
☎041-4563500、03-12265490　FAX041-4563591
ⓔreservation@golfcoursehotel.com
ⒽPwww.golfcoursehotel.com
料ⓈUS\$183　ⓦUS\$213　ⓊUS\$263（トイレ
・シャワー・朝食付）＋税・サービス料
カードⒶⓂⓋ
ショッピングセンターGarden Cityの隣。Ⓡは
最上階よりさらに高く、回転式でカンパラを
360度見渡せる。Wi-Fiあり。全115室。

Ⓗスピーク・リゾート・ムニョニョ・Speke Resort Munyonyo

住Map P.118　Munyonyo
☎041-4227111、041-1716000
ⓔspekeresort@spekeresort.com
ⒽPwww.spekeresort.com
料ⓈUS\$145〜　ⓦUS\$160〜（エアコン・トイ
レ・シャワー・朝食付）＋5%サービス料＋18%
税＋地方税US\$2
カードⓂⓋ

ビクトリア
湖に面し広
大な敷地を
誇るリゾー
トホテル。
スパやプー
ルなど設備
が整ってい

広大な敷地のリゾートホテル

る。定価より安い週末の3食付セット料金には
乗馬体験やミニクルージングも含まれる。空港
送迎あり。Wi-Fi無料。全335室。

〔中級ホテル〕

Ⓗフェアウエイ・Fairway H

住Map P.120:1-C　外　P.O.Box 4595　Kampala
Plot 1/2 Kafu Rd.
☎041-4259571　FAX041-4234160
ⓔbooking@fairwayhotel.co.ug
ⒽPwww.fairwayhotel.co.ug
料ⓈUS\$115　ⓦUS\$135（エアコン・トイレ・
シャワー・朝食付）EXベッドUS\$25
町の中心からやや離れている。隣にゴルフ場が
あり、のんびりして静か。空港送迎は3泊以上
の客のみ無料。
1泊の場合は要
US\$52。現地の
家族連れも多い。
プールは宿泊者
は無料。Wi-Fi無
料。全101室。

フェアウエイ・ホテル入口

H ホリデイ・エクスプレス・ Holiday Express H

住Map P.120:2-B　P.O.Box 9923 Kampala
Plot 16/18/20 Luwum St.
☎0312262858〜9　FAX041-4252665
Ereservations@holidayexpresshotel.com
HPholidayexpresshotel.com
料SUS$55　WUS$80（エアコンなし）
SUS$65　WUS$90（エアコン付）（全てトイレ・
シャワー・バスタブ・朝食付）
カードADMV

市内の中級ホテルではおすすめのひとつ。新しく部屋もきれい。そのぶん人気があり、満室で泊まれない場合もあるので予約は必須。

H ファン・ファン・Fang Fang H

住Map P.120:1-C　P.O.Box 6323 Kampala
Plot 9 Sezibwa Rd.
☎041-4235828/4233115　FAX041-4233620
Ereservations@fangfang.co.ug
HPwww.fangfang.co.ug
料SUS$89　WUS$119（トイレ・シャワー・
朝食付）＋税・サービス料

中国人経営。Rもありおいしい。従業員は親切。Wi-Fiあり。全23室。

H ツーリスト・Tourist H

住Map P.120:2-B　P.O.Box 7036 Kampala
Plot 9 Market St.
☎041-4251471〜2　FAX041-4251473
HPwww.touristhotel.net
料S6万3000sh　W9万1600sh（トイレ・シャワー・
朝食付）＋税・サービス料　カードMV

ナカセロ・マーケット付近。フロントや部屋は3階以上だがエレベーターがない。Rはファミリーレストランのよう。南側の部屋はマーケットの騒音が夜も聞こえる。受付とRはWi-Fiあり。全64室。

ツーリスト・ホテル

〔安宿〕

G ジャグア・Jaguar GH

住Map P.120:1-A　P.O.Box 4799 Plot 28 Nakivubo Rd.
☎041-4232496
料S2万5000sh　W3万5000sh（トイレ・シャワー付）
フロントは建物の2階にあるが、わかりにくい。
R（営8:00〜22:00）もある。

G バックパッカーズ・ホステル・ Backpackers Hostel

住Map P.120:2-A 外　P.O.Box 6121 Kampala
Wakaliga Rd.
☎0772430587
HPwww.backpackers.co.ug
料DUS$10〜12　SUS$15　WUS$25（トイレ・
シャワー共同）SWUS$30（トイレ・シャワー付）
テントUS$7／人

市内から西へ約5km離れたナテテ地区にある。乗合タクシーで所要約10分、1500sh。広い構内に建物が点在する。Wi-Fiあり（2000sh／時）。マチソン・フォールズ・ツアーなどのアレンジも可。全25室。

バックパッカーズ・ホステル

G サバリン・Sabalien GH

住Map P.120:2-A　Plot 25 Nakivubo Place Rd.
☎041-4231183、0783655130
料S1万5000sh　W2万sh　T2万5000sh（トイレ・シャワー共同、朝食付）

老朽化しているが、清潔にしている。1階にR（24時間営業）があり、安い。全30室。

リーズナブルなサバリン・ゲストハウス

G スリーエイト・888 Hotel

住Map P.120:2-A　P.O.Box12185 Kampala
Allen Rd. ニュー・タクシーパークの東正面
☎0785020375
料S3万8000sh　W4万5000sh（トイレ・シャワー・朝食付）

部屋は狭いが、こぎれいにまとまっている。経営は中国人でこの商業ビルのオーナー。入口のすぐ前に交番があり、セキュリティも安心。タクシーパーク周辺ではおすすめの安宿。

H YWCA・YWCA

住Map P.120:1-B　P.O.Box2108　Kampala
☎0772414550
Eywca@utlonline.co.ug
料S2万sh　W3万sh（トイレ・シャワー共同）
男性でも宿泊可能。Rあり（営8:00〜18:00）。
ランチ1万sh〜。

レストランとショップ →P.114 日本からの電話のかけ方

R チャイナ・グレート・ウオール・ China Great Wall 長城飯店
住 Map P.120:2-C　Plot 21 Kampala Rd.　UCB House前
☎0712937148　営10:00〜22:30　無休
中国人経営の店。豆腐料理もある。チャーハン6000 sh〜、焼きそば9000sh、料理9000sh〜。

R ンガボ・クラシック・ Ngabo Classic
住 Map P.120:2-A　P.O.Box2895　Kampala
☎0775755888、0772419921
営7:00〜23:00　無休
Afrian BreakfastのKATOGO（2000sh）は 量もありおすすめ。コーヒー2000sh、フルーツジュース2000sh、各種アフリカ料理（ピラウなど）6000sh。

R シャンハイ・ Shanghai 上海餐庁
住 Map P.120:1-C　Terman Ave. Plot 8/10
☎041-250372　営11:00〜23:00　カードＭＶ
台湾人の経営する中華料理店。HSheratonの通りを挟んだ北側にあり、静かで落ち着ける。ほかの中華レストランに比べ安く、味もよい。オーナー夫人は少々日本語を解し、親切。

R アントニオ・Antonio
住 Map 120:2-B　パイオニアモール内
☎041-4236025、0792482517
営7:00〜22:00
朝食各種3000sh、日替わり定食5500sh、コーヒー2000sh、フルーツジュース2000sh。店内Wi-Fiあり。デリバリーサービスもあり、地元の人気店。欧米人も利用している。

R ゆうじょう・Yujo
住 Map P.120:1-C 外　36 Kyadondo Rd. Nakaseno
☎0794289856
営12:00〜23:00（4ヵ月に1週間休み）
ウガンダ人経営の日本食の店。アフリカナイズされた日本風料理と居酒屋が楽しめる。

R 山せん・Yamasen　Japanese
住 MapP.118　Tank Hill Road
☎（256）707808010　営12:00〜22:00　カードＭＶ
京都の老舗の流れをくむ日本人のいる本格的日本料理店。

R ドミノ・ピザ・Domino's Pizza
住 Map P.120:2-C　Kampala Rd.　バークレー銀行近く
☎041-4251513/4234891
営7:30〜22:30（月〜水曜）、7:30〜24:00（木〜日曜）
ひとり用から大中小のサイズのピザがある。スパゲティもおいしい。ピザ、スパゲティともに1万3000sh〜。デリバリーサービスもある。日本にもあるチェーン店のドミノピザとは違う。

R チョンキン・チャイニーズ・ Chong Qing 重慶酒店
住 Map P.120:1-B　Plot12 Lumumba Ave.
☎041-4250242、0779525025
営9:00〜22:30
安い、おいしい、ボリュームありと三拍子揃っている。セットメニュー1万〜3万sh。

R アリラン・Arirang
住 Map P.120:1-B 外　P.O.Box 12361　Kampala Plot15A Kyadondo Rd. Nakasero
☎041-4346777、0753888222
営11:00〜23:00
カンパラで人気の韓国料理店。日本大使館やHFairwayに近いKyadondo Rd.沿いにある。ビール6000sh、セットメニュー1万8000〜5万shなど。

R ハーンディ・Haandi
住 Map P.120:2-C　Commercial Plaza 7 Kampala Rd.
☎041-4346283〜4
営12:00〜14:30・19:00〜23:00
人気のインド料理店。いつもインド人でいっぱいになっている。店の中はクーラーがよく効いていて、Tシャツでは寒いときがあるので長袖を持っていくとよい。

S ガーデン・シティ・ Garden City
住 Map P.120:1-D　Hゴルフコース近く
☎041-4258906
営9:00〜19:00　無休
カンパラで最も大きいショッピング＆レジャーセンター。施設内にはスーパーマーケット、旅行代理店、観光局、みやげ物屋、フィットネスクラブ、ヘルスクラブ、映画館、ボーリング場、カジノ、フードコート（インド、中華、レバノン料理）、Hなどが入っている。

近郊の町と見どころ

〔セセ諸島　Ssese Islands〕

　ウガンダ側のビクトリア湖沿岸には大小たくさんの島々があり、特にエンテベEntebbeの南岸からマサカMasakaの東岸に集中している。これらの諸島はセセ諸島と呼ばれ、のんびりした保養、観光スポットとなっている。

カランガラ行きのフェリー

　マサカからタクシーやボートを乗り継いでブカラ島へ行く方法が旅行者にはポピュラーだろう。まず、マサカから3kmほど離れたニエンドNyendoタクシーパークまで乗合タクシーで行き、そこからカランガラKalangala行きのマタツに乗る。乗客がいっぱいになりしだい、出発する。フェリーの時間に合わせて乗客は集まるので、それほど待つことはない。

　現在、セセ諸島に渡るのに最も便利な方法はエンテベからフェリーに乗る方法。このフェリーは毎日エンテベを14:00に出発し、17:00にルトボガに到着する。ルトボガからエンテベは8:00に出発。1日1往復のみ。

　最大の島ブカラ島は人口1万人あまりのかなり大きな島だ。カランガラ～ルトボカ間は徒歩約30分の登り道。ルトボカには湖に面したホテル＆キャンプサイトが5～6軒ある。カランガラ～ムウェナ間は徒歩約1時間だ。中心部の標高が高いので、港からカランガラに向かうほうが時間がかかる。カランガラには銀行、郵便局、商店などがある。地元の人はこの島自体をカランガラと呼ぶこともある。

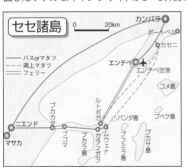

エンテベへの行き方
カンパラから：乗合タクシーで所要約1時間、7000sh

ブカタからブゴマへのフェリー
所要約1時間、無料
ブカタ発：7:00、8:00、10:00、12:00、14:00、15:00、16:00、18:00の8本
ブゴマ発：7:00、8:00、10:00、12:00、14:00、15:00、16:00、18:00の8本

カンパラ→カランガラ
カンパラからマサカ行きに乗りニエンドで途中下車。所要約2時間。ニエンドからカランガラまで、所要約4時間、1万5000sh（ピックアップバス、フェリーすべて込み）。

ブカラ島→ブカサ島
両島を往来するボートが頻繁に出ている。

カランガラのホテル
H Pearl Gardens Beach
☎0783-104983、0789-093676
料Ⓢ1万sh
Ⓦ2万sh（トイレ・シャワー・朝食付）
カンパラ市内（Ganesh Plaza→Map P.120:2-B）に事務所があり、ホテルの予約ほか、ツアーのアレンジも可能。

H Mirembe Resort Beach
☎0780-515566
HP www.mirembere sort.co.ug
料Ⓢ17万7000sh
Ⓦ27万5000sh（トイレ・シャワー・朝食付）
上記 Ganesh Plazaに事務所がある。

ジンジャ
Jinja

市外局番 043

...Access...

🚐マラバ、ブシア（国境の町）から:頻繁に乗合タクシーがある。所要約3時間。マラバから1万2000sh、ブシアから約1万sh

ムバレから:所要約3時間、1万sh

カンパラへ:6000sh。カンパラとの間は乗合タクシーとバスがある。

ナイロビへ:ロータリーでカンパラから来る国際バスをつかまえて乗る。ツーリストセンターで予約できる。

Jinja Tourist Centre
🏠Map P.128 P.O.Box 1666 Plot 2 Main St.
☎0772500541、043-4122758
🕐8:00〜17:30（月〜金曜）、8:00〜14:00（土曜）日曜休
🌐www.touristcentresafaris.com
ラフティングや、ナイロビ行きバスも予約できる。

　1862年7月28日、イギリスの探検家ジョン・ハニング・スピークが、ヨーロッパ人として初めてビクトリア湖が白ナイルの源流であることを発見した場所であり、イギリス探検史において輝ける「発見」の地である。ジンジャは、カンパラから東へ80kmほどの所にあり、東アフリカの工業を担うこの国有数の都市である。砂糖の生産と繊維産業が盛んで、特にコットンは有名。そして、郊外にあるオーウェン・フォール・ダムOwen Fall Damは、隣国ケニアに大量の電力を輸出している。

　しかし、町なかはイギリス調の落ち着いた町並みが美しく、豊かな緑と湖からの風がさわやかで、ついつい長居をしてしまいそうな所である。

日本の協力で完成したナイルに架かる橋。写真：提供銭高組

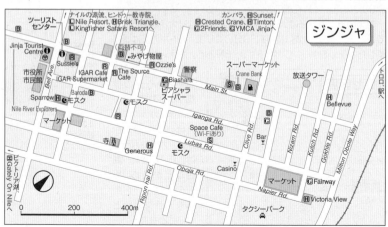

見どころ

スピークの記念碑が建つ
ナイルの源流 (The Source of the Nile)

町の中心から南西約1km、徒歩約15分にあるスピーク記念碑公園から眺めるナイルの源流はすばらしい。ボートを借りて、ビクトリア湖とナイルの源流の境とされる島まで足を延ばすのもよいだろう。静かに漂っていた湖の

ナイルの源流

水面に川のほうへと流れる緩やかな動きが生まれるのを感じられることだろう。

ここからビクトリア・ナイルと呼ばれ、マチソン・フォールズ（滝）を経て白ナイルと名を変える。

丘から見下ろす
オーウェン・フォール・ダム (Owen Fall Dam)

オーウェン・フォール・ダムは、カンパラ方向に町を出て、すぐの所にある。町から来てこのダムの上を渡る道路の手前右側にビューポイントの丘があり、ここからダムとナイル川が一望のもとに見渡せる。

モーターボートで楽しい
ビクトリア湖 (Lake Victoria)

町の西、ナイルの源流から約1kmのビクトリア湖畔に H Brisk Triangleがあり、その隣にアブドゥル・ボートライドのボートが、何隻か常駐しており、ビクトリア湖の島に行ったり、ナイルの源流まで訪れることもできる（所要約15分、3万sh）。湖の周遊は所要約1時間、5万sh（ボートはすべて要交渉）。この近くには渡し船のリポン発着所がある。

ビクトリア・ナイルを下る
ラフティング (Rafting)

ゴムボートでビクトリア・ナイルを30kmほど下るラフティングが、欧米人旅行者の間で大人気。東アフリカでのラフティングといえば、ビクトリア滝かここナイル源流付近。赤道直下の川下りにトライしてみよう。激流ポイントはいくつかあるが、約100mの激流"イタンダフォールズItanda Falls"では、かなりの確率でボートが転覆し非常にスリリングだ。ラフティングのあとは、食事と飲み物が振る舞われる。また日焼け止めは必携だ。日差しは強く、あなどっていると本当に火傷してしまう。

スピーク記念碑公園
料入場料1万sh、車5000sh

オーウェン・フォール・ダム
バイクタクシーで町から3000sh

ビクトリア湖観光
人が集まれば対岸まで手漕ぎで3000sh、モーターボート2万sh／人（金額はすべて交渉しだい）。朝夕は頻繁にある。

アブドゥル・ボートライド
☎0752426990
営9:00〜16:00
料6人乗り貸しボート：サムカ島まで所要約3時間、5万sh（待ち時間含む、1時間超えるごとに2万sh）。フィッシングボート：5万sh／時
H Brisk Triangleの横にセーリングクラブがあり、その隣に漁師の集落がある。その集落から対岸に渡し船が出ており、アブドゥル氏のボートもここで待機している。

■ラフティング初心者でも、インストラクターの指示に従っていれば基本的には安全であるし、転覆の際のためにカヌーの救助隊が付き添っているが、危険がともなうことを十分考慮しよう（海外旅行保険については→P.358）。

Nile River Explorers
住Map P.128
P.O.Box2155 Jinja Tourist Centre内
☎0772422373
HP raftafrica.com
料US$125（半日コース）、US$140（1日コース）、US$165（上級コース）、US$200（2日コース）
カンパラからジンジャまでの送迎付き。ニューブジャガリ湖に宿泊施設がある。

→P.114 日本からの電話のかけ方

Hサンセット・Sunset H

住Map P.128 外　P.O.Box 156　Plot17 Kiira Rd.
☎0772373991　FAX043-4120741
ehotel@sunsetinternational.co.ug
HPwww.sunsetinternational.co.ug
料ⓈUS$40　ⓌUS$50　ⓈⓊUS$80（トイレ・シャワー・朝食付）

町の中心より西へ約3km、ナイル源流近くの川沿いに位置する大型の高級ホテル。標識が出ているのですぐわかる。サムカ島へのボートもアレンジ可。中華Rあり。ロビー付近にWi-Fiあり。全57室。

手入れされたサンセット・ホテルの入口

Hゲイトリー・オン・ナイル・Gately On Nile

住Map P.128 外　47 Nile Crescent
☎043-4122400、0772469638
estay@gatelyonnile.com
HPwww.gately-on-nile.com
料ⓈUS$100　ⓌUS$140　アネックスⓈUS$50　ⓌUS$80　コテージⓈUS$120　ⓌUS$160（トイレ・シャワー・朝食付）

ビクトリア湖に面した非常に美しいオーストラリア人経営のプチホテル。Rは欧州とウガンダ料理。Rのみの利用可。（料理は1万5000〜2万4000sh、ソフトドリンク2500sh、ビール5000sh）。全11室。

美しいプチホテル

Hティントン・Timton H

住Map P.128外　Plot15 Jackson　Crescent Nalufenya Rd.
☎043-4121233
e Timtonhotel@yahoo.com
料Ⓢ3万5000sh　Ⓦ7万sh　ⓈⓊ9万sh（トイレ・シャワー・朝食付）キャンプ7000sh／人

HCrested Craneに近く、静かで広い庭がある。R、バーもある。キャンプエリアは2016年現在、改修中。

Hブリスク・トライアングル・Brisk Triangle H

住Map P.128 外　P.O.Box　5011
☎043-4122098〜9
einfo@briskhoteltriangle.co.ug
HPwww.briskhoteltriangle.co.ug
料Ⓢ6万2000sh　Ⓦ10万9000sh　ⓈⓊ21万5000sh（トイレ・シャワー・朝食付）

ゴルフコースの隣にあるリゾートホテル。Rでは、ビクトリア湖を見ながら食事ができる。Wi-Fi無料。

ブリスク・トライアングル・ホテルのシンプルな外観

Hベレヴエ・Bellevue H

住Map P.128　P.O.Box 1013
☎0712986608、0712578134
einfo@bellevue.ug　HPwww.bellevue.ug
料Ⓢ3万6000sh　Ⓦ5万1000sh（トイレ・シャワー付）

外国人旅行者が多い宿。屋上からの眺めがよい。洗濯も安価でしてくれる。Rを併設。

このあたりでは高い建物

Ⓖ ビアシャラ・Biashara GH

住Map P.128　P.O.Box 132　Main St.
☎0712761821
料Ⓢ3万8000sh　Ⓦ4万6000sh（トイレ・シャワー付）

4階建ての大きなホテル。屋上からの眺めはとてもよく、スタッフはほかのリゾートホテルに比べ、素朴で初々しい雰囲気。このあたりの町なかのホテルのなかではいち押し。

町なかのホテル

Ⓖ YMCA ジンジャ・YMCA Jinja

住Map P.128外　P.O.Box 434 Plot 16　Nalufenya Rd.
☎0772497083
Ⓔ YMCActc.Jinja@yahoo.com
料ⓈⓌ2万5000sh（トイレ・シャワー共同）
ⓈⓌ4万sh（トイレ・シャワー付）

部屋は広く清潔。全60室。

Ⓖ 2フレンズ・2Friends GH

住Map P.128 外　Plot 6 Jackson Crescene
☎043-4122999、0783160804
ＨＰ2friends.info
料ⓈUS$115　ⓌUS$130（トイレ・シャワー・朝食付）

モダンアフリカ風の内装。地元では評判のⓇを併設している。Wi-Fiあり。全21室。

Ⓛ キングフィッシャー・サファリ・リゾート・Kingfisher Safaris Resort

住Map P.128 外　P.O.Box 608
☎0772632063
Ⓔ kingfishersafaris@gmx.net
ＨＰwww.kingfisher-uganda.net
料ⓈUS$85　ⓌUS$130　ⓈUS$170　ファミリーUS$165～（トイレ・シャワー・朝食付）

ナイル川の西側にある新しいリゾートホテル。コテージタイプの部屋で、プール、Ⓡ、バーもある。広がるナイル川とビクトリア湖が美しい。対岸への渡し船（片道2万sh、8人乗り）やサムカ島へのボートチャーター（往復16万sh、8人乗り）あり。全59室。

自然あふれるロッジ

Ⓛ ナイル・リゾート・Nile Resort

住Map P.128 外　P.O.Box 1553
☎043-4122190～2　FAX043-4122581
Ⓔ nileresort@source.co.ug
料ⓈUS$235　ⓈUS$350（トイレ・シャワー・朝食付）

ナイル川川岸に建つコテージタイプのリゾートホテル。Ⓡ、バー、プールあり。連泊割引あり。町なかから遠いので、車の便を確保したい。全140室。

ナイル・リゾートのプール

Ⓡ ザ・ソース・カフェ・The Source Cafe

住Map P.128　P.O.Box 043　Plot20 Main St.
☎043-4120911
Ⓔ sourcecafe@source.co.ug
ＨＰ www.source.co.ug
営8:00～19:00（月～土曜）　日曜休

ウガンダコーヒーがおいしい、雰囲気のよいカフェ。軽食もある。インターネット使用可（2000sh／時）。日本語も読める。

Ⓡ スージーズ・Sussie's R

住Map P.128　P.O.Box 1302　Plot4/6C Main St.
☎0783270036
営7:00～23:00

このあたりでは清潔な老舗のレストラン。インドとアフリカ料理は1万4000sh～、ビール3500sh、ソーダ1500sh。朝食やランチ、テイクアウエイなども充実している。

スージーズの店内

トロロ
Tororo

市外局番　045

...Access...

🚐タクシー（マタツ）
マラバから：所要約15分、2000sh
カンパラから：所要約4時間、1万5000sh
ムバレから：所要約1時間、5000sh
ジンジャから：所要約2時間30分、1万sh

両替

USドルの両替はロータリー角のStanbig **B** がレートが比較的よい。「NOVO ENTERPRISES LTD」の看板がかかった雑貨店も公的両替屋。国境では外国人に対してはレートが悪くなるので、ここで両替しておいたほうがよいだろう。
ただし、時期によりすべての銀行や両替商にケニア・シリングがない場合がある。その場合は国境で両替をすることになる。現在、地元民はほとんどが国境でケニア・シリングを両替している。

ケニアとの国境に近い町で、ウガンダの鉄道の東端にあたる。小さな町だが、ケニアとの国境の町マラバからのバスやタクシーが頻繁にとおっているせいか活気がある。

歩き方

ケニアのサバンナの延長で、半乾燥地特有のアカシアの樹が景観を形づくっている。

メインストリートに当たるムバレ・ロードMbale Rd.付近は、タクシーパーク、食堂、ガソリンスタンドなどが集中し、南側にはマーケットが開かれている。

この町の見どころは、国境のマラバからもはっきり見える奇妙な形をした岩山Rock Mountainである。高さは平地から150mくらいと低いが、町の反対側のゴルフコースを横切って、急な坂を登っていくと30分はかかる。頂上近くになるとはしごが付いていて、それを4回くらい使わなければならない。雨季はすべるので注意。

トロロ名物の岩山

ホテルとレストラン

→P.114 日本からの電話のかけ方

Ⓗ ロック・クラシック・Rock Classic H

🏠Map P.132外　P.O.Box 293
☎0392-768536/7　FAX0414-349123
🏷Ⓢ12万sh　Ⓦ16万sh　Ⓣ20万sh（蚊帳・TV・冷蔵庫・電話・トイレ・シャワー・朝食付）

町最大のホテルで、市街地から北に2kmほど離れている。サウナやプールがある。ロビー付近に無料Wi-Fiあり。全92室。

町最大のホテル

Ⓗ タウン・ロッジ・トロロ・Town Lodge Tororo

🏠Map P.132　P.O.Box 848　Plot9 Bazaar St.
☎0774037672、0757321355
📧tlthotel.africa@gmail.com
🏷Ⓢ6万5000sh　Ⓦ7万7000sh（トイレ・シャワー・朝食付）　Ⓝ8万2000sh（TV・トイレ・シャワー・朝食付）

3階建てのホテル。マーケットの東側でタクシーパークに近い。門に「T.L.T Hotel」と書いてある。ロビー付近のみ無料Wi-Fi利用可。1階にⓇがある。全11室。

シンプルで清潔な客室

Ⓗ モーテル・ドット・コム・Motel.com

🏠Map P.132
☎0772333777
🏷Ⓢ4万1000sh　Ⓦ5万1000sh　Ⓣ6万1000sh（トイレ・シャワー付）

トロロでは比較的新しいホテル。各種設備も充実している。

Ⓗ クリスタル・Crystal H

🏠Map P.132　P.O.Box 778　Bazaar St.
☎0772555174
🏷Ⓢ4万5000sh　Ⓦ5万sh（蚊帳・トイレ・シャワー・朝食付）

1階はⓇとバー。建物は古いが部屋は清潔。ビール3500sh、ビーンズ＆マトケ6000sh。全14室。

3階建てのクリスタル・ホテル

Ⓖ デラックス・Deluxe GH

🏠Map P.132　P.O.Box 618　Plot 10 Market St.
☎0772988980
🏷Ⓢ2万5000sh　Ⓦ3万1000sh（蚊帳・トイレ・水シャワー付）

受付は2階にある。1階の雑貨屋の中をとおり、中庭の階段を上がる。温水は頼めば出してくれる。値段のわりに清潔で広い。トロロの安宿のなかではいち押し。全5室。

デラックス・ゲストハウスはこの2階

Ⓡ パークサイド・Parkside R

🏠Map P.132　P.O.Box 705 Plot 10F Mbale Rd. タクシーパーク近くのガソリンスタンド東側
☎0772099038
🕕6:00〜23:00

マトン、魚シチューなどがある食堂。簡素だが清潔。タクシーパークが近いのでいつも人でいっぱい。料理はひとり5500sh〜。ソーダ1200sh、ミネラルウオーター1500sh（1ℓ）、アルコールはない。

ムバレ
Mbale

ムバレの町並み

市外局番　045

...**Access**...

🚌 **ナイロビから:**Crown Bus、Get Way Busなどの国際バスが毎日運行。ナイロビ行きは毎日17:00発、3万5000Ush

カンパラへ:YY Coachでカンパラまで所要約5時間。4:30～18:30の間に1時間毎に出発。1万5000Ush

🚐 **カンパラから:**乗合タクシー、所要約5時間、1万5000Ush

ジンジャから:所要約2時間、1万Ush

ケニアとの国境付近のマラバから:所要約1時間、7000Ush。(マラバの南側のタクシーパークから)

トロロから:5000Ush

シピから:1万Ush

ブシアから:8000Ush

シピ滝
住Map P.134外
🎫シピ・フォールズ・リゾート・キャンプ入口の所にあるツアーガイド・アソシエーションでガイド料と入場料2万5000shを支払う。観光の際はここに立ち寄りガイドを雇えばよい。
Sipi Falls Tour Guide Association
☎0781831078
📧sipiguidesass@gmail.com

ウガンダ東部の交通の要衝であり、中心都市である。またエルゴン山N.P.の入口として知られる町である。

首都カンパラからのバスの便が多く、ケニアのナイロビと結ぶ国際バスも毎日運行している。ムバレからトロロ、シピ滝へのミニバス(乗合タクシー)も頻繁に出発している。そのため物資も豊富で、人々の往来が絶えず、小さいながらも、活気に満ちた町である。

町なかからエルゴン山の頂は望めないが、目前にそびえる、緑に覆われたンココンジェル山も趣があり、週末を過ごすために首都カンパラから訪れる観光客も多い。

見どころ

ウガンダいちの滝
シピ滝 Sipi Falls

エルゴン山には多くの滝があるが、その内のひとつ、シピ滝Sipi Fallsはウガンダで最も美しいといわれ、山に登らずとも、この滝だけは見逃すなといわれている。さしずめ日光における華厳の滝ともいうべきか。

シピ滝は、3つの滝の総称で、そのトータルの落差は90m近いが、それぞれの滝の落差は約30mである。日本の滝に比べるとさほどスケールが大きいわけではないが、水量の多いときはなかなか美しい。

しかし、上流の川は生活用水が混入する用水路のような川で、

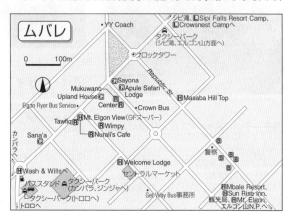

交 ムバレの町北部の乗合タクシーパークやクロックタワー付近からカブチョルワ行き乗合タクシーで所要約1時間〜1時間30分、1万sh。シビ滝が見えたら降ろしてもらう。車によっては滝まで行かず、その場合は途中のシビ村から地元の貨物トラックの荷台に乗って行く。料金は要交渉。

清流を期待していくとがっかりする。

　道路から滝を眺めることもできるが、時間があれば、数軒あるロッジに泊まってゆっくりするとよい。滝壺までのトレッキングをロッジなどでアレンジしているが、あえて滝壺に下りずとも、ロッジから見ているだけで、その美しさは堪能できるだろう。

ウガンダで一番の美しさ、シビ滝

ホテルとレストラン

H ムバレ・リゾート・Mbale Resort H
住 Map P.134 外 P.O.Box 1621 Plot 50 Bungokho Rd.
☎045-4434485　FAX045-4432920
e sales@mbaleresorthotel.com
HP www.mbaleresorthotel.com
料 S18万sh　W20万sh（蚊帳・トイレ・シャワー・朝食付）
プール、サウナ、R、バーもある。ムバレで1、2を争う高級ホテル。Wi-Fi無料。全76室。

ムバレ・リゾート・ホテルの入口

H サンライズ・イン・Sun Rise Inn
住 Map P.134外　P.O.Box 2607　Nakhupa Rd.
☎045-4433090、0352276063
e snrsinn@yahoo.com
料 S8万2000sh〜　W9万2000sh〜（蚊帳・トイレ・シャワー・朝食付）
ムバレでは高級に属するコテージタイプのホテル。設備はよく、部屋はとても清潔にしている。全14室。

H マウント・エルゴン・Mt. Elgon H
住 Map P.134外　P.O.Box 670
☎045-4433454/4660602
e sales@mountelgonhotel.com
HP www.mountelgonhotel.com
料 S19万7000sh〜　W23万2000sh〜（蚊帳・TV・トイレ・シャワー・朝食付）
郊外の見晴らしのよい高台にある高級リゾートホテル。町なかから徒歩約25分（バイクタクシー利用が便利）。R、バー、ジム、プール、サウナ、ゴルフ場あり。Wi-Fi無料。全30室。

H マウント・エルゴン・ビュー・Mt. Elgon View H
住 Map P.134　P.O.Box 967 Plot5 Cathedral Ave.
☎071445562
料 S2万5000sh　W3万sh（トイレ・シャワー共同蚊帳付）　S4万5000sh　W5万5000sh（蚊帳・トイレ・シャワー付）
レセプションは2階。別館には外国人旅行者がよく宿泊する。扇風機があり、大変清潔。インド人のオーナーでスタッフの感じもよい。屋上からワナレ山がよく見える。全28室。

G アプレ・サファリ・ロッジ・Apule Safari Lodge
住 Map P.134
☎0776909996、0772616770
料 S1万5000sh（トイレ・シャワー共同）　S1万8000sh　W2万5000sh（トイレ・シャワー付）
建物の左横に小さな裏口があり、そこから入る。正面にはブティックがある。全20室。

🅷ウオッシュ＆ウィルス・ Wash & Wills

🏠Map P.134外　P.O.Box 1327　Plot37 Mbiro Rd.
☎0772518675
📧sales.washandwills@gmail.com
🌐washandwillshotel.com
💴Ⓢ10万2000sh〜　Ⓦ12万2000sh　Ⓢ16万
2000sh〜（蚊帳・TV・エアコン・トイレ・シャワー・
朝食付）

ムバレのバスターミナルから南へ徒歩15分ほ
ど。緑の中にたたずむホテル。部屋は広々とし
ており、バルコニーから景色が望める。プール、
ジム、🅡もあり、設備がよい。Wi-Fi無料。

ウオッシュ＆ウィルスの新館

🅶サヨナ・H Sayona

🏠Map P.134　P.O.Box 788　Plot1
☎0392944739、0700218251
💴Ⓢ1万6000sh　Ⓦ2万sh（トイレ・水シャワー共
同、蚊帳付）　Ⓣ2万5000sh（蚊帳・トイレ・シャワ
ー付）

1階に冷蔵庫があり、ここで飲料を買った場合
は使用可。部屋は清潔。扇風機のある部屋もあ
る。入口は建物の裏手でわかりにくい。値段の
わりに部屋もスタッフもよい。全22室。

🅻シピ・フォールズ・リゾート・キャンプ・ Sipi Falls Resort Camp

🏠Map P.134外　P.O.Box 178　Kapehorwa シピ滝近く
☎0771453105、0753153000
📧sipiresort@gmail.com
💴Ⓢ19万sh　Ⓦ26万6000sh　Ⓣ34万5000sh
（トイレ・シャワー・3食付）

アフリカ民家風コテージタイプ。シピ滝の付近
では最も整備され、シピ滝に一番近い。🅡は
昼・夕食2万5000sh、ソーダ、ミネラルウオー
ター2000sh、ビール5000sh。全7室。

🅻シピ・フォールズ・ロッジ・ Sipi Falls Lodge

🏠Map　P.134外Plot18　Nkonkojeru Terrace
☎(256)702328085、701460014
📧casaugandasafaris@gmail.com
💴ⓈUS$50、ⓌUS$60（朝食付き）、
新しいロッジ。

🅻クロウスネスト・キャンプ・ Crowsnest Camp

🏠Map P.134外　P.O.Box 124　kapchorwa Mbare Rd.
☎0752515389、0772687924
📧thecrowsnets@yahoo.com
💴キャビン4万sh　Ⓓ2万sh　テント1万sh（トイ
レ・シャワー共同、蚊帳・朝軽食付）

少しシビ滝から離れているが小高い丘の北側斜
面に建っているので、滝を見るにはちょうどよ
い。シビ滝のガイドウオーキングは2万
5000sh（シビ滝入場料込み）／人。食事は1食
1万sh程度。全14室75床。

🅡ウィンピー・Wimpy

🏠Map P.134
☎0703602786、0752208818
🕐7:00〜24:00

ケニアのウィンピーとは別。大型の🅡で、メニ
ューにハンバーガーがある。ビール3500sh。
🅷Mt. Elgon Viewの道の反対側にある。🅷も営
業。

🅡ムクワノ・Mukuwano R

🏠Map P.134　🅶Apule Safari Lodgeの向かい
☎077537390
🕐24時間

商店の2階に
あるメニュー
豊富なローカ
ル食堂。ひと
り4000〜
7000shで食
べられる。

ムクワノ・レストランの店内

🅡ヌラリズ・カフェ・Nurali's Cafe

🏠Map P.134　🅷Mt. Elgon View 1階
☎0483-2445562
🕐8:00〜23:00　無休

🅷Mt. Elgon Viewと同じオーナー。インド料理、
アジア料理、イタリアンもある。料理はボリュ
ームがあり、味もよい。ひとり当たりの予算は
6000sh〜。アルコール類も、ビール（ローカ
ル4000sh、外国産5000sh）、ウイスキーカク
テルなど充実。Wi-Fi無料。

🅡タウフィック・Tawfiq R

🏠Map P.134　P.O.Box 583　Cathedral Ave.
🕐24時間

🅡Nurali's cafeと同じビルの1階にある食堂。
明るく清潔で、メニューが豊富。朝食（2500
〜4500sh）、ソーダ（1500sh）、アルコール
はなし。ピラウ（5000sh）がおすすめ。

カセセ
Kasese

コンゴ国境に近く、ルウェンゾリ山地の南東麓に開けた町で、クイーン・エリザベスN.P.やルウェンゾリ登山への起点となっている。付近の町やカンパラとの陸上交通の便はよく、カンパラからのチャーターの航空機が発着する滑走路もある。

市外局番　0483

...Access...

✈ エンテベ～カセセ毎日2便、
🚌 **カンパラへ**：長距離バスは1時間に1本。所要約6時間、3万sh。乗合タクシーもある。3万shカンパラ行きバス（フォート・ポータル経由）最終バスは14:30発。
フォート・ポータルへ：所要約1時間30分、1万sh

歩き方

町なかの見どころはやはりマーケットだ。コンゴからの物資が流れてきている。近年カセセ近辺の治安が急速に改善されており、まだ不安要素の残るコンゴより多くの人々がこの町に商売と買い出しの目的でやってくる。ただし、この地はコンゴのベニへ抜けるルートの中継地だが、コンゴの治安がよくないため、決して安易な気持ちで国境を越えてはならない。

町の郊外には、花々が咲き乱れるゴルフ場や、晴れた日には[H]Margheritaのロビーからルウェンゾリ山地を望むことができる。

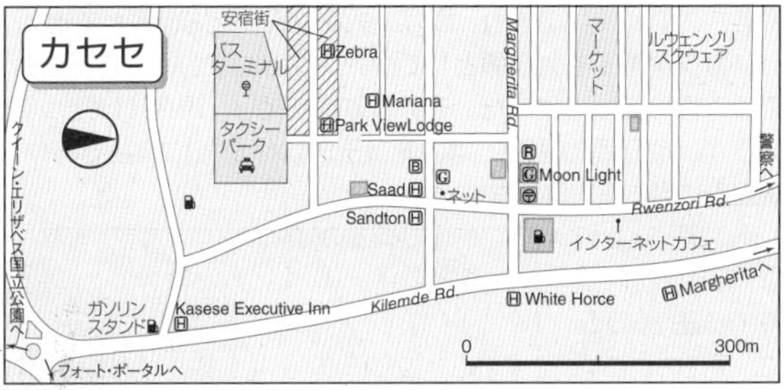

カセセ・マーケット

ホテル

→P.114 日本からの電話のかけ方

[H]マルゲリータ・H Margherita

[住]Map P.137外　P.O.Box 41　Kasese
☎0483-444015、0772695808
[HP]www.hotel-margherita.com
[料]ⓈUS$95　ⓌUS$107　[SU]US$139（エアコン・トイレ・シャワー・朝食付）

町から北西へ約4km離れた丘の中腹にある歴史を感じさせる高級ホテル。テラスからはルウェンゾリ山地の頂が見える。プールバー、[R]、バーあり。Wi-Fi無料。全37室。

ホテル・マルゲリータの玄関

[H]カセセ・エグゼクティブ・イン・Kasese Executive Inn

[住]Map P.137　P.O.Box 72　Kasese
☎0772586394、0754899178
[料]Ⓢ4万sh　Ⓦ5万sh（トイレ・シャワー・朝食付）

オープンしてから10年目だが、まだ新しくきれいな町なかのホテル。スタッフの対応もよい。2階は[R]になっている。ランチ定食（チキン、魚など）8000sh、パッションフルーツジュース1000shなどがある。

フォート・ポータル
Fort Portal

市外局番　0483

...Access...

🚌 **カンパラから**：所要
約5時間、2万sh
カンパラへ：KalitaとLink
バスが1時間に1本。
カセセから：所要約1時間
30分、6000sh

**ピグミー村・ホットス
プリング**
🚕 ブンディブギョ行きの
タクシーで所要約2時間
30分、1万sh
ホットスプリングへは約
20km、車で所要約1時間
30分～2時間30分。車の
チャーターはUS$25／日。
硫黄系のよい温泉だが入
れない。
🎫 US$15（要交渉）
ピグミー村観光事務所で
支払う。事務所から村ま
では往復乗合タクシーか
バイクで1万sh。

トロ王国宮殿
🕐 10:00～17:00
🎫 無料だが心付けは必要。
目安は5000sh／人
🚶 町から南西方向に歩い
て約20分の丘にある（小
高いので町から見える）。

ルウェンゾリ山地の東北端の高原に位置し、かつてはト
ロ王国の首都であった静かな町である。現在はピグミー村
やホットスプリング、チンパンジーが見られるキバレ・フ
ォレストN.P.やマーチソンフォールズN.P.へのベースとな
っている。ピグミー村へはブンディブギョ Bundibugyo
行きのタクシーで行ける。ホットスプリングはその少し手
前にある。ここへの道からの景色は壮観である。

見どころ

今も残る王国のシンボル
トロ王国宮殿　Palace ot King Tooro

かつてこの地を根拠地にし、現在のタンザニア北西部にかけて
強大な王国をつくったトロ王国の首都がおかれており、トロ王が君
臨していた。ブガンダ王国と現在のウガンダの地の覇権を争って
いたこともあったが、イギリスの保護国になってからは、イギリス
領東アフリカに組み込まれ、ウガンダの一部として統治されてきた。

ブガンダ国王を大統領としてウガンダが独立し、トロ王国も
その政権の支配に従った。その後政権交代し、現在にいたって
いるが、地元民の意識では、トロ王国はいまだに健在であり、
現国王に当たる方は留学中とか。

トロ王の宮殿
は円形の近代建
築で、王宮の丘
に、そびえてい

る。王国時代の主要建築物は市内に点在する。そのひとつに歴代のトロ王をはじめとする王族の墓地があり、公開されている。

近年、亡くなったカボヨ王の墓を中心に、3代の王の墓が並び、付近は王族の墓園となっている。宮殿から連絡してもらうと、世襲制の墓守が国王墓の鍵を開けてくれる。

トロ王国新宮殿

Kabarole Tours&Safari
住Map P.138左　Plot 1 Molidina St.
☎0483-422183、0774057390、0712323699
e ktours@infocom.co.ug
H www.kabaroletours.com
フォート・ポータルから、ピグミー村、キバレ・フォレストN.P.やセムリキN.P.への旅行を手配可。

ホテル

→P.114 日本からの電話のかけ方

H ルウェンゾリ・ビュー・Ruwenzori View

住Map.138左外　P.O.Box 709　Lower Kakiiza Rd.
☎0772722102、0483-422102
e ruwview@gmail.com　H ruwenzoriview.com
料 S13万5000sh　D19万5000sh（蚊帳・エアコン・トイレ・シャワー・朝食付）

各部屋に庭に面したベランダがあり、日の出とともにさえずる鳥の声で目覚められる。地元の工芸品が並ぶラウンジは、宿泊客同士が交流できるスペースとなっている。町なかからはタクシーで約1万sh、バイクタクシーで2000sh。Wi-Fiはフロントとベランダでのみ利用可（無料）。全7室。

H ウーデン・Wooden H

住Map P.138左　P.O.Box 560 Plot4 Kyebambe Rd.
☎0483-322560、0782331748
料 S1万6000sh　W2万1000sh（トイレ・バスタブ付）

町の中心部で最も大きい中級ホテル。部屋は広く清潔。Rはない。全16室。

H ニュー・リンダ・ロッジ・New Linda Lodge

住Map P.138左　P.O.Box 253 Plot15 Balya Rd.
☎0777054903、0785524601
料 S1万2000sh　W1万7000sh（トイレ・水シャワー共同）

やや古いが町の中心地にあり、便利。Rあり、安くておいしい。朝食のカトゴ（2500sh）がおすすめ。ランチ

自然と人が集まってくるニュー・リンダ・ロッジ・ホテル

は4000〜5000sh。シャワーは水シャワーのみ。全17室。

H マウンテンズ・オブ・ザ・ムーン・Mountains of the Moon

住Map P.138左外　P.O.Box 36 Plot 4 Nyaika Ave.
☎0483-423200、0775557840　FAX0483-422631
料 S US$100　W US$130　S US$170（トイレ・シャワー・朝食付）
カード A J M V

フォート・ポータルで最高級のホテル。庭が広く美しい。Wi-Fi無料。全33室。

テラスも気持ちがよい

H ルウェンゾリ・トラベラーズ・イン・Rwenzori Travellers Inn

住Map P.138左
☎0483-422075、0712400570
H www.rwenzoritravellersinn.com
料 S4万1000sh　W5万2000sh　S9万7000sh（トイレ・シャワー・朝食付）

H New Linda Lodgeの正面にあり、町なかでは人気のホテル。バー、Rも充実。全22室。

カバレ
Kabale

カバレ
☆

市外局番　048

...Access...

🚌**カンバラから:**ゲイト
ウェイバス、ジャセイコ
ーチ (Jussy Coach) から、
毎日10:00、21:00発。
所要約7時間、3万〜5万
sh

ウガンダ西部の町でルワンダやタンザニアへの交通の要
所であり、交易の拠点のひとつともなっている。しかし、
旅行者にとっては、この町の郊外に広がる、ウガンダのス
イスことブニョニ湖がその静寂さと清潔さを保った美しさ
で有名であり、格好の避暑地としても知られている。

美しいブニョニ湖は避暑地となっている

  ## 歩き方と見どころ

町の中心のロータリーは交易の町にふさわしく、交通の
拠点である長距離バスの発着点にもなっている。この周辺
に安宿が集中しているほか、ブニョニ湖行きの乗合タクシ
ーも発着する。

ブニョニ湖
🚕乗合タクシーで、カバ
レの町なかから所要約20
〜30分。約2万sh

静寂と清潔を兼ね備えた避暑地
ブニョニ湖 Lake Bunyonyi

ブニョニ湖はルワンダ国境近く、付近の山の噴火によってせ
き止められた湖で、水深が44mと東アフリカで2番目に深い。
水温は低く、水はあくまでも透明で澄み、生物が生息していな
いといわれている。
ヨーロッパ人には
ウガンダのスイス
と呼ばれ、標高が
1962mと高いため、
避暑地として扱わ
れている。
29の小島が点在
し、これらを回る遊
覧船もある。なかで

※隣の島にアカンベニ島
から助け出された娘さん
が生存している。

悲しい話のあるアカンベニ島

もアカンペニAkampeni島は娘を捨てた島として悲しい伝説をもっている。結納の牛をもらわずに子をはらんでしまった女性たちがこの島に捨てられ、60名ほどがこの島で死ん

だとされている。この島は湖の水位が上がれば低い島で、今はウの生息地となっている。捨てられた娘たちのなかにはこっそり島から抜け出して別の村に逃げ込み生き延びたという話があるのが救いだ※。

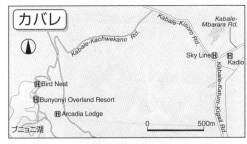

→P.114 日本からの電話のかけ方

H スカイ・ライン・Sky Line H

住MAP P.141　P.O.Box 78 Kabale-Kisoro Rd.　Kabale
☎048-6422772
料Ⓢ Ⓦ2万～2万5000sh／室（トイレ・シャワー共同）Ⓦ2万sh／人（トイレ・シャワー付）

町の中心部のロータリー付近の安宿。朝食なし。入口の食堂は11:00～24:00の間、利用できる。ビュッフェスタイル2万sh。すべての支払いは現金のみ。USドル、ポンド、ルワンダ・フラン、ウガンダ・シリング可。給湯24時間。全7室

H カディオ・Kadio H

住MAP P.141　Kabale-Mbarara Rd.　Kabale
☎0759600668、07728346373、0701846373
料Ⓢ1万5000sh（トイレ・シャワー共同）Ⓦ3万sh（トイレ・シャワー付）

町の中心部のロータリーより、Kabale-Mbarara Rd.を北東へ数十mの所にある安宿。支払いはUSドルとウガンダ・シリングの現金のみ。給湯24時間。全21室。

H バード・ネスト・Bird Nest H

住MAP P.141　Bunyonyi Kabale
☎0754252560、0776252560
Ⓔreservations@birdnestresort.com
Ⓟwww.birdnestatbunyonyi.com
料ⓈUS$140～160　ⓌUS$170～180　ⒻUS$210～235（トイレ・シャワー・2食付）コテージUS$75～95（トイレ・シャワー付、レストランでの朝食・夕食付US$25～30、2食付US$40～45加算）
カードⒶⒹⓋ（支払い時5%加算）

ブニョニ湖岸に面したアミン元大統領の別荘のホテル。

アミン元大統領の別荘に宿泊できる

対岸にコテージあり。客は船で送迎あり（無料）。通電、給湯24時間。Wi-Fi無料。全16室＋コテージ10室。

H ブニョニ・オーバーランド・リゾート・Bunyoni Overland Resort

住MAP P.141　Bunyonyi P.O.B.ox710 Kabale
☎0793930006、0772409510、0712409510
FAX 048-6423074
Ⓔresort@bunyonioverland.com
Ⓟwww.bunyonyioverland.com
料ⓈUS$35　ⓌUS$40（トイレ・シャワー共同）Ⓦ US$60（トイレ・シャワー付）コテージUS$120／室（1室4人まで。トイレ・シャワー付）

ブニョニ湖岸に建つリーズナブルな価格のリゾート。貸テントUS$ 14もある。湖巡りツアーもやっている（有料）。通電、給湯24時間。Wi-Fi無料。全50室。朝食US$5／人。

湖畔のコテージ

H アルカディア・ロッジ・Arcadia Lodge

住MAP P.141　Bunyonyi Kabale
☎0701999912、0772727995
Ⓟwww.arcadialodges.com/lake-bunyonyi.html
料US$125（トイレ・シャワー・2食付）
カードⒶⓂⓋ（支払い時5%加算）

ブニョニ湖に面した高台に建つコテージのホテル。見晴らしがよい。通電、給湯24時間。Wi-Fi無料。全21室。

巨大な角のアンコーレウシの里を訪ねて

アンコーレウシの群れに合うと圧倒される。角の中はほぼ空洞でそう重くない

1mを超す巨大な角をもつアンコーレウシが多数飼育されているのはウガンダ西部のムバララだ。このあたりにはかつて普通にみられた種類だが、イギリスの植民地時代にヨーロッパ種の牛との混血が進み、今では純粋なアンコーレウシはこの周辺に住むアンコーレ族が飼育しているものに限られてきてしまった。アンコーレ族はこの牛を権威のシンボルとして飼育していて、牛の乳は搾乳するが屠殺して肉を食べる習慣はない。例外的に牛の持ち主が亡くなった際に、葬儀に供されることがあるだけとされている。何十頭もの巨大な角をもつアンコーレウシが放牧されている様は圧倒的である。この牛はオスもメスも巨大な角をもち、なかには直径20cm、長さ1.3mに達する角をもつ個体も存在する。しかしこの牛は非常に大人しく、よく人になれた群れの場合、見物客が触ることさえできる。この角を用いた工芸品もあり、ウガンダのよいみやげとなるだろう。

Access ムバララへの行き方
カンバラから：ムバララ行乗合タクシーで終点下車、所要約3時間。5万sh
🏨イゴンゴ・カントリー・Igongo Country H
🏠P.O.Box 512 Mbarara
☎0392-722828～9
📧info@igongo.co.ug 🌐www.igongo.co.ug
💰ⓈUS$100～ ⓌUS$120～（トイレ・シャワー・朝食付）

3階建ての本館と7軒のコテージからなり、本館はすべてデラックススイート。コテージは各地域の旧王国名がつけられている。この地方の文化と歴史を紹介する博物館を併設する。また、アンコーレウシの群れの見学も斡旋（有料）。ムブロ湖国立公園へも便利。通電、給湯24時間。Wi-Fi無料。全52室。

🏨イゴンゴ・カントリーは町いちばんのホテルであり、アンコーレの文化保存に力を入れている

○サウスウエスティン・ウガンダ博物館 Museum of Southwestern UGANDA
💰2万sh（宿泊客は無料）

上記ホテルの敷地に建つ博物館で、小規模だが展示が非常に見やすい。展示内容はウガンダ西部からルワンダにかけての歴史と民族の生活紹介。説明はすべて英文で、日本語通訳がいると理解が進むであろう。

博物館前の巨大なアンコーレウシの像はかつて戦の発端となった牛をモデルにしている。構内にはこの付近に住む各民族の住居も復元され、住居群の前の舞台では伝統的な舞踊が披露される。また構内にはレストランもあり伝統食も提供している。

博物館の裏手の小部屋のジオラマに置かれた数体の女性像は、かつてのこの地方を治めていた女王を示している。戦いで国王をはじめ男性がほとんど殺されたため国王の妻が女王となり、女性を兵士として戦った結果国を守ったという伝承をもとにしている。この女王のヘアスタイルがラスターと呼ばれ、これをまねた人間がカリブ海を渡り、彼らがアフリカ帰還運動によりエチオピアに移住し、そこでラスタ村を作っているという解説がされている（→P.183「シシャマネ」）。

展示はとてもすっきりし、見やすい

サウスウエスティン・ウガンダ博物館と前庭の巨大なアンコーレウシの像

エチオピア

Ethiopia

ジェネラルインフォメーション

エチオピアの基本情報

▶旅の言葉→ P.387

国 旗
上から緑、黄、赤の順に並ぶ。緑は労働と肥沃な土地、発展を、黄は希望と正義を、赤は平等と自由のために犠牲になった人々と勇気をそれぞれ表す。紋章中央の青い円は平和を、星は民族の融和を意味する。

正式国名
エチオピア連邦民主共和国
Federal Democratic Republic of Ethiopia

国 歌
親愛なる聖エチオピア
March Forward, Dear Mother Ethiopia

面 積
約 109.7 万 km²（日本の約 3 倍）

人 口
約 1 億 500 万人（2017 年国連人口部）

首 都
アディスアベバ（Addis Ababa）
人口約 327 万人

元 首
サハルウオルク・ゼウデ（Sahlework Zlwde）大統領（2019 年 6 月現在）

政 体
連邦国家は 9 つの自治州とふたつの行政州からなる。最高権威とされる人民代表評議会と各民族を代表する連邦評議会の二院制議会。

民族構成
セム系のアムハラ族やティグライ族など、クシ系のオロモ族やソマリ族など、オモ系のムルシ族やハマル族ほか、83 の民族で構成される。

最大はオロモ族で、アムハラ族やティグライ族はそれに準ずる。

宗 教
キリスト教徒とイスラム教徒がほぼ人口を二分して共存している。そのほか、ユダヤ教徒や伝統宗教も残る。キリスト教徒の大多数はエチオピア正教徒である。

言 語
独自の文字をもつアムハラ語（Amharic）が公用語で、英語が通じる所は観光施設以外ではあまりない。州ごとに公用語が決められているほか、各民族が固有の言語をもつ。主要言語はアムハラ語のほかティグリニャ語（Tigrigna）、オロモ語（Oromigna）。

祝祭日（おもな祝祭日）

年によって異なる移動祝祭日（※印）に注意。

1月	1/1		新年	
	1/3 ('17)	※	預言者ムハンマド生誕記念日	
	1/7		エチオピアンクリスマス	
	1/20 ('17)		ティムカット（公現日）	
3月	3/2		アドワ勝利記念日	
4月	4/14 ('17)	※	グッドフライデー	
	4/17 ('17)	※	イースター	
5月	5/1		労働記念日	
	5/5		愛国者勝利の日	
	5/28		デルグ政権打倒記念日	
6月	6/26 ('17)	※	ラマダン明け	イスラム教
9月	9/11		元旦（エチオピア歴）	
	9/13 ('16)		犠牲祭	イスラム教
	9/27	※	真実のクロスを発見した日	

電話のかけ方

▶通信事情→ P.336

日本からエチオピアへかける場合　　例 アディスアベバ（011）の 3456789 へかける場合

国際電話会社の番号		国際電話識別番号	エチオピアの国番号	市外局番（頭の0は取る）	相手先の電話番号
001（KDDI）※1	+	**010**	**251**	**11**	**3456789**
0033（NTTコミュニケーションズ）※1					
0061（ソフトバンク）※1					
005345（au携帯）※2					
009130（NTTドコモ携帯）※3					
0046（ソフトバンク携帯）※4					

※ 1 『マイライン』の国際通話区分に登録した場合は、国際電話会社の番号は不要。詳細は Ⓗ www.myline.org/
※ 2 au からは、005345 をダイヤルしなくてもかけられる。
※ 3 NTT ドコモを事前に WORLD WING に登録が必要。009130 をダイヤルしなくてもかけられる。
※ 4 ソフトバンクは 0046 をダイヤルしなくてもかけられる。
※ 携帯電話の 3 キャリアは「0」を長押しして「+」を表示し、続けて国番号からダイヤルしてもかけられる。

通貨と
為替レート

▶通貨、両替の知識
→P.329

▶旅の予算
→P.332

　単位はエチオピア・ブル（Birr、略号 B）、サンチューム（Santiom、略号 C。セント Cents とも呼ぶ）。1 ブルは 100 サンチューム。紙幣は 1B、5B、10B、50B、100B。コインは 1C、5C、10C、25C、50C、1B。

　外国の紙幣、クレジットカードを使っての両替が全国的に可能。

　外国の通貨の両替は US ドル、ユーロ、日本円、英国ポンド、スイスフランが可能。クレジットカードは首都の主要ホテルなどで使用可能。

　両替は認可されている銀行、ホテルで。主要都市以外の銀行では外貨からエチオピア・ブルに両替できない場所がある。

　100B 札は地方ではおつりがないために使えないことがある。50B 札か 10B 札に崩しておくとよい。

　また、少数民族の写真を撮る人は 5 ～ 10B 札を大量に用意しておくとよい。

為替レート
1 ブル（B）＝約 3.4 円
US$1 ＝約 29.01B（2019 年 7 月 1 日現在）

1B　　　　**5B**　　　　**10B**　　　　**50B**

1C　　**5C**　　**10C**　　**25C**　　**50C**　　**1B**　　**100B**

ビジネスアワー

　一般的な営業時間の目安。店舗によって 30 分～ 1 時間前後の違いがある。

官　庁
8:30 ～ 12:30・13:30 ～ 17:30（月～木曜）、8:30 ～ 11:30・13:30 ～ 17:30（金曜）

国営銀行
8:00 ～ 12:30・13:30 ～ 17:30 （月～木、土曜）、8:00 ～ 11:30・13:30 ～ 17:30（金曜）

民間銀行
8:00 ～ 12:30・13:30 ～ 17:00（月～金曜）、8:00 ～ 12:30・13:30 ～ 16:00（土曜）

一般商店
9:00 ～ 20:00 （月～土曜）

電気&ビデオ

電圧とプラグ
　電圧は 220V で、周波数は交流 50Hz。プラグは C タイプが一般的だが BF タイプも使われている。日本国内の電化製品はそのままでは使えないことが、多く変圧器が必要。

ビデオ、DVD 方式
　エチオピアのテレビ、ビデオ方式（PAL）は日本（NTSC）と異なる PAL 方式なので、一般的な日本国内用ビデオデッキでは再生できない。DVD ソフトは地域コード Region Code が日本と同じ「2」と表示されていれば、DVD 内蔵パソコンでは通常 PAL 出力対応なので再生できるが、一般的な DVD プレーヤーでは再生できない。（PAL 対応機種なら可）。

エチオピアから日本（東京）へかける場合　　**例** (03) 1234-5678 または (090) 1234-5678 へかける場合

※ホテルの部屋からは外線につながる番号を頭に付ける

| 国際電話識別番号 00 ※ | ＋ | 日本の国番号 81 | ＋ | 市外局番と携帯電話の最初の 0 を除いた番号 3 | ＋ | 相手先の電話番号 1234-5678 |

▶**エチオピア国内電話**　市外はもちろん同一市内からかける場合も、市外局番からかけること。全土の電話番号システムが変更中のため注意。

チップ

チップの習慣が定着した。

ホテル
　高級ホテルで荷物を運んでもらったときなど1個30〜50B。

レストラン
　高級レストランなどで料金に含まれていない場合は料金の5〜10%。食堂などでも小銭や5Bぐらいは置く。

ガイド
　料金が決まっていない場合は100〜500B。

ドライバー
　車をチャーターした場合は1日100〜300B。

飲料水

ミネラルウオーターを飲むこと。氷も避ける。うがいもミネラルウオーターで。ガス入りミネラルウオーターがAmboの名で普及している。

度量衡

日本の度量衡と同じで距離はメートル法。重さはグラム、液体はリットル単位。

気候

▶旅の準備と道具
→P.323

　地域により時期は異なるが中央部では乾季が10月〜3月に、大雨季が6月〜9月、小雨季が3月〜5月にかけてある。

　東部から南部は海抜1000m以下だが、その他は海抜1500m以上で、平均気温は20〜25℃と高地のため涼しい。

アディスアベバと東京の平均気温と降水量

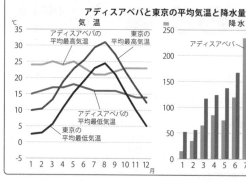
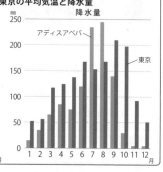

日本からのフライト時間

▶東アフリカへの道
→P.310

　日本からエチオピア航空が直通便を出している（ソウル経由、ソウルで保安検査のため、いったん手荷物をすべて持ったうえで機体を降り、保安検査後々機体に乗り込む。）。成田国際空港や関西国際空港から全日空、エミレーツ航空などが、乗り継ぎでアディスアベバへ着く便を運航している。総飛行時間は約15時間50分〜。

時差とサマータイム

　GMT＋3時間。日本より6時間遅れ。エチオピアではおもに独特の12時間制のエチオピア時間が使われている。エチオピア時間は、日本の感覚とは大きく異なる。

　まず始めのサイクルは日の出（6:00）を時間の出発とし、7:00を「1:00」とする。「12:00」（日本でいう18:00）がこのサイクルの終わり。2番目のサイクルは18:00が「0:00」となってスタート、翌朝6:00の「12:00」に終わる。

　バスの時刻を尋ねたりするときや待ち合わせをするときは、エチオピア時間なのかヨーロッパ時間（インターナショナル時間）なのかを必ず確認しよう。

　サマータイムは採用されていない。

日本までは、はがき 11B、封書 11B
〜。アディスアベバからなら約 10 日
で日本に届く。
　小包はアディスアベバの中央郵便局
から送れる。航空小包は 2 〜 3kg で
13.75B。小包用の専用ダンボールもそ
こで売られている。EMS は早くて便利。

▶ 通信事情
　→ P.336

年齢制限

　旅行者に対する喫煙、
飲酒、車の運転に関す
る年齢制限は特には設
けられていない。

TAX

　スーパー、市場以外の商店、各種サー
ビス、ホテルやレストランの利用には
15% の付加価値税（VAT）がかかる。
出国に際して税金払い戻し制度はない。

　2016 年 6 月現在、エリトリアおよ
びソマリアとの国境地帯、ジジカ市お
よびゴデ市を除くソマリ州に、退避勧
告、渡航中止勧告が発布されている。
そのほか渡航の是非を検討するよう勧
告されている地方も多く、全土にわ
たって安全に十分注意を払うよう注意
喚起されている。
　「外務省海外安全ホームページ」な
どでの事前の情報収集と現地での注意
が必要。特にジンカ以南のソマリアと
ケニア国境約 20km 近くは危険である。
2015 年 12 月には、マルカート地区の
モスクにおいて、手榴弾による爆破事
件が発生している。また、外国人をター
ゲットにした首絞め強盗、スリ、ひっ
たくり、置き引き、詐欺などの一般犯
罪も年々増加している。加えて、アディ
スアベバ市を囲む形で隣接するオロミ
ア州においては、最近、頻繁に現地住
民による暴動が発生し、暴動に遭遇し
たＮＧＯ、援助機関関係者などが被害
に遭う事件も発生している。常に警戒
を緩めず、最新情報を入手し、十分注
意すること。
　健康の留意点としては、東部と南部
を除き高地のため酸素が希薄なので、
高山病の症状が現れることもある。食
べ物は加熱したものを食べ、現地で食
べられている生肉は寄生虫や感染症の
恐れがあるので食べないこと。またエ
イズの感染者が多く現地での性的接触
は危険をともなう。

▶ 旅の安全情報
　→ P.348

警察 991　交通 945　救急 907　消防 939

ビザとパスポート
　ビザが必要。観光目的の場合、申請
に応じ 1 ヵ月間有効のシングル・観光ビ
ザ、または 3 ヵ月間有効のマルティプル・
観光ビザが発行される。最低 6 ヵ月の
パスポートの残存有効期間と 2 ページ
以上のビザ用ページが必要。アライバ
ルビザは入国時に空港でも取得（US$50）
できる。イミグレーションのビザセクショ
ンが閉まっていることもあるので日本で
取得していくほうがよい。※

入出国
　入国の際、機内で配られた入国カー
ドに事前に記入し、イミグレーションへ。
パスポートチェックのカウンターの前で
も入国カードは入手可能。
　出国の際、出国税の US$20 は航空券
に含まれているため、別払いは不要。エ
チオピア航空利用の場合は、念のため 72
時間前までにリコンファームをすること。

持ち込みおよび持ち出し制限＆検疫
　外貨の持ち込みおよび持ち出しの上
限額 US＄3000 以上の場合は申告が必
要。また現地通貨は 200B 以上は持ち
出せない。
　免税持ち込み品の範囲は、アルコー
ル類 2 ℓ、香水 2 本、たばこ 200 本ま
たは葉巻 50 本または手巻き用の葉半パ
ウンドである。
　500B 以下のみやげ物は持ち出し可。
骨董品、美術品、イコン、手書きの聖
書は領収書を提示させられる場合があ
るので捨てないように。
　香辛料のバルバリは機内持ち込み禁
止なので、受託手荷物の中に。

イエローカード
　黄熱病の汚染地域に滞在してから入
国する場合、予防接種証明書（イエロー
カード）の提示が求められることがあ
る。黄熱病の予防注射は必須でマラリ
アの予防薬服用が望ましい。

▶ 出発までの手続き
　→ P.312

▶ 入出国と税関
　→ P.317

※オンラインビザの
　申請・取得も可。

アディスアベバ
Addis Ababa

市外局番　011

日本大使館
㊟Map P.150:2-C
P.O.Box 5650 Addis
Ababa
Kirkose Kifle Ketema k.
19 H. No. 653
☎011-5511088
FAX011-5511350

空港内観光案内所
Airport Tourism Info
Center
㊟ボレ国際空港内

観光案内所
㊟Map P.150:2-B　マ
スカル（アビオット）広場
北側
☎011-5512310/5540
275
㊟8:30～12:30・13:30
～17:30（月～木曜）、
8:30～11:30・13:30～
17:30（金曜）　土・日曜休
町の地図や主要都市のパ
ンフレットがある。隣は
政府系のみやげ物屋。

　アムハラ語でアディスは「新しい」、アベバは「花」を意味する。新しい花という名前をもつエチオピアの首都アディスアベバはメネリク2世の妻、タイトゥ皇后により命名された。1891年にはメネリク2世もこの地に腰を落ち着けたとされる。ハイレ・セラシエ皇帝はここに近代的な官庁やメネリク2世の銅像、またLion of Judahという大きなライオンの石像を建てた。1958年にはECA（国連アフリカ経済委員会）の本部が、1963年には現AU（アフリカ連合）の本部がおかれた。

　人口は周囲も含めると約400万人、都市部の標高は2300～2500mだが、近郊のエントット山は約3000m。気温は平均20℃くらい。日中の日差しは強いが日陰に入れば涼しい。高地のため空気が薄く、走ると息切れや頭痛の症状が出ることもあるので注意。この町の雰囲気はアフリカの他国の都市とは異なる。道行く人々は礼儀正しく控えめで、アフリカ特有の陽気さや騒がしさとは無縁である。アディスアベバの中心地にはビルが建ち並び、市街地を取り囲む高速道路やトラム（路面電車）も開通し、車も人も多い。周辺には羊やヤギの群れが行き交い、都市と田舎が隣接している。親日家も多く、日本人を見ると演歌をかけて歓迎してくれる店もあるほど。

トラム（路面電車）が開通した

どんどんビルが建てられている

見どころ

対イタリア戦勝利の記念
聖ギオルギス教会 St. George Church

エチオピア正教の守護聖人、聖ギオルギスにささげられた教会。八角形の外観で、内部は3重構造になっている。1896年、時の皇帝メネリク2世が対イタリア戦（アドワ戦争）での勝利を記念して建立した。1930年、ハイレ・セラシエ皇帝はこの教会で即位した。

別棟の鐘楼をもつ教会は聖ギオルギス教会博物館となっていて別料金が必要。ハイレ・セラシエ皇帝の王冠、衣装や傘などのほかエチオピアを代表する画家、アフウォルク・タクレの作品が展示される。鐘楼の上まで上れるが階段の手すりがなく少々危険。

聖ギオルギス教会

聖ギオルギス教会
住 Map P.150:1-B
☎ 011-1566370
開 9:00～12:00・14:00～18:00
料 50B
教会内部は、脱帽、靴を脱ぐこと。この教会は内部のフラッシュ撮影可。

聖ギオルギス教会博物館
住 上記教会内
☎ 011-1576143
開 9:00～12:00・14:00～17:00
料 50B

外国人向き旅行会社 Travel Ethiopia
住 Map P.150:2-B
H National内
☎ 011-5508870
FAX 011-8810200
e travelethiopia@ethiopianet.et
HP www.travelethiopia.com
外国人観光客手配経験が豊富な大手旅行会社。英語可。

エチオピア　アディスアベバ

...Access...

✈ **国際線**：日本の成田空港との直通便が週4便ある。その他主要国との間に定期便がある。
国内線：主要都市間に定期便がある。
○**空港から市内へ**：黄色の政府系タクシーと青色の個人タクシーが待っている。安全面では政府系タクシーがよいが、個人タクシーのほうが安い。市内なら政府系タクシーは200～400B、個人タクシーは150～200B。両者とも最初は倍くらいふっかけてくるので要交渉。また、空港敷地内から出て市内に向かって500mほど歩いた所の高架下にミニバスターミナルがあり、市内の主要地域には行くことができる。料金約10B。
🚌 **長距離バス**：バスターミナル Autobus Teraはマルカート北東側（Map P.150:1-A）にある。ここからのバスは、すべて毎朝5:30発。ラリベラ、アスクム方面は、北部バスターミナルより出発。
ラリベラへ：所要約2日、180B
ゴンダールへ：所要約2日、226B
バハルダールへ：所要約1日、172B
アクスムへ：所要約2日半、321B
ハラール、ディレ・ダワへ：所要10時間、161B
アルバ・ミンチへ：所要約10時間、139B
ジンカへ：所要約2日、224B

ジンマへ：所要約8時間、106B
ガンベラへ：所要約2日、251B

バスターミナル周辺にはミニバスも待機しており、各地に向かう。料金は大型バスより高めだが、所要時間は短め。

またアワサ（84B）、シャシャマネ（77B）など南部方面へのバスは、早朝発以外は市内中心部より南に約16kmのアカキ Akakiから出る。アカキへは、市内のラガール周辺のバスターミナルよりバス、ミニバスで約40分、料金10B程度。

さらに、高級バスであるSelam BusとSky Busが、マスカル（アビオット）広場（Map P.150:2-B）から主要都市に向けて毎朝5:00～6:00に出発している。行き先、スケジュール、値段などはホームページで確認できる。なお所要時間はかなり短めに設定されていて、実際7時間かかるジンマへは5時間などと表示されているので注意。
Selam Bus: HP www.selambus.com/selam
Sky Bus: HP skybusethiopia.com/site

🚃 中国の技術で作られたトラム（路面電車）が2路線開通。切符は各駅入口で購入（2～15B）。（詳細は→P.324）

🚂 ディレ・ダワへ：2016年新線が開通。
●ジブチへの国際列車はアディスアベバ郊外の駅より発着。
●要事前予約。

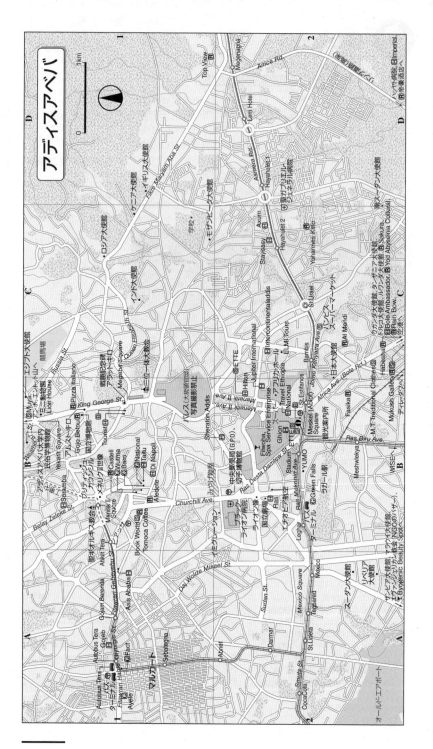

アディスアベバ

何でも揃う、まさに迷宮の市場
マルカート Merkato

東アフリカでいちばんの規模を誇る大市場といわれている。名の由来はイタリア占領時代のメルカート（市場）からきている。セクションごとに布地、伝統民具、香辛料、生活用品、食料、果物、電化製品、武器からラクダなどに分かれ、ここにないものはないといわれる。空き缶や空き瓶、廃品も扱っていてリサイクルのよい見本となっている。物々交換もOKである。

かつては人と車とロバと物であふれかえり、あまりに広く、道が迷路状態なので、外国人観光客がひとりで紛れ込んだら自力では出てこられないともいわれていた。現在は新しいビルが建ち、店がテナントとして入居しだしたのでかつてのような迷路状態ではなくなったが、観光ガイドか現地をよく知っているエチオピア人と行くことをすすめる。北東側に長距離バスのターミナルAutobus Teraがある。

マーケットのビルも建っている

アフリカ政治経済機構のビル
アフリカ・ホール Africa Hall

ECA（アフリカ経済委員会）とAU（アフリカ連合）の本部。国際会議がよく開かれる。会議場入口のステンドグラスはエチオピアの有名な画家、アフウォルク・タクレの作品。

エチオピアの外交のシンボル

アディスアベバの銀座
ピアッサ Piazza

イタリア語でPiazza（広場）の意味で、イタリア占領時の建物も残る繁華街。貴金属店や高級品店が集まり、付近にはレストランやホテルが集中している。こことChurchill Ave.が繁華街である。

ピアッサにはみやげ物屋も多い

マルカート
住Map P.150:1-A
開日の出から日没まで。日曜は多くの店が閉まる。

スリに注意
マルカートにはスリも多いのでパスポートやチケット、お金などの貴重品はしっかりとしまっておく。住所や名前を聞かれても安易に教えないこと。物乞いには1BほどでOK。靴磨きは5B〜。貨幣価値のギャップに注意。

アフリカ・ホール
住Map P.150:2-B
2012年に中国の援助で新ホールが完成した。

NGOのバザー
住Map P.150:2-A外
エヴァンジェリカン教会内（メキシコスクエアからオールド・エアポートに向かう途中右側）
開毎月最後の土曜。（大雨季の6〜9月は変則的になる）
30以上のNGOが出店する。一般のみやげ物屋では見られないものが多い。
交メキシコスクエアからガブリエルチャーチ行きのミニバスでエヴァンジェリカンチャーチ下車。

写真撮影禁止に注意！
政府や軍関係の建物など。

ピアッサ
住Map P.150:1-B

エチオピア　アディスアベバ

三位一体大教会
住Map P.150:1-B
開8:30~17:30
無休
料200B
教会の入場券は、門に入ってすぐ左手にある平屋の建物で購入する。ハイレ・セラシエ皇帝と妻の墓の拝観には入場料とは別に心付けが必要。

ハイレ・セラシエ皇帝
1892~1974年。在位1930~1974年。1974年のクーデターで逮捕された直後に暗殺された。享年82。

●写真撮影禁止
三位一体大教会の門の手前すぐ右側は政府の建物で警戒が厳重。決して右側にカメラを向けてはいけない。向けただけで、カメラを没収される。

国立博物館
住Map P.150:1-B　アムスト・キロ（5kmの意）にある。
☎011-8503137
開8:30~17:30　無休
料20B

アディスアベバ大学内民俗学博物館
住Map P.150:1-B　セデスト・キロ（6kmの意）内
☎011-5551620
開8:30~12:00・13:00~17:00（月~木曜）、8:30~11:30・13:30~16:30（金曜）、10:00~17:00（土・日曜）祝日休
料100B。学生50B
みやげ物屋も内部に併設。

切手博物館
住Map P.150:2-B　中央郵便局内
開9:00~12:30・14:00~17:30（月~土曜）日曜休
料50B（学生無料）

エチオピアで最も大きい教会
三位一体大教会 Trinity Church

三位一体大教会の正面

　ハイレ・セラシエ皇帝により、第2次世界大戦直前の対イタリア戦勝利を記念し、1941年に建立された教会で、庭にはイタリアに抵抗した聖職者や英雄の記念碑や墓が並ぶ。また2001年よりハイレ・セラシエ皇帝と妻マナンの墓が内部に安置され、ガイドや内部にいる聖職者に頼めば拝観できる。ハイレ・セラシエ皇帝の亡骸は独裁者メンギツにより地下に隠されていたが、1991年の社会主義政権崩壊の際に発見され、2001年にこの教会内に移された。妻の墓も隣にある。

ルーシーのレプリカに合える
国立博物館 National Museum

ルーシーのレプリカ

　屋外には石造の資料が、1階には自然科学や人類学、考古学的資料などが展示されている。2階は美術品、地階には民俗学的資料の展示。ハダルで発見された350万年前の二足歩行の原人（俗称ルーシー）の化石のレプリカもある。

ハイレ・セラシエ皇帝の宮殿だった
アディスアベバ大学内民俗学博物館
Ethnographic Museum, Institute of Ethiopian Studies

　アディスアベバ大学メインキャンパス内のエチオピア研究所にある博物館。セデスト・キロ博物館ともいう。かつてハイレ・セラシエ皇帝の宮殿であった建物で、皇帝の寝台やトイレなども公開されている。1階は各民族の民具や衣装、2階は楽器、絵画、宗教画、十字架、コーランなどの展示。

見ごたえのある展示が並ぶ

貧困に苦しむ女性を救うNGO

ワイズ [WISE]

女性の自立を支援するNGOで、正式名称はOrganization for Women in Self Employment。貧困に苦しむエチオピアの女性に対し、女性の体の保護と権利向上についての教育、職業訓練などを行っている。見学も可能。

自立しようとがんばる女性たち

WISE
[住]Map P.150:2-B外 P.O.Box 19933
☎011-4423594
[開]8:00~17:00
[休]土・日曜（事前に連絡すれば可）
[HP]www.wise.org.et

アディスアベバ全景が見渡せる

エントット山 [Mt. Entoto]

頂上は海抜3000mほどの山。展望台までミニバス、あるいは車で入れるが道はあまりよくない。頂上からアディスアベバを一望できる。早朝などは寒いので長袖を持っていくとよい。山腹はユーカリの森となっている。これは19世紀末にメネリク2世が植林のためオーストラリアから移植したもの。風土に合ったためうっそうとした森になり、住民の燃料や建築素材として利用されている。朝方には薪を頭に載せたり背負った女性や子供が坂を下る姿を見かける。彼女たちは薪の運搬で僅かな労賃を稼いでいるという。この薪はアディスアベバ市街地のマーケットで燃料として売られている。

エントット山
[住]Map P.150:1-B 外
[交]アラット・キロからシュロメダ行きミニバスで終点下車。そこからマリアムチャーチ行きミニバスでエントット山のふもとの小学校で下車。その付近から登山道を登る。終点のマリアムチャーチ付近がほぼ頂上である。

薪を運んでいた少女。エントット山から市街を望む

ホテル

→P.144 日本からの電話のかけ方

〔高級～中級〕

[H]シェラトン •Sheraton Addis H

[住]Map P.150:2-B P.O.Box 6002 Taitu St.
☎011-5171717 FAX011-5172727
[HP] www.sheratonaddis.com
[料] ⓈUS$275~ ⓌUS$335~ [SU]US$600~（エアコン・トイレ・シャワー付）＋税・サービス料

エチオピア最高級ホテルだが世界的に有名な同名の系列ではない。[R]やバー、プール、サウナ完備。ナイトクラブはドレスコードあり。帽子、スニーカー、サンダル、ジーンズ禁止。Wi-Fi無料。タクシーは駐車場で下車。

格調高いホテル

[H]ヒルトン •Hilton H

[住]Map P.150:2-B Menelik II Ave.
☎011-5170000 FAX011-5510064
[HP] addisababa.hilton.com
[料] ⓌUS$195（エアコン・衛星TV・トイレ・シャワー付）＋税・サービス料

エチオピアに早くから進出した高級ホテル。[R]、バー、ショッピングモール、プール、テニスコート、サウナなどが完備されていて、快適に過ごすことができる。エチオピア航空、ケニア航空のオフィスがある。

セキュリティもしっかりしている

H ギオン・Ghion H

住Map P.150:2-B　観光案内所の北側、大通りには面していない

☎011-5513222

料SUS$75　WUS$93　SUS$110（エアコン・衛星TV・トイレ・シャワー付）

敷地の広い政府系ホテルで、かつてはエチオピアで最高級だった。部屋は古いが緑に囲まれた環境はよい。エチオピア料理のRもおすすめ。

H インターコンチネンタルアディス・Intercontinentaladdis H

住Map P.150:2-C　P.O.Box 5907

☎011-5180425/5180444　FAX011-5540090

HPwww.intercontinentaladdis.com

料SUS$172　WUS$210　SUS$238（エアコン・トイレ・バスタブ・朝食付）

高級な設備を整えたホテル。プールやサウナも完備。空港にカウンターがあり、無料送迎あり。Wi-Fi無料。全152室。世界的に有名な同名のインターコンチネンタル系列とは別。

H ジュピター・インターナショナル・Jupiter International H

住Map P.150:2-B　P.O.Box 110778

☎011-5527333　FAX011-5526418

HPwww.jupiterinternationalhotel.com

料SUS$115～　WUS$165　SUS$200～（TV・冷蔵庫・セーフティボックス・トイレ・シャワー・バスタブ・朝食付）カードM V

セキュリティがしっかりしていて、安心して泊まれるホテル。設備も新しく、快適。シャワーのみの部屋もある。空港から無料送迎あり。全142室。Wi-Fi無料。

吹き抜けのロビー

H ソラムバ・Soramba H

住Map P.150:1-B　P.O.Box 22473　Belay Zeleke St. Minelik広場近く

☎011-1565633/1565682　FAX011-1575705

HPwww.sorambahotel.com

料SUS$70　WUS$75（エアコン・TV・冷蔵庫・セーフティボックス・トイレ・バスタブ・朝食付）

ソラムバ・ホテルの外観

アディスアベバの中心地に位置し、周囲にはアフリカで最大規模といわれる市場、マルカートがある。Rあり。通電、給湯24時間。Wi-Fi無料。全60室。

H ボレ・アンバサダー・Bole Ambassador H

住Map P.150 2-C外　P.O.Box1130　Code 110

☎011-6188284　FAX011-6187096

HPwww.boleambassadorhotel.com

料SUS$120　WUS$140　TUS$160（蚊帳・TV・セーフティボックス・トイレ・バスタブ・朝食付）

空港に近いビジネスホテル。ジム、サウナ、プール、Rあり。

ボレ・アンバサダーのロビー

H ナショナル・National H

住Map P.150:2-B　P.O.Box 1052

☎011-5515166　FAX011-5513417

料SUS$45　WUS$55（トイレ・シャワー・朝食付）

マスカル（アビオット）広場付近にある、老舗ホテル。Wi-Fi無料。旅行会社のTravel Ethiopiaの事務所がある。全52室。

老舗の存在感がある

H ステイイージー・Stayeasy H

住Map P.150:2-C　P.O.Box 1914

☎011-6616688/6616176　FAX011-6614480

料SUS$45　WUS$55（トイレ・シャワー・朝食付）

空港の無料送迎など、このクラスのホテルにしてはサービスもよい。スタッフも教育が行き届いている。Wi-Fi無料。

ステイイージー・ホテル

[H] タイトゥ・Taitu H

[住]Map P.150:1-B　P.O.Box 07　ピアッツァのMega Book Store と Enrico Cafe 間を南下して徒歩数分
☎011-1560799/1560793
[e]reservations@taituhotel.com
[HP]www.taituhotel.com
[料]Ⓢ199B～（トイレ・シャワー共同）Ⓦ410B～（トイレ・バスタブ付）ファミリールーム 830B

1898年にメネリク2世の妻、タイトゥ皇后が建てたエチオピア初の西欧風ホテル。バーあり。[R]は安くておいしいと評判で、外国人客が多い。本館は一見クラシックな邸宅風で、情緒がある。宿泊ならアンティークの調度品が魅力の本館がおすすめ。シャワーの具合は要確認。付近は治安が悪いので、詐欺やスリに注意。全84室。フロント付近でWi-Fi無料。

外国人客の利用が多い

[G] バロ・Baro H

[住]Map P.150:1-B　P.O.Box 23688
☎011-1574157/1559846
[e]barohotel@gmail.com
[料]Ⓢ230～300B　Ⓦ350～400B（トイレ・シャワー付）

安宿が多い地域にある経済的ホテル。値段相応に清潔。湯はあるときとないときがある。全26室（Ⓢ14室、Ⓦ12室）。Wi-Fi無料。

シンプルな客室

レストランとショップとエンターテインメント

[R] ヨハネス・クットフォー・Yohannes Kitfo

[住]Map P.150:2-C　[H] Axumの近くの裏通り
☎0911522626、0930012249
[営]12:00～22:00

クットフォー専門店。料理は190B～とかなり高いがクットフォーを食べるならここ。水・金曜に特別料理あり。

スタッフたちが勢ぞろい

[R] カステリ・Castelli R

[住]Map P.150:1-B　ピアッサ
☎011-1571757/1563850
[営]12:00～14:30・19:00～22:00　日曜休

アディスアベバでは最高級のイタリア料理店。クラシックな雰囲気で欧米人客が多い。スパゲティ140～190B、肉料理180B～、シーフード280B～、デザート90B、コーヒー20B、ティー20B（税別）。

カステリ・レストランの店内

[R] ムクシュ・ギャラリー・Mukush Gallery

[住]Map P.150:2-C　Bole Rd.Mega House Gallery1F
☎011-5526848/5526855、0911826982
[営]10:00～23:00　無休　[カード][A][M][V]

エチオピアンアートの店でイタリア料理店でもある。店内は絵画で埋められ、雰囲気もよい。味もよく、日本人団体客がよく利用する。

ムクシュ・ギャラリーの店内

R ヨド・アビシニア・カルチュラル・ Yod Abyssinia Cultural R

住 Map P.150:2-C 外　テレボノ道路、空港近く　タンザニア大使館の斜め向かい、大通りより少し入る
☎ 011-6612985、0911677607
営 12:00 〜 24:00　無休
HP www.yodethiopia.com

エチオピアの歌、ダンス、ショーが観られる大型レストラン。外国人、観光客などいつも多くの客でにぎわっている。エチオピア料理も堪能できる。ローカルフード 133B 〜。

R レイン・ボー・Rain Bow R

住 Map P.150:2-C 外　Bole Rd. のノビス・マーケットやファンツ・マーケットの十字路を日本大使公館側に入る。公館の裏に当たる
☎ 0911225319
営 11:30 〜 22:00

韓国料理の店。女性オーナーの朴さんがもてなしてくれる。在留邦人もよく利用している。チヂミ 50B、キムチチゲ 50B、ご飯 45B など。

レインボーの入口

R トモカ・コーヒー・Tomoca Coffee

住 Map P.150:1-B　Wavel St.
☎ 011-1111781/1111783
営 6:00 〜 20:00
HP www.tomocacoffee.com

1965 年創業の有名なコーヒー店。店内に喫茶部があり、その場で飲むことができる。香りを大事にしながら入れられたコーヒーは絶品。真空パック詰めにした製品も販売している。ギフトパック 60B 〜。

トモカ・コーヒーの店内

R 帝豪酒店・Diho

住 Map P.150 2-D 外　Girge around の東側
☎ 0945955888
営 10:00 〜 14:00・15:00 〜 22:00　無休

本格中華料理を出す店。2016 年 5 月現在、改装中。8 月よりリニューアルオープン予定。

R サクラ・Sakura

住 Map P.150:2-C　ボレ・ルワンダ地区、ボレ通りからルワンダ大使館がある通りに曲がり、ルワンダ大使館から約 150m 先を左折（カザフスタン大使館とコンゴ大使館のサインがある角）。約 20m 先左側
☎ 0911057030
営 11:30 〜 21:00　不定休

エチオピアで唯一日本人がやっているお店。寿司・刺身、焼き鳥、うどん、ラーメン、餃子、焼きそばなどが食べられる。

S ムヤ・Muya

住 Map P.150:1-B 外　P.O.Box 613
☎ 011-1234015
営 8:00 〜 12:30・13:30 〜 17:00
e muyaethiopia@ethionet.et
HP www.muyaethiopia.com
休 日曜、クリスマス　カード V

伝統的な織物の工房兼ショップ。白地に模様が織り込まれた、なめらかな手触りのショールやクッションカバーなどを販売している。

ムヤでの作業

S トラディショナル・クローズ・ M.T. Traditional Clothes

住 Map P.150:2-C　Bole Rd.　日本大使館付近
☎ 011-5508717/5155911　FAX011-5508233
営 10:00 〜 19:00

すばらしい刺繍の施された服、靴、バッグ、Tシャツ、クッションカバーなどが揃う。

民族衣装をおみやげに

S ETTE・Ethiopia Tourist Trading Enterprise

住 Map P.150:2-B
☎011-5150371（本店）、011-5518400（ヒルトン・ホテル内）
営8:00 ～ 20:00
HPwww.facebook.com/EthiopianTouristTradingEnterprise

首都に本店を構える政府経営のショップ。観光案内所横に本店があり、ヒルトン・ホテル内、空港はじめエチオピアに数店舗がある。家具、茶器、銀製品などの商品、さまざまなみやげ物を揃えている。

Y フィルオハ、スパ・サービス・エンタープライズ・Filwoha H, Spa Service Enterprise

住 Map P.150:2-B　P.O.Box 2450
☎011-5519100
営6:00 ～ 22:00　無休
料1 等 32B　2 等 23B（Fはそれぞれ 2 倍料金）3 等 16B（シャワーだけ）

町なかの温泉施設。土・日曜は大変混み 1 ～ 2 時間待ちもある。平日は待たずに入れる。バスタブは広々していて、お湯もたっぷり出て気持ちがよい。宿泊も可。全 12 室（S W 700B ～）。

 # 近郊の町と見どころ

〔ティヤ　Tiya〕🌐世界遺産

アディスアベバから南西約 90km の所にあるグラゲ族の村。南に散在する一枚岩の墓石群が世界遺産に指定されている。これらは 14 ～ 15 世紀頃に造られたともいわれるエチオピア中部から南部にかけて広範囲に散在する墓の一部。高さ約 2.5m ～ 1m ほど。厚さ約 30cm、幅 60 ～ 70cm の石碑で、表面には剣、枕、乳房が浮き彫りにされている。剣は男性の墓にだけ刻まれており、殺した敵の数を示すといわれている。

ティヤの草むらに並ぶ墓石

〔アダディ・マリアム教会　Adadi Maryam Church〕

アディスアベバから約 55km 南西のアダディにある石窟教会。ラリベラの岩窟教会群のように岩山をくり抜いて造られている。12 ～ 14 世紀頃に造られたもので、イスラム勢力による教会の破壊を恐れ掘られた。現在も信仰の対象となっているため、案内人が不在のときは見学できない。アディスアベバからこれほど近くで石窟教会が見られるのは貴重だ。

岩をくり抜いて造られた教会

...Access...

🚌アディスアベバから：
マルカート北東の Autobus Tera からブタジラ行きミニバスに乗り、ティヤで下車、45B

ティヤ
住 折込表
料 入場料 121B
ガイド 80B

...Access...

🚌アディスアベバから：
マルカート北東の Autobus Tera からアダディのマーケット開催日（毎週木・日曜）にはミニバスあり。所要約 1 時間 20 分、30B

アダディ・マリアム教会
住 折込表
料 入場料 100B
ビデオ 200B ／台
カメラ無料

岩窟内はひんやりとしている

〔ナザレット　Nazret〕

...Access...
アディスアベバから：
マルカート北東のAutobus
Tera から早朝発のバスが
あるが、それ以降はアカ
キ発。所要約1時間30分、
35B、高速道路なら約1
時間

　アディスアベバから南東約75km に位置するオロミヤ州の州都で、オロモ名では「アダマ」と呼ばれる町。このあたりは温暖な低地で、付近ではパパイヤや柑橘系のフルーツが大規模に栽培されていて安く購入できる。街はブーゲンビリアやプルメリアが咲きほこり優雅な雰囲気である。アディスアベバ市民のリゾート地として人気がある。■Adama Ras や中央スイミングプールなど、続々高級リゾート施設が建設されている。

にぎやかなナザレットの町

〔ソデレ　Sodere〕

...Access...
ナザレットから：ミニ
バス多発。所要約30分。
20B

　アディスアベバから南西へ約120km、バスで約2時間の所にある、日帰り温泉地として有名な村。村外れのアワシ川 Awash River 沿いに、温泉プール、家族風呂、個室などからなる巨大な温泉施設がある。熱い湯が好きならば、そのまま入浴できるくらいの熱さの源泉を引いた家族風呂は利用者がほとんどいないらしく、閑散としている。いちばん人気はアワシ川の水で水温を下げた温泉プールで、休日ともなれば多くのエチオピア人でにぎわう。施設内には食堂もある。

温泉プールもある

〔アンボ　Ambo〕

...Access...
アディスアベバから：
マルカート北東のAutobus
Tera からアスコ行きのミ
ニバス（5B）で終点下
車。アスコからアンボ行き
ミニバスで所要約2時間、
50B

　エチオピアで広く飲まれているミネラルウオーター（商品名アンボ）が生産されている町でアディスアベバから車で約2時間30分、1930年代のイタリア風建築が残る小さいがにぎやかな町である。町の中央はアディスアベバとの幹線道路沿いに長く延び、明るい色彩のバスケットが売られる土曜マーケットも開催される。町の西外れにミネラルウオーター瓶詰工場があるが予約なしでは見学はできない（事前にアディスアベバにて予約すれば見学可）。工場から西へ数kmの所のフルカ川 Huluka River には小型の滝があり、名所となっ

スケールは小さいが観光名所となっている滝

ている。

　アンボはウェンチ火山 Mt Wenchi への小旅行の起点ともなっている。

〔ウェンチ湖　Lake Wenchi〕

　標高約 3280m のウェンチ火山のクレーター湖。一見のどかな丘陵と錯覚するが標高が高くて高山病になることもあるので注意が必要。幹線道路から 1 時間半ほど山道を走行し、ワケキの看板を左折してすぐに公園管理事務所があり、ここで入場料を支払いガイドを雇う。公園内は基本的には徒歩のみだが、馬をチャーターすることも可能。ただし、馬をチャーターすれば、楽と思うのは早計で、しっかりつかまっていないと馬から振り落とされる危険がともなうことも……。

　管理事務所から徒歩 10 分ほどで湖の見える眺望台に達する。湖は美しく紺碧に澄みわたり、民家が湖畔に点在する。湖の中の小島には教会があり、人々は礼拝のために小舟で島に渡る。旅人もこの船に便乗させてもらえば、教会に渡ることができるが、料金は交渉したい。クレーター底には温泉も湧いている。

　下山はかなり急な道を下るので、滑落に注意。約 1 時間で湖畔に達する。戻りは急斜面を踏破するため、倍の時間を考えておきたい。

...Access...

🚐 アンボから：アンボから車をチャーターするしかない。1500B 程度

グダルフォールの行き方
アンボバスステーションから、グダル Gudar 行きのミニバスが頻発している（所要約 15 分、5B）。グダルの町外れに滝があるが、地元民の憩いの場となっており、バー、🆁、ロッジが併設されている。外国人の滝の入場料は 50B

ウェンチ湖
🏠 折込表
🈹 入場料 100B、馬 100B（要交渉）、ガイド（オプション）、200B（要交渉）、駐車料金 50B

...Access...

🚌 アディスアベバから：マルカート北東の Autobus Tera からジンマ行きミニバスで、所要約 4 時間、70B

クレーター湖のウェンチ湖

ホテル

→ P.144 日本からの電話のかけ方

🅷 アンボ・アベベック・メテリファ・Ambo Abebech Metafaria H

🏠 P.O.Box 287
☎ 0911371333、011-2362365
📧 abebechmetafaria@gmail.com
🌐 www.facebook.com/kellysretreat
🈹 Ⓢ 390 〜 495B
　Ⓦ 525B（トイレ・シャワー・朝食・夕食付）
アンボで一番立派なホテル。アディ

アンボ・ホテルの客室

スアベバでは倍以上の料金になるので、お得感がある。幹線道路沿いの高い建物なのでわかりやすい。ウェンチ湖行きのチャーター車を紹介してくれる。

🅷 アダマラス・Adama Ras H

🏠 P.O.Box 133
☎ 022-1111993　FAX 022-1111875
📧 ethiopiahoteladamaras@gmail.com
🈹 ⓈⓌ 300 〜 600B（蚊帳・トイレ・シャワー・朝食付）
ナザレットの老舗ホテル。全館で Wi-Fi 利用可。全 58 室。

ラリベラ
Lalibela

世界遺産
ラリベラの岩窟教会群
市外局番　033

...Access...

✈️ アディスアベバから：
毎日1～3便。所要約1時間
50分、片道4073.5B～
○空港から町まで：バス
や乗合タクシーで約30分、
片道70B。空港にホテル
の送迎バスが待っている
ゴンダールへ：毎日各1～
2便。1625B～
アクスムへ：毎日1～2便。
片道2063B～

🚌 アディスアベバから：
毎日5:30発、所要約2日、
180-B

🚌 バハルダールへ：ガシ
ャナ経由で所要約8時間、210B

サタデーマーケット
聖ギオルギス教会の北側
の広場で土曜開催のマー
ケット。工芸品や農産物、
日用品が売買される。

12世紀初頭にアクスム王国の勢力が落ち、新王朝ザグウェが興る。ザグウェ王朝の11代の王のなかで最も有名なラリベラ王は首都をアクスムからラスタ地方ロハに遷都し、ロハは王の名を取りラリベラと呼ばれるようになった。

ラリベラ王は聖地エルサレムへの道がイスラム教徒に占領されたことにより巡礼が困難になったため、ロハの地に第2のエルサレム建設を試みる。ラリベラ内にヨルダン川などエルサレムを模した地名が存在するのはこれに由来する。

巨大な一枚岩を彫り抜いて造られた12の岩窟教会群は、アクスム様式を引き継ぎ、大変美しい建造物である。教会群はすべて地下でつながっているとされ、現在の技術研究水準をもってしても、いかにしてこのような建造物を造りえたのかわかっていない。岩窟教会群は1978年に世界文化遺産に登録された。

ほかには類を見ない岩窟教会群と華やかな祭りの催されるラリベラはエチオピアを訪れる観光客にとって最も魅力的なスポットだろう。エチオピアンクリスマスとトゥムカット祭、イースターなどの祝祭日には大きな式典が行われている。

礼拝に集まる人々

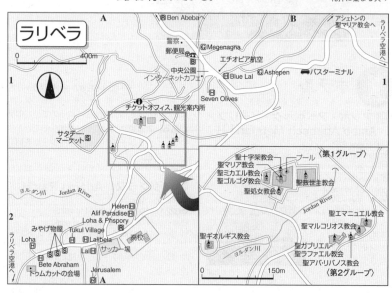

歩き方

●高台と坂の下、ふたつの地域に分かれる

　バスターミナルは町の北東、ほぼ頂上付近にあり、ここから主要な見どころであるふたつの岩窟教会群などへ徒歩で行ける。ホテルもこの付近に集まり、空港へのバスも発着する。

　ラリベラの教会群は谷を流れるヨルダン川を挟み第1グループと第2グループ教会群に分かれる。岩窟教会は現在も使用され、司祭が常駐で住み、日曜にはミサが行われている。エチオピアンクリスマスやトゥムカット祭のときには僧侶たちはきらびやかな衣装をまとい荘厳な儀式を行う。11教会以外のいくつかの教会へはミュール（ラバ）をガイド付きで雇うのが一般的だったが、今では車で行ける所も多い。ミュールが必要ならチケットオフィスのミュールマネジャーに手配してもらう。料金は要交渉。

見どころ

<第1グループ>
ラリベラでいちばん大きい教会
聖救世主教会　（Medhane Alem Church）

　幅33.7m、奥行き23.5m、高さ11.5mとラリベラでいちばんの大きさを誇る岩窟教会で、やはり一枚岩を掘り抜いて造られた。ここが教会群観光の入口となる。

　窓に特徴があり、上部の窓はアクスム様式で下方がギリシア様式になっている。内部は創建当時のままの柱28本で支えられている。ラリベラの岩窟教会のなかで最古とされている。

　多くの学者は建て直される前のシオンの聖マリア教会（アクスム）を模して造られたと考えている。内部は広く、ミサのときは信者以外は入れない。アブラハム、イサク、ヤコブの空の墓が象徴的に安置されている。

上の窓がアクスム様式で下がギリシア様式

共通入場券
各教会へは共通入場券（US$50、小型ビデオ200B）／教会をチケットオフィスで購入。5日間有効。
開6:00～12:00、14:00～17:00

教会の壁にある穴
ここには修道僧が寝泊まりしている。かつては僧侶が亡くなったあと墓として使われ、ミイラ化したものも置かれていた。

ラリベラの教会群
第1グループ（北側）
聖救世主教会、聖マリア教会、聖処女教会、聖ミカエル教会、聖ゴルゴダ教会、聖十字架教会
第2グループ（南側）
聖エマニュエル教会、聖マルコリオス教会、聖アバ・リバノス教会、聖ガブリエル・聖ラファエル教会。
上記グループから離れた所に聖ギオルギス教会、山頂付近にアシェトンの聖マリア教会などがある。

エチオピア　ラリベラ

教会を見学する際の注意

・各教会内に入るには必ず靴を脱がなくてはいけないので、脱ぎやすい靴と靴下の換えが必要。靴下は汚れる。
・司祭や修道僧は女人禁制なので、女性は決して彼らに触れてはいけない。女人禁制の教会の場合、女性は残念ながら入ることはできない。
・司祭を撮影する場合は事前に了解を得ること。特にフラッシュを使う場合は目に悪いとのことでサングラスをかける人もいるので注意。可能なら三脚を使用しよう。
・教会内は太陽光がほとんど差し込まず、非常に湿気がある。そのためダニ、ノミの生息地と

なっている。床に座るとこれらの虫に攻撃されるので座ったりしないこと。ズボンの裾が触れていただけでダニに食われてしまった人もいる。
・内部は暗いので懐中電灯を持参するとよい。
・いずれの教会も今なお利用されているので、ミサのときは信者以外は内部に入ることはできない。
・教会を訪問した際には寄進しよう。教会の奥に小さなマッサブ（籠）などが置いてあるので、その中に置く。心付けなのでいくらでもよいが、1～10Bの細かいお金を用意しておくとよい。
・帽子を取って見学すること。
・大声を出したり、笑ったりしないこと。

聖マリア教会　St. Maryam Church

町の信仰を集めている教会

岩窟教会内部に人類の発祥と終末を象徴する有名な壁画が描かれているとされている柱がある。柱は布が巻かれていて見ることはできない。ほかに、キリストの昇天やゴルゴダでの受難、三位一体など聖書からモチーフを得たフレスコ画がある。

小さい教会ではあるが信仰を集めており、トゥムカット祭にはほとんどの村人がこの教会に集まるといわれている。北にある第1グループの教会群のなかで壁画があるのはここのみ。

教会脇には洗礼をするために使う水をためる穴がある。この穴に体を浸し洗礼を受けると子供を授かっていない女性も子宝に恵まれるとされ、多くの女性がここで洗礼を受ける。

北側の壁には聖十字架教会Meskel Churchが掘られている。南側には聖処女教会Denagel Churchがあるが一般公開されていない。

第1グループの順路の終わりには大きな四角い石に十字架を彫り入れたアダムの墓がある。

聖ギオルギス教会　St. George Church

十字架の形をした教会

ラリベラのシンボル、
聖ギオルギス教会

ほかの教会群から離れ、野外マーケットの南東部にある一枚岩を彫り下げて造られた、高さ約12m、奥行き12m、幅12mの十字架形の教会。3階建ての外観を呈し、内部は柱がない彫り抜き状態となっている。全体としてノアの方舟を象徴しているとされ、別名「ノアの方舟」ともいわれる。敷地内にアララト山やシナイ山をかたどった岩の盛り上がりが残されている。ここの窓はやはりアクスム様式。司祭が常駐し、十二使徒を引き連れたイエスをかたどった十字架と聖ギオルギス教会のふたつの十字架や、グズ語で書かれた聖書を見せてくれる。

聖エマニュエル教会　St. Emmanuel Church

＜第2グループ＞
大きくて美しい

窓はアクスム様式。第2グループの教会群のなかで最も美しいといわれているが、保護のため屋根にはカバーがかかっているのが残念。岩盤を掘り下げて造られた教会で、下から見上げるとその巨大さがわかる。全体をゆっくり見るには崖の上から見下ろすとよい。第2グループのなかではこれのみが唯一周囲を彫り抜いてあるので周囲を回ることができる。

岩を彫り抜いて造られたのがよくわかる

聖ギオルギス教会建設の伝説
教会群建設が終盤にさしかかっていた頃、白馬にまたがり戦いの鎧に身を包んだ聖ギオルギスがラリベラ王に臨んで「私の教会はどこだろうか」と尋ねた。ラリベラ王は彼に最も美しい教会を建立すると約束したという。

聖エマニュエル教会
この教会は20mほどの長いトンネルでマルコリオス教会とつながっている。トンネル内は真っ暗なため目が慣れないと通行は難しい。

天国に近いと信じられている
アシェトンの聖マリア教会 ⟨Ashetan St. Maryam Church⟩

　3200mを超える山の頂上付近にあり、険しい山道をミュール（ロバと馬の交雑種）で登っていく。2013年に教会まで道路ができて、車でも行けるようになった。教会がある頂上付近からの眺めはすばらしく、地元の人々から天国と神により近い教会と信じられている。1000年ほど前に造られ、約1000年前のグズ語で書かれている聖書があり、チケット売り場で司祭が見せてくれる。

切り立った崖をミュールで登っていく

アシェトンの聖マリア教会
住Map P.160:1-B 外
開6:00〜18:00
料ここは別料金350B
交ミュールで往復約3時間。ミュールとミュール使い500〜1000B／人。車で行く場合レンタカー4人まで1000B／台。

ミュールとミュール使い

切り立つ崖の洞窟に建てられた
ナアクト・ラアブ教会 ⟨Neakutoleab Monastery⟩

　ラリベラ王で、エチオピア正教の聖人でもあるナアクト・ラアブによって12世紀に建てられた教会。教会内では洞窟から滴る水を聖水として配っている。ナアクト・ラアブの日（毎月14日前後）の早朝にはミサを行う。

崖の洞窟をくり抜いて建築された

ナアクト・ラアブ教会
住ラリベラから空港へ向かって約7 km
料ここは別料金。350B。ビデオカメラ300B

そのほかの主要岩窟教会

●聖マルコリオス教会
St. Merkorios Church
　ラリベラの岩窟教会群で2番目の大きさを誇る。ここの司祭がもつ十字架は創建当時の物。屋根はイタリア占領期に破壊されたが修復されている。しかし現在はその天井が落ち修理中。
　三賢人と十二使徒と思われる12世紀の壁画やフレスコ画が残るが、内部は暗く撮影は困難。

●聖ガブリエル、聖ラファエル教会
St. Gabriel, St. Rufa'el Church
　かつてラリベラ王の宮殿があった場所で、宮殿が移転した後に教会となった。
　この教会の脇には「天国への道」があり、この階段を上ると天国へ行けると信じられていた。その道はというと幅50cmくらいの細い石の壁の上に造られ、両脇は20mほどの断崖になっている。道の行く手は突然途切れ、そのまま天空へ昇っていくようだ。この道を上りきった人間は天国へ達すると信じられていた。

●聖アバ・リバノス教会
St. Abba Libanos Church
　ラリベラでいちばん小さな岩窟教会。岩山を横にくり抜いて造られた岩窟教会で、奥はまだ岩とつながっている。壁はアクスム様式。上部は崩れているため木造の屋根がかかっている。伝説ではラリベラ王の妻マスカル・クベラによって24時間で造られたといわれている。

●聖ミカエル教会（デブレ・シナ教会）、聖ゴルゴダ教会
St. Mikael Church, St. Golgotha Church
　ふたつの教会は内部でつながっている。ラリベラでいちばん美しいとされている教会。ラリベラ王の十字架がある。聖ゴルゴダ教会は女人禁制。王の遺体が安置されている。教会内の石の床はツルツルで滑りやすい。これらの教会の奥に三位一体教会もある。

聖ミカエル教会

ホテル

→P.144 日本からの電話のかけ方

〈坂の上、バスターミナル周辺〉

[H]セブン・オリーブス ・ Seven Olives H

[住]Map P.160:1-B P.O.Box 37
☎033-3360020 FAX033-3311212
[料]ⓈUS$25 ⓌUS$42（トイレ・シャワー・朝食付）

最も古くからあるホテル。眺望がよく、[R]は多くの外国人客でにぎわっている。全30室。

〈坂の下周辺〉

[H]ロハ ・ Loha H

[住]Map P.160:2-A P.O.Box 36
☎033-3360009 FAX033-3360156
[HP]www.rohahotels.com
[料]ⓈUS$44 ⓌUS$52 [SU]US$100（トイレ・シャワー・朝食付）

元政府系ホテル。重厚な造りで安心感がある。ロビーに共用PCがあり、Wi-Fi無料。USドル現金の両替可。全64室。

れんが造りの重厚な建物

[H]ラル ・ Lal H

[住]Map P.160:2-A P.O.Box 58
☎033-3360008 FAX033-3360044
[料]コテージⓈUS$40〜58 ⓌUS$48 バンガローⓈUS$48 ⓌUS$36（トイレ・シャワー・朝食付）

清潔なコテージ風の部屋。テラスからの眺めはよい。空港から無料送迎あり。全100室。

[H]ベテ・アブラハム ・ Bete Abraham H

[住]Map P.160:2-A P.O.Box 61
☎033-3361065 FAX033-3360232
[HP]www.beteabrahaminn.com
[料]ⓈUS$32〜40 ⓌUS$150〜200（トイレ・シャワー・朝食付）

教会が運営するホテル。部屋はきれいで設備も新しい。併設の[R]はおいしい。Wi-Fi無料。全49室。

[H]ツクル・ビレッジ ・ Tukul Village H

[住]Map P.160:2-A P.O.Box 27
☎033-3360564、033-3761180
[料]ⓈUS$49 ⓌUS$67（トイレ・シャワー・朝食付）

新しい設備を備えたホテル。エチオピアの伝統家屋ツクルを模した2階建ての建物にそれぞれ客室がある。Wi-Fi無料。全24室。

建物は個性的な造り

[H]ラリベラ ・ Lalibela H

[住]Map P.160:2-A P.O.Box 150
☎033-3360036
[料]ⓈUS$40 ⓌUS$45（TV・トイレ・シャワー付）

周辺でいちばん安いホテルだが、スタッフは親切。部屋が広く、きれいになった。全室ケーブルテレビ、ホットシャワー付き。Wi-Fi無料。また併設の[R]も安くておいしい。全13室。

[R]ベン・アベバ ・ Ben Abeba

[住]Map P.160:1-A外 Sekota Rd.
☎033-3360215,0922345122
[HP]www.benabeba.com

ラリベラ台地の東端に近い崖際に建つ超モダンなデザインのレストラン。欧風料理から伝統料理まで、バラエティに富む。展望台からは付近の展望が楽しめる。

モダンな建物が目を引くレストラン

ゴンダール
Gondar

タナ湖の東、標高2200mに位置する古都。人口約27万人。1636年にファシリデス王によってエチオピアの首都と定められてから1864年までの2世紀にわたって首都であった。ファシリデス王は前の首都ゴルゴラでマラリアが蔓延したため、民をマラリアから守る高度2000m以上という条件をもつゴンダールに遷都した。

この地は商業上、また文化的中心としての地理的条件のよさをもつ。しかしファシリデス王を遷都に駆り立てた最も大きな理由は、カトリック教会の侵入により多くの争いが起きて統治が難しくなったため、エチオピア正教だけの新しい町の再建を試みる必要があったからである。町の入口にはファシリデス王のプールと呼ばれる施設があり、すべての人がそこでエチオピア正教の洗礼を受けてから町に入ったという。このように信仰心の強い町であるゴンダールでは、トゥムカット祭がラリベラやアクスムと同じく有名である。

旧都ゴンダールを望む

世界遺産
ゴンダール地域のファジル・ケビ

市外局番　058

...Access...

✈ アディスアベバから：毎日2便。所要約1時間40分、片道4309B～
○空港から町まで
乗合タクシーで約20分、片道100B
アディスアベバ、ラリベラ、アクスムへ：毎日1～2便。所要約40分、片道1625B～

🚌 アディスアベバへ：マルカート北東のAuto bus Teraから5:30発、所要約2日、226B
🅷 Taye Belay前から毎朝5:00頃出発のSelam Busもある。所要約11時間、約435B
バハルダールへ：ミニバスが6:00～16:00まで多発。所要約3時間、約100B
アクスムへ：シュレ経由で所要約13時間、約160B

観光案内所
🏠Map P.165:2-B
P.O.Box1491
☎058-1110022
🕐8:30～12:30・13:30～17:30（月～土曜）、8:30～12:30（日曜）祝日休

壁画のテーマ
・ベツレヘムでのキリストの誕生
・ロバにまたがったキリストのエルサレム入場
・最後の晩餐
・エチオピアの聖人：アブナ・タクライマノット（全身毛だらけ、獣の毛皮を着ていた）
・シリアからエチオピアに宗教をもたらした9人の聖人、など

エチオピア　ラリベラ／ゴンダール

Gondar Private
Tourguide association

住ゴンダールの城のチケット売り場
フリーランスガイドの組合。市内ツアー1〜4人750B／日。

ゴンダールの城
住Map P.165:2-B
開8:00〜18:00　無休
料200B
町外れにあるファシリデス王のプールと共通。

見どころ

世界文化遺産に登録されている
ゴンダールの城　Gondar's Imperial Structures

世界遺産

　標高2300mのファジル・ケビの丘に、17〜19世紀にかけて約200年間続いたゴンダール王朝時代に建てられた6つの城と12ヵ所の城門が残されている。面積約7km²、城壁の長さが900mもあるこの城は、アフリカのような地域に中世ヨーロッパと見紛う城塞であったため、後世になって「不思議の城」と呼ばれるようになった。城は、ポルトガル・フランス様式を取り入れた建築で、はっきりとはわかっていないが、インドの建築家により建造されたともいわれている。（→折込裏、P.167）

不思議の城と呼ばれている

イヤス王の宮殿

エチオピアの最高傑作といわれる宗教画がある
ダブラ・ブラハン・セラシエ教会
Debre Berhan Selassie Church

　ゴンダールにある44の聖堂のうち、1800年代の南スーダンからのイスラム勢力との争いにも屈せず唯一残ったオリジナルの教会。17世紀、イヤス王により建立された。見どころはエチオピアの天使がいっぱいに描かれた天井。神の力はあらゆる方向へ向いているという意味を込め、すべての方向を見ている天使は全部で150体以上。全部顔立ちが違う。天井中央部に天使の数は数えられないと書いてあるが、これは実態のないものであるという意味。

　聖堂の上の十字架はゴンダールの十字架と呼ばれている。正面にあるのが「エチオピアのモナリザ」と呼ばれている木の皮に描かれている宗教画。内部はとても質素な造りで、壁画でいっぱいだ。これらはほぼオリジナルの色彩のまま残っているそうだ。

優しくほほ笑むエチオピアのモナリザ

ダブラ・ブラハン・セラシエ教会
住Map P.165:2-B
開8:00〜18:00　無休
料50B。学生25B。ビデオカメラ75B
交町の中心からトゥクトゥクで50B

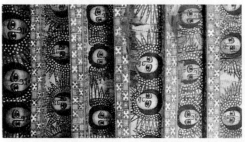
天使が描かれた有名な天井

ダブラ・ブラハン・セラシエ教会の外観

ゴンダールの城 ［解説］

●ゴンダール王朝を治めた王たち

ファシリデス王（1632-1667）。ゴンダールを王都として開いた開祖。

ツァディク・ヨハンネス1世（1667-1682）。ファシリデス王の息子。貧しい人々を助けた。

イヤス1世（1682-1706）。かの有名なダブラ・ブラハン・セラシエ教会を建立。

タクレ・ハイマノット、テオドロス、イェストス、ダーウィット3世（1716-1721）など……と続く。

それぞれの王は先代の宮殿を使用することはなく、自分の趣味に合わせた施設や宮殿を建設した。音楽に長けた王はコンサートホールを、馬を愛した王は大きな厩を、本を愛した王は図書館を造ったように、王たちの好みが反映された個性的な城である。

●ファシリデス王の城　Fasiladas' Palace

最も華麗な城で、高さ約32m。最上階は王の寝室。約64km先のタナ湖が見えるという。

丸い塔が4つあるが、塔の1階は防御のために造られ、その上の階は祈りのための部屋とされている。各々3つの窓から町の教会が見え、教会に行かなくても祈れるようになっている。この城は30年以上にわたり修復中。

かつてはメインゲートとしての大きな門があったはずだが、現在は門柱のみ残っている。12ヵ所あったといわれる門のうち現在見られるのは8ヵ所。

王冠のバルコニーと呼ばれる部分は王が演説を行った場所で、門形が王冠に見立ててあるため王冠をかぶらずに演説を行ったといわれる。1941年、このゴンダールの城を占拠していたイタリア軍を追い出すためにイギリス軍が爆弾を落とした結果、廃墟となったが、ここファシリデス王の城だけは無傷で現在も残されている。

●ヨハンネス1世の図書館 Library of Emperor Yohannes 1

ヨハンネス1世は貧しい人を助けたことで有名で、この図書館も以前には「愛の寺」と呼ばれていた。もともとは木造で、今は石の階段が付いている。16世紀にグズ語で書かれた『ケブレ・ナガスト（王たちの栄光）』はこの図書館から発見された。中には入れない。

「愛の寺」と呼ばれた図書館

●イヤス王の宮殿　Eyasu's Palace

向かって左側の塔の形が馬の鞍に似ているため馬の鞍の形の城との別名をもつ。アーチ状の天井の一部が残るのみであり、階段も壊れていて何階建てだったのかも不明。1941年のイギリス軍の爆撃で破壊された。残っているアーチ状の天井は、ハイレ・セラシエ皇帝の時代と、近年ユネスコの手により修復されたもので、オリジナルではない。修復されたところには「HM」の印がある。これは「His Majesty」の略である。

●バカファ王の宮殿　Bacaffa's Palace

イタリア人がコンクリートで天井を修復したため、当時の面影はまったく残っていない。

●メントゥワブ女王の宮殿 Mentewab's Palace

最も美しい城。バカファ王が亡くなったとき、息子はわずか7歳だったので、母が女王として25年間統治した。この宮殿の1階は図書館として使用されていた。ハイレ・セラシエ皇帝の時代とユネスコにより2回修復されている。メントゥワブ女王はとても宗教心が強かったため、窓枠の上に「ゴンダールの十字架」が見られる。

●ファシリデス王の城とイヤス王の宮殿の間にある貯水庫　Water System

約5mの深さがあり、階段も付いている。かつては屋根があったとされる。ファシリデス王の城とヨハンネス1世の図書館とイヤス王の宮殿はひとつの回廊で結ばれていた。あまり面影はないが、壁などが残っている。

●ダビデ王の音楽の間　House of Song

宗教音楽が奏でられたといわれているコンサートホール。中央でふたつに分かれていた。遺跡にも壁は残っていないが、地面に残る跡から、壁に窪みがたくさんあったことがわかる。そこに宝物を入れておいたと考えられている。

●ファシリデス王のプール　Fasiladas' Bath

ファシリデス王とイヤス1世のために造られたといわれている。ティムカット祭の日は水がためられ、大勢の人々が飛び込む。ゴンダールの城から北西へ2kmほどの所にあり、入口でゴンダールの城のチケットを見せなければならない。

水は清らか

シミエン国立公園
→P.47

世界自然遺産、危機遺産
シミエン国立公園 Simien National Park

[世界遺産]

エチオピアでいちばん高い約4533mのラスダッシェン山を中心とした、エチオピアで最初に制定された国立公園で、世界自然遺産に登録されている。3000mを超す山岳地帯にエチオピア固有種のゲラダヒヒ、ウォリヤアイベックス、絶滅が危惧されるシミエンジャッカルなどが生息している。

ホテルとレストラン

→P.144 日本からの電話のかけ方

[H]タイエ・ベライ・Taye Belay H

[住]Map P.165:2-B　P.O.Box969 Gondar
☎058-1112180　FAX058-1112175
[HP]www.tayebelayhotel.com
[料]ⓈⓌUS＄53　[SU]US$85（トイレ・シャワー・朝食付）
[カード][A][M][V]

ゴンダールで最も新しく、設備の整ったホテル。市内中心部にあり、観光に便利。[R]もある。Wi-Fi無料。全85室。

石造り風の外観

[H]ゴハ・Goha H

[住]Map P.165:1-B　P.O.Box 182 Gondar
☎058-1110634/1110306　FAX058-1111920
[HP]www.gohahotel.com
[料]ⓈUS$59～　ⓌUS$73～　[SU]US$159～（トイレ・シャワー・朝食付）
[カード][M][V]

町を見渡せる小高い丘の上に建つホテル。庭のテラスからはゴンダールの城が見える。Wi-Fi無料。[R]も充実。週末は伝統舞踏のライブもある。

ホテルからの眺め

[H]クアラ・Quara H

[住]Map P.165:2-B　P.O.Box 1256 Gondar
☎058-1110040　FAX058-1111144
[HP]www.quarahotelgonder.com
[料]ⓈUS$42～　ⓌUS$45～（トイレ・シャワー・朝食付）

[R]からの眺望がよいホテル。設備は古いが安い旧館[料]ⓈUS$20（トイレ・シャワー共同）もある。Wi-Fi無料。

新館は新しくてきれい

[H]フォゲラ・Fogera H

[住]Map P.165:1-B　P.O.Box 784 Gondar
☎058-1110405
[料]ⓈUS$25　ⓌUS$35（トイレ・シャワー付）

丘の上にあり、町が一望できる。受付は英語可。

[H]タイトゥ・ペンション・Taytu Pension

[住]Map P.165:2-B
☎058-1122898
[料]Ⓢ200B（トイレ・シャワー共同）
Ⓢ250B　Ⓦ400B（トイレ・シャワー付）

[H]Taye Belayの裏手にある、かわいらしい外観の安ホテル。隣に[G]クラウン・ペンションがあり、ここも安宿。

安さが魅力のゲストハウス

[R]ハベシャ・クットフォー・Habesha Kitfo

[住]Map P.165:2-B
☎0911563521　[営]6:00～21:30

エチオピア料理のレストラン。民族風に装飾された店内は広々としている。おすすめはスペシャルクットフォー。エチオピア料理以外に西洋風料理のメニューもある。

ユニークな外観

バハルダール
Bahir Dar

ブルーナイル（青ナイル。ビクトリア湖に由来するホワイトナイルとともにナイル川の2大支流といわれる）の源流で、エチオピア最大の淡水湖、タナ湖の湖岸に開けた町。商業の中心地であり、物資や設備も充実している。外国人観光客も多い。綿工業が盛んでふたつのマーケットは色とりどりの織物でにぎわう。標高約1880m、人口約20万人。

タナ湖の島や湖岸の修道院の壁には、エチオピア独特のキリスト教絵画が描かれていて、各修道院が建てられた時代の聖書や十字架も見学可能。しかし、女人禁制の所もあるので女性は注意。

見どころ

肥沃をもたらすナイル川の源流
ブルーナイルの滝 Blue Nile Falls

アムハラ語でアバイ川と呼ばれるナイルの源流のひとつである青ナイルはエチオピア内を800kmほど流れたあとスーダンのハルツームでビクトリア湖からの白ナイルと合流しナイル川となる。その後エジプトを潤し地中海へと流れ込む。ここはその青ナイル源流の滝。約45mの高さから途切れることなく滝が流れる様は圧巻である。雨季になり水かさが増すとその滝幅は400mにもなる。滝の別名であるティシィサットはアムハラ語で「火の煙」の意。最近はダムができ水量が減少したが、日曜はダムの放流が行われ、水量が増える。

また、滝に向かう途中にある石橋は「ポルトガルの橋」と呼ばれ、15世紀にポルトガル人によって造られた橋である。

市外局番　058

...Access...

✈ アディスアベバから：毎日1〜3便。所要約1時間、片道3963B〜
○空港から町まで乗合タクシーで約20分、片道50B

🚌 アディスアベバから：マルカート北東のAutobus Teraから5:30発、所要約1日、172B
ゴンダールへ：所要約3時間、約100B
ラリベラへ：所要約8時間、118B

ブルーナイルの滝
開6:00〜17:30
料100B。ビデオカメラ50B、公式ガイド90B
バス乗り場の近くにチケットオフィスがある。
交バハルダールのバスターミナルからティシィサット村までは約35km。所要約45分、20B。バスは6:00から約1時間に1本の割合で12:00頃まである。最終便は17:30頃。チケットオフィスから滝まで徒歩約40分。

雨季には水量の増すブルーナイルの滝

※バハルダールの属するアムハラ州知事らが殺害される事件が2019年6月発生した。

タナ湖クルーズ

タナ湖周遊や修道院巡りのクルーズ船はマンゴーパークやホテルで手配可能。個別に船のチャーターもできる。

🎫入場料200B。ガイド料600B／島。ボード代は1艘　1000～3000B（半日）が相場。交渉はガイドに頼むほうが安くなるだろう。ショートツアーは4時間くらいで3つの修道院を回る。

修道院巡り

🎫各100B
ビデオカメラ100B
修道院内のキリスト教絵画は自由に撮影できるが、修道者や僧を撮影する場合は、ひと言断り、お布施を5～10Bほど渡すのが常識。

女性の入れない島

修道院の見学は原則として可能だが、クブラン・ガブリエル、デガ・エステファノス、タナ・チャルコスの各修道院がある島は、女人禁制であるため、女性の上陸はできない。

観光案内所

🏠Map P.170:2-A
☎058-2370054
🕐6:00～18:00

周囲に教会や修道院をもつ湖
タナ湖クルーズ　Boat Trip at Lake Tana

　タナ湖はエチオピア最大の淡水湖で、面積約3600km²。ペリカンなどの大型の水鳥もよく見られる。37の島があり、合計21ヵ所に、13世紀以来のエチオピア正教の教会や修道院がある。カバの生息地へも船で行けるので、チャーターする際に見学を希望する場合はそれを伝え、料金交渉をする。

　湖では漁業も盛んで、カヤツリ草の一種であるパピルスから造られた、太古と変わらないボート、タンクワスを使っている人もいる。

タナ湖には多くの島に修道院がある

バハルダール

修道院巡り

　13～17世紀に建てられたこの地の修道院に描かれた絵画は、タナ湖の湿気や雨漏りなどの影響で、かなり傷んでいる。現在は修復をして色鮮やかな絵画に復元している修道院もある。なかでも、ナルガ・セラシエとウラ・キダネ・マハレット修道院のフレスコ画が美しい。

　バハルダールの港から1時間ほど観光船で渡った対岸の半島にあるウラ・キダネ・マハレットは、比較的手頃に観光できる。船着き場から20分ほど丘を登った所に建つ修道院で、院内をぐるりと一周するフレスコ画は見事である。その手前にある博物館には歴代の王から贈られた王冠や法服がある。船着き場から多くの子供や青年がガイドと称して付いてくるが、なだらかな一本道でそう歩きにくくもないので、ガイドは不要だ。

フレスコ画が美しいウラ・キダネ・マハレット修道院

ホテルとレストラン

→P.144 日本からの電話のかけ方

🏨ブルー・ナイル・リゾート・
Blue Nile Resort

住Map P.170 1-A　P.O.Box 1387　Bahir Dar
☎058-2222206～07、09756176700
🅔info@bluenileresorthotels.com
🅗www.bluenileresorthotels.com
料Ⓢ US$137～　Ⓦ US$173～（トイレ・シャワ
ー・朝食付）
カード M V

タナ湖畔にあり、
空港から近い大
型の新築リゾー
トホテル。フロ
ント付近にATM
があり、両替可。
Wi-Fi無料。全
135室。

大型のリゾートホテル

🏨クリフト・リゾート＆スパ・
Kuriftu Resort and Spa

住Map P.170:1-A　P.O.Box 2249 Bahir Dar
☎058-2264868　FAX011-6616042
🅗www.kurifturesortspa.com
料Ⓦ US$188　Ⓣ US$198　Ⓝ US$229（蚊帳・エ
アコン・トイレ・シャワー・昼食・夕食付）＋税・サー
ビス料
カード M V

タナ湖に面した豪華なリゾートホテル。コテー
ジ風の客室の中は最
新式の設備で快適に
過ごせる。スパでマ
ッサージも受けるこ
とができる。Wi-Fi無
料。全28室。

優雅に滞在できる

🏨アベイ・ミンチ・ロッジ・
Abay Minch Lodge

住Map P.170:1-B外　P.O.Box 1002 Bahir Dar
☎058-2181039　FAX058-2182223
🅗www.abayminchlodge.com
料Ⓢ US$95　Ⓦ US$114（蚊帳・トイレ・シャワー・
朝食付）
カード A M V

広大な敷地を有する
コテージ風のリゾー
トホテル。空港から
の無料送迎あり。
Wi-Fi無料。全44室。

自然に囲まれたすがすがしさ

🏨タナ・Tana H

住Map P.170:1-B　P.O.Box 78 Bahir Dar
☎058-2200554　FAX058-2202042
料Ⓢ US$38　Ⓦ US$51（蚊帳・トイレ・シャワー付）

町の東北、タナ湖岸というロケーションにある
旧政府系のホテル。Ⓡ、バー、みやげ物屋もあ
る。広い庭からタナ湖が目の前に見える。全
60室。

🏨パピルス・Papyrus H

住Map P.170:2-A　P.O.Box 222 Bahir Dar
☎058-2205100
料Ⓢ 756B　Ⓦ 961B（蚊帳・トイレ・シャワー・朝食
付）　カード V

建物は古いが中庭に大きなプールがあり、開放
的な雰囲気がする。空港からの無料送迎サービ
スがある。全100室。

🏨ディブ・アンバッサ・
Dib-Anbessa H

住Map P.170:2-A　P.O.Box 982 Bahir Dar
☎058-2201436　FAX058-2201818
料Ⓢ 300B　Ⓦ 450B　Ⓝ 900B（蚊帳・トイレ・シ
ャワー・朝食付）　カード A M V

Ⓡの料理は評判が高い。Wi-Fi無料。全60室。

🏨サマー・ランド・Summer Land H

住Map P.170:2-B　P.O.Box 1407 Bahir Dar
☎058-2206566
🅔gogobahirdar@yahoo.com
料Ⓢ 550B　Ⓦ 750B（蚊帳・トイレ・シャワー・朝食
付）

部屋はシンプルできれい。バスタブ付きの部屋
もある。全40室。

🏨エティオ・スター・Etio Star H

住Map P.170:2-B　P.O.Box 831 Bahir Dar
☎058-2202026　FAX058-2209442
料Ⓢ 400B　Ⓦ 550B（蚊帳・トイレ・シャワー・朝食
付）

Ⓦの部屋にはバスタブがある。全77室。

🍴レイクショア・リゾート・
Lakeshore Resort

住Map P.170:1-B　P.O.Box 280 Bahir Dar
☎0918340666
営6:00～22:00

タナ湖に面したエチオピア料理と西洋料理のレ
ストラン。ティラピアのグリルがおすすめ。

アクスム
Aksum

世界遺産
アクスムの考古遺跡群
市外局番　034

...Access...

✈ アディスアベバから：
毎日1便。所要約1時間30
分、片道5460B〜
○空港から町まで：
タクシーで約15分、片道
50B。ホテルの送迎バス
が多数来ている。ホテル
宿泊客は無料。
ラリベラへ：毎日1〜2便。
所要約40分、片道2063B
🚌 アディスアベバから：
マルカート北東のAutobus
Teraから5:30発、所要約
2日半、328B
ゴンダールへ：シュレ経
由で所要約13時間、
154B

オベリスク、カレブ王の地
下墳墓、シバの女王の神
殿の共通入場券
オベリスク入口にある発
券所で購入。
🎫150B
🕐8:00〜12:00・13:00
〜17:00

オベリスク
🏠Map P.173

グズ語 (Ge'ez)
4世紀のエザナ王の時代に
エチオピアの古代語、グ
ズ語が音節文字として完
成した。10世紀頃には日
常的には用いられなくな
るが、エチオピア正教の
教典語として今なお使用
されている。

ヘダル・ツィオン
アークの到来を祝い、毎
年エチオピア暦のヘダル
の月21日（→P.414）に
行われる盛大な祝典。
アクスムのすべての教会か
らアークが運び出され、
色鮮やかなローブに身を
包んだ僧たちによる荘厳
なミサが行われる。

　3000年を遡る古代エチオピア、アクスム王国の首都で
あり、エチオピア文化発祥の地である。伝説によるとモー
ゼの十戒の石板を収めたアーク（契約の箱）が、シオンの
聖マリア教会に安置されている。エチオピアの口承伝説を
まとめた書物『ケブレ・ナガスト』によればこのアークは
シバの女王（エチオピア、イエメン一帯を治めていた女王。
またの名をマケダ）とソロモン王の間の子供、メネリク1
世がイスラエルより持ち帰ったとされている。
　1世紀頃からアクスム王国は、ローマ帝国やビザンチン
帝国と並ぶ紅海沿岸の貿易国としておおいに栄えた。
　4世紀のエザナ王の時代にはスーダン（当時はヌビア）
とイエメンを含む大帝国を築き、その戦勝の記録がエザナ
王の石碑に記された。
　アクスムを観光するなら、ヘダ
ル・ツィオン（欄外）、エチオピア
ンクリスマス、トゥームカット祭など
の祝祭日に訪れると華やかでよい
だろう。標高約1300m、人口約
5万6000人。

エチオピア新年のミサ

 見どころ

紀元前3〜4世紀に建てられたといわれる
オベリスク Obelisk

　オベリスクは王の権力を象徴する石碑で、アクスム王国期に建
造された。ほとんどは簡単な形のものだが、すばらしい彫刻を
施した巨大なものもある。かつては64の大オベリスク、246の
中オベリスク、数多くの小オベリスクがあったとされる。1980
年に世界文化遺産に登録された。
　1枚の花崗岩を彫刻して造られ、最大のも
のは高さ約33m、重さ約500トンで、現在で
は地上に崩れた状態である。2番目の高さの
ものはムッソリーニ率いるイタリア軍がエチ
オピアに侵攻した1937年にイタリアに運ば
れ、約70年の時を経て、2005年にようやく
帰還した。3番目の高さ約23mのものはアク
スムに健在で、シオンの聖マリア教会近くの
広場で見られる。
　南口に接する地下道が発掘され、公開さ
れている。

イタリアより返還され
たオベリスク

新しいシオンの聖マリア教会

住Map P.173
料200B
ガイド料350B／日
開7:30～12:30・14:30
～17:30（月～金曜）、
9:00～12:00・14:30～
17:30（土・日曜）

キリスト教の歴史

キリスト教がアクスムに入ってきたのは十二使徒の時代といわれているが、キリスト教が正式にエチオピアの国教になったのはエザナ王の時代、4世紀初めである。時のフルメンティウス主教がエチオピア最初の主教とされている。

エザナ王の碑文

住Map P.173外
料係員にチップを
1980年代に近くの農民によって発見された石碑。エザナ王の時代にサウジアラビアを征服したことを神に感謝する文章、そして「この石碑を持ち出す者は予期せぬ死に遭う。」と記した文章が3つの言葉（ギリシア語、ザビアン語、グズ語）でつづられている。鍵がかかっていたら係員に開けてもらう。

伝説のアークが安置される教会
シオンの聖マリア教会
Old Church of St. Mary of Zion

モーゼの十戒の石板を収めたアークが置かれているとされる女人禁制の教会。観光客も男性のみ入ることができる。この教会は333～349にエザナ王とサイザナ王によって建てられた

エチオピア正教にとって重要な教会のひとつ

といわれる。名前はメネリク1世がそこからアークを持ち帰った土地、エルサレム（シオン）に由来する。後にイスラム教徒によって破壊されるものの、17世紀、ファシリデス王によって同じ場所に再建され現在にいたる。ファシリデス王の建てたゴンダールの不思議の城と教会上部がどことなく似ている。

すべての民衆のための教会
新しいシオンの聖マリア教会
New Church of St. Mary of Zion

シオンの聖マリア教会は女人禁制のため、女性も礼拝できるように、1965年にハイレ・セラシエ皇帝が建てた教会。外観はラス・ミカエル（17世紀）の王冠を模し、エチオピアでは類を見ないほど広い。内部は色鮮やかなステンドグラスが壁を覆い、聖

女性も見学できる

堂内で修道士が開いて見せてくれる聖書は、およそ1000年前に植物、卵などをインクにして、羊皮紙に書かれた物。布でていねいに覆われているため、その時代の物とは思えぬほど色が鮮やか。裏手に博物館があり、王冠や十字架などエチオピア正教の貴重な文物が展示されている。

石碑は小屋の中にある

カレブ王の地下墳墓

住 Map P.173外
開 8:30～17:00
交 町から約1.8km離れた小高い丘の中腹にあるので徒歩でも車でも行ける。ローカルバスはない
地下墳墓の上には石造りの神殿があったはずだが、今はトタン屋根で覆われている。当時500頭のゾウによって巨大な石を運び込んで造ったとか。

聖アバ・ペンタロン修道院

住 Map P.173外
料 50B
開 8:00～18:00
交 町中心部からカレブ王の地下墳墓のほうをとおれば徒歩で約1時間30分。地下墳墓から約3km。Remhaiから徒歩約45分。

シバの女王の神殿

住 Map P.173 外
開 7:00～18:00
交 タクシー乗り場から車で所要約10分。

バスケットマーケット

住 Map P.173
毎週土曜に町の中心部の大きな木の下で開かれる、近郊の村の人々が編んだ色とりどりの籠や皿を売るマーケット。

ティグライの岩窟教会群

住 Map P.173 外
料 300B
交 公共交通機関はなく、アクスムで車をチャーターする。所要約5時間。ガイド料400～600B／日

Covenant Tours

住 Map P.173　P.O.Box 115 Aksum
☎ 034-7752642、0911185279
開 8:00～12:00・14:00～17:30
HP www.covenantethiopia.com
ティグライへのツアーに強い旅行会社。各種観光案内も可。

かつての王の墓
カレブ王の地下墳墓 （King Kaleb's Palace）

　石造りの階段を下りていくといくつかの部屋に分かれて、6世紀アクスムを治めたカレブ王の墓が公開されている。現在では石棺があるのみ。石棺に刻まれた十字架とは異なるデザインの十字架が壁にふたつ彫られてあるが、これは謎の多いテンプル騎士団(十字軍時代の騎士修道会のひとつ)が残していったとされている。

壁に残された十字架

崖の上に建つ、女人禁制の修道院
聖アバ・ペンタロン修道院
St. Abba Pentaleon Monastery

　6世紀、カレブ王が聖人アバ・ペンタロンをたたえて建てた修道院で、崖の上に建つ。彼は6世紀にローマから来て教会にこもり、杖によりかかった状態で45年間一切何も口にせず悟りをひらいたとされている。向こうに見える丘の上には同時期に建てられたアバ・リカノス教会があり、こちらも女人禁制。ここの十字架のデザインはアクスム・クロスと呼ばれる独特のもの。

険しい崖の頂上にある

今は石積みのみ残る
シバの女王の神殿 （Queen of Sheba's Palace）

　シバの女王の神殿跡とされている。多くの石を積み整然と部屋分けされていて、謁見の間、シャワー室、オーブン付きの台所などがうかがえる。付近には荒削りな中小のオベリスクが建っている。

女王の神殿の跡とされる

崖登りの必要がある
ティグライの岩窟教会群
Rock-Hewn Churches of Tigray

　アクスムから約100km東の地域に約120もの岩窟教会が集中している。ラリベラの教会群と同時期に造られたと考えられているものが多く、ラリベラの教会群が、町なかに集中しているのに対し、こちらは人里離れた所にあり、山の頂上や、岩山の崖を登っていかなければならない教会もある。

　フレスコ画で有名なのはアブラハ・アツベハ教会。また、美しい天井画で有名なのはアブナ・イェマタ教会。しかしたどり着くにはロッククライミングさながらの崖登りをしなければならない。

ホテル

→P.144 日本からの電話のかけ方

H イェハ・Yeha H

住Map P.173　町から徒歩約10分
☎034-7752377　FAX034-7752382
料Ⓢ US$50〜63　Ⓦ US$68〜86（トイレ・バス付）

元政府系ホテルで丘の中腹に建ち、オベリスク
がよく見える。市内へは坂を下る。空港から無
料送迎あり。全63室。

テラスからの眺望

H コンソラー・インターナショナル・Consolar International H

住Map P. 173外　P.O.Box 287 Aksum
☎034-7755306　FAX034-7754960
HPconsolarhotelaxum.com
料Ⓢ US$55　Ⓦ US$65（蚊帳・トイレ・シャワー・朝食付）

町の入口にあ
る、新しく、
設備もきちん
と整ったホテ
ル。1階はR。
全40室。

新しいホテル

H ラムハイ・Remhai H

住Map P.173　P.O.Box 219 Aksum
☎034-7751501　FAX034-7752894
料Ⓢ Ⓦ 565〜950B（トイレ・シャワー・朝食付）

日本人団体客がよく利用する大型のホテル。敷
地が広く、開放的。Wi-Fi無料。全85室。

大型のホテルで団体客が多い

H サビアン・インターナショナル・Sabean International H

住Map P.173
☎034-7751224/7751334/7751361
FAX034-7751218
料Ⓢ US$49　Ⓦ US$65（トイレ・バス・朝食付）

まだ新しい近代的ホテル。スパやジムも完備。
スタッフも親切。Wi-Fi無料。空港から無料送
迎あり。各種旅行も手配可。

近代的なサビアン・インターナショナル・ホテル

H アーク・Ark H

住Map P.173　P.O.Box 45 Aksum
☎034-7752676
ⓔdaniark2003@yahoo.com
料Ⓢ 250B　Ⓦ 350B（トイレ・シャワー付）

ある程度の設備が整ったホテル。空港から無料
送迎あり。Wi-Fi無料。全26室。

H アフリカ・Africa H

住Map P.173　P.O.Box 164 Aksum
☎034-7753700
料Ⓢ 200B　Ⓦ 250B（トイレ・シャワー付）
カードⓋ

古くからあるホテル。個人旅行者が多い。ホテ
ル内に旅行会社があり、親切。空港から無料送
迎あり。

こぢんまりしたホテル

ハラール
Harar

世界遺産
ハラール・ジュゴル歴史
要塞都市
市外局番　025

…Access…

🚌 アディスアベバか
ら：マルカート北東の
Autobus Teraから5:30発、
所要約10時間、161B
ディレ・ダワから：所要約
1時間、20B。駅からタク
シーで約10分の所にある
バスターミナルから多発
●**鉄道開通**
中国の技術と資金でリニ
ューアルした鉄道が2016
年に開通（→P.369）。

**アディスアベバからハ
ラールへの道**
アディスアベバからハラ
ールはかつての主要交易
路であり、現在その大部
分がジブチとの物資運搬
路として使用されている
エチオピアの大動脈であ
る。ほとんどの道路がし
っかりと舗装され、山道
でありながら、急カーブ
もさほどなく、かなりの
スピードで運転できる。
尾根を走る部分は眺望も
よく、今後観光道路とし
て人気を呼ぶだろう。

ハラールの町は1520年にアブゥ・ベケル・モハメッドに
よりダカールから遷都された。ハイレ・セラシエ皇帝の父、
ラス・マコーネンの出身地でもある。エジプト、アラビア、
インドへの交易の拠点として栄え、今なおハラール産の色鮮
やかな籠製品や織物、精巧な銀細工や手工芸はよく知られ
ている。ほかにも高い製本技術で作られた見事な書籍、高
品質のハラールコーヒーも有名。旧市街はハラール・ジュゴ
ル歴史要塞都市として2006年、世界遺産に登録された。

またこの町はイスラム教の学問の中心としてイスラム教
徒に慕われてきた聖なる町でもある。町なかにはなんとモ
スクが99もあり、エチオピアのなかでも唯一のイスラム教
色の濃い町だ。メッカのようにイスラ
ム教徒の巡礼者が訪れる。

フランスの詩人ランボーがハラー
ルを大変に好み、定住し貿易を営ん
でいたことは有名。

門のひとつ

 歩き方

●趣の異なる旧市街と新市街

町は大きく旧市街と新市街のふたつに分けられる。かつて旧
市街の門は5ヵ所であった（現在は6ヵ所）。いずれの門からでも
旧市街に入れるが、車が出入りできる門は2ヵ所のみ。通常西側
の門から入るが、メインストリートは旧市街唯一の大型自動車
走行可能な通りで、中心部であるマドハネ・アレム教会前の広場
が終点。そのほかの道は複雑に入り組んだ通路で、車の通行可
能な道はほとんどない。

路地は迷路のように入り組みアラブ風の門構えと高い塀に囲

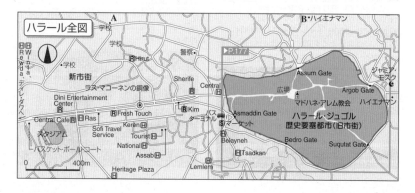

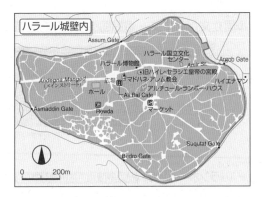

ハラール城壁内

Assum Gate
ハラール国立文化
センター
Amir St.
ハラール博物館
Argob Gate
旧ハイレ・セラシエ皇帝の宮殿
Andegna Manged
(メインストリート)
広場
マドハネ・アレム教会
ハイエナマン
ホール
アルチュール・ランボー・ハウス
Ali Bal Cafe
Asmaddin Gate
Rowda
マーケット
Suqutat Gate
Bedro Gate

0   200m

ハラールのガイド

アブドゥール・アーメッド Abdul Ahmed 氏はハラール生まれのベテラン。
☎025-6660107、
0915740864、
0920268163
📧abadertourguide@gmail.com
🏠ハラール市内観光300B／日

民家の見学

ガイドにリクエストすれば富豪の家を見学可能。ハラール博物館の展示と同様の生活を現在でもしていることに驚く。見学はガイド料に含まれるので料金は不要だが謝礼は必要だろう。あるいは日本のお菓子などでもよい。ocupied japan（占領下の日本製造品）と記されたホーローの洗面器など、意外なものに出合えるかも。

Sofi Travel Service

🏠Map P.176:A
☎025-6662740、
0911029602
航空券も取り扱う。

マドハネ・アレム（救世主）教会

旧市街の中心にある。1890年にラス・マコーネンによって建てられた。

ハラール・ジュゴル歴史要塞都市

🏠Map P.177
🏠町を歩くだけなら無料

まれた民家が隙間なく続いている。この町を観光するならガイドが必要となる。ガイドがいない場合無事に短時間で観光することは困難であろう。

新市街には政府関係のビルと、その奥に住宅地が続き、旧市街の民家とはまったく趣を異にしている。新市街の中心はハイレ・セラシエ皇帝の父親であったラス・マコーネンの銅像付近で、政府機関や高級レストランや高級ホテルが点在している。

バスターミナルは旧市街と新市街の接点にあり、周辺はマーケットになっている。宿を取るならマーケット周辺のホテルか、多少の安全を求めるならば新市街の高級ホテルがいいだろう。旧市街には民宿やブンナベット（酒場と一緒になった安宿）しかない。

ハラール市内の移動は流しのトゥクトゥクが便利。市内ならどこでも1～2Bで行ける。

 # 見どころ

世界文化遺産

ハラール・ジュゴル歴史要塞都市 Harar Jugol, the Fortified Historic Town

ジュゴルと呼ばれる約5mの城壁に囲まれたハラールの旧市街。82もの小規模なモスクが点在し、イスラム教徒にとっては聖地のひとつとされている。城壁のほとんどが白く塗られ、晴れた日には青空とのコントラストが美しい。

古くから貿易などの商業で栄えたこの地では、独特の文化を維持している。住民の多くがイスラム教徒で、ハラール式という多くの民芸品や生活用品を壁に装飾する住居様式の家に住んでいる。入り組んだ城壁内には多数の一般人が住む民家が建ち並んでいるので、その点に留意して見学したい。

行き交う人々を眺めているだけでも楽しい

ハラール国立文化センター
[住]Map P.177　P.O.Box 26 Harar
☎0915027719
[開]8:30～12:00・14:00～17:00
[料]20B

沸き立った商人文化がうかがえる

ハラール国立文化センター National Culture Center

古い豪商の民家を用いた博物館で、かつてのハラール商人の栄華がしのばれる。門から入って左側の建物のみ公開されており、内部には商人文化を彷彿させる民具が展示されている。

かつての豪商の家

アルチュール・ランボー・ハウス
[住]Map P.177
☎025-6664085
[開]8:00～12:00・14:00～17:00
[料]20B
ランボーのエチオピアでの滞在記や手紙のコピーを展示。3階はランボーとは無関係な現代画家のギャラリー。3階からの眺望はなかなかよい。
近くに17世紀に建てられたジャミア・モスクがある。

詩人の横顔がみえる

アルチュール・ランボー・ハウス Arthur Rimbaud House

ランボーの住居跡はギリシャ商人の超豪邸を改装した建物。ランボーに関する各種の資料が展示されている。眺めがよい上の階にゲストハウスが新しくオープン（Ⓢ800B）した。横の売店にはハラールの伝統的な女性の衣装や結婚式の装飾品などがある。

立派な屋敷を利用したランボー・ハウス

ハラール博物館
[住]Map P.177　P.O.Box 984 Harar　旧市街中央のマドハネ・アレム教会の裏にある
☎025-6661752
[開]8:30～12:00・14:30～17:00
[料]20B

民具を集めた博物館

ハラール博物館 Harar Museum

展示は民具が中心。展示品にはアルファベットで名前が書いてあり、わかりやすい。ちなみに向かいの建物はハイレ・セラシエ皇帝の宮殿だったが、現在はツーリズムオフィスと図書館になっており、自由に出入りできる。また隣のマドハネ・アレム教会への秘密のドアも見える。

ハイエナマン
[住]Map P.176:B、P.177　Argob Gateを出て城壁沿いに南へ5分くらいの所。
[開]19:00～
[料]100B

ハラール名物のハラール・ビール

ハラールの名物！

ハイエナマン Hyena Man

ハイエナを操るワイルドなハイエナマンが、3、4匹の飢えた野生のハイエナに、至近距離で生肉をやるショー。だいたい40分くらい。夕方ガイドに頼むとハイエナマンのショーに連れていってくれるし、人に聞いても場所はすぐわかる。口にくわえた短い棒にかけた生肉をハイエナに食わせるパフォーマンスは迫力がある。

頼めば餌付けもやらせてもらえる（有料）ので、よい記念写真が撮れるかもしれない。

スリル満点のアトラクション

ホテルとレストラン

→P.144 日本からの電話のかけ方

Ｈヘリテージ・プラザ・ Heritage Plaza H

住Map P.176:A　P.O.Box 423 Harar
☎025-6665137　FAX025-6662855
HPwww.plazahotelharar.com
料Ｓ607B　Ｗ809B　ＳＵ1472B～（蚊帳・トイレ・シャワー・朝食付）

ハラールでいちばん設備が整ったホテル。客室は広々としている。Wi-Fi無料。全26室。

街の喧騒から離れ、落ち着いて滞在できる

Ｈウィンタ・Winta H

住Map P.176:A外　P.O.Box 826 Harar
☎025-6664267、0915740050
Ｅhilinawandimu@gmail.com
料ＳＷ500B（トイレ・シャワー・朝食付）

近代的な外観の新しいホテル。旧市街から少し離れるが、設備が整っている。Wi-Fi無料。1階にカフェ、2階にＲがある。全8室。

ガラス張りの近代的な建物

Ｈラス・Ras H

住Map P.176:A
☎025-6660027　FAX025-6660218
料Ｓ450B　Ｗ700B（トイレ・シャワー・朝食付）

建物は旧政府の迎賓館として使われていたという歴史のあるホテルで、近代的なホテルにリニューアルされた。全30室。

歴史のあるホテル

Ｈバライネ・Belayneh H

住MAP P.176:B　P.O.Box 727 Harar
☎025-6662030　FAX025-6666222
料Ｓ300B　Ｗ350B（トイレ・シャワー付）

屋上からハラールの城壁の中が見える。シャワーは水しか出ない部屋もあるので要確認。全22室。

マーケットのすぐそばにある

Ｇレウダ・ゲストハウス・Rewda GH

住Map P.177
☎025-6662211
料Ｓ400B（トイレ・シャワー共同、朝食付）

旧市街にあるハラール式住居のゲストハウス。設備も清潔で、気持ちよく快適に滞在できる。リビングの装飾は特に美しい。見学のみ（20B）も可。全4室。近くに親戚が経営するゲストハウスもある。

リビングに色とりどりの食器を飾るのが伝統

Ｒディニ・エンターテインメントセンター・ Dini Entertainment Center

住Map P.176:A
☎0915766454
営6:30～20:00

ハラール料理中心のメニュー。ライスに数種類の肉、魚、野菜サラダを載せた、ボリュームたっぷりのスペシャル・ディニが特におすすめ。ミニサイズでもひとりでは食べきれない量。アルコール禁止。ゲストハウスもある。

エチオピア

ハラール

…Access…

✈アディスアベバから：毎日2～3便。所要約1時間、3849B～。ディレ・ダワ発も同じ。ディレ・ダワ空港はエチオピアでは2番目に規模が大きい国際空港。ジブチ行きの飛行機が発着する。

🚆アディスアベバ・ジブチ鉄道（国際列車）：奇数日運行。逆方向は偶数日。リニューアルし、2018年全線開通した

🚌ハラールから：ミニバスで所要約1時間、20B

アディスアベバから：マルカート北東のAutobus Teraから5:30発、所要約10時間、161B

空港から市内へ
タクシーで100B。空港の外に出るとトゥクトゥクが待っていて、市内まで30～40B。市内の移動はトゥクトゥクで5～10B

「町の掃除人」に注意！
付近に生息する野生のハイエナが夕方から餌を求め市内に侵入する。ハイエナは5～60頭の群れで路地をうろつくので夕方以降は外に出ないほうがよいだろう。町の人にいわせるとゴミ掃除をしてくれているのだそうだ。

近郊の町と見どころ

〔ディレ・ダワ　Dire Dawa〕

ディレ・ダワは1902年に創建された町。人口はハラールより多く、実質的にはエチオピア第2の都市といえる。アディスアベバからジブチへ向かう鉄道の途中駅。2019年6月現在アディスアベバ郊外〔レブLebu駅〕とジプチの〔ナガドNagad駅〕を結ぶ標準軌の鉄道が中国の手で開通し、全長約760kmを約12時間４０分で２日に１往復で運行している。町はデチャトゥ川を挟み旧市街と新市街に分かれる。川は乾季にはほとんど干上がってしまう。旧市街のメガラ地区は道幅も狭く、ガリと呼ばれる2～3人乗りの一頭だて馬車が主要交通機関である。対照的にエチオピア正教の聖ミカエル教会を中心とする新市街カジラ地区は鉄道建設のため発達した町。道幅も広く緑も豊かで、近代都市らしくホテルや航空会社、政府機関などのビルが多い。教会の真裏に皇帝の宮殿がある。

かつての帝政末期、日本資本が付近に綿布工場を操業していたことがある。この工場は革命後に国営となって操業していた。

馬車のガリが活躍

ディレ・ダワ最大の見どころ
ケフィラ・マーケット [Kefira Market]

デチャトゥ川の河川敷に広がるマーケット（[営]6:00～18:00）で生活用品のほぼすべてが揃う。ソマリ族、アファル族、オロモ族などの人々も集まり、色鮮やかな民族衣装で彩られる。ウマ市やラクダ市が開かれるときもある。市は午前中でほぼ終わる。

カラフルな色彩であふれている

ホテル

→P.144 日本からの電話のかけ方

[H]ラス・ホテル・ディレ・ダワ・Ras H Dire Dawa
[住]P.O.Box 83 Dire Dawa
☎025-1113255　FAX025-1111663
[料]ⓈS400B～　Ⓦ600B（トイレ・バスタブ・朝食付）
新市街にある、町で唯一の5つ星ホテル。新館はエアコン付き。Wi-Fiあり。

快適な客室

[H]サムラット・Samrat H
[住]P.O.Box 1872 Dire Dawa　ディレ・ダワ空港から車で約10分
☎025-1130600　FAX025-1130601
[HP]www.samrat-hotel.com
[料]ⓈUS$36　ⓌUS$46（エアコン・トイレ・バスタブ・朝食付）
[カード][V]
市内中心部にある4つ星ホテル。Wi-Fi無料。全57室。

近代的な外観のホテル

アワサ
Awassa

　見どころはアワサ湖。エチオピア国内で入場料を払わずに湖岸まで行けるのは、ここととババルダールのタナ湖だけ。水は澄み、水鳥も多く、美しい。自然のなかでゆっくりできる。湖のボートトリップも人気。夕方になると地元の人が湖畔で夕涼みをしている。

市外局番　046

…Access…

アディスアベバから：マルカート北東のAutobus Teraから5:30発。それ以降はアカキ発。所要約4時間、84B

シャシャマネへ：ミニバス多発。所要約40分、15B

アルバ・ミンチへ：6:00発のみ。所要約6～7時間、85B

ボートトリップ
料金は要交渉。カバを見にいくトリップは所要約1時間。500B～／隻。だいたい1時間で遭遇できるが、まれに見られないこともある。

のんびりとした時間が流れるアワサ湖畔

アワサ概略図

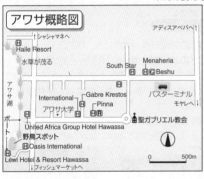

シャシャマネへ
アディスアベバへ
Haile Resort
水草が茂る
Menaheria
South Star
Beshu
アワサ湖
International
Gabre Krestos
Pinna
アワサ大学
バスターミナル
モヤレへ
聖ガブリエル教会
United Africa Group Hotel Hawassa
野鳥スポット
Oasis International
Lewi Hotel & Resort Hawassa
フィッシュマーケットへ
0　　　500m

アワサ市街

 ホテル

→P.144 日本からの電話のかけ方

〈湖岸沿い〉
H レウィ・ホテル・アンド・リゾート アワサ・Lewi Hotel & Resort Hawassa

住 Map P.181　P.O.Box 133　Hawassa
☎046-2214143、0916313131
FAX046-2214127
E lewihre@gmail.com
H www.lewihotelandresort.com

料 S US＄62～　W US＄87.28～（蚊帳・エアコン・TV・冷蔵庫・セーフティボックス・トイレ・バスタブ・朝食付）

カード A M V

アワサ湖に面した部屋は眺望がよい。敷地内に子供用遊園地がある。R あり。

湖に面した客室

181

Ｈ ハイレ・リゾート・**Haile Resort**

住Map P.181　アワサ湖畔
☎046-1101007
ＨＰhaileresorts.com
料Ⓢ US＄73～　Ⓦ US＄82～　Ⓣ US＄166～
（蚊帳・エアコン・TV・冷蔵庫・セーフティボックス・トイレ・バスタブ・朝食付）　カードＡＭＶ
南エチオピアでもトップクラスの設備の整った
高級リゾートホテル。アワサ湖に面した部屋は
眺望がすばらしい。Ｒあり。Wi-Fi無料。

設備が整ったホテル

Ｈ オアシス・インターナショナル・**Oasis International H**

住Map P.181　P.O.Box 2025
☎046-2206452/2206425　FAX046-2206455
Ｅinteroasisbr_2009@yahoo.com

料Ⓢ468B　Ⓦ600B　ⓈⓁ1156B（蚊帳・トイレ・シャワー・朝食付）＋税・サービス料
湖から離れたやや経済的ホテル。Ｒあり。Wi-Fi無料。

Ｈ ユナイテッド・アフリカ・グループ・**United Africa Group H Hawassa**

住Map P.181　P.O.Box 61
☎046-2200004/2205395　FAX046-2205393
Ｅreservation@unitedafricahotelhawassa.com
ＨＰwww.unitedafricahotelhawassa.com
料Ⓢ1000B（セミバンガロー）Ⓢ1200B（バンガロー）（蚊帳・TV・冷蔵庫・シャワー付）
かつての政府系ホテル。広い敷地内に、プール、
テニスコート、ビリヤード、バーなどあり。プールは宿泊客以外も有料（40B）で使える。

緑あふれる敷地

 近郊の町と見どころ

ズワイ湖

交アディスアベバより約100km南、ズワイまでミニバス所要約3時間30分70B
料湖の入園料20B
ガイドが魚の腸などを撒くと鳥が集まってくる。

子供に金や物をあげないで

アブシ付近から南部の道では、観光客の車が通ると子供たちが急に踊りだしたり逆立ちを見せたり、サンダルを車の下に投げ込んだりする。観光客が撮影のために車を停めると、大勢で車を取り囲みチップを要求する。チップ目当ての行動でむやみにチップを渡すのは決して子供たちのためにならない。

バードウオッチングに最適な
ズワイ湖　**Lake Ziway**

エチオピア南部に広がる長さ約31km、幅約20km、面積約440km²という広さの淡水湖で海抜約1638mと高地にあり、リフトバレー湖沼群のなかでも有数の広さを誇る。水深は最大でも約9mと浅く、5つの小島がある。カバや魚類が多数生息し、漁業が行われている。

漁民の船着き場には、大型のハゲコウやペリカン、アフリカクロトキなどが集まり、漁民の捨てる魚に群がる様は壮観である。

漁民の捨てる魚に群がる水鳥

〔シャシャマネ　Shashamane〕

　ラスタ（ハイレ・セラシエ皇帝をキリストの再来と信じる新興宗教）の村と教会が郊外にある。ラスタ村のナイアビンギ教会（地元の人は「ジャマイカビレッジ」と呼ぶ）では土曜にナイアビンギ（独自のミサ。音楽を延々と演奏し踊る）がある。ナイアビンギは20:00くらいまでやっているが、その頃にはシャシャマネへの交通手段がなくなるので注意（ただし、最近は不定期になっているので、要事前確認）。教会の中ではラスタグッズを売っている（日曜休）。またこの町はウォンド・ガンナッツ（温泉地）への起点でもある。温泉は打たせ湯で、プールやホテルもあるのでゆっくりできるだろう。

カラフルな色使いはラスタの特徴

...Access...

🚌 **アディスアベバから**：マルカート北東のAutobus Teraから5:30発。それ以降はアカキ発。所要約4時間、77B。
アワサへ：ミニバスが頻発。所要約40分、10B。
アディスアベバへ：6:00～16:00頃まで1時間ごとに運行。バス97B、ミニバス140B。
アルバ・ミンチへ：ソド経由で所要約6時間、100B。バスターミナル付近は治安がよくないので注意。

ラスタ村
🚕 シャシャマネからトクトク所要約10分、10B。教会への入場料は100B。中には大麻を吸っている人がいるので注意。

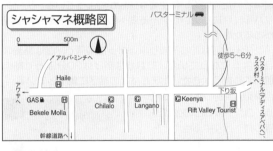

シャシャマネ概略図

バスターミナル
アルバ・ミンチへ
徒歩5～6分
Haile
アワサへ
GAS
Bekele Molla
Chilalo
Langano
Keenya
Rift Valley Tourist
下り坂
バスターミナル（アディスアベバへ、ラスタ村へ）
幹線道路へ

🏨 ホテル

→P.144 日本からの電話のかけ方

🇭 リフトバレー・ツーリスト・
Rift Valley Tourist H

🏠 Map P.183
☎046-1105710　FAX046-1103882
📧 shasheriftvaltouhot@yahoo.com
💰Ⓢ385B～　Ⓦ495B～（トイレ・シャワー付）

大きな庭があり、小川沿いにある。あたりは静かな雰囲気。部屋は広く、落ち着ける。

こぢんまりしたホテル

🇭 バカラ・モラ・
Bekele Molla H

🏠Map P.183　P.O.Box 61
☎046-1103033/1103344　FAX011-5521735（予約）
🌐www.bekelemollahotels.com
💰Ⓢ165B（トイレ・シャワー付）

エチオピア全土にある政府系バカラ・モラ・チェーンのひとつ。部屋は清潔。

経済的なホテル

世界遺産 アルバ・ミンチ
Arba Minch

世界遺産
コンソの文化的景観

市外局番　046

...Access...

✈アディスアベバから：
毎日あるが出発時刻は曜
日により異なる。所要約1
時間25分、2881B
アディスアベバへ：毎日

🚌アディスアベバから：
マルカート北東のAutobus
Teraから5:30発。所要約
10時間、139B
アディスアベバへ：5:00
着い発など毎日数便。所
要約12時間、150B
アワサへ：所要約6時間半、
100B
シャシャマネへ：毎日数便。
所要約6時間、90B
コンソへ：ミニバスが頻発。
所要約2時間、40B
ジンカへ：（コンソ、カイ
ア・ファール経由）所要約
6時間、100〜120B

エチオピア南部の町アルバ・ミンチはガンモ・ゴファGamo Gofa州の州都。アムハラ語でアルバは40、ミンチは泉を意味するように、非常に多くの泉がある。

町はアバヤ湖畔のセカラSikela地区とそれより西側で200mほど高地のセチャShecha地区に分かれる。

このあたりは大地溝帯の底部に当たるため水分が多く、緑が多く茂っている。

セカラ地区は目抜き通りも広く、みやげ物屋やレストランが並んでいる。店をゆっくり見るのも楽しい。格子状に整備された道路沿いに主要な建物が集まっている。ナッチサハルN.P.にも近いがチャモ湖への観光は峠を越える必要があるため不便。

セチャ地区はこぢんまりまとまった集落で、道は碁盤の目のようになっている。町なかは歩けば30分ほどで端に着いてしまう大きさ。ホテルはこの地区に集中している。

アルバ・ミンチはドルゼ族、コンソ族などの少数民族の村へ行く中継地点であり、多くの旅行者が立ち寄るので、ホテルの数も多い。アルバ・ミンチで4WD車をチャーターして南エチオピアを回るのもよい。

セカラ地区のバスターミナル

※空港とセカラ地区間、セチャ地区とセカラ地区間の距離はデフォルメされています

見どころ

鳥類の観察にもってこい
ナッチサハル国立公園 (Nechisar National Park)

アバヤ湖とチャモ湖のふたつの湖、草原と森林という環境をもつ国立公園。91種の動物と351種の鳥類が観測されている。

ペリカンなどの水鳥が観察できる
ボートツアー (Boat Tour)

5～30人乗りボートで、チャモ湖を約1時間半で回るツアーが定番。水鳥の群生する島や、ワニの群生する岬などを回る。ワニは間近で見られる。目を凝らすとカバの耳があちこちに見え始

ナイルワニやペリカンに会えるかも

める。ときに体当たりしてくるカバの習性上、船頭は安全距離をとってボートを走らす。あまり近づけないので、望遠レンズがあるとよい。夕方は風が出て水しぶきをかなり受けるので、防水コートとタオルの用意を。

口を空けたまま微動だにしないワニたち
クロコダイル・ファーム (Crocodile Farm)

ワニ皮用に飼育されているナイルワニのファーム。陸の上ではほとんど動きを見せないワニたちも餌をやるときは見もの。増水期には歩道まで水位が上昇するため歩行困難。

微動だにしないワニたち

伝統的生活を垣間見る・
ドルゼ族の集落 (Dorze Village)

アルバ・ミンチの町から約30kmのチェンチャ山頂上付近にはドルゼ族の村があり、訪問ツアーに申し込むとドルゼ族の伝統家屋や生活模様を見学できる。ゾウの鼻を模した竹とエンセーテ（偽バナナの木）の葉で建てられた巨大な住宅で、高いものは約20m。約40年の歴史をもつ家屋もある。家には入口に客待ち場、中は簡易ベッドと台所があり、簡素だが合理的な住居で見た目も美しい。裏にはエンセーテの林があり、コチョ（彼らの主食）を作るところを見せてくれる。また、家の横ではシャンマネ（機織り人）が機織りをして即売している。家人による糸紡ぎも見られる。この村の途中でアバヤ湖のすばらしい景観が一望できる。月～土曜はアルバ・ミンチでマーケットが開かれるが、最大なのはドルゼの村での月・木曜マーケットなので、日程を合わせてぜひ訪問してみたい。

アルバ・ミンチ内の交通
各地区の間をミニバスが頻繁に運行している。3B（ひとり専用10B）。

ナッチサハル国立公園
→P.51

See Us Tour Guide Association
🏠Map P.184:1-A
☎0927830715、0911780013
📧info@seeusarbaminch.com
🌐seeusarbaminch.wordpress.com
セチャ地区にある旅行会社。ナッチサハル国立公園（US$178）、コンソ（US$175）、ドルゼとチェンチャ（US$130）などへのツアーがある（いずれも3人まで、ガイド料別）。

クロコダイル・ファーム
🏠Map P.184:2-B
💴US$10
🚗セカラ地区から約4km。バスはないので、トゥクトゥク（100～150B）か自転車を借りて行く（10B／時）。途中から未舗装の道を走ることになるので自転車が合わないとつらい

観光事務所
🏠Map P.184:1-A
☎046-8812046
観光案内所ではないので一般的な情報しか得られないが、旅行会社を取り締まっているので苦情などを受け付けてくれる。

ドルゼ族の集落
🏠Map P.184:2-B外
💴200B（ガイド料350B）
🚗ドルゼ村までバスで所要約2時間、30B。バスの本数は少ないので、レンタカーかトクトクがよい。

伝統的な家

〈セチャ地区〉
H スワイナス・Swayne's H
住 Map P.184:2-A
☎ 0913970068（アルバ・ミンチ）
011-6299260（アディスアベバ）
e prince@greenlandethiopia.com
HP www.swayneshotel.com
料 Ⓢ US$72　Ⓦ US$81（トイレ・シャワー・朝食付）

チャモ湖を一望できる、静かな環境。空港までの無料送迎あり（要事前予約）。部屋、バスルームとも広くてきれい。家具は特注品。従業員も教育されている。R の食事は美味。全80室。

アフリカ民家風客室

H バカラ・モラ・Bekele Molla H
住 Map P.184:2-A　P.O.Box 34
☎ 046-8810046
HP www.bekelemollahotels.com
料 Ⓢ 518B　Ⓦ 650B（トイレ・シャワー付）

崖の端に建つホテル。部屋は広い敷地内に散在するバンガロー。食堂からはチャモ湖とアバヤ湖が見渡せる。全32室。朝食50B、昼食65B、夕食80B～。

老舗のホテル

H アルバ・ミンチ・Arba Minch H
住 Map P.184:1-A
☎ 046-8810206
料 Ⓢ 150B　Ⓦ 200B（トイレ・シャワー付）

セチャ地区の中心にあり、地元の人々に人気があるホテル。全15室。

R ソマ・Soma R
住 Map P.184:1-A　P.O.Box 182
☎ 0911737712
営 8:00～22:00　無休

地元の人もおすすめの魚料理が好評のレストラン。魚の姿焼きGRILL FISH（スープ、ポテト、野菜付き）200Bはふたり用。H スワイナスの横に経済的なSoma Lodgeを経営しており、そこからの景色もすばらしい（700B／泊）。

大通りの角にありわかりやすい

〈セカラ地区〉
H ツーリスト・Tourist H
住 Map P.184:2-B
☎ 046-8812171
料 Ⓢ 452B　Ⓦ 496B（トイレ・シャワー付）

聖ガブリエル教会近く、エチオピア航空の事務所隣。この地区では外国人に人気のあるホテル。中庭の R は開放的でWi-Fiもあり便利。全36室。

外国人に人気のあるツーリスト・ホテル

近郊の町と見どころ

〔コンソ　Konso〕 世界遺産

　独自の文化をもつコンソ族の人々が多く住んでいる町。アルバ・ミンチからジンカへ行く途中にとおる。また、ジンカからはアルバ・ミンチとヤベロへ行く道に分かれる地点でもある。

　町の中心にホテルが数軒、集まっている。

　月曜と木曜にマーケットが開かれ、民族衣装である二段になった華やかなスカートをはいたコンソ族女性でにぎわっている。

たくさんの人でにぎわうコンソ・マーケット

知恵に富んだ民族
コンソ族の集落

　アルバ・ミンチの町から約92km南に、9人のクラン（族長）によって治められているコンソ族の集落がある。山の斜面に沿って造られた段々畑や屋敷は石垣で支えられ、独特な形態をしている。

　人々は朝・昼食はマシラ（ソルガム）やボコロ（トウモロコシ）で作られたチャカという地ビールのみを食す。垣根で囲まれた家の入口は低く、かがまないと入れない。家の脇には墓石の代わりの、ワカという木で彫った故人をしのぶ人形がある。人やワカの写真を撮る際は、家の人に声をかけチップの交渉を。

世界遺産
コンソの文化的景観

⋯Access⋯

🚌 **アルバ・ミンチから**：ミニバスが多発。所要約2時間、40B
ジンカへ：所要約4時間、70B

コンソ族の集落
🎫200B／人。ローカルガイド200B／人。グループの場合は400B（ガイド料）
🚗コンソの町からミニバス（800B）、バイクタクシー（150B）をチャーターして行く。観光案内所（Konso Secondary-Preparatory schoolの正面にある。☎046-7730073）でチャーターやガイドをアレンジしてくれる。

屋根が珍しい形のコンソ族の住居

この石を持ち上げれば大人とされる

こうした石垣が村を取り囲む

ジンカ
Jinka

　ケニア、南スーダンと国境を接している、ガンモ・ゴファGamo Gofa州サウス・オモ・ゾーン（オモ川流域）には多くの少数民族が生活している。ジンカはその中心地で、マゴN.P.やオモN.P.への起点でもある。コンソからジンカまでの道は少数民族の村々を通過するので、ムルシ族をはじめ、ニャンガタム族、ダサネチ族、ハマル族、カロ族、アリ族、アルボレ族、マリ族、バンナ族、ツァマイ族、コンソ族、ダラセ族などの伝統的な生活に触れることができる。しかし、この地域は海抜2000mを超える所もあるので、それなりの体力と防寒着が必要となる。

静かな町並み

見どころ

少数民族について知るには
SORC博物館　South Omo Research Center

　町の高台に開設された博物館。各民族の紹介ビデオを観せてくれる。小さな博物館だが、アリ族、ムルシ族、ダサネチ族、ハマル族、マリ族、アルボレ族の文化人類学的資料や民具などを展示している。なかでも動物の内臓で未来を占うツンコラは興味深い。小さなみやげ物コーナーも併設し、地場産業活性化に寄与している。

カラフルでにぎやかな
土曜マーケット　Saturday Market

　毎土曜に開催されるマーケットで、野菜や果物、香料、手工芸品などさまざまなものが売られている。ここで少数民族の人たちに会うこともあるだろう。ただ、彼らを撮影する場合は、事前に必ず許可を取ってから。

　2016年4月現在、民族間の紛争が起こっており、そのためかムルシ族などいくつかの民族はマーケットに来ていない。

にぎわうマーケット

市外局番　046

…Access…

✈️アディスアベバから：
運休中
🚌アディスアベバから：
所要2日、224B
アルバ・ミンチから：コンソ、カイア・ファール経由、所要約6時間、90B

マゴ国立公園とムルシ村
🎫入場料200B、ガイド400B、ガードマンが必要な場合200B／グループ
🚗マゴ国立公園内ムルシ村まで車をチャーターして行く。所要約2時間。ホテルなどで同行者を見つけて行くのがベスト。

🏨Goh
🏠P.O.Box 62
☎️046-7750033
💴Ⓢ350B　Ⓣ310B
（蚊帳・トイレ・シャワー付）
バスターミナルから近く便利。新しくはないが、部屋内は清潔。この周辺にはいくつかホテルが点在する。

SORC博物館
🏠P.O.Box 87
☎️046-7750332
🕐9:00〜17:30（月〜金曜）
💴外国人100B
🚗町の中心から坂を上る。徒歩約15分

土曜マーケット
🕐昼から夕方（商品がなくなるまで）

ジンマ
Jimma

市外局番　047

...Access...

✈ アディスアベバへ：
毎日出発、所要約1時間
30分、2008B。

🚌 アディスアベバへ：デ
ラックスバスが🅷Central
Jimma横 から6:00発、所
要約7～8時間、220B。通
常のバス（130B）とミニ
バス（180B）はバスター
ミナルから客が集まりし
だい出発。

🚌 アディスアベバから：
デラックスバスがマスカ
ル広場から6:00発。マル
カート近くのバスターミ
ナルからバス、ミニバス
もある。

エチオピア西部の中心都市で海抜約1670m、人口約16万人。ジンマ州の州庁所在地で、交通およびコーヒーの集荷と西部経済の要衝である。メネリク2世によるエチオピア帝国統一の際に併合されたとはいえ、独自の王を頂くジンマ王国として数百年にわたりジンマ周囲を統治していた歴史をもつだけあり、エチオピア西部では、旧名ジレンというこの町は唯一かつての都らしいたたずまいを見せている。

 ## 歩き方と見どころ

町の中心は、バスターミナル周辺で町いちばんの🅷Central JimmaやH SYFがある。

コーヒーの発祥の地といわれているだけあり、おいしいコーヒーがいたるところで飲めるのもうれしい。

町は盆地を中心に広がりをみせ、町の東北の山腹に、ジンマ王宮殿、歴代ジンマ王の墓など王国の遺跡が散在する。なかでもジンマ王宮殿は中心部から6kmほど、北東に上った所にあり、一般に公開されている。町から歩いて1時間30分ほどであり、ジンマ大学を過ぎたあたりから民家が点在している。

いたるところにあるコーヒー小屋

ジンマ博物館
🕐8:30～12:00・14:00
～17:30
🎫入館料25B

ジンマ王国の遺品を展示する
ジンマ博物館　Jimma Museum

町なかにある小規模な博物館で、ジンマ王国最後の王アバ・ジファールAbba Jifarの生活をしのばせる用具や武器、周辺の民族の民具が展示されている。また、ハイレ・セラシエ皇帝が視察に訪れた際に20分だけ座った40万Bを費やしたといわれる豪華な金張りの椅子も展示されている。混んでいなければ管理人兼ガイドが館内を説明してくれる（チップ5～10B程度）。写真撮影も可能。

博物館内

木造ブリキ屋根の宮殿

ジンマ王宮殿 Palace of Jimma Kingdom

1770年代にインド人の設計により建てられた29室をもつ3階建ての宮殿で、町の北東部の丘陵にある。宮殿といっても、ブリキ屋根の大型木造建築。最後のジンマ王アバ・ジファールAbba Jifarは2m近い身長で150kgを超す巨漢であった。彼の使ったベッドが残されているが、お尻あたりになぜか穴があいている。また向かって右側のハーレムにはいくつかの小部屋があり、後宮の方々がそれらの部屋で生活していたのだと思うと、何やら艶めかしさを感じる。敷地内には別棟で王室専属のモスクもある。主宮殿の3階からはジンマの町が一望に眺められる。王家の墓は宮殿より約1.5km下った所にある。

ジンマ王宮殿
[開]8:30〜18:00
入場料25B（案内人のガイド料30B）

最後のジンマ王、アバ・ジファール

王宮の扉の彫刻

主宮殿（中）とハーレム（左）

王様のベッド

ホテル

[H]セントラル・ジンマ・Central Jimma H

[住]P.O.Box 1658
☎0471-118282/118283
[HP]centraljimmahotel.com
[料]Ⓢ270〜350B　Ⓦ290〜410B　Ⓣ497B（蚊帳・シャワー・トイレ付）

バスターミナルの北側。ジンマいちのホテル。プール、[R]あり。道路に面した客室ビルの1階にリーズナブルな値段の食堂あり。Wi-Fi無料。全70室。

このほかにコテージがある

[H]エス・ワイ・エフ・SYF H

[住]P.O.Box 237
☎0471-120441
[料]ⓈⓌ200〜450B（蚊帳・シャワー・トイレ付）

4階建てのホテルで屋上にSYF HOTELの看板あり。[H]Central Jimmaの北隣。Wi-Fi無料。

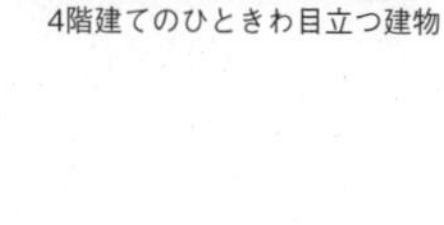

4階建てのひときわ目立つ建物

ケニア

Kenya

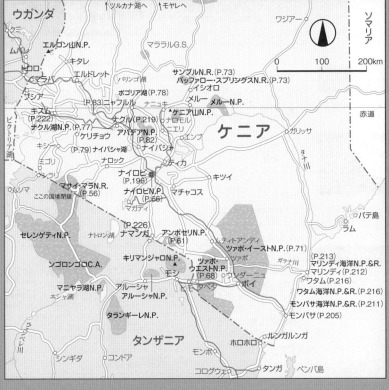

ウガンダ
←ツルカナ湖へ ←モヤレへ
ワジアー
ソマリア

エルゴン山N.P.
マララルG.S.
0 100 200km

キタレ

トロロ
マラバ
エルドレット
バリンゴ湖
サンブルN.R.(P.73)
バッファロー・スプリングスN.R.(P.73)
イシオロ

ブシア

ボゴリア湖(P.78)
(P.83)ニャフルル ナニュキ
メルー メルーN.P.

キスム
(P.222)
ナクル(P.219) ナロモル
ケニア山N.P.
赤道

ナクル湖N.P.(P.77)
ケリチョウ
アバデアN.P.
(P.82)
ニエリ
ケニア
ガリッサ

キシー
(P.79)ナイバシャ湖
ナイバシャ

ビクトリア湖
ミゴリ
ナロック
ティカ

シラリ
ナイロビ
(P.196)
キツイ

ムソマ
マサイ・マラN.R.
(P.56)
ナイロビN.P.
(P.66)
マチャコス

ここの国境閉鎖
マガディ
バテ島

(P.226)
ナマンガ
アンボセリN.P.
(P.61)
ムティトアンディ
ラム

セレンゲティN.P.
ナトロン湖
ツァボ・イーストN.P.(P.71)

ンゴロンゴロC.A.
キリマンジャロN.P.
ツァボ
ツァボ・
ウエストN.P.
(P.68)
ワンダーニュ
ガラナ川
(P.213)
マリンディ海洋N.P.&R.
マリンディ(P.212)

マニヤラ湖N.P.
モシ
アルーシャ
アルーシャN.P.
ボイ
ワタム(P.216)

エシャ湖
ヒマ
ボエタ
ワタム海洋N.P.&R.(P.216)
モンバサ海洋N.P.&R.(P.211)

タランギーレN.P.
モンバサ(P.205)

タンザニア
ホロホロ
ルンガルンガ

シンギダ
コンドア
モンボ

コログウェ
タンガ
ペンバ島

▶ 旅の言葉→ P.387

国 旗
黒はケニア国民を、赤は自由解放のための闘争を、緑は農業と豊かな天然資源を示し、白線は平和を、中央にあるマサイの盾と槍からなる紋章は自由の防衛を意味する。

正式国名
ケニア共和国　Republic of Kenya

国 歌
ケニア共和国国歌　National Anthem

面 積
約 58.2646 万 km²（日本の約 1.5 倍）

人 口
約 4970 万人（2017 年国連人口部）

首 都
ナイロビ（Nairobi）人口約 314 万人

元 首
ウフル・ケニヤッタ（Uhuru Kenyatta）
大統領（2019 年 6 月現在）

政 体
共和制。複数政党制で JUBILEE 連合が政権担当。国家元首は大統領。

民族構成
キクユ族、ルオ族、カンバ族、マサイ族など 42 部族。ナイロビ周辺を生活圏とするキクユ族が、人口の 5 分の

1 ほどを占める。そのほか、ビクトリア湖周辺に住むルオ族、タンザニアとの国境付近に住むマサイ族、そのマサイ族と同じ牧畜民である北部のツルカナ族、サンブル族、ソマリ族、海岸地方に住むスワヒリ族、マチャコス周辺のカンバ族など多彩だ。

宗 教
キリスト教（プロテスタント）（40%）、キリスト教（カトリック）（30%）、イスラム教（6%）、そのほか伝統宗教など（23%）。キリスト教徒が半数以上を占めるが、アフリカ独自のキリスト教の一派も存在する。海岸地方にはイスラム教徒が多く、そのほか、インド人のヒンドゥー教徒もいる。

言 語
国語のスワヒリ語のほか、42 の部族語も話される。公用語は英語。

年によって異なる移動祝祭日（※印）に注意。

1 月	1/1		元旦	
4 月	4/14（'17）	※	グッドフライデー	
	4/17（'17）	※	イースターマンデー	
5 月	5/1		メーデー（労働者の日）	
6 月	6/1		マダラカデー（解放の日）	
	6/26（'17）	※	ラマダン明け	イスラム教
10 月	10/20		英雄の日	
12 月	12/12		独立記念日	
	12/25		クリスマス	
	12/26		ボクシングデー	

▶ 通信事情→ P.336

日本からケニアへかける場合

国際電話会社の番号

- 001（KDDI）※1
- 0033（NTTコミュニケーションズ）※1
- 0061（ソフトバンク）※1
- 005345（au携帯）※2
- 009130（NTTドコモ携帯）※3
- 0046（ソフトバンク携帯）※4

例 ナイロビ（020）の123456へかける場合

国際電話識別番号		ケニアの国番号		市外局番（頭の0は取る）		相手先の電話番号
010	+	**254**	+	**20**	+	**123456**

- ※1「マイライン」の国際区分に登録している場合は、不要。詳細は HP www.myline.org
- ※2 auは、005345をダイヤルしなくてもかけられる。
- ※3 NTTドコモは、事前にWORLD WINGに登録が必要。009130をダイヤルしなくてもかけられる。
- ※4 ソフトバンクは、0046をダイヤルしなくてもかけられる。
- ※ 携帯電話の 3 キャリアは「0」を長押しして「＋」を表示、続けて国番号からダイヤルしてもかけられる。

単位はケニア・シリング (Ksh)。紙幣は 50sh、100sh、200sh、500sh、1000sh が発行されている。各紙幣にはケニヤッタ初代大統領の顔が入っている（極めてまれにモイ元大統領の顔の入った紙幣もある）。コインは 1sh、5sh、10sh、20sh、40sh があるが、5sh 以下はほぼ使われていない。空港や町の銀行で両替が可能。一部 US ドルが使用できる店や旅行会社がある。

為替レート
1 ケニア・シリング (Ksh) = 約 1.058 円 US$1= 約 102.7Ksh (2019 年 7 月 1 日現在)

通貨と為替レート

▶通貨、両替の知識
→P.329

▶旅の予算
→P.332

50sh

100sh

200sh

500sh

1000sh

10sh

20sh

40sh

一般的な営業時間の目安。店舗によって30分〜1時間前後の違いがある。

官庁
8:00〜13:00・14:00〜17:00(月〜金曜)

銀 行
8:30〜15:00（月〜金曜、土曜に 9:00〜13:00 のみ営業する支店もある）

一般商店
8:00〜18:00。（昼休みを 13:00〜14:00 に取るところが多い）

ビジネスアワー

電圧とプラグ
電圧は 220〜240 V で、周波数は交流 50Hz。プラグは B3、BF、C タイプが使用されている。日本国内の電化製品はそのままでは使えないものが多く、変圧器が必要。

BFタイプ

ビデオ、DVD方式
ケニアのテレビ、ビデオ方式 (PAL) は日本 (NTSC) と異なる PAL 方式なので、一般的な日本国内用ビデオデッキでは再生できない。DVD ソフトは地域コード Region Code が日本と同じ「2」と表示されていれば、DVD 内蔵パソコンでは通常 PAL 出力対応なので再生できるが、一般的な DVD プレーヤーでは再生できない (PAL 対応機種なら可)。

電気&ビデオ

ケニアから日本（東京）へかける場合　　　（例）(03) 1234-5678 または (090) 1234-5678へかける場合

国際電話識別番号		日本の国番号		市外局番と携帯電話の最初の0を除いた番号		相手先の電話番号
000	+	**81**	+	**3** または **90**	+	**1234-5678**

※ホテルの部屋からは外線につながる番号を頭に付ける

▶ケニア国内通話　　市内へかける場合は市外局番は不要。市外へかける場合は市外局番からダイヤルする
▶公衆電話のかけ方
①受話器を持ち上げる
②テレホンカードを、カードに示された矢印の方向に入れる
③相手先の電話番号を押す
④テレホンカードの残りが画面に表示される。通話が終わったら、受話器を置き、カードを取る

チップ		必ずしも義務ではないが、英国植民地時代の名残からチップの習慣がある。 **ホテル** ホテルのポーターは荷物1個につき50sh。	**レストラン** 高級レストランでは食事代の10%。 **サファリ** サファリドライバーはUS$20／日。

飲料水		ミネラルウオーターを飲むこと。氷も避ける。うがいもミネラルウオーターで。	度量衡		日本の度量衡と同じで距離はメートル法。重さはグラム、液体はリットル単位。

気　候

▶旅の準備と道具
→ P.323

　赤道直下であるにもかかわらず、中部一帯は、標高1700m前後の高地であるため、平均気温10〜28℃という過ごしやすい気候である。下の平均気温、平均降水量のグラフはナイロビのもの。沿岸部では5月にナイロビと比較して1.5倍ほどの雨が降る。沿岸部では晴れが多く、気温も15℃を下回ることは少ないが、ナイロビでは7〜8月は曇りがち、気温も10℃を下回ることがあ

る。雨季は1年に2度あり、3〜5月が大雨季、11〜12月中旬が小雨季である。大雨季にはロッジやリゾートホテルなどは期間休業するところがある。
　国内の西部に大地溝帯（グレート・リフト・バレー）が走り、中南部にはアフリカ第2の標高をもつケニア山がある。北部を中心にほとんど降雨のない砂漠地帯が総面積の大半を占める。

ナイロビと東京の平均気温と降水量

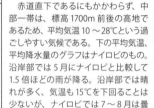

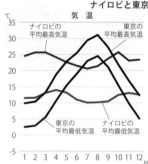

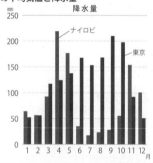

日本からの
フライト時間

▶東アフリカへの道
→ P.310

　日本からの直行便はないが、ケニア航空と大韓航空がコードシェアにより成田国際空港発ソウル経由で、全日空がバンコク経由でナイロビ行きを運航している。総飛行時間は17時間40分〜。エミレーツ航空、カタール航空なども日本からナイロビへの経由便がある。

時差と
サマータイム

　GMT＋3時間。日本との時差は、6時間で、日本時間から6時間引けばよい。つまり日本のAM7:00が、ケニアではAM1:00となる。サマータイムは採用されていない。

日本までは、はがき 105sh。封書 20g まで 140 〜、50g まで 245sh。航空便は 5 〜 7 日、船便なら 2 〜 3 ヵ月で届く。DHL や EMS ならば 2 〜 4 日程度。現地で入手した封筒が薄いと袋が破けることもあるのでしっかり梱包しよう。

郵　便

▶ 通信事情
→ P.336

飲酒、喫煙、車の運転は 18 歳以上。

年齢制限

VAT16％が加算。税金払い戻し制度はない。

税　金

TAX

2007 年末の大統領選挙結果をめぐるトラブルから民族対立が激化し、建国以来初めての民族虐殺事件が起きた。次回ケニア大統領選挙前にはデモ活動が暴動に発展する場合もあるので、最新情報を収集し、大規模なデモが発生している場所（ナイロビ大学、ウフルパーク付近など）には近寄らないなど、十分な警戒を怠らないこと。

また隣国ソマリアなどからの越境山賊や海賊の侵入もあり、観光客を狙ったテロも予告されている。外務省から退避勧告（ソマリアとの国境地帯、北東地域ダダーブ難民キャンプ周辺地域及び北東地域ガリッサ郡ガリッサ）、渡航中止勧告が出ている危険地域には行くべきではない。

ナイロビはケニアの中で犯罪率が突出している。一般犯罪では、強盗が最も多く、スリ、置き引きと続く。場所によって危険度は違うが、ナイロビでの移動にはタクシーを使おう。たとえ昼間であっても、またどんなにすぐ近くであっても油断は禁物だ。国立公園などの一部でも強盗の被害が出ているため、危険な行動を避け、勝手に茂みなどに踏み入らないこと。レインジャーやホテルのスタッフにアドバイスをもらおう。
※指定された場所以外での喫煙は警察に捕まり罰金をとられる。

安全とトラブル

▶ 旅の安全情報
→ P.348

警察　消防
999
※救急車は有料

ビザとパスポート

ビザが必要。2015 年 9 月より一次入国ビザ（観光ビザ）、トランジットビザなどはオンラインでのビザ申請・取得ができるようになった。シングルビザなら観光目的の滞在は 3 ヵ月まで。最低 6 ヵ月のパスポートの有効残存期間が必要。東アフリカ 3 国（ウガンダ、ケニア、タンザニア）内のみを出入りする場合は、再入国のビザの入手は不要（ビザの有効期間内に限る）。ビザの期間延長をする場合は、ナイロビ市内の Nyayo House かモンバサ、キスム、エルドレットの入国管理局で延長申請。それ以上滞在する人は、東アフリカ 3 国以外へ出て再入国すればよいが、場合によっては Final と書かれ、パスポート有効期限内は二度とビザがもらえないこともある。長期間滞在者は要注意。

2014 年 1 月からケニア、ウガンダ、ルワンダ 3 国内に限り、90 日間数次入出国ができる東アフリカ観光ビザが導入された。費用は US$100 相当。3 国内を数回行き来する必要がある場合は便利だ（→ P.315）。パスポートの携行が義務づけられている。

入出国

通常、入国カードは機内で配付されるので、あらかじめ記入しておく。陸路入国の場合は国境の出入国管理所で入手できる。入国審査では滞在期間を尋ねられる。税関および検疫については口頭で申告する。

持ち込みおよび持ち出し制限＆検疫

入国に際し、外貨の持ち込み制限はない。ただし US$5000 以上は利用目的の書類、申告が必要。免税持ち込み品の範囲は、アルコール類 1 本、香水 1 パイント、紙巻きたばこ 200 本または葉巻 50 本またはパイプたばこ 250g である。果物、おもちゃのピストル、模造武器、ポルノ商品などは持ち込み禁止。※

イエローカード

ウガンダとタンザニアから入国の際、予防接種証明書（イエローカード）の提示が求められる。イエローカード提示要求は常時変わるので最新情報の収集が必要。日本から直接入国する場合も黄熱病の予防注射とマラリアの予防薬の服用が望ましい。

入出国

▶ 出発までの手続き
→ P.312

▶ 入出国と税関
→ P.317

※ 2019 年 6 月現在、アライバルビザが取得可能（US$50）。

※ビニール袋（いわゆるレジ袋）も持ち込み禁止となっている。ジブロック等製品化されているものは持ち込み可。

☆ナイロビ

ナイロビ
Nairobi

市外局番　020

日本大使館
住Map P.198:2-B外
P.O.BOX 60202 Upeer
Hill Mara Rd. Nairobi
☎020-2898000
FAX020-2898220

ナイロビが美しい時期
小雨季前に紫色のジャカ
ランダの花が咲き、全市
に紫の霞がかかったよう
になる頃が最も美しい。

■Uhuru Highway沿いに
見える茶色の高いビル
Nyayo Houseの1階にイ
ミグレーション、そして
隣に中央郵便局General
Post Office（G.P.O.）兼
電話局がある。この建物
前にあるバス停も、通称
はG.P.O.。

**凶悪犯に対する警官の
強硬姿勢に注意！**
　ナイロビ市内において、
2013年12月末から2014
年初頭にかけ、警官が強
盗などに対してただちに銃
撃を行い、10名以上の犯
人を射殺した。警察の強
硬姿勢は、凶悪犯罪者に対
する「射殺命令（Shoot and
Kill Order）」が出されたこと
によるもの。この銃撃戦に
市民が巻き込まれ、死傷者
も出ている。犯罪現場な
どは警察と犯人との銃撃
戦が発生する危険性が極
めて高いので銃撃戦から
身を守るためにこれら地
区には行かないこと。

**昼間でもひったくりや
強盗が多発！**
特に日本人は狙われやす
く、タウン地区においても
何人も被害に遭っている。
町なかに行かないことが第
一だが、歩くときは何も持
たない、パスポート、外貨
などは服の下に隠すなど、
日本とは違うことを十分肝
に銘じて歩こう。（→P.348
旅の安全情報）

　ナイロビは、東アフリカを代表する最も繁栄している都市で、シティセンター地区、いわゆるタウンには、近代的なビルが林立し、昼間はビジネスマンであふれている。緑も多く、西部の郊外には、しゃれた庭をもつ欧風建築の高級住宅地が広がっている。

　その市街の外れはサバンナで、南郊外はナイロビN.P.となっている。

　ただし、市の北部のダウンタウンには、インド風の商店街やアフリカの匂いのプンプンする長屋が密集し、南郊外にはバラックが建ち並ぶ。いずれも治安は非常に悪い。

●1年中夏の軽井沢、それがナイロビ

　ナイロビは南緯1.2度（赤道から約140km南）のほぼ赤道上の町だが、海抜約1700mと高いため、気温は年平均17.5℃、気候は1年を通じて夏の軽井沢といった感じ。過ごしやすく、サッパリしている。

　四季はないが、3～5月が大雨季で、11～12月中旬は小雨季、1～2月は暑い乾季、7～8月は寒い乾季である。

●ナイロビの歴史

　ナイロビは新しい町である。ナイロビの名はマサイ語の「エンカレ・ナイロビ（冷たい水）」からきたといわれるほどアフリカにしては水がきれいで豊富な町である。

　白人の入植以前のナイロビは、西部郊外のダゴレッティDagorettiにキャラバン隊の小基地があっただけだった。

　イギリスがケニアを植民地化する過程で、モンバサ～カンパラ間に鉄道を敷設したのが1899年。そのときサバンナを流れるナイロビ川の沿岸に工事用キャンプとして建設したのがナイロビの誕生であったという。

　イギリスは当初、モンバサに東アフリカの植民地の中心をおいていたが、ナイロビが内陸の中心地として繁栄するにつれ、1905年にはイギリス領東アフリカの植民地の首都をここに移した。このとき、イギリスはそれまでの雑然とした町を改造し、都市計画に基づいた新しい町を建設した。これが現在のナイロビの基礎となった。

ナイロビ市内を望む

歩き方

ビルの多いタウン地区

●ナイロビは歩かないでタクシー利用で

本来なら、町をいろいろ紹介し、歩いてもらいたいのだが、ナイロビの治安は改善しているとはいえ、タウン中心部以外は昼間でも歩かないでほしい。夜間の外出はタクシーを利用すること。

常時危険であるダウンタウンはもちろん、メインストリートのケニヤッタ・アベニューKenyatta Ave.沿いのビル周辺でも強盗やひったくりなどが多発し、テロの危険もある。

ここではバックパッカーもターゲットになっている。これは金持ちの外国人観光客と思われて襲われたというより、バックパッカーがパスポートや財産を身につけて歩いていることを知っている強盗が、狙って襲っているのだ。

タクシーは黄色い色のものが多い

●ナイロビの象徴、ケニヤッタ・インターナショナル・コンファレンス・センター

中心部のひときわ高く目立つビルが、円筒の上にお椀を載せたような形のケニヤッタ・インターナショナル・コンファレンス・センターKenyatta International Conference Centre。ハランベ・アベニューHarambee Ave.のシティ・スクエアに、1973年に国際会議場として建てられた、36階建てのビルである。この展望台に上がるとナイロビの町が一望できる。

タクシーの選び方

正規のタクシーは車体に黄色い帯があるものが多い。なるべく新しい車種のタクシーに乗ることをすすめる。特に、無線タクシーならカージャックにも遭遇しにくいだろう。

●ナイロビは4つに分かれている

上記のビルの上からは、ナイロビが4つの地域に分けられてい

ケニア　ナイロビ

...Access...

■ナイロビと各都市

✈ **国際線**：ジョモ・ケニヤッタ国際空港Jomo Kenyatta International Airportは東アフリカにおけるハブ空港となっていて、アフリカ諸国はもとよりヨーロッパや西アジア各国との便がある。

国内線：ケニア航空などはモンバサ、キスム、ラムなどとの間に定期便があり、ジョモ・ケニヤッタ国際空港を使用している。また、これとは別にウイルソン空港 Wilson Airportからおもな国立公園や小都市との間を定期的に結ぶ小型飛行機の路線がある。

○**空港から市内へ**

ジョモ・ケニヤッタ国際空港は市の中心から約17km東南にあり、市内へはバスなどが運行されているが、治安の点からホテルの送迎の車か正規のタクシー利用を強くすすめる。

※ナイロビにはほかにウイルソン空港と空軍のエンバカシ空軍基地もあるので、行き先と利用する空港を確認したい。

🚖 **正規タクシー**：最大手の黒塗りのロンドンタクシー、ベンツ中心のケナッツ・タクシーは市内へ1200sh。ジャンボとハローの2社は台数が少ないが交渉しだいで1000shぐらいまで割

引可能。タクシーと称する白タク（自家用ナンバーの車）は強盗が装っていることもあるので絶対に利用しないこと。

○**市内から空港へ**

🚖 **正規タクシー**：ホテルで呼んでもらう（2000～2500sh）。公定は1200sh。ほかに車の空港使用料50sh。

🚆 **モンバサへ**：新線（Madaraka Express）が開通し、毎日2往復運行。

🚌 **国際線：Kampala Coach**

カンパラへ：20:00、21:00 発、所要約12時間、2500sh

ダル・エス・サラームへ：3:00 発、所要約16時間、3500sh

Simba Bus Service

カンパラへ：17:30、18:00、18:30、19:30発、所要約16時間、2100sh

国内線：

モンバサへ：所要約8時間、1000sh前後

マリンディへ：所要約11時間、1400sh～

キスムへ：所要約7時間、1100sh

ナマンガへ：所要約2時間、500sh

ナクルへ：所要約3時間、300sh前後

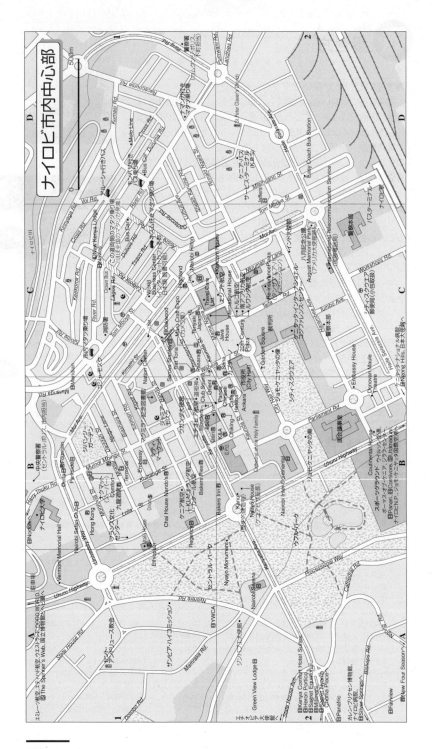

ナイロビ市内中心部

500m

るのがわかる。南郊外はナイロビのジョモ・ケニヤッタ国際空港や、ナイロビ・ウエスト空港、ナイロビN.P.の広大なサバンナが取りまいている。

1. 直下の周辺は官庁、ビジネス街で、タウンと呼ばれている。東アフリカのビジネスの中心地になっており、昼間はアフリカンや欧米人のビジネスマンが行き交い、危険度はやや低い。

2. ウエストランド地区：西部郊外の高級住宅地区。緑も多く広大な屋敷も多いが、最近はテロも発生し、強盗も多く出没するので旅行者がぶらりと行く所ではない。

3. ダウンタウン：タウンとその北東に接している部分。商業地区と庶民の居住地で、都市の庶民の生活がわかる地域だが、現在は最危険地帯のひとつ。

4. 工業地区：ダウンタウンの東から南側である。その南側には巨大なスラムが郊外に広がっている。

●ナイロビ銀座を歩くなら用心して

タウンの🄷Nairobi Hiltonの北側のママ・ンギナ・ストリートMama Ngina St.と、3ブロック北のケニヤッタ・アベニューKenyatta Ave.に挟まれた一角は、店が集中し、いわばナイロビ銀座だ。昼間は観光客も多く、用心しながら自分の足で歩くことができる唯一の地域である。これらの商店は、庶民には一生かかっても買えないような物を売っている。強盗が多いため、鉄格子がはめられ、さらに夜になると厚いオーバーに身を包んだガードマンと犬が夜番をしている。

訪れるのなら単独ではなく、必ず複数人で、現地の信用できる人と一緒にタクシーで行ってほしい。バッグ、肩からさげるカメラなど何も持たずに行くこと。

旅行シーズン（7〜8月、12〜1月）は観光客目当ての物売りや、ヤミ両替屋、彫り物などを手にかかえた行商人がやって来る。スリやひったくりが多発し、昼間でも集団強盗が起きているので、注意しなくてはならない。

●タウンの商業街

ケニヤッタ・アベニューを境に、ケニヤッタ・インターナショナル・コンファレンス・センター側が官庁街とオフィス街とすると、反対側の東側地区は商業街またはインド系商人街である。ここも治安は悪いのでひとり歩きをしてはいけない。

コイナンゲ・ストリートKoinange St.両サイドは、自動車ディーラー街で、世界中の自動車ディーラーが集まっている。付近はシティ・マーケットを中心に食料品屋が集中している。この中の治安もよくないので、高価な腕時計、ネックレス、イヤリングなどは身に付けていかないこと。

ムインディ・ムビング・ストリートMuindi Mbingu St.沿いにあるのが、ナイロビでいちばん大きなイスラム教のジャミア・モスクである。寝具、家具、衣料品店街のキマチ・ストリートKimathi St.はモイ・アベニューMoi Ave.へと続く。このモイ・アベニューはダウンタウンとの境目に当たる。

ケニヤッタ・インターナショナル・コンファレンス・センター

🏠Map P.198:2-C
☎020-3261000/2247277
🕐9:00〜18:00
💰居住者200sh、外国人400sh、子供200sh
1階のインフォメーションセンターで料金を支払う。27階までエレベーターで、さらに5階分階段を登って屋上の展望台まで行く。

タウンのランドマークは円筒形丸ビル

タウン地区には円筒形ビルが4つある。ケニヤッタ・インターナショナル・コンファレンス・センター、🄷Nairobi Hilton、双子の円筒形ビル（キマチ・ストリートKimathi St.にある新聞社のNationビル）だ。

コーヒーブレイク

ひと休みしたいときはケニアコーヒーがよいだろう。ゆったりしたいならホテルのラウンジがよい。

ヤミ両替屋

ニセ札や新聞の束をつかまされるのがオチなので決して相手にしないこと。

シティ・マーケット

🏠Map P.198:1-B
🕐24時間
日曜、祝日休
みやげ物屋も多い。新鮮な肉類や淡水魚が手に入る。スリに気をつけること。写真は撮らないほうが安全。

ナイロビの旅行会社

WAPI AFRIKA
🏠P.O.Box 7356-00100 1st Ngong Avenue, 5th Flr Wing A, A.C.K. Garden House
☎020-2723182、020-2531417（携帯）
FAX 020-2723074
📧info@wapiafrika.info
🌐www.wapiafrika.info
アフリカを熟知したスタッフが対応してくれる。

見どころ

国立博物館

住Map P.198:1-A外
Museum Rd.
開8:30～17:30
料外国人1200sh、子供600sh。ヘビ園とセットで外国人1500sh、子供1000sh

ヘビ園

開9:00～18:00
料外国人1200sh、子供600sh
交タウンからタクシーで約10分。

ヘビ園

カレン・ブリクセン博物館

住Map P.198:2-A外 Karen Rd.
☎020-8002139、
0736919321
開8:00～18:00　無休
料外国人1200sh、子供600sh
交タクシーを利用する。

カレン・ブリクセン博物館

ボーマス・オブ・ケニア

住Map P.198:2-B外 Kuwinda
☎020-891408
開月～金曜14:30～16:00
（土・日曜、祝日15:30～17:15）。食事はいつでも取れる
料ホール内ショーは外国人600sh、子供や学生300sh、ケニア居住者100 sh。録音料300sh、ビデオ撮影料小型500sh、大型750sh。カメラ無料。
ツアーがあるので旅行会社に問い合わせてみよう。

ケニア最大最古の博物館
国立博物館とヘビ園　**National Museum&Snake Park**

　1930年に開館したケニア最大最古の博物館。2008年にリニューアルした。タンザニアのオルドバイ峡谷で原人（ジンジャントロプス・ボイセイ）の化石を発見したL.リーキーもかつて館長をしていたことがある。自然史や人類学の展示が充実していて、地上最大のアフリカゾウ、マーメットの剥製とジンジャントロプス・ボイセイの化石を所有していることで有名。入口はForest Rd.に面している。隣がヘビ園で、ケニアの主要毒蛇などの爬虫類を展示。東アフリカの総合的知識を得るには一度は訪れたい所だが、この周辺で在留邦人が強盗に遭った例があるなど治安の点で不安があるので、必ず日中複数人で見学するよう注意。

博物館の内部

『愛と哀しみの果て』の
カレン・ブリクセン博物館　**Karen Blixen Museum**

　カレン・ブリクセンとは、映画『愛と哀しみの果て』の原作『アフリカの日々』を書いたデンマークの女流作家アイザック・ディネーセンの本名。この博物館は、彼女が1917年から1931年まで住んだコロニアル風の邸宅で、当時の調度品や本がそのままの形で保存されている。ベッドにかけられた美しい琥珀玉や帽子など、彼女の面影をしのばせる品々も見られる。

ケニアの明治村
ボーマス・オブ・ケニア　**Bomas of Kenya**

　キクユ、カンバ、マサイなどケニアの代表的な民族の伝統的家屋があり、家の中も見学できる。中央のホールで毎日、各民族の伝統的な歌と踊りのショーをやっている。

ボーマス・オブ・ケニアのショー

ジラフ・センター
住Map P.198:2-B 外
Duma Rd.
☎020-8070804
開9:00〜17:30
料外 国 人1500sh、子供
750sh（カード払いのみ）
カードMV
交タクシー利用で約20分。

キリンに餌を与えられる
ジラフ・センター **Giraffe Center**

　ロスチャイルドキリンとイボイノシシ、カメなどが飼育されている。観光客が来ると、飼育員が餌入れのバケツをたたいてキリンを呼んでくれる。超アップで見るキリンの目は、とても愛くるしい。グレーの長いざらざらした舌に直接餌を与えられるのはここだけ。また、ジラフ・センターの向かい側には1周1kmほどの自然遊歩道もありバードウオッチングも楽しめる。

ジラフ・センター

ショップ

市内中心部は治安がよくない。郊外の店にタクシーを使って行くことをすすめる。

〔みやげ物店など〕

S ザ・スピナーズ・ウェブ・The Spinner's Web

住Map P198:1-A外　1.3A Kitisuru Rd. Nairobi
☎020-2072629、(254)731168996　FAX020-4181121
営9:00〜18:30（月〜金曜）、9:00〜17:30（土・日曜、祝日）
HPwww.spinnerswebkenya.com
カードA M V

　手織りの布製品が豊富。アクセサリーや人形、バッグなどケニアらしいものが揃う。店内に軽食を出すカフェがある。最近移転した。

S ウタマドゥニ・Utamaduni

住Map P.198:2-B外　P.O.Box 24291-00502
Karen Rd.　☎(254)722205028
営9:00〜18:00、
クリスマス（12:00〜）元旦休
カードA M V　HPutamadunicraftshop.com

　ナイロビN.P.と市内を結ぶKaren Rd.の、治安がよい地区にある大型のみやげ店。高級品からコーヒーまでたいていのものは揃うが、やや高め。タクシーなど車で行くしかない。

ウタマドゥニ

ケニア
ナイロビ

ナイロビ・ユースフル・インフォメーション

ホテルとレストラン

→P.192 日本からの電話のかけ方

ナイロビのホテルは高級ホテルなどを紹介する。いずれもトイレ、シャワー付き。

個人旅行者の利用が多いホテルは治安の点で心配な所に多く、安宿はすべて危険な下町にあるので、絶対泊まってはいけない。

〔高級ホテル〕

[H]サロヴァ・スタンレー・Sarova Stanley H

[住]Map P.198:1-C　P.O.Box 30680-00100
Kenyatta Ave.とKimathi St.交差点

☎020-2767000、(254)709111000

[e]thestanley@sarovahotels.com

[HP]www.sarovahotels.com

[料]ⓈUS$200　ⓌUS$240

[カード][A][D][M][V]

タウン地区の老舗のホテル。通りに面したカフェテラスは待ち合わせに最適。伝言板があるので、利用すると便利。[R]、バー、プールなどもあり設備が充実している。Wi-Fiあり。全217室。

[H]ノーフォーク・Norfolk H

[住]Map P.198:1-B外　P.O.Box 58581-0200
Harry Thuku Rd.　National Theater の前

☎020-2265000

[e]eastafrica.reservations@fairmont.com

[HP]www.fairmont.com/

[料]ⓈⓌUS$169～　[カード][A][D][M][V]

タウン地区の外れ、ナイロビ大学のすぐ近くにあるホテル。植民地時代からある、ナイロビで最も古く由緒正しいホテルだが、付近は治安が悪いので夕方以降の外出はさけたい。欧米人旅行者の利用が多く、日本人は少ない。スタッフの対応は非常によく、朝食もおいしい。プール、サウナなどもある。Wi-Fi可。全168室。

ノーフォーク・ホテル

[H]パナリ・Panari H
[住]Map P.198:2-B 外　Mombasa Rd.
☎020-3946000、(254)711091000
[e]reservation@panarihotel.com
[HP]www.panarihotels.com
[料]ⓈUS$150～　ⓌUS$200～（朝食付）
[カード][A][D][M][V]
空港そばにある5つ星のエアポートホテル。ジムやプールなどの施設も充実している。Wi-Fiあり。全136室。

[H]ナイロビ・インターコンチネンタル・Nairobi Inter-Continental H
[住]Map P.198:2-B　P.O.Box 30353　Uhuru Highway とCity Hall Way の角
☎020-3200000
[e]nairobi@interconti.com
[HP]www.ihg.com/
[料]ⓈⓌUS$236～　[カード][A][D][M][V]
日本からの団体客があるときのみ、日本語を話すスタッフが来てくれる。朝食に日本食あり。Wi-Fiあり。全380室。

ナイロビ・インターコンチネンタル

[H]ナイロビ・セレナ・Nairobi Serena H
[住]Map P.198:2-A　P.O.Box 46302-00100 Kenyatta Ave. と Processional Way の角
☎020-2822000/2313800　FAX020-2725184
[e]reservations@serena.co.ke
[HP]www.serenahotels.com
[料]ⓈUS$270　ⓌUS$305
タウン地区の外れのホテル。咲き誇るブーゲンビリアが印象的。Wi-Fiあり。全183室。

[H]ナイロビ・ヒルトン・Nairobi Hilton H
[住]Map P.198:1-C　P.O.Box 30624-00100 Kimathi St.とMama Ngina St. の角
☎020-2288000　FAX020-2226477
[e]Nairobi_reservations@hilton.com
[HP]www.hilton.com
[料]ⓈⓌUS$517～　[カード][A][D][M][V]
タウン地区。ナイロビのランドマークのひとつになっている円筒形のホテル。1階には航空会社などがあり便利。Wi-Fiあり。全287室。

[H]パンアフリック・Panafric H
[住]Map P.198:2-A　P.O.Box 30486-00100 Valley Rd. 沿い、信号の角にあるガソリンスタンドの隣
☎020-2767000、(254)709111000　FAX020-2717739
[e]panafric@sarovahotels.com
[HP]www.sarovahotels.com/panafric
[料]ⓈUS$268～　ⓌUS$330～　[カード][M][V]
高級住宅街とタウン地区の境目。スタンダードはバスタブ付。プール、[R]あり。賃貸アパートもある。Wi-Fi無料。全162室。朝食をテラスで食べることができる。

[H]ケニア・コンフォート・ホテル・スイーツ・Kenya Comfort Hotel Suites
[住]Map P.198:2-A外　P.O. Box 30425 Milimani Rd.
☎020-720608867、(254)737111111
[e]sales@keniyacomfort.com
[HP]www.keniyacomfort.com
[料]ⓈUS$70　Ⓦ US$100（エアコン・トイレ・シャワー・朝食付）　[カード][M][V]
比較的治安のよい地域にあるやや規模の大きい中級ホテル。2012年にリニューアルし、制服も変えて清潔になった。朝食はビュッフェスタイル。隣はケニア風焼肉のニャマチョマ屋。空港送迎あり（有料）。Wi-Fi無料。全88室。

[H]サグレット・エクアトリアル・Sagret Equatorial H
[住]Map P.198:2-A外　P.O.Box 40428-00100 Ralph Bunche Rd. とMilimani Rd. の角
☎020-2720933～4　[HP]sagreehotel.com
[料]Ⓢ4250sh　Ⓣ5000sh(朝食付)　[カード][M][V]
町から少し離れているので静か。町の中心部からは少々遠い。長期滞在者用のアパートもある。Wi-Fiあり。全47室。

[H]ミリマニ・H Milimani
[住]Map P.198:2-A外　P.O.Box 20681　Milimani Rd.
☎(254)735491064　FAX020-2724685
[e]info@kivimilimanihotel.com
[HP]www.kivimilimanihotel.com
[料]ⓈUS$90～110　ⓌUS$130～156(朝食付)
[カード][A][M][V]
郊外。緑の多い広い敷地のリゾートホテルタイプ。プール、バー、[R]など、設備は充実。賃貸アパートあり。Wi-Fiあり。全73室。

[H]ヘロン・ポルチコ・Heron Portico H
[住]Map P.198:2-A外　Milimani Rd.
☎020-2720740～3　FAX020-2721698
[e]reservation@heronhotel.com
[HP]www.theheronportico.com
[料]ⓈUS$240～　ⓌUS$270～（朝食付）
[カード][M][V]
高級住宅街にある豪華ホテル。バスルームとキ

ケニア　ナイロビ

ッチン付きの部屋もある。部屋は清潔。Wi-Fiあり。全108室。

H シルバー・スプリングス・Silver Springs H

住 Map P.198:2-A外　P.O.Box 61362-00200 Valley Rd. と Arwings Kodhek Rd.の角
☎020-2722451〜7
e frontoffice@silversprings-hotel.com
HP www.silversprings-hotel.com
料 S 1万5000sh〜　T 1万9000sh〜
カード A M V

郊外のナイロビ病院近く。コの字型の建物。中庭にはプール、R、サウナなどのヘルスルーム、ホールなどの設備がある。Wi-Fiあり。全160室。タンザニアのアルーシャからの国際シャトルバスが発着する。

静かな場所にある

H フェアビュー・Fairview H

住 Map P.198:2-A　P.O.Box 40842-00100 Bishops Rd. と 2nd Ngong Ave. の角
☎020-2711321、(254)733636561　FAX020-2721320
e book@fairviewkenya.com
HP www.fairviewkenya.com
料 S 1万7100sh〜　T 1万9600sh〜　カード A M V

タウンから少し離れた高級住宅街にあるクラシックなホテル。静かで落ち着けるが、夕方以降周辺を出歩く場合は強盗に注意。大きなお屋敷といった雰囲気で日本人に人気。イスラエル大使館に近いのでテロの警備がものものしい。Wi-Fi無料。全127室。

R てりやきジャパン・Teriyaki Japan

住 Map P.198:1-C Mama Ngina St.
☎ (257)727837043
HP www.tamarind.co.ke
営7:00〜21:00（月〜土曜。〜11:00はクロワッサンなどの朝食メニュー）、11:00〜19:00（日曜）　無休

2015年3月にオープン。焼きうどんの上にテリヤキチキンを載せたものがケニアで大ブレイク。魚のテリヤキグリルなどもある。

てきぱき働くスタッフたち

ソマリアを拠点とする海賊に十分注意してください（2019年6月現在）。

モンバサ
Mombasa

世界遺産

モンバサ

　モンバサの旧名Mvitaは、「戦いの島」という意味があるという。モンバサの歴史はそのまま戦いの歴史であり、それを象徴するのが1593年に造られた巨大な砦、フォート・ジーザスFort Jesusだ。海からの侵入を防ぐために造られたこの砦は、その後奴隷貿易の拠点となり、400年以上たった現在も、堂々とした姿でインド洋を見下ろしている。

　モンバサの中心は、モンバサ島ともいわれる約13km²の小さな島の中にあり、駅もバスターミナルもここに集まっている。ナイロビからやって来ると、人も町も様子がまったく違って、まるで別世界に入り込んだような気分になる。この町のオールドタウンはどこもかしこもイスラムの香りに満ちている。女性は黒いブイブイを身にまとい、男性はコフィアと呼ばれるイスラム帽と白いイスラム服といういでたち。街角にはモスクが多く、アラブ風の造りの家々が建ち並んでいる。

モンバサのシンボル、タスクス

歩き方

●モンバサ駅に到着したら、町の中心へ向かおう

　冷涼なナイロビからモンバサにやって来ると、誰もがその蒸し暑さに驚くだろう。まず、駅を背にして真っすぐ行くと、ハイレ・セラシエ・ロードHaile Selassie Rd.にぶつかる。さらに西へ進み、モイ・アベニューMoi Ave.に出たら左へ折れる。しばらく行くと、大地からニョキッと飛び出したような巨大な象牙形のアーチ、タスクスが見える。手前には観光案内所もあるので、訪れるとよいだろう。タスクスから南へ800m程直進したあたりまでが、モンバサの繁華街に当たり、銀行、ホテル、宝石店、ブティック、本屋、みやげ物屋などが並んでいる。

寂れた雰囲気のモンバサ鉄道駅

世界遺産
モンバサのフォート・ジーザス要塞

市外局番　041

旅の安全情報
→P.348

観光案内所
Kenya Coast Tourist Association/Tourist Information Bureau
住Map P.206:1-B
☎041-2225428
eＥkenyacoastta@gmail.com
開8:00～17:00（月～金曜）、9:00～13:00（土曜）日曜、祝日休
タスクスの北側にあり、よくできた市内地図は500sh.

中央郵便局（G.P.O.）
住Map P.206:1-B
開8:30～18:00（月～金曜）、9:00～12:00（土曜）

現地旅行会社
Ketty Tours
住Map P.206:1-B
P.O.Box 82391
☎041-2315178
FAX041-2311355
eＥinfo@kettytours.co.ke
Ｈkettytours.co.ke
営8:00～12:30・14:00～17:30（月～木曜）、～12:00・～17:30（金曜）、～17:30（土曜）、10:00～12:30（日曜祝）
カード M V
インド人経営の旅行会社で、サファリツアーのほか、車やホテル、ナイロビ行きの列車、国内航空便の手配可。

インターネットカフェ
Blue Room
住Map P.206:1-B
営9:00～22:00
※日本語は読むだけ可。

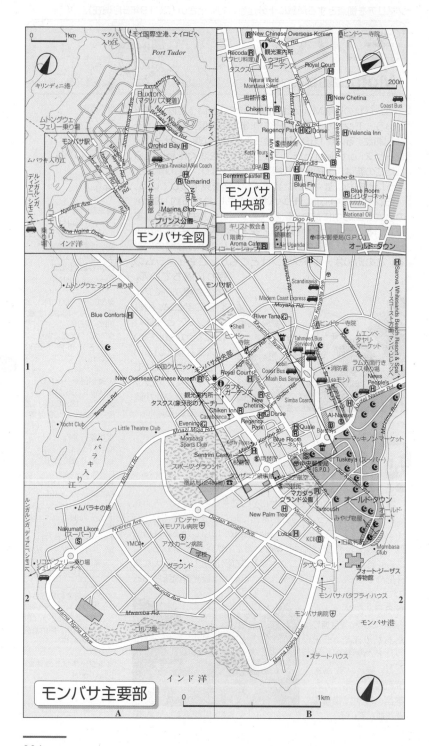

モンバサ全図

0 1km

モイ国際空港、ナイロビへ

マクパ入り江

Port Tudor

キリンディニ港

Mbaraki Ave

Buxton（マタツバス発着）

ムトングウェ・フェリー乗り場

モンバサ駅

Orchid Bay H

Pwani Tawakal Moi Coach

モンバサ主要部

Tamarind H

ムバラキ入り江

デルガルレンガ、ディアニ、シモニへ

リコニ・フェリー乗り場

Marina Club

プリンス公園

Mama Ngina Drive

インド洋

モンバサ中央部

200m

R New Chinese Overseas Korean

H ヒンドゥー寺院

R Recoda（スワヒリ料理）

観光案内所

タスクス（象牙形のアーチ）

Royal Court H

Natural World Mombasa Safari

R New Chetina

両替所 $

Chiken Inn R

Coast Bus

Regency Park H C Dorse

H Valencia Inn

Ketty Tours

両替所

OBA

Splendid

Sentrim Castiel H

R Blue Fin

Blue Room（インターネット）

National Oil

Digo Rd.

キリスト教会館（1階奥）

タンザニア領事館

中央郵便局（G.P.O.）

Aroma Cafe（コーヒーショップ）

R Air Uganda

オールド・タウン

モンバサ主要部

A — B

ムトングウェ・フェリー乗り場

モンバサ駅

Scandinavia

Modern Coast Express

Blue Conforts H

River Tana G

ヒンドゥー寺院

Shell

ヒンドゥー寺院

ムエンベ・タヤリ・マーケット

ラム方面行きバス乗り場

中国クリニック

モンバサ中央部

News People's

New Overseas Chinese Korean R

Royal Court H

Kobil

Tangana Rd.

観光案内所

Coast Bus

消防署（キモシ）

1 — 1

タスクス（象牙形のアーチ）

New Chetina

Mash Bus Services

Al-Nasser

Chiken Inn R

Dorse

Simba Coach

Yacht Club

Little Theatre Club

Evening

Regency Park

Quale H

Casablanca

Barclays

Mombasa Sports Club

Ketty Tours

Blue Room（インターネット）

ビッキソン・マーケット

Sentrim Castle H

両替所

Digo Rd.

Tuskey's（スーパー）

スポーツ・グラウンド

中央郵便局（G.P.O.）

$

電話局（24時間）

ケニア航空

$ 両替所

オールド・タウン

ムバラキの塔

マカダラ グランド公園

Nakumatt Likoni（スーパー）

Tarboush

みやげ物屋

Nyerere Ave.

パンデヤ メモリアル病院

New Palm Tree

旧裁判所

Mombasa Club

YMCA

アガカーン病院

Lotus H

KCB B

2 — 2

リコニ・フェリー乗り場

学校

タウン・ホール

フォート・ジーザス博物館

シェリー・ビーチへ

グラウンド

Kaunda Ave.

モンバサ・バタフライ・ハウス

ルンガルンガ、ディアニ、シモニへ

Mwamba Rd.

モンバサ病院 H

モンバサ港

ゴルフ場

Mama Ngina Drive

ステート・ハウス

モンバサ主要部

インド洋

0 1km

A — B

●夕方は危険な場所もある

Moi Ave. とDigo Rd. がぶつかる交差点から真っすぐ南東へ進むと、フォート・ジーザス博物館。西へ行くと、大陸とモンバサ島をつなぐリコニ・フェリーLikoni Ferryの乗り場。Digo Rd. を北東方向へ進むと右に中央郵便局（G.P.O.）があり、さらに北側にはジョモ・ケニヤッタ・アベニューJomo Kenyatta Ave.。その道を少し進んだムエンベタヤリMwembe Tayariにはケニア国内バスのターミナルがある。このあたりは治安がよくないので、夕方以降は用がないならば行かないこと。

フェリー乗り場付近は活気のある下町風情

タンザニア領事館
住Map P.206:1-B
TSS Tower 12F
☎041-2228595
開8:00～15:00（月～金曜）
交Nkurumah Rd.に入ってすぐのビルTSS Towerの12F
※ビザ業務は2016年3月より停止。

航空会社
ケニア航空
住Map P.206:1-B
☎041-2125236
HPwww.kenya-airways.com
営8:15～17:00（月～金曜）、8:30～12:00（土曜）

...Access...

✈モンバサ・モイ国際空港

国際線：ヨーロッパ各地への定期便はもちろん、東アフリカではタンザニアのザンジバル行き（US$169～）がある。

国内線：ナイロビへの定期便が多数ある（→P.373）。マリンディをはじめ小さい町への便もあるが、小さな会社なので安全性をよく考慮したうえでの利用をすすめる。

○モンバサ空港から町へ：
空港を出るとタクシー会社のカウンターが多数ある。値段は各社ほぼ同じ（市内まで1000sh前後、所要約20分）だが、交渉できる。

🚌 モンバサのバスターミナルは、Mwembe Tayari Rd.と Jomo Kenyatta Ave.の交差点付近のエリア（Map P.206:1-B）と、Abdel Nasser Rd.のエリア（Map P.206:1-B）、ノース・コースト（マリンディ、ワタム）方面のマタツやバスの出るNew Nyali Brige付近のBuxton（Map P.206左上）の計3ヵ所ある。バス会社の競合は激しい。代表的な会社を紹介する。

ナイロビへ
Coast Bus　住Map P.206:1-B
☎0722206446
スタンダード：8:30～22:30の間に10本、所要約8時間、1000～1600sh
コースト・バス：9:30、22:30発、1800sh
Mash Bus Services　住Map P.206:1-B
☎0736500863、0717088588
スタンダード：8:30、10:00、21:00、22:00、22:30、22:45発、1300～2100sh
Modern Coast Express　住Map P.206:1-B
☎0705700888、0737940000
8:30、11:00、15:00、15:30、16:00、17:00、21:00、21:45、22:00発、1300sh

ダル・エス・サラームへ

Pwani Tawakal Mini Coach　住Map P.206左上
6:45発、1400sh
Tahmeed Coach　住Map P.206:1-B
☎0729-356561
スタンダード：8:00、9:00、15:00発、1200sh
エアコン付き：8:00、9:00、15:00、1500～2000sh

アルーシャへ
Tahmeed Coach　7:00発、所要約10時間、1200sh

マリンディへ
Buxtonからマタツ利用が便利。直通マタツが5:00～21:00の間に頻発、所要約2～3時間。300～350sh。またBuxtonから7:00にバスあり。所要約3～3時間30分、250sh

🚃 新線（Madaraka Express）が開通した。モンバサの新駅SGR Railway Station Mombasaは大陸側の郊外。ナイロビ発8:00、14:00（急行）とモンバサ発7:15、15:15（急行）の2往復が毎日運行。料1等3000sh、2等1000sh（→P.369）

○モンバサ駅から町へ：
安全を考えて、ホテルまではタクシー（500sh前後）かトゥクトゥク（オート三輪タクシー100～200sh）で行くことをすすめる。

モンバサ島と大陸を結ぶリコニ・フェリー

病院

アガ・カーン病院
Aga Khan Hospital
住Map P.206:2-A
☎041-5051000
営24時間
モンバサの町なかにあり
清潔で安心できる。

フォート・ジーザス博物館

住Map P.206:2-B
開8:00～18:00
料1200sh（18歳以下
600sh）
交Moi Ave.からンクル
マ・ロードNkurumah
Rd.へ向かってひたすら真
っすぐ歩くと、海岸の手前
に巨大な砦が見えてくる。

モンバサ・バタフライ・
ハウス

Monbasa Butterfly House
住Map206:2-B　フォー
ト・ジーザスの正面脇の
道を看板に従い入る。
☎0719874472
開8:00～17:00　料500sh
HPwww.mombasabutterfly
house.org
周辺に生息する蝶がさな
ぎから孵化する様子や飛
び回る様子がみられる。
スタッフが蝶の生態から
農家が蝶を育て輸出する
手順など説明してくれる
ことも。また敷地内のシ
ョップでは国内の手工芸
品を扱っており、良心的
な値段で販売している。

タスクス

住Map P.206:右上　Moi Av.

オールド・タウン

住Map P.206:1、2-B
交Digo Rd.とAbdel
Nasser Rd.から海側の道
を入るか、フォート・ジー
ザス博物館から東に進む。

砦全体が博物館になった
フォート・ジーザス博物館　Fort Jesus Museum 世界遺産

　この砦は、1593年にポルトガル人の手によって建設された。
その後のイギリス保護領時代には、植民地政府の刑務所として使
われ、1960年に博物館として一般公開された。館内にある展示
室は小規模で、中国陶磁器など
かつての交易品や海岸地方の民
具などが展示されている。
　館内の展示に加えて、ここか
らのインド洋の眺めがすばらしい。

フォート・ジーザス博物館の砦

象牙形の巨大なアーチ
タスクス　Tusks

　モンバサのシンボル的存在のこのタスクスはモイ・アベニュ
ーにあり、建設当時のイギリス王女、エリザベス2世のモンバサ
訪問予定に合わせて建てられた。高さが10mほどもある象牙を
模した巨大なアーチだ。しかし、エリザベス王女はケニア訪問
中に父ジョージ6世の死去に遭い、王女から女王になったため、
急きょ帰国したので、このタスクスは見ていないはず。象牙の
形に造られているので、本物と勘違いする人がときどきいるが、
たたけばボコボコッと音のする鉄板製だ。（写真はP.205）

タイムスリップしたような
オールド・タウン　Old Town

　アラブ風衣装と石造りの高い壁の家、細い路地というアラブ
風アフリカの特徴を色濃くもつ
町である。ほとんどの成人女性
がブイブイという黒い服を着用
するなどイスラム色が強いので、
やたらと歩き回ると不審な目で
見られるが、ゆっくり見物する
つもりで歩いているだけなら昼
間は問題ないだろう。写真撮影
については慎重に。夕暮れ以降、
早朝までは特に注意が必要。

アラブの香りのするオールド・タウン

ガイドを雇おう

　オールド・タウンの治安はあまりよくない。カ
メラや金品を狙った強盗が多発している。ひとり
歩きなら昼間でもフォート・ジーザス付近のみや
げ物屋周辺にとどめておいたほうが無難。どうし
てもじっくり楽しみたいなら、ガイドを雇おう。
フォート・ジーザス付近にはライセンスを持った
ガイドが待機しており、フォート・ジーザス、オ
ールド・タウン、マッキノンマーケットを約2時
間で回ってくれる（1500shが相場）。タスクス近
くの観光案内所ではこの3ヵ所にヒンドゥー寺院
や大きなバオバブの木などを加えた半日ツアーの
ガイドを1500shで紹介している（交通費別途）。

布好きにはたまらない
ビアシャラ・ストリート Biashara St.

ビアシャラとはスワヒリ語で「商売」という意味で、細い路地にところ狭しと商店が並び、活気づいている。特にカンガやキコイ、キテンゲ、マサイ布などケニアの伝統的な布を扱う問屋が多く並び、鮮やかな色彩にあふれている。カンガでは毎年100を超えるデザインが生まれており、その出合いはまさに一期一会だ。布好きな人は、いつまでいても飽きることはないだろう。値段はカンガ（ダブル）350sh、キコイ350〜450shぐらい。ナイロビの半値ほどで買えるのもうれしい。

色とりどりの布地が並ぶ

服装に気をつけよう
オールド・タウン地域は、敬虔なイスラム教徒の多いエリアなので、服装や言動には気をつけよう（特に女性のミニスカート）。

ビアシャラ・ストリート
[住]Map P.206:1-B

値段も安く、お買い得

ホテルとレストラン

→P.192 日本からの電話のかけ方

●ホテル集中地域
タスクス（象牙形のアーチ）からDigo Rd.までのMoi Ave.の両側。

●コソ泥の被害が多発
モンバサの治安は改善されてはいるが、それでもまだ悪い。安宿では、泥棒が部屋の合い鍵を使ったり、ひどいときにはドアを壊して侵入することもある。高級ホテルといえど部屋には貴重品を置かないこと。バス発着エリア周辺は物騒なので泊まってはいけない。

[H]セントリム・キャッスル・Sentrim Castle H
[住]Map P.206:1-B　P.O.Box 82326　Moi Ave.
☎041-2222682　FAX041-2230688
[HP]www.sentrimhotels.net
[料]ⓈUS$100　ⓌUS$135　ⓉUS$175（エアコン・TV・電話・トイレ・シャワー・バスタブ・朝食付）
[カード][M][V]
町なかで最高級クラスのホテル。1階の[R]はにぎやか。2階に中華料理店あり。Wi-Fi無料。全68室。

セントリム・キャッスル・ホテル

[H]ロイヤル・コート・Royal Court H
[住]Map P.206:1-B　P.O.Box 41247　Haile Selassie Rd.
☎041-2223379/2312389　FAX041-2312398
[e]info@royalcourtmonbasa.co.ke
[HP]www.royalcourtmombasa.co.ke
[料]Ⓢ7700sh　Ⓦ10500sh（エアコン・TV・電話・トイレ・シャワー・朝食付）
[カード][A][M][V]
大通りに面した大型のホテル。[R]やプールがあり、カジノを併設。チェックイン12:00、チェックアウト10:00。Wi-Fi無料。全92室。

ロイヤル・コート・ホテルのロビー

[H]ロータス・Lotus H
[住]Map P.206:2-B　P.O.Box 90193　Cathedral Lane
☎041-2313207、(254)722612517　FAX041-2311789
[e]lotus@lotushoteltelkenya.com
[HP]www.lotushotelmombase.com
[料]Ⓢ4000sh　Ⓦ6000sh　Ⓣ8000sh（エアコン・TV・電話・トイレ・シャワー・バスタブ・朝食付）
[カード][M][V]
クラシックで落ち着いた雰囲気のホテル。[R]もある。全25室。

Gリバー・タナ・River Tana

住Map P.206:1-B　P.O.Box 42200
☎(254)725806498
料S600sh　W800sh　T1000sh（トイレ・シャワー共同、ファン・蚊帳付き）

バスターミナルから徒歩3分。スタッフは親切。広い屋上があり、洗濯物が干せる。全18室。

Gイブニング・Evening

住Map P.206:1-A　P.O.Box 99727　Mmazi Moja Rd.
☎(254)714238812
料S800sh（トイレ・シャワー共同）S1200sh W1500sh（トイレ・シャワー付）

安宿のわりにはセキュリティがしっかりしており、外国人旅行者も多い。敷地内にRとバーがあり、充実している。Wi-FiはR、バー、ロビーにて無料。

安心して泊まれるイブニング

Hブルー・コンフォーツ・Blue Comforts

住Map P.206:1-A　P.O.Box 82391 Arch Bishop Makarios Rd.
☎020-2650311、(254)734537363　FAX041-2311355
Ereservations@bluecomforts.com
HPwww.bluecomforts.com
料S1500sh　W2000sh（TV・トイレ・シャワー・朝食付）、S2500sh　W3000sh（エアコン・TV・トイレ・シャワー・朝食付）

Ketty Toursと同系列。きれいで清潔。停電のときのジェネレーターがあるなど値段のわりに設備は整っている。

リーズナブルなホテル

Hサロバ・ホワイトサンズ・ビーチリゾート＆スパ・Sarova Whitesands Beach Resort & Spa

住Map P.206:1-B 外　P.O.Box 90173
☎(254)709-111000　FAX041-5485652
Ecentralreservation@sarovahotels.com
HPwww.sarovahotels.com/whitesands
料S1万799sh〜　W1万4399sh〜（蚊帳・エアコン・TV・トイレ・シャワー・アフタヌーンティー・朝食付）
カードM V

ノース・コーストにあるモンバサ最大かつ最高級のリゾートホテル。広大な敷地にプール、マッサージルーム、ジャクージ、テニスコート、ウォータースポーツセンターなどがある。チェックイン12:00、チェックアウト10:00。サービスも行き届いている。Wi-Fi無料。全338室。

まさに南国、ホワイトサンズ・ビーチリゾート＆スパ

Rタルブシュ・Tarboush R

住Map P.206:2-B　Makadara Rd.
☎(254)725639933
営11:30〜24:00　無休

本格的なスワヒリ料理を食べるならここ。スタッフも皆フレンドリーで、地元民にも人気がある。チキンティカ280shなど。

いつも地元の客で混雑している

Rニュー・オーバーシーズ・チャイニーズ・コリアン・New Overseas Chinese Korean

住Map P.206:1-A　Moi Ave.タスクスの北
☎041-2230730
営11:00〜15:00・17:30〜23:00
カードJ M V　＋16%税と2%サービス料

タスクス近くの韓国、中華料理店で1968年創業の老舗。プルコギ700sh、シーフード650sh〜、刺身1000shもある。

赤いちょうちんが目印

近郊の町と見どころ

〔モンバサ海洋国立公園＆保護区　Mombasa Marine N.P. & R.〕

サウス・コーストやノース・コーストには高級リゾートホテルが建ち並び、白い砂浜が美しい。ノース・コースト一帯はモンバサ海洋国立公園保護区に指定されている。シュノーケリングをはじめウインドサーフィン、スキューバダイビングなど、ウォータースポーツのメッカとなっている。海は美しく、沖のリーフが干潮時には島になる。

〔ディアニ　Diani〕

ディアニはモダマ（漂着物としての熱帯地方のマメ科の木の実の総称）の宝庫。堅牢なので印鑑、楊枝入れなどに使い、日本の江戸時代には珍重された。

そんなサウス・コーストでいちばん人気があるビーチは、ハイシーズンでなければ人も少なく、静かに過ごせる。マリンスポーツも充実していて、シュノーケリングやスキューバダイビング、セイリングなどができ、ビーチでラクダに乗ることもできる。RForty ThievesやRAli Barbour's Cave Restaurantなどおしゃれなレストランもあるので、食事をしながらゆったり過ごすなど、日帰りでも十分楽しめる。宿泊はHSwahili Beach HotelやHBaobab Beach Hotelがある。

ディアニ・ビーチ

〔シモニ　Shimoni〕

ディアニからさらに約30km南にあり、モンバサからは約80kmで、車で約1時間30分。沖合はキシテ・ムプングティ海洋国立公園＆保護区になっている。80%くらいの確率でイルカを見ることができ、ディアニなどから日帰りツアーも多く出ている。

宿泊はLShimoni Reef Fishing LodgeとLPemba Cannel Fishing Clubがある。

〔ワシニ島　Washini〕

モンバサのサウス・コーストのシモニから、ダイビング、シュノーケリング、ダウ船体験、遺跡のあるワシニ村訪問など、日帰りツアーが各種組まれている。

モンバサ海洋国立公園＆保護区

料入園料大人US$17／日（子供US$13）
カード払いのみ

交モンバサから：ノース・コーストへは中央郵便局（G.P.O.）からムトゥワパ行きマタツで。ホテルの名前を告げると降ろしてくれる。所要約30分、50sh。サウス・コーストへは中央郵便局前か駅前からリコニ・フェリーLikoni Ferry乗り場行きで終点で降りる。所要約10分、10sh。フェリーは無料。所要約10分。

ディアニ

交フェリーの対岸からウクンダUkumdaまでマタツで約30分、70sh。そこでトゥクトゥクに乗り換えてディアニ・ビーチ入口のスーパーヌクマットまで。所要約10分、100sh。バイクタクシーなら50sh。

ディアニの旅行会社

ディアニ サファリズ
DIANI SAFARIS
住P.O.Box5490-80401
Diani Beach Rd.
☎(254)721420465、0403202078
einfo@dianisafaris-kenya.com
HPwww.dianisafaris-kenya.com
営9:00～18:00　無休
ディアニショッピングセンター内にあり、シモニ・ワシニ島などのツアーアレンジが可能。
シモニのシュノーケリングツアーひとり参加でもUS$80（送迎、ランチ、道具レンタル、NP入場料US$20込）。

シモニ

交ディアニからマタツで1時間、250sh

ワシニ島

交シモニからボートで約30分、乗合ボートなら100sh

マリンディ
Malindi

市外局番　042

マリンディの治安
ナイロビやモンバサに比べると重大犯罪は少なく、治安はよい。ただ郵便局から先の繁華街（現地の人は、Mzunguni「白人の町」と呼んでいる）、バスコ・ダ・ガマ・クロスから続くシルバーサンド・ビーチ周辺は、観光客を狙った引ったくりなどが起きているので注意。

観光案内所
住Map P.213:2-B
Malindi Complex内
開8:00～12:30・14:00～16:30（月～金曜）　土・日曜、祝日休
観光案内所は、観光省の役所なので、あまり情報は期待できず、町なかに点在する民間の旅行代理店に尋ねるほうが無難。

■モンバサ、ワタムからのマタツは町の外れに着く。そこから中心部へはトゥクトゥクで100sh、バイクタクシーで50sh。

遠浅の青い海原、燦々と輝く太陽、リゾートのイメージにぴったりの町。クリスマスから1、2月にかけては、凍えるような欧州などから飛んできた大勢の欧米人客で最盛期を迎える。彼らを目当てに、旅行業者、みやげ物屋、泥棒までもがこのマリンディに大集合する。

さて、そんな高級リゾート・マリンディも歴史書をひも解けば、驚くような事実が隠されている町でもある。15、16世紀にヨーロッパで製作された世界地図には、Malinde、Malendeと記されているほど有名で、あのバスコ・ダ・ガマがこの港に寄ったのも偶然ではないのだ。

高級ホテルの並ぶ海岸線、商業都市としてのにぎわいを見せる市の中心部、その背後にイスラム色の濃いスワヒリ風の住宅が軒を連ね、漁師たちの住む海辺の開放的な一画は、時の流れが止まったようである。マリンディは多様な顔をもつ町だ。

 歩き方

●マーケットを出発点にして歩き出そう

ナイロビ行きバスの発着するターミナルの真ん前が、ケニヤッタ・ロードKenyatta Rd.のマーケット。喧騒のなか、野菜、果物、干魚、日用品が売られている。日暮れ頃には揚げた魚を木箱に入れ、ランプをともして1匹ずつ売るおばさんが現れる。マーケットを出てKenyatta Rd.を右へ100mほど行くと、ガソリンスタンドがある。Starways Busの

ポルトガル教会跡

...Access...

✈**ナイロビから**：エアケニア、Fly540など毎日2～3便。US$75～

○**空港から市内へ**
空港からタクシーやトゥクトゥクで所要約6～7分、トゥクトゥク200sh、タクシー600sh。もしくは、飛行場前の幹線道路をとおるマリンディ～ワタム間のマタツなどを止めて乗る。マリンディのダウンタウンまで40sh

🚌**モンバサから**：モンバサ中心部からBuxtonまではマタツで20sh。トゥクトゥクでモンバサ中心部から100sh。さらにBuxtonからマタツを利用、5:00～21:00まで客が集まり次第出発。所要約2～2時間30分、300～350sh。バス7:00発、所要約3～3時間30分、250sh

モンバサへ：バス5:00～21:00頃発。モンバサからを参照

ナイロビへ：Simba Coach　住Map P.213:1-A 19:00、19:30発、所要約11時間、1200sh
Buscar　住Map P.213:1-A 7:00、19:00、19:30発、1200～1790sh

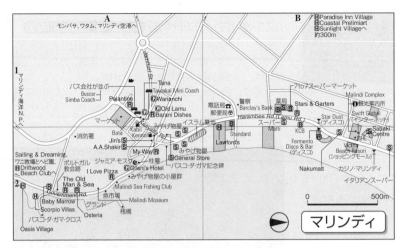

A モンバサ、ワタム、マリンディ空港へ

B
Ⓗ Paradise Inn Village
Ⓗ Coastal Prelimiart
Ⓗ Sunlight Villageへ
約300m

マリンディ海洋N.P.へ

バス会社が並ぶ
Buscar
Simba Coach
Palantice
マーケット
・消防署
Bata
Jin's
A.A.Shakir
Sailing & Dreaming
ワニ牧場&ヘビ園Ⓗ
Driftwood
Beach Club
The Old
Man & Sea
Baby Marrow
Scorpio Villas
バスコ・ダ・ガマ・クロス
Osteria
Oasis Village

Tana
Tawakal Mini Coach
Ⓖ Wananchi
Ⓖ Old Lamu
Ⓖ Barani Dishes
みやげ物屋 イスラム墓地
Kahil
Kennol
My Way Ⓡ
ポルトガル
教会跡
I Love Pizza
Giani's Hotel
みやげ物屋の小屋群

電話局
郵便局
Ⓡ
Ⓡ
Ⓡ General Store
バスコ・ダ・ガマ記念碑

フロラスーパーマーケット

警察
Barclay's Bank
Harambee Rd(Lamu Rd)
スーパー
Standard
Lawford's
Nakumatt

Malindi Sea Fishing Club
魚市場 Malindi Museum
グランド
桟橋

薬局
Stars & Garters
Malindi Complex
Swift Global
(インターネット)
観光案内所
Star Dust
(ディスコ)
Multi
KCB
Fermento
Disco & Bar
(ディスコ)
Victria
Beach Resort
(ショッピングモール)
カジノ・マリンディ
イタリアンスーパー
Sabaki
Centre

Government Rd

0   500m

マリンディ

発着所はその向かいあたり。Habib Bankの角を左へ折れると
ⒼThe Tanaがあり、この通りがジャムフリ・ストリートJam-
huri St.。大衆食堂が軒を並べる庶民の通りだ。

●高級リゾート地の海岸通りへ

Jamhuri St.からケニヤッタ・ロードに向かって数分ほど歩い
て、突き当たったら左に折れ、海岸の方向へ歩いていこう。突き
当たりが、マリンディのメインストリート、高級リゾート地のハ
ランベ通りHarambee Rd.だ。
この通りに、銀行やレストラン、
高級商店などが並んでいる。

浜辺には、プライベートビー
チはないので、どこでも自由に
行ける。ここの砂は珊瑚礁だ
が粉と呼びたいほど細かい。は
だしで歩くと気持ちがよいが、
砂ノミに注意しよう（→P.339）。

砂ノミに気をつけて

見どころ

色鮮やかな熱帯魚と珊瑚礁の宝庫
マリンディ海洋国立公園&保護区　Malindi Marine N.P. & R.

マリンディの町か
らシルバーサンド・ビ
ーチ沿いに南へ約
4kmの海岸。沖の珊
瑚礁までグラスボー
トで行けば、無数の
熱帯魚の群れとたわ
むれることができる。

シュノーケリング天国

郵便局、電話局
住Map P.213:1-B
開8:00～12:00・
14:00～17:00（月～金
曜）、9:00～12:00（土曜）

銀行（両替）
Barclay's Bank
住Map P.213:1-B
開9:00～15:00（月～金
曜）、9:00～11:00（土曜）
ビザとマスターのカードで
キャッシング可のATMが
ある。USドルの現金なら
旅行会社での両替可。

マリンディ海洋国立公園
住Map P.213:1-A外
料入園料大人US$17（子
供US$13）
カード払いのみ
ビーチにはインフォメー
ションセンターあり。グ
ラスボートの相場は
4500sh／1時間30分。
交マリンディ中心部より
トゥクトゥクで所要約15
分、200sh。

夕方になると海沿いに屋台
が出る

**バスコ・ダ・ガマ・クロ
ス**
住Map P.213:2-A
開7:00～18:30
料500sh
市内リゾート地区の南端
近く、道路の海岸沿いの
道を漁業局を越えてすぐ
次の道を左折。Mnarani
Rd.の突き当たり。

ポルトガル教会跡
住Map P.213:2-A
市内からバスコ・ダ・ガ
マ・クロスへ向かう途中、
海岸沿いの道路に面す。
料無料（ただし、要ドネ
ーション）

ジャミア・モスク
住Map P.213:2-A
ポルトガル教会跡と同じ
海岸沿いの道に面してい
る。このモスクはイスラ
ム教徒以外は入場不可。

ワニ牧場とヘビ園
Crocodile Farm & Snake
Park
住Map P.213:2-A 外
P.O.Box 208
☎042-2120121、
(254)722745336
営8:00～11:30・
14:00～17:30
料€10またはUS$15
このあたりで最大規模の
ワニ飼育場。ガイドがヘ
ビを首に巻いてみせてく
れる。
交マリンディ中心部から
トゥクトゥクで所要約15
分、200sh

インド航路発見の
バスコ・ダ・ガマ・クロス(十字塔) **Vasco da Gama's Pillar**

　南アフリカの喜望峰を回ってマリンディに到着したバスコ・
ダ・ガマが、1499年に建てたといわれる十字塔。現在のこの場
所には、16世紀頃に移築されたといわれる。
　漁業局 Fisheries Departmentから海岸に突き出た岬の突端
に建つ。塔にはポルトガルの十字紋章が刻まれ、ポルトガルに
よるインド交易の中継点だったことを示している。
　周辺は観光客を狙ったひったくりが多いので注意しよう。

バスコ・ダ・ガマ・クロスと海（干潮時）

東アフリカでいちばん古いといわれる
ポルトガル教会跡 **Portuguese Church**

　大きなバオバブの近くにある小さな教会跡。1542年にイン
ドへ赴くフランシスコ・ザビエルが、死亡したふたりの兵士を
この地に埋葬した跡だといわれている。

奴隷市の跡
ジャミア・モスク **Jamia Mosque (Friday Mosque)**

　港近くにあるジャミア・モスクは、かつて奴隷市が開かれてい
た場所に建っている。アラブの奴隷商人によって、内陸から送
られてきた奴隷がこ
こで競りに出され、
アラブ各地に売られ
ていった。この隣の
墓地に柱墓（ピラ
ー・トームPillar Tomb)
がある。かつては中
国の陶磁器が墓の囲
いに埋め込まれてい
たが、今はすべて持
ち去られてしまった。

悲しい歴史の跡

ホテルとレストラン

→P.192 日本からの電話のかけ方

マリンディでは、コテージ風のヴィラで、リゾートステイを楽しむ旅行者が増えている。少し距離がある所は、頼めば迎えに来てくれる。

Ｈスコルピオ・ヴィラ・
Scorpio Villas Ｈ

住Map P.213:2-A　P.O.Box 368　Mnarani Rd. Malindi
☎042-20194、（254）700437680
ｅbookings@scorpio-villas.com
Ｈwww.scorpio-villas.com
料ＳＷ4800sh（蚊帳・エアコン・トイレ・シャワー・朝食付）
カード ＭＶ

バスコ・ダ・ガマ・クロスの近く、中心部から約1.5kmにある、マリンディでも有数の設備とサービスがよいコテージ式リゾートホテル。B&Bも可。イタリア人経営で、プールやジャクージ、Ｒあり。海岸へは徒歩約1分。Wi-Fi無料。送迎（片道）モンバサ7000sh、マリンディ空港1500sh。全46室。

スコルピオ・ヴィラ

Ｇギラニズ・ホテル・
Gilani's Hotel

住Map P.213:2-A　P.O.Box 380　Gulament Rd. Malindi
☎（254）722-648872
料Ｓ1200sh　Ｗ2200sh（トイレ・シャワー付）
全室トリプル（Ｗベッドひとつ、シングルベッドひとつ）で広い。1階のＲも広々としている。

1階のＲではローカルフード以外も食べられる

Ｈパラダイス・イン・ヴィレッジ・
Paradise Inn Village

住Map P.213:1-B外　P.O.Box 5255　Mtangani Rd. Malindi
☎（254）719712910
ｅparadisevillage2008@yahoo.it
Ｈkenyacoastguide.com/paradise-inn-village/
料Ｓ1600sh Ｗ1800sh（蚊帳・トイレ・シャワー付）
イタリア人オーナー。Ｒ、バー、プールがある。スタッフも親切。全26室。

Ｇオールド・ラム・ホテル・
Old Lamu Hotel

住Map P.213:1-A　S'Nussor Rd. Malindi
料Ｓ500sh　Ｗ600sh（トイレ・水シャワー共同、蚊帳付）騒々しい部屋は割安
ムスリムが多いのでアルコールは禁止。交通も便利。全20室。

Ｒベイビー・マロウ・
Baby Marrow Ｒ

住Map P.213:2-A　P.O.Box 1433 Silver Sand Rd.　Malindi
☎（254）700766704
営17:00～24:00
ポルトガル教会跡付近にある、イタリア人経営の高級イタリア料理店。料理600sh～。夜のみの営業。

おしゃれで高級な雰囲気

Ｒアイ・ラブ・ピッツァ・I Love Pizza

住Map P.213:2-A　P.O.Box 5842 Malindi
☎（254）734645567
営12:00～15:00・19:00～23:00　無休
スパゲティ、ピザとシーフードの店。ミドルサイズピザ595sh～、種類豊富。

ケニア　マリンディ

ワタム
Watamu

市外局番042

ワタムの治安
比較的安全だが夜間外出する場合は襲われる可能性があるのでひとり歩きは避けよう。連れだって歩くか、人どおりのない所は歩かないこと。

...Access...

🚐モンバサから：
🅷News People's前からマリンディ行きのマタツで所要約2時間のゲディGediで下車。200sh。そこからワタム行きのマタツに乗り換え所要約10分、40～50sh
マリンディから：ワタム行きマタツで所要約40分、50sh

スネークファームもある

マリンディの南、約24kmの半島にある南北にビーチをもつ小さな村で、観光地化してきている。南のバラクーダ・ビーチ側のメインストリート沿いには、個人の別荘を改造したホテルやみやげ物屋も多い。しかし、北のワタム・ビーチへ抜ける村の中の小道は、昔ながらのヤシの葉ぶきの屋根、土壁の家が並び、子供と母親が軒下にベッドを出して昼寝をするのどかな風景も残っている。

バラクーダ・ビーチの砂浜は、歩くとキュッキュッと音がするほど細かい。12～3月頃の観光シーズンには、浜辺の海藻もかたづけられてきれいになる。ビーチのすぐ南には、珊瑚礁が美しいワタム海洋N.R.&R.があり、シュノーケリングやグラスボート・セイリングに、最高のスポットだ。泳ぐ

ワタム

なら、村の近くのワタム・ビーチやバラクーダ・ビーチで十分。近年、高級ホテルが続々と進出してきていて、12月からイースターまでのシーズン中はイタリア人などであふれかえる。

🎭 見どころ

ケニアの海の国立公園
ワタム海洋国立公園＆保護区 Watamu Marine N.P. & R.

ワタムの海岸でバラクーダ・ビーチのさらに南側数kmにわたる地域にある。ビーチ沿いには高級リゾートホテルが点在し、12月からの観光シーズンが始まる前にはビーチもきれいにかたづけられる。沖合いでのシュノーケリングでは美しい珊瑚礁が楽しめる。潮が引くと沖には真っ白な砂地が浮かぶ。

マタツパーク付近で声をかけてくるビーチボーイがシュノーケリングツアーをアレンジしてくれる。入園料US$20／人。

ワタムのビーチ

かつて繁栄した都市の面影
ゲディ遺跡 Gedi Ruins

東アフリカのアンコール・ワットといわれている遺跡、ゲディ。モンバサから約105km北、マリンディから約16km南、ワタムからは約5kmの所にある。ゲディ遺跡はゲディの町から奥へ続く道をたどって徒歩10分ほど。ちなみに呼び名は、ゲディGediより正確にはゲデェGede。ガラ語で「尊い」という意味で、同時に人名としても使われていたようだ。

大きなバオバブの木々が生い茂り、ひんやりとした空気が流れている。受付の隣にある大きな門の跡を巨大な木が飲み込んでいる姿は圧巻。

町は13世紀末から14世紀初期にかけて成立し、15世紀半ばに繁栄の極みに達した。海から約5kmも離れているが、相当の人口を擁して繁栄していたことがその出土品からうかがえる。

往時は、高さ約2.7mの壁によって囲まれ、広さは18万㎡もあったという。ほぼ当時のマリンディやモンバサと同じ大きさだった。改築されてしまい現在ではうかがい知ることもない両都市の原型を、ここで見ることができる。

16世紀に、おそらくモンバサからの遠征軍によって破壊、占拠され、既存の建物を取り込んだ防塞色の濃い内壁が造られたが、17世紀初頭には最終的に見捨てられた。これはソマリアからガラ人が南下してきたためといわれている。

遺跡内にはヴェネツィア玉の家と称する一画がある。これは16～17世紀頃からイタリアのヴェネツィアで作り始められたガラス玉がここで発見されたことに由来する。当時、すでに地中海地域との交易も行われていたということであろうか。

17世紀に滅亡したアラブ・アフリカ風の都市の遺跡。当時は中国の陶磁器なども輸入されていたらしく、入口右手にある遺物展示館Gedi Monument & Museumには、それらがズラッと陳列されている。

ゲディ遺跡にはこのような家の跡が多い

...Access...

🚐 **ワタムから:**マツマで所要約10分、50sh
マリンディから:所要約30分、70sh。モンバサへの道の交差点ではなくモスクの前で降り、案内板に従い徒歩約10分。

ゲディ遺跡
🏠Map P.216 外
💰500sh. 子供250sh
ボランティアガイドがいれば説明してくれる。

遺物展示館
🏠遺跡入口前
🕐7:00～18:00
💰遺跡への入場と共通

巨木に圧倒される

蝶博物館
Kipepeo Butterfly House＆Farmers Training Center
🏠遺跡入口前
🕐8:00～17:00
💰200sh. 子供100sh

■**ヘビ園**
Bio-Ken Snake Farm
🏠Map P.216外
☎042-2332303
🕐10:00～12:00・14:00～17:00
🚕ワタム中心部からタクシーで約150sh、徒歩約30分。
💰1000sh. 子供500sh
爬虫類研究所を一般公開している。ヘビはケニアで一番の種類の多さ。

ケニア
ワタム

 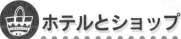
ホテルとショップ
→P.192 日本からの電話のかけ方

ビーチ沿いに高級ホテルが続々進出してきている。またコテージ風のヴィラがはやっている。きれいなうえそれほど高くないのでおすすめ。レストランも多いが、キッチン付きのヴィラ用には食料品が揃うスーパーが便利。

🏨**ヘミングウェイズ・リゾート・Hemingways Resort H**
🏠Map P.216外　P.O.Box 267　Watamu
☎0202649399～401　FAX042-2332256
📧reservations@hemingways.co.ke

217

[HP]www.hemingways-watamu.com

[料]ⓌUS$265～　ⓌUS$375～（蚊帳・エアコン・冷蔵庫・トイレ・シャワー・朝食・夕食・アフタヌーンティー付）

[カード][A][M][V]

ワタム海洋N.P.&R.に面した豪華な5つ星ホテル。プールなどの設備は整っている。宿泊代にはマリンディ空港の送迎代、マリンディ海洋N.P.へのシュノーケリングツアー（入園料含む）、マリンディとゲディ遺跡へのツアー（遺跡入場料含まず）料金を含む。Wi-FI無料。メンテナンスのため、5月1日～6月14日に休業する年もある。全76室。

海岸のリゾートホテルではピカいち

[H]タートル・ベイ・ビーチ・クラブ・Turtle Bay Beach Club

[住]Map P.216外　P.O.Box 10　Watamu

☎042-2332003/2332226　FAX042-2332268

[e]general.manager@turtlebay.co.ke

[HP]www.turtlebaykenya.com

[料]ⓈⓌUS$104～223（通常期）（ファン・トイレ・シャワー・3食付）

[カード][M][V]

ワタムで最大のオールインクルーシブホテル。3食のほかプールサイドバーやスナック、ウオータースポーツアクティビティなども料金に含まれている。7泊以上は割引あり。5～6月上旬は休業することもある。全145室。Wi-Fiは有料。

リゾートを満喫できる

[G]マリジャアニ・ホリデー・リゾート・Marijani Holiday Resort

[住]Map P.216　P.O.Box 282　Watamu

☎042-2332510、(254) 735258263

[e]marijani@swiftmalindi.com

[料]Ⓢ2700sh～　Ⓦ3300sh～（冷蔵庫・トイレ・シャワー付）

ドイツ人オーナーの経営。ビーチまで約200m。部屋にはバルコニー、冷蔵庫がある。落ち着いた雰囲気。Wi-Fi無料。全9室。

[H]クリスタル・ベイ・リゾート◆Crystal Bay Resort H

[住]Map P.216外　P.O.Box 424　Watamu Kanani Rd.

☎042-2332150、(254) 708565000

[HP]crystalbaywatamu.com

[料]Ⓦ€100～150（蚊帳・エアコン・トイレ・シャワー・3食付）

クリスタル・ベイに面した、イタリア人経営の規模の大きいリゾートホテル。[R]や大型プールあり、設備はよい。全56室。

[G]ヴィラ・ヴェロニカ・Villa Veronica

[住]Map P.216　P.O.Box 57　Watamu メインストリート沿い

☎(254) 728155613

[料]Ⓢ1500sh　Ⓦ2000sh　[SU]3000sh（蚊帳・冷蔵庫・トイレ・水シャワー付）

看板は小さく青い門が目印。キッチン付の部屋もある。Wi-Fi無料。全9室。

シンプルな室内

[G]クラベラ・ブルー・ラグーン・ビーチ・コテージ・Krabella Blue LagoonBeach Cottages

[住]Map P.216　P.O.Box 626　Watamu

☎(254) 733504021、(254) 725867038

[料]Ⓢ1500sh　Ⓦ2000sh（蚊帳・キッチン・トイレ・シャワー付）

オーナーはキクユ族。ビーチまで徒歩約1分。清潔できれい。全12室。

広くて快適

[S]ビーチ・ウエイ・Beach Way

[住]Map P.216

[営]6:00～23:00　日曜休

村のよろず屋といった店。ゲストハウスなどで自炊をする人向けに、生鮮食料品などを売る店が付近にある。

店員も親切で話がはずむ

ナクル
Nakuru

　ナクル湖N.P.（→P.77）のナクル湖へなだらかに下るメネンガイ山の山腹に広がる、約30万人の人口をもつケニア第4の都市である。

　ナクルとは、マサイ語の「エナクロ」からきている。「ほこりまき立つ土地」という意味。このあたりは大地溝帯の底部にあり、多くのアルカリ湖や干上った土地をかかえているため地表には湖から飛来した多くのソーダ塵があり、かつては屈強なマサイ族でさえ住みつかなかったが、今や大都市の様相を呈してきた。

市外局番　051

...Access...

🚗ナイロビから:156km、マツマツで所要約3時間、大型バスは待ち時間が長く、乗車時間は3時間ほどでも、合わせれば5～6時間かかる。300sh～400sh前後ナクル止まりのマツマツは、ナイロビのCross Rd. 東端より頻繁に出ている。
400～500sh
キスムから:600sh～700sh

ケニア東西南北のすべての都市を結ぶ交通網の起点という地理的好条件のために、近代商業都市の面も併せもっている。ただし、政治的に不安定な場所なので、事前に治安情報を必ず入手すること。

マツマツ乗り場

ナクルは世界の中心？

ケニア　ワタム／ナクル

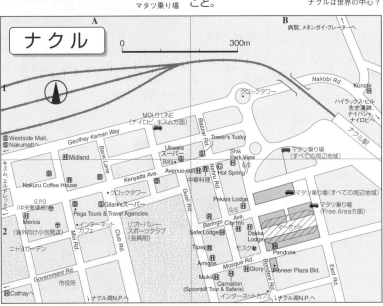

歩き方と見どころ

ナクルの町の中心は、東ナクルの駅、マーケットとバス乗り場と、西のG.P.O.を結ぶケニヤッタ・アベニューKenyatta Ave.一帯である。この間で、車のパーツを除けば、ナクルで入手可能なすべての物が揃う。みやげ物を買うにもこの通りに沿って歩けばよい。イースト・ロードEast Rd.まで行けば卸売市場や青空市が並ぶ。

ナクルはジャカランダの多い町で、花は11月が見頃。オギンガ・オディンガ南縁には植民地時代からの建物が残る。

先史時代の遺跡
ハイラックス・ヒル先史遺跡 The Hyrax Hill Prehistoric Sit

高さ約50mの火山丘には、地名どおりロッジハイラックスがすんでいたらしい。ここで、新石器および鉄器時代の住居跡など、先史時代の遺跡が発見されたが、5000年前から200～300年ほど前まで人が住み続けていたという。

頂上からは、ナクルの町と湖、ジャカランダの並木、メネンガイ山Menengai(標高約2278m)が眺められる。出土品を陳列した小さな展示館があり、屋内外を職員が案内してくれる。

住居跡

巨大なクレーター
メネンガイ・クレーター Menengai Crater

東部地溝帯の中に横たわる、約92km²の面積をもつメネンガイ山のクレーターは、タンザニアのンゴロンゴロC.A.のそれに次ぐ規模。メネンガイとはマサイ語で「死霊の土地」という意味である。19世紀を通じて行われたマサイ内戦の有名な戦場のひとつで、破れたライキピア・マサイはこの崖の上から突き落とされたという。

山頂にはみやげ物屋が数軒あり、ガイドも兼ねている。

クレーターを降りるにはガイドが必要

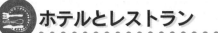

ホテルとレストラン

→P.192 日本からの電話のかけ方

[H]メリカ・Merica H
[住]Map P.219:2-A　P.O.Box 560-20100 Nakuru Kenyatta Av.
☎051-2214232　FAX051-2217089
[HP]www.mericagrouphotels.com/mericahotel
[料]ⓈUS$120　ⓌUS$185　ⓉUS$225（蚊帳・エアコン・トイレ・シャワー・朝食付）
[カード][A][M][V]

3つ星クラスのナクルで最高級の7階建てホテル。エレベーターもあり、上階でも安心。無料Wi-Fiあり。全94室。

メリカ・ホテルのビル

[H]ミッドランド・Midland H
[住]Map P.219:1-A　P.O.Box 908 Nakuru
☎051-2212125　FAX051-2217222
[HP]www.midlandhotel.co.ke
[料]旧館ⓈUS$110　ⓌUS$135（蚊帳・TV・電話・トイレ・シャワー・朝食付）新館ⓈUS$115　ⓌUS$140（蚊帳・TV・電話・トイレ・シャワー・朝食付）
[カード][V][M]

ナクルでは老舗。2階建ての新館と、別棟の平屋の旧館、デラックス棟に分かれている。全館Wi-Fi無料。全72室。

新館は2階建て

[H]キャセイ・H Cathay
[住]Map P.219:2-A外　P.O.Box 7362 Nakuru
☎051-2215820、(254)720817684
[HP]www.hotelcathay.co.ke
[料]ⓈUS$105　Ⓦ$165　ⓉUS220（蚊帳・トイレ・シャワー・朝食付）
[カード][M][V]

2008年にオープンした中級ホテル。部屋によってはバスタブがある。Wi-Fi無料。

キャセイ・ホテル

[H]ペカーズ・ロッジ・Pekars Lodge
[住]Map P.219:2-B　P.O.Box 1649 Nakuru
☎(254)720848913
[料]Ⓢ900sh　Ⓦ1500sh（蚊帳・トイレ・シャワー付）

マタツ乗り場の西側。部屋は清潔で広め。1階はスーパーマーケット。全44室。

マタツ乗り場に近く便利な立地

[H]パンドリア・Pandoria
[住]Map P.219:2-B　P.O.Box 621-20100 Nakuru
[料]Ⓢ700sh　Ⓦ1000sh（トイレ・シャワー付）

マタツ乗り場の近く。1階にスーパーマーケットが入っていて便利。レセプションが3階で入口からかなり奥。全54室。

[R]ティプシィ・Tipsy R
[住]Map P.219:2-B　P.O.Box 285 Nakuru
☎051-22151818
[営]8:30～19:00　無休

地元客にも人気のカジュアルで清潔な[R]。おすすめはカレー440shとチキンピラウ440sh。どの料理も野菜がたっぷりでボリューム満点。ケーキの種類も豊富。

指さしで注文できる

キスム
Kisumu

市外局番　057

...Access...

✈ ナイロビから：ケニア
航空などが毎日5便。所要
約50分、US$90〜

🚌 ナイロビから：Cross
Rd. 周辺から大型バス、
ミニバスともに頻発
Easy Coach
ナイロビへ：8:00〜21:00
の間で出ている。1400sh
カンパラへ：所要約7時間、
1500sh
ナクルへ：ナイロビ行き
のバスに乗車、750sh
空港から市内へ：マタツで
所要約15分、50sh。タ
クシーで所要約15分、
1000sh

キスムはビクトリア湖沿岸に位置するケニア第3の都市。
また、ルオ族の生活の中心地でもある。ライバル関係にあ
るバンツー族のキクユ族などから政治的にも煙たがられる
存在で、1960年代のケニヤッタ政権下でルオ族のTom
Mboyaが、1978年からのモイ政権下で同じくルオ族の外
相Robert Oukoが暗殺されている。1977年、東アフリ
カ共同体の崩壊によって、貿易の要所となる港町としてに
ぎわっていたキスムは停滞したが、1993年に共同体は再
結成され、経済交流が進み、ビクトリア湖の交易も増加し
ているため、キスムにも活気がよみがえってきた。

しかし、2007年末の大統領選挙の結果をめぐり、キク
ユ族とルオ族の対立が激化、キクユ族の虐殺事件が生じて
しまったが、2016年現在は
鎮静化している。

近年、オバマ大統領の父親
の故郷としても注目を集めて
いる。キスムよりマタツでウ
ガンダ国境方面に2時間弱の
所に今も祖母が健在。

キボコ・ベイの湖岸

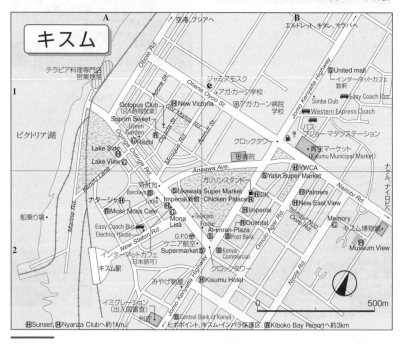

歩き方

キスムは、ビクトリア湖畔にありながら観光地ではないために、旅行者にはつかみどころのない町かもしれない。

駅から直進すると、郵便局のある大きな通りに出る。これがオギンガ・オディンガ・ロードOginga Odinga Rd. で、スーパー、銀行、旅行会社などが連なるメインストリートだ。バークレイ銀行Barclays Bankのあたりから湖方面はインド人の店と住居が広がる。

もうひとつのメインストリートといえるジョモ・ケニヤッタ・ハイウエイJomo Kenyatta Highwayとオティエノ・オヨー・ストリートOtieno Oyoo St.を交差させて東西南北に分けると、東はマタツ、バスターミナルとマーケット、西はタウン、南は高級ホテルと役所、北は学校と住宅地と大きく分かれる。

ジョモ・ケニヤッタ・ハイウエイからナイロビ・ロードNairobi Rd.に入るといつもにぎやかな青空マーケット、キスム・ムンシパル・マーケットKisumu Municipal Market（Map P.222：1-B）がある。果物、野菜、ビクトリア湖で取れた淡水魚の数々、日用雑貨とともに、みやげ物がところ狭しと置かれ、掘り出し物も多い。

現地食のウジ（ポーリッジ、お粥のような料理）とギゼリ（豆とトウモロコシの煮物）に挑戦するなら、青空マーケット周辺にある屋台や食堂へ。大きな木の下では、火をくべた鍋の周りにベンチが並び、客がルオ語で世間話をしているのどかな場所だ。ルオ語で「Misawa!（こんにちは）」と声をかけてみよう。

オギンガ・オディンガ・ロードを湖に向かって歩き突き当たった右の湖岸には、ティラピア（魚）料理の店が並んでおり、夕方以降はかなり盛り上がっている。湖に沈む夕日を見ながら指で魚の身を引きさき、食するのもまたよし。

見どころ

アフリカ最大の湖
ビクトリア湖 Lake Victoria

ここまで来てビクトリア湖に行かない手はない。町の南約3kmにあるキボコ・ベイKiboko Bayでは魚釣りや船で周遊できる。料金の相場は2000〜3000sh/時/1隻だが、交渉しだいで安くなる。カバのいるヒポプールポイントまでの周遊もできる。簡易釣りざおも貸してくれる（周遊料金に含まれる）。

満々と水をたたえるビクトリア湖

ビクトリア湖に船を使って出てみる場合、最も簡単な方法はツアーをやっている旅行会社を探すことだが、キスムでは旅行会社が少なく、ひとりだと割高になるのが難点。

キスムのダウンタウン

ヒポポイント
住 Map P.222：2-A外
H Sunsetの約3km先
交 タクシーで10分ほど（700sh〜）。帰りも、キープしておこう。"Kiboko Bay" と言えばわかりやすい。町なかから徒歩、片道1時間弱。看板が出ている
料 2500sh／時／4〜5人。ボートを頼むとポイントまで行ってくれる。朝夕がおすすめ。

ヒポポイント

Lake Victoria Birders
住 Map P.222：2-A外
P.O.Box 4201 Impala Rd. H Sunsetの裏の道の裏側
☎ 057-2024162、(254)734994938
e lakevictoriasunsetbirders@yahoo.co.uk
HP www.lvsb.50megs.com
ガイド会社。村巡り、西ケニアのトレッキングなどのガイドを紹介する。行き先の希望があれば相談にのってくれる。表の看板にはWild Life Club of Kenyaとなっている。また、ゲストハウスに1000shで宿泊可。ドミトリーは500sh。

キスム博物館
住Map P.222:2-B
☎057-2020332
HPwww.museums.or.ke/
content/blogcatego
ry/14/20/
営9:00〜18:00 無休
料500sh、子供250sh
交Nairobi Rd.マーケット
からナイロビ方向に徒歩約
15分。右側に、Museum
の看板あり。

キスム・インパラ保護区
住Map P222:2-A外
☎0774305916
HPwww.kws.go.ke/conte
nt/kisumu-impala-sanct
uary
営7:30〜18:00
料大人US$22（子供US$
13）
カード払いのみ
交キスム中心街からタク
シーで約10分。

カカメガ森林国立保護区
☎056-30603
Ekakameguforest@kws.go.ke
料入園料大人US$22（子
供US$13）
カード払いのみ
交キスムのマタツステージ
よりカカメガまで所要約1
時間30分、250sh。カカメ
ガからキタレかエルドレッ
ト行きマタツでカンビジャ
ンクションKambi（別名
KWS）junction下車、所要
約20分、70〜80sh。
National Reserveの看板方
面へ徒歩約400mでゲート
入口。

ティムリッチ・オヒンガ
料500sh、子供250sh
交キスムからホマベイ
Homa Bay までマタツで
所要約2〜2時間30分、350
sh。ホマベイからKanungu
（別名SON）行きのマタツ
に乗り、Market Kalamindi
で下車、所要約2時間、
300〜350sh。さらにそ
こからティムリッチまで
バイクタクシーで約45分、
400〜500sh。

キスム地方の特徴を一堂に集めた
キスム博物館 Kisumu Museum

　キスム付近の各民族が使用していた農耕道具、武器、楽器、また昆虫、動物などを陳列した資料館は、入口を入って左奥にある。水族館Aquariumではビクトリア湖の魚を飼育、展示している。

　Traditional Luo Home Steadでは、ルオ族の独特な家族構成からなるミニ集落があり、頼めば係員が英語で説明もしてくれる。ヘビ、ワニ、大小さまざまなゾウガメも飼育されている。

　2017年中にはルオ族の民俗音楽と伝承をテーマとした展示室が開設予定。

キスム博物館の展示

ビクトリア湖岸の動物保護区
キスム・インパラ保護区 Kisumu Impala Sanctuary

　インパラ（約45頭）やサバンナモンキーが放し飼いにされているほか、檻で飼育されているチーター、ヒョウなどが見られる。日曜以外の14:30が肉食動物へのFeeding Time（餌やり時間）となっている。

ケニア最大のジャングル
カカメガ森林国立保護区 Kakamega Forest National Reserve

　ケニア最大にして最後の熱帯雨林をもつ国立保護区。森は生物多様性に富み、さまざまな動植物を支えている。特に6種類のサルや300種にも及ぶ鳥類、さらに450種を超えるチョウの観察場所として有名。ウオーキングサファリができるが、地元ガイドとの同行をすすめる。宿泊施設もある。

熱帯ジャングルが残る

ルオの王宮跡
ティムリッチ・オヒンガ Thimlich Ohinga

　ケニアは海岸部を除くとほとんど遺跡がないが、ここティムリッチ・オヒンガは貴重な内陸遺跡。数百年前のルオ族の王宮跡。ジンバブエのグレート・ジンバブエほど大きくないが、石造りの城壁、入口、建物の基礎などが残る。植民地前のアフリカをしのぶことのできる数少ない遺跡だ。

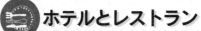

ホテルとレストラン

→P.192 日本からの電話のかけ方

〔高～中級ホテル〕

🏨 インペリアル・Imperial H

🏠Map P.222:2-B　P.O.Box 1866　Kisumu
☎(254)721240515　FAX057-2022685
🌐www.imperialhotel.co.ke
🏷Ⓢ8300sh　Ⓦ1万920sh（スタンダード）
Ⓢ9980sh　Ⓦ1万2600sh（デラックス）（トイレ・
シャワー・朝食付）
カードＡＭＶ

キスムの最高級ホ
テル。プール、🅡あ
り。Wi-Fi無料。全
90室。新館（Map
P.222：2-A）も
ある。

インペリアル・ホテル

🏨 サンセット・Sunset H

🏠Map P.222:2-A外　P.O.Box 215　Kisumu
☎057-2020464、(254)733411001
🌐www.sunsethotel.co.ke
🏷Ⓢ5000sh～　Ⓦ6500sh～　Ⓣ8000sh
（蚊帳・エアコン・トイレ・シャワー・朝食付）
カードＡＭＶ

中心部から南に約1kmの湖畔の高台にあり、文
字どおりビクトリア湖に沈む夕日が見える、か
つて秋篠宮も利用した由緒正しいホテル。大型
のプールあり。🅡のランチ、ディナーともに
1100sh～。チェックイン12:00、チェックア
ウト10:00。19:00以降到着は要連絡。Wi-Fi
無料。全50室。

🏨 ニャンザ・クラブ・Nyanza Club

🏠Map P222:2-A外　P.O.Box 329 Kisumu Club
Lane
☎057-2022433
🌐www.nyanzaclub.com
🏷Ⓢ5100sh　Ⓦ6600sh　Ⓣ8700sh（蚊帳・エア
コン・電話・トイレ・シャワー・朝食付）
カードＭＶ

高級住宅地にある清潔な会員制クラブで🅡も
ある。会員以外も上記の値段で泊まれる。エア
コンなしの部屋もある。Wi-Fi無料。全56室。

🏨 ニュー・ビクトリア・New Victoria H

🏠Map P.222:1-A　P.O.Box 276　Kisumu
☎057-2021067、(254)727225577　FAX057-2022874
📧newvictoriahotel-ksm.com
🏷Ⓢ1100sh（トイレ・シャワー共同、蚊帳・朝食付）
Ⓢ1750sh　Ⓦ2700sh　Ⓣ3850sh（蚊帳・TV・
トイレ・シャワー・朝食付）

きれいで居心地がよい3階建てのホテル。1階の

🅡はおいしい。スタッフは観光の相談にのって
くれる。ベランダから湖が見える。全19室。

🏨 レイク・ビュー・Lake View H

🏠Map P.222:1-A　P.O.Box 9833　Kendu Lane
Kisumu
☎057-2020982、(254)721778287
🏷Ⓢ1500sh　Ⓦ2000sh（蚊帳・トイレ・シャワー・
朝食付）

1階にバーと🅡。部屋は広くきれい。受付の対
応もよい。Wi-Fi無料。部屋数は少なく、全8室。

🏨 モナリザ・Mona Lisa GH

🏠Map P.222:2-A　P.O.Box 1435　Oginga
Odinga Rd. Kisumu
☎(254)712630318
🏷Ⓢ900sh　Ⓦ1000sh（トイレ・水シャワー共同、
蚊帳付）　Ⓢ1000sh　Ⓦ1300sh（蚊帳・トイレ・水
シャワー付）

部屋は明るく広い。屋上からの見晴らしがよい。
🅡（営7:30～17:00）の食事も美味。紅茶ポッ
ト80sh、カバブー45sh～。共同のトイレ、
シャワーはあまりきれいではない。全12室。

🏨 YWCA・YWCA

🏠Map P.222:1-B　P.O.Box 1618　Kisumu
バス・マタツ乗り場の北
☎(254)703963973
📧ywcakisumu@yahoo.com
🌐www.ywcakenya.org
🏷テント350sh／人（トイレ・水シャワー・共同）
Ⓓ500sh　Ⓢ850sh　Ⓦ1400sh（蚊帳・トイレ・水
シャワー付）

キスムで最も安い宿だろう。かなり老朽化して
いるがバス、マタツ乗り場に近く便利。男女と
も宿泊可。食事も取れる（朝食50sh）。全21
室。テント用スペースもある。

🅡 キボコ・ベイ・リゾート・
Kiboko Bay Resort

🏠Map P.222:2-A外　P.O.Box 2111　Kisumu
ヒポプールより約1km先
☎(254)724387738、(254)733532709
🌐www.kibokobay.com
営11:00～23:00　無休
カードＭＶ

ビクトリア湖のキボコ・ベ
イの岸にある🏨のレスト
ラン。洋風、インド、アフ
リカ料理がある。宿泊は
ⓈUS$175　ⓌUS$
225（トイレ・シャワー付）。

広い敷地にある

ナマンガ
Namanga

市外局番　045 (ケニア側)
　　　　　027 (タンザニア側)

...Access...

ナイロビから:マタツはRiver Rd.がRonald Ngara St.に突き当たる場所から出発する。マタツの席数により料金が異なる。6:00～18:00まで、客が集まりしだい出発する。所要約2～3時間、450～500Ksh。荷物料を請求してくるが、交渉しだいで払わなくて済む
アルーシャから:乗合タクシーのタウンエースで、所要約1時間30分～2時間 料7000Tsh (US$4～5)
アルーシャへ:マタツ7000Tsh (US$4～5)。所要1時間30分～2時間。客が集まりしだい出発

国境の越え方
→P.374

■両替
ケニア側には銀行がある。タンザニア側は入国審査内の銀行で両替ができる。

　キリマンジャロ山の西側、ケニアとタンザニアの国境であると同時に、アンボセリN.P.への入口の町でもある。また付近に多く住むマサイ族の集落を訪ねることもできる。付近の住民も国境を越えるのにはパスポートが必要。

　ケニア側の国境ゲート周辺には観光客相手の闇両替屋もいるし、みやげ物屋もあるが、客の呼びこみはさほどしつこくない。両国の交易がより頻繁になるにつれ、町の様子も変わっていくのであろう。

　タンザニア側の町はいくぶん古めかしく、少し路地に入ればマサイ族の暮らしを垣間見ることもできる。ただし、「普段着」の姿であるがゆえに、旅行者が彼らを写真撮影してはいけない。

●オロック山トレッキングとマサイ村訪問

　周辺で最も高いオロック山Mt.Orokは町から約3.5km。ここを水源とするいくつもの滝は、やがて町の名前であるナマンガ川となる。

ケニア側国境ゲート付近

ホテル〔ケニア側〕

→P.192 日本からの電話のかけ方
→P.374地図参照

Ｈナマンガ・リバー・ Namanga River H
住Map P.374　P.O.Box 4　Namanga Kenya
☎(254)722993482(ケニア)
Ｅnamangariverhotel@yahoo.com
料Ⓢ4000Ksh(トイレ・シャワー・朝食付)　Ⓦ5700 Ksh(トイレ・シャワー・朝食付)　朝食500Ksh、昼食800Ksh、夕食900Ksh

ガソリンスタンド向かいの道を約200m行った所にある。広い敷地にコテージが並ぶケニア側ナマンガ唯一の中級ホテル。1943年、第2次世界大戦の

イタリア人捕虜を使って建てられた。ウオーキングサファリ(オロック山～マサイ村。送迎車とガイド料込み。5000Ksh)やアンボセリN.P.(入園料、昼食、チップ別。車代は時価)のサファリも手配可。全35室。

コテージが並ぶナマンガ・リバー・ホテル

タンザニア

Tanzania

ウガンダ
ムバララ　ムブロ湖N.P.　ビクトリア湖　キシー　ナイバシャ湖　エンブ
カバレ　ナロック
火山N.P.　ブコバ　シラリ　ミゴリ　ナロック　ティカ
ルヘンゲリ　アカゲラN.P.　ムソマ　タリメ　マサイ・ナイロビ　ナイロビN.P.　チャコス　キツイ
キセニ　キガリ　(P.283)　マラN.P.　ナイロビN.P.
ルワンダ　ルボンド島N.P.　ウケレウェ島　ここの国境開放　マガディ　ケニア
ルスモ　ムワンザ　セレンゲティN.P.　ナマンガ　アンボセリ　ツァボ・イーストN.P.　マリンディ
ギエ　(P.280)　(P.98)　ナトロン湖　N.P.　メティトアンディ　ガラナ川
ブジュンブラ　ンゴロンゴロ　キリマンジャロ山　ツァボ
ギテガ　C.A.　(P.93)　メルー山　キリマンジャロN.P.　ワタム
ブルンジ　ニャンガ　エシャ湖　アルーシャ　(P.78)
ルード　マニヤラ湖N.P.　(P.269)　モシ　ワンダ　ツァボ・ウエスト　モンバサ
キャンザ・ラック　(P.86)　アルーシャN.P.　(P.274)　ヒモ　N.P.
ゴンベ・ストリームN.P.(P.105)　シセガ　(P.105)　タランギーレ　タベタ　ルショト　ルシンガルンガ
キゴマ　ウェンベレ川　N.P.(P.88)　モンボ　ホロホロ　タンガ
(P.285)　シンギダ　コンドア　コログウェ　ペンバ島
ウジジ　タボラ　パンガニ(P.268)
(P.285)　(P.287)
マハレ山塊N.P.(P.105)　タンザニア　ドドマ(P.278)　ザンジバル島
ムパンダ　サダニN.P.　ザンジバル
カタビN.P.(P.105)　キビリ　(P.264)バガモヨ　(ストーン・タウン)
ルアハ川　モロゴロ　(折込裏、P.248)
コンゴ　ルクワ湖　ルアハN.P.　イリンガ　(P.247)　ダル・エス・
(旧ザイール)　スンバワンガ　(P.105)　ウルグル山　ミクミN.P.(P.247)　サラーム
カサンガ　ムフィジ川　(P.232)
ムカサング　ウズングワ山塊N.P.　(P.240)
スンプN.P.　ム川　(P.105)　セルーG.R.　マフィア島
トゥンドゥマ　(P.103)　キルワ・キビンジェ　(P.290)
ナコンデ　ナングルクル川　キルワ(P.288)
ザンビア　チティパ　ムベヤ　キルワ・キシワニ
カロンガ　(P.289)　(P.296)
カサマ　ニイカN.P.　リビングストニア　(P.292)　ミキンダニ(P.296)
マラウイ湖　リンディ　ルクレジ湾
バングウェウル湖　ムサンガムクー半島　ムトワラ(P.294)
0　100　200km　マサシ　(P.296)　ネワラ川
ムズズ　ンカタ・ベイ　ルブマ川
マラウイ　モザンビーク

タンザニアの基本情報

▶旅の言葉→ P.387

国 旗

左より、緑、黒、青の3色の斜めの帯、その境界に2本の黄色の線。緑が国土と農業を、黒がタンザニア国民を、青がインド洋の海を、黄は豊かな資源を表している。

正式国名

タンザニア連合共和国
United Republic of Tanzania

国 歌

アフリカに幸あれ
Mungu Ibariki Afrika

面 積

約94.5万km²（日本の約2.5倍）

人 口

約5731万人（2017年国連人口部）

首 都

ダル・エス・サラーム（Dar es Salaam）
人口約436万人（2012年タンザニア国家統計局）（法律上はドドマ→ P.278）

元 首

ジョン・ポンベ・ヨセフ・マグフリ（John Pombe Joseph Magufuli）大統領（2019年6月現在）

政 体

共和制、一院制（任期5年、定員357名）

民族構成

おもに130の民族（バンツー系のアフリカ人が約95%）から構成される。アジア（インド）系（0.6%）やアラブ系（0.3%）、ヨーロッパ系の居住者もいる。最大の民族は人口約120万人のスクマ族で、ビクトリア湖南岸からセレンゲティに居住している。南部海岸地帯のマコンデ族、ザンジバル島などのスワヒリ族が有名。しかし、全人口に占める割合はいずれも小さい。

宗 教

イスラム教（40%）、キリスト教（40%）、伝統宗教（20%）

言 語

スワヒリ語（国語）、英語（公用語）
ザンジバルや沿岸部ではアラビア語も話される。

祝祭日（おもな祝祭日）

年によって異なる移動祝祭日（※印）に注意。

1月	1/1		新年	
	1/12		ザンジバル革命記念日	
4月	4/14 ('17)	※	グッドフライデー	
	4/17 ('17)	※	イースターマンデー	
	4/7		カルメデー	
	4/26		ユニオンデー（タンガニーカ、ザンジバル連合記念日）	
5月	5/1		メーデー（労働者の日）	
6月	6/26 ('17)	※	ラマダン明け	イスラム教
7月	7/7		サバ・サバ（国際見本市の日）	
8月	8/8		農民の日	
9月	9/13 ('16)	※	巡礼の日	イスラム教
10月	10/14		ニエレレデー（初代大統領記念日）	
	12/9		独立記念日	
12月	12/13		マウリデー	イスラム教
	12/25		クリスマス	
	12/26		ボクシングデー	

電話のかけ方

▶通信事情→ P.336

日本からタンザニアへかける場合　　⬤ ダル・エス・サラーム (022) の1234567へかける場合

国際電話会社の番号		国際電話識別番号	タンザニアの国番号	市外局番（頭の0は取る）	相手先の電話番号
001 (KDDI) ※1	+	**010**	**255**	**22**	**1234567**
0033 (NTTコミュニケーションズ) ※1					
0061 (ソフトバンク) ※1					
005345 (au携帯) ※2					
009130 (NTTドコモ携帯) ※3					
0046 (ソフトバンク携帯) ※4					

※1 「マイライン」の国際通話区分に登録した場合は、国際電話会社の番号は不要。詳細は 🌐www.myline.org/
※2 auは、005345をダイヤルしなくてもかけられる。
※3 NTTドコモは事前にWORLD WINGに登録が必要。009130をダイヤルしなくてもかけられる。
※4 ソフトバンクは0046をダイヤルしなくてもかけられる。
※ 携帯電話の3キャリアは「0」を長押しして「+」を表示し、続けて国番号からダイヤルしてもかけられる

▶ 通貨、両替の知識
→ P.329

▶ 旅の予算
→ P.332

通貨と為替レート

単位はタンザニア・シリング (Tsh)。紙幣は 500sh、1000sh、2000sh、5000sh、1万 sh。

新デザインの 500sh と 1000sh 以外はいずれも動物の姿が札に印刷されている。やや小型の新デザイン札になったが、旧札も並行して使われている。

コインは 10sh、20sh、50sh、100sh、200sh。特に 20、50sh コインは七角形でほかと区別しやすい。20sh 以下はほとんど見かけない。

2019 年 6 月現在、市内の両替所は全て閉まっている。両替は市内の銀行窓口か空港の ATM で行うことができる。

為替レート

1 タンザニア・シリング (Tsh) = 約 0.047 円

US$1 = 約 2308Tsh（2019 年 7 月 1 日現在）

| 10sh | 20sh | 50sh | 100sh | 200sh | 500sh |

| 1000sh | 2000sh | 5000sh | 1 万 sh |

ビジネスアワー

以下は一般的な営業時間の目安。店舗によって30分〜1時間前後の違いがある。

官 庁
7:30 〜 15:30（月〜金曜）

銀 行
8:30 〜 16:00（月〜金曜）、
8:30 〜 13:00（土曜）

商 店
8:30 〜 12:00・14:00 〜 18:00（月〜金曜）、8:30 〜 12:30（土曜）

電気＆ビデオ

電圧とプラグ

電圧は230Vで、周波数は交流60Hz。プラグは BF タイプが一般的、ほかに B3、C タイプもある。日本国内の電化製品はそのままでは使えないものが多く、変圧器が必要。

BFタイプ

ビデオ、DVD 方式

タンザニアのテレビ、ビデオ方式 (PAL) は日本 (NTSC) と異なる PAL 方式なので、一般的な日本国内用ビデオデッキでは再生できない。DVD ソフトは地域コード Region Code が日本と同じ「2」と表示されていれば、DVD 内蔵パソコンでは通常 PAL 出力対応なので再生できるが、一般的な DVD プレーヤーでは再生できない。(PAL 対応機種なら可)。

タンザニアから日本（東京）へかける場合　　例 (03) 1234-5678 または (090) 1234-5678 へかける場合

| 国際電話
識別番号
000
※ | ＋ | 日本の
国番号
81 | ＋ | 市外局番と携帯電話の
最初の0を除いた番号
3 | ＋ | 相手先の
電話番号
1234-5678 |

※ホテルの部屋からは外線につながる番号を頭に付ける

▶ **タンザニア国内通話**　市内へかける場合は市外局番は不要。市外へかける場合は市外局番からダイヤルする

▶ **公衆電話のかけ方**
①受話器を持ち上げる
②テレホンカードを、カードに示された矢印の方向に入れる
③相手先の電話番号を押す
④テレホンカードの残りが画面に表示される。通話が終わったら、受話器を置き、カードを取る

チップ

基本的にはチップの習慣はないが、外国人の利用するホテルやレストランでは例外もある。

ホテル
高級ホテルで荷物を運んでもらった場合、1000～3000shが相場。

レストラン
中・高級レストランでサービス料が含まれていない場合、5～10%のチップを渡すこともある。

タクシー
不要。

サファリドライバー
サファリなど車をチャーターした場合、US$20／日。

登山ガイドやポーター
事前交渉が必要だが、ガイドUS$15～／日、ポーターUS$8～10／日。

飲料水

ミネラルウオーターを飲むこと。氷も避ける。うがいもミネラルウオーターで。

度量衡

日本の度量衡と同じで距離はメートル法。重さはグラム、液体はリットル単位。

気 候

▶旅の準備と道具
→P.323

内陸北部は、平均高度1200mの高原地帯で、平均気温は20℃前後だが、内陸部では1日の気温差は激しく、朝夕は冷え込み、セーターが必要となる。6月から9月にかけて雨はほとんど降らない。

ダル・エス・サラームのある海岸地帯（沖合の島を含む）は、平均気温と湿度が高く、3～5月が大雨季、11～12月が小雨季となっている。特に蒸し暑い12～3月は、体力の消耗も著しい。

ダル・エス・サラームと東京の平均気温と降水量

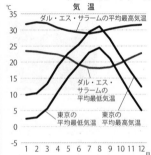

気 温

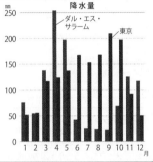

降水量

日本からのフライト時間

▶東アフリカへの道
→P.310

日本からの直行便はない。成田国際空港と関西国際空港からエミレーツ航空（ドバイ経由）やカタール航空（ドーハ経由）、エチオピア航空（アディスアベバ経由）などがダル・エス・サラーム空港着で約20時間～。カタール航空、エチオピア航空はキリマンジャロ空港へも飛んでいる。約22時間。

時差とサマータイム

GMT＋3時間。日本との時差は6時間で、日本時間から6時間引けばよい。つまり日本のAM7:00が、タンザニアではAM1:00となる。サマータイムは採用されていない。

日本までは、はがき1600sh、封書1800sh。航空便は7〜14日、船便なら2〜3ヵ月で届く。

EMS 小包
〜1kg＝4万5600sh、5kg＝8万2200sh、〜10kg＝11万8200sh

営8：00〜16：00（平日）、9：00〜12：00（土曜）

DHLやEMSは5日程度で届く。

郵　便

▶通信事情
→P.336

18歳から成人とみなされ、飲酒、喫煙が許されるほか、選挙で投票もできるようになる。

年齢制限

税金の払い戻し制度はない。

税　金

TAX

ダル・エス・サラームなどの都市部で治安が非常に悪化しており、外出時は複数で、しかも夕方以降の外出は控える。どうしても外出が必要な際は正式なタクシーを使う。

警察　救急　消防
112

安全とトラブル

▶旅の安全情報
→P.348

ビザとパスポート

ビザが必要。観光目的の滞在は3ヵ月まで。最低6ヵ月のパスポートの残存有効期間が必要。観光目的のシングルビザは国境や空港でも簡単にUS$50で取れるが、あらかじめ日本や近隣諸国で取得しておくほうが安心だ。

税関

税関検査は荷物検査のみ。空港税と航空安全手数料の支払いが必要だが、これらは航空券に含まれているため別途支払う必要はない。本土からザンジバルへの出入りの際も出入国審査や税関のチェックがある。

持ち込みおよび持ち出し制限＆検疫

入国に際し、到着後に所持金の申告を怠らなければ、外貨の持ち込みに制限はない。免税持ち込み品の範囲は、アルコール類1本、香水1本、紙巻きたばこ200本または葉巻50本またはパイプたばこ250gである。

果物、ビデオカメラは申告が必要だがほとんど見ない。植物または植物製品は証明書が必要となる。武器、ポルノ商品は持ち込み禁止。タンザニア国内で購入して国外へ持ち出す物のレシートの提示を求められることがある。

イエローカード

黄熱病の汚染地域に滞在してから入国する場合、予防接種証明書（イエローカード）の提示が求められる。また、タンザニア本土からザンジバルへ行く際に提示を求められることがある。黄熱病の予防注射は必須でマラリアは予防薬服用が望ましい。

入出国

▶出発までの手続き
→P.312

▶入出国と税関
→P.317

※2019年6月よりレジ袋の使用、持ち込み禁止となった。

ダル・エス・サラーム

ダル・エス・サラーム
Dar es Salaam

市外局番　022

日本大使館
Japan Embassy
住Map P.234:1-C
P.O.Box 2577 Plot 1018
Ali Hassan Mwinyi Rd.
☎022-2115827/9
FAX 022-2115830
開7:30～12:30・13:30～
16:30（月～金曜）土・日
曜、祝日休
ロビーでは1週間ほど前の
日本の新聞が閲覧できる。
緊急時は常時門横にいる
警備員をとおして大使館
員と連絡が取れる。領事
が出てきて治安状況を説
明してくれる。

ミニバス
現地ではダラダラという。
市内中心部は400sh.。い
わゆるタクシーはスペシャ
ルタクシーと呼ぶ。本項で
はタクシーと表記する。市
内なら5000sh～。空港へ
は3万sh.。ムベジから街中

中央駅を横目に市街に入ると、植民地時代の教会が尖塔を青い空に伸ばす、絵画のような風景が目に入る。その背景にあるのは建設中の高層ビルだ。地上には庶民でにぎわう魚市場があり、裏手に大統領府が建つ。その先はインド洋の白砂のビーチとヤシの並木だ。

過去と未来、貧困と繁栄、堕落と希望。ダル・エス・サラームの太陽がもたらす強いコントラストは、旅人の目に忘れ得ない思い出を焼き付けることだろう。

●3つのエリアに分けられた都市

ダル・エス・サラームが「平和の地（家）」と名づけられたのはオマーンのスルタン時代だが、現在の町並みはイギリス統治下に植民地として形成されたものだ。明確に区分された3つのエリアは、現在も少し形を変えただけで、そのまま残っている。

1.アスカリモニュメントのある
Maktaba St.から東のエリア。
官庁、大使館街。もとは白人居
住区だが、それはオイスター・
ベイをはじめとして北部に広が
っていった。

海から見たダル・エス・サラーム

ダル・エス・サラーム周辺部

2.その西側からNkrumah St.までのインド、ザンジバル系住民が多く住んでいる中央商業街。

3.ナムジモジャグラウンドを緩衝地帯としてその西側に設けられたアフリカ人居住区。現在のカリアコー地区。

●法律上はドドマが首都

　沿岸部にあるダル・エス・サラームでは国土の広いタンザニアの首都として不適格という理由で、ドドマに首都機能の移転が計られ、立法府が移されたが、ほとんどの首都機能はダル・エス・サラームにそのまま残っている。

歩き方

●クロックタワーを目印に

　空港からの市バスやタクシーはウフル・パークUhuru Parkの南側をとおる。そこからNkrumah St.をサモラ・アベニューSamora Ave.へ向かうと、**クロックタワー**のある環状交差点に出る。ここを右折し南へ100mほど行った右側が鉄道T.R.C.のダル・エス・サラーム中央駅C.R.S.である。ここからは各主要都市に週2便の列車が発車している。運行状況は駅構内に表示される。駅前の交差点の南側は警察署、その斜め向かいには市バスのステシェニ・市バス・バスターミナルがある。

●ダル・エス銀座、サモラ・アベニューを行く

　クロックタワーから東へ向かうと、すぐに道はふた股に分かれ、右側がサモラ・アベニューSamora Ave.、左側がインド人商店やインド人住居が建ち並ぶインディア・ストリートIndia St.となる。このあたりには銀行や両替屋が多く集まっている。乾季には、街路樹の火炎樹が目に焼き付くような赤い花を咲かせ実に印象的。

　モロゴロ・ロードMorogoro Rd.との十字路を越えたあたりから人どおりも多くなり、両側に商店やレストラン、みやげ物屋などが隙間なく並ぶ。その中には**観光局 (TTBタンザニア・ツーリスト・ボード)** のオフィスがある。さらにサモラ・アベニューを東へ向かった左側の高層ビルは**エクス・テレコムズ・ハウスEx-Telcoms House**で、1階で国際電話がかけられる。

●アスカリ・モニュメント付近

　サラマンダーのブロックの東の交差点にある環状交差点の中心に、第1次世界大戦中に参戦させられ戦死した植民地軍兵士をたたえる**アスカリ・モニュメント**がある。ここが新市街のちょうど中心地だ。左前方の角の大きなビルは通称IPS。

　IPSの西側を北西に向かう道がマクタバ・ストリートMaktaba St.。北に2ブロック目の右側に中央郵便局(G.P.O.)があり、日本への小包はここから出せる。

アスカリ・モニュメント

のキブコーニを結ぶDART（高速バス専用道路）が運行中。料金は一律650sh

タンザン(TAZARA)鉄道のダル・エス・サラーム駅（改築中で次の駅から出発する）
住Map P.232:1-A
Nkrumah St.を6kmほど空港方向に行った左側。駅舎は中国人設計のビル。

ダル・エス・サラーム駅

観光局(TTB)
住Map P.234:2-B　P.O. Box 2485 Utalii House - Laibon Street/Ali Hassan Mwinyi Road- Near French Embassy
☎022-2664878/9
e info@tanzaniatourism. go.tz
HP www.tanzaniatouristb oard.com
開8:00〜16:00（月〜金曜）、8:00〜12:30（土曜）
親切で、何でも教えてくれる。資料やパンフレットの類いはあまりないが、「Dar Guide」という無料の情報誌をくれる。

中央郵便局(G.P.O.)
住Map P.234:1-C
開9:00〜12:00（月〜金曜）、8:30〜13:00（土曜）
インターネットカフェあり。

電話局（Ex-Telcoms House）
住Map P.234:2-B
Samora Avenue、Kisutuビルの南側にインターネットサービスがある。
開8:00〜18:00　無休

■Posta Houseの2階に記念切手売り場があり、美しい切手が売られている。切手好きの人にはよいみやげになるだろう。

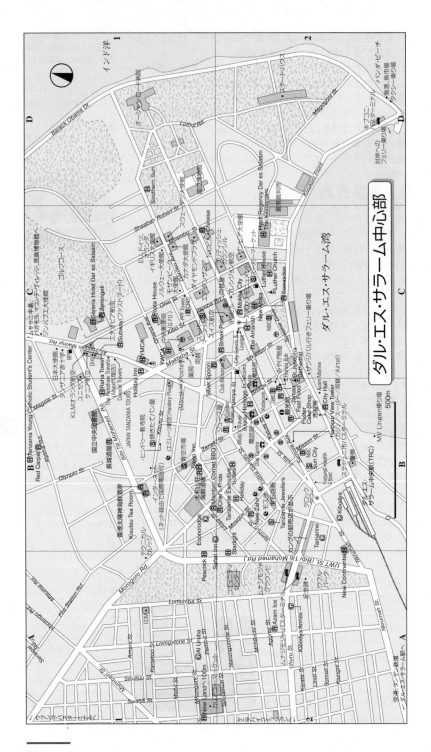

ダル・エス・サラーム中心部

...Access...

●ダル・エス・サラームへの交通

✈ 国際線：

ドバイから：毎日1便
ドーハから：毎日2便
ナイロビから：毎日6～7便
アディスアベバから：毎日2便
カンパラ（エンテベ）から：毎日3便
アムステルダムから：毎日1便

国内線（国際線ターミナルと異なる。シャトルバスあり）：

ザンジバルから：毎日10便以上。所要約20分、US$72～
キリマンジャロから：毎日3～5便。所要約50分、US$193～
ムワンザから：毎日2便。所要約2時間、US$206～

○空港から中心部へ

ダル・エス・サラーム空港（☎022-2844239）国際線ターミナルの出口から約50m離れた所を公道がとおっていて、バス停（市バス400sh）がある。タクシーの相場は2万5000～3万sh

🚂 キゴマから：週4便（普通3、デラックス1）
🚂 ムワンザから：週4便（普通3、デラックス1）
ニュー・カビリ・ムボシからダル・エス・サラームへ：普通は火曜16:00発、翌々日12:10着、急行は金曜14:00発、翌々日15:46着

⛴ ザンジバルから：

AZAM Marine 7:00、9:30、12:30、16:00発。所要約2時間、Royal Class US$60、VIP Class USD50、Business Class US$40、Econmy Class US＄35

Flying Horse 22:00発、早朝6:00頃着、US$20

●ダル・エス・サラームからの交通

✈ 国内線：

エアタンザニア（☎022-2125221）
プレシジョン航空（☎022-2168000）
ザン航空（☎024-2233670）

🚂 駅は2ヵ所。タンザン（TAZARA）鉄道のダル・エス・サラーム駅と町なかにあるタンザニア鉄道（TRC）Central Lineのダル・エス・サラーム中央駅C.R.Sである

○ダル・エス・サラーム中央駅

2019年6月現在工事中のため、切符は臨時のKamata駅で購入。切符の発売開始は出発日の3～5日前で出発日により異なる。支払いはモバイルマネーのみ。営8:00?13:00、14:00?16:00（月?金曜）、8:00?12:00（土曜）、9:00?12:00（日祝日）

ダル・エス・サラーム中央駅からキゴマへ：Central Lineは火・金・日曜の15:00発。2等5万5600sh、3等2万7600sh。デラックス列車は木曜の8:00発。2等寝台7万9400sh。

○ムベヤ、ザンビアのニュー・カビリ・ムボシへ：→P.369 タンザン（TAZARA）鉄道
ダル・エス・サラーム→ニュー・カビリ・ムボシ
普通は火曜13:50発、翌々日13:27着、1等8万6500sh、2等7万6000sh
急行は金曜16:50発、翌々日9:26着

⛴ ザンジバルへ：

AZAM MARINE 7:00、9:30、12:30、16:00発。所要約2時間。ロイヤルクラスUS$60、VIPクラスUSD50、ビジネスクラスUS$40、エコノミークラスUS$35。VIP以上のフェリーチケットを持っていれば、オフィスの待合室でドリンクのフリーサービスが受けられる

Flying Horse 12:00発、所要約3時間、US$20

🚌 〈Morogoro Rd.のウブンゴ・バスターミナルから〉
ダル・エス・サラームの長距離バスは、原則としてすべて郊外のウブンゴ・バスターミナル発。一部、市内に自社のターミナルをもつバス会社もあるが、ここを経由するので、ここから乗車できることに変わりはない。
市内からここまではダラダラで所要約20分、400sh。タクシーは2～3万sh

アルーシャへ：毎日5:30～11:30の間に数便運行。所要時間12時間、3万～3万5000sh
リンディへ：毎日5:45に運行。所要約11時間、2万sh
ムトワラへ：毎日5:45に運行。所要約14時間、2万5000sh
タンガへ：毎日6:30～16:30の1時間ごとに運行。所要時間6時間、1万2000～1万8000sh
モンバサへ：毎日8:00、16:00。所要約9時間、2万8000～4万5000sh
ムベヤへ：毎日6:00、8:00、12:00発。所要約15時間、4万5000sh
ドドマへ：毎日多発。所要約9時間、1万7000～2万5000sh
ナイロビへ：毎日5便、所要約13時間、夜間でもゲートが開いているので時間は同じ。7万～15万sh
マラウイの首都リロングウェへ：火・金・土曜5:30発。所要約24時間、9万sh
ザンビアの首都ルサカへ：毎日6:00発。所要2日間、12万sh
ウガンダの首都カンパラへ：7:15発。所要約24時間、11万～13万5000sh
※以上はあくまで予定であって、常にこのスケジュールや料金で運行されているわけではない。

■通りを歩いていると、たまに東洋人を見かける。一瞬日本人かと思うが、ほとんどが中国人である。彼らがこの国に多いわけは、かつてタンザニアが社会主義を標榜し、中国もアフリカの数少ない友好国として鉄道建設など援助をしていたからだ。現在でも中国と友好関係を維持していることがわかる。

■Kivukoni Frontを東に行くと日本のODA（政府開発援助）で日本企業が建て替えた対岸へのフェリー乗り場や、Kivukoniバススタンド、魚市場がある。

■フェリー乗り場の付近には観光客と見ると切符を取ってやると話しかけ、金を巻き上げようとする輩も多いので、うっかり親切な甘言にのらないこと。

■ダル・エス・サラーム湾の西側には石油コンビナートやタンザニア陸軍の訓練場があるのでカメラを向けないように。

■公園の東側にあるルーサー教会Luther Church（Map P.234:2-C）はこの地方がかつてドイツ領だったことを思い出させる数少ない建物。

●ビジネス、官庁街

　アスカリ・モニュメントからサモラ・アベニューSamora Ave.を東に向かい、オハイオ・ストリートOhio St.を左折すると左側にタンザニア航空のオフィスが1階にあるATC Houseがある。シャーバン・ロバート・ストリートShaaban Robert St.を右に入って左側には国立博物館National Museumがあり、さらに進むとオーシャン・ロード病院Ocean Road Hospitalに突き当たってサモラ・アベニューは終わる。

●ダル・エス・サラーム湾周辺

　駅を背にしてソコイネ・ドライブSokoine Driveを東へ歩くと、ダル・エス・サラーム湾の真っ青な海が見え隠れしてくる。眼前にあるのは島ではなく半島の一部である。

モスクのある通り

　大聖堂の向かいの歩道は下り坂となりザンジバル行きフェリーのチケット売り場が会社ごとに並ぶ。その中央奥にフェリーの発着場があり、日中は乗り降りの客や物売りでにぎわっている。

　やがて道は大きく広がり、中央に公園が現れる。北側は郵便局、南側はバハリニ・バスターミナルで混雑している。湾岸のキブコニ・フロントKivukoni Front沿いには小さな露店が建ち並び、何をするでもなしに人々がたむろしている。このあたりの治安はあまりよくないので注意が必要。

　この道の東端の魚市場では、朝方は競りが開かれる。砂浜では、漁から戻ったダウ船から魚が運ばれている。このあたりも治安が悪いので、注意が必要。

　魚市場に続くバンダ・ビーチの通りを挟んだ向かい側には植民地時代からの歴史をもつステート・ハウスがインド洋に向かって建っている。大統領が利用する建物なので、付近ではむやみに立ち止まらないように。

●活気あふれるが危険な下町、カリアコー

　カリアコーはかつてイギリス植民地時代に軍隊の輸送部隊の駐留地だった所で、現在は新旧ふたつのマーケットがあり、いわばカリアコーのシンボルで、アフリカ式デパートといったところだ。この周辺は非常に治安が悪いのでひとり歩きや高価な物を持って歩かないこと。決して油断してはいけない。

海から見たダル・エス・サラームの中心地

見どころ

第1次世界大戦の資料を展示

国立博物館　National Museum

　オルドパイ峡谷で発見されたジンジャントロプス・ボイセイの頭骨模型や石器、アラブ支配時代の遺品、ドイツ、イギリスの植民地時代の写真などがあり、タンガニーカでの第1次世界大戦のドイツ、イギリス両軍の戦闘の展示や独立にいたった経緯も説明されている。展示物は少ないが、1階のついたての奥にはロールスロイスが置かれている。イギリス植民地時代の総督の乗用車だったもので、独立後はニエレレ初代大統領に使用され、かつてエチオピアのハイレ・セラシエ皇帝も乗ったという。

閑静な国立博物館入口　歴代の統治者を乗せたロールスロイス

サッカーゲームがよくある

国立競技場　National Stadium

　2007年9月に町の西方テメケTemeke地区の旧国立競技場の隣にできた国立競技場。国民的スポーツであるサッカーのゲームがよく行われる。ここでプレーする選手は子供たちの憧れのスターだ。独立記念日の12月9日にはここで式典が行われる。試合の日程などは新聞でわかる。

住居を復元した

民族博物館　The Village Museum

　タンザニア各地の民族の伝統的住居を復元したもので、各民族のダンスも観られる。また円形と方形の違いはもちろん、天井の使い方や、その高さの違いなど、家屋からもタンザニアに暮らす民族の多様さを学べる。

素朴なたたずまい

通称ムウェンゲ

マコンデ・ヴィレッジ　Makonde Village

　有名なマコンデ彫刻を中心にみやげ物を売るキオスクが集まっている。価格は町なかのみやげ物屋と比べて高い場合もあるが、値切れば安くなることも多い。時間に余裕がある場合は、デザインを指

彫刻を売る店

■夕刻以降到着する場合は、目立つ行動をせず、ただちにホテルに入ること。また、手ぶらを原則とすること。

国立博物館
住Map P.234:1-D
Sam Nujoma Rd.
☎022-2117508
開9:30〜18:00　無休
料6500sh。学生、子供2600sh

国立競技場
住Map P.232:2-A外
Taifa Road
交Kivukoni Frontのバハリニ・バスターミナルより、Temeke行きのバスでNational Studium下車チケットは通常当日の12:00から競技場で販売。

民族博物館
住Map P.232:1-B
Kijitonyama,Bagamoyo Road
☎022-2700437
開9:00〜18:00　無休
料入場料6500sh。学生2600sh、子供1300sh。10:00〜18:00にはダンスショーがある（要事前確認）。ビデオ持ち込み料26万sh／台
交G.P.O.前発Makumbusho行きのバスで所要約30分、400sh、Makumbusho (The Village Museum)下車。市内からタクシーは約3〜4万sh

マコンデ・ヴィレッジ
住Map P.232:1-B
交市内からMakumbusho行きのダラダラで終点Makumbusho下車。そこからBagamoyo行きのバスなどでMwenge下車。Sam Nujoma Rd.に沿い（ダルエス大学方面）に約5分歩くとマコンデ・ヴィレッジにたどり着く。民族博物館から徒歩約30分。

定して彫ってもらうことも可能。ここでは、みやげ物は環境保護に配慮した用材が使われている。裏では数百人の職人が一心に彫り、あるいは磨きをかけるなどしていて、みやげ物がどのようにして作られるか、その全工程が見学できる。その姿を見ると値切ることができなくなるかもしれない。

仕事に精を出す職人たち

漁港、魚市場
住Map P.234:2-DKivukoni、Barak Obama Road
営早朝～午後早々
交市内からダラダラで終点のキブコニ・バスターミナルまで、400sh。タクシーで5000～1万sh。ザンジバル行きフェリー乗り場から徒歩で東へ約10分。

活気ある競り市場
漁港、魚市場 Fish Market

2002年に日本のODA（政府開発援助）によってつくられた市場。競りが行われていて活気がある。道を隔てた反対側には、魚介類の置物やみやげ物が売られており、色彩豊か。午前中は人でごった返している。

珍しい魚に出合える魚市場

ダル・エス・サラーム・ユースフル・インフォメーション

エア・タンザニア
住Map P.234:1-C. ATC House
☎022-2114688

エチオピア航空 Ethiopian Air Lines
住Map P.234:1-C P.O.Box3187 TDFL Bild., Ohio St.
☎022-2117063
営8:30～16:30（月～金曜）、8:30～13:00（土曜）

エミレーツ航空 Emilates
住Map P.234:1-B Ali Hassan Mwinyl Rd.
☎022-2116100
営8:00～17:00（月～金曜）、8:00～13:00（土曜）

KLMオランダ航空
住Map P.234:1-C Bibi Titi St.
☎022-2163914
営8:00～17:00（月～金曜）、8:00～13:00（土曜）

ケニア航空 Kenya Airways
住Map P.234:1-C Peugeot House, UWT St.
☎022-2119376
営8:00～17:00（月～金曜）、8:00～13:00（土曜）
日曜、祝日休 ※KLMオランダ航空とも提携している。

○病院
アガ・カーン病院 Aga Khan Hospital
住Map P.232:2-A Ali Hassan-Mwinyi Rd.
☎022-2114096/2115151～3

○旅行会社
JAPAN TANZANIA TOURS
住Map P.234:1-B PATEL HOUSE 1F
☎(255)767213115
営8:00～17:00（月～金曜）、8:30～12:30（土曜）日曜、祝日休 ※日本人経営の旅行会社。

○両替
2019年6月現在、両替は銀行窓口か空港のATMでのみ可能である。高レートで両替を持ちかける輩はおとり捜査員か詐欺師である。

○バス会社
長距離バスは路線ごとに複数の会社が運営。多少高くてもよいバス会社を選ぶとトラブルも少ない。英語を話せる乗客から目的地の情報を得られるメリットもある。ダル・エス・サラーム発のおすすめバス会社は、KILIMANJARO EXPRESS（アルーシャ行き）、SHABIBI（ドドマ行き）、RATICO（タンガ行き）、SUMRAY（ムベヤ行き）など。

第1次世界大戦に参加した兵士の記念碑
アスカリ・モニュメント **Askari Monument**

　市の中心地にあるロータリー中央の銅像。第1次世界大戦にドイツ軍の一員として参戦し、戦没したタンガニーカ出身兵士をたたえたもの。ドイツとイギリスは東アフリカの地を勝手に領界と決め、別々の植民地としたばかりでなく、戦争まで始めた。タンガニーカの人々はいやおうなしに戦場に駆り立てられた。ケニアの人々とは何の対立もなかったにもかかわらず……。現在は、ビジネス街の中心地になっている。

アスカリ・モニュメント

国立総合大学の
ダル・エス・サラーム大学 **Chu cha Dar es Salaam**

　市の西方約13kmの丘の上にある国立の総合大学で、この国のエリート養成機関となっている。構内からは市内やインド洋のすばらしい眺めが一望できる。

動物を描き続ける
ティンガティンガ・ヴィレッジ **Tingatinga Village**

　1990年設立のティンガティンガ協同組合（Tingatinga Cooperative Society)の共同工房と展示即売所。約100名の職人と約同数の訓練生（半年の研修）が絵画だけでなくさまざまなものに独特な絵を描いている。

大量の絵が並ぶティンガティンガ村

 ## 郊外の見どころ

ダル・エス・サラーム中心地から近い
オイスター・ベイ・ビーチ **Oyster Bay Beach**

　中心地からムササニ・ロードMusasani Rd.を車で約15分行った海岸で、砂とヤシが美しい。町から近いので、インド系市民の絶好の憩いの場となり、夕方はあちこちのヤシの木陰で食事を楽しむ家族連れが見られる。ビーチのホテルからの眺めもよいが、ひったくり事件が連続して発生しているので気を抜かないように注意しよう。

市民の憩いの場になっている

アスカリ・モニュメント
値Map P.234:2-CSamora Avenue/Maktaba St.
第1次世界大戦勃発のため、ドイツ領東アフリカ・タンガニーカと北のイギリス領東アフリカ・ケニアは戦争状態になり、北のビクトリア湖では軍艦同士の海戦ならぬ湖戦すら起こった。

ダル・エス・サラーム大学
値Map P.232:1-BP.O.Box35091
図Morogoro Rd.か、Bagamoyo Rd.をとおるバスでUniv.下車

ティンガティンガ・ヴィレッジ
値Map P.232:2-B P.O.Box 23122
H Karibuの奥
☎0752980498
H www.tingatinga.org
図ムササニ行きのダラダラで所要約15分、H Best Western Plus Peninsula下車。

ダル・エス・サラームのモスク

オイスター・ベイ・ビーチ
値Map P.232:2-B
図カリアコーからMusasani行きのダラダラがある。中央郵便局（G.P.O)からなら、Makumbusho行きのダラダラでMbuyuni下車（幹線道路とムササニ半島行きとの分岐点）。Musasani行きに乗り換える
かつて現地人がサメに襲われる被害があり、2016年3月現在、海水浴は原則禁止だったが、2019年6月現在は開放されている。

クンドゥチ・ビーチ

小島へも渡れる
クンドゥチ・ビーチ Kunduchi Beach

　市内から北へ約25kmの海岸。白いサンゴの砂浜と透きとおった海、ヤシの林というリゾート地である。海岸より対岸ンブデャ島へ渡って、シュノーケリングなどを楽しむ人が多い。島の周りはコバルトブルーの海で、透明度も高い。

　付近の漁師が売りに来る魚を買って、炭火で焼いてもらうのも一興だ。慣れた人は島に行く場合、市内の魚市場で魚を買って持っていくとか。島では魚は独占価格で市価の3～4倍はする。

クンドゥチ・ビーチ
住Map P.232:1-B外
交ダラダラでMakumbusho
まで所要約30分、400sh、
乗り換えてビーチまで所要
約30～40分、500sh

**クンドゥチ・ビーチ　ウ
エット・エン・ワイルド**
住Map P.232:1-B 外
開9:00～18:00　無休
料月曜8000sh、火～金曜1
万sh、土・日曜1万5000sh
(大人はソーダ付、子供は
ソーダ、アイスクリーム付)
交市内よりMakumbusho
行きのダラダラで。所要
約30分、400sh。終点で
乗り換え、Kunduchi行き
のダラダラで終点まで行
くとそこが入口。所要30
～40分、500sh

陽気に遊ぼう
クンドゥチ・ビーチ　ウエット・エン・ワイルド
Kunduchi Beach Wet "N" wild

　水遊びの総合レジャーランド。本格的ウオータースライダーがある。レストラン、ファストフード店、コンビニ、みやげ物屋、ゲームセンター、ゴーカートまである。大型駐車場を備え託児所もあるので、若者だけでなく、家族連れも多い。

バハリ・ビーチ
住Map P.232:1-B外
交ダラダラでクンドゥチ
に行くのと同じ方法で、
クンドゥチの手前、メイ
ンストリートとクンドゥ
チ・ビーチの分岐点で降
りる。ビーチまでは距離
があるのでそこからトゥ
クトゥク5000shか、バイ
クタクシー3000shで行く。

ダル・エス・サラーム郊外のリゾート地
バハリ・ビーチ Bahari Beach

　白いサンゴの砂浜とコバルトブルーの海、ヤシの葉と、これまたリゾートのイメージが3拍子揃ったビーチ。ただし、サンゴの砂浜は人工的に保護しているので、砂がたっぷりないのが残念。

　クンドゥチ・ビーチのように島に渡ったりすることはできないので少し物足りない。このあたりの海岸は水が濁っているので、珊瑚礁の外へ出ないと透明度の高い海にはお目にかかれないとのことだが、沖はサメの多い所でもあり、むやみに出るのは絶対にやめること。

マフィア島
料入場料US$20
交ダル・エス・サラームか
らコースタル航空が毎日2
便（片道US$120＋税）。

マリンリゾートで有名な
マフィア島 Mafia Island

　マフィア島はダル・エス・サラームの南東約120kmに浮かぶ人口2万人ほどの島で、タンザニアで唯一名のとおっているマリンリゾート。また、ダル・エス・サラームへの魚の供給地であり、生水の飲める所としても有名だ。マフィア島のメインタウンはキリンドニKirindoni。飛行場と大型船の船着き場がある。

 ショップ

→P.228 日本からの電話のかけ方

　次ページの店のほか、HHyatt Regency Dar es SalaamやHSerena Hotel Dar es Salaamなどのロビー、民族博物館などにもみやげ物屋がある。

　また、郊外のムササニ半島地区はタンザニア独自のペンキ絵ティンガティンガ派の本拠地で、HKaribuのすぐ隣には実演販売をする露店が集まる。

　大型モールSThe Slipway Shopping Center (Map P.232:2-B) で開かれる週末の青空市場にもみやげ物が豊富。

Sスリップウェイ・ショッピングセンター・The Slipway Shopping Center

住Map P.232:2-B　ムササニ半島
☎022-2600893
HPwww.slipway.net
営9:30〜22:00

医薬品、マコンデの置物、カンガなど洗練された物がリーズナブルな値段で売られている店が多くある。館内よりも駐車場近くの裏手に軒を並べている店がよいとの評判あり。おしゃれなR、バー、ホテルもある。

Sタンザナイト・ジュエラーズ・Tanzanite Jewellers

住Map P.234:2-B　Aggrey St.
☎022-2112047、0773284512
営10:00〜13:00・15:00〜17:00（月〜金曜）、10:00〜13:00（土曜）日曜、祝日休

タンザナイトのイヤリングやペンダントがUS$250〜、指輪がUS$400〜。ダルエスサラームに来る日本人観光客がタンザナイトを購入する場合、この店で購入することが多い。

ホテル

→P.228 日本からの電話のかけ方

ダル・エス・サラームの宿は、外国人用の高級ホテルと中級ホテル、キリスト教系などの宿泊施設、安宿とに大きく分けられる。外国人は外貨（USドル）払いが原則だが、中級以下ではタンザニアシリングでもよいところが多い。この町の水は悪く、絶対に水道水を飲んではいけない。

〔高級ホテル〕

このクラスは、いずれにもRとバーがあり、部屋もセルフコンテイン（トイレ・シャワー付）で、テレビやエアコン完備。記載料金は朝食付き、税込みのもの。

Hハイアット・リージェンシー・ダル・エス・サラーム・ザ・キリマンジャロ・Hyatt Regency Dar es Salaam The Kilimanjaro

住Map P.234:2-C　P.O.Box 9574　Kivukoni St.
☎0764701234
HPwww.daressalaam.kilimanjaro.hyatt.com
料ⓈⓌUS$370〜　ⓈⓊUS$600〜（衛星TV・トイレ・バス付）カードAMV

タンザニアで最も豪華なホテルである。2階には本格的日本料理を出すR Orientalがある。Wi-Fi無料。全180室。

ハイアット・リージェンシーの経営

Hプロテア・コートヤード・Protea Courtyard H

住Map P.232:2-A　P.O.Box 542　Ocean Rd.
☎022-2130130　FAX022-2130100
Einfo@phocourtyard.com　HPwww.proteahotels.com
料ⓈUS$155　ⓌUS$185（トイレ・シャワー・朝食付）
カードADMV

クラシックな雰囲気のホテル。さほど大きくないが、プールからジム、ビジネスセンターまで揃っている。落ち着いた雰囲気のなかで仕事ができ、しかもリゾートのリラックス気分も味わえる。Wi-Fi無料。全52室。

落ち着いて滞在できる

Hニュー・アフリカ・New Africa H

住Map P.234:2-C　P.O.Box 9314　Maktaba St.
☎022-2117050〜1　FAX022-2113558
Egm@newafricahotel.com
HPwww.newafricahotel.com
料ⓈUS$220〜　ⓌUS$240〜（トイレ・シャワー付）
カードADMV

TTC経営のホテル。カジノやタイ料理R Sawasdee（→P.244）、Rバンダリ・グリルも人気。インターネット使用可。全126室。

1階にカジノがある

H セレナ・ホテル・ダル・エス・サラーム・Serena H Dar es Salaam

住Map P.234:1-C　P.O.Box 791　Ohio St.
☎022-2112500
HPwww.serenahotels.com/serenadaressalaam
料SUS$241～　TUS$268～（トイレ・シャワー付）
カードADMV

名前は変更されたがもとシェラトンだけあってプールやサウナといった設備はさすが。1階のロビーには両替所や旅行会社、みやげ物屋、ケーキ屋などが並ぶ。Wi-Fi無料。全230室。

H サウザーン・サン・Southern Sun

住Map P.234:1-D　P.O.Box 80020　Garden Ave.1
☎022-2137575
edar@southernsun.co.tz
HPwww.tsogosunhotels.com/hotels/dar-es-salaam
料SUS$250　WUS$350（トイレ・シャワー付）
カードADMV

旧名はホリデイ・イン。みやげ物屋や旅行会社も入っている。Wi-Fi無料。全152室。

ガーデン通りにある

〔中級ホテル〕

高級ホテルの条件に近いが、エアコンがなかったり、支払いは現金（外貨）が多い。朝食は付くものが多い。

H タンザナイト・エグゼクティブ・スイート・Tanzanite Executive Suites

住Map P.234:2-B　P.O.Box 64　Mali St.
☎022-2127277　FAX022-2126375
HPwww.tanzaniteexecutivesuites.com
料WUS$85～　SUS$175～（エアコン・トイレ・シャワー・朝食付）

町なかのビル上階に新設されたホテル。便利な場所にあり、ジャクージやジムなどの設備も整っている。Wi-Fi無料。全66室。

ビルの上階がホテル

H スリープ・イン・Sleep Inn H

住Map P.234:1-B　P.O.Box 88　Jamhuri St.
☎022-2127340　FAX022-2183102
ebookings@sleepinhoteltz.com
HPsleepinnhoteltz.com
料SUS$60　WUS$75　NUS$125（エアコン・トイレ・シャワー・朝食付）
カードMV

町の中心部にあるホテル。手頃な値段で十分な設備。隣にR太和山荘海鮮酒家（→P.246）があり便利。Wi-Fi無料。

G キュー・バー&ゲストハウス・Q Bar & Guest House

住Map P.232:2-B　P.O.Box 4595　Haile Selassie
☎0754282474
einfor@qbarclar.com
HPwww.qbardar.com
料SUS$40 WUS$55（トイレ・シャワー共同）　SUS$50　WUS$65（トイレ・シャワー付）　DUS$12/人

ムササニ半島にあり、のんびりするのによい。近くにティンガティンガ・ヴィレッジ、日本料理屋がある。1階はバーとR。全20室。

シンプルな客室

H ピーコック・Peacock

住Map P.234:1-A　P.O.Box 70270　Bibi Titi Mohamed Rd.
☎022-2114071/2114126　FAX022-2117962
料SUS$90　WUS$120（トイレ・シャワー・朝食付）
カードMV

旅行会社も入っている。Wi-Fi無料。全93室。

H ニュー・コンチネンタル・New Continental H

住Map P.234:2-B　P.O.Box 2040　Nkrumah St.
☎022-2134002　FAX022-2134005
料SUS$45　WUS$70（エアコン・トイレ・シャワー・朝食付）

館内にR、バーなどがあり、必要な設備はそろっている。Wi-Fi無料。全45室。

〔キリスト教系〕

H TYCSセンター・Tanzania Young Catholic Student's Center

住Map P.234:1-B　P.O.Box 4836　Plot928 Kibasila Rd.
料S1万sh　W2万sh（トイレ・シャワー共同、朝食付）T3万sh（トイレ・シャワー・朝食付）

国立中央図書館の北にあり、交通は不便だが格

安。スタッフは親切。部屋は清潔で広く、洗面台と電源がある。欧米人バックパッカーが多い。民家をホテルにしたもので全8室と少ない。

Ⓗ YMCA・YMCA

住Map P.234:1-C　P.O.Box 767　Ali Hassan Nwiny Rd.
☎022-2135457　FAX022-2121196
料Ⓢ US$15　Ⓦ US$18　Ⓣ US$25
Ⓓ1万5000sh／人（トイレ・シャワー共同、朝食付）

世界中から旅人が集まり、情報交換の場になっている。宿泊者以外の出入り制限あり。全20室。

十字架が目印

Ⓗ YWCA・YWCA

住Map P.234:1-C　P.O.Box 2086　Maktaba St.
☎022-2122439
Ⓔ ywca.tanzania@africaonline.co.tz
料Ⓓ1万5000sh　Ⓢ2万sh　Ⓦ3万sh（トイレ・シャワー共同、朝食付）

中央郵便局（G.P.O.）の隣。男性も宿泊可能。ダラダラターミナルの前でどこに行くのにも便利。セキュリティもしっかりしている。門限はなく、玄関が閉門時にはガードマンに頼み開門可。食事は1300～5000sh。全22室。付近に詐欺師やひったくりが出没するので注意。

便利な立地のYWCA

Ⓗ ルーサー・ハウス・Luther House

住Map P.234:2-C　P.O.Box 389
☎022-2120734/2126247
Ⓔ luther@simphot.com
料Ⓢ US$35　Ⓦ US$45（トイレ・シャワー・朝食付）
ルーサー教会付属の宿泊施設なので敷地内の治安は問題ないが、周囲、特に海側のKivukoni Front沿いなど、治安はよくないので注意。1階はⓇ。全16室（2016年4月現在、改修工事中）。

〔安　宿〕

タンザニアのほかの町同様、乾季の断水が問題。水道水は見た目にも濁っているので、生水を飲むのは絶対に避けること。ファンや蚊帳はたいていの部屋に付いている。安宿は治安に問題がある地域にあるため、十分に注意してほしい。

〈下町の風情が残る地区
Jamhuri St.周辺〉

Ⓗ ホリデー・Holiday H

住Map P.234:2-B　P.O.Box 2975　Jamhuri St.
☎022-2112246
料Ⓢ2万2000sh　Ⓦ2万8000sh（トイレ・水シャワー共同）　Ⓦ3万3000sh（トイレ・水シャワー付）
ツーリスト向けに改装し、清潔。全18室。

Ⓖ サファリ・イン・Safari Inn

住Map P.234:1-B　P.O.Box 21113　Libya St.
☎022-2138101、0754485013　FAX022-2116550
Ⓗ www.safariinn.co.tz
料Ⓢ2万8000sh　Ⓦ3万5000sh（トイレ・シャワー・朝食付）　Ⓢ3万5000sh　Ⓦ4万sh（エアコン・トイレ・シャワー・朝食付）
清潔でおすすめの宿。ロビー付近でWi-Fi無料。旅行会社を併設。全40室。

Ⓖ エコノロッジ・Econologde

住Map P.234:1-B　Band St.
☎022-2116048
料Ⓢ2万8000sh　Ⓦ3万8000sh　Ⓣ4万8000sh（トイレ・シャワー・朝食付）　Ⓢ3万8000sh　Ⓦ4万8000sh　Ⓣ5万5000sh（エアコン・トイレ・シャワー・朝食付）
清潔で、欧米人旅行者にも人気の安宿。ロビー付近でWi-Fi無料。

Ⓖ アル・ウルバ・Al Uruba

住Map P.234:1-A　P.O.Box 8064　Mkunguni St.
☎022-2180133～4　FAX022-2180135
料Ⓦ1万7000sh（トイレ・シャワー付）　Ⓦ2万5000sh（エアコン・トイレ・シャワー付）
Ⓡが1階にあり、現地人で盛況。エアコン付きでこの低価格はほかにない。全50室。

〈タンガやムベヤ、マラウイ行きバスターミナル、ムナジ・モジャ周辺〉

Ⓖ タマリン・Tamarine

住Map P.234:2-B　P.O.Box 15076　Sofiakawawa St.
☎022-2021233/2120233
料Ⓢ8500sh　Ⓦ1万3000sh（トイレ・水シャワー共同）　Ⓦ1万6000sh（トイレ・水シャワー付）
ごく一般的な安宿。全36室。

Ⓖ キボディヤ・Kibodya GH

住Map P.234:2-B　P.O.Box 1019　Nkrumah St.
☎0767537119
料Ⓦ2万5000sh（トイレ・シャワー付）　Ⓦ4万～4万5000sh（エアコン・トイレ・シャワー付）
Ⓢがないのが残念。ふたりで泊まれば安い。それなりに清潔。別館と合わせ全40室。

〔郊外のリゾートホテル〕

保養目的なら郊外のビーチのほうが市内よりよい。ダラダラやシャトルバスでも行ける。

[H]シー・クリフ・Sea Cliff H

[住]Map P.232:2-B　P.O.Box 3030　Toure Dv.
☎022-2600380～7
[e]information@hotelseacliff.com
[HP]www.hotelseacliff.com
[料]ⓈUS$320～　[SU]US$450～（エアコン・トイレ・シャワー・朝食付）
[カード][A][M][V]
[交]町なかからタクシーで3万sh。カリアコからMasaki行きダラダラ所要約20分、400sh

町の北約8km。[営]6:30～22:30のオープン・テラス・バー&[R]から海が見渡せ気持ちよい。コーヒーやケーキ5000sh～。プールやフィットネス、カジノ、旅行会社もある。

シー・クリフ・ホテルからの眺め

[H]ホワイト・サンズ・White Sands H

[住]Map P.232:1-B外　P.O.Box 3030　Africa Rd.
☎022-2647620～4　FAX022-2647875～6
[e]info@hotelwhitesands.com
[HP]www.hotelwhitesands.com
[料]ⓈUS$180　ⓌUS$200（エアコン・トイレ・シャワー・朝食付）
[カード][A][D][M][V]

ジャングアニにあり、目の前は専用ビーチ、隣はウオーターワールド（レジャー施設）で海辺のリゾートを満喫できる。ウオータースポーツ、ボートトリップができる。Wi-Fi無料。全154室。

ビーチが目の前のホワイト・サンズ・ホテル

[H]ジャングアニ・シー・ブリーズ・リゾート・Jangwani Sea Breeze Resort

[住]Map P.232:1-B外　P.O.Box 3222　[H]Land Markの隣
☎0788433947、0786800870
[HP]www.jangwaniseabreezeresort.com
[料]ⓈUS$49　ⓌUS$79（TV・ミニバー・トイレ・シャワー・朝食付）
[カード][A][M][V]

道路を挟んで、海側にプール、ジム、[R]がある。Wi-Fi無料。

[H]クンドゥチ・ビーチ・Kunduchi Beach Hotel & Resort

[住]Map P.232:1-B外　P.O.Box 361　Dar es Salaam ウエット・エン・ワイルドの横
☎022-2650050、0688915345　FAX022-2125323
[e]info@kunduchi.com
[HP]www.kunduchi.com
[料]ⓈUS$182　ⓌUS$210　[SU]US$415（エアコン・トイレ・シャワー・朝食付）

クンドゥチ行きダラダラ終点のデラックスホテル。沖のンブデヤ島には1万5000sh／人（4人まで）で連れていってくれる（朝送って、夕方迎えに来る）。Wi-Fi全館可（無料）。全138室。

レストラン

[R]サワスデー・Sawasdee

[住]Map P.234:2-C　[H]New Africa9階
[営]19:00～23:00　無休

本格的なタイ料理のレストラン。食事をしながら、ダル・エス・サラーム湾岸の夜景が眺められる。スターターは1万5000sh～、メインディッシュは2万2000sh～。南アフリカワイン5万9000sh～（グラスは9000sh）。タイメニューのセットは3万5000sh～。

[R]セレンゲティ・Serengeti

[住]Map P.234:1-C　[H]Serena Hotel Dar es Salaam 1階
[営]6:30～10:00・12:00～15:00・19:00～23:00　無休
[カード][A][D][M][V]

ダル・エス・サラームで一番の高級ホテル、[H]Serena Hotel Dar es Salaam内にある高級レストラン。昼はアラカルトメニューになる。ディナーはビュッフェがあり、4万3000～5万sh。

R ニュー・ザヒル・New Zahir

住 Map P.234:2-B　Mosque St.
☎ 0714253800
営 6:00〜23:00　無休

中級のローカルレストラン。早朝から地元客が朝食を取っている。チャパティ1000sh、ビリカニ6000sh、フルーツ3000sh、ピザ4000sh〜、チキンカレー5500shなど。安いわりにおいしく、ボリュームがある。

R シェフズ・プライド・Chef's Pride

住 Map P.234:2-B　Changa St.
☎ 0789099955、0789099999
営 7:00〜23:00　ラマダン以外無休

メニューが豊富で、雰囲気もよい人気店。バーベキューチキン8500sh〜、パスタ8500sh〜、ビリヤニ8500sh。アルコールはない。

R マンボウズ・コーナー・Mamboz Corner BBQ

住 Map P.234:1-B　Morogoro Rd.とLibya St.の角
☎ 0784243735、0683626269
営 18:30〜24:00

若い欧米人旅行者に一番人気のレストラン。スパイシーなチキンとサラダはおいしく、開放的なロードサイドの雰囲気もよい。チキンシャケラ7500sh、レモンチキン7500sh、ほか魚、ビーフなどメニューは豊富。

香ばしい煙をあげる

R オオサカ・Osaka

住 Map P.232:2-B
☎ 0755268228、0777870568
e silee1960@gmail.com
営 12:00〜14:30・18:00〜23:00　無休

日本大使館員もよく来るムササニ半島の韓国人経営の日本食レストラン。敷地も広く座席数もかなり多い。ランチは2万1000sh〜、寿司、鉄板焼きなどメニューは豊富。

カウンター席もある

R シティ・ホール・City Hall

住 Map P.234:2-B　市役所新館
営 7:00〜17:00　土・日曜休

市役所の海側最上階にある食堂。感じがよく、おすすめ。値段は庶民価格。ランチ（12:30〜13:30）3000〜6000sh、チップス＆エッグ2500sh、フルーツサラダ1万sh、ミックスジュース1500sh。

R ポスタ・ハウス・Posta House

住 Map P.234:1-C
営 12:00〜15:00・17:00〜20:00

郵便局の裏側、YWCAをとおり過ぎ、POSTAの大きな建物の1階にある。日本人駐在員がよく昼食に訪れる。ウガリ・肉・豆のセット2000sh、ビリヤニ4000shなど、おすすめが多い。隣の屋外では炭火焼きのチキンチップス（5000sh）が食べられる。

ウガリ・肉・豆のセット

R シルバー・スプーン・Sliver Spoon

住 Map P.234:1-C　Simu St.
営 8:00〜20:00

スパイスの利いたザンジバル料理が食べられる店。チキンジンジャー6500sh、ペッパーステーキ7500sh。

R ブレイク・ポイント・Break Point

住 Map P.234:2-C　Simu St.
☎ 0717665579
営 12:00〜23:00

タクシーの運転手は皆知っている有名店。昼間から深夜まで営業しており、メニューも豊富。タンザニア料理をメインに冷えたビールが飲める。魚料理7000sh〜、肉料理9000sh〜、ビール3000sh〜。

陽気な店員たち

R モカ・シティ・Mokka City

住Map P.234:2-C　Samora Av.

☎0222110845

営6:30～20:30

アスカリ・モニュメントのすぐ近くにあるカフェ。タンザニア産のコーヒーが飲めて、食事もおいしい。サービスもよく、Wi-Fiも使え る。エス プレッソ 3000sh、ハンバーガ ーセット1 万1000sh など。

おいしいコーヒーをここで

R 香港太陽神海鮮酒家・Hong Kong R

住Map P.234:1-B　Bibi Titi Mohamed Rd.

☎022-2136622

営12:00～15:00・18:00～22:00　無休

在留日本人もよく利用する中華料理店。値段は高めだが、お いしい。スープ 8000sh～、チ ャーハン9500 sh～。スペシャ ルランチは1万 ～1万1000sh。

日本人利用客も多い

R 太和山荘海鮮酒家

住Map P.234:1-B　Jamhuri St.

☎022-2110674

営10:00～22:30

海鮮料理に定評がある店で、お得なランチのセットがある。十数種類から選べるランチセット1万sh～のほか、スープ5500sh、チャーハン7500shなどがある。海鮮料理2万sh～。

お得な中華ランチが食べられる

R 芦部・Ashibe

住Map P.232:2-B　Masaki Chore Rd.

☎0754623533

営12:00～15:00・17:00～23:00

日本人経営のレストラン。店内はモダンな雰囲気。カウンター、テーブル席がある。メニューは豊富で、ランチメニューにはサラダ、小鉢、汁物が付き、かなりボリュームがある。

エンターテインメント

週末の新聞などに広告が出て、ビーチのホテルなどが臨時にクラブを開くことがある。カジノは下記のほか、H New Africaや R Kilimanjaroの2階などにもある。

Y シティ・スポーツ＆ラウンジ・City Sports & Lounge

住Map P.234:2-C　H The Amariahの1階

☎022-2129754

客層のよいスポーツバー。サッカー中継のある水曜と週末は満席になり、盛り上がる。入場時に1万sh払うとそのぶんのチケットをくれる。ビール3000sh、チキンやチップスもある。

Y クラブ・ビリカナス・Club Bilicanas

住Map P.234:2-C

☎022-2120604

営21:00～翌5:00　月・火曜休

料1万sh

アスカリ・モニュメントに比較的近く、外国人居住者に人気のクラブ。設備などもちょっとしたもの。水曜はライブバンドがある。木曜女性無料。盛り上がるのは24:00から。

Y ラスベガス・カジノ・Las Vegas Casino

住Map P.232:2-A　Ali Hassan Mwinyi Rd.

☎022-2116512

営12:00～翌5:00

本格的なカジノ。遊んだあとに残ったコインやチップは同レートでシリングに換算可。店内にはバーもある。

近郊の町と見どころ

〔モロゴロ　Morogoro〕

　モロゴロ州はタンザニアで人口の多い州のひとつ。ドドマやイリンガ方面に行くには必ずとおる分岐点で交通の要衝でもある。

　州都のモロゴロ（Map折込表、P.227）は、ダル・エス・サラームから大通りモロゴロ・ロードMorogoro Rd.を車でひたすら走れば約3〜4時間で着く便利な地方都市。近年急速に発展し、ダル・エス・サラームで流通している物なら容易に手に入るようになっている。肉類は地元産で、魚はタンガから直送している。

　また、市街地の近くには標高約2650mのウルグル山を有し、野菜や果物の豊富な産地として知られている。南部には、ダル・エス・サラームから1泊で楽しめるミクミN.P.がある。

町なかからすぐの大自然
ミクミ国立公園　Mikumi National Park

　モロゴロの町なかから、車で約1時間30分で行ける好立地な国立公園。ゾウ、キリン、シマウマ、カバ、インパラ、イボイノシシ、ライオン、野鳥各種などが見られる。行くまでの道路周辺にも動物が生息しているため、運がよければ入園しなくても動物たちに合うことができる。

アフリカの日本庭園
ロック・ガーデン　Rock Garden

　青年海外協力隊が造園に携わった日本庭園風の公園。ウルグル山の麓でゆっくりくつろげる。Rとバーも併設されている。

気軽に登れる
ウルグル山　Mt. Uruguru

　モロゴロ市の中心に位置する標高約2000mの山脈。ロック・ガーデンとの分岐点より約2時間で登れるモーニングサイト（その昔、ドイツ人が建てた別荘で現在は旅の宿となっている）からは、市街地やモロゴロの大草原を一望できる。町なかからなら約3時間で登れる。

ウルグル山にて

市外局番　023

...Access...

🚌**ダル・エス・サラーム**から：ウブンゴ・バスターミナルからHood、Aboodのバスが約30分おきに運行。所要約3〜4時間、片道7000sh。ただし、満員にならないと出発しないことが多い。予約不可。ほかにも数社が競合しているが、古いバスには乗らないほうがよい。
モロゴロでは、ムサンブ・バスターミナル（ドドマやイリンガ方面の分岐点）に到着後、ダラダラ（500sh）で町に向かう。バイクでは2000sh

市内交通
モロゴロ市内にはダラダラがあり、市街地にはダラダラステーションもある。タクシーも多いが、値段交渉が必要。

ミクミ国立公園
住Map折込表、P.227
開6:00〜18:00　無休
料US$20（子供US$10）、ガイド料US$10、キャンプUS$20（子供US$5）、さらにスペシャルキャンプサイトUS$40（子供US$10）もある。車両通行料US$30〜150

ロック・ガーデン
料2000sh
町なかからタクシーで5000sh、バイクタクシーで1500sh

ウルグル山
住Map折込表、P.227
料宿泊（要予約）5000sh
町なかよりロック・ガーデンとウルグル山分岐点（Regional Commission）までタクシーで5000sh、バイクタクシーで約20分、1500sh

ザンジバル
Zanzibar

青い海と空、白い珊瑚礁と豊かな緑に恵まれた美しい島。かつてはオマーンのスルタンの支配下にあり（1698〜1890年）、その宮殿や奴隷貿易時代の旧跡などが島全体に散在する遺跡の宝庫でもある。

イギリス領となった大陸のタンガニーカが独立し、そのタンガニーカ共和国と、革命後に共和国となったザンジバル共和国が併合して、タンザニア連合共和国が1964年に誕生した。ザンジバルは併合後も強い主権をもち、ザンジバルの人々は、ザンジバルを独立した国と考えているようだ。

ストーン・タウンの浜辺

 ## ストーン・タウンの歩き方

●世界遺産のストーン・タウンは三角形のジグソーパズル

ザンジバルの中心はストーン・タウンで、島の西に突き出た半島にあり、その中心部はクリーク・ロードCreek Rd.と海で三角形に囲まれた地区である。この三角形の中に入り込むと、迷路のように複雑な道に、方向感覚をうばわれてしまうだろう。

歩いて回っても、1日あればひととおりは見て回れる狭いストーン・タウンだが、あちこちにある数々の名所を見て歩くには最低2日はほしいところだ。

●港周辺

港はストーン・タウンの北西端付近にある。港のターミナルは近年改築され、乗客の出入口は港よりやや南の新ターミナルとなっている。港の荷物や自動車の出入口からの広い通りを進み、最初の環状交差点を左折し直進すると、魚介類の生々しい臭いが立ちこめるフングニFunguni魚市場に出る。

人であふれる港

フングニ魚市場を背に海岸に沿って進むと、タウンの老舗ホテル、今はいささかさびれた感のある **H** Bwawaniがある。ホテル前の池の向かい側に新しいビジネス対応のビルが建ち並んでいる。

世界遺産
ザンジバル島のストーン・タウン

市外局番　024

フングニ魚市場
住Map P.251:1-B
開6:00〜（売り切れるまで）
荷揚げされた魚介類の競りが行われ、旅行者でも買うことができる。刺身にしたい人は、切り身は古いことがよくあるので、新鮮なものをまるごと1匹買うこと。

電話局
住Map P.251:2-A
開8:00〜21:00（月〜金曜）、8:30〜21:00（土・日曜）　インターネット8:00〜13:00（月〜金曜）、9:00〜13:00（土曜）、2000sh/60分

郵便局
住Map P.251:2-A
開8:00〜13:00・14:00〜16:30（月〜木曜）、8:00〜12:00・14:00〜17:00（金曜）、9:00〜12:00（土曜）日曜、祝日休

ドルフィンツアー
開6:00頃（宿でピックアップ）〜15:30
料US$30〜（シュノーケリングレンタル付）
ミニバスで島南部のキジムカジへ行き、イルカと泳ぐツアー。どこのホテル、ゲストハウスでもアレンジ可。

●ストーン・タウンの中心は市営マーケット周辺

池のかたわらからクリーク・ロードCreek Rd. (B. W. Mkapa Rd.) を南下すると右側に市役所や観光案内所、旅行会社などのオフィスが連なり、その斜め向かいのダラジャニ・ストリートDarajani St. (Ali H' Mwinyi Rd.) からクリーク・ロードをさらに行くと左側にローカルバス乗り場、右側に市営マーケットが現れる。

市営マーケットの建物内は食料の種類によって分かれていて、いちばん大きい建物には魚市場や果物市場があり、クリーク・ロードに面したもうひとつの小さな建物に肉 (鶏肉中心) 市場がある。

マーケットのあたりから、入り組んだ古い町並みに足を踏み入れてみよう。道に迷うのが心配な人は、もう少し南のニュー・ムクナズィニ・ロードNew Mkunazini Rd. から入っていくとよい。最初の広い通りに出たあたりからは、どこを見てもアラビック・ムードあふれる古い家が軒を連ねている。

ザンジバルの家
壁には、サンゴを砕いた物と砂が使われており、非常に厚い。家と各部屋の大きさは、家の天井を支えるマングローブの木の長さと強さによって決められる。マングローブは白アリに強く、現在でもケニアのラム島へダウ船で輸送されている。

■フレディ・マーキュリーの生地でもある。

...Access...

✈ **国際便:ナイロビから:** プレシジョン航空、Fly540が直行で毎日4便。所要約1時間40分、US$197〜

モンバサから: Fly540が毎日1便、所要約50分、US$118〜

国内便:アルーシャから: プレシジョン航空などが毎日5便、所要約1時間20分〜、US$181

ダル・エス・サラームから: プレシジョン航空などが毎日7〜8便、US$72〜。コースタル航空が毎日8便、US$95〜

航空会社: ケニア航空☎022-2163907/08/09
（ダル・エス・サラーム）
ザン航空 ☎024-2233670
プレシジョン航空 ☎024-2234521
コースタル航空 ☎024-2233122（ザンジバル空港）

※ザンジバル空港での入国
ビザは空港のイミグレーションで、パスポートを提示し、入国カードとビザ代現金US$50を支払えば入国できる（写真不要）。タンザニア国内からの場合はビザ代不要

○空港から市内へ
空港から町までは約10km、25分。505番ダラダラで300sh。ターミナルの前のタクシーのたまり場に各地へのタクシーの料金表があり、ストーン・タウンまで1台US$10、パジェまで1台US$50が定価。タクシーはホテル探しを頼むと何軒か連れていってくれるが、別料金は取らない。しかし乗る前にホテル探しは無料であることをきっちり確認すること。荷物を勝手に車に積む輩がいて、チップを要求するので、不要ならことわる。

🚢 **ダル・エス・サラーム (Sokoine Driveの波止場)** から:各社の船が運航している。2016年3月現在は荷物・自動車出入口を入った左手に、チケット売り場が集まっている。発着時刻はDaily Newsなどの新聞でもわかるが、乗客数によって変わるのでチケット売り場で問い合わせれば確実。なお、チケット料金は外国人はUSドル払い。ただ、釣り銭はシリングになる。

🎫ロイヤルクラスUS$60、VIPクラスUSD50、ビジネスクラス US$40、エコノミークラスUS$35。

Flying Horseは一律US$20

購入時にはパスポートが必要。タンザニアの居住者にはシリング建ての別料金がある。どの船も故障などが多く、遅れや欠航、他船への振り替えが頻発する。港使用税 (US$5) はチケット代に含まれる。

AZAM Marine 7:00、9:30、12:30、16:00発、所要約2時間

Flying Horse ☎022-2124507（ダル・エス・サラーム）21:00発、所要約9時間

●イミグレーションがある！
ザンジバル側では出入国審査や税関のチェックがあるのでパスポートを携行すること。滞在日数を聞かれるがタンザニア・ビザの有効期限内ならOK。入国手続きを怠ると罰金を取られる。

ザンジバル島行きフェリー

タンザニア　ザンジバル

オールド・アラブ砦

オールド・アラブ砦
住Map P.251:2-A
開7:00頃～　無休
料寄付金を任意で
四方を壁で囲まれた内側
は、スタジアムの舞台、み
やげ物屋、カフェバー、R
などに改装された。

パレス博物館
住Map P.251:2-A
P.O.Box 4267
開8:30～18:00
料大人US$3または
5000sh

厳かな大聖堂内

⊛ストーン・タウンの見どころ

ダンスショーやライブも行われる
オールド・アラブ砦　`Old Arab Fort`

　ソコクウ・ストリートSokokuu St. に面し、海を望む所にある。1710年頃、アラブの勢力によって、守備隊のための初期の要塞地として、ポルトガル教会やポルトガル人の住居があった場所に建てられた砦。要塞は1754年にアラブの攻撃を受け破壊された。現在は四方の壁と四角い玄関、隅には銃眼を設けた塔が残り、内部は一部改装され、スタジアムやレストランなどに使われている。

スルタンのパレスだった
パレス博物館　`Palace Museum`

　歴代のスルタンの巨大な肖像画とともに、彼らが使った調度品が当時のまま展示されている。奴隷売買がいかに莫大な利益を特権層にもたらしたかをうかがい知ることができるだろう。ここからの港の眺めもすばらしい。

パレス博物館内部

奴隷市場跡に建てられた
大聖堂　`Cathedral Church`

　奴隷の売買という反人道的なマーケットは、1873年6月6日に閉鎖され、現在その場所は**大聖堂Cathedral Church**となった。かつて奴隷たちを収容した地下室は今も残る。

　往時、アラブの奴隷商人は、東アフリカ全域より捕らえられたアフリカ人をザンジバルへ運び、この場所に奴隷市場を造った。売り場は46m×27mの長方形で、三方はヤシの葉、一方は石で囲まれていた。市は16:00に開かれ、男の奴隷は土の上に、

ザンジバルの歴史

　1499年に、世界周航で有名なポルトガルの航海者、バスコ・ダ・ガマがザンジバルを訪れ、それをきっかけに16世紀初めには、ポルトガル人が東アフリカ海岸の支配者となった。しかしポルトガル人は、結局アラブ人に追い立てられ、1832年には、オマーンのスルタンが宮廷をザンジバルに移し、ストーン・タウンを建設し、クローブ（丁子）、そのほかの産業を発展させた。1856年に王位継承順位争いが起きると、これに介入したイギリスの影響力が強まり、1890年にはザンジバルはイギリスの保護領となる。1963年12月10日、ザンジバルは英連邦の一員として独立。そして12月16日には国連に加盟した。

　しかし、スルタンおよびアラブ人に対して不満を募らせていたアフリカ人は、1964年1月12日の朝、クーデターを起こす。リーダーのジョン・オケロJohn Okelloはアフリカ人600名を率いてまず警察の武器庫を襲い、続いてインド人、アラブ人の商店を襲った。14日までのたった3日間で、1万人以上の死者が出た。この時、いち早く、シャムテ総理はスルタンと一緒にヨットに乗り、ヨーロッパへ逃亡。革命委員会が成立し、新政権は内閣を樹立。その後、アベイド・アマニ・カルメAbeid Amani Karumeが大統領に就任、オケロは国防大臣兼情報大臣に就任し、同月18日、ザンジバル人民共和国となった。しかし3月11日には、内部対立でオケロ大臣は島から追放されてしまった。

　1964年4月26日、タンガニーカとザンジバルが合併しタンザニア連合共和国となり、1977年2月には、TANU党とザンジバルのアフロ・シラジ党が合併、CCM（革命党）を結成した。

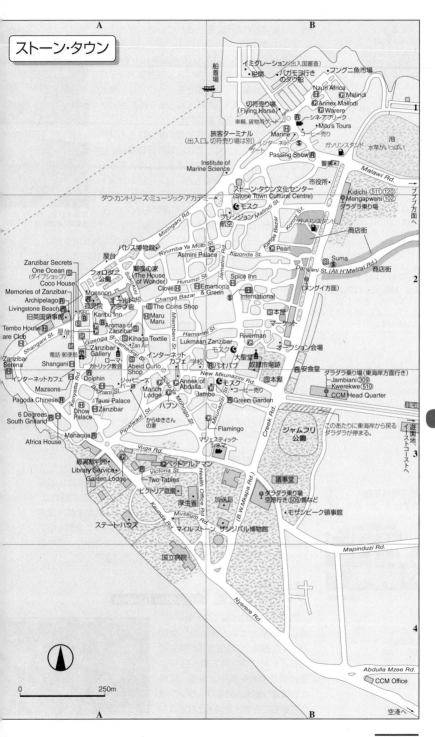

ストーン・タウン

イミグレーション(出入国審査)
税関
パガモヨ行き
のダウ船
フングニ魚市場
船着場

Nzuri Africa
Malindi
Annex Malindi
Warere
シネ・アフリーク
Mitu's Tours
コーヒー売り

切符売り場
(Flying Horse)
車輌、貨物用ゲート

旅客ターミナル
(出入口。切符売り場は別)

Marine
ガソリンスタンド
水草がいっぱい
池

Passing Show
インターネットカフェ
ゲート

Institute of
Marine Science

警察

市役所

Malawi Rd.

プブプ方面へ

Kidichi (511) 120
Mangapwani (102)
ダラダラ乗り場

ダウ・カントリーズ・ミュージック・アカデミー

ストーン・タウン文化センター
(Stone Town Cultural Centre)

Mizingani Rd.

モスク

プレジション Malindi St.
航空

Kanga Bazar

Koroni St.

ガソリンスタンド

商店街

パレス博物館

Nyumba Ya Moto St.

Asmini Palace

Pearl

Kiponda St.

Suma

Paralani St. (Ali H'Mwinyi Rd.)

商店街

Zanzibar Secrets
One Ocean
(ダイブショップ)
Coco House
Memories of Zanzibar
Archipelago
Livingstone Beach
Tembo House
are Club

驚嘆の家
(The House
of Wonder)

フォロダニ
公園

Jamatini Rd.

Humurzi St.

Changa Bazar

SOKOMUHOGO St.

Clove

Spice Inn

Emerson's
& Green

International

オールド・
アラブ砦

Monsoon

The Coins Shop

本屋

Maru
Maru

Membeni St.

Hamamni St.

マーケット

Karibu Inn

Aromas of
Zanzibar

Gizenga St.

Zan Air

Kihaga Textile

Lukmaan Zanzibar

Riverman

モスク

オークション会場

Zanzibar
Setena

Shangani

電話・郵便局

Zanzibar
Gallery

Abeid Curio
Shop

インターネット
カフェ

Kenyatta Rd.

カトリック教会

ローマ・

Shangani St.

ジャパニーズ・
バー跡

New Mkunazini Rd.

モスク

シャオパプ

大聖堂

奴隷市場跡

安食堂

ダラダラ乗り場(東海岸方面行き)
Jambiani (309)
Kwerekwe (510)
CCM Head Quarter

本屋

コーヒー売り

Dolphin

Annex of
Abdalla

Jambo

Green Garden

Mazsons

Tausi Palace

Manch
Lodge

Pagoda Chinese

Baghani St.

Dhow
Palace

からゆきさん
の家

6 Degrees
South Grill

Monsozo St.

Flamingo

Pipalwadi St.

Mkunazini Rd.

Creek Rd.

ジャムフリ
公園

このあたりに東海岸から戻る
ダラダラが停まる。

住宅

遊園地、
イースト・コーストへ

Maharaja

Africa House

Vuga Rd.

マジェスティック・シネマ

最高裁判所
Library Service
Garden Lodge

Victoria St.

ペットアルアマン

Two Tables

ビクトリア庭園

Health Office Rd.

厚生省

放送局

議事堂

ダラダラ乗り場
空港行き(505)番など

モザンビーク領事館

ステート・ハウス

Kaunda Rd.

Museum Rd.

(B.W.Mkapa Rd.)

マイル・ストーン ザンジバル博物館

国立病院

Mapinduzi Rd.

Nyerere Rd.

0   250m

Abdulla Mzee Rd.

CCM Office

空港へ

大聖堂

住Map P.251:2-B
P.O.Box 5
P.O.Box 294
☎024-2232442
開8:00~18:00　無休
料1万shまたはUS$5
日曜の6:00~8:00はスワヒリ語、8:00~9:30は英語の礼拝。
600人が座れるようになっており、今でも地元の聖公会が礼拝に訪れたり、結婚式に使ったりしている。

奴隷市場

奴隷と買い手の数はしばしば600人を超えるほどだった。アフリカ全体では奴隷船で毎年数十万人ものアフリカ人が運ばれたが、新大陸まで生きてたどり着いた人はおよそ1500万人、途中で亡くなった人はその5倍以上といわれる。

ローマ・カトリック教会

住Map P.251:2-A
内部は開放されていないが外観だけでも一見の価値がある。

旧英国領事館

住Map P.251:2-A

旧英国領事館

フォロダニ公園

住Map P.251:2-A
開24時間

女の奴隷は離れた所に立たされていた。

そのような悲しい歴史を自由と平和と発展の歴史に塗り変えるべく、1873~80年にかけて建てられたのがこの教会。キリスト教会堂スタイルとゴシック建築、アラブ風とをミックスした様式で、ザンジバル地方独特のすばらしい彫刻が、メインの入口ドアに施されている。

教会内に入ると、まず洗礼盤の後方にあるステンドグラスが目を引く。これは奴隷貿易撲滅に従事して亡くなったイギリス人水夫をしのんで作られたものだ。北側の演壇上方には、リビングストンが生涯を終えた地Chitambo（ザンビア）から運ばれた木材で作られた十字架が掲げられている。司教座の足元には、この大聖堂の建設者であるビショップ・スティールの墓がある。別名Anglican Churchという。

奴隷市場跡に建った
大聖堂と奴隷の像

入口向かって左の地下に奴隷収容所跡があり、公開されている。

教会横にはスウェーデン人の彫刻家が1998年に造った奴隷の像が歴史の証人のように立っている。

ロマネスク様式の
ローマ・カトリック教会　**Roman Catholic Cathedral**

ストーン・タウンの東寄りに建つ教会で、マルセイユの岩山に建つノートルダム・ド・ラ・ギャルド寺院の建築家ベランジェがロマネスク様式で設計した大聖堂（Map P.251:2-A）。

堂正面に置かれたいくつかの現代彫刻像のなかには、フランシスコ・ザビエルやゴアの像がある。

ローマ・カトリック教会

歴史のある建物
旧英国領事館　**Old British Council**

1874年まで英国領事館として使われており、その後は10数年ほど前までザンジバル情報放送省のオフィスだった。この建物は、探検家のバートンとスピークがアフリカ本土遠征のための準備をした所だ。また、リビングストンの遺体がジンバブエ北部から長旅の末ザンジバルへ送られ、安置されたのもここだった。建物の前の浜は、かつてこの島がにぎわっていた頃は港だった。

市民の憩いの場
フォロダニ公園　**Forodani Garden**

2009年7月に改装工事が完了し、美しい公園がよみがえった。夕刻涼しくなる頃から地元住民が集まり出し、それにつられて観光客も夕焼けの空や海を眺めに来る。陽が沈む頃より屋台も始まり、ザンジバルで最もにぎやかな場所となる。

たくさんの食べ物が並ぶ屋台村

気軽に音楽と触れ合える
ダウ・カントリーズ・ミュージック・アカデミー　**Dhow Countries Music Academy**

　2002年に設立され、ザンジバルの伝統的な音楽をはじめ、東アフリカの海岸線地帯、アラビア半島、ペルシャ湾、インドといった"Dhaw Country"とされる地域の音楽を教えている学校。異なる伝統音楽の統合を教えることを特徴とし、演奏家を育てることにとどまらず、Dhaw文化を伝える専門家を生み出している。校内は時間を問わず音楽に打ち込む生徒たちであふれている。建物内のスペースで、週2回、伝統的なターブのコンサートが開かれており、気軽に音楽と触れ合えると人気となっている。また旅行者だけでなく一般人もターブをはじめとした伝統楽器やダンスの指導を短時間から気軽にうけることができる。

練習中の生徒

かつて宮殿だった博物館
驚嘆の家　**The House of Wonder**

　1883年、スルタンが式典用に建てた宮殿で、かつてザンジバルで最も大きい建物だった。英国政府が事務所として利用する1911年まで、スルタンが住んでいた。現在は博物館になっており、入るとすぐに本物のダウ船が置かれた展示室がある。ザンジバルが貿易による帝国であったことを説明する展示物が多い。3階のテラスから海やプリズン島、隣のオールド・アラブ砦がよく見える。

驚嘆の家

かつての日本人娼婦の家
からゆきさんの家とジャパニーズバー跡　**Old Japanese Bar**

　ローマ・カトリック教会からバガハニ・ストリートBagahani St.へ抜ける道の途中に、かつて日本人として初めてザンジバルを訪れた（1894年）"からゆきさん"たちの住んでいた家が（Map P.251:3-A）、そしてそこから20mほど離れた広場の一角に、彼女たちが営んでいたJapanese Barがあった。現在は地元の人の住居になっているが、からゆきさん時代は、船員たちが大勢集まる流行のバーだった。当時、港は英国領事館の前にあったので、船員たちにとっては格好の遊び場だったのだろう。1階にはみやげ物屋が入っている。

からゆきさんの住居だった建物

ダウ・カントリーズ・ミュージック・アカデミー
住Map P251:2-B
P.O.Box 4055 旧オールド・カスタマー・ハウス
☎0777416529、0242234050
e info@zanzibarmusic.org
HP www.zanzibarmusic.org
営9:00～17:30　日曜休
コンサートは月・木曜の20:00～21:00、US$7
楽器やダンスの個人指導はUS$15／時間（4人以上ならUS$10／時間）

驚嘆の家
住Map P.251:2-A
P.O.Box 4267
開9:00～17:30　無休
料大人6000shまたはUS$4、子供1000shまたはUS$1
室内撮影可。

スパイスツアー
営9:00（宿でピックアップ）～15:00
料US$12～
午前はストーン・タウン郊外の各種スパイスを栽培する農園とスルタンのハーレム、スルタン時代のペルシャ人王女の風呂などを巡り、午後はマンガプワニなどの海岸で海水浴をするツアー。どこのホテル、ゲストハウスでもアレンジしてくれる。水着を用意しよう。

からゆきさん
日本から諸外国に売春のために売られていった婦人の別称。ザンジバルにいたからゆきさんは、最盛期には十数人を数え、つい50年ほど前までここで生活していた。彼女たちはとても友好的で、ザンジバルの人々に愛されていたという。白石顕二著『ザンジバルの娘子軍（からゆきさん）』（現代教養文庫　社会思想社）はぜひ読みたい。

ストーン・タウンのショップ →P.228 日本からの電話のかけ方

地元の人々でにぎわう商店街は、クリーク・ロードから東へ延びるDarajani St. (Ali H' Mwinyi Rd.)と、マーケットから北へ延びる道の2ヵ所。ここで売られている物は衣類や日用品が中心である。観光客相手のみやげ物屋は、下記のほか、ケニヤッタ・ロードの電話・郵便局付近や、そこから1本入ったGizenga St.に建ち並ぶほか、オールド・アラブ砦内にもある。

S メモリーズ・オブ・ザンジバル・Memories of Zanzibar

住Map P.251:2-A　P.O.Box 3670　Stone Town Kenyatta Rd.　電話・郵便局の向かい
☎024-2239376
@memories@zanlink.com
HP www.memories-zanzibar.com
営9:00～19:00(月～土曜)、9:00～18:00(日曜)
カード A M V

一般的なみやげ物は何でも揃っている。オーナー夫人は日本人。ガードマンの警備が厳しい。

S クミ・ギフトショップ・KUMI Gift Shop

住Mapp.251:3-A　Shangani　Rd.
☎0784130123
@info@kumizanzibar.com
営10:00～18:30　無休
カード A V M

日本人オーナーの店。他とは違うユニークな雑貨が入手できる。

S アロマズ・オブ・ザンジバル・Aromas of Zanzibar

住Map P.251:2-A
☎0784200242
@aromasofzanzibar@gmail.com
HP aromasofzanzibar.com
営9:00～19:00

タンガなどを使った製品を扱う店。伝統的な柄布と、レザーやビニール、メッシュ素材などを組み合わせた個性的なバッグ、ギターケース、パソコンケースなどがところ狭しと並ぶ。価格が表示されているのもうれしい。職人さんも待機しておりオーダーメイドも可能。

S ザ・コインズ・ショップ・The Coins Shop

住Map P.251:2-A
☎0776195973、0658195972
@sissy@thecoinsshop.com
HP www.thecoinsshop.com
営10:00～17:30

世界中のコインをくり抜き、加工して販売している。高度な技術は一見の価値あり。もともとのコインの価値と加工の手間により値段は決まるが、US$20～30／個が主流。持ち込んだコインを加工してもらうこともできるが、日本のコインを加工して持ち帰ると通貨偽造に当たるため注意。仕上がりは翌日。

S ザンジバル・ギャラリー・Zanzibar Gallery

住Map P.251:2-A　P.O.Box 3181 Mercury House Kenyatta Rd. Shangani Stone Town
☎024-2232721　FAX024-2236583
HP zanzibargallery.net
営9:00～18:00(月～土曜)、9:30～14:00(日曜)
カード M V

良心的な値段でみやげ物が買える。

S キハガ・テキスタイル・Kihaga Textile

住Map P.251:2-A　P.O.Box 4208　Gizenga St.
☎0715223615
営8:00～18:00　無休　カード M V

ザンジバルで20年以上の服飾雑貨店。店内にはタンザニアの伝統的な布、カンガなどを使った品々が並ぶ。ドレスはUS$35～。商品はすべてご主人がデザインし、店舗2階で職人たちが作っている。

S ワン・オーシャン・One Ocean

住Map P.251:2-A P.O.Box 608 旧英国領事館隣
☎024-2238374、0784750161
@www.zanzibaroneoecom.com　営8:00～18:30
料1ダイブUS$75、2ダイブUS$150、4ダイブUS$215、シュノーケリングUS$35(すべて昼食付)。ライセンス取得US$350(2日間)。サンセットクルーズUS$30
カード M V ＋5%手数料

透明度が高く澄みきったザンジバルの海では、シュノーケリングやスキューバダイビングも楽しみのひとつ。イギリス人オーナーが経営するザンジバル最大のダイブショップ。スタッフも親切。

ストーン・タウンのホテル →P.228 日本からの電話のかけ方

ザンジバルでは、非居住の外国人は安宿でもUSドル払いが基本だが、つり銭はシリングしかないこともある。ホテルによってはシリングでも払えるが、ホテルでの交換レートは概て悪い。記載の料金はほとんどが朝食付き。
中級以下のホテルはⓌやⓉの部屋はⓈ料金でほかの旅行者とシェア可。シャワーや蚊帳、ファンなどの点検は抜かりなくしたい。

〔高級ホテル〕

Ⓗ ザンジバル・セレナ・
Zanzibar Serena H
住Map P.251:3-A　P.O.Box 4151
☎024-2233051　FAX024-2233019
ⓔzanzibar@serena.co.tz
ⓗwww.serenahotels.com
料ⓈUS$210〜　ⓌUS$240〜　ⓈⓊUS$550（蚊帳・エアコン・トイレ・シャワー・朝食付）
カードＡＭＶ
島内の最高級ホテル。Ｒの外ではスワヒリ・コースト音楽Twarabの演奏（18:30〜19:30、火・金・日曜）などのライブが聴ける。プールもある。Wi-Fi無料。全51室。

アラブ風のロビー

Ⓗ シャンガニ・Shangani H
住Map P.251:2-A　P.O.Box 4222
☎024-2233688　☎&FAX024-2233688
ⓔhotelshangani@hotmail.com
ⓗwww.shanganihotel.com
料ⓈUS$55　ⓌUS$75　ⓉUS$88（蚊帳・エアコン・トイレ・シャワー・朝食付）
クラシックな雰囲気のホテル。屋上には海の見えるきれいなＲがあり、朝食時のみ利用可。ロビーにてWi-Fi利用可（無料）。全27室。

Ⓗ アフリカ・ハウス・
Africa House
住Map P.251:3-A　P.O.Box 3246　Shangani Rd.
☎0774432340、0777212621
ⓔfrontdesk@africahousehotel.com
ⓗwww.africahousehotel.com
料ⓈUS$100〜　ⓌUS$135〜（町側）ⓈUS$130〜　ⓌUS$175〜　ⓈⓊUS$150〜200（蚊帳・エアコン・トイレ・シャワー・朝食付）＋税8%　カードＭＶ
海に面したアラブ風の豪華ホテル。趣のあるクラシックな造り。3階のテラスにあるＲは海を見渡せて気持ちがよい。全15室。

目の前に広がる海の大パノラマ

Ⓗ テンボ・ハウス・Tembo House
住Map P.251:2-A　P.O.Box 3974
☎024-2233005/2232069　FAX024-2233777
ⓔreservations@tembohotel.com
ⓗwww.tembohotel.com
料ⓈUS$115　ⓌUS$145　ⓉUS$175　ⓈⓊUS$195（蚊帳・エアコン・トイレ・シャワー・朝食付）
カードＭＶ
目の前がビーチのＲやカフェバーは気持ちがよい。中庭の小さなプールに面する、小さなギフトショップもある。アンティークのスワヒリ家具のインテリアにうっとり。旧館は1885年築の建物と、これまた年代物。Wi-Fiはロビー周辺のみ無料。全42室。

テラスからの眺め

タンザニア　ザンジバル

H マル・マル・Maru Maru H

住 Map P.251:2-A　Gizenga St.397〜400
☎024-2238516〜8、0774007003　FAX024-2238519
e reservations@marumaruzanzibar.com
HP www.marumaruzanzibar.com
料 S US$119　W US$181　D US$214（蚊帳・エア
コン・冷蔵庫・トイレ・シャワー・朝食付）+税18%
カード M V

内装は伝統的なザンジバルと現代がうまく融合し、
広々として落ち着いた雰囲気。エレベーターのあ
るホテルはザンジバルではここだけ。屋上は R で
インド料理、コンチネンタル料理を楽しみながら、
ストーン・タウンとインド洋が360度眺望できる。
スタッフの対応もよく、近年人気急上昇のホテル。
Wi-Fi無料。空港からの送迎US$15。全52室。

H タウシ・パレス・Tausi Palace H

住 Map P.251:3-A　Baghani St.
☎0778339944
e gm@tausihotel.co.tz
HP tausipalacehotel.com
料 S US$65　W US$70　T US$75　SU US$100
（蚊帳・エアコン・冷蔵庫・トイレ・シャワー・朝食付）
カード A D M V

旧チャブダホテル。内装はクラッシックで従業員
も感じがよい。屋上の R、バーはコンチネンタル
料理、インド料理。雰囲気もよくインド洋とストー
ン・タウンが一望できる。Wi-Fi無料。全35室。

H エマーソンズ・グリーン・Emerson's & Green H

住 Map P.251:2-A　P.O.Box 3417　236 Hurumzi St.
☎024-2232776/2232784　FAX024-2232327
e reservations@emersonspice.com
料 S W US$175　SU US$225（蚊帳・エアコン・
トイレ・シャワー・朝食付）
カード M V

元アラブ人邸宅を改築したホテル。236フルン
ジホテルから旧名のエマーソンズ・グリーンホ
テルに戻った。多彩な内装の部屋はどれもシッ
クな雰囲気。屋上 R からの眺めはすばらしい。
ロビー周辺のWi-Fi無料。全10室。

屋上レストランは快適

H マズソンズ・Mazsons H

住 Map P.251:3-A　P.O.Box 3367　Kenyatta Rd.
☎024-2233694/2233062　FAX024-2233695
e mazsons@zanlink.com
HP www.mazsonshotel.com
料 S US$70　W US$100　SU US$30〜（蚊帳・
エアコン・トイレ・シャワー・朝食付）

インターネットカフェや、みやげ物屋、郵便
局、各種料理の R にも近く便利。部屋の広さは
まちまちだが清潔。Wi-Fi無料。全36室。

H ダウ・パレス・Dhow Palace H

住 Map P.251:3-A　P.O.Box 3974
☎024-2233012/2230304　FAX024-2233008
e reservations@dhowpalace-hotel.com
HP www.dhowpalace-hotel.com
料 S US$80　W US$110　T US$140
SU US$120〜170　F US$150〜（蚊帳・エアコン・
トイレ・シャワー・朝食付）
カード M V

歴史を感じさせる4階建ての建物。室内の調度
品はほとんどがアンティーク。R、プールもあ
る小さな高級
ホテル。屋上
R からの眺め
もよい。Wi-Fi
無料。全33室。

ダウ・パレス・ホテルのプール

［中級ホテル］

H マリン・H Marine

住 Map P.251:1-B　P.O.Box 4063　港からすぐ
☎0777411102
e hotelmarinestar3@hotmail.com
料 S US$45　W US$65　T SU US$75（蚊帳・エ
アコン・トイレ・シャワー・朝食付）

港のゲートから出てすぐ左の角にある4階建て
のクラシックな H。外に R あり。島内外のツア
ーもアレンジできる。スタッフも親切。ロビー
にPC1台あり。宿泊客はWi-Fi無料。全23室。

角地にあるマリン・ホテル

〔安宿〕

G パール・Pearl GH

住Map P.251:2-B　P.O.Box 3972
☎0777455451
料ⓈUS$15　ⓌUS$30（蚊帳・トイレ・シャワー付）
安全に過ごせるように力を入れている。日本人バックパッカーがよく泊まっている。連泊や多人数の予約で割引あり。全10室。

広くはないが清潔な客室

G アネックス・オブ・アブダラ・Annex of Abdalla G

住Map P.251:2-A　Mukunazini St.
☎0777411300
料ⓈUS$15　ⓌUS$30（トイレ・シャワー共同、蚊帳・ファン・朝食付）ⓈUS$20　ⓌUS$35（蚊帳・エアコン・TV・冷蔵庫・トイレ・シャワー・朝食付）
立地は便利でわかりやすい。スタッフも誠実。Wi-Fi無料。おすすめの安宿。全10室。

G フラミンゴ・Flamingo G

住Map P.251:3-B
☎024-2232850
eＲreservations@flamingoguesthouseznz.com
ＨＰwww.flamingoguesthouseznz.com
料ⓈUS$15　ⓌUS$30（トイレ・シャワー共同、蚊帳・ファン・朝食付）ⓈUS$17　ⓌUS34（蚊帳・ファン・トイレ・シャワー、朝食付）
部屋によって当たり外れがあるため、見せてもらってから決めること。部屋は毎日きれいに掃除してくれる。各種ツアーのアレンジも充実している。ロビー付近でWi-Fi無料。全17室。

バックパッカーに人気の宿フラミンゴ

G ガーデン・ロッジ・Garden Lodge

住Map P.251:3-A　P.O.Box 3413　Kaunda Rd.
☎024-2233298
egardenlodge8@zanlink.com
料ⓈUS$40　ⓌUS$60　ⓉUS$70（蚊帳・トイレ・シャワー・朝食付、エアコン付はプラスUS$10）
庭に植物がいっぱいのゲストハウスで、部屋はきれい。屋上が食堂（朝食のみ）。屋上にてWi-Fi使用可（無料）。全18室。

G ココハウス・Coco House

住Map P.251:2-A　P.O.Box 2363　Gizenga Shanganis St.
☎&FAX024-2230852
ecocohousezanzibar@gmail.com
料ⓈUS$34　ⓌUS$60（蚊帳・トイレ・シャワー・朝食付）ⓉUS$75　4ベッドUS$80／4人（トイレ・シャワー共同、蚊帳・エアコン・朝食付）ⒹUS$20／1人
オフィスにあるセーフティボックス無料。バー、Ｒあり。空室があればディスカウントあり。Wi-Fi無料。全14室。

G ジャンボ・Jambo GH

住Map P.251:3-B　P.O.Box 635
☎024-2233779、0653943548
料ⓈUS$25　ⓌUS$40　ⓉUS$60（トイレ・シャワー共同、蚊帳・エアコン・朝食付）
2泊以上で電話予約すれば空港間の送迎無料。ここのお茶は絶品と評判。キッチン使用可。人気の宿で、満員のことが多い。全9室。

人気の宿、ジャンボ・ゲストハウス

G カリブ・イン・Karibu Inn

住Map P.251:2-A　P.O.Box 3428　NBCの突き当たり
☎&FAX024-2233058
ekaribuinnhotel@yahoo.com
料ⓈUS$35　ⓌUS$50　ⓉUS$75　ⒹUS$20（蚊帳・エアコン・トイレ・シャワー・朝食付）
見た目は古いが、部屋は新しく清潔。欧米系バックパッカーに人気。全22室。

人気のあるカリブ・イン

ストーン・タウンのレストラン

R フォロダニ公園の屋台

驚嘆の家の前のフォロダニ公園（Map P.251: 2-A）では、毎日夕刻になると各種の屋台が出現する。揚げたタコやイカは5000sh～、牛肉の串焼き300sh～、カニ1杯1万sh、ロブスターは1万sh、サトウキビジュース小500sh～など。ビールや酒とともに食べたいところだが、イスラム教の影響力の強い島なので、公の場所での飲酒は自粛しよう。

R 本格的なアラビアン・コーヒーの露店

港に近いCine Afrique前や町の中心部Soko Ya Mohogo St.の小さな広場などの露店では、ナベで煮たコーヒーを網で濾過し、小さなカップで飲ませてくれる。

R パッシング・ショウ・
Passing Show R

住Map P.251:1-B　P.O.Box 132　港から警察署へ行く途中の右側
☎024-2237970
営6:00～22:00　無休

地元民に人気の安くておいしい大衆食堂。昼時のみのビリアニやピラウがおすすめ。ランチあり。

テラスあり。店内が広いパッシング・ショウ

R リビングストン・ビーチ・
Livingstone Beach R

住Map P.251:2-A　Kenyatta Rd.
☎0773164939
営8:30～深夜　無休

ビーチに面した雰囲気のよいレストラン。ビーチにはテラス席もある。一般的なタンザニア料理のほか、ビーフバーガー1万7000shやスパゲティ1万8000sh、ビール6000shなどメニューも豊富。生バンド演奏21:30～深夜。Wi-Fiあり。

R 日本料理・政・
Masa Japanese

住Mapp.251:2-A　Shangani　Rd.　1st　Post office
☎255685124086
e info@masalimited.com

交空港から車で10分のストーンタウン内 Shanghai　Post　officeの2階

ザンジバル島唯一の日本人経営の日本料理店。寿司や一品料理が人気。テラス席から町並みや海が眺められる。ビールなども提供する。

R 6° サウス・グリランド・
6 Degrees South Grilland

住Map P.251:3-A　Water front Shangani
☎0779666050
e info@6degreessouth.co.tz
H www.6degreessouth.co.tz
営8:00～23:00　無休
カード A M V

かつてのラフェニセから2012年に新築した南アフリカ資本の南アフリカ料理レストラン＆ワインバーで、価格は高め。海岸に面し、夕景はとてもよい。アルコール可で、ワインが6℃に冷えて出てくるのが売り。英語可。要予約。

海に面したテラス席

R パゴダ・チャイニーズ・
Pagoda Chinese R

住Map P.251:3-A　P.O.Box 976　H Africa House 前の建物の中
☎024-2234688　FAX024-2231758
e george@zanzinet.com
営11:30～14:30・18:30～22:30　無休

町の西部。広東料理を出す本格中華料理店。チャーハン、焼きそばなどがある。

近郊の町と見どころ

スルタン時代の名残

スルタンのハーレム　**Maruhubi Palace**

ブブブBububuへ向かう道の途中に、マルフビ・パレスと呼ばれる立派な宮殿が建っている。この宮殿は、1880年頃スルタンがハーレムとして建てたもので、かなり廃墟化してしまったが、ところどころに繁栄したスルタン時代の名残がある。バルコニーを支えていた大きな石柱と、ドーム型のペルシャ式浴室、庭を取り囲む壁は原型をとどめているが、海に向かって何層にも延びていた壁は波の浸食で最後の1枚だけになってしまった。

スルタンのハーレム、マルフビ・パレス

〔プリズン島　Prison Island〕

プリズン島（Map P.260）は、ストーン・タウンの北3kmほどの海上に浮かぶ小さな島だ。透明な海とホワイトサンドに囲まれたこの島へ来て、泳がない手はない。島の茂みの中にはガゼルや、巨大な陸ガメが数多く生息している。

プリズン島はその名のとおり、以前は抵抗する奴隷を監禁する島であり、ある奴隷商人の所有物だった。島内の留置所はかなり崩れてはいるものの、1階のほとんどとトイレは当時のまま残っている。床の中心部分に残されている奴隷の足首に付けられていた鉄の玉と鎖、それを固定していた留め金が生々しい。

〔ブブブ　Bububu〕

ザンジバル島にはその昔、蒸気機関車が走っていた。それは、ストーン・タウンの港から海岸沿いに北へブブブまで約10kmの、世界最短かもしれない軌道だった。"スルタン"の愛称をもった

スルタンのハーレム
（マルフビ・パレス）
🏠Map P.260
🕐8:00～18:00頃　無休
💰5000sh
🚌スルタンのハーレムとブブブへは、ストーン・タウンから502番のダラダラで所要時間10分、300sh

...Access...

🚤プリズン島へはザンジバルのストーン・タウン北側のMizingani Rd.やフォロダニ公園近くから小舟で所要約20～25分、往復の舟1隻チャーター4万sh～。9:30頃発、16:00頃に迎えに来てくれる。頼めば島で1泊して、翌朝帰ることも可能。
入島料 US$4

■プリズン島に行くときの小舟の値段交渉はけっこう大変。ツアーでUS$20～30。シュノーケリングも込みのでお得。

■ストーン・タウンの近海にはプリズン島のほかに、ザンジバル住人や英国海兵隊などの墓があるグレイブ島Grave Island、無数のコウモリが生息するバット島Bat Island、灯台のあるチュンベ島Chumbe Island、人があまり来ないバーウイ島などが散在している。

タンザニア　ザンジバル／プリズン島／ブブブ

ザンジバル島の交通

ストーン・タウン内は徒歩で十分だが、島全体を回るならタクシーやバス、ダラダラを利用しないと無理。タクシーはホテルで申し込めば迎えに来る。運転手がガイドを兼ねて、英語で説明してくれる。料金は次頁サイドに。

ザンジバルのダラダラはミニバススタイルがほとんど。路線は東、南、北のおもな村まで延びていて、料金は距離によって違う。行き先の英字が前に表示されている。ザンジバルのローカルバスは、ナイロビでいうK.B.Sバスのようなもの。この行き先は数字で表示されている。ダラダラとローカルバスの乗り場は、市営マーケット付近だ。

バスやダラダラの乗り方は簡単。まず乗り場へ行って、行き先を確認してから乗り込む。料金は降りるときに払う。降りる場所は自分では判断できないので、あらかじめ運転手に告げておいたほうがよいだろう。また、ハイシーズンには外国人旅行者用のシェアリングカーがある。各ホテルで申し込めばホテルまで迎えに来てくれる。

ブブブ
住Map P.260
交ストーン・タウンから:
502番のダラダラで所要
約20分、300sh

ブブブのホテル
GBububu GHなどがあ
る。プライベートビーチ
ではジェットスキー、水上
スキーも借りられる。

装飾が見もの、キディチの浴室跡

キディチ
住Map P.260
交ストーン・タウンから:
120番のダラダラで所要
約30分、300sh。ブブブ
の警察署を右へ曲がり、
ココナッツ畑とバナナ畑
をとおり抜け約1.5km入
った所。511番のダラダ
ラなら、終点で降り、そ
のまま道なりに徒歩約
20分。右手に看板が出
ている。

タクシーチャーター料金
の目安
ヌングイ：約US$60
バジェ：約US$50
島1周：約US$100〜150

蒸気機関車は、1880年に始動したが、静かでのどかなこの島で、機関車が出す轟音と煙は沿線の人たちの不満を買い、自動車が入り始めた1927年には廃止されてしまった。

しかし、蒸気機関車の発する音が地名のブブブとして残ったといわれる。その後、軌道は取り除かれたが、駅の跡は警察署の裏に残っている。

〔キディチ Kidichi〕

キディチには、スルタン時代の古いペルシャ式浴室がある（入場料2000sh）。これは、スルタンが1849年に2番目に結婚したペルシャ王女のために造ったもの。浴室でいちばん目を引くのは、ナツメヤシや鳥がひし形模様でデザインされた内壁だろう。いちばん奥の部屋には、石造りの浴槽、そして浴室の近くにはペルシャ王女が住んでいた家がある。ちなみに、このあたりは標高約153mで、ザンジバルの最高地点だ。

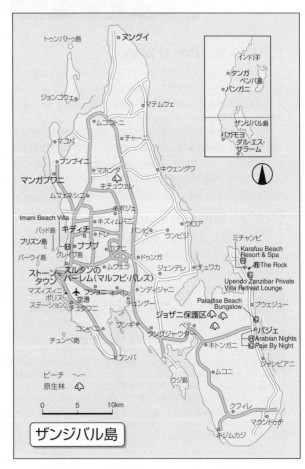

ザンジバル島

〔マンガプワニ　Mangapwani〕

ストーン・タウンから北へ約24kmの海岸。現地の人たちが海水浴に興じる姿をよく見かけるのんびりした海岸だが、ここは奴隷貿易が禁止された後の秘密の奴隷積み出し港だった。海岸の近くにはサンゴの洞窟Coral Cave（別名Slave Cave）がある。近年ここの地下に真水があることがわかり、階段が造られたが、当時は穴の入口にぶら下がったロープを使って奴隷を中に入れていた。この洞窟は自然にできたもので、中にはふたつの道がある。1本は浜辺へつながっているが、もう1本の道はどこへ行くのか、いまだにわかっていない。

かつて奴隷を押し込めていた
奴隷の洞窟 Slave Chamber

1873年に廃止されたとされる奴隷売買は秘密裏に続けられていた。石灰岩を掘り作った四角い地下の部屋は奴隷の洞窟とよばれ、一説には100人を越える奴隷が収容されていたという。壁に取り付けられた奴隷を鎖でつなぐための金具は観光用として再現されたものだが、当時の非人道的扱いを知るには十分だ。敷地の西側にはマンガプワニの美しい海が広がっているが、そこを奴隷貿易の港として使用していた。

奴隷の洞窟

〔ヌングイ　Nungwi〕

天気がよい夜にはペンバ島の明かりが見えるというザンジバル島北端のヌングイは、ウオータースポーツの起点としてホテルやゲストハウス、レストランなどが軒を連ねる。新しいダイビングショップのオープンなどが相次ぎ、発展ぶりがうかがえる。

ビーチは広くないが、適当な深さがあり、シュノーケリングだけでなく、スキューバダイビングができるのが大きな魅力となっている。また注目されているダイブポイントのMnemba AtollやHungaの環礁に近いことも有利になっているようだ。

〔ジョザニ保護区　Jozani Conservation Area〕

ザンジバルにはジョザニの森やペテを中心に約2500～5万頭のレッドコロブスが約50の群れをつくって生息している。そのうち半数のグループが、このジョザニC.A.にいて、長期間、保護と観察の対象になっている。群れごと1m近くまで寄ってくるほど慣れている。また保護区センターのガイドは、レッドコロブスだけでなく、ウオーキングサファリでジャングルの動植物の説明もしてくれる。

マンガプワニ
住Map P.260
交ストーン・タウンから:
102番のダラダラで所要
約1時間、1300sh

サンゴの洞窟
マンガプワニ行きダラダラの終点の少し手前左側「Coral Cave」の看板を左に入り、道なりに徒歩約10分。運転手に事前に伝えておくと降ろしてくれる。洞窟には管理人がいる。中は険しいのでガイド（US$5）を付けるか、ストーン・タウンからのツアーに参加する方がよい。
料2000shまたはUS$1

マンガプワニのサンゴの洞窟

奴隷の洞窟
マンガプワニ行きダラダラを終点で下車し、来た道を東へ約50m戻ると看板が出ている。徒歩約10分。途中の二股で看板どおり左へ進む。
料US$1

ヌングイ
住Map P.260
交ストーン・タウンから:
116番のダラダラで所要約2時間、2000sh。ハイシーズンにはシェアリングカーが出ている。8000sh

ジョザニ保護区
住Map P.260
交ストーン・タウンから:
309、324番のダラダラで所要約1時間、1500sh
☎024-2232782
開7:30～17:00
料US$10

タンザニア

ブブブ／キディチ／マンガプワニ／ヌングイ／ジョザニ保護区

〔パジェ　Paje〕

　島の東側のイーストコーストにもきれいなビーチは多い。その代表のパジェ。パジェは村全体がサンゴのなめらかな砂からできており、美しい貝殻も多く、真っ白な砂とヤシの木がつくり出すビーチラインは格別だ。船を使って、浅瀬の沖でシュノーケリングもできるし、自転車も各ホテルなどで借りられる。

　パジェの北に位置するブウェジュー・ビーチBwejuu Beachにも大型リゾートホテルが増え、南のジャンビアニ・ビーチJambiani Beachにもゲストハウスが建ち並び、さらに南のマクンドゥチ・ビーチ、あるいは北のマテムウェなどとともにビーチリゾート地帯を形成している。

パジェ
住Map P.260
交ストーン・タウンから:
309番のダラダラで所要
約2時間、2000sh
Gパラダイス・ビーチ・
BungalowParadise Beach に行くには、
324、340番のダラダラ
が便利。ブウェジュー行
きに乗り、バンガローの
路地入口で下車（看板が
出ている）。パジェには
ATMがない。

どこまでも続く青い海と白い砂浜

ビーチで過ごす地元の子供たち

 # 近郊の町のホテルとレストラン

→P.228 日本からの電話のかけ方

イマニ・ビーチ

Hイマニ・ビーチ・ヴィラ・
Imani Beach Villa
住Map P.260　P.O.Box 3248
☎0773903983
料SUS$55～70　WTUS$90～120（蚊帳・エアコン・トイレ・シャワー・朝食付）
ブブブの海辺にあるホテル。プリズン島やスパイスツアーなど各種ツアーも催行。Wi-Fiあり。全10室。

Gパラダイス・ビーチ・バンガロー・
Paradise Beach Bungalow
住Map P.260　P.O.Box 2346
☎0777414129、0773145639、0785340516
eparadisebb@zanlink.com
HPnakama.main.jp/paradisebeachbungalows
料SUS$55　WUS$65（蚊帳・トイレ・シャワー・朝食付）バンダUS$20／人（トイレ・シャワー共同、蚊帳付）なお、ハイシーズンは＋US$15
パジェのパラダイス・ビーチに面した日本人オーナーの三浦砂織さんの経営する宿。そのきめ細かいもてなしに、ついつい長居したくなる。何といっても食事がおいしく、ほかのホテルの宿泊者がここに通うほど。定食ランチ（冷やし中華がある）は1万7000sh～、ディナーの定食は2万sh～。ほかに寿司（魚があるときだけ）2万4000shや肉じゃが2万shも頼むと作ってくれる。日本の雑誌や文庫本も読める。ボートトリップUS$20あり。マスクとフィン各US$5、自転車US$5／日のレンタル可。ドルフィンツアーUS$30／人（4人以上で開催）～70／人（1人の場合）。バンガロー（バンダ）が客室で13棟。R付近にWi-Fiあり。

パラダイス・ビーチ・バンガローの客室バンガロー

H アラビアン・ナイト・ Arabian Nights H

住Map P.260　P.O.Box 791
☎0777854041、0654080808、0776888288
ⓔanights@zanzibararabiannights.com
Ⓗ⒫www.zanzibararabiannights.com
料ⓈUS$100　ⓌUS$120（蚊帳・エアコン・トイレ・シャワー・朝食付）

パジェの村のなかでは最高級のホテル。ビーチに面し、ホテルの隣にはダイブショップも備えている。1ダイブ€50、ライセンス取得€425。ロビー付近Wi-Fiあり。コテージタイプの客室全12室。

アラビアン・ナイト・ホテルのしゃれた客室

G パジェ・バイ・ナイト・ Paje By Night

住Map P.260　P.O.Box 1714
☎0777460710
ⓔoffice@pajebynight.net
Ⓗ⒫www.pajebynight.net
料ⓈUS$60〜95　ⓌUS$80〜105　ⓈⓊUS$109〜150（蚊帳・トイレ・シャワー・朝食付）キングサイズルーム・ジャングルバンガローUS$115〜120
カードＡＭＶ

イタリア人、マルコ夫妻が経営するパジェのバンガロースタイルのゲストハウス。Ⓡ、バーあり、パブリックエリアにWi-Fiあり（無料）。全20室。

パジェ・バイ・ナイトの入口

H カラフー・ビーチ・リゾート＆スパ・ Karafuu Beach Resort & Spa

住Map P.260 P.O.Box71　ミチャンビ付近、ⓇThe Rockに近い
☎0777413647〜8　FAX0777419915
ⓔinfo@karafuuzanzibar.com
Ⓗ⒫www.karafuuzanzibar.com
カードＡＭＶ
料ⓈⓌUS$127〜322（蚊帳・エアコン・トイレ・シャワー・3食付）

ミチャンビのイタリア系資本の大型リゾートロッジで、リラクゼーション用の施設が整っている。空港からタクシーで約1時間20分、送迎片道US$75〜。セキュリティはしっかりしている。Wi-Fiはレセプション付近のみ（US$10／日、US$50／週）。温シャワー、通電24時間。英語可。全135室。

カラフー・ビーチ・リゾート＆スパの客室

G ウペンド・Upendo Zanzibar Private Villa Retreat Lounge

住Map P.260 ミチャンビ付近、ⓇThe Rockに近い
☎0777244492
ⓔinfo@upendozanzibar.com
Ⓗ⒫www.upendovilla.com
料ⓈⓌUS$130〜350（蚊帳・トイレ・シャワー・3食付）カードＡＭＶ

イギリス系のプチロッジ。空港からタクシーで約1時間15分、送迎片道US$60〜70。温シャワー、通電24時間。英語可。全5室。

R ザ・ロック・The Rock

住Map P.260 ミチャンビ付近　パジェから車で約15分、ストーンタウンからら約50分のミチャンビにある。到着時間を伝えておけば迎えのボートが浜辺で待っている（ボートの送迎無料）
☎0776591360
Ⓗ⒫www.therockrestaurantzanzibar.com
営12:00〜19:30

サンゴの岩礁の上いっぱいにちょこんと載っている、まるでおとぎの国の家のようなレストラン。

潮が満ちているときは渡し舟で送迎

バガモヨ
Bagamoyo

市外局番　023

...Access...

🚌 **ダル・エス・サラーム**
から：Makumbusho Bus
stand より6:00～18:00
頃、客が集まり次第出発。
所要 約1時間30分 ～2時
間、2200sh。道は改修
されきれい。荷物代を請
求されても支払う必要は
ない。
ダル・エス・サラームへ：
バス発着所から6:00～
17:00頃発。

**ゴゴ族の伝統音楽を伝
えるZAWOSE Family**
🕐10:30～16:30頃
☎0156218578
📧chibite@yahoo.com
　vloling@yahoo.com
バス停から三輪車（バジ
ャジ）で約10分（2000sh）
の所にあり、手作りマリ
ンバ（15万sh～）販売の
ほか、楽器の演奏学習（2
万5000sh／時）も行って
いる。

日本公演にも参加した
ZAWOSE FamilyのTabuさん

バガモヨの魚市場

かつては内陸への奴隷キャラバンルートの起点、ザンジ
バルへの積出港として繁栄したバガモヨだが、現在はゆっ
たりとした時間のながれる芸術と遺跡の町である。

バガモヨという名前はスワヒリ語のBwaga moyo（心
を空に）からきており、故郷に心は置いてゆくという奴隷
たちの心情を表している。世界遺産に申請もしているが、
第1次世界大戦中の艦砲射撃などにより損失した建物も多
い。ドイツ統治時代はダル・エス・サラームに移転される
までの首都でもあった。2016年3月現在、バガモヨを観
光するにはパーミッションが必要とされている。オールド・
フォートで手続きをする。パーミッションの料金は2万sh。
ガイド付きの観光を推奨しており、町を歩いていると、ID
を持った複数のガイドがパーミッションの確認をしている。

🐻 歩き方

●歴史を感じさせるバガモヨ散歩

バスはニュー・マーケットの隣に着くが、そこから海に向かう
とオールド・マーケットに出る。その北側の通りをさらに、海に
向かって進めば左側に古風な郵便局舎があり、あたりの家々の
扉はザンジバルやケニアのラム島でも見られる彫刻が施され、
この地にアラブ人が多数居住していたことをしのばせる。

海岸に行き着いた所の右側には、19世紀にドイツの要塞だっ

た旧税関事務所
（1895年建築）、
その向こうに奴
隷貿易の集積地
跡がある。左側
のブロック状の
台座が鉄柱（ね
ずみ返し）を突
き立て、等間隔
に整然と並んで
いるのは、当時
（1888年）の倉
庫跡だが建物は
消失してしまっ
た。郵便局舎の
前を海岸線に平

奴隷貿易の跡

行して走る、インディア・ストリートIndia St.は統治者が代わるたびに、1915年まではカイザー・ストリートKaisers St.、1961年まではキングス・ストリートKings St.と名が変わった。この通りを北へ直進すると右側のビーチ沿いにリゾートホテルが点在する。

その手前、郵便局舎から徒歩約15分の所を矢印に従い左折し、約250m行った突き当たりにローマ・カトリックの白い教会があり、その裏の博物館 (RC Mission博物館、入場料1000sh)には、当時奴隷にかせられた手錠や足かせなどが展示されている。アラブ人による奴隷貿易は、反アラブ、反イスラム感情を生み、キリスト教を受け入れる素地となった。博物館の斜め向かいにある小さな教会は、東アフリカで最も古い教会で、アフリカ奥地で死んだリビングストンの遺体は、忠実なアフリカ人召使の努力で一時ここに安置され、後にイギリスへ運ばれた。

郵便局舎からIndia St.を逆に南へ行くと、右側に見えてくる白い建物がドイツ時代の総督府Boma (1897年設立)で、その少し先にあるのが最初の総督府 (1888年設立)。そこから海へ下りてさらに先にドイツ人兵士の墓地がある。

浜では毎日取れたての魚が売買されており、魚を目当てに空にはトンビが、集まる人を目当てに飯売りおばさんやコーヒー売りのおじさんがやって来る。

見どころ

国立アフリカンアートの学校
タアシィシィ・ヤ・サナー・ナ・ウタマドゥニ
Taasisi ya Sanaa na Utamaduni

東アフリカの伝統的な芸術を教える学校で、東アフリカ全域から生徒が集まる。ダンス、音楽、アクロバット、ドラマ、ファインアートのほか、アートマネジメント、舞台美術に分かれた3年制のカレッジ。9月末には芸術祭「バガモヨ・アート・フェスティバル」も開かれる。

タアシィシィ・ヤ・サナー・ナ・ウタマドゥニの校舎

古いアラブの都市が残る
カオレ遺跡 **Magofu Ya Kaole**

バガモヨの町なかから南へ約5kmにあるアラブ風の都市国家遺跡。保存状態はあまりよくないが、モスク跡や墓などが残り、往時の様子をしのばせる。遺跡は13世紀頃のものといわれ、当時はアラブ人による奴隷貿易の拠点となっていた。また、遺跡の傍らには展示室があり、出土した土器の破片やダウ船の模型などが展示してある。

長い歴史を感じさせる

ひったくりや強盗
マーケットや海岸、博物館付近ではひったくりや強盗が多いので、注意。

タアシィシィ・ヤ・サナー・ナ・ウタマドゥニ
住Map P.264 外
☎023-2440032
e taasisisanaa@yahoo.com
H www.nacte.go.tz/en/institute.php?NIRID=150
43120010101
開8:00～15:00 (事務所)
　土・日曜休
ファインアート、ダンス、音楽などのショートコースのクラスがあり、事前の申し込みで受講できる。

カオレ遺跡
住Map P.264 外
交市内からタクシー、2万sh (往復)
開7:30～16:30 (月～土曜)、9:00～17:00 (日曜、祝日)
料2万sh
海に沿って約5km南に、カオレKaoleの遺跡がある。13世紀頃のものといわれるアラブ風の都市国家遺跡で、モスクや墓も残っている。

〔バス乗り場周辺〕

🅗 アルファ・ロッジ・Alpha Lodge

🏠Map P.264　P.O.Box 85　バス発着所近く
☎0754392126、0714888815
💴Ⓢ Ⓦ 3万sh（蚊帳・エアコン・トイレ・シャワー・朝食付）＋税18%

ターミナルに近く便利。🅡あり。全13室。

🅗 マリー・ナイス・プレイス・ロッジ・Marys Nice Place Lodge

🏠Map P.264外　P.O.Box 32
☎0754024015
💴Ⓢ Ⓦ 2万5000〜3万5000sh　Ⓣ4万5000sh（蚊帳・エアコン・トイレ・シャワー・朝食付）

タアシィシィ・ヤ・サナー・ナ・ウタマドゥニから南へ約50mほど行った路地を東へ入る。静かなホテル。🅡あり。Wi-Fi無料。全20室。

🅖 ダブル・M・Double M GH

🏠Map P.264　P.O.Box 22　バス乗り場から歩いて約5分
☎0754311058
💴Ⓦ1万5000sh（蚊帳・トイレ・シャワー付）

ターミナルより少し離れるが値段のわりに快適。全12室。

🅡 トップ・ライフ・Top Life

🏠Map P.264　P.O.Box 118
☎0754693346
🕐7:30〜23:00

地元で人気の食堂だが、治安の点でやや難あり。昼・夜定食4000sh〜、チキンスープ3500sh、ミルクティー500shなど。

人気の店

〔海岸に面した宿〕

🅗 リビングストン・ビーチ・リゾート・Livingstone Beach Resort

🏠Map P.264外　P.O.Box 105
☎023-2440059/2440080　FAX023-2440104
✉info@livingstonebeachresort.com
🌐www.livingstonebeachresort.com
💴Ⓢ US$80　Ⓦ US$150（エアコン・TV・トイレ・シャワー・朝食付）

レンガ造りで居心地のよいバンガローの部屋が全40室。Wi-Fi無料。

🅗 ミレニアム・シーブリーズ・リゾート・バガモヨ・Millennium Sea Breeze Resort Bagamoyo

🏠Map P.264外　P.O.Box 155
☎023-2440201〜3　FAX023-2440204
✉info@millennium.co.tz
🌐www.millennium.co.tz
💴Ⓢ US$80〜90　Ⓦ US$110〜120　ⓈⓁ US$140〜160（蚊帳・エアコン・トイレ・シャワー・朝食付）
カードＭ Ｖ

タアシィシィ・ヤ・サナー・ナ・ウタマドゥニに隣接。魚市場近くの🅗Millenium Old Posta Sea Viewとは同グループ。併設のビジネスセンターで国際電話可。Wi-Fi無料。

🅖 トラベラーズ・ロッジ・Traveller's Lodge

🏠Map P.264外　P.O.Box 275　Ocean Rd.
☎023-2440077、0754855485
✉info@travellers-lodge.com
🌐www.travellers-lodge.com
💴Ⓢ US$60（庭側）Ⓦ US$80（庭側）Ⓢ US$75（海側）Ⓦ US$95（海側）（蚊帳・エアコン・トイレ・シャワー・朝食付）キャンプUS$8／人
カードＶ

町なかから北へ約1km。傾斜した広い敷地に点在するバンガロー形式。ドイツ人の経営。🅡も感じがよい。家庭的で親切。Wi-Fi無料。全24室。

🅗 ニュー・バガモヨ・ビーチ・リゾート・New Bagamoyo Beach Resort

🏠Map P.264外　P.O.Box 250　Ocean Rd.　町の中心から北へ約1.5km
☎023-2440083
✉newbagamoyo@hotmail.com
💴Ⓢ US$75　Ⓦ US$88（蚊帳・エアコン・トイレ・シャワー・朝食付）ハットUS$23／人（トイレ・シャワー共同）

敷地内にビーチがあり、シュノーケリングやボートツアーの予約可。🅡あり。ベルギー人の経営。全12室。

ニュー・バガモヨ・ビーチ・リゾート

タンガ
Tanga

市外局番　027

...Access...

🚌ダル・エス・サラームから：所要約6時間、1万2000sh〜
アルーシャから：所要約7時間、2万sh〜
モシから：所要約6時間、1万8000sh〜
ケニアのモンバサから：所要約4時間、8万Ksh〜
トドマから：所要約11時間、3万sh〜
ダル・エス・サラームへ：毎日6:00〜発、所要約5時間、1万3000sh〜
モンバサへ：13:00発、所要約4時間、1万5000sh〜
ドドマへ：7:00、7:30発、所要約11時間、3万sh〜
アルーシャへ：7:30、9:00発。所要約7時間、2万sh〜
モシヘ：所要約6時間、1万8000sh〜。

郵便局
🕐8:00〜16:30（月〜金曜）、9:00〜12:00（土曜）
☎0255027264、
　0255022600
日本への郵便物も送れる。

探検してみよう！　アンボニ洞窟

タンガは、ダル・エス・サラームから海岸沿いに北へ約374kmにある港町で、近代的設備をもったタンザニア第2の貿易港である。港周辺の緑豊かで落ち着いた町並みとバスターミナル周辺の雑然とした庶民の町とのコントラストがおもしろい。

見どころは、市内から約6km北のアンボニ洞窟Amboni Caves。ツアーなら所要約3時間、入園料、自転車、ガイド代込みUS＄35。希望の時間に行くことができる。

海水浴には南へ約50kmのパンガニPanganiがある。白い砂浜と美しいインド洋に囲まれ、沖の島々では釣りやシュノーケリングが、パンガニ川では川登りも楽しめる。近年観光業に力を入れており、ここを訪れる旅行者が増えている。

漁船が帰ってくるタンガの港

タンザニア　バガモヨ／タンガ

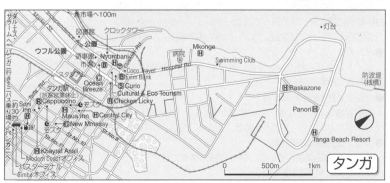

タンガ

ホテルとレストラン

→P.228 日本からの電話のかけ方

[H]タンガ・ビーチ・リゾート・Tanga Beach Resort
[住]Map P.267　P.O.Box 2294
☎027-2645424、0785171717　FAX027-2645426
[HP]www.tangabeachresort.com
[料]ⓈUS$100　ⓌUS$130　ⓉUS$220（エアコン・トイレ・シャワー・朝食付）
[カード][M][V]　+5%の手数料
2009年にオープンした高級ホテル。ホテルの目の前にマングローブの林が広がっている。Wi-Fi無料。

[H]ニュンバニ・Nyumbani H
[住]Map P.267　P.O.Box 5202
☎027-2645411～3、0759463578
[HP]www.nyumbanihotels.com
[料]ⓈUS$100　ⓌUS$120　[SU]US$150（エアコン・トイレ・シャワー・朝食付）
インド洋に面した高級ホテル。[R]、Wi-Fi無料。全28室。

[H]ハイラット・アサリ・Khayrat Asali H
[住]Map P.267　P.O.Box 6141
☎0718999966
[料]Ⓢ1万5000sh　Ⓦ3万sh（エアコン・トイレ・シャワー・朝食付）
室内での飲酒は禁止。全40室。

[H]マウア・イン・Maua inn
[住]Map P.267　P.O.Box 2466 St.No.8
☎027-2646242、0712218037
[e]mauainn@yahoo.com
[料]Ⓢ3万sh　Ⓦ3万5000sh（蚊帳・エアコン・トイレ・シャワー・朝食付）　Ⓢ2万5000sh　Ⓦ3万sh（蚊帳・ファン・トイレ・シャワー・朝食付）
新しく清潔。ツアーの紹介もあり。Wi-Fiなし。全24室。

[H]ムコンゲ・Mkonge H
[住]Map P.267　P.O.Box 1544
☎027-2643440、0753248611　FAX027-2644444
[HP]www.mkongehotel.com
[料]ⓈUS$80（庭側）ⓌUS$90（庭側）ⓉUS$120（庭側）ⓈUS$90（海側）ⓌUS$100（海側）ⓉUS$130（海側）（エアコン・トイレ・シャワー・朝食付）[カード][M][V]
ムコンゲはメキシコ由来の植物の名前。インド洋を眺めながら中庭で飲むビールは格別。インターネットセンターがあり、Wi-Fiも使用可（ロビーは無料、部屋内は有料）。プールあり。全36室。

[G]オーシャン・ブリーズ・Ocean Breeze
[住]Map P.267　P.O.Box2344　市場の東側
☎027-2645545、0715767177
[料]ⓈⓌ2万5000sh（トイレ・シャワー・朝食付）
欧米人に人気。改装後できれい。朝食は1階の[R]で食べられる。全40室。

[R]カプチーノ・Cappuccino
[住]Map P.267　[営]7:00～23:00
地元で人気のレストラン。チャイ500sh、カプチーノ1000sh、ピラウ5000sh（AMのみ）、ムシカキ1000sh。ビリアニ5000shがおいしい。

近郊の町と見どころ

〔パンガニ　Pangani〕
　タンガから約50km南のパンガニ川の河口の小さな町(Map P.227)。白い砂浜に囲まれ、沖の島々では釣りやシュノーケリング、パンガニ川では川登りが楽しめる。ツアーは宿泊先で申し込みができる。

●パンガニ・リバートリップ
　ボートで夕暮れ時の川を登る。運がよければ川にすむワニが見られる（所要約3時間、US$20／人）。

●マジウェ島 Maziwe Island
　自然保護区の小さな島。白い砂浜が美しい。沖でのシュノーケリングがおすすめ（所要約4時間、US$42／人）。

●アラブ統治時代の遺跡群
　河口の北側に点在している、アラブ統治時代に建てられた古い建物を見学（US$10／人）。

...Access...
🚌タンガから直行バスが6:00～18:00の間に頻発。所要約2時間、3000sh

パンガニ観光案内所
[住]P.O.Box7　パンガニのバスターミナル内
☎0787394161、0762778189
[e]hothotpetro@yahoo.com
各種ツアーアレンジ、ホテル紹介、ザンジバル島までの船のチャーターなどができる(US$150／隻、4人以上はUS$40／人)。

アルーシャ
Arusha

アルーシャ

アルーシャは、日本の富士山よりも高いメルー山（標高約4566m）の麓に位置する。標高1400m近く、人口約40万人の高原都市で、ケニアとの国境の町ナマンガまで車の往来が頻繁な交通の要衝。また、セレンゲティN.P.やンゴロンゴロC.A.、マニヤラ湖N.P.、タランギーレN.P.、モメラ湖の周辺一帯やメルー山頂を含むアルーシャN.P.などへの基地となる町で、キリマンジャロ国際空港にも近く、整備された一流ホテル、国際会議場などもある。

歴史的には、独立後の1967年に、ニエレレ初代大統領が、ウジャマー（家族愛）社会主義に基づく、自力更生の国家建設を提唱した「アルーシャ宣言」の採択の地である。

かつての植民地時代を彷彿させる郊外の家並みや、首都ダル・エス・サラーム以上に多数ある高級ホテル、ケニアなどから続々と入って来る品物でにぎわうマーケットなどは、世界有数の貧困国であることを忘れさせる。

歩き方

アルーシャの町はマーケットを中心とした下町と、官庁街や高級住宅街の郊外とに大別される。各地からチャガ族、アルーシャ族、メルー族（ケニアのメルー族とは別）、マサイ族、スクマ族など、多くの民族が集まるので、さまざまな容貌の人々を見かける。

プジョーバスターミナルをあとにして、競技場やCCM（革命党）オフィスを北に見ながら2〜3分歩くと、アルーシャの象徴、

市外局番　027

ンゴロンゴロ保全地域
広報事務所
Ngorongoro Conservation
Area Authority
🏠Map P.269:2-B Goliondoi
Roadに移転
☎027-2537046
📧conservator@ngorong
orocrater.go.tzncaa_faru
@cybernet.co.tz
🕐8:30〜16:00（月〜金曜）、
9:00〜13:00（土・日曜）
パンフレットなどあり。

観光局 (TTB)
(Tanzania Tourist Board)
🏠Map P.269:2-B Boma
Rd. クロックタワーの北東
☎027-2503040/42
📧ttb_info@habari.co.tz /
ttbarusha@cybernet.co.tz
🌐www.tanzaniatouristbo
ard.com
🕐8:00〜16:00（月〜金曜）、8:30〜13:00（土曜）
日曜祝休

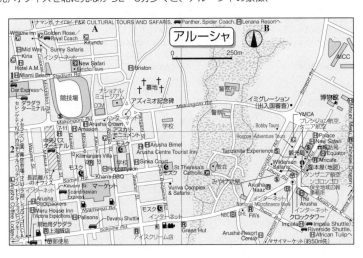

■治安の悪化により、日没後に外国人が徒歩で出歩くことは避けたい。日中は3000shの市内のタクシー代が、夜間には4000～5000shになる。

アズィミオ記念碑
住Map P.269:1-A
Makongoro Rd.
1972年の独立10周年に「アルーシャ宣言」の地に建てられた20mを超える記念碑。中にトーチが入っている。アズィミオはスワヒリ語で宣言の意。写真撮影は許可が必要。

インターネットカフェ
料500sh／30分が相場

アズィミオ (ウフル) 記念碑Azimio (Uhuru) Monumentが見えてくる。その南側に、1979年のウガンダのアミン政権軍との戦争の戦没者慰霊碑アスカリ・モニュメントがある。その正面がモスク。周辺の住人にはイスラム系が多く、タンザニアのイスラム教がケニアより大陸の内部まで浸透していることがうかがえる。マコンゴロ・ロードMakongoro Rd.をアズィミオ記念碑のひとつ手前で右へ折れてアズィミオ・ストリートAzimio St.に入ると、斜め右前方に、町いちばんの活気を呈する大きなマーケットがある。町の近郊では農業が盛んなので、新鮮な野菜や果物が何でも揃う。

アズィミオ記念碑手前でマーケット方向へ折れずに真っすぐ10分くらい行くと、左側にアルーシャ・インターナショナル・コンファレンス・センター (A.I.C.C.) の建物が見える。このあたりは病院などがあり、郊外には、植民地時代に西洋人が建てて住んだ、庭の広い落ち着いた邸宅が多くある。

...Access...
✈空港がふたつあるので注意。
キリマンジャロ国際空港：アルーシャ市内、モシ市内から車で約1時間。国際線と国内線発着のタンザニア北部の玄関口となる空港。KLMオランダ航空、エチオピア航空、ケニア航空、カタール航空、トルコ航空などの国際線のほか、国内線プレシジョン航空が発着。
○空港から市内へ
プレシジョン航空のシャトルバスが出ている。1万sh。タクシーもありアルーシャ、モシまでそれぞれ約US$50。
○市内から空港へ
アルーシャ市内プレシジョン航空のオフィス裏（日New Safariの駐車場）からシャトルバスが出ている。
アルーシャ空港：アルーシャ市内から車で約15分。国内線のみの空港。プレシジョン航空のほか、Coastal Aviation、Air Excel、Regional Airといったザンジバルやセレンゲティなどへの小型機が多く飛ぶ。
○空港から市内へ
プレシジョン航空のシャトルバスがある。タクシーで約US＄20。
○市内から空港へ
アルーシャ市内プレシジョン航空のオフィス裏（日New Safariの駐車場）からシャトルバスが出ている。
🚌 ダル・エス・サラーム行きのDar Express、ナイロビ行き国際シャトルバス、およびカンパラ行き国際バス以外は、すべて中央バスターミナル発着。特に中央バスターミナルはスリなどに十分注意が必要。日Mount Meruには、下記のほぼすべてが立ち寄る。
ナイロビへ:Riverside Shuttle
住Map P.269:2-B外Sokoine Rd. ACU Bld.
☎027-2502639、0754270069
毎日7:30と13:00に運行。日Impalaから北へ徒歩1分ほどの日Mezalunaより出発。所要約6時間、US$25。
Impala Shuttle
住Map P.269:2-B外　日Impala内発着
☎0754344442、0784550012
8:00、14:00発。所要約6時間、US$30。
カンパラへ(ナイロビ経由):Saibabn
住Map P.269:1-A外 Colonel Rd.からNairobi Rd.まで行き、右方向に行くと左側に位置している。所要約20時間、6万5000sh
ダル・エス・サラームへ:Dar Express
住Map P.269:1-A外 アルーシャで最大の病院Selian Hospitalの裏側。
☎0754525361
毎日6:00～10:00の間に30分毎に運行。所要約8～9時間、3万3000sh～
モシへ：中央バスターミナルからダラダラが頻発。2500～3000sh。朝はDar Expressなどのダルエスサラーム行き大型バス利用の方が早い。Riverside shuttleがMezaluna日より14:00発。
タンガへ：Cabricorchなどの大型バスが頻発。所要約7時間、2万sh。
ムワンザへ：Asante Rabi、Isamilo、Mghambaなどが、6:00発。所要約11時間、3万8000sh。
ムソマへ:Coastel LineとKimotco
住Map P.269:2-A　バスターミナル内
☎0688012671、0688012672 (Coastel Line)
☎0755455699 (Kimotco)
6:00発。所要約12時間、4万sh
※国立公園内を通過するので、各公園入園料US$70.8づつが別途発生する。
ドヌヌへ：中央バスターミナルより所要約7時間。Sharonが6:00、8:00、10:00発、2万3000sh。

見どころ

記念撮影に格好の場所
メセラニヘビ園 Meserani Snake Park

大蛇を首に巻いて記念撮影もできる。またオオフクロウなどの猛禽類も数種いる。サファリの待ち日にちょっと訪れるには好都合。裏手にマサイの店が並び、衣装を借りて記念写真を撮ったり（有料5000sh）、ラクダ騎乗（2000sh／人）も可。

本物のマサイの市場
青空市場 Masai Local Market

どこから集まったかと思われる牛と人の数に圧倒される。ここは市場といっても観光客相手のみやげ物屋ではなく、野菜、肉、衣類、生活必需品などが売られる地元の人々には欠かせない市場。地元の暮らしを垣間見ることができる。市は数ヵ所で開かれる。

無断で写真撮影することは禁物。信頼のできる地元の人に案内してもらうか、現地の旅行会社に手配をしてもらうと良い。

観光センター
カルチュラル・ヘリテイジ Cultural Heritage

モダンな造りのアルーシャ最大の総合みやげ物センター。入口近くには大小さまざまな彫刻、ビーズ細工やアクセサリーなどの小物類とタンザナイトの原石売り場があり、橋を渡った奥にもＴシャツやガラス細工、布やカバンなどが並ぶ。料金は高めで値段交渉もできないが、ローカルな店で煩わしい値段交渉や余計な時間を費やしたくない人にはおすすめ。レストランも併設している。

メセラニヘビ園
[住]Map P.269:2-A外
☎0787548028
[開] 7:30～18:00
[料]入園料US$20（博物館込み） [交]ダラダラターミナルよりMunduli行きのダラダラで所要約45分、2000sh。ドドマ方面に南下した道路右側。

青空市場
●Ngaramtoni（木・日曜）
[交]ダラダラターミナルから所要25～30分、500sh
●Oldonyosambu（土曜）
[交]バスターミナルからLongidoまたはNamanga行きの小型バンで所要約1時間30分、3000sh～4000sh
●Kisongo
[交]ダラダラターミナルから所要約30分～1時間、500～600sh

カルチュラル・ヘリテイジ
[住]Map P.269:2-A外
☎027-2507496
[開]9:00～17:00（月～土曜）、9:00～14:00（日曜） [交]アルーシャ空港へ向かって徒歩約1時間。

カルチャーツアーに出かけてみよう
近郊の村へのハイキングを兼ねた日帰りツアー。観光局（TTB）に各種パンフレットあり。

ホテルとレストランとショップ
→P.228 日本からの電話のかけ方

〔中～高級ホテル〕

[L]アルーシャ・コーヒー・ロッジ・Arusha Coffee Lodge
[住]P.269:2-A外 ☎0783509279、0754-250630
[HP]www.elewanacollection.com
[料]ⓈUS$193～413 ⓌUS$193～275／人（蚊帳・トイレ・バスタブ・朝食付） [カード][A][M][V]
市内で最高級のコテージタイプのロッジ。コーヒー農園内にあり、落ち着いたたたずまい。庭でのビュッフェランチUS$25が人気。金～日曜にはタンザニア料理のビュッフェUS$20もある。Wi-Fi無料（メインエリアのみ使用可）。身体障害者が働くカンガ製品やガラス細工の工房が併設。センスのよいみやげ物が揃う。

[H]マウント・メル・Mount Meru H
[住]Map P269:1-B外 P.O.Box 2673 Arusha
☎027-2545111 FAX027-2545911
[HP]www.mountmeruhotel.com
[料]ⓈUS$195 ⓌUS$235（エアコン・トイレ・バスタブ・朝食付） [カード][A][M][V]
アルーシャ最大の高級ホテル。ホテル内にみやげ物屋、[R]、プールなどがある。施設が広大で大規模な会議にも利用され、ビジネス客も多い。Nairobi Rd.沿いに位置し、わかりやすい。

H フォー・ポインツ・バイ・シェラトン Four Points By Shoraton

住 Map P.269:2-B　P.O.Box 88 Arusha
☎ 027-2507777/2508892　FAX027-2508889
HP www.mariott.com
料 **S**US$230　**W**US$260　**SU**US$470（蚊帳・エアコン・バスタブ・朝食付）**カード** **M** **V**

町を代表する高級ホテルでプール、**R**、みやげ物屋もある。スタッフも上品で気持ちがよい。Wi-Fi無料。

ホテルゲート前

H アフリカン・チューリップ・ African Tulip H

住 Map P269:2-B外　Moshi Rd. を **H** Impala方面に進み、ロータリー手前を左に入る。Barclay's Bankの向かい
☎ 027-2543004　FAX 027-2543006
HP www.theafricantulip.com
料 **S**US$190　**W**US$230（エアコン・バスタブ・朝食付）
カード **A** **M** **V**

こぢんまりした高級ホテル。センスのよい内装と気持ちのよいサービスで評価が高い。全29室。Wi-Fi無料。

ホテル内のレストラン

H インパラ・H Impala

住 Map P.269:2-B外　P.O.Box 7302 Arusha
☎ 027-2543082　FAX027-2543088
HP www.impalahotel.com
料 **S**US$110　**W**US$150　**T**US$190（蚊帳・エアコン・バスタブ・朝食付）
カード **A** **M** **V** +5%の手数料

クロックタワーから南東へ約1km。アルーシャでは老舗の中級ホテル。玄関の木彫のデコレーションがアフリカらしさを演出している。空港やナイロビとのシャトルバスの発着場所。Wi-Fi無料。
併設の **R** ではインド料理や中華料理が食べられる。

彫刻が並ぶレセプション

H ニュー・サファリ・New Safari H

住 Map P.269:2-B　P.O.Box 303 Arusha
☎ 027-2545940～1　FAX027-2548318
料 **S**US$100　**W**US$125　**T**US$180（蚊帳・エアコン・朝食付）

落ち着いた雰囲気の中級ホテル。旧市街にあり、アクセスがよい。入口は南側、1階にインターネ

アクセスがよいホテル

ットルームがある。教会経営のため、併設**R**ではアルコールは飲めない。Wi-Fi無料。全46室。

H アルーシャ・クラウン・Arusha Crown H

住 Map P.269:1-A　P.O.Box 854 Arusha
☎ 027-2544161、0765378737　FAX 027-2544162
HP www.arushacrownhotel.com
料 **S**US$60　**W**US$74　**T**US$106（朝食付）
カード **M** **V** ＋5%の手数料　Kshの支払いも可

6階建ての中級ホテル。バスターミナルに近く、エレベーターがある。静かで落ち着いている。Wi-Fi無料。全38室。

〔安宿〕

H メルー・ハウス・イン・Meru House Inn

住 Map P.269:2-A　P.O.Box 1530 Sokoine Rd.
☎ 027-2507803、0764293962
HP meruhouseinn.com
料 **S**2万5000sh　**W**3万5000sh　**T**6万sh（朝食付）

24時間湯が使える。バックパッカーに人気の安宿。従業員は感じがよく、何でも相談にのってくれる。ランドリーサービスもある。Wi-Fi無料。

H アルーシャ・バックパッカーズ Arusha Backpackers

住 Map P.269:2-A外 Sokoine Rd. 沿い、クロックタワーから大型スーパーNakumattへ向かう左側
☎ 0715377795、0713377795
E reservations@arushabackpackers.co.tz
HP www.arushabackpackers.co.tz
料 **S**US$12　**W**US$22（トイレ、シャワー共同）

バックパッカーが集まる安宿。大型スーパーマーケットShopporsへ歩いて5分と便利。屋上**R**から市内を見下ろせる。ネットでの予約も可能。

H アルーシャ・ビメル・ Arusha Bimel H

住 Map P.269:2-A　P.O.Box 7321 Arusha
☎ 027-2548523、0779406393
E bimelhotel@gmail.com
HP www.arushabimelhotel.com
料 **S**US$17　**W**US$30（朝食付）

クロックタワーの西。外国人客も多い。

R カーンズ・バーベキュー・Khan's BBQ

住Map P269:2-A　P.O.Box 2181 Arusha
☎0713652747、0754652747
営18:00〜24:00頃　無休

昼間は車のパーツを売っている店が、夜はBBQ屋に変身。インド人の兄弟が25年以上経営している人気店。軒先にも屋台を出している。タンドリーチキン1万4000sh

を注文すると、各種サラダやフライドポテトが取り放題になる。テイクアウトも可。

軒下からの香りに誘われる

R アルーシャ・ナーズ・Arusha Naaz

住Map P.269:2-B　Sokoine Rd.
☎027-2502087
HPwww.arushanaaz.net
営7:00〜18:00（月〜土曜）、7:00〜14:00（日曜）無休

クロックタワーからすぐ。午前中は紅茶（チャイ）と朝食を取る人でにぎわう。昼はビュッフェランチUS$8がある。サモサ、紅茶1200shなど。テイクアウトも人気。2階には小ぎれい

なホテルがあり便利（ⓈUS$45、ⓌUS$60）。

ディスプレイから選べる

R フィフィーズ・Fifi's

住Map P.269:2-B　DHLオフィス並び
☎0785039083
営7:00〜21:30（月〜金曜）、8:30〜21:30（土・日曜）

クロックタワーからすぐの観光客に人気のレストラン。店内が広く、バゲットなどのパンも購入できる。コーヒー3000sh、魚（ティラピア）料理1万5500sh。

R グリーン・ハット・Green Hut

住Map P.269:2-B
☎0767486524、0754468890
営7:30〜18:00（月〜土曜）、7:30〜14:00（日曜）

クロックタワーに近いメインストリートのSokoine Rd. 沿いの、地元で人気のレストラン。サモサやチャパティなどのスナック類もおいしいが、ランチも手頃な値段で食べられ

る。ご飯と魚の定食5000sh、ウガリとレバーの定食4500Tsh など。

気軽に入れる店内

R アフリカフェ・Africafe

住Map P269:2-B　P.O.Box 253 Arusha
☎0684746892　営7:30〜22:00　無休

観光局の隣にあり、落ち着いた雰囲気のなか本格コーヒーが飲める。ベーカリーもあり、パンも購入できるほか、ハンバーガーやステーキなどもある。コーヒー4500sh、ミルクシェイク1万500sh、ビーフバーガー2万shなど。

R チャイニーズ・ドラゴン・Chinese Dragon

住Map P269:2-B外　P.O.Box 14686 Arusha
☎027-2544107
営11:30〜14:30・18:00〜22:30　無休

アルーシャ在住の日本人おすすめの中華料理店。経営は中国人。店内は広く、テラス席もある。

鮮やかな壁の色

S タンザナイト・エクスペリエンス・Tanzanite Experience

住Map P269:2-B　Boma Rd.より1本西側の通り、観光局の裏側、ビル3F
☎0754600991、0767600991
HPwww.tanzaniteexperience.com
営8:30〜17:30（月〜土曜）、10:00〜15:00（日曜）

店の一部がタンザナイト鉱山のトンネルのレプリカとなっており、店員がていねいに説明してくれる。購入しなくても、説明は無料。コーヒーの無料サービスも。7名以上なら、事前予約で原石カットを見ることができる。

S マサイ・マーケット・Masai Market Curios&Crafts

住Map P269:2-B外　クロックタワーに面した銀行とH The Arusha Hotelの間の道を下った右側
営10:00〜18:00

50軒以上の小さな土産物が集まっており、ビーズ細工、カンガ等の布類、黒檀製品、太鼓からティンガティンガ絵画まで何でも揃う。値札はなく料金はすべて交渉。同じ店で複数買うほうが安くなる可能性が高い。

マーケットのみやげ物屋

モシ
Moshi

市外局番　027

両替
Boma Rd. 沿いは特に銀行が多く両替する。

バスターミナル
バスターミナルの中央にショッピングセンターがあり、クロックタワー側は、小型乗合バス、ダラダラ乗り場。アルーシャ行きも出ている。警察側は大型バス乗り場（アルーシャ、カンパラ、ダル・エス・サラーム行き）。大型バス（アルーシャ行き以外）は事前予約が必要。

キリマンジャロ山への登山基地として有名な人口約18万人の町。コーヒー通にとってはキリマンジャロコーヒーの産地。しかし意外にもタンザニア人は紅茶を好む人が多く、良質のコーヒー豆はほとんど日本などの外国へ輸出されている。市内の一般的なレストランではインスタントコーヒーが置いてあることが多い。アラビカコーヒー特有の酸味を抑えるために、ミルクをたくさん入れるのが現地の人たちの飲み方。

このあたりの中心の民族は、チャガ族。彼らは勤勉で、英国植民地時代から今にいたるまで、モシを農作物の集散都市として、立派に繁栄させている。

また、アルーシャとモシ間の街道を折れた所に、キリマンジャロ国際空港があり、交通の便もよくなってきた。

この地方を旅するなら、できれば3月中旬から5月にかけては避けたほうがよい。雨の日が多く、あまり歩き回れないからだ。6〜8月は、日中でも肌寒い日がある。

クロックタワー

歩き方

バスターミナルから道なりに下っていくと、クロックタワーが目に入り、そこから道は放射線状に広がっている。

イミグレーションの入っているビルとNational Bank of Commerceの間の道、キボ通りKibo Rd.を真っすぐ行くと、すぐ右側に🏨Coffee Treeがあり、その先左側にモシ地方図書館Moshi Regional Library、ずっと進んで広い通りにぶつかる手前左側に学校と教会がある。そのあたりからラウンドアバウトの中央にあるタンザニア軍兵士の記念碑が見える。その右側奥が🏨YMCA。

マーケットは、バスターミナルからクロックタワーとは逆にある。野菜、肉、果物やヤシの実製の雑貨も多い。

モシ

0　500m

モシのバスターミナル

ホテルとレストラン

→P.228 日本からの電話のかけ方

〔町の南、マーケット周辺〕

H レオパード・Leopard H

住Map P.274:2-A　P.O.Box 232
☎027-2750884、0756983311　FAX027-2751261
e info@leopardhotel.com
HP www.leopardhotel.com
料S US$60　W US$70　SU US$90（エアコン・トイレ・シャワー・朝食付）

キリマンジャロ登山の中継点として欧米人が多く利用するホテル。Wi-Fi無料。R が隣接している。全51室。

H キンドロコ・Kindoroko

住Map P.274:2-A　P.O.Box 8682
☎027-2754054、0752377795、0753377795
FAX027-2754062
e reservation@kindorokohotels.com
HP www.kindorokohotels.com
料S US$20　W US$30　T US$45（蚊帳・トイレ・シャワー・朝食付）

モシのメインストリートに建つ。キリマンジャロ登山客の利用が多い。全30室。

H ゼブラ・Zebra H

住Map P.274:2-B　P.O. Box 400 Moshi
☎027-2750611　FAX027-2750207
HP www.zebrahotelstz.com
料S US$35　W US$40（蚊帳・エアコン・TV・トイレ・シャワー・朝食付）

Mawenzi Rd. から1本裏の通りにある。高い建物で見つけやすい。町なかにあり便利。R もある。Wi-Fi無料。全70室。

〔町の北部〕

H サル・サリネロ・Sal Salinero H

住Map P.274:1-A外
☎027-2752240、0764155762
e info@salinerohotels.com
HP www.salinerohotels.com
料S US$120　W US$183（エアコン・冷蔵庫・ミニバー・トイレ・シャワー・朝食付）

モシ市内よりタクシーで約20分。緑の多い庭の中に並んだコテージタイプのホテル。プールもある。Wi-Fi無料。全27室。

緑豊かなスペースもある

タンザニア

モシ

...Access...

✈ キリマンジャロ国際空港発着の便
→P.270アルーシャのアクセスを参照。

○空港から市内へ：
プレシジョン航空のシャトルバスが空港から出ている。モシ市内まで所要約1時間、1万sh。タクシーも利用できる（約US$50）。

○市内から空港へ：
プレシジョン航空のシャトルバスがKNCU裏側にあるオフィス横から出ている。4:00、7:00、14:00、18:30の4本あるが、日によってはない時間もあるので事前に確認が必要。所要約45分、1万5000sh

プレシジョン航空
☎0684171744、0784686418、
0658686414、0769686414

✈ モシ空港発着の便
ダル・エス・サラーム、セレンゲティやザンジバルへの国内線Coastal Aviationが発着するが、定期便ではない。直行ではないので思いのほか時間がかかる。

🚌 ナイロビへ（アルーシャ経由）：
Impala Shuttleが6:00、11:30発。所要約8時間、US$35

住Map P.274:1-B　☎027-2751786、0754360658　（予約はモシImpala Shuttleのオフィス、またはアルーシャのImpala H で可能）Riverside Shuttleが6:00発。所要約8時間、US$35

住Map P.274:1-B　☎0755996453（予約はモシまたはアルーシャのオフィスで可能）

ダル・エス・サラームへ：
Dar Expressなどから7:15、10:00、12:00発。所要約10時間、3万sh～

ムワンザへ（シンギダ経由）：
Royal Class、Isamilo、Mghambaなどがバスターミナル（Map P.274:2-B）から、6:00発。所要約10～13時間。3万5000sh～

モンバサへ（タベタ経由）：
Tahmed Coach、Simba Coachなどがバスターミナル（Map P.274:2-B）から、7:30、14:00発。所要約7時間、2万5000sh～

カンパラへ（アルーシャ、ナイロビ経由）：
Saibabaなどがバスターミナル（Map P.274:2-B）から、15:00発。所要約20時間、7万8000sh～

アルーシャへ：朝～夜までバス、ダラダラが頻発。2500～3000sh

Ⓛアメグ・ロッジ・Ameg Lodge

住Map P.274:1-A外
☎027-2750175　FAX027-2750196
🇪info@ameglodge.com　🇭ameglodge.com
料ⓈUS$82　ⓌUS$106（蚊帳・エアコン・TV・トイレ・シャワー・朝食付）

市内よりタクシーで約20分。閑静な高級住宅街の中にあり、4部屋がひとつのコテージとなっている。ジムも充実。山を眺めながら泳げる
プールもある。Wi-Fi無料。全21室。

落ち着いた雰囲気の室内

Ⓗブリストル・コテージ・キリマンジャロ・Bristol Cottages Kilimanjaro

住Map P.274:1-B　P.O.Box7304
☎027-2755083　FAX027-2753745
🇪info@bristolcottages.com
🇭www.bristolcottages.com
料Ⓢ US$60〜65　ⓌUS$70〜80（蚊帳・エアコン・トイレ・シャワー・朝食付）

1階のみコテージタイプの部屋がある。木々に囲まれ、町なかとは思えない静けさで落ちつける。全20室。

Ⓗニュー・ホロンボ・ロッジ・New Horombo Lodge

住Map P.274:1-B　P.O.Box775 Old Moshi Rd.
☎0652752180、0754474457　FAX027-2750873
料ⓈUS$30　ⓌUS$40　ⓈUS$60（トイレ・シャワー・朝食付）

クロックタワーに近くアクセスがよい。表通りに看板がなく、入口が裏側にあるのでわかりにくい。受付は農薬屋の横を曲がり右側の2階。全32室。

こぢんまりしているが清潔感がある

Ⓗキリマンジャロ・クレーン・Kilimanjaro Crane H

住Map P.274:1-B　P.O.Box 1496
☎027-2751114、0754035864　FAX027-2754876
🇪info@kilimanjarocranehotels.com
🇭www.kilimanjarocranehotels.com
料ⓌUS$50（トイレ・シャワー・朝食付）ⓈUS$50　ⓌUS$60　ⓉUS$75（エアコン・トイレ・シャワー・朝食付）

Wi-Fi無料。全30室。

買い物にも便利

ⒽYMCA・YMCA

住Map P.274:1-B　P.O.Box 85
☎027-2751754　FAX027-2751734
🇭www.ymca.co.tz
料ⓈUS$15　ⓉUS$18（トイレ・シャワー共同、蚊帳・朝食付）

教会経営のバックパッカー向け宿泊施設。欧米人観光客に人気。全43室。

世界中にあるYMCAのひとつ

Ⓡユニオン・カフェ・Union Café

住Map P.274:2-A　☎0764206742
営7:00〜21:00

観光客に人気のおしゃれなカフェ。キリマンジャロコーヒー共同組合（KNCU）の経営で、店内には組合の歴史を語る写真が展示。コーヒー農園への日帰りツアー申し込みも可能（所要約4時間、7万1000sh）。
カプチーノ4000sh、アイスコーヒー6000sh、サンドイッチ1万sh〜。

歴史を刻んだ建物

Ⓡクリス・バーガー・Chris Burger

住Map P.274:1-B
☎027-2750419　営6:30〜18:00

地元民にも人気のレストラン。テラス席もある。サモサやマンダジ（揚げパン）などのスナックも人気。チーズバーガー3000sh、レバーとフライドポテトのセット7000sh。

Ⓡフレッシュ・レストラン・Fresh Restaurant

住Map P.274:1-B
☎0752713633
営6:00〜21:30

バスターミナルから徒歩すぐ。タンザニアの炊き込みご飯ピラウや、トウモロコシの粉を練った主食ウガリも味わえる。ガラス張りのショーケースに並んでいるものから注文できる。
ピラウ5000sh、魚とご飯の定食1万sh、鶏肉とウガリの定食7000sh。

開放感のある店内

[R]カカーズ・パブ&レストラン・Kaka's Pub & Restaurant

[住]Map P.274:2-B
☎0685832828
[営]11:00～23:30　月曜休

[S]Nakumattの東裏。インド料理と中国料理がメイン。チャーハン8000sh～、インド風ラーメン9000sh～。2階はパブ。

シンプルな店内

[R]インド・イタリアーノ・Indo Italiano

[住]Map P.274: 2-B
☎027-2752195、0757595701
[e]jessietarimo@yahoo.com
[営]6:30～22:30

観光客に人気のインド料理とイタリア料理の店。ピザ1万2000sh～、カレー1万4500sh～。

屋外にも席がある

[R]キリマンジャロ・コーヒーラウンジ・Kilimanjaro Coffee Lounge

[住]Map P.274:1-B
☎0754610892
[e]kilicoffeelounge@gmail.com
[営]8:00～21:00（月～土曜）、10:00～20:00（日曜）

コーヒーショップ。ピザ1万sh～、スパゲティー1万sh～、ハンバーガー1万500sh～。

緑の中をとおり抜ける風が心地よい

[R]ジェーズ・キッチン・Jay's Kitchen

[住]Map P.274:1-A
☎0744722527、0678607456
[営]10:00～22:00

本格キムチが食べられるタンザニアでは珍しい韓国料理店。とんかつやのり巻きなどの日本食もある。ビビンバ2万sh～、プルコギ2万sh～、天ぷら2万sh～、のり巻き1万7000sh～。

J's kitchenのビビンバ

キリマンジャロ登山の振り込め詐欺に注意

　キリマンジャロ登山に関して、モシのホテルを舞台にした「振り込め詐欺」が報告されている。
　現地のホテルにインターネットを使ってキリマンジャロ登山の手続きと空港の出迎えを頼み、相手の担当者の要求額（約US$1000）を振り込んだにもかかわらず、現地に到着しても迎えは来ず、頼んだはずのホテルは改名し、担当者はそこの人間ではないと言われ、登山手続きもされていなかったという。
　現地に到着したら一刻も早く登山したいのが人情、現地に着いてから手続きをするより、事前に登山手続きをしておいたほうがよいと思うだろう。
　こうした心理を読んだ「振り込め詐欺」に遭わないためにはどうしたらよいだろうか。日本の旅行会社で、現地にスタッフをおいている会社か本書が紹介している日本人経営の現地旅行会社を使えば安心度が高い。取材を通じて、日本人経営の会社はトラブルが少ないことが分かっている。送金についても、正当な予約金だけで済むケースが多い。
　くれぐれも、振り込め詐欺に注意してほしい。

キリマンジャロ登山のツアー会社

○F&K CULTURAL TOURS AND SAFARIS
[住]Map P.269:1-A外　P.O.Box 650. Arusha
☎0767273115（日本語可）
[e]karibu@fk-safari.com（日本語可）
[HP]jp.fk-safari.com
アルーシャにある日本人スタッフ常駐の旅行会社。日本語で登山のサポートをしてくれる。

ドドマ
Dodoma

市外局番　026

...**Access**...

ダル・エス・サラーム
へ：7:00〜12:30に頻発、所要約9時間、1万7000〜2万7000sh

アルーシャへ：毎日6:00より午前中は客が集まり次第出発。所要約6時間、2万5000sh。

ムワンザへ：毎日6:00より午前中は客が集まりしだい出発。所要約10時間、3万sh

ダル・エス・サラーム
へ：月・金曜18:30発。所要約15時間、1等3万4700sh、2等2万6400sh、3等1万3500sh

タボラへ：水・土曜8:35発。所要約10時間、1等3万300sh、2等2万2300sh、3等1万3100sh

ドドマは、タンザニアのほぼ中央部に位置し、タンザニア革命党（CCM）の本部がある人口約40万人ほどの都市である。法律上の首都はダル・エス・サラームではなく、このドドマであるが、政府機構や外国公館がここに移転してくる気配はない。郊外には立派な水力発電所があり、日本人技術者がかつてここで働いていたこともあった。また、東アフリカで唯一のワイン工場もある。見どころはライオンロック（現地ではMlimwa Rockと呼ばれる）だけだが、商業活動が活発で、活気のある町である。

ライオンロック

ドドマ駅

ホテルとレストラン
→P.228 日本からの電話のかけ方

Hニュー・ドドマ・New Dodoma H

 Map P.278　P.O.Box 239　Station Rd.
 026-2321641　FAX026-2321715
HP www.newdodomahotel.com
料SUS$50〜70　WUS$70〜95（トイレ・シャワー・朝食付）　カード MV

ドドマ駅の正面にあり、風格がある。内部に両替所もある。高い部屋はエアコン付き。全91室。

駅に近く便利なホテル

H ロイヤル・ヴィレッジ・Royal Village H

住 Map P.278外
☎026-2351150
料S5万sh　W6万sh　SU10万sh（トイレ・シャワー・朝食付）

ライオンロックがよく見える。庭が広く、小さなプールや遊園地がある。Rあり。

観光に便利

H キテンバ・Kitemba H

住Map P.278外　P.O.Box 590　Dodoma　CCMの北側（Lindi Rd.沿い）約50m
☎026-2323578、0765811680
料S5万5000sh　W6万5000sh　SU15万sh（蚊帳・冷蔵庫・トイレ・シャワー・朝食付）

スタッフも多く部屋にはセーフティボックスなども揃っていて、このクラスにしては格安の感あり。1階のRも安くて美味。Wi-Fi無料。

部屋の設備も整っている

H パヒ・Pahi H

住Map P.278外 P.O.Box 1020　Barabara Ya Saba. One Way
☎026-2322670、0658420784
Epahihotel@gmail.com
料SW5万sh　7万5000sh（トイレ・シャワー・朝食付）

2012年にオープンした比較的新しいホテル。H Kitembeの斜め向かいにある。Wi-Fi無料。

清潔な客室

H ナム・Nam H

住Map P.278外　P.O.Box 1868
☎0754892832
料S2万5000sh　W3万sh（トイレ・シャワー・朝食付）

町から北へタクシーで所要約10分、5000sh。湯が使える。清潔でスタッフの感じがよく、Rもよい。値段のわりに高級感がある。全30室。

H マニラ・Manila H

住Map P.278　P.O.Box 894
料SW1万5000sh（トイレ・シャワー付）

セルフコンテインにしては割安感あり。スタッフは英語が通じる。全10室。

G セントラル・Central GH

住Map P.278　P.O.Box 513
料SW1万sh（トイレ・水シャワー共用）

隣に食堂があって便利。受付は2階。全15室。

G ヤラビ・サラーマ・Yarabi Salama GH

住Map P.278　P.O.Box 1193
☎026-2322921
料W1万2000sh（トイレ・水シャワー共用）

町なかにある気さくなゲストハウス。部屋は清潔で水の出もよい。スタッフも親切で英語も少しできる。全9室。

快適なゲストハウス

R ムバラムウェジ・カフェ・Mbalamwezi Cafe

住Map P.278
営7:00～22:00　無休

地元客でにぎわっている。チャイ500sh、フレッシュジュース1000sh、チキンチップス5000sh、バーベキュー＆チップス5000sh。食事はどれも野菜がいっぱい付いてヘルシー。

R ヌリーン・Nureen R

住Map P.278　P.O.Box244
☎026-2322030
営8:30～19:00

駐在員もよく訪れる人気のインド料理店。肉がやわらかく、おいしい。ビーフカレー3000sh、チキンピラウ4000sh、ソーダ1000shなど。

気さくなヌリーンの主人

タンザニア　ドドマ

街角の医者、ムガンガ

　ドドマでは道端で露天商のように木の皮や瓶詰めの粉などを売っている人たちが多い。彼らは何を売っているのだろうか？　実はこれらは薬で、彼らは医者である。一般にムガンガと呼ばれる彼らをウィッチドクターと訳す人たちがいるが、ハーバリストやメディスンマンと訳したほうが合っているだろう。

　彼らの薬は頭痛、歯痛に効くもの、精力剤、虫下しのようなものから惚れ薬、魔よけのお守りの類いまでと幅広い。形態も木の皮のままや粉末になっているもの、服用方法も飲んだり、くちゃくちゃ噛んだり、体に塗ったりと多種多様にわたっている。

　観光客相手の商売ではないので値段も手頃。彼らはスワヒリ語しか喋れない人がほとんどだが、興味があれば質問してみるとよいだろう。

ムワンザ
Mwanza

市外局番　028

ビスマルク・ロック

ムワンザは、タンザニア第2の都市で、世界で第2位の規模をもつ淡水湖、ビクトリア湖の南岸に位置している。町はビクトリア湖と小高い丘に囲まれ、湖岸沿いに南北に延びている。昔から貿易の重要な内陸港として栄えていたが、1977年東アフリカ三国共同体崩壊後、そしてウガンダとの戦争後は、閑古鳥が鳴いている状態が続いた。しかし、ケニアとの国交回復以後、再び活気を取り戻している。

■ムワンザからタボラへ行く鉄道は木・日曜にムワンザ18:00発、翌6:00にタボラ着となっている。ダル・エス・サラームには翌々日9:00着（2019年6月現在）。

丘からの写真撮影
軍隊の通信基地があることと、見晴らしがよくムワンザ港が一望できるため写真撮影は一切禁止されている。

 歩き方

町は、警察署前のクロックタワー広場を中心として分岐する3つの幹線道路であるムワンザ空港に向かうマコンゴロ・ロードMakongoro Rd.、ムソマに向かうニエレレ・ロードNyerere Rd.、シニャンガに向かうケニヤッタ・ロードKenyatta Rd. から成り立っている。

役所関係の建物はクロックタワー周辺に集まっている。郵便局や電話局はケニヤッタ・ロードと交差するポスト・ストリートPost St.沿いの湖岸近くで、町の市場は、ニエレレ・ロードとルワガソレ・ストリートRwagasore St.の交差点近くにある。

市場にはムワンザ港に陸揚げされたビクトリア湖産の魚や、果物、野菜などの農産物が大量に運ばれる。ビクトリア湖畔有数のにぎやかさが感じられる場所だろう。

ムワンザで絵になる光景のひとつに、夕涼みに湖岸に集まり、

ムワンザ駅

...Access...

✈ **ダル・エス・サラームへ**：プレシジョン航空が毎日2～3便。所要約2時間だが、キリマンジャロ空港を経由する場合は約4～5時間、US$150。
エア・タンザニアは毎日3便所要約1時間半
キリマンジャロ国際空港へ：プレシジョン航空が毎日1便。所要約1時間15分、約US$140～
アルーシャへ：コースタル航空（CO）が8:30発。セレンゲティ経由で所要約3時間、約US$455、所要約3時間、約US$300
○**市内から空港へ**
タクシー1万5000sh
🚌 **ムソマから**：頻発。所要約4時間、8000sh
タリメから：頻発。所要約5時間、1万sh
ダル・エス・サラームから：ウブンゴ・バスターミナル6:00発。所要約14～15時間、4万5000sh～5万5000sh
モシ、アルーシャへ（シンギタ経由）：Nyegezi

Bus Standから、6:00発。所要約12時間、4万sh（アルーシャ）、4万5000sh（モシ）
ダル・エス・サラームへ：前記Bus Standから6:00発。所要約14時間、4万5000～5万5000sh
ドドマへ：同上から6:00発。所要約8時間、3万2000～3万5000sh
キゴマへ：同上から6:00発。所要約12時間、3万1000sh
ムソマへ：Buzurunga Bus Standから頻発。所要約4時間、8000sh
ナイロビへ：ムワンザ発の便は国境止まり。1万sh
⛴ **ブコバへ**：火・木・日曜の21:00発。翌日7:00にブコバ着。寝台1等4万sh、2等2万5000sh。3等1万5000sh
ブコバから：月・水・金曜の21:00発。翌日7:00ムワンザ着

ビクトリア湖に沈む太陽を眺める人たちのシルエットがある。特に、湖岸に面したローカルフェリー船着き場近くが最高である。この近くに、**ビスマルク・ロックBismark Rock**と呼ばれる、かろうじてバランスを保ちながら湖上の岩の上に載っている石がある。

バスターミナルは郊外にあるが、北部行きのバス（ムソマ、タリメ行きなど）はブズルガ・バス・スタンドBuzuruga Bus Stand（市内中心から約6km）に、南部行きのバス（ダル・エス・サラーム、モシ、アルーシャ行きなど）はニェゲズィ・バス・スタンドNyegezi Bus Standから出ている。マーケットの一角、Rwagasore St.沿いの白い建物の2階にすべてのバス会社のチケットオフィスが集まっており、ここで予約、購入ができる。

🎭 見どころ

湖の島の国立公園
サーナネ島国立公園　Saa Nane Island National Park

ムワンザの沖合に浮かぶ小島は島全体が動物園になっていて、休日には市民の憩いの場として利用されている。

ムワンザ駅から市街とは反対の方向に、ステーション・ロードStation Rd.を10分ほど歩くと、**H** Tilapiaが見える。このホテルの向かいのMuseum（無料）と称された建物の中には、ムワンザを知るための資料がいくつか陳列してあり、ホテルの手前右側に島へのボートが待機している。

スクマ人の展示をしている
スクマ博物館　Sukuma Museum（Bujora）

ムワンザ地方に多く住むスクマ人の住居群を多数展示しており、1905年にここに入ったローマカトリック系ミッションが管理している。場内には、スクマ人の資料館や野外劇場などがあり、舞台には大きな太鼓がいくつも設置されている。

サーナネ島国立公園
住 Map P.281:2-A外
料 US$35.4（15歳以下US$17.7）
国立公園事務局の向かいにボートが待機している。1回の往復にUS$35かかるが、人数が集まれば人数分の頭割りとなる。島内の散策はゆっくり回ると2〜3時間程度。その頃に島に迎えに来てもらうように船に伝えること。島内は自然公園になっていて、インパラ、ハイラックス、シマウマなどが見られる。

スクマ博物館
住 Kisesa（郊外）
☎ 0767721358
開 9:00〜18:00　無休
料 1万5000sh（45分のガイドツアー付。撮影可）。ダンスは予約が必要（13万sh）。ガイドへのチップが5000sh必要
交 Buzuruga Bus Stand行きのミニバス乗り場（Map P.281:1-B）から、Kisesa行きのダラダラが頻発。Kisesa終点近くにスクマ博物館への分岐点があるので、そこで下車。前もって運転手に伝えておくとよい。所要約30分、500sh。分岐点からバイクタクシーで1000sh。徒歩約25分
宿泊も可。ロッジ1万sh。伝統料理の食事2万sh。

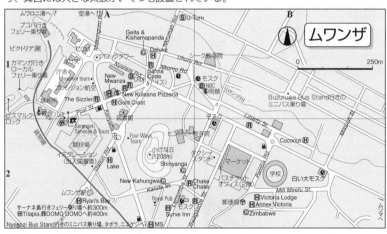

ホテルとレストラン →P.228 日本からの電話のかけ方

Ｈ リヤンズ・ベイ・Ryan' s Bay H

住Map P.281:2-B　P.O.Box 1904
☎028-2542347　FAX028-2500005
Ｅmanager@ryansbay.com　Ｈwww.ryansbay.Com
料Ｓ US$110　Ｗ US$140　Ｗ US$205（エアコン・トイレ・シャワー・朝食付）

ムワンザ駅近くの新しいホテル。駅を越えて100m。部屋は広いがバスタブは狭い。Ｒは洋風。Wi-Fiあり。

Ｇ ジンバブエ・Zimbabwe GH

住Map P.281:2-B　P.O.Box 722
☎0753962286
料Ｓ6000sh　Ｗ7000sh（トイレ・シャワー共同）
マネジャーは英語も通じ親切。

Ｈ ニュー・ムワンザ・New Mwanza H

住Map P.281:1-A　P.O.Box 25
☎028-2501070～1
Ｅgm@newmwanzahotel.com
Ｈwww.newmwanzahotel.com
料Ｓ8万5000sh　Ｗ10万sh　ＳＵ15万sh（トイレ・シャワー・朝食付）

ホテル内に両替所や旅行会社などがある。1階と2階にあるＲではライブ演奏がある。カジノもある。Wi-Fi無料。全54室。

Ｈ ティラピア・H Tilapia

住Map P.281:2-A外　P.O.Box 82
☎028-2500517　FAX028-2500141
Ｅtilapia@mwanza-online.com
料Ｗ US$100　Ｗ US$120　ＳＵ US$150（トイレ・シャワー・朝食付）
カードＡＭＶ

インド人経営のリゾートホテル。プールもある。サーナネ島を見渡せるテラスのバーは、眺め、雰囲気ともに申し分ない。Ｒは、タイ料理、鉄板焼き、西洋料理の店がある。Wi-Fi無料。全38室。

Ｈ MS・MS H

住Map P.281:2-A　P.O.Box 2746　Karuta St.
☎028-2502001
料ＳＷ2万sh（TV・電話・トイレ・シャワー・朝食付）（2人宿泊の場合、2人目は朝食代500shが別途必要）

旧名クリスマス・ツリーの名称で知られている。英語可。全30室。

MSホテル

Ｈ アネックス・ビクトリア・Annex Victoria H

住Map P.281:2-B
☎0744521844
料ＳＷ2万sh（TV・トイレ・シャワー・朝食付）

しっかりした朝食が付き、従業員も親切。無料ランドリーサービスもある。

Ｈ ゴールドクレスト・Gold Crest H

住Map P.281:1-A　P.O.Box 2298
☎028-2506058、0717857001
Ｅinfo@goldcresthotel.com　Ｈwww.goldcresthotel.com
料Ｓ US$95～　Ｗ US$125（エアコン・TV・トイレ・シャワー・朝食付）

ムワンザの中心地にある4つ星ホテル。インド料理のＲ、ラウンジ、バー、プールなどがあり、ムワンザで一番の設備とサービスを誇る。Wi-Fi無料。全95室。

ゴールドクレスト・ホテル

Ｈ レイク・Lake H

住Map P.281:2-A　P.O.Box 910
☎028-2500658
料Ｓ1万5000sh　Ｗ2万sh　ＳＵ3万sh（トイレ・シャワー・朝食付）

駅に最も近いホテルで、1階にＲ、バーがある。全48室。

Ｒ シズラー・The Sizzler

住Map P.281:1-A　Kenyatta Rd.
営12:00～15:00・18:00～23:00

在住外国人も通う人気店。スパイスの利いた、ナンと食べるチキンマサラが大人気。カレーなどのインド料理もおいしい。夕食時にはロードサイドに並ぶテーブル席を待つ人も多い。チキンマサラ1万2000sh、フィッシュフィレ8000sh、ビーフカレー1万1000sh。

Ｒ ニュー・クレアーナ・ピッツェリア・New Kuleana Pizzeria

住Map P.281:1-A　Post St.　Ｈ New Mwanza東隣
☎028-2500955
営7:00～21:00　無休

ムワンザでいちばん人気の店。いつもほぼ満席状態。外国人旅行者が多い。17種類あるピザ1万3000sh～。アメリカンタイプの生地の厚いピザなので、スモールで十分。チョコレートケーキ1000sh、カプチーノ2000shもある。

ムソマ
Musoma

ビクトリア湖の東岸に位置する小さな港町。ここはニエレレ初代大統領の生まれた町であり、マラ地区の中心で、小さな町のわりには活気がある。タンザニアの人と町を知るにはとてもよい所だろう。

歩き方

ダラダラステーション周辺はいちばんにぎやか。いろいろな店が建ち並ぶ。そこから北東へ5分ほど歩くと小さな港に出る。ここはマーケットでもある。地引き網を引っ張る人々や、体長1mもある魚、ナイルパーチを売る漁師など、彼らの生活を目の当たりにすることができる。町の北東へ20分ほど歩くと長い砂浜がある。さらにムクエンド・ストリートMukendo St.を北に真っすぐ行くと、奇岩とビクトリア湖が見られる。

ターミナルに並ぶダラダラやバス

ホテル

→P.228 日本からの電話のかけ方

H セタヴィン・Setavin H

住 Map P.283　P.O.Box 462　Musoma
☎028-2622282、0713429989
E setavinhotel@gmail.com
料 S5万sh　W7万sh（トイレ・シャワー・朝食付）
SU 10万sh（エアコン・トイレ・シャワー・朝食付）

2009年にオープンしたムソマでは1、2を争う立派なホテル。部屋の備品はどれも最新式。1階のR も充実している。

安心して泊まれるホテル

H ニュー・ペニンスラ・New Peninsula H

住 Map P.283外　P.O.Box1166 Musoma　ビクトリア湖畔　空港北東部（タクシー所要約5分、4000sh）
☎028-2642526　FAX028-2604255
E marapeninsula@yahoo.com
料 S4万5000sh　W5万5000sh　SU8万sh（衛星TV・トイレ・シャワー・朝食付）

ビクトリア湖畔にある、少し古びた高級リゾートホテル。全14室。

テラスがあるニュー・ペニンスラ・ホテル

市外局番　028

…Access…

🚌 モシ、アルーシャへ：セレンゲティ経由が毎日5:00発。所要約12時間（ほとんど遅れる）、モシまで5万sh、アルーシャまで4万5000sh。ただし外国人の場合、国立公園の入園料US$141.60（セレンゲティN.P.とンゴロンゴロC.A.の料金）が別途かかる。曜日によりバス会社が違う。

ダル・エス・サラームへ：ムワンザ、シニャンガ経由、所要約18時間、6万sh

ムワンザへ：頻発。所要約4時間、8000sh

タリメへ：頻発。所要約1時間、3500sh

■ムソマのバスターミナルは町から10kmの所に移動。

🚕 ダラダラステーションから頻発するBweri行きで所要約10分、400sh

タンザニア　ムワンザ／ムソマ

[G]タリメ・バー・アンドGH・Tarime Bar＆GH

[住]Map P.283　P.O.Box 87　Rutinga St.
[料]Ⓢ4000sh　Ⓦ5000sh

英語可。このクラスの[G]は、ターミナル付近に多く点在している。バーがあるため、昼間から酔客がたむろしている。全21室。

併設のバーは地元客も多い

[H]テンボ・ビーチ・Tembo Beach H

[住]Map P.283 外
☎028-2622887
[料]ⓈⓌUS$30（トイレ・シャワー付）

Mukendo St.を北へ歩いて約15分。眺めのよい[R]、バーとプライベートビーチがある。ビクトリア湖のサンセットをゆっくり味わうには最適。[R]の食事は1万6000Shぐらい。[R]にWi-Fiあり。

ビーチは目の前

[H]キングス・ポート・ロッジ・King's Port Lodge

[住]Map P.283　Mwigobero Market近く
☎028-2620531
[料]ⓈⓌ1万6000sh（TV・トイレ・水シャワー付）

ダラダラステーションからビクトリア湖への途中、Kusaga St.沿いにある清潔なロッジ。近くにピラウのおいしい[R]Uruguruがある。

清潔なロッジ

[H]オレンジ・ツリー・H Orange Tree

[住]Map P.283外　P.O.Box 960　Kawawa St.
☎0784086071
[料]Ⓢ2万sh　Ⓦ3万sh（トイレ・水シャワー・朝食付）

町の中心から南へ徒歩約10分の静かな所にある。バーと[R]がある。昼・夕食はともにメイン7000sh〜。全16室。

[G]ムソマ・コンファレンス・センター・Musoma Conference Center

[住]Map P.283　P.O.Box 93　Kusaga St.
☎0687740641
[料]Ⓢ6000sh　Ⓦ8000sh（トイレ・シャワー共同）
Ⓢ1万4000sh　Ⓦ1万8000sh（トイレ・シャワー付）

町の中心からKusaga St.を空港方向へ徒歩約1分の右側。カトリック教会経営のホステルで、NGOなども利用。ターミナルに近く便利。小ぎれいでアットホームなうえ、部屋は広くて明るい。ムソマでいち押しのホテル。[R]のメニューは4000sh〜。全23室。

ターミナルに近く便利な立地

[H]アフリリックス・Afrilux H

[住]Map P.283外　P.O.Box 519　町の中心からUhuru St.を東に徒歩約5分、またはタクシー5000sh
☎028-2620031
[e]afriluxhoteltz@yahoo.com
[料]Ⓢ3万sh　Ⓦ5万sh（エアコン・トイレ・シャワー付）

欧米人客も多く、にぎわっている。ひときわ目立つ高いビル。[R]はインド料理あり。Wi-Fi無料。全23室。

この辺りでは高層で目立つビル

キゴマ
Kigoma

　キゴマはタンガニーカ湖のほとりにある小さな港町だ。コンゴ内戦の激しかった頃は難民問題の最前線として治安低下などの問題が発生したが、現在はかつての穏やかな表情を取り戻し、ゴンベ・ストリームN.P.への入口として観光客の誘致にも力を入れ始めている。

　真っ青な空の下、神秘的な古代湖は澄みきったブルーに輝いている。幅約50km、長さ約600kmの南北に長い湖は対岸のコンゴなど4ヵ国に接しており、ブルンジとザンビアを結ぶ貨物船やキゴマとザンビアを結ぶ貨客船のリエンバ号が就航している。2013年に就航100年を迎えたリエンバ号は現地の貴重な交通手段として混雑するが、レトロな船旅は旅人に密かな人気があり、1等船室は欧米人で埋まる。

近郊の町と見どころ

〔ウジジ　Ujiji〕

　キゴマから南へ約10kmの所にある町で、東アフリカでも最も古い交易地のひとつである。

　1858年にバートンとスピークがタンガニーカ湖探検中に立ち寄り、1871年に、行方不明になっていたイギリスの探検家リビングストンを探していたアメリカの新聞記者スタンレーが、タンガニーカ湖岸の浜のマンゴーの木の下でリビングストンと巡り会った記念の地でもある。

　キゴマからダラダラで来ると終点の少し手前のメインストリート右側にリビングストン記念館へと続く石畳の道がある。わかりにくいので、ミニバスの運転手に確認した方がよい。そこから1kmほど歩いた所に記念碑とともに、絵や人形でリビングストンとスタンレーの出会いまでを再現した記念館がある。

市外局番　028

■キゴマからはチンパンジーが見られるゴンベ・ストリームN.P.とマハレ山塊N.P.へ行ける。

のどかな風景が広がる

...Access...

🚌 バスターミナルは町の約8km南にある。そこから市内へはダラダラで約15分、400sh。タクシーで8000〜1万sh
ウジジへは：駅前からダラダラが多発（所要約15〜20分、400sh）。タクシーなら片道8000〜1万sh

ゴンベ・ストリーム国立公園　観光案内所
🏠Map P.286　空港へ行く道路から東へ約200m。そこから北に約200m
☎028-2804009
開9:00〜16:00　無休
公共の交通機関を使っての行き方など、親切に教えてくれる。

...Access...

✈ **ダル・エス・サラームから**：エア・タンザニアが毎日1便、US$130〜
○空港から市内へ
タクシーで所要約15分、1万sh
🚌 **ムワンザへ**：毎日早朝出発。所要約12時間、3万1000sh
🚂 **（タンザニア鉄道公社T.R.C.）**
1等が2人席（コンパートメント）、3等が座席
ダル・エス・サラームへ：木・日曜17:00発。所要約40時間、1等7万5700sh、2等5万5400sh、3等2万7700sh

🚢 タンガニーカ湖の東岸を南北に結ぶ大動脈の汽船であるリエンバ号がキゴマとザンビアのムプルングMpulunguを結んでいる。
　2016年5月現在、隔週水曜にキゴマ発、カサンガKasanga（タンザニア側の最終港）までUS$100、ムプルングまでUS$105。食事は船内のレストランで4000sh、冷えたビールも飲める。
マハレ山塊N.P.のあるマハレへ行くにはムガンボで降りる。

ジェイコブセン・ビーチ

住Map P.286外
☎0783297352
e info@kigomabeach.com
HP www.kigomabeach.com
美しいふたつのビーチとコテージ、テントサイトをもつ施設。美しいビーチなので、時間があれば日帰りでも訪れたい。テント、調理機器などはレンタル可。中心部から西へ約5km、タクシーで1万sh。入場料7000sh、宿泊5万sh～。

リビングストン記念館

リビングストンとスタンレーが出会ったマンゴーツリーのある場所から青いタンガニーカ湖を見下ろすのは、感慨深い。

開9:00～18:00　無休　料2万sh（ガイド代含む）。

ホテル

→P.228 日本からの電話のかけ方

電気が少ないため日暮れ以降は道もホテルも暗くなる。電気の設備があっても24:00で消灯になるのがほとんど。懐中電灯を持参しよう。

H レイク・タンガニーカ・
Lake Tanganyika H

住Map P.286　P.O.Box 1196　駅からタクシー5000sh
☎028-2803052～4　FAX028-2803051
HP www.laketanganyikahotel.com
料SUS$85～　WUS$105～　SUUS$200～（トイレ・シャワー・朝食付）
閑静な湖岸のリゾートホテルで、湖をゆっくり眺めることができる。評判のよいR（営7:00
～22:00）がある。オープンエアのバーは、サッカー中継のある週末は在住外国人らでにぎわいをみせる。

ゆったりできるリゾートホテル

H コースト・ビュー・リゾート・
Coast View Resort

住Map P.286 外
☎028-2803434
HP www.coastviewresort.co.tz
料S4万sh　W5万sh　SU7万sh（エアコン・TV・トイレ・シャワー付）
2008年にオープン。眺望がよく、おいしいRがある。町から離れているが、おすすめの宿。

H キゴマ・ヒルトップ・
Kigoma Hilltop H

住Map P.286外　P.O.Box 1160　駅から南西へ約5km、タクシー5000～6000sh
☎0732978879、0737206420
e reservations@mbalimbali.com　HP www.mbalimbali.com
料SUS$90～　WUS$140～　SUUS$228～（エアコン・衛星TV・電話・トイレ・シャワー・朝食付）
眺めのすばらしい湖畔の丘の上に並ぶコテージタイプの高級リゾートホテル。プールも完備。欧米人観光客も多い。ホテル内の旅行社でゴンベ・ストリームN.P.やマハレ山塊N.P.などのツアーもアレンジしている。ゴンベとマハレにも同系列のホテルがある。全30室。

シマウマが芝生をはむ

G ジャリブ・Jaribu GH

住Map P.286　P.O.Box 336　Lummumba St.
Mwanga地区　G Zanzibar Lodgeのはす向かい
☎0765054380
料S5000sh　W6000sh（トイレ・シャワー共同）
W7000sh（トイレ・シャワー付）
格安で、しかも清潔。ゲストハウスの前がタウン行きのダラダラの停留所。全16室。

G アクア・ロッジ・Aqua Lodge

住Map P.286　P.O.Box 34

☎0753443801

料Ⓢ2万sh Ⓦ3万sh（トイレ・シャワー付）

駅からは徒歩約20分。ゴンベ・ストリーム
N.P.やマハレ山塊N.P.へのチャーター船を取
り扱っている。ロッジの下はすぐビーチ。全
9室。ロッジの隣は政府の国立公園管理事務
所のタウンオフィス。

〔タボラ　Tabora〕

　交通の要所であり、鉄道の分岐点として重要な町である。
ダル・エス・サラームから来た列車は、ここを経由してキゴ
マまで行き、ムワンザへ行く場合はここで乗り換える。列車
が来るたびに、駅構内が人でいっぱいになる。

　駅から少し離れた場所にバスターミナルがある。各地から
来た品物が売り買いされ、活気にあふれている。タボラは木材、
黒炭の町としても知られている。

オリオン・タボラ・ホテル
は古い歴史的建造物で、現
在は民営化されている

市外局番　026

タボラの市場

🏢 ホテル

→P.228 日本からの電話のかけ方

Ⓗオリオン・タボラ・
Orion Tabora H

住Map P.287　P.O.Box 2054 Station Rd.　タボ
ラ駅から徒歩約10分、タクシー2000sh

☎026-2604369

ⓔoriontbrhotel@yahoo.com

料Ⓢ6万5000sh Ⓦ8万sh Ⓣ10万5000sh（トイ
レ・シャワー・朝食付）

駅前正面のふた股道を右へ進む。ドイツ植民地
時代の建物。Ⓡ（営6:30～22:00　無休）の
食事は上品。全25室。

Ⓗモラヴィアン・ホステル・
Moravian Hostel

住Map P.287　P.O.Box 29　タボラ駅からタクシ
ー3000sh。バイクタクシー2000sh

☎026-2604710

ⓔmcwthostel@africaonline.co.tz

Ⓖポヨンゴ・ロッジ・
Poyongo Lodge

住Map P.286

☎028-2803805

料Ⓢ1万sh（トイレ・シャワー共同）Ⓦ1万5000sh
（トイレ・シャワー付）

まだ新しく、清潔なロッジ。英語も通じる。

料Ⓢ8000sh（トイレ・水シャワー共同）
Ⓢ1万2000sh Ⓦ1万6000sh（トイレ・水シャ
ワー付）

プロテスタントのミッションのセンターに付
属。英語の話せる牧師さんたちがいる。駅から
は遠いがとても静かで親切。全25室。

Ⓗゴールデン・イーグル・
Golden Eagle H

住Map P.287　P.O.Box 1479　Tabora

☎026-2604623

料ⓈⓌ1万5000sh（トイレ・シャワー共同、朝食
付）Ⓢ Ⓦ2万5000sh Ⓢ3万5000sh（トイレ・
シャワー・朝食付）

町の中心地にあり便利。Ⓡもバーもあるが、早
い時間に店じまいする（営7:00～22:00）の
で騒がしくない。オーナーのインド人は気さく
で親切。全13室。

世界遺産
キルワ・キシワニと
ソンゴ・ムナラの遺跡群

市外局番　023

世界遺産
キルワ・キシワニ、ソン
ゴ・ムナラの両遺跡はユネ
スコの世界遺産に登録さ
れている（→折込裏）。

キルワの観光案内所
Kilwa islands Tour +
Informations center
キルワ アイスランズ ツアー +
インフォメーションズ センター
住キルワ・マソコバスターミナル内
☎0715463029
✉kilwatour@gmail.com
HPwww.kilwatourism.com
営8:00～20:00
キルワ・マソコのホテルを条
件に合わせて無料で紹介して
くれる。キルワ全体の見どこ
ろ紹介や、各種ツアーアレン
ジ、レンタサイクルなど旅行
者の心強い味方。細かい相談
にも親切にのってくれる。

フスニ・クブワ

　西アフリカの黄金の都トンブクトゥと並び、東アフリカのキルワは、かつて交易によって栄えた王国として有名だった。14世紀の大旅行家イブン・バトゥータは「最も華麗な町のひとつであり、最も完璧に造られた都である」と評し、ミルトンは「失楽園」に黄金の交易都市キルワ・キシワニを登場させた。キルワと名付く町は3つあり、残るふたつはキルワ・キシワニ（キルワ島）から北約29kmの大陸側に位置する、奴隷積み出し港として発展したキルワ・キビンジェ（カジュアリナの木のあるキルワ）とキルワ地区の行政、観光の中心、キルワ・マソコ（市場のあるキルワ）である。このエリアの魅力は世界遺産だけではなく、澄んだ海と珊瑚礁、そしてマングローブ林という豊かな環境を背景としたマリンスポーツにもあり、特に豊富な種類の魚、大型魚が狙える釣りは魅力的である。

...Access...

✈ **ダル・エス・サラームから**：定期便は飛んでいない。空路で移動する場合はセスナ機をチャーターする必要がある。（2019年6月現在）

🚢 **キルワ・キシワニへ**：キルワ地区役所でガイド、船の手配をして遺跡訪問許可書をもらう。手数料2万7000sh。渡し船は船の種類と人数により規定の料金を後払いする。（→P.289）

🚌 **ダル・エス・サラームから**：テメケ・バスターミナルからリンディ、ムトワラ行きでナングルクル下車。毎日6:00～13:00、1時間に1本。所要約7時間、1万5000sh。ナングルクルからキルワ・マソコまでダラダラと乗合タクシーが頻発。所要約30～40分、2000sh

リンディ、ムトワラへ：市内からナングルクル行きのシェアリングカーが頻発。所要約30～40分、2000sh。ナングルクルでダル・エス・サラーム発のリンディ、ムトワラ行きのバス（11:00～15:00の間に数本通過）に乗り換える。ただし座席がない可能性が高い。リンディまで所要約5時間。ムトワラまで所要約8時間、1万3000sh

ダル・エス・サラームへ：バス会社は違うが毎日6:00、12:00発。所要約5～6時間、1万3000sh

リンディへ：直行バスがある。1日2便。5:30、11:00発、所要約4～5時間、7000sh

見どころ

〔キルワ・キシワニ Kilwa Kisiwani〕

ポルトガル語の語源をもつ地名
ゲレザ **Gereza**

　ゲレザ(Map P.288)はポルトガル語の「教会」を意味するingrejaから借用され、スワヒリ語では監獄を意味する。本土のマソコの港からも目立つ、島のシンボル的建物である。ポルトガルが町を占領した後、つまり1505年以後に建てたと思われる。だが現在の建物はキルワ滅亡後、19世紀に新たにやって来たマスカットのイマームの時代に再建されたものである。砦のアラブ式門の台座は、午後、日が西に傾くと風がよくとおり、涼み台に変わる。

ゲレザの遺跡

当時は近郷最大のモスクだった
グレート・モスク (フライデー・モスク)
Great Mosque (Friday Mosque)

　ゲレザの南西約200m。当時はこのあたりで最大のモスクであった(Map P.288)。最初は12世紀に、シラジ王朝の創始者アリ・ビン・アル・ハッサンによって建てられたといわれる。その後、4度の増改築が行われ、現存のほとんどの建物は15世紀前半に再建されたものである。ミハラブのある方向がすなわちメッカにあたる。1958〜1960年にかけて発掘調査が行われた。この隣には、イマームまたはスルタンの住居であったと思われるグレート・ハウスがある。

世界遺産のグレート・モスク

キルワの遺跡のなかでは状態のよい
スモール・ドームド・モスク　**Small Domed Mosque**

　グレート・モスクの南西約150m(Map P.288)。装飾的な建物の遺跡で、キルワの遺跡では保存状態が最もよい。15世紀前半の建築とされ、東側の細長い部屋はコーランの教室(メドレセ)だったらしい。天井の丸ドームには、鳥がたくさんの巣をつくっている。

遺跡訪問許可書とガイドの同行が必要

キルワ・マソコの渡し舟乗り場の200mほど北側(メインロード沿い、バンダリ・ロッジ南隣)に事務所があり、料金2万7000shを支払い、許可書(実際は領収書)をもらう。島の上陸にはガイドの同行が義務付けられており、ガイドが決まっていない場合はここで紹介してくれる。ガイド料1万5000〜2万shが相場。ガイドとともに渡し船乗り場に行き、港使用料200shを支払う。渡し船は外国人料金があり、ダウ船は往復2万sh、モーターボートは往復3万shが相場。キルワ・キシワニまではモーターボートで約10分。ダウ船は風向きによる運航となる。

キルワ・キシワニ遺跡
住Map P.288
左記のほかにHouse of Portico、Jangwani Mosque、Malindi Mosque、Husuni N-dogoなどがある。

キルワの海岸

静かにたたずむマクタニ宮殿跡

飲料
飲料は持参したほうがよいが、村の売店でも買うことはできる。

フスニ・クブワ跡からインド洋を望む

キルワの魚
キルワではクロダイ、ハタ、マグロ、エビ、タコ、ナマコ、エイ、貝類など豊富な種類の魚介類が季節ごとにさまざまな漁法で取られている。鮮魚は地元で消費されるが、特産の干物は内陸部のマサシの市場を経由してマラウイ湖のあたりまで流通している。キルワの干物は品質が高く、エイの塩漬けなど独特の品もあり、ブランドとして高く売られている。近年はダル・エス・サラームから来た冷蔵トラックがタコなどを買い付けている姿も見られる。

...Access...

キルワ・マソコから：バスターミナルよりシェアリングカーが頻発。所要約30分で、定員になりしだい出発する。2000sh。交通の便がよくないため観光客も少ない。食堂もあるが、屋台の延長のようなもの。ただし新鮮な魚のスープは安くておいしい。時期により取れたてのマグロが食べられる。

大壁という名の
マクタニ宮殿 (Makutani Palace)

マクタニとはスワヒリ語でGreat Wall、つまり「長壁」＝「大壁」の意味。外壁内の敷地は約2万m²、大きな城塞のような建物で、ほぼ三角形をなしている（Map P.288）。15世紀に建てられたと思われるが、ポルトガルによって打ち壊された。現在残る外壁と建物のほとんどは、キルワが再興したとき、18世紀に建てられたものである。防塞色の強い中央の建物が、当時のスルタンの宮殿である。その西にある建物はビーチハウスで、スルタンが浜風で涼んだ所らしい。

宮殿兼交易取引所
フスニ・クブワ (Husuni Kubuwa)

ゲレザの約1.5km（徒歩約30分）東、海岸の険しい崖上に海峡を見下ろしながらそびえている、宮殿兼城塞または宮殿兼交易取引所の跡（Map P.288）。100以上の部屋をもち、ポルトガルが到着しモンバサにジーザス砦を築く以前の、東アフリカのみならず赤道アフリカ最大の建造物である。ダル・エス・サラームの国立博物館2階のキルワ室にはこの建物の再現図が大きく壁にかけられているので、見てから訪れるとよいだろう。フスニ・クブワは14世紀前半、「征服王」の異名をもつ、アル・ハッサン・イブン・スライマンの時期に建てられたものと思われる。イブン・バットゥータが訪れたのもこのときである。保存状態は悪いが、眺めは最高。

〔キルワ・キビンジェ Kilwa Kivinje 〕

18世紀後半に、キルワ・キシワニへやって来て奴隷貿易をしていたオマーンのアラブ人は、19世紀前半には取引の大半を本土へ移した。そこがキルワ・キビンジェ（Map P.227）と呼ばれるようになった。キルワ・マソコの約29km北にあり、マラウイ湖一帯などから南方ルートで運ばれてきた奴隷たちが積み出されていた所である。キルワは再び富を握り、年に2万人の奴隷がここをとおっていったという。しかしその後、イギリスの圧力のもと、1873年にザンジバルが奴隷貿易禁止令を出すと、キルワは最後まで抵抗したが、1870年代末までには奴隷貿易は中止されていった。

1886年、ドイツ領東アフリカの行政部がおかれる。その後も20世紀の前半は、この地域の中心として機能していたが、独立後はキルワ・マソコに役所が移り、今は地区の病院があるくらいで、過去の歴史のなかに埋没してしまったようである。

●キルワ・キビンジェの歩き方

町の入口の南側に地区の病院があり、そのすぐ先にマジマジ記念碑がある。1905年7月、マジマジの反乱はルフィジ川の南、マトゥビ族の地で起こった。

ドイツの徹底した焦土作戦のため約2年で終わったが、12万人もの犠牲者を出したという。1992年までマンゴーの大木があり、ここで反乱の4人のリーダーが処刑されたそうだ。木は

枯れてしまい、1993年9月に碑を建てたという。

さらに道に沿って行くと、町に入って広場に出る。ドイツ植民地時代の記念碑がある。ここを直進すれば、ジャーマン・ボマGerman Bomaに出て、港がある。東へ延びる道は魚市場に通じる。

広場と市場を結ぶ道の海寄りの一帯は、かつての繁栄の跡をとどめている。German Bomaは、2階建ての大きな建物。

港に出ると、朽ち果てていくキルワ・キビンジェそのままに、防波堤の一部は崩れたまま波に洗われ、昔、奴隷が運び出されたであろう海辺には、いつ頃からか、1門の大砲が無造作に砂に埋もれ放置されている。

マジマジ記念碑

キルワ・キビンジェの訪問にも許可書とガイドの同行が必要とされている。実際にはチェックがあるわけではないが、頭の片隅に入れておこう。許可書はキルワ・キシワニの遺跡訪問許可書と同じ事務所で手続きをする（P289参照）。料金は2万sh。

かつてのキルワ・キビンジェのメインストリートに残る朽ち果てた建造物

網の修理をする漁師

ホテル

→P.228　日本からの電話のかけ方

3つのキルワの観光の基地は、マソコが最適。安宿はバスターミナル周辺に集まる。大通りを渡り港方向へ少し行くとコテージタイプの[G] New Mjaka（ⓈⓌ7000～1万5000sh）がある。最安は[G] Hiltonだが、あまり清潔ではない。その斜め前にある[G] Nairoには、トイレ、シャワー付きのまだ新しい部屋（Ⓢ1万5000sh）がある。キビンジェにも宿はあるが不便。

[H]キルワ・パカヤ・Kilwa Pakaya H

[住]Map P.288 P.O.Box 43　Kilwa Masoko
☎023-2013253、0773747374
[HP]www.kilwapakayahotel.co.tz
[料]ⓈUS$65　ⓌUS$75（TV・冷蔵庫・トイレ・シャワー・朝食・夕食付）
[カード][V][M]

キルワ最新のホテル。パカヤは現地語で「我が家」、全20室のこぢんまりしたリゾートがテーマだ。ダウ船を改造した船をもち、釣りをはじめとしたマリンスポーツに力を入れている。特筆すべきは料理で、夕食のシーフードのコースは特にすばらしい。ベッドから朝焼けに染まるビーチを一望できる。

ビーチが目の前にある

[G]キルワ・バンダリ・ロッジ・Kilwa Bandari Lodge G

[住]Map P.288　P.O.Box　122　Kilwa Masoko
☎0713748309、0689440557
[e]info@kilwabandariloge.co.tz
[料]Ⓢ3万9000sh　ⓌⓉ4万9000sh（蚊帳・TV・トイレ・シャワー・朝食付）　Ⓢ4万9000sh　ⓌⓉ5万9000sh（蚊帳・エアコン・TV・トイレ・シャワー・朝食付）

キルワ・パカヤと同オーナーの新しい宿。部屋はモダンでおしゃれなつくり。スタッフも親切で快適。併設の[R]とバーは、アルコールの種類が多い。全室禁煙。全10室。

開放的な造り

リンディ
Lindi

市外局番　023

■ドイツは、タンガニーカを「ドイツ領東アフリカ」として、1890年より第1次世界大戦まで支配していた。

必需品
タンザニアの田舎町ではたびたび電気が止まる。懐中電灯があると安心。

ⒷCRDB BANK
住Map P.292　P.O.Box 266　☎023-2202254
営8:30～16:00（月～金曜）、8:30～13:00（土曜）日曜、祝日休
ATMあり。

郵便局
住Map P.292　P.O.Box 200
☎023-2202514
開8:30～16:00（月～金曜）、8:30～12:00（土曜）日曜、祝日休
料インターネット1500 sh/時間、1000sh/30分
日本語は読めない。

リンディはルクレディ川の河口にある、かつての奴隷積み出し港。タンザニア南部やマラウイ湖周辺から狩り集められた奴隷は、ヤオ人などの手を経て、海岸のキルワ・キビンジェ、リンディ、ミキンダニへと運ばれていた。

リンディは、スワヒリ語で「海溝」を意味する。アラブ時代の港は、ヨーロッパの植民地となってからほとんど見捨てられたように、カシューナッツの積み出し港としての地位をムトワラに奪われていった。バガモヨと同様、水深が足りなかったのだ。それでもここは、ムトワラに次ぐ、南部第2の町なのである。

美しいリンディのビーチ

リンディ

リンディの砂州

....Access....

✈ **ダル・エス・サラームへ**：Flight LinkとCoastal Aviationのチャーター機で所要約15分。費用は人数による。リンディの空港は町から北西へ約20km。
空港から市内へ交通機関はタクシーのみ。所要約15分、1万sh。

🚌 **ダル・エス・サラームへ**：バスは毎日7:00、8:00、9:00頃発。所要約7～8時間、1万5000sh

ムトワラへ：ダラダラが6:00頃から1～2時間に1便運行（定員になり次第出発）。所要約2時間30分～3時間、4000sh

キルワ・マソコへ：直行便のミニバスが毎日11:00、14:30頃に運行。所要約4～5時間、7000sh。

歩き方

ドイツ館Jengo La Makumbusho Germanは、2階建てで、湾を見渡す海岸通りの中央に位置している。スタジアム方向には古い石壁をもつ砲台跡がある。ドイツ時代の役所は同じ海岸通り、裁判所の隣に半壊のまま放置されている。

旧税関横にコンクリートの台座とネズミ返しの鉄柱が十字架のようにさらされており、その上には木造の倉庫が、完全な形で残っている。波止場の隣にあって、今も事務所として使われている。

浜に出ると右側にルクレディ川の河口があり、湾が大きくV字形をなしているのがわかる。浜では地引き網が行われており、エビ、タチウオ、タコなどが取れる。町はV字湾の奥にあり、おそらく下水を処理もせず放流しているようで、かつては美しかった海が今は濁っている。

歴史を刻む砲台跡

Papa (サメ) の肉
沿岸部の人々はサメを食べる。すぐに肉が臭くなるので、取った日のうちに食べる。キオスクで干したサメの肉を売っている場合もある。水で戻し、スープに入れて、食べる。揚げて、ライムをしぼってもおいしい。

カツレツ
ラマダンの時期の屋台や大衆食堂の店先で売られている。丸い形をしたコロッケのようなもの。スパイスが利いていておいしい。

往事を語るドイツ館

ホテルとレストラン

→P.228 日本からの電話のかけ方

Gビジョン　ホテル・Vision Hotel G

住Map P.292　P.O.Box737　☎0787009191
ⓔvisionhoteltz@yahoo.com
ⓗwww.visionhotel.com
料ⓈⓌ3万5000sh（蚊帳・エアコン・TV・冷蔵庫・トイレ・シャワー・朝食付）

英語はあまり通じないが、設備が整い、掃除が行き届いている。今のリンディの最高級クラスのホテル。

広くはないが清潔

Hマライカ・Malaika H

住Map P.292　P.O.Box 191　Mikubi St.
☎0712316145
料Ⓢ1万8000sh～（トイレ・水シャワー付）
リンディではきれいなほうのホテル。全10室。

Gコースト・Coast GH

住Map P.292　P.O.Box 102　海沿い
☎0786521412
料Ⓢ1万sh（トイレ・水シャワー共同、蚊帳付）
　Ⓢ1万5000sh（蚊帳・トイレ・シャワー付）
バスターミナルより徒歩約10～20分のビーチに面しているゲストハウス。毎朝、漁の様子が近くで見られるのが楽しい。夜間のひとり歩きは危険。全16室。

Rヒモ・ワン・Himo one R

住Map P.292　P.O.Box 514
☎0713279048
営6:30～24:00　無休
リンディで人気のレストラン。地元の人でいつもにぎわう。ワリニャマ3500sh、ピラウ4500sh、ワリサマキ4500shなどのタンザニア料理のほか、ピザなどもある。英語不可。

ムトワラ
Mtwara

市外局番　023

ムトワラはムトワラ州の州都であり、モザンビークとの国境の町。北のミキンダニ、南のムナジ湾海洋公園など、周辺には自然環境を背景とした豊富な観光資源がある。天然の良港をもつが、カシューナッツ輸出の衰退とともに経済的には停滞していた。しかし沖合での天然ガス田の開発により、パイプラインを敷設中で、現在は経済発展の途にある。のんびりした風情を味わえるのも今のうちかもしれない。周辺住民の人柄のよさは北西部のキゴマと1、2を争うほどといわれる。

ムサンガムクーとの渡し船

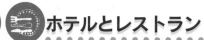
Ⓗ ザ・BNN・ロイヤル・パーム・ホテル・ムトワラ・
The BNN Royal Palm Hotel Mtwara

住Map P.294　P.O.Box 1411
☎0717026277、023-2333451
📧bnnroyalpalmhotel@gmail.com
料ⓈⓌUS$80（蚊帳・TV・冷蔵庫・トイレ・シャワー・朝食付）
カードⓋⓂ

2014年にオープンのムトワラ最高級ホテルのひとつ。ビジネスマンの利用が多い。プール、Ⓡ、バー、ルームサービスがあり、快適。Wi-Fi無料。全13室。

新しいホテル

Ⓖ ルサラン・センター・ホステル・
Lutheran Centre Hostel

住Map P.294　P.O.Box 469　町の入口の環状交差点付近
☎0686049999、0782584667
料ⓈⓌ1万sh（トイレ・シャワー共同、朝食付）
ⓈⓌ1万5000sh（トイレ・シャワー・朝食付）
ⓈⓌ2万5000sh（エアコン・TV・トイレ・シャワー・朝食付）

キリスト教系のホステルで、古いが清潔にしている。ロビーにTVがある。周囲にⓇなどもあり便利で、おすすめ宿。Wi-Fiなし。全13室。

キリスト教団体が運営

Ⓖ FL ハイ・クラス・ホテル・
FL High Class Hotel G

住Map P.294　P.O.Box 630
☎02334649
料ⓈⓌ4万sh（蚊帳・エアコン・TV・冷蔵庫・トイレ・シャワー・朝食付）

バスターミナルから徒歩5分の安宿が多く並ぶエリアにある設備の整った宿。Wi-Fi無料。全10室。

Ⓖ ラ・トルメンタ・La Tormenta G

住Map. P.294
☎0777443856
料ⓈⓌ2万sh（トイレ・シャワー付き）

FLハイクラス・ホテルの1本南の通りにあり、部屋は清潔。スタッフは英語が通じないが人柄がよく、ローカル感が楽しめる宿。全12室。

Ⓗ テン・ディグリーズ・サウス・
Ten Degrees South

住Map P.294外　Mnaida St. Mikindani
☎0766059380
📧www.tendegreessouth.com
料ⓈUS$20　ⓌUS$30（シャワー・トイレ共同、朝食付）ⓌUS$60（シャワー・トイレ・朝食付）

ミキンダニ湾近くの宿。雰囲気がよく食事もおいしいⓇ&バーを併設しており、週末は在住欧米人でにぎわう。親切な支配人のイザベルは元eco2（→P.302）のインストラクター。Wi-Fi無料。

アクティビティの拠点

Ⓗ ジ・オールド・ボマ・The Old Boma

住Map P.294外　P.O.Box 993　Mikindani
☎0784360110
📧oldboma@mikindani.com
📧www.mikindani.com
料Ⓢ50GBP（イギリスポンド）　Ⓦ70～110GBP（蚊帳・トイレ・シャワー・朝食付）
カードⓂⓋ+5%

ミキンダニにある、ドイツ植民地時代の総督府を改造したホテル。環境、サービス、食事、すべてにおいて高いレベルにある。プールあり。ムシンバティ、ルブラなどのオプショナルツアーなどの手配あり。全9室。

ジ・オールド・ボマ

Ⓡ ドバイ・Dubai R

住Map P.294　P.O.Box 541
☎0715681730
営7:00～22:00　無休

味で評判の店。クク（鳥肉）、サマキ（魚）はワリ（ライス）、ウガリが付いて5000sh。チャパティ500sh／枚。チャイ300sh。

ドバイでランチ

近郊の町と見どころ

...Access...

🚌 **ムトワラから:**ダラダラで所要約25分、500sh
🚐 **ムトワラ空港から:**タクシーのみ、所要約20分、2万sh〜

eco2
🏠Mikindani Mnaida St.
☎0784855833
📱www.eco2tz.com
バディライセンスを取得できるダイビングスクール。目の前のミキンダニ湾をはじめ、ムサンガムクー半島やムシンバティなどでのダイビング、釣り、カヤックなどのツアーや手配が可。このエリアでのアクティビティに関する情報はこちらで。

ℍRuvula Sea Safari
🏠P.O.Box 282 Ruvula
☎0682329052
💴5万sh／人（トイレ・シャワー共同）
バンガロータイプの客室。朝食5000sh、昼・夕食2万sh。全6室。

砂浜から1分泳げば別世界
（撮影者：カワシママサノリ）

〔ミキンダニ　Mikindani〕

奴隷貿易時代に栄えた歴史ある小さな町（Map P.227）。ミキンダニ湾は9世紀頃からダウ船の風待ち港として使われ、最近はダイビングスポットとして見直されている。植民地時代の遺跡が残る地区は100年前の世界に迷い込んだようだ。かつての奴隷市場はアートセンターとして再利用され、ドイツ総督府は白亜のホテルへと生まれ変わっている。海沿いのダイビングスクールeco2で、ダイビングや釣りを楽しめる。

ミキンダニ奴隷市場跡

〔ムナジ湾ルブマ河口海洋公園　Mnazi Bay - Rvuma Estuary Marine Park〕

手付かずの自然と生物多様性が評価され、ムトワラの東南、モザンビーク国境にほど近いムナジ湾地域に2000年に設置された海洋公園（Map P.227）。陸海合わせて650km²の面積をもつ。19の村があり、ムシンバティとルブラには美しい白砂のビーチが広がっている。ビーチから海に入るとすぐに珊瑚礁となり、手軽にシュノーケリングが楽しめる。3〜7月はアオウミガメの産卵、7〜11月は生まれたての子供と遊ぶザトウクジラ、年間を通してはイルカの群れを見ることができる。バスの運行はムシンバティ村まで。唯一の宿泊施設ℍRuvula Sea Safariはルブラ村にある。ルブラ村入口付近のマリンパークゲートで、入場料US$20／泊を支払う（10:00〜17:00）。村内で英語が通じるのはほぼこのゲートの職員のみと思ったほうがよい。必要な情報はここで仕入れよう。シュノーケリング用品のレンタル、ボートの手配、ツアーのアレンジもマリンパークの事務所で可能。

〔ムサンガムクー半島　Msangamkuu Peninsula〕

ムトワラ湾の対岸に延びる半島（Map P.294）。美しいサンゴ礁のビーチがあり、シュノーケリングも楽しめる。ムトワラ湾には9月のシーズンになるとクジラが姿を現す。まだ泳ぎの下手な子クジラに、穏やかな湾内で泳ぎ方を教えているかのように見える。

...Access...

🚌 **ムシンバティへ:**ムトワラ市場横のバス乗り場から毎日8:00〜15:00の間に4台のバスが2都市間を往復している。所要約1時間30分、2500sh。ムシンバティからルブラまでは徒歩約1時間半またはバイクタクシーで5000sh。4WD車のチャーターがℍジ・オールド・ボマにて可能。欧米人観光客がよく利用している。1人15万sh程度。

🛥 **ムサンガムクー半島へ:**町の北の教会を左側に回り込み、ムトワラ湾の浜辺に下りると、フェリーが出ている。所要約20分、300sh。朝夕は頻発だが、昼間は2時間に1便くらい。

ルワンダ

Ruwanda

ジェネラル インフォメーション

ルワンダ の基本情報

▶旅の言葉→ P.387

国 旗
青色は青空と希望を、黄色は平和と協調を、緑色は豊かな農業と繁栄を象徴し、右上に輝く太陽は、国民の団結と未来への明るい展望を表している。

正式国名
ルワンダ共和国
Republic of Rwanda

面 積
約 2.63 万 km²

人 口
約 1220 万人 (2017 年国連人口部)

首 都
キガリ Kigali　人口約 103 万 1992 人 (2012 年)

元首
ポール・カガメ (Paul Kagame) 大統領 (2019 年 6 月現在)

政 体
共和制 (二院制)

民族構成
ツチ族、フツ族 (民族の区別は公的に存在しないため、公の場でこの単語を口に出してはいけない)

宗 教
キリスト教 (カトリック、プロテスタント)、イスラム教ほか

言 語
英語 (公用語)、ルワンダ語、スワヒリ語、フランス語 (キガリや観光地では英語)

祝 祭 日

1月1日	新年	7月1日	独立記念日
2月1日	国家英雄の日	7月4日	解放記念日
4月7日	ジェノサイド記念日	8月15日	聖母マリア被昇天祭
4月14日 ('17)	グッドフライデー ※	12月26日	ボクシングデー
5月1日	メーデー (労働者の日)	※毎年異なる移動祝祭日	

通貨と 為替レート

▶通貨、両替の知識 → P.329

▶旅の予算→ P.332

単位はルワンダ・フラン (RF)。首都や観光業ではUSドルも流通。紙幣は500、1000、2000、5000RF、硬貨は1、5、10、20、50、100RF。USドル以外の換金レートは悪く、古いドル紙幣は換金不可。2006年以降発行の100USドル紙幣が好まれる。小額紙幣の換金レートは悪い。両替所は市内各所にあり。

為替レート
1ルワンダ・フラン (RF) ＝約0.118円
US$1＝約917.6RF (2019年7月1日現在)

| 1000RF | 2000RF | 5000RF |

日本からの フライト時間

日本からの直行便はない。成田国際空港や関西国際空港からエチオピア航空のコードシェア便などが乗り継ぎでキガリへ着く便を運航している。総飛行時間は約25時間。

電気＆ビデオ

電圧とプラグ
230V、50Hz。日本の電化製品のほとんどは変圧器がないと使用不可。プラグの形状は C、E/F タイプ。

ビデオ、DVD 方式
日本と異なる PAL・SECAM 方式。DVD は日本のリージョンコードは 2 なので購入する際はリージョンフリーかオールリージョンの物を。

電話のかけ方

▶通信事情→ P.336

日本からルワンダへかける場合

例 キガリ (0252) の 345678 へかける場合

国際電話会社の番号	＋	国際電話識別番号	＋	ルワンダの国番号	＋	一律 (市外局番なし)	＋	相手先の電話番号
001 (KDDI) ※1		**010**		**250**		**252**		**345678**
0033 (NTTコミュニケーションズ) ※1								
0061 (ソフトバンク) ※1								
005345 (au 携帯) ※2								
009130 (NTT ドコモ携帯) ※3								
0046 (ソフトバンク携帯) ※4								

※1「マイライン」「マイラインプラス」の国際区分に登録している場合は不要。詳細は、http://www.myline.org/
※2 au は 005345 をダイヤルしなくてもかけられる。
※3 NTT ドコモは事前に WORLD WING に登録が必要。009130 をダイヤルしなくてもかけられる。
※4 ソフトバンクは 0046 をダイヤルしなくてもかけられる。
※ 携帯電話の 3 キャリアは「0」を長押しして「＋」を表示し、続けて国番号からダイヤルしてもかけられる。

国土のほとんどが海抜 1000 ～ 4500m の丘陵地の内陸国で、面積約 2 万 6338km^2（四国の約 1.5 倍）。北部のヴィルンガ火山群は朝夕 10℃以下になることもある山岳性熱帯雨林で、東部は 1 年中温暖な熱帯サバンナだが、南部のニュングウェの森では霜が降りることもある。

気候は雨季は 3 ～ 5 月と 10 ～ 11 月で、乾季は 6 ～ 8 月と 12 ～ 2 月。

キガリと東京の平均気温と降水量

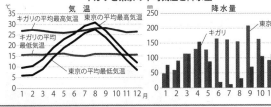

気温

- キガリの平均最高気温
- 東京の平均最高気温
- キガリの平均最低気温
- 東京の平均最低気温

降水量
- キガリ
- 東京

気 候

▶旅の準備と道具 → P.323

GMT+2 で、日本との時差は－ 7 時間。つまり日本が正午 12:00 の時、朝 5:00。　サマータイムは採用されていない。

時差とサマータイム

日本までは、はがき 500RF、封書 2000RF、キガリから最低約 14 日かかる。EMS（1kg まで）は、2850RF。国際宅配サービスは非常に割高だが、書類郵送も郵便局より確実性がある。

郵便

政府の治安維持対策により、治安情勢は比較的安定しているが、2010 年～ 2014 年に、キガリ市内を中心として手りゅう弾を使用した事件が散発し、多数の死傷者が出ている。また、隣接するコンゴ民主共和国東部とブルンジの治安情勢の悪化の影響を受けて、ルワンダの情勢が急変する可能性もある。

それを受けて、ルワンダ国防軍は国境の警備を強化しており、兵士や軍事車両の撮影を行うとカメラを没収されることもある。

警察 999　交通 113　救急 112　消防 111

安全とトラブル

▶旅の安全情報→ P.348

ビザとパスポート

入国にはパスポートとビザが必要。空港や国境到着時に 30 日間有効のアライバルビザ取得（US$30）も可能。ただし、事前にネットで申請（HPwww.migration.gov.rw）しておくとよい。また延長手続きに手間がかかる。

入出国

入国カードと税関申告書の記入が必要。

ビニール袋（ポリ袋）持ち込み禁止。ビニール袋は税関で没収されるので、免税品や手荷物は手提げバッグなどに入れる。ルワンダへの入国時点での有効期間内の黄熱病予防接種証明書（イエローカード）の提出が必須。また、ルワンダの国際空港で予防接種を受けることも可能（US$40）。出国時、キガリ空港使用税 US$10 は通常、航空券に含まれている。

入出国

▶出発までの手続き→ P.312
▶入出国と税関 → P.317

ルワンダから日本へかける場合　　例 (03)1234-5678 または (090)1234-5678 へかける場合

※ホテルの部屋からは、外線につながる番号を頭に付ける

国際電話※ 識別番号 **000**	+	日本の 国番号 **81**	+	市外局番と携帯電話の 最初の 0 を除いた番号 **3 または 90**	+	相手先の 電話番号 **1234-5678**

▶ルワンダ国内通話　ルワンダは市外局番がなく、固定電話はすべて 0252 から始まる。国内同士は相手先の電話番号をそのままダイヤルするだけでよい。

キガリ
Kigali

共通局番　0252

在ルワンダ日本大使館
Map P.301:1-B　Plot 1236 Kacyiru South Gasabo テレコムハウス斜め向かいの青いガラス張りビルの4〜5階。
☎0252-500844
FAX 0252-500885
www.rw.emb-japan.go.jp

■ジェノサイド（大虐殺）は今も人々や社会に暗い影を落としている。現政府はツチ族とフツ族の民族名の使用を禁止しており、外国人旅行者もうかつにこれらの単語を交えて虐殺の会話はできない。政府は反政府活動や不用意に政府を批判する行動を厳しく取り締まっている。一方、治安はほかの東アフリカ諸国に比べて格段によく、旅行者にもありがたい。

どこまでも続く緑豊かな山々に囲まれた小さな内陸国、それがルワンダ。そのルワンダの首都であり、キガリ山麓に広がる面積約730km²、人口150万人を超える大都市がキガリだ。「千の丘の国」といわれるルワンダのなかでも小高い丘を抱える坂の多い町である。

キガリの中心部

 歩き方

キガリの中心部はタウンあるいはムムジ（ルワンダ語で"町"）と呼ばれる所で、小高い丘の中腹にある。ここでいちばん目立つのはKigali City Towerで、中には24時間営業のスーパーNakumattや映画館が入っている。また付近にはUnion Trade Centerというショッピングモールもあり、ここにもNakumattが入っている。携帯電話会社も入っているので、ルワンダで携帯電話が欲しければ、ここで3つの携帯会社を比べながら買うとよいだろう。

交通の中心地はNyabugogo Bus Terminalで、町の北部地域の低い平地にあり、国際バスから国内のバスまで、ほぼここから出ている。町中心部からこのバスターミナルへはバイクタクシーが一番安くて早い。後部座席もヘルメット着用義務があるが、車間をぬって走るので、事故も多く、夜遅くの利用はドライバーが物盗りになる話も聞くのですすめない。

...Access...

✈ 日本からはドバイ、アディスアベバなど経由の乗り継ぎ便がある。Rwanda Airlines、Kenya Airlineなどが隣国との間を結んでいる。
○空港〜キガリ市内の交通手段
　エアポートタクシー：セダンで車体に会社名の塗装のあるもの。値段は固定制で、空港からタウン地区まで約1万RF。キガリ市内から空港までのタクシー代は交渉してもよいが、ほとんどのタクシーはメーターが

ついている。
🚌 路線はかなり充実している。ウガンダの首都カンパラまでの国際バスもある（Kampala Coach, Horizon, Starways, Jaguar）。所要約10時間、約8000RF。
　国内の各主要都市間には数社の中型バス会社が運行している。中型バスは座席数以上の人数を乗せないので快適。タクシーもメーター制で安心。バイクタクシーもあり、乗客は必ずヘルメット着用が義務付けられている。

見どころ

『ホテル・ルワンダ』の舞台
ホテル・ミル・コリンズ　**Hotel Milles Collines**

　小説や映画の『ホテル・ルワンダ』として登場する、虐殺を逃れた人々をかくまったシーンの舞台となったホテル。現在の名はHotel Milles Collines。映画は南アフリカで撮影されているので、映画の面影はまったくない。最近ルワンダに来る人は、この映画を観てルワンダに関心を持った人が多いが、この映画が、ルワンダ国民から支持されていないことは知っておくべきだろう。映画では主人公がヒーロー仕立てになっているが、実際は、お金を受け取って逃げてきた人たちをかくまったので、結局美談ではないという。（ホテルデータはP.302へ）

虐殺を忘れないために開いた
キガリ虐殺記念館　**Kigali Genocide Memorial**

　1994年に発生した、多数派フツ族による、少数派ツチ族と穏健派フツ族の約200万人ともいわれる人々の虐殺を記録した博物館。英語、フランス語、ルワンダ語による解説がある。虐殺の遠因の分析から、虐殺の引き金となった事件、虐殺の実態という流れで展示されている。世界における虐殺の例も挙げられている。虐殺された無数の子供たちの写真が並ぶ部屋は、胸を打たれる。庭には遺体を埋めた墓地が広がっている。

ホテル・ミル・コリンズ
住Map P.301:1-A 2KN
6th Ave. Kiyovu
☎0252-576530/41
HPwww.millecollines.net

キガリ虐殺記念館
住Map P.301:1-A外
Gisozi地区
☎0788303098
開8:00〜17:00（毎月最終土曜は13:00〜17:00）
料無料（寄付を集めている）、撮影可（US$20／台）
HPwww.kgm.rw
交ムムジから305番Nyabugogo方面行きバスでギソジGisozi下車後、徒歩約5分。ムムジから所要約20分、230RFガイド及びオーディオガイドは有料。受付で申し出る。カタログ販売もあり。

悲しい過去を物語る

ルワンダ

キガリ

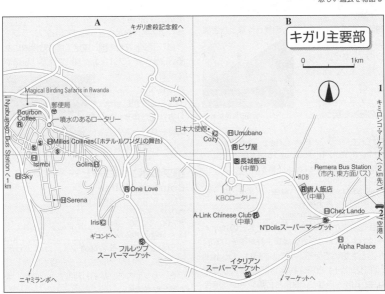

庶民の生活があふれる
キミロンコ・マーケット `Kimironko Market`

キミロンコ・マーケット
住Map P.301:2-B外
KG11 Ave. Kimironko
営8:00〜20:00　毎月最
終土曜の午前と祝日休。
交Amahoro Stadium方面
行きバスでKimironko
Market下車。

　食材から布地、洋服、おみやげなどあらゆるものが手に入る
マーケットで、非常に混雑していることが多い。そのほか、お
もに食材を売る市場がNyabugogoもNyabugogo Bus Terminalの
近くにある。
ほかの東アフ
リカの国々の
マーケットよ
り整然として
いる。売り子
は外国人にも
あまり吹っ掛
けないのが気
持ちよい。

庶民の暮らしが垣間見られる

🏢 🍴 ホテルとレストラン →P.298 日本からの電話のかけ方

H ミル・コリンズ・H Milles Collines
住Map P.301:1-A　P.O.Box 1322 2KN 6Ave.
☎0252-576530/41
Einfo@millecollines.net
HPwww.millecollines.net
料SUS$280　WUS$300（エアコン・トイレ・
シャワー・朝食付）
カードMV

映画『ホテル・ルワンダ』の舞台になった老舗
の人気ホテル。タウ
ンのすぐそばにあり、
立地もよい。Wi-Fiあ
り。R、バー、プー
ル、テニスコートな
どの施設も整う。

老舗の貫禄がある

H シェ・ランド・Chez Lando
住Map P.301:2-B　P.O.Box 1519 KG 201 St.
302番バスでHChez Lando下車すぐ
☎0252-589804
料SUS$71　DUS$94（蚊帳・トイレ・シャワ
ー・朝食付）　カードMV
HPwww.hotelchezlando.com

植民地時代からあるホテル。もともとのオーナ
ーはカナダ人だったが、虐殺された後その家族
があとを継いでいる。ホテル内Rは、Brochett
（ブロシェット）と呼ばれる、ルワンダ人が好き
な牛、山羊、魚などの串焼きと鶏や魚の丸焼き

が有名。これをチップス（フレンチフライ）や
焼きバナナと一緒に食べる人が多い。

R ワンラブ・One Love
住Map P.301:2-A　P.O.Box 3032 Ave. des
Poids Lourds Gasabo　302番バスでKimihurura
下車、徒歩約5分
☎0788517331　営12:00〜24:00
HPwww.onelove-project.info

歩行障害者に義足を送り続けているワンラブ・
プロジェクト直営のR。義足工場の敷地内にあ
る。Brochett（ブロシェット）やウガリを鶏や
牛や野菜ソースと一
緒に食べる。ブルン
ジ人シェフがしっか
り煮込んだ牛や山羊
のソースはとてもお
いしい。Gも直営。

開放的な造りの店内

R ブルボン・コーヒー・Bourbon Coffee
住Map P.301:1-A　Kigali City Tower内
☎0789777773
営7:00〜22:00　無休
HPbourboncoffee.rw

ルワンダで最も有名なカフェ。カフェラテ
2500RF。オリジナルのコーヒー豆も販売して
いる。カフェ内ではWi-Fiも利用でき、便利。落
ち着いた雰囲気。

フイエ

Huye

キガリから車で約2時間30分、南部州に位置するフイエは人口約30万を抱えるルワンダ第2の都市。以前はブタレと呼ばれ、ジェノサイドを機にフイエと名称を新たにした。1987年に建てられた国立民俗博物館をはじめ、ルワンダ唯一の国立大学や東アフリカで最大級のブタレ大聖堂などがあり、学術都市として栄える町である。特産品のコーヒーは、国際品評会で毎年数々の賞を取っており、ルワンダの中でも名産地として有名。近年のコーヒーブームの象徴となった2015年上映の映画『A film about coffee』に出演しているHuye Mountain Coffeeが開催するコーヒーツアーもあり、コーヒー好きにはたまらない。

フイエの中心地

共通局番　0252

…Access…

🚌 キガリから:
Nyabugogoバス停からHorizon Express、Sotra Tours、Volcanoのいずれかのバス会社でHuye行きに乗車、Huyeまで所要約2時間30分、2510RF。6:00〜19:30の間、30分毎に運行。

ウムガンダ
月末の土曜日、8:00〜12:00の間に行われる清掃と修理の行事。全国民が参加するため国内のすべての交通は禁止される。虐殺後の国民和解が政府の大プロジェクトであり、家族を失った人々に対するコミュニティワークとして家の建築や修理をウムガンダで行うこともある。外国人旅行者は参加自由。

🐻 歩き方

フイエのバス停からRN1通りを北東に約200m進むと国立民俗博物館へ、南へ約1km進むと町の中心へ、北西ニャマガベ方面に向かうRN6通りを約5km進むとコーヒーツアーで有名な🆁Huye Mountain Coffeeに行き着く。

町の中心には🅷Ibisがあり、その向かいの分岐路を西に進むとマーケットへ、さらに進むとコーヒーツリーの絵が壁に描かれた評判のカフェ🆁Café Connexion、その先に地元特産物を扱うアイスクリーム屋🆁Inzozi Nzizaがありフイエの観光スポットになっている。また、カテドラル通りAve. de la Cathedralにはブタレ大聖堂がある。

ブタレ大聖堂

ルワンダ国立民俗博物館
🏠Map P.304:2-B
P.O. Box 630 Huye District フイエバス停から徒歩約1分。
☎0730741093
🕐8:00〜18:00（毎月最終土曜11:00〜18:00）4月7日は休み。
🎫6000RF（子供3000RF）撮影可（2000RF／台）
📧info@museum.gov.rw
🌐museum.gov.rw
🚌Huyeバス停より、徒歩約3分。

🎭 見どころ

伝統的な人々の暮らしを展示
ルワンダ国立民俗博物館
Ethnographic Museum of Rwanda

フイエのバス停に建つルワンダ最大の民俗博物館。ルワンダ各地の家屋の模型や生活道具、武器などが展示されている。道具などの種類ごとに展示され、民族ごとの生活様式がわからないようになっている。これは、ジェノサイド（大虐殺）以降、民族を区別することが禁止されたためだという。展示そのものは照明が明るく見やすい。

ルワンダ国立民俗博物館

フイエ・マウンテン・コーヒー

フイエ・マウンテン・
コーヒー
⌂Map P.304:1-B
P.O.Box 103 Gako Huye
District Southern Province
☎0788303678
⏰ツアーは、10:00〜と
14:00〜の1日2回、所要
約3時間。無休
💰US$30(2万2500RF)、
撮影可
📧info@huyemountain
coffee.com
🌐huyemountaincoffee.com
🚌Huye バス停よりHorizon
Express、Sotra Tours、
Volcanoのいずれかの
Nyamagabe行きバスで乗
車、途中のGako で下車後、
徒歩約1分。所要約10分、
510RF。バスは6:00〜
19:30の間に運行。
ツアー参加は、3日前まで
の予約が望ましい。

コーヒー農園へようこそ

ルワンダコーヒー発祥の地で体験ツアー

フイエ・マウンテン・コーヒー
Huye Mountain Coffee

　ルワンダのスペシャリティコーヒー発祥地フイエ。その特産
コーヒーの生産から加工、そして飲むまでの工程を、体験型ツ
アーで一気に楽しめる。フイエマウンテンコーヒーが経営する
タレ山（標高1900m）の農園を訪ねながらコーヒー生産のノウ
ハウをガイドが英語でわかりやすく説明してくれる。山頂付近
でのロースティング体験はコーヒーの香りでとても心地よい。
フイエが一望できる絶景の写真スポット、加工場、最後にプロ
のカッパー（品質を見極める人）とテイスティングができる魅
力たっぷりのツアーだ。

ガイドの話に耳を傾ける観光客

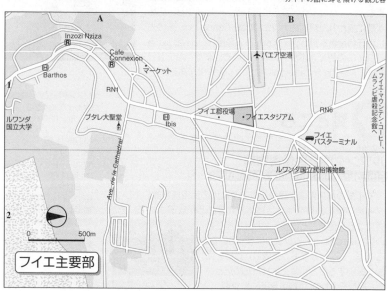

フイエ主要部

地図内のラベル：

Inzozi Nziza
Cafe Connexion
マーケット
Barthos
RN1
バエア空港
ルワンダ国立大学
タレ大聖堂
Ibis
フイエ郡役場・フイエスタジアム
RN6
フイエ・マウンテン・コーヒー、ムランビ虐殺記念館へ
フイエバスターミナル
ルワンダ国立民俗博物館
0　500m

虐殺の悲惨な歴史を物語る

ムランビ虐殺記念館
Murambi Genocide Memorial Center

1995年に設立されたこの記念館は、1994年に起きたフツ族によるツチ族に対するジェノサイドの悲惨さを物語る場所として有名である。もともとMurambi Technical Schoolという学校で、大量のツチ族が避難所と嘘をつかれて連れて来られ、5万人以上の死者を出した現場がそのまま記念館になっている。植民地時代からジェノサイドにいたる歴史的背景を追ったパネルや犠牲者の遺影が展示され、無数のミイラ化した犠牲者の遺体が安置された部屋で、虐殺のむごたらしさを衝撃的に語りかける。

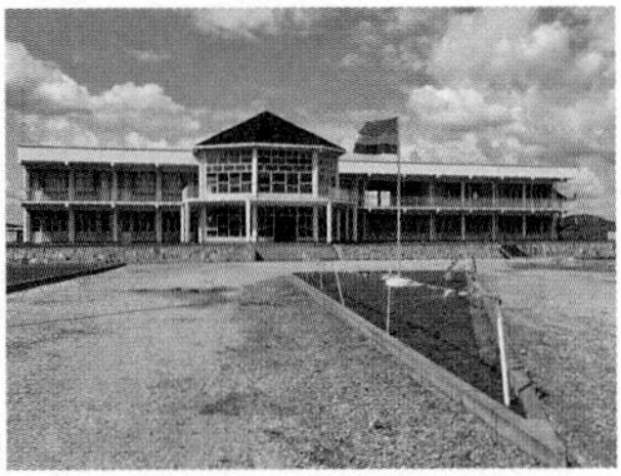
当時の学校の面影が残る虐殺記念館

ムランビ虐殺記念館
[住]Map P.304:1-B Nyamagabe District, Southern Province Rwanda
[開]8:00～16:00、祝日休
[料]無料、写真撮影不可
[交]Huye Bus StationよりHorizon Express、Sotra Tours、Volcanoのいずれかのバス会社からNyamagabe行きに乗り、終点で下車(所要時間30分、510RF)。Nyamagabeからバイクタクシーに乗り記念館へ(所要約10分、約500RF)。周辺は人どおりが少ない山道なので、行きのバイクタクシー運転手の電話番号を聞いて呼べるようにするとよい。

ホテルとレストラン

→P.298 日本からの電話のかけ方

[H]イビス・H Ibis
[住]Map P.304:1-A　P.O. Box.103 RN 1
☎0788323000
[料]Ⓢ1万5000RF　Ⓦ2万1000RF(トイレ・バス・朝食付)

町の中心に位置し、スーパーも近くて便利。設備が整っている。Wi-Fi可。稀少な生ビールが飲める[R]も併設されており多くの外国人観光客でにぎわう。

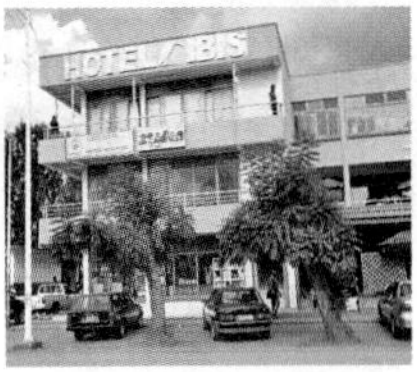

町の中心にある[H]イビス

[H]バルソス・Barthos H
[住]Map P.304:1-A　P.O. Box.103 RN 1
☎0786022299
[料]Ⓢ1万RF　Ⓦ1万5000RF(トイレ・バス・朝食付)

町の中心から徒歩約10分、ルワンダ国立大学に隣接するホテル。Wi-Fi可。部屋はこぢんまりとしているが、清潔で過ごしやすい。

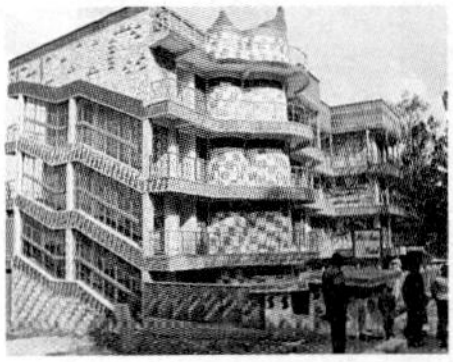
大学に隣接する

[R]カフェ・コネクション・Café Connexion
[住]Map P.304:1-A　RN1 Ngoma
☎0786120712
[HP]www.cafeconnexion.com
[営]8:00～19:00(月～土曜)・10:00～19:00(日曜)

スイス人オーナーが経営する本格的な自家焙煎カフェ。大きな焙煎機でルワンダ国内から厳選された豆だけをていねいに焙煎して提供する。ルワンダいちおいしいと外国人観光客からも評判が高い。カフェラテ500RFと値段も手頃。

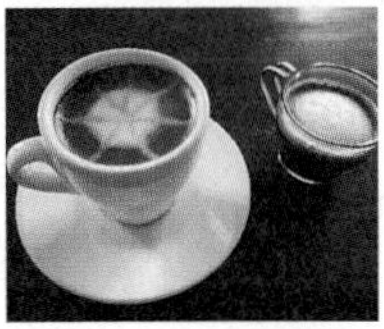
ていねいに入れられたカフェラテ

[R]インソジ・ンジザ・Inzozi Nziza
[住]Map P.304:1-A　RN1 Ngoma
☎0788414091
[営]7:00～19:00(月～金曜)・9:00～22:00(土・日曜)

ルワンダ初のアイスクリーム屋で、女性就業支援を目的につくられた店。地元フイエで採れたコーヒー、パッションフルーツなどの食材を使ったアイスクリームは絶品で、日替わりで2種類提供している。小サイズ600RF。

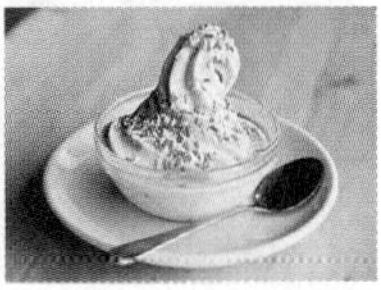
トッピングでさらにおいしく

キブ湖
Lake Kivu

共通局番　0252

...Access...

キブ湖への拠点となる町はギセニ、キブイエ、ブヒンガとなる。

キガリからギセニ：
Impala、Sotra Tours、Omega、Kigali Coachなどのバス会社から、6:00〜15:00の間に1時間毎に1本運行。所要約3時間30分、3000RF

キガリからキブイエ：
Impala、Capitalなどのバス会社が運行。所要約2時間45分、2600RF

キガリからブヒンガ：
Impala、Sotra tours、Omega、Kigali Coachなどのバス会社が、ニュングウェ・フォレストN.P.経由で運行。所要約5時間、6000RF。キガリからニュングウェ・フォレストN.P.までは、所要約4時間、同じく6000RF。

魚採りの予約
漁業組合COOPAT
☎0781146927
料US$70(体験ツアー)
US$30（ガイド）
開18:00〜24:00
交P.306のアクセス参照

南北89km、最大幅48km、表面積2700km²、水深平均約240mの、標高1460mに位置するルワンダで最大の淡水湖であり、コンゴとの国境が湖上をとおっている火山湖である。ここの湖はコンゴ川に流れ、大西洋に注いでいる。風光明媚な岬が入り組み、今後新しいリゾート地となってゆくだろう。

漁業が盛んで、特にサンバーザ採りが有名。巨大な四手網を夜間仕掛けておき、翌朝それを引き揚げる。漁業組合に予約をすれば、観光客も網の引き揚げが体験できる。

キブ湖の拠点となるルワンダ側の最大の町ギセニは、キガリからバスで約3時間30分。リゾートホテルや温泉があり、コンゴ・ナイル・トレイルの名で知られた観光地もある。キブ湖沿いをさらに10kmほど南下したキブイエKibuyeは、ギセニGisenyiより静かでのどかな雰囲気が漂う。ここからはコンゴのゴマへのフェリーもあり、湖の島を巡回する船が1週間に2回運行されている。

サンバーザ採りが有名なキブ湖

 見どころ

国境のリゾート地
ギセニ Gisenyi

キブ湖にあるコンゴとの国境がある町。キブ湖岸はリゾートホテルとレストランが立ち並び、プライベートビーチのあるリゾートホテルもいくつかある。国境には車用と人用のイミグレーションが2ヵ所ある。コンゴからの物資の買い出しのため町は繁栄し、首都よりも豊かなように見える。

植民地時代の建物が多く残る

新しい観光スポット

コンゴ・ナイル・トレイル

Congo Nile Trail

コンゴ川の源流となっているキブ湖の東岸の景勝の地を散策するコースで、2016年6月現在道路整備中であり、完成のあかつきにはルワンダの新しい観光地として脚光を浴びるだろう。

スタートはコンゴとの国境の町、ギセニ。そこから10kmほど南下し数々の漁村やコーヒー農園等を縫ってキブイエへ。この中間点からさらに南下し、ブヒンガBuhinga経由でカメンベKamenbeにいたる。

小島や岬が入り組み非常に美しい。ルワンダで有名なキブエビールもここで生産されている。

主要コースは約227kmに及び、標高は1460～2360mの高低差900mのコースである。キガリからギセニまで約167km、バスで所要約3時間30分。ブヒンガからニュングウェ・フォレストN.P.経由でキガリまで約5時間。

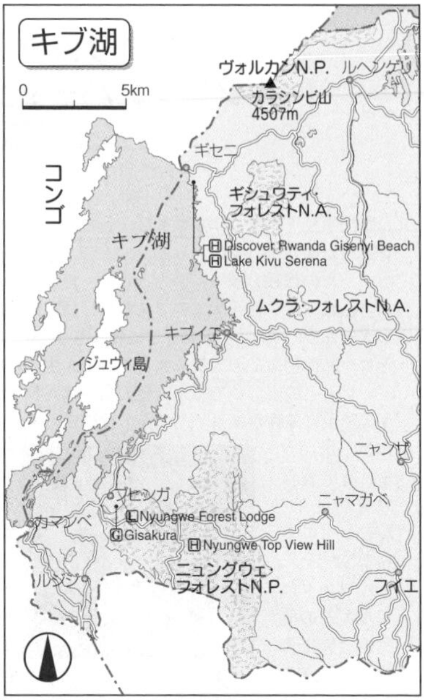
キブ湖
0
5km
ヴォルカンN.P.
ルヘンゲリ
カラシンビ山
4507m
ギセニ
コンゴ
ギシュワティ・
フォレストN.A.
キブ湖
[H] Discover Rwanda Gisenyi Beach
[H] Lake Kivu Serena
ムクラ・フォレストN.A.
キブイエ
イジュヴィ島
ニャンザ
ブヒンガ
ニャマガベ
カマンベ
[L] Nyungwe Forest Lodge
[G] Gisakura
[H] Nyungwe Top View Hill
ニュングウェ・
フォレストN.P.
ルシジ
フイエ

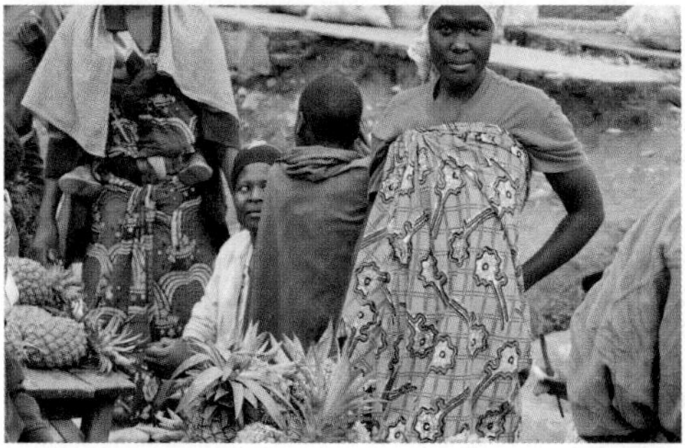
トレイル沿いのルワンダの農村

コンゴ・ナイル・トレイル
[交]P.306のアクセス参照

ギセニ～キブエ～カマンベの船
カマンベ発：火・金曜
カマンベ7:00発→キブイエ13:00着→ギセニ16:00着
ギセニ発：日・水曜
ギセニ7:00発→キブイエ10:00着→カマンベ16:00着
[料]カマンベ～キブイエ3500RF
キブイエ～ギセニ3000RF
カマンベ～ギセニ6000RF

ホテル

→P.298 日本からの電話のかけ方

[H]レイク・キブ・セレナ・Lake Kivu Serena H

[住]Map P.307　P.O. Box 7469 Rubavu Gisenyi
☎0788200430
[料]ⓈUS$210　ⓌUS$275（蚊帳・TV・エアコン・トイレ・シャワー・朝食付）
[カード][A][D][J][M][V]
[HP]www.serenahotels.com/serenalakekivu

アフリカで6番目に大きいキブ湖畔に建つ高級ホテル。首都キガリやゴリラで有名なヴォルカン国立公園にも車で数時間という立地。[R]や屋外のバーからの眺望がよい。プールや豪華なジムなどもあり、リゾート気分を味わえる。Wi-Fi無料。全66室。

[H]ディスカバー・ルワンダ・ギセニ・ビーチ・Discover Rwanda Gisenyi Beach

[住]Map P.307 266 Avenue des Fleures Rubavu Gisenyi
☎0781586272
[料]ⓈUS$40　ⓌUS$50（トイレ・シャワー・朝食付）ⒹUS$17（トイレ・シャワー共同、朝食付）

クラシックな建物を使った経済的な宿。朝食付き。ギセニビーチGiseni Beachに近い。全8室。

東アフリカで活躍する日本人①
ルワンダ人パートナーとNGOを立ち上げ、障害者支援活動を行っている

文：ルダシングワ真美

専門学校を卒業し、就職をしたものの、25歳を過ぎた頃から人生に焦り始め、そこから逃げ出すための作戦を練っていたところ、地球の歩き方に載っていた「ケニアでスワヒリ語を勉強しませんか?」という記事が目に留まりました。それが私の初めてのアフリカ、そして人生のパートナーとの出会いでした。その男性はルワンダ人で足に障害があり、その人の役に立ちたいという思いから、義足製作の修行をし、ルワンダに渡りました。

ルダシングワ真美さん

ルワンダはベルギーの植民地政策による民族対立のためジェノサイド(大虐殺)が起こり、1994年には100万人以上の人が殺されました。またそれにより体に障害を負った人たちがたくさんいます。彼らを支援するため、首都キガリに義肢製作所を設け、1997年から義足製作を中心に、職業訓練・障害者スポーツなどの促進を行っています。

大虐殺後、ルワンダは目覚しい発展を遂げ「アフリカの奇跡」とも呼ばれる国になりましたが、社会的弱者である障害者の生活は昔とあまり変わっていません。義肢製作所では日本で勉強をしたルワンダ人の義肢装具士たちが、義足を作っています。工夫をしながら「どんな義足を作ろうか?」と、患者さんに対応をしています。義足を履いた患者さんは、最初は恐々と歩いていますが、慣れてくると笑顔も出て、その笑顔を見ることが私たちの喜びとなっています。2000年には当団体の働きかけによって、ルワンダ初のパラリンピック出場を成し遂げました。今の目標は東京パラリンピックへの参加です。

この活動は日本の人たちの寄付に支えられている部分が大きいですが、活動の

人生のパートナーとの運命的な出会い

さまざまなサイズの義足が並ぶ

自立を求め、ムリンディ・ジャパン・ワンラブ・プロジェクトはレストランとゲストハウスの運営も行っています。レストランにはルワンダの人のみではなく、外国からのお客さまもみえます。

義足を製作中

ルワンダに来た際は、ムリンディ・ジャパン・ワンラブ・プロジェクトの工場の見学、レストラン、ゲストハウスへどうぞ。皆さまの参加がムリンディ・ジャパン・ワンラブ・プロジェクトの支援となります。

●ムリンディ・ジャパン・プロジェクト
住Map .P.301:2-A　P.O.Box 3032
Ave. des Poids Lourds Gasabo（R ワンラブと併設）
e onelove@rwanda1.rw
HP www.onelove-project.info/
ブログ HP oneloverwanda.blog105.fc2.com/
交 キガリの Nyabugogo バスターミナルから302番バスで Kimihurura 下車、徒歩約5分

旅の技術

旅を知らない人の最初のアフリカ

行きつくした人の最後のアフリカ

打ちのめされて

また　アフリカに帰っていく

東アフリカへの道

航空情報

●日本から直接東アフリカへ行くには

日本から東アフリカへの直行路線は、エチオピア航空が唯一運航（香港経由）している。日本を夜出発し、約16時間の飛行後、翌朝にはアディスアベバに到着するので、時間も有効に使える。アディスアベバまで行けばほかの東アフリカ諸国へも約2～3時間で行けるので非常に便利だ。また、いくつかの航空会社が乗り継ぎ便を運航している。

便数や就航都市が多く、飛行時間も比較的短くて済むのが、日本の各空港に就航しているエミレーツ航空やカタール航空、エティハド航空などアラブ湾岸諸国系航空会社だ。日本を夜出発して翌朝乗り継ぎ、翌日の午後に東アフリカに着くのが一般的。飛行時間の平均は17時間ぐらい（乗り継ぎの待ち時間は除く。以下同じ）。さらに事前に準備をしておけば、ドバイやドーハ、アブダビなどでストップオーバーすることも可能だ。

ほかにヨーロッパ系航空会社では、KLMオランダ航空がアムステルダム経由で東アフリカ各地に比較的多くの便を就航している。ナイロビまで20時間弱（往路）と、飛行時間が長くなるのがデメリット。

ほかにもアエロフロート・ロシア航空、トルコ航空、エール・フランスなどが、日本発の東アフリカ乗り継ぎ便を運航している

アフリカへ行く翼のひとつ、エミレーツ航空

●おもな航空会社

・エチオピア航空
HP www.flyethiopian.com
・エミレーツ航空
HP www.emirates.com/jp/japanese
・カタール航空
HP www.qatarairways.com/jp
・エティハド航空
HP www.etihad.com/ja-jp
・ケニア航空
HP www.swa-air.com/kenya_airways/
・KLMオランダ航空
HP www.klm.com/home/jp/ja

いかに安く行くか

●時間があり、できるだけ安く行くには？

東アフリカ行きの格安航空券は日本だけではなく香港、バンコク、ムンバイ、ロンドンなどでも購入できる。エチオピア航空は、日本からの直行便もあるが、これらの都市からもアディスアベバ直行便を運航している。

だが、日本での航空券購入より割安とはいいきれない。事前にウェブサイトで外国の都市発の航空券の料金を調べて格安航空券を購入するメリットがあるかどうか、検討しよう。

危険な陸路の旅

●陸路は大変危険である

ギリシアやフランス、スペインから船で北アフリカへ渡り、陸路で東アフリカへ行くことも可能である。ただし内戦や強盗、マラリアなどの病気や過酷な天候に悩まされる非常に危険な旅となる。体力と精神力と語学力を備え、旅の経験が豊富で時間のある人以外は陸路ではアフリカ縦走など決してやってはならない。

●陸路では決して行ってはいけないルート

ウガンダから西のコンゴ民主共和国に陸路で抜けようとする旅行者がいるが、本書はこのルートを使わないよう進言する。このルートは世界でも危険度の高い地域であり、「旅慣れた」人が行けるような所ではない。

東アフリカの日本人旅行者で、毎年数人の行方不明者が出るが、そのほとんどが、ウガンダ西部の町から姿を消している。

何もされずに陸路を通過し、西アフリカに抜けた人はいるにはいるが、ここで消えてしまった人は決してその危険を語ってくれない。

東アフリカ路線をもつおもな航空会社のフライト

（2016年5月現在、便数と所要時間を表示）

目的地／経由地	エミレーツ航空	カタール航空	エティハド航空	KLMオランダ航空	エチオピア航空
	ドバイ	ドーハ	アブダビ	アムステルダム	アディスアベバ
成田国際空港から	毎日 約11時間15分	毎日 約11時間45分	毎日 約12時間15分	毎日 約11時間40分	週4便（ソウル経由）約15時間50分
羽田空港から	毎日 約11時間15分				
中部国際空港から			週5便（北京経由）約14時間10分		
関西国際空港から	毎日 約10時間30分	週5便 約14時間15分		毎日 約11時間45分	
エンテベへ	毎日 約5時間25分	毎日 約5時間30分			毎日 約2時間5分
アディスアベバへ	毎日 約4時間	週3便 約4時間5分			―
ナイロビへ	毎日 約5時間5分	毎日 約5時間25分	毎日 約5時間15分	毎日 約7時間55分	毎日 約2時間5分
ダル・エス・サラームへ	毎日 約5時間40分	毎日 約5時間50分		毎日 約9時間20分	毎日 約2時間50分
キリマンジャロへ		毎日 約5時間50分～		毎日 約8時間35分	毎日 約2時間25分
ザンジバルへ		毎日 約5時間55分～			毎日 約4時間30分
キガリへ		毎日 約7時間30分		毎日 約8時間30分	毎日 2時間30分

※特記ない限り、日本からの便は経由地までの直行便
※アフリカ各地への便は、各経由地からの直行便
※経由便は乗り換え時間を含む
※エチオピア航空は、バンコク線で全日空とコードシェア運航をしている

日本で予約できる専門旅行会社

テーマを絞り、興味のある分野を深掘りする旅行や、限られた時間のなかで、効率よく目的の観光地を巡る旅行をしたいとき、頼りになるのが、この地域に強い専門旅行会社だ。専門スタッフに、目的や行き先を伝え、相談にのってもらい、自分だけの旅行をプランニングしてみよう。

(株)オーバーシーズトラベル　世界ツアーズ
☎ (03) 3567-2111
ⓗ www.sekaitours.co.jp

(株)西遊旅行
東京／☎ (03) 3237-1391
大阪／☎ (06) 6367-1391
ⓗ www.saiyu.co.jp

(株)道祖神
☎ 0120-184-922、(03) 6431-8322
ⓗ www.dososhin.com

(株)ファイブ・スター・クラブ
東京／☎ (03) 3259-1511
大阪／☎ (06) 6292-1511
ⓗ www.fivestar-club.jp

(株)マックスコンタクト　マックスサファリ
☎ (03) 3564-8226
ⓗ www.maxsafari.com

(株)ユーラシア旅行社
☎ (03) 3265-1691
ⓗ www.eurasia.co.jp

出発までの手続き

パスポートとビザ

東アフリカへの旅行前に必ず用意しなくてはならないのがパスポート（旅券）とビザ（査証）。

パスポートは日本国民であることを証明する国際的な身分証明書であり、ビザは渡航先国の入国許可の証のようなもの。

まずパスポートの申請から旅の準備は始まる。パスポートもビザも旅行会社に手続きを依頼するとスムーズに取得できるが、規定の手数料を取られる。

パスポートは、2019年6月現在、IC旅券が発給されており、濃紺の５年間有効パスポート（５年旅券）と赤い10年間有効パスポート（10年旅券）があり、選択は希望による。

ただし20歳未満は５年旅券のみ取得できる。幼児も個人のパスポートを取得する。

写真とサインが申請書から転写されるのでサインは正確かつ常に再現できるものにする。

パスポートの取り方

●パスポート申請に必要な書類

①一般旅券発給申請書１通……各都道府県庁の旅券課の窓口にある。記入方法の見本がある。5年旅券と10年旅券で申請書が違うので注意。各都道府県庁のほかに行政事務所や相談室（名称は各都道府県により異なる）で申請できるところもある。

②戸籍抄本または戸籍謄本１通……申請日より過去６ヵ月以内に発行されたもの。

③住民票1通……申請日より過去６ヵ月以内に発行され、本籍地の入ったもの。住基ネットに登録している地方自治体に住んでいる人は原則的に不要。

④写真1枚……申請日より６ヵ月以内に撮影したもので、縦4.5cm×横3.5cm、正面上半身無背景（顔の大きさは34±2mm）、無帽、フチなしのもの。モノクロでもカラーでも可。

⑤身元確認のための書類……健康保険証や運転免許証など。

⑥印鑑……本人が署名困難で、法定代理人でない者が記入する場合、および印鑑登録証明書を身分証明書として使う場合のみ必要。

●申請と受領

以上の書類を揃えて、住民票のある都道府県庁のパスポート申請窓口で申請する（代理申請可。ただし代理人の本人確認書類が必要）。書類を提出すると「旅券引換証」もしくは「受理票」をくれるので大切に保管すること。申請から受領までは休日、祝日を除き、1週間程度かかる。指定された交付日以降にパスポートを受け取りに行く。受領は本人でないと渡してもらえないので、必ず本人が行くこと。このとき申請時に渡された受理票と発給手数料が必要。

５年旅券の旅券引換証には9000円の収入印紙と2000円の都道府県証紙（12歳未満の場合、4000円の収入印紙と2000円の都道府県証紙）、10年旅券ならそれぞれ1万4000円の印紙と2000円の証紙を貼っておかなければならない。印紙などは旅券課窓口の付近で購入できるようになっている。

※居所申請

今住んでいる所と住民票にある住所が別の場合は「居所申請」という方法がある。

まず住民登録をしている自治体から戸籍抄本（謄本）と住民票を送ってもらう（その際の封筒も必要なので捨てたりしないこと）。学生の場合は居所の記載がある学生証か在学証明書でも可。書類が揃ったら、「居所申請申出書」を添えて、現在住んでいる都道府県庁の旅券課に提出する。申出書は窓口にある。なお未成年者は「一般旅券発給申請書」に法定代理人の署名、捺印も必要だが、離れて住んでいてできない場合には「一般旅券発給申請同意書」を添えれば大丈夫だ。

●外務省パスポートA to Z：
[HP]www.mofa.go.jp/mofaj/toko/passport

ビザの取り方

ビザは日本語訳で査証。この“査証”という言葉からは何か特別の証書のようなものを想像するかもしれないが、実際はパスポートに押されたスタンプやシールのことで、入国の許可証のようなもの。

2019年6月現在、ウガンダ、エチオピア、ケニア、タンザニア、ルワンダは各国ともビザが必要で、いずれも日本で取ることができる。また国際空港や国境でも取ることができるが、ビザの発行条件は変更されることもあるので出発前に日本で取っておくことをすすめる。

またビザの種類によっては、往復航空券（eチ

ケット）や会社からの推薦状などを必要とすることもあるうえ、申請時にはパスポートを提出しなければならないので、複数の国のビザの取得にはかなりの日数を要する。もし、旅の日程に余裕がない場合は、各国のビザを日本で取っておくこと。

●東アフリカ各国のビザの取り方

　ビザは入国を予定する国の大使館または領事館へ申請する。ただし、ウガンダ、エチオピア、ケニア、ルワンダは、一次入国ビザ（観光ビザ）については、事前のオンラインでのビザ申請・取得が可能。国際空港や国境のイミグレーションでのビザ取得（アライバルビザ）も可能。東アフリカ観光ビザ（→P.315）は、各大使館で取得が原則だが、ケニア入国の場合はアライバルビザとして入手可。訪問する場合は申請、受領時間などを、事前に電話などで確認を。

　また、郵送でも申請・受領ができる。申請の際は、申請書類一式、申請料金、返送先住所を現金書留などで送る（一部、口座振り込みのみの国もある）。受領は着払いか、返送料金を申請時に同封する。上記の条件は各国少しずつ違うので、確認すること。

　アフリカ現地で隣国の大使館などに申請する場合は、手続きは日本で行う方法とあまり変わらない。し、写真が不要な所もある（しかし、パスポートサイズの写真を数枚持っていくと安心である）。国際空港や国境のイミグレーションオフィスでも取れる所が多いが、出入国事情、手続きは変わりやすいので要注意。事前にインターネットなどで必ず確認しよう（下記のデータは2019年6月現在）。

〔ウガンダ〕

申請：観光目的のシングルビザ取得に必要な書類など（代理申請可）

①写真2枚（縦4.5cm×横3.5cm、カラー）

②ビザ申請書1枚（申請窓口にある。駐日ウガンダ大使館ホームページからダウンロード可。本人のサインが必要）

③パスポート（ウガンダ出国時に6ヵ月以上の残存期間と、査証欄に見開きで2ページ以上の未使用ページのあるもの）

④申請料金 シングル（3ヵ月有効）6500円

※オンラインでのビザ申請・取得が原則。だが、アライバルビザも入手可。

HP visas.immigration.go.ug

☆駐日ウガンダ共和国大使館

住〒150-0035 東京都渋谷区鉢山町9-23

☎(03)3462-7107　FAX(03)3462-7108

交JR渋谷駅西口より南西へ徒歩約15分。東急東

横線代官山駅下車、北へ徒歩約10分。東急トランセ（ミニバス）「鉢山町交番前」下車、徒歩1分

開申請：10:00～12:00・14:00～16:30（月～木曜）、10:00～12:00（金曜）。郵送による申請・受領も可。その場合は、現金書留にて申請料金と返送用レターパック料金510円、名前、住所、郵便番号、電話番号を書いたものを同封。

　受領：原則木曜の14:30（電話にて連絡がある）

休館日：土・日曜、日本とウガンダの祝日

詳細は駐日ウガンダ大使館に問い合わせのこと。

●駐日ウガンダ大使館ホームページ

HP www.uganda-embassy.jp

〔エチオピア〕

申請：ビザ取得に必要な書類

①写真1枚（縦4cm×横3cm。裏面にローマ字で氏名記入）

②ビザ申請書1枚（申請窓口にある。駐日エチオピア大使館ホームページからダウンロード可）

③パスポート（6ヵ月以上の残存期間と2ページ以上の未使用ページがあるもの）

④パスポート顔写真ページのコピー1部

⑤申請料金：残存期間により料金が異なる。

観光ビザ：1ヵ月（シングル）4100円

　　　　　3ヵ月（マルチ）　7910円

トランジットビザ：12時間 2825円～72時間6980円　（入国しなければ不要）

⑥旅行の日程表

ビジネスビザ：上記①～⑤に加え、会社からの推薦状（リファレンスレター）、招聘状の原本2通を添付。

費用はタイプと期間によって細かく違うので、HPにて確認のこと。

受領：申請の翌日午後。15:00～16:30。郵送による申請および受領も可。上記申請書類一式と申請料金を現金書留にて郵送すること。支払いは銀行振り込みも可。郵送での受領は着払いとなる。

滞在可能日数：ビザ有効期限はビザ発給日から起算されるので、申請のタイミングに注意。

※観光目的のシングルビザのみ、エチオピアに到着後、空港でもビザ申請・取得可能。現地取得の場合、以下が必要。

①パスポート（6ヵ月以上の残存期間）

②申請料金：US$50

※オンラインでのビザ申請・取得可。

☆駐日エチオピア連邦民主共和国大使館

住〒108-0074 東京都港区高輪3-4-1　高輪偕成ビル2階

☎ (03) 5420-6860　FAX(03) 5420-6866
[交]都営地下鉄浅草線高輪台駅A1出口より桜田通りを明治学院大学方面に向かい徒歩約5分。
[開]申請：9:30～12:00（月～金曜）
受領：申請の翌日 15:00～17:00（月～金曜）
休館日：土・日曜と日本とエチオピアの祝日
●駐日エチオピア大使館ホームページ
[HP] www.ethiopia-emb.or.jp

〔ケニア〕

オンラインでのビザ申請・取得が原則。オンラインでの申請・取得が必要なのは、一次入国ビザ（観光ビザ）、トランジットビザの2種類だが、東アフリカ観光ビザ、数次入国ビザ、外交・公用ビザは、駐日ケニア大使館にて取得が可能。

オンライン申請後、ビザ発給までに最短でも48時間かかるため、渡航前早めの申請をするように。

オンラインビザ申請前に準備するもの
①証明写真をスキャンしたもの（JPEG形式、PNG形式）サイズ指定なし、カラーで背景白、6ヵ月以内に撮影したもの
②パスポート（入国時残存期間が6ヵ月以上あるもの）
③パスポートのバイオデータページ（名前や顔写真のあるページ）をスキャンしたもの。(PDF形式、JPEG形式)
④クレジットカード（VISA、Masterのみ）
⑤eチケットもしくは旅行会社または航空会社発行の予約確認書（出発から帰国までの日付と航空機の便名、出発地／到着地がわかるもの。申請者氏名と予約した旅行会社・航空会社情報が載っているもの（英文のみ））
⑥招待状（観光目的で家族や知人の家に滞在する場合）英文で大使館あてに、招待する旨、ビザ申請者の氏名、滞在期間、現地住所、連絡先などを記す。ホテルの場合には不要。

オンラインビザ申請手順
①アカウント作成：申請者ひとりにつきひとつアカウントを作成する。
②申請書類の作成
③申請料金（一時入国ビザUS$51、トランジットビザUS$21　※このほかに銀行の手数料US$1.53が徴収される）の支払い：クレジットカード（VISA、Master）のみ支払い可
④審査結果の送付：アカウントに登録したメールアドレスに送付される（英文）。
通常、審査結果が送付されるまで2営業日かかる。
⑤オンラインビザの発給確認と印刷：アカウントにログインしオンラインビザが発給されたことを確認。オンラインビザをダウンロードし、A4用紙に印刷する。入国審査の際にパスポート、eチケットとともに入国審査の際に提出する。
ビザの有効期限：入国時より3ヵ月（発行後3ヵ月以内に入国のこと）。
☆駐日ケニア共和国大使館
[住]〒152-0023 東京都目黒区八雲3-24-3
☎ (03) 3723-4006～7　FAX(03) 3723-4546
[交]東急東横線自由が丘駅より北に徒歩約10分。または、東急東横線都立大学駅前付近かJR山手線目黒駅前より「等々力」「二子玉川」行きバスで「八雲3丁目」下車、目黒通りを北側に渡り、西側の最初の交差点を北に折れ、徒歩すぐ。
[開]申請：9:00～12:30（月～金曜）。12:30に閉館するので、それまでに手続きを終了させること。
受領：申請の翌開館日の 14:00～17:00（月～金曜）郵送での申請および受領も可。現金書留にて請書類一式と申請料5500円を郵送する。返送はゆうパックの着払いとなる。返送先の住所、昼間連絡可能な電話番号を必ず明記すること。
休館日：土・日曜と日本とケニアの祝日
※日本国籍者であればケニアの国際空港や国境のイミグレーションでも取得可能。
3ヵ月有効のシングル観光ビザがUS$50、24時間有効のトランジットビザはUS$20。ただイミグレーションでの取得手続きには時間がかかることがあるので（特に空港）、出発まで時間があれば出発前に取っておいたほうがよい。

また、ケニアの観光ビザはSingle Entryだが、ケニア入国後、隣国のウガンダ、タンザニアだけに行きケニアに戻る場合に限り、ビザの有効期間内であれば再入国ビザは不要 である。

長期滞在でビザを延長する場合は、大きな町のイミグレーションオフィス（ナイロビではニャヨハウス）でできる。
●駐日ケニア大使館ホームページ
[HP] www.kenyarep-jp.com

〔タンザニア〕
申請：観光、知人訪問目的のシングルビザ取得に必要な書類など
①写真1枚（縦4.5×横3.5cm。裏面に氏名記入が好ましい）
②ビザ申請書1枚（申請窓口にある。駐日タン

ザニア大使館ホームページからダウンロード可）
③英文のeチケットのコピーまたは予約確認書（返却不可）
④ホテルの予約確認書（英文、宿泊者名・ホテル名・住所・宿泊期間記載のもの）
⑤パスポート（申請時より6ヵ月以上の残存期間と見開き2ページ以上の未使用ページのあるもの）
⑥費用：6000円（銀行振込のみ）
有効期限：90日（発行日より入国日までの期間）
滞在可能日数：入国した日から90日間
☆駐日タンザニア連合共和国大使館
[住]〒158-0098 東京都世田谷区上用賀4-21-9
☎（03）3425-4531　FAX（03）3425-7844
[交]東急田園都市線用賀駅より北へ徒歩約20分
[開]申請：9:00～12:00（月～金曜）
　受領：翌日の13:00～16:00（月～金曜）
休館日：土・日曜、日本とタンザニアの祝日
[HP] www.tanzaniaembassy.or.jp
※シングルビザのみ、在大阪タンザニア名誉領事館でも取得可能。詳細は問い合わせを。
在大阪タンザニア連合共和国名誉領事館
[住]〒541-0057　大阪市中央区北久宝寺町3-6-1
　本町南ガーデンシティ12階（株式会社鴻池組内）
☎（06）6245-6683　FAX（06）6245-6537
※日本の国籍者であれば、タンザニアの各国際空港や国境のイミグレーションオフィスでも観光用シングルビザは取得可（US$50）

〔ルワンダ〕
申請：最大3ヵ月のシングルビザとマルチビザ取得に必要な書類など（代理申請可）
①写真2枚（パスポートサイズカラー写真。申請書にのり付け）
②ビザ申請書2枚（駐日ルワンダ大使館ホームページからダウンロードも可）
③パスポート（6ヵ月以上の残存期間）
④フライトスケジュール（eチケットもしくは旅行会社または航空会社発行の往復航空券の予約確認書）のコピー2通
⑤費用：シングル3800円　マルチ7500円
※オンラインでビザ申請を行う場合は以下のURLからオンライン申請が行える。
http://www.migration.gov.rw/index.php?id=28（英語のサイト）
※空港や国境のイミグレーションでアライバルビザが入手可となった。
☆駐日ルワンダ大使館
[住]〒158-0081 東京都世田谷区深沢1-17-17 アネックス深沢A
☎（03）5752-4255　FAX（03）3703-0342
[交]東急東横線自由が丘駅より東急バス自1番バスおよび2番バスにて、「等々力7丁目」下車、徒歩約5分。
[開]申請・受領：9:30～16:30（月～金曜）ビザの発行まで4日間を必要とする。
休館日：土・日曜と日本とルワンダの祝日

●東アフリカ観光ビザについて
　東アフリカ観光ビザは90日間有効な数次入国ビザで、ケニア、ルワンダとウガンダの3ヵ国を観光目的で同時に渡航する際に申請できる（3ヵ国のうち、2ヵ国のみに渡航する場合も申請は可能だが、申請料は同じ）。
　東アフリカ観光ビザを所有する渡航者は、ビザ発給を受けた国から入国し、ほかの2ヵ国の領土内を移動する場合に限り、ほか2ヵ国について、追加ビザの申請および追加ビザの申請料を支払う必要はない。また有効期間である90日間に限り、ケニア、ルワンダとウガンダを出国し（3ヵ国の領土を離れることのない場合）追加ビザの申請料を支払わずに、再びその国に戻ることが許可される（上記3ヵ国以外に出国する場合は、ビザは失効するので注意）。ビザ有効期間の延長はできない。
申請：ケニア、ルワンダとウガンダのいずれかの大使館で行うことができる。
①パスポートサイズ（縦4.5cm×横3.5cm）のカラー写真（背景は白。メガネ・帽子なし）
　申請書類にのりで貼付（ホッチキスやクリップは避ける）
②パスポート（6ヵ月以上の残存期間のあるもの）
③ビザ申請書（申請する大使館で用いられている申請書を使用）
④発給を受ける国の政府機関宛てにビザを申請する英文レター（旅程表が入ったもの）
⑤フライトスケジュール（eチケットもしくは、旅行会社または航空会社発行の予約確認書。英文のみ可。
⑥ホテルの予約確認書があればなおよい。
⑦申請料金：1万1000円（US$100）
郵便での申請・受領も可。申請は、申請書類一式、申請料金（お釣りのないよう）、返送用レターパックの料金510円、返送先の住所、昼間の連絡先を同封し、現金書留で大使館まで送る。
※ケニアの空路入国の場合、イミグレーションで東アフリカ観光ビザが取れたという報告がある。

東アフリカ観光ビザ申請書記入例

[表面]

EAST AFRICA

East Africa Tourist Visa Application
(To be completed in Block Letters)
Formulaire de demande de visa touristique des pays de l'Afrique de l'Est

PHOTO

1. Surname (Family name) / Nom de famille　①YAMADA
2. First name(s) / Prénom　②ARUKU
3. Other Names in Full / Autres noms
4. Date of birth (day-month-year)/ Date de naissance　③15/JAN/1985
5. Country of Residence / Pays de résidence　④JAPAN
6. Current nationality / Nationalité actuelle　⑤JAPANESE
7. Place of birth / Lieu de naissance　⑥TOKYO
8. Country of birth / Pays de naissance　⑦JAPAN
9. Nationality at birth, if different / Nationalité à la naissance (Si différente de la nationalité actuelle)　⑧
10. Sex / Genre (Masculin ou féminin)　⑨
□ Male / Masculin
☑ Female / Féminin
11. Marital status / Etat Civil (Célibataire, Marié(e) ou Autres-Préisez)　⑩
□ Single / Célibataire
☑ Married / Marié(e)
□ Other (please specify) /Autre (veuillez préciser)
12. Passport Number / Numéro du document de voyage　⑪AB1234567
13. Date of issue / Date de délivrance　⑫15/DEC/2012
14. Valid until / Date d'expiration　⑬15/DEC/2022
15. Issued by / Délivré par　⑭MINISTRY OF FOREIGN AFFAIRS,JAPAN
16. Applicant's home address and e-mail address / Adresse électronique et de domicile du demandeur　⑮2-9-1, HATCHOBORI,CHUO-KU, TOKYO aruku@hotmail.com
Telephone number(s) / Numéro de téléphone　⑯(03)1234-5678
17. Contact Address in the Country of Residence (Physical address):/ Adresse physique du pays de résidence　⑰2-9-1, HATCHOBORI,CHUO-KU, TOKYO
Telephone / Cell no.: Numéro de téléphone.:　⑱(03)1234-5678
18. Contact Address in the country of origin(Physical address): / Adresser physique du pays d'origine　⑲2-9-1, HATCHOBORI,CHUO-KU, TOKYO
E-mail: Adresse électronique　⑳chikyu@hotmail.com
19. Full names and addresses of Hotels/Places/Firms/Friends or Relatives to be visited in Kenya (Physical address):/ Adresse physique complet de l'hôtel/ami ou familier à visiter au Kenya/Adresse électronique　㉑NAIROBI HILTON HOTEL
Telephone / Cell no.: Numéro de téléphone.:　㉒020-1234567
E-mail:　㉓nairobi_info@hilton.com
20. Proposed Date of Entry:/ Date probable d'entrée　㉔15/JULY/2016
21. Duration of the intended stay or transit / Durée de séjour　㉕2 WEEK AND 3 DAYS
22. Purpose of Entry / Objet(s) du voyage　㉖
□ Business / Affaires
□ Conference / Réunions médicales
☑ Holiday / Etudes
□ Medical / Conférence
□ Religious Mission / Voluntourism / Religieuse/Volontaire
□ Sports / Visite à la famille ou à des amis
□ Study / Voyage
□ VFR – Visiting Friends and Relatives / Sports ou autres
□ Others / Not Stated

[裏面]

23. Current occupation / Emploi actuelle　㉗CLERK, ABC COMPANY
24. Member State(s) of destination / Etat(s) membre (s) de destination　㉘KENYA,RWANDA
21. Member State of first entry / Etat(s) membre(s) de la première entrée　㉙KENYA
25. Dates, Countries and Duration of Previous Stay In The East African Region/ Date, Pays et durée de séjour précédent dans la région de l'Afrique de l'Est　㉚4/SEP/2014-15/SEP/2014:UGANDA
26. Will you be returning to your Country of Residence / Retourneriez-vous dans votre pays de résidence ou de domicile?　㉛YES
27. Have you been previously denied entry into East Africa Region? If yes state when and reasons given. / Avez-vous été refusé une autorisation d'entrée dans la région de l'Afrique de l'Est ? Si oui dans quel pays et pour quel raison?　㉜NO
28. Have you ever been convicted of any offence under any system of law? If yes give offence and penalty? / Avez – vous été condamné d'une quelconque infraction dans n'importe quel système juridique ? si oui décrivez l'infraction et la pénalité　㉝NO
I,(Je, soussigné)　㉞ARUKU CHIKYU　(insert name) understand that if any of the particulars furnished above are found to be incorrect or if any relevant information is found to be withheld or suppressed, the visa is liable to be cancelled.(Mentionner le nom), comprends que si l'un des indications fournit ci-dessus se retrouve incorrecte ou si l'un des indications se trouve retenue ou supprimé, le visa sera susceptible d'être annulé).
(Signature of applicant)　㉟山田　歩　Date　㊱15/MAY/2016
NOTE:
(a) Incomplete applications will delay your Visa Process / Demande incomplète retardera votre procédure de visa
(b) The possession of a visa is not the final authority to enter the Member State of East Africa Region / La possession d'un visa n'est pas une garantie d'entrer dans un pays membre de la région de l'Afrique de l'Est.

FOR OFFICIAL USE / A L'USAGE OFFICIEL

※申請書は片面印刷、両面印刷どちらも可。

[表面]
①姓
②名
③生年月日（日/月/西暦の順）
④居住国
⑤国籍
⑥出生地
⑦出生国
⑧出生時の国籍が違う場合記入
⑨性別：チェックを入れる
⑩結婚歴：チェックを入れる
⑪パスポート番号
⑫パスポート発行日（日/月/西暦の順）
⑬パスポート有効期限満了日（日/月/西暦の順）
⑭パスポート発行機関、国
⑮居住地の住所とメールアドレス
⑯電話番号
⑰住所（一時的に日本居住の外国人などは⑮と別住所）
⑱電話番号
⑲住所（一時的に日本居住の外国人などは⑮と別住所）
⑳メールアドレス
㉑滞在先の友人、親類の名前またはホテル名と住所
㉒滞在先の電話番号
㉓滞在先のメールアドレス
㉔入国予定日（日／月／西暦の順）
㉕滞在日数（正確に書く）
㉖入国目的：観光はHOLIDAY、業務はBUSINESS
[裏面]
㉗職業
㉘今回の渡航予定国名
㉙最初に入国する国名
㉚東アフリカ諸国の渡航歴があれば期間と国名を記入
㉛訪問後居住国に戻るか
㉜過去に東アフリカ諸国で入国を拒否されたことがあるか
㉝有罪判決を受けたことがあるか：あればその罪状を書く
㉞姓名
㉟パスポートと同じサイン
㊱申請日（日/月/西暦の順）　※

✉ルワンダの入国で

ウガンダから陸路でルワンダへ。検査官は私の荷物を見るなり、深くため息をつきました。水濡れと虫対策のために衣類を圧縮袋に小分けにしていたからです。「全部ここで捨てていってください」と彼女は言いました。入れ替わり立ち替わり職員たちが説得しますが、利用の目的を話し見逃してもらえるようお願いすること30分。乗ってきたバスが出発するところでようやくお許しが出ました。

ルワンダはゴミ削減のため、レジ袋のみならず、服を買った際にもらえるビニール製の袋、衣類用圧縮袋など一切持ち込めません。荷物検査は例外なく全員の荷物を出して、かなり細かいところまで確認されます。ちなみに私の友人は寝袋の足元や冬物衣類の内ポケットに隠したレジ袋を没収されていました。

（ユタカ　愛知県　'19）

※ケニアは自国のビザ申請用紙を代用している。

入出国と税関

入国手続き

●まずは入国カードの記入を

入国カード（Landing CardとかDisembarkation Cardと呼ばれている）はたいてい飛行機内で配ってくれるので、記入例（→P.319～321）を参考にして必要事項を書き込んでおこう。もらえなかった場合は、入国審査Immigrationの手前に置いてあり、そこで書くことになる。

訪問の目的の欄は "Sightseeing" や "Holiday" だけにチェックする。余計なことを書くと、質問を受けて面倒だからである。

滞在中の住所（Full physical Address in Kenyaなどと記されている）は、最初に泊まる予定のホテル名と都市名を書く。決まっていなければ想定している一流ホテル名を書いておこう。未記入だったり、ほとんど無名の安宿などが書いてあると、もめる原因になる。

飛行機を降りたら出口Exitを目指そう。トランジットTransit（乗り換えや休憩）の人も降りるので、間違えてトランジットルームに行かないように気をつけよう。

ナイロビ空港では到着後、建物に入る際に搭乗券の半券をチェックする場合があるので、念のため捨てずにとっておくこと。特に最終到着地がナイロビでない航空便を使う場合は注意。

●Q（検疫）、I（入国審査）、C（税関）の順に手続きがある

空港内は英語でよく案内されているので、落ち着いていれば間違えることはないだろう。

○検疫（QuarantineまたはHealth）

最初はこのカウンターだが、動植物の持ち込みなど検疫が必要な場合のみで、黄熱病予防の注射証明書（Yellow Card）のチェックは、実質イミグレーション（入国審査）で行われる。ただし、重症急性呼吸器症候群（SARS）が発生したとき東アジアからの旅客に対し健康チェックをしたことがある。

エボラ出血熱感染防止のためのチェックが行われている。

○入国審査（Immigration）

イミグレーションのカウンターでは、パスポートと入国カードを渡して係員の質問に答える。聞かれることは旅の目的と期間。"What is the purpose？（目的は）" と聞かれたら、"Sightseeing.（観光）" と答える。"How long？（何

日間）" と聞かれたら、ビザに記入されてある滞在可能日数を答えておくこと。帰国予定日までの日数を言うと、滞在許可日数を短くされることがあるからだ。

また、帰りの便のeチケットのコピー提示を求められることもある。特に空港でビザを取得する場合（ウガンダ、エチオピア、ケニア、タンザニア、ルワンダの場合イミグレーションの隣か前にあるカウンターで申請できる。申請書はイミグレーション付近に置いてあったり、係員に頼んで持ってきてもらう）、eチケットのコピーがなければ空港内の航空会社のカウンターで買わされる恐れもある。なお、長期滞在の場合は所持金の額を尋ねられるかもしれない。

イミグレーションのカウンターをとおると、機内預けの荷物を受け取る場所に出る。ターンテーブルから自分の荷物を取り、税関に向かおう。

万一、荷物が出てこない場合は、自分の乗ってきた航空会社のBaggage Claimカウンターを探し、搭乗券またはeチケットのコピーとクレームタグ（預けた荷物の引換券）を示して状況を説明し、荷物が届くまでの間の生活用品代を請求する。荷物に損傷があった場合も同様。必ずその場で主張すること。後回しにしないことが重要だ。

○税関（Custom）

観光立国の国はどこでもそうだが、外国人に対するチェックは簡単。"Anything to declare？（何か報告する物はあるか）" と聞かれたら "No, sir（madam）.（いいえ）" と答える。普通は荷物を開けられたりしないが、運が悪いと石鹸箱まで開けられ、しつこくチェックされる。いやがらせでワイロをもらうために細かくチェックする場合もある。こんなときは、腹を立てずに素直な態度で接しよう。いちいちつっかかっているとかえって長引いてしまう。

また、パソコン、電子器具やカメラなどを必要以上に持っていると課税の関係で足止めを食らう。自分で使うものだということを主張しよう。

●入国手続きが終わったら（ケニアの場合）

税関をとおった所に銀行（Bureau de Exchange）の窓口が、税関の外側に両替所がある。両替所によってレートが異なるので、レートを比べてどこで両替するか判断しよう。

税関から外に出ると、観光案内所（Information）があるので、ここでケニアの観光用小冊子をもらっておくとよいだろう。

ここには大手旅行会社の窓口もあり、中小の旅行会社の営業も声をかけてくるが、サファリの費用だけ先払いさせて逃げてしまう詐欺も多いので、絶対に費用を支払ってはいけない。地図は置いてないが、サファリやレンタカーのパンフレットはある。

●空港入国をスムーズにするために

国際空港のイミグレーション通過の際、ちょっとしたノウハウを知っているとスムーズである。

1) 空港到着後は、できるだけ早くイミグレーションまで行く（ひとりでもふたりでも早く並べば、ときには数十分早く外に出ることができる）。

2) 並ぶなら、人の少ない列にするのはもちろんだが、欧米人の多い列のほうが早い。アフリカ人の場合、旅慣れていないため時間がかかる。

3) 係官が急にいなくなったり、長い列の隣の窓口に係官が急に来て窓口を開くこともあるので、窓口には注意していること。

4) 係官の前に立ったら、まずは「笑顔」であいさつ。ケニア、タンザニアならスワヒリ語で"Jambo!"。入国目的は、もちろんSightseeing。スワヒリ語の"Safari"と答えてもよい。

●空港からの移動について

タクシーはたいてい運転手から声をかけてくるが、旅行会社の窓口でもタクシー、ミニバス、ホテルの手配をしてくれる（料金表があるので参考になる）。ナイロビでは市内行きのリムジンバスも出ているが、このバスは旅行者目当てのスリや強盗が多いので有名で、決して乗車してはいけない。

タクシーの場合は、必ず正規のタクシーに乗ること。ケニアの場合は、車体に黄色い帯があるし、タンザニアの場合は白ナンバーの乗用車が正規タクシーである。いずれもメーターはない。ウガンダは「空港タクシー」がある。

黄色いタクシーが多い

出国手続き

●飛行機のリコンファームは72時間前に

飛行機を利用する場合に忘れてはならないのがリコンファーム（予約再確認）だ。これは予約した飛行機が離陸する72時間前までに「乗る」という意思を示す意味がある。予約した航空会社のオフィスに行って"Please reconfirm. My name is○○, Flight No. is △△."と告げる。電話やインターネットでもOKだ。

旅行会社に代行してもらうと有料になる場合があるので、代行の際は事前に確認しておこう。

●手荷物について

空港ターミナルに入るときにX線による荷物検査がある。ここでかなり待たされることが多いので、時間に十分余裕をもって出かけたい。この荷物検査で爆発物や武器などがないと認められたら安全証明のシールを貼ってもらい、航空会社のカウンターに向かう。

カウンターでのチェックインの際、ほとんどの航空会社では、エコノミークラスなら約20kgまでの荷物は無料で預けられる。しかし、重量をオーバーした場合、かなり厳しく料金を取られる（1kg単位で計算）ことがある。ただし、機内持ち込みの荷物も多かったり、大き過ぎると機内預けになってしまうので、どうしても機内持ち込みにしたいならカウンターの係員と交渉する（エミレーツ航空やカタール航空は30kgまで無料）。重量オーバーの場合の支払はたいていキャッシュで、現地通貨やUSドルで支払う。

●税関のチェック

次いで税関のカウンターに向かう。ここで機内持ち込みや預ける荷物を税関でチェックすることもある。野生動物保護のため、野生動物を使った製品は輸出禁止であり、見つかれば当然没収される。

自国通貨の国外持ち出しを禁止したり制限したりしている国も多く、通関の際にその国の通貨の所持の有無を聞かれることがある。この場合"For next time.（次回のために）"と答えておけば、没収されないだろう。

空港税（Airport Tax）は航空券代に含まれているので、別に支払う必要はない。

●イミグレーションでの出国審査

入国時と同様に出国カードに必要事項を記入し、パスポートと一緒に提出して審査を受ける。あとはボーディングのためボディと機内持ち込み荷物のチェックを受け、飛行機を待つだけだ。

●コピー商品の購入は厳禁！

旅行先でも、有名ブランドのロゴやデザイン、キャラクターなどを模倣した偽ブランド商品や、ゲームや音楽ソフトを違法に複製した「コピー商品」を、絶対に購入しないように。

各国の入出国カードの記入例

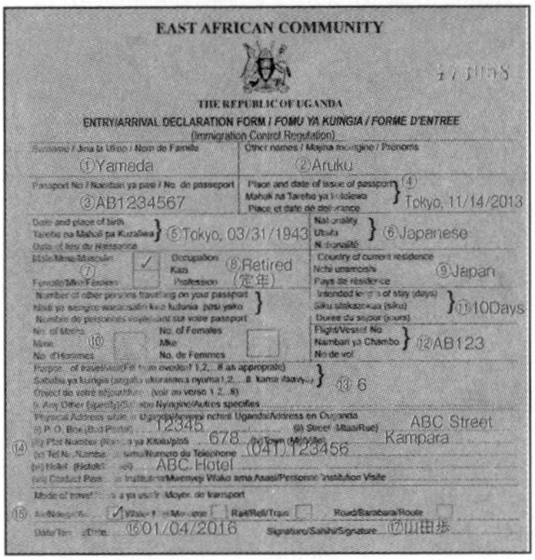

EAST AFRICAN COMMUNITY

THE REPUBLIC OF UGANDA

ENTRY/ARRIVAL DECLARATION FORM / FOMU YA KUINGIA / FORME D'ENTREE

(Immigration Control Regulation)

Surname / Jina la Ukoo / Nom de Famille ①Yamada
Other names / Majina mengine / Prénoms ②Aruku
Passport No / Nambari ya pasi / No. de passeport ③AB1234567
Place and date of issue of passport ④Tokyo, 11/14/2013
Date and place of birth ⑤Tokyo, 03/31/1943
Nationality ⑥Japanese
Male/Mme/Masculin / Female/Mke/Féminin ⑦ ✓
Occupation / Kazi / Profession ⑧Retired（定年）
Country of current residence ⑨Japan
Number of other persons travelling on your passport ⑩
Intended length of stay (days) ⑪10Days
Flight/Vessel No. ⑫AB123
Purpose of travel ⑬ 6
⑭ P. O. Box 12345 / Plot Number 678 / Street ABC Street / Town Kampala / Tel No. (041) 123456 / Hotel ABC Hotel
Mode of travel ⑮ Air ✓ / Water / Rail / Road
Date ⑯01/04/2016　Signature ⑰山田歩

ウガンダ入国カード

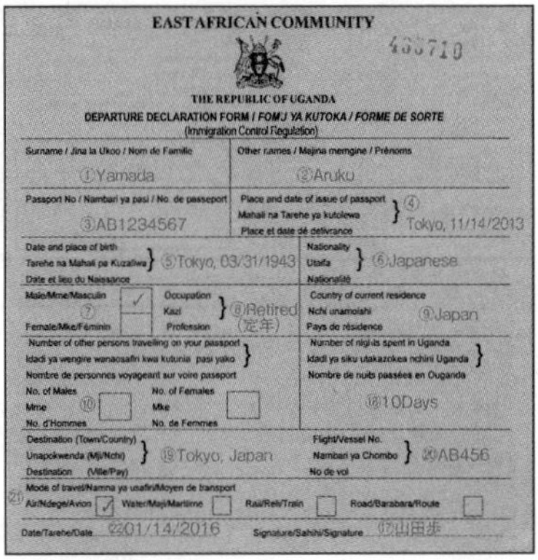

EAST AFRICAN COMMUNITY

435710

THE REPUBLIC OF UGANDA

DEPARTURE DECLARATION FORM / FOMU YA KUTOKA / FORME DE SORTE

(Immigration Control Regulation)

Surname / Jina la Ukoo / Nom de Famille ①Yamada
Other names / Majina mengine / Prénoms ②Aruku
Passport No / Nambari ya pasi / No. de passeport ③AB1234567
Place and date of issue of passport ④Tokyo, 11/14/2013
Date and place of birth ⑤Tokyo, 03/31/1943
Nationality ⑥Japanese
Male/Mme/Masculin / Female/Mke/Féminin ⑦ ✓
Occupation / Kazi / Profession ⑧Retired（定年）
Country of current residence ⑨Japan
Number of other persons travelling on your passport ⑩
Number of nights spent in Uganda ⑱10Days
Destination (Town/Country) ⑲Tokyo, Japan
Flight/Vessel No. ⑳AB456
Mode of travel ㉑ Air/Ndege/Avion ✓ / Water/Maji/Maritime / Rail/Reli/Train / Road/Barabara/Route
Date/Tarehe/Date ㉒01/14/2016　Signature/Sahihi/Signature ⑰山田歩

ウガンダ出国カード

〔入国用〕
①姓　②名
③パスポート番号　④パスポート発給地、日
⑤生年月日、出生地　⑥国籍
⑦性別（男性はMale、女性はFemaleに印をつける）
⑧職業　⑨居住国
⑩同一パスポートでの併記者数　⑪滞在予定日数
⑫入国交通機関の便名
⑬入国目的（裏面に選択肢あり）
⑭ウガンダでの滞在先（滞在ホテルなどを記入）
⑮入国交通手段（飛行機はAir、船はWater、鉄道はRail、車はRoadから選択）
⑯入国日　⑰サイン（パスポートサインと同じもの）
〔出国用〕
①～⑩⑰は入国用と同じ。
⑱滞在日数　⑲最終目的地
⑳出国交通機関の便名　㉑出国交通手段（⑮を参照）
㉒出国日

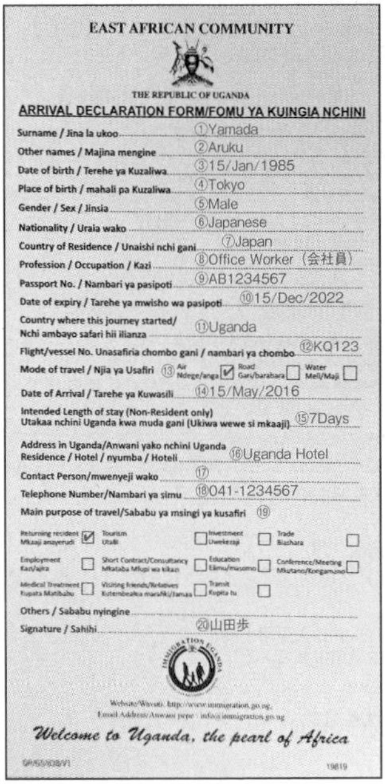

EAST AFRICAN COMMUNITY

THE REPUBLIC OF UGANDA

ARRIVAL DECLARATION FORM/FOMU YA KUINGIA NCHINI

Surname / Jina la ukoo ①Yamada
Other names / Majina mengine ②Aruku
Date of birth / Terehe ya Kuzaliwa ③15/Jan/1985
Place of birth / mahali pa Kuzaliwa ④Tokyo
Gender / Sex / Jinsia ⑤Male
Nationality / Uraia wako ⑥Japanese
Country of Residence / Unaishi nchi gani ⑦Japan
Profession / Occupation / Kazi ⑧Office Worker（会社員）
Passport No. / Nambari ya pasipoti ⑨AB1234567
Date of expiry / Tarehe ya mwisho wa pasipoti ⑩15/Dec/2022
Country where this journey started/ Nchi ambayo safari hii ilianza ⑪Uganda
Flight/vessel No. Unasafiria chombo gani / nambari ya chombo ⑫KQ123
Mode of travel / Njia ya Usafiri ⑬ Air ✓ / Road / Water
Date of Arrival / Tarehe ya Kuwasili ⑭15/May/2016
Intended Length of stay (Non-Resident only) Utakaa nchini Uganda kwa muda gani (Ukiwa wewe si mkaaji) ⑮7Days
Address in Uganda/Anwani yako nchini Uganda Residence / Hotel / nyumba / Hoteli ⑯Uganda Hotel
Contact Person/mwenyeji wako ⑰
Telephone Number/Nambari ya simu ⑱041-1234567
Main purpose of travel/Sababu ya msingi ya kusafiri ⑲
Returning resident ✓ / Tourism / Investment / Trade / Employment / Short Contract/Consultancy / Education / Conference/Meeting / Medical Treatment / Visiting friends/Relatives / Transit
Others / Sababu nyingine
Signature / Sahihi ⑳山田歩

Welcome to Uganda, the pearl of Africa

ウガンダ新入国カード（新旧の入国カードが混在している）

①姓
②名
③生年月日（日/月/西暦の順）
④出生地
⑤性別（男性はMale、女性はFemale）
⑥国籍
⑦居住国
⑧職業
⑨パスポート番号
⑩パスポート有効期限満了日（日/月/西暦の順）
⑪最初に入国する国名
⑫便名
⑬移動手段
⑭到着日
⑮滞在日数
⑯滞在先住所
⑰滞在中の連絡先（知人などいれば）
⑱電話番号
⑲滞在目的
⑳パスポートと同じサイン

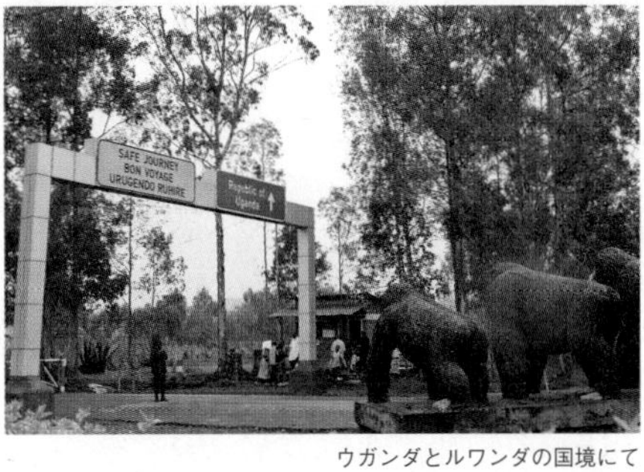

ウガンダとルワンダの国境にて

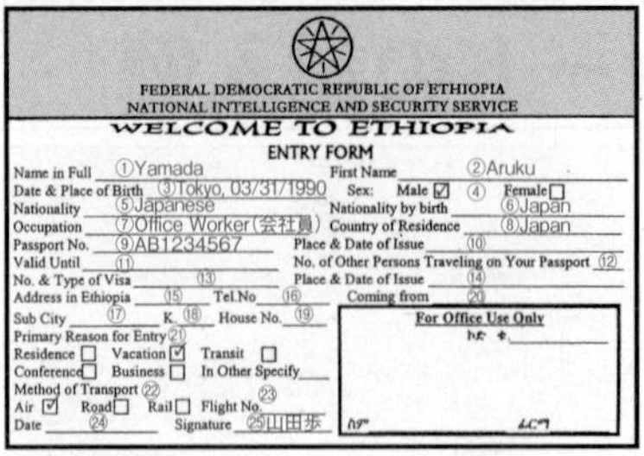
FEDERAL DEMOCRATIC REPUBLIC OF ETHIOPIA
NATIONAL INTELLIGENCE AND SECURITY SERVICE
WELCOME TO ETHIOPIA
ENTRY FORM
Name in Full ①Yamada First Name ②Aruku
Date & Place of Birth ③Tokyo, 03/31/1990 Sex: Male ☑ ④ Female ☐
Nationality ⑤Japanese Nationality by birth ⑥Japan
Occupation ⑦Office Worker(会社員) Country of Residence ⑧Japan
Passport No. ⑨AB1234567 Place & Date of Issue ⑩
Valid Until ⑪ No. of Other Persons Traveling on Your Passport ⑫
No. & Type of Visa ⑬ Place & Date of Issue ⑭
Address in Ethiopia ⑮ Tel.No ⑯ Coming from ⑳
Sub City ⑰ K. ⑱ House No. ⑲
Primary Reason for Entry ㉑
Residence ☐ Vacation ☑ Transit ☐
Conference ☐ Business ☐ In Other Specify
Method of Transport ㉒
Air ☑ Road ☐ Rail ☐ Flight No. ㉓
Date ㉔ Signature ㉕山田歩
For Office Use Only

エチオピア入国カード

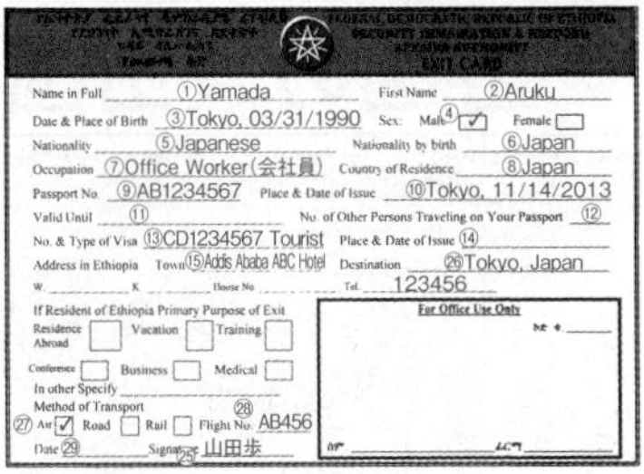
EXIT CARD
Name in Full ①Yamada First Name ②Aruku
Date & Place of Birth ③Tokyo, 03/31/1990 Sex: Male ④ ☑ Female ☐
Nationality ⑤Japanese Nationality by birth ⑥Japan
Occupation ⑦Office Worker(会社員) Country of Residence ⑧Japan
Passport No ⑨AB1234567 Place & Date of Issue ⑩Tokyo, 11/14/2013
Valid Until ⑪ No. of Other Persons Traveling on Your Passport ⑫
No. & Type of Visa ⑬CD1234567 Tourist Place & Date of Issue ⑭
Address in Ethiopia Town ⑮Addis Ababa ABC Hotel Destination ㉖Tokyo, Japan
W. K. House No. Tel. 123456
If Resident of Ethiopia Primary Purpose of Exit
Residence Abroad ☐ Vacation ☐ Training ☐
Conference ☐ Business ☐ Medical ☐
In other Specify
Method of Transport ㉘
㉗ Air ☑ Road ☐ Rail ☐ Flight No. AB456
Date ㉙ Signature ㉕山田歩
For Office Use Only

エチオピア出国カード

〔入国用〕
①姓
②名
③出身地、生年月日
④性別（男性はMale、女性はFemaleに印をつける）
⑤国籍
⑥出生国
⑦職業
⑧居住国
⑨パスポート番号
⑩パスポート発給地、年月日
⑪パスポート有効期限
⑫同一パスポートでの併記者数
⑬ビザNo.とビザの種類
⑭ビザ発給地、年月日
⑮エチオピアでの滞在先（滞在するホテルなどを記入）
⑯電話番号
⑰滞在都市名
⑱番地
⑲家の番号（通常不要）
⑳搭乗地
㉑入国目的
㉒入国交通手段（飛行機はAir、鉄道はRail、車はRoadから選択）
㉓入国交通機関の便名
㉔入国日
㉕サイン（パスポートサインと同じもの）
〔出国用〕
①～⑮㉕は入国用と同じ。
㉖最終目的地
㉗出国交通手段（⑲を参照）
㉘出国交通機関の便名
㉙出国日

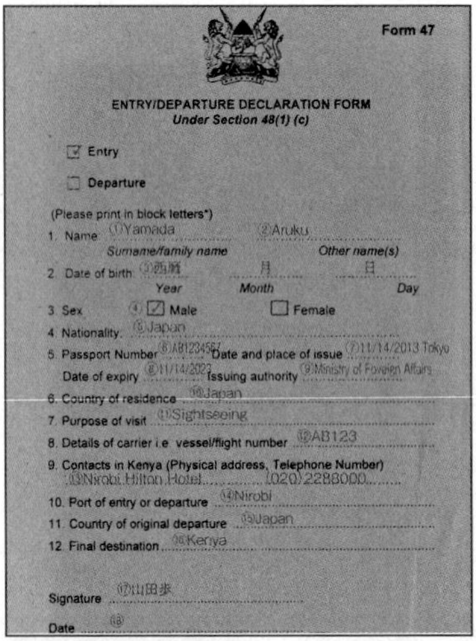
Form 47
ENTRY/DEPARTURE DECLARATION FORM
Under Section 48(1) (c)
☑ Entry
☐ Departure
(Please print in block letters*)
1. Name ①Yamada ②Aruku
Surname/family name *Other name(s)*
2. Date of birth ③西暦 月 日
Year *Month* *Day*
3. Sex ④ ☑ Male ☐ Female
4. Nationality ⑤Japan
5. Passport Number ⑥AB1234567 Date and place of issue ⑦11/14/2013 Tokyo
Date of expiry ⑧11/14/2023 Issuing authority ⑨Ministry of Foreign Affairs
6. Country of residence ⑩Japan
7. Purpose of visit ⑪Sightseeing
8. Details of carrier i.e vessel/flight number ⑫AB123
9. Contacts in Kenya (Physical address, Telephone Number)
⑬Nirobi Hilton Hotel (020) 2288000
10. Port of entry or departure ⑭Nirobi
11. Country of original departure ⑮Japan
12. Final destination ⑯Kenya
Signature ⑰山田歩
Date ⑱

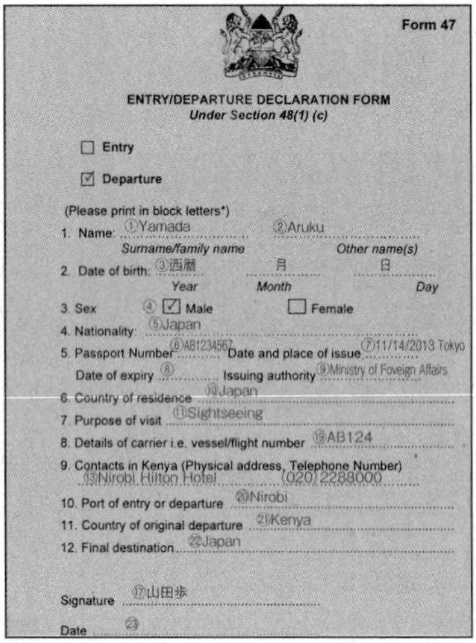
Form 47
ENTRY/DEPARTURE DECLARATION FORM
Under Section 48(1) (c)
☐ Entry
☑ Departure
(Please print in block letters*)
1. Name: ①Yamada ②Aruku
Surname/family name *Other name(s)*
2. Date of birth: ③西暦 月 日
Year *Month* *Day*
3. Sex ④ ☑ Male ☐ Female
4. Nationality: ⑤Japan
5. Passport Number ⑥AB1234567 Date and place of issue ⑦11/14/2013 Tokyo
Date of expiry ⑧ Issuing authority ⑨Ministry of Foreign Affairs
6. Country of residence ⑩Japan
7. Purpose of visit ⑪Sightseeing
8. Details of carrier i.e. vessel/flight number ⑲AB124
9. Contacts in Kenya (Physical address, Telephone Number)
⑬Nirobi Hilton Hotel (020) 2288000
10. Port of entry or departure ⑳Nirobi
11. Country of original departure ㉑Kenya
12. Final destination ㉒Japan
Signature ⑰山田歩
Date ㉓

ケニア入出国カード（形式は同じ。入国時は Entry にチェック、出国時は Departure にチェック）

〔入国用〕
①姓
②名
③生年月日
④性別（男性はMale、女性はFemaleに印をつける）
⑤国籍
⑥パスポート番号
⑦パスポート発給日、発給地
⑧パスポート有効期限
⑨パスポート発給機関
⑩居住国
⑪入国目的
⑫入国交通機関の便名
⑬ケニアでの滞在先、電話番号（滞在ホテルなどを記入）
⑭入国地
⑮出発国
⑯最終目的地（国）
⑰サイン（パスポートサインと同じもの）
⑱入国日
〔出国用〕
①～⑪、⑬、⑰は入国用と同じ
⑲出国交通機関の便名
⑳出国地
㉑出発国
㉒最終目的地（国）
㉓出国日

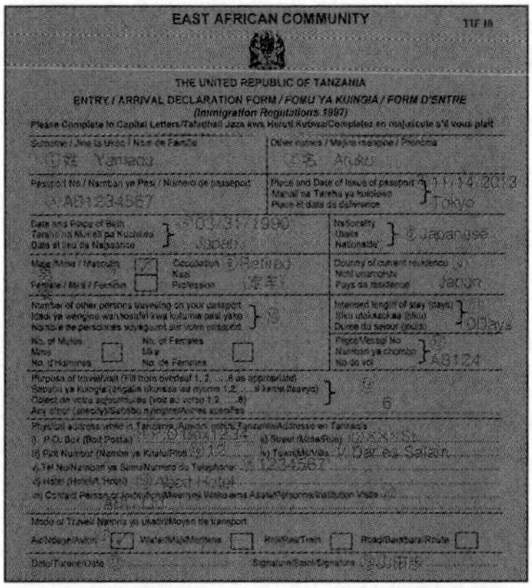
EAST AFRICAN COMMUNITY

THE UNITED REPUBLIC OF TANZANIA

ENTRY / ARRIVAL DECLARATION FORM / FOMU YA KUINGIA / FORM D'ENTRE

(Immigration Regulations 1997)

タンザニア入国カード

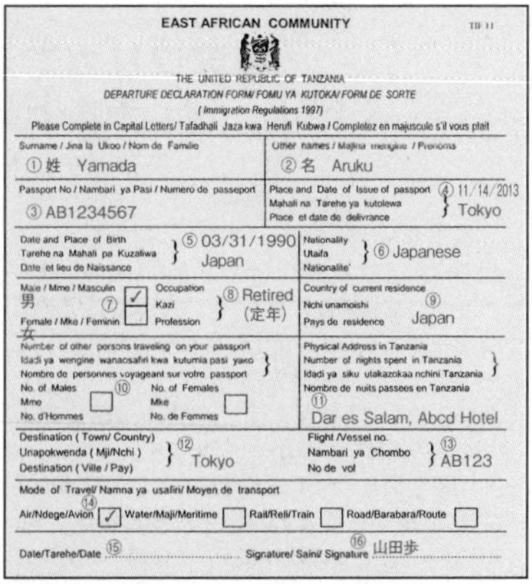
EAST AFRICAN COMMUNITY

THE UNITED REPUBLIC OF TANZANIA

DEPARTURE DECLARATION FORM/ FOMU YA KUTOKA/ FORM DE SORTE

(Immigration Regulations 1997)

Please Complete in Capital Letters/ Tafadhali Jaza kwa Herufi Kubwa / Completez en majuscule s'il vous plait

Surname / Jina la Ukoo / Nom de Famille ①姓 Yamada

Other names / Majina mengine / Prenoms ②名 Aruku

Passport No / Nambari ya Pasi / Numero de passeport ③AB1234567

Place and Date of Issue of passport / Mahali na Tarehe ya kutolewa / Place et date de delivrance ④11/14/2013 Tokyo

Date and Place of Birth / Tarehe na Mahali pa Kuzaliwa / Date et lieu de Naissance ⑤03/31/1990 Japan

Nationality / Utaifa / Nationalite ⑥Japanese

Male / Mme / Masculin 男 ⑦ Female / Mke / Feminin 女

Occupation / Kazi / Profession ⑧Retired (定年)

Country of current residence / Nchi unamoishi / Pays de residence ⑨Japan

Number of other persons traveling on your passport / Idadi ya wengine wanaosafiri kwa kutumia pasi yako / Nombre de personnes voyageant sur votre passport ⑩ No. of Males / Mme / No. d'Hommes No. of Females / Mke / No. de Femmes

Physical Address in Tanzania / Number of nights spent in Tanzania / Idadi ya siku utakazokaa nchini Tanzania / Nombre de nuits passees en Tanzania ⑪Dar es Salam, Abcd Hotel

Destination (Town/ Country) / Unapokwenda (Mji/Nchi) / Destination (Ville / Pay) ⑫Tokyo

Flight /Vessel no. / Nambari ya Chombo / No de vol ⑬AB123

Mode of Travel/ Namna ya usafiri/ Moyen de transport ⑭ Air/Ndege/Avion Water/Maji/Meritime Rail/Reli/Train Road/Barabara/Route

Date/Tarehe/Date ⑮ Signature/ Saini/ Signature ⑯山田歩

タンザニア出国カード

〔入国用〕
①姓
②名
③パスポート番号
④パスポート発給日と発給地
⑤生年月日と出生地
⑥国籍
⑦性別（チェックを入れる）
⑧職業
⑨居住国
⑩同一パスポートでの併記者数（左男性、右女性）
⑪滞在予定日数
⑫入国交通機関の便名（車両の場合はナンバー）
⑬入国目的(裏面に例示あり)観光:6
⑭滞在先のP.O.Boxナンバー
⑮滞在先の通り名
⑯滞在先住居のブロック数
⑰滞在先の都市名
⑱滞在先の電話番号
⑲滞在予定ホテル名
⑳接触予定の人名か機関名
㉑入国の交通手段（飛行機はAir、船はWater、鉄道はRail、車はRoadから選択）
㉒入国日
㉓サイン（パスポートと同じもの）

〔出国用〕
①〜⑩は入国用と同じ内容
⑪タンザニアでの滞在先
⑫出国先
⑬出国の交通機関の便名（車両の場合はナンバー）
⑭出国の交通機関（飛行機はAir、船はWater、鉄道はRail、車はRoadから選択）
⑮出国日
⑯サイン（パスポートと同じもの）

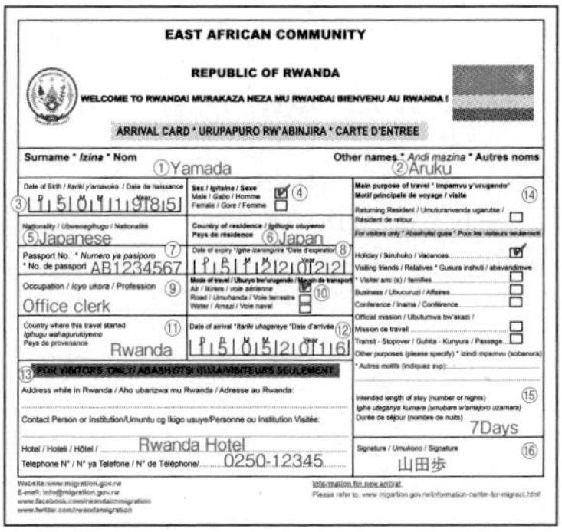
EAST AFRICAN COMMUNITY

REPUBLIC OF RWANDA

WELCOME TO RWANDA! MURAKAZA NEZA MU RWANDA! BIENVENU AU RWANDA !

ARRIVAL CARD * URUPAPURO RW'ABINJIRA * CARTE D'ENTREE

Surname * Izina * Nom ①Yamada

Other names * Andi mazina * Autres noms ②Aruku

Date of Birth ③15/01/1985

Sex ④

Nationality ⑤Japanese

Country of residence ⑥Japan

Passport No. ⑦AB1234567

Date of expiry ⑧15/12/2022

Occupation ⑨Office clerk

Mode of travel ⑩

Country where this travel started ⑪Rwanda

Date of arrival ⑫15/05/2016

⑬FOR VISITORS ONLY

Hotel / Hoteli / Hôtel / Rwanda Hotel

Telephone N° 0250-12345

Main purpose of travel ⑭

Intended length of stay ⑮7Days

Signature ⑯山田歩

ルワンダ入国カード

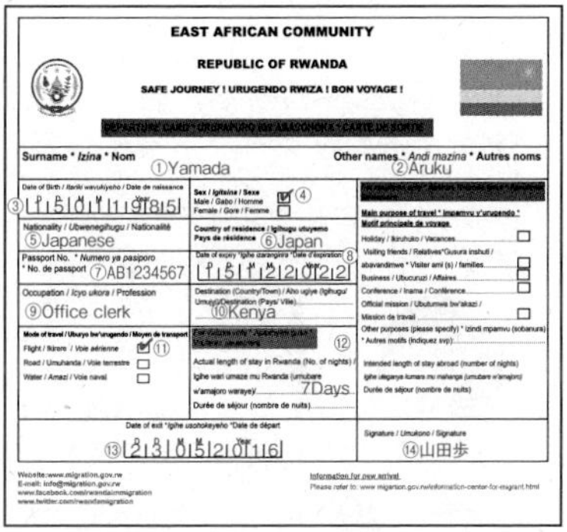
EAST AFRICAN COMMUNITY

REPUBLIC OF RWANDA

SAFE JOURNEY ! URUGENDO RWIZA ! BON VOYAGE !

DEPARTURE CARD

Surname * Izina * Nom ①Yamada

Other names * Andi mazina * Autres noms ②Aruku

Date of Birth ③15/01/1985

Sex ④

Nationality ⑤Japanese

Country of residence ⑥Japan

Passport No. ⑦AB1234567

Date of expiry ⑧15/12/2022

Occupation ⑨Office clerk

Destination (Country/Town) ⑩Kenya

Mode of travel ⑪

Actual length of stay in Rwanda ⑫7Days

Date of exit ⑬23/05/2016

Signature ⑭山田歩

ルワンダ出国カード

①姓
②名
③生年月日（日/月/西暦の順）
④性別（男性はMale、女性はFemale）
⑤国籍
⑥居住国
⑦パスポート番号
⑧パスポート有効期限満了日（日/月/西暦の順）
⑨職業
⑩移動手段
⑪最初に入国する国名
⑫到着日
⑬滞在先の友人、親類またはホテル名と住所、連絡先
⑭滞在目的
⑮滞在日数
⑯パスポートと同じサイン

①姓
②名
③生年月日（日/月/西暦の順）
④性別（男性はMale、女性はFemale）
⑤国籍
⑥居住国
⑦パスポート番号
⑧パスポート有効期限満了日（日/月/西暦の順）
⑨職号
⑩目的地
⑪移動手段
⑫滞在日数
⑬出国日（日/月/西暦の順）
⑭パスポートと同じサイン

東アフリカで活躍する日本人②
ストリート・チルドレンの支援活動を行う

モヨ・チルドレン・センター主宰　松下照美さん

路上の子供たちに語りかける松下さん（撮影：吉田泰三）

松下さんは、モヨ・チルドレン・センターというNGOを立ち上げ、ケニアでストリートチルドレンの支援活動に取り組んでいます。そのセンターがあるのは、ナイロビから北東約45kmにあるティカという地方都市。ストリート・チルドレンのケア、学費支援、小学校への給食支援、ホームの運営などを行なっています。

徳島県出身の松下さんが初めてアフリカの地に足を踏み入れたのは、今から20年以上前、1994年までさかのぼります。その時の元ストリート・チルドレンの子どもたちとの出会いが松下さんのその後の人生を決定付けました。貧困のために育てられなくなり家族の元から手放された子どもたち、またエイズで親を亡くして行き場のなくなった子どもたちなどの多くが、文字どおり路上で生活しており、彼らの95％以上が空腹や寂しさを紛らわすためにシンナーを吸っている現実。「子供たちを取り巻く環境にさまざまな形でひずみが出ており、そのひずみは大人たちが作ってしまったもの、ならば、自分たちの手で何とかできることから始めなければならないのではないか」という強い思いが、彼らと一緒に暮らしていこうと決意させ、全く英語が話せない松下さんを、単身アフリカに渡らせたのです。ウガンダでのボランティア活動を経た後、自らNGOを立ち上げようとその後ケニアへ移住。語学学校で学びながら、3年の準備期間を経て、1999年にようやくケニア政府から公認されました。

現在、2010年にオープンした「子供たちの家・通称ニュー・ホーム」では、8歳から22歳までの

松下照美さん
（撮影：吉田泰三）

20名ほどの子供たちが生活しています。安心して暮らせる暖かい家、いつでも帰ってこられる居場所で、子供たちが将来に夢を持てるよう、全力でメンバーとともに運営しています。今では、学費支援をした子どもたちの多くは独立し、家庭

も持ち始めました。2014年には2人が「ニュー・ホーム」から独立しました。今年の10月までにまた1人独立の予定です。

松下さんは、近い将来ストリートの子供たちと有機農園を本格的に始めたいという新たな目標があります。農園での収穫物はホームでの大事な食材にもなり、何よりシンナー漬けのストリートの子供たちが都会の環境から離れ、郊外で健康的で伸び伸びとした生活をすることによってシンナーから解放されるのでは、そんな思いで既に動き始めています。農地も購入しました。

さまざまなケースが発生し、本人、家族、児童局の間を奔走する日々を送っていますが、年に一回日本に帰国し、全国を講演しながら、支援を募って回っています。そんな精力的な活動をしている松下さんですが、その優しい眼差しは、いつも子どもたちの成長に寄り添い、愛情あふれる活動をしていることを物語っています。その奥にこれからも現地の活動を続けていくという強い意志を秘めながら……。

●モヨ・チルドレン・センター
🏠 P.O.Box 2712 Thika Kenya
☎ (254)20-2121356
📧 moyo.children.centre@gmail.com
🌐 moyo.jp
同センターへの寄付は、郵便振替・口座記号番号01660-1-73996 モヨ・チルドレン・センターを支える会へ。会員も募集中。会員の方は、所定の費用を払えば、スタディ受け入れが可能。
●モヨ・チルドレン・センターを支える会
🏠 〒799-0702　愛媛県四国中央市土居町小林1785-1　高塚政生方
☎&FAX (0896)74-7920
携帯：09011715632
📧 tmasao@d11.cien.ne.jp
また、映画「チョコラ！」（小林茂監督 2008年）は、ケニアのストリートチルドレンたちが、儚くもたくましく生きる姿を映し出している作品。こちらは自主上映となります。
上映の問い合わせ先
☎ (03)5919-1542　🌐 www.tongpoo-films.jp

子供たちと一緒に（撮影：吉田泰三）

旅の準備と道具

旅の季節

●「アフリカ＝暑い」は間違っている！

世界地図を広げてアフリカ大陸を見ると、赤道がケニアの真ん中を貫き、ビクトリア湖北部とウガンダ南部を横切っている、まさしく赤道直下の国々だ。さぞかし暑いだろうと思ってしまうが、決して暑い所だけではない。

エチオピア西部は2000m級の高原で夜は冷える。ナイロビも約1700mの高原に位置しているため、1年中「夏の軽井沢」という恵まれた気候下にある。ケニア北部の乾燥地帯やウガンダでは日中の暑さは厳しいが、日が沈むと急に冷え込み、油断すると風邪を引いてしまう。

一方、ザンジバルや海岸地方は夜でも蒸し暑い。マラリア予防のため、蚊取り線香が必需品である。ケニア北部から海岸地方、高原地帯まで気候は変化に富んでいて、旅行するにはそれなりの準備が必要だ。

●いつが旅行に適するのか？

日本とは違う東アフリカの季節感を味わいたいならば、雨季と乾季の両方を体験するのがよいのだが、旅行者の身ではそうもいかない。ただでさえ交通の便が悪いところへ雨とくれば、車がぬかるみにはまって立ち往生したり、川が増水して橋が流されてしまうことも。そうなれば2～3日足止めということになってしまう。

スムーズに旅を進めるには、やはり大乾季の6、7月頃から9月前後までが気温もやや低めでベストだろう。気温は高めだが、小乾季の1、2月もまずまず。もちろん雨が好きな人は雨季に行っても構わない。オフシーズンで料金は割安だし、青空が美しく晴れ上がる日もある。

旅の服装

●気候に合わせた服装を

ケニアやエチオピアなどの高地では朝晩は冷え込むので、少しかさばってもセーター類や長袖を必ず持っていこう。高地ならば、日が沈むと予想外の涼しさにびっくりさせられるからだ。サファリに行くときや夜行バスを利用するときに必ず重宝する。

ボートに乗る予定があるなら防水性のジャケットもあるとよいだろう。ボートが揺れたりして予想以上にぬれてしまうことがある。軽くて通気性の優れたものを選ぼう。

また日中は日差しが強いので、帽子や日傘を持っていくとよい。目の弱い人はサングラスを。また、乾季はほこりっぽいのでうがい薬、虫に食

サファリに持っていくとよいもの

たいていの国立公園（保護区なども含む）のサファリにかかせないものは、長袖のシャツと長ズボン、これに強力な虫除け薬である。なぜなら多くの動物が生息する地域は、動物にたかる虫も多く、なかには吸血の際、面倒なウイルスやリケッチアなどを感染させることが少なくないからだ。

さらに強烈な日差しと巻き上がる土ぼこりを避けることも必要となる。日差しを防ぐための帽子は通気性のよいものを、土ぼこりを除けるものとしてはマスクも効果がある。日焼け止めクリームは最低でもSPF50以上のものを選びたい。

ミネラルウオーターはサファリツアーで提供されることが多いが、乾燥地のため塩分が急激に失われるので、塩分の補給に特製のサファリドリンクを作ってもよいだろう。1%の食塩水を作り、砂糖を適量入れ、レモンを搾れば、立派なサファリドリンクとなる。もちろん市販のスポーツドリンクを持参してもよい。

また、テント式ロッジに宿泊する場合は、自分専用の小型の南京錠を使うとよい。通常、テントの出入口はジッパー式になっているので、鍵はない。ジッパーの持ち手同士を南京錠で結ぶことによって、外からの進入を防ぐことができる。さらに日本製の蚊取り線香も虫除けには有効なので持参するとよい。

長距離バスに持っていくとよいもの

長距離バス移動の場合、荷物はバスの上に載せられることが多いので、バス本体と荷物を固定するためのチェーン式の鍵があるとよい。それと十分な警戒心。バスの中で親しげに話しかけてくる人がいても、飲食物類は一切もらわないこと。睡眠薬を使う強盗の可能性が大であるからである。

われることを考えてかゆみ止め薬も備えておこう。

●着慣れたラフなスタイルがいちばん

東アフリカは決して形式ばらない所。普段の着慣れたTシャツとジーンズで十分だ。Tシャツもスペアが何枚かあればよい。洗えばすぐ乾く。

1枚のジーンズをはき続けるのもよいが、清潔なものを身につけたい人は、洗濯が簡単ですぐ乾くコットンパンツやレーヨンやポリエステル素材の軽くてシワにならないものが便利。予備として半ズボンを持っていくことをすすめる。かさばらないし、水着の代わりにもなる。

女性ならばスカートの丈は長めのものに。ミニスカートや体の線が出る服は、性犯罪に巻き込まれる可能性も高くなる。また、長距離バスを利用するつもりなら、屋外での小用に迫られたとき、長めのスカートだと便利だ。長いスカートの下にレギンスなどをはくのもよい。

●洋服の文字に要注意！

かつて、アフリカのある国で、日本の若者がとんでもない事件に巻き込まれた。「U.S.ARMY」のネーム入りのジャンパーを着て片手にカメラ、片手にメモ帳を持ち、町をブラついていたら、政情不安定な国だったため、スパイと間違えられて捕まってしまったのだ。また迷彩柄の衣服も要注意。

日本では単にデザインとして通用する文字プリントやワッペンも、スパイやゲリラの類いに敏感になっている国では、非常に危険なアピールになってしまう。「Make Love」などの文字もヒンシュクを買いかねないので注意。

また、熊本出身の人は要注意。スワヒリ語で"Kuma"は女性性器、"moto"は熱いという意味。ロゴ入りシャツなどは要注意だ。

●靴には気を使おう

旅行中は、日本での生活の10倍くらい歩くので、必ず歩きやすいものを用意しよう。スニーカーや柔らかいワークブーツがおすすめ。出発前に履き慣らしておこう。

アディスアベバのトラム

ブラックアフリカで初めて敷設された市内電車。東西を結ぶLine1とほぼ南北を結ぶLine2の2路線あり、中国の全面支援でつくられた。世界的にはトラムと呼ばれる電車だが、アディスアベバでは中央部分は高架で、そのほかは専用軌道を走行している。線路幅（ゲージ）は1435mmの標準軌である。

現在、運転は中国人で、エチオピア人を訓練しつつ運行している。距離によって運賃が異なり、最小運賃2B～。ほとんどの駅は高架に付設され、階段を登らなくてはならない。車内アナウンスに英語も入る。かなりの人気で、始発駅以外では満員状態で運行している。駅の階段脇の切符売り場で購入するが、改札がないので、事実上フリーパス状態。車内でたまに検札があるようだ。

トラムの切符

スタイリッシュな車体

いつでも満員

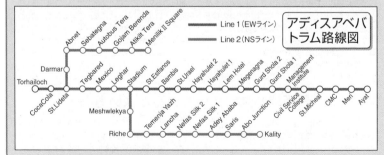

アディスアベバ
トラム路線図

Line 1 (EWライン)
Line 2 (NSライン)

靴の予備はいらない。もちろん現地で調達できる。予備を持っていくつもりなら、軽くて履きやすいビーチサンダルがよいだろう。シャワーを浴びたり、海辺の砂浜を歩くときに便利だ。あるいは都市の街角にいるオーダーメイドでサンダルを作る職人を利用してみるのもよい。

現地調達のすすめ

アフリカの国々は物が不足しているのでは？という心配もあるだろうが、ナイロビに限っていえば、どんなものでも揃っている。東アフリカを旅行する人のほとんどが、ナイロビをベースにするであろうから、何も持たずにナイロビに到着しても旅の準備は十分できる。

ナイロビやカンパラにはウチュミUchumiやナク・マットNaku Mattなどの大きなスーパーマーケットがあり、衣料品、日用雑貨など旅に必要なものは何でも揃う。エチオピアやタンザニアもほとんどの大都市は同条件だが、地方では食料品は手に入るが、衣料や日用品は数も少なく値段も相対的に高くなる。旅の間に必要になりそうなものは、大都市のスーパーで買っておくほうが賢明。ただし、品質に関してはあまり満足のいくものは見つけられないかもしれない。下着やシャツなどは、純綿のものは高価で

手作りサンダルもよいかも？

少なく、多くはポリエステルの混紡などのケニア産品。しかし、どれも十分使える。

●地球の歩き方　世界の天気＆服装ナビ
HP www.arukikata.co.jp/weather
世界115都市の1週間予報と、最高気温、最低気温時に適する服装をアドバイス！　日本の主要14都市との気温差を比較できる。

いろいろな物が手に入るマーケット

Information
スマホ、ネットを使うには

※宿泊ホテルでのネットサービスを利用
　ロビーや部屋でのネットサービス（有料または無料）やホテル内の常設PCルーム（日本語対応のものは少ない）を利用する方法がある。宿泊ホテルでの利用可否を事前に確認しておきたい。

※町なかでのネットサービスを利用
　空港、カフェなどのネットサービス（有料または無料）、町なかのWi-Fiスポット（インターネットアクセスポイント。無料）を活用する方法がある。どこにWi-Fiスポットがあるのかなどの情報を事前にネットなどで調べておくとよいだろう。ただし、Wi-Fiスポットでは、通信速度が不安定だったり、繋がらない場合があったり、利用できる場所が限定されたりするというデメリットもある。また、町なかで利用できるWi-Fiスポットの数自体が少ない、電波が弱いために室内で利用できないなど、現地通信環境は必ずしもよくないことに留意しておきたい。

※各携帯電話会社のサービスを利用
　日本で使っているスマホなどを使える、「国際ローミング」という方法がある。ただし、1日当たりの料金が定額となる「パケット定額」サービスの対象外エリアである場合、普段日本で利用しているのと同じ感覚でスマホを利用すると、費用が高額となる恐れがあるので注意が必要だ。「パケット定額」ではない場合、利用したデータ通信量に基づく従量課金が適用されるからだ。各携帯電話会社のサイトなどで「パケット定額」適用エリアか、事前に確認しておきたい。適用エリア外の場合には、SNSやアプリの利用、ネットの閲覧など、不要不急のデータ通信は控えたほうがよい。

　また、海外用モバイルWi-Fiルーターのレンタル（定額料金で利用可能）のサービス提供エリアかを確認しておくとよいだろう。このほか、海外でのネットの利用についての詳しい情報は「地球の歩き方」ホームページで確認してほしい。
【URL】http://www.arukikata.co.jp/net/

旅の荷造り　チェックリスト

	品　名	必要度	ある・なし	備　　考
貴重品	パスポート	◎		紛失に備え、コピーを持っているとよい。
	現金（USドル）	◎		サファリ代、高級ホテル代、ビザ代などに必要。
	現金（日本円）	△		現地では使えない。両替のレートはかなり悪い。
	航空券（eチケット）	◎		控えをプリントアウトしておく。
	イエローカード	◎		黄熱病用は必須。パスポートとともに保管を。
	海外旅行傷害保険証	◎		忘れると現金払いが原則必要になる。
	クレジットカード	○		大きなホテルや商店で。現地通貨のキャッシングも可。
	IDカード	○		国際学生証で入場料が学生料金となる所も。
	メモ帳	○		パスポートの番号の控え、住所録など。
衣類	シャツ	◎		着ていく物以外にTシャツなど1～2枚。現地購入可。
	下着、靴下	◎		着ていく物以外にふた組以上。現地購入可。
	セーター、長袖	◎		朝夕はかなり冷え込む。現地購入可。
	帽子	◎		日射病、熱射病の予防のため。現地購入可。
	ズボン、スカート、半ズボン	◎		汚れの目立たないものを。着ていく物以外に1枚。
薬品・雑貨・その他	洗面用具	◎		タオル、歯ブラシ、ヒゲソリなども忘れずに。現地購入可。
	洗濯用具	△		洗剤、干しひもなど。ひもはいろいろと役立つ。
	化粧品	○		スキンケア用品、リップクリームは必須。使い慣れたもの。
	薬品類	◎		マラリア予防薬は専門医と面談して服用のこと。
	生理用品	○		現地購入可だが、地方では手に入りづらい。
	ティッシュ	○		現地購入可だが、ウエットティッシュが便利。
	蚊取り線香、虫除け	○		現地購入可だが日本製はよく効く。
	日焼け止め	◎		ローションは必須。現地購入可。
	めがね、コンタクトレンズ	○		普段使い慣れたものを用意。
	サングラス	○		紫外線が強いので、サファリには必要。現地購入可。
	万能ナイフ	○		ナイフ、缶切り、栓抜きが付いたものがよい。
	水筒	△		飲み水キープ用に。ペットボトルで代用可。
	コップ、箸、スプーン、フォーク	△		列車や安宿では必需品。
	目覚まし時計	○		朝早く出発するとき便利。
	ビーチサンダル	○		シャワーを浴びるときや室内履きに。現地購入可。
	懐中電灯、ろうそく	◎		停電の多いタンザニア、地方やサファリには必須。
	雨具、折りたたみ傘	○		雨季には必要。防寒具に代用できるものがよい。
	ライター	○		喫煙者でなくても持っていると役立つ。現地購入可。
	寝袋	△		キャンプする人はあったほうがよい。
	カメラ、デジカメ	○		現地購入可だが高い。デジカメは充電器を忘れずに。
	メディア、フィルム	○		メディアは地方では入手困難。カラーフィルムは現地購入可だが変色していることがある。
	電池	○		現地購入可だが充電式がよい。充電器も忘れずに。
	双眼鏡	△		サファリにあると便利。
	電卓	△		買い物時に必要な人に。
	顔写真	◎		パスポート用と同サイズのもの4～5枚。
	筆記用具	◎		なくしやすいので数本。現地購入可。
	裁縫道具	○		小型携帯用のものを。蚊帳の破れを繕える。
	安全ピンや輪ゴム	○		蚊帳の応急処置やカンガを腰に巻き留める際に。ショルダーバッグのファスナーを結んでおくと、完全ではないがスリ対策になる。
	おみやげ	○		現地邦人には嗜好品や使用度の高いものが喜ばれる。現地の人には日本風のものやペン（消せるボールペン）。
	鍵	◎		部屋の鍵としても使えるものがよい。ダイヤル錠が便利。
	鍵穴ふさぎ	○		安宿の部屋の鍵穴をふさぐもの。泥棒除けに。
本類	辞書、会話集	○		ポケットタイプで十分。
	ガイドブック類	◎		『地球の歩き方』など、必要最小限に。
	日記帳、ノート	○		旅の記録、思い出に。

◎：必需品　○：あると便利なもの、特定の人に必要なもの　△：特になくてもよいもの
※ケニア、タンザニア、ルワンダではビニール袋（レジ袋など）持ち込み禁止。

旅の情報収集

旅の情報はどこに？

東アフリカでは、政情や入出国事情、交通事情などが変化しやすく、常に最新の情報を入手すべきだが、日本で入手できる情報は限られている。下記の所や各大使館のウエブサイトにあたってみよう。

〔外務省領事サービスセンター（海外安全相談班）〕
⟐〒100-1919　東京都千代田区霞が関2-2-1
☎(03)5501-8162（直）
Ⓗ www.anzen.mofa.go.jp

政府でも海外の安全情報を提供している。出発前に必ず確認しよう。

●よく利用されるホームページ

●総合

「地球の歩き方 ホームページ」
Ⓗ www.arukikata.co.jp

海外旅行の最新情報満載。ガイドブックの更新情報はもちろん、132の国と地域の基本情報、エアラインプロフィール、海外旅行の手続きと準備、地球の歩き方が厳選したスーツケースや旅行用品もご紹介。クチコミ情報や旅日記、掲示板、現地特派員ブログもある。

●ウガンダ

「ウガンダ観光省」（英語版）
Ⓗ tourism.go.ug
「ウガンダ観光局」（英語版）
Ⓗ www.visituganda.com

写真もきれいな現地発観光情報サイト。
「ウガンダのちいさな学校ニュートピア」
Ⓗ newtopia-academy.com

日本人ボランティアが営むウガンダの孤児院のサイト。
「あしながウガンダ」
Ⓗ ashinaga-uganda.org

HIV/AIDSで親を亡くしたウガンダ孤児を心理・教育支援するNGOのサイト。

●エチオピア

「日本エチオピア協会」
Ⓗ www.ethiasso.jp

エチオピア、日本間の文化および経済交流の強化を目的として設立された機関。
「エチオピア・ベット」
Ⓗ www.geocities.co.jp/ethiopiabet

観光地から現地の人の生活習慣、言葉、食べ物などを青年海外協力隊の目線で届ける。
「協力隊 in エチオピア」
Ⓗ ethiopian.exblog.jp

エチオピアで活躍する青年海外協力隊、シニア海外ボランティアのブログ。

●ケニア

「ケニア・サファリのススメ」
Ⓗ kunisan.jp/kenya

ケニアのサファリ情報サイト。旅行記、アドバイスなど個人旅行に必要な情報が充実。
「Africa想い出部屋」
Ⓗ www.etsumi.jp/africa

きれいなつくりでアフリカの魅力を伝えている。アフリカ好きのホームページのリンク集も充実している。

●タンザニア

「キリマンジャロ登山情報」
Ⓗ kilimanjaro.tusker.co.jp

ルート情報や写真も豊富な情報サイト。
「Zanzibar .NET」（英語版）
Ⓗ zanzibar.net

タンザニアのザンジバルに特化した美しい写真をふんだんに使ったホームページ。
「タンザニア観光局」（英語版）
Ⓗ www.tanzaniatouristboard.com

タンザニア観光局の現地発観光情報総合サイト。

●ルワンダ

「ルワンダ観光局」（英語版）
Ⓗ www.rttarwanda.org

ルワンダ観光局の現地発観光情報総合サイト。
「ムリンディ／ジャパン・ワンラブ・プロジェクト」
Ⓗ www.onelove-project.info

ルワンダとブルンジで障害者支援をするNGO。日本人女性とルワンダ人男性の夫婦が立ち上げた。ルワンダ基本情報なども紹介されている。

現地での情報集め

日本で入手できる情報もあれば、本当に確実なことは現地でしか得られない種類の情報もある。日本で集めた資料プラス旅経験者からの情報やインターネットの情報兼アドバイス、これに現地の最新情報が加われば心強い。

●現地の情報源はどこに？

旅行者向けの観光案内所Tourist Infor-mation Bureauが各国の都市、空港、観光ポイントにある。地図や資料などが無料でもらえることもあるので、おおいに利用しよう。

生きた情報がキャッチできるのは、バックパッカーがよく泊まるホテル。アフリカ各地を旅してきた人、これから行く人々のさまざまな情報交換の場となっている。旅行者は日本人ばかりではないので、それなりの英語力は必要だ。

ナイロビには、日本の旅行会社の支店や、日本人や日本語のできるスタッフがいる旅行会社があるので、日本語でいろんな情報が聞ける。具体的な質問があれば親切に応じてくれるし、ホテルやサファリツアーも斡旋してくれる。

●ウガンダ

〔BIC TOURS LTD〕

住Map P.118 P.O. Box 29878 Kampala Uganda Tirupati, Mazima/Uchumi Mall 1st Floor, Room NO. 110-111 Nsambya-Kabalagala-Gaba Rd.
☎ (256)483-660347、(256)772582505
開9:00～18:00（月～金曜）
カード J M V
e Sam@bic-tours.com、japan@bic-tours.com
HP www.bic-tours.com/japan

日本に留学経験をもつサムエルさんが、ウガンダのことをより知ってほしいとの思いで設立した旅行会社。日本語が通じる。

〔Africa Runners〕

住Map P.120:1-A外 Plot 79 Bukoto St. Kamwokya
☎ (256)31-2250014/772400701
FAX(256)31-2262659
e info@africarunners.co.ug
HP www.africarunners.co.ug

日本人がオーナーの旅行会社。ウガンダの在留邦人が利用している。英語可。

●エチオピア

〔ELMI Tour〕

住Map P.150:2-C Kasanchis 地区 Elilly Hotel 斜め向かいのNigist Tower ビル2階
☎ (251) 911 057030 / 512439
e Miyuki@elmitourethiopia.com
HP www.elmitourethiopia.com
日本人常駐で日本語対応可能な旅行会社。

〔Travel Ethiopia〕

住Map P.150:2-B P.O.Box9438 National Hotel 内
☎ (251)11-5508870
e info@travelethiopia.com

HP www.travelethiopia.com

エチオピアで外国人旅行者を取り扱う大手旅行会社。

●ケニア

〔DODO WORLD〕

住Map P.198:1-A外 Unga House Westlands Nairobi
☎ (254)20-4450015/204450012、/721381298
開9:00～16:30（月～金曜）・日曜、祝日休
e info@dodoworld.com
HP www.dodoworld.com

ケニアの日系旅行会社の老舗。旅行への不安や事前手配が必要な場合、親身に相談にのってくれる。日本人スタッフもいるので心強い。

●タンザニア

〔F&K CULTURAL TOURS AND SAFARIS〕

住Map P.269:1-A外 P.O.Box 650 Arusha Tanzania
☎ (255)767-273115
e karibu@fk-safari.com（日本語での問い合わせ可能）
HP jp.fk-safari.com

タンザニアでのサファリツアー、キリマンジャロ登山のほか、カルチャーツアーや南部のキルワ遺跡ツアーなど、興味や予算に応じてさまざまな手配をしてくれる。日本人スタッフがいるので現地でも安心。

〔JAPAN TANZANIA TOURS〕

住Map P.234:1-B P.O.Box 9350 Dar es Salaam
☎ (255)22-2134153/2134431
FAX(255)22-2134152
e jatatours@jatatours.co.tz
HP jatatours.intafrica.com

日本人経営の日系旅行会社の老舗。通称はJATAツアーズ。

●ルワンダ

〔Magical Birding Safaris in Rwanda〕

住Map P.301:1-A Box 6004 Kigali Rwanda.
☎ (250)788354730
e birdrwanda@yahoo.com、info@birdingsafarisrwanda.com
HP www.birdingsafarisrwanda.com

バードウォッチングを主とした旅行会社。

通貨、両替の知識

東アフリカの通貨単位はエチオピアがブル（Birr）、ケニア、タンザニア、ウガンダがシリング（shilling）、ルワンダがフラン（franc）である。

国によって流通している貨幣は当然異なり、貨幣価値も異なる（次頁の表参照）。

■ 両替の知識 ■

両替のシステムも国により若干異なるが、一般的に銀行か両替屋（Forex Bureauまたは、Bureau de Change）、もしくは一部の高級ホテルで両替することができる。大きな都市には、そういった機関がいくつもあるが、地方へ行くとまったくないところや、あっても営業日や時間が限られていたりする。両替はできるところでできるうちにやっておこう。

なお、余った現地通貨の再両替は現地を出る前に行っておくこと。ケニア・シリングがタンザニアやウガンダで両替できたとしても、タンザニア・シリングやウガンダ・シリングはナイロビでは両替できないし、日本ではアフリカのどの国の通貨も両替できない。また、再両替する際には、両替したときのレシートの提示を求められることがある。空港以外では、レートの表示がなされていても、手間がかかるし「今はUSドル札がない」などと言われ、断られることもあるので使い切ることをすすめる。

●ウガンダ

銀行のほかに民間の両替機関（Forex Bureau）が営業をしている。US$20以下の小額紙幣はレートが悪いことが多い。また、国境付近はレートが悪いので、当座に必要なぶんだけにして、残りはカンパラなどの都市で両替するようにしたほうがよい。日本円現金の両替はできないところが多く、あってもレートは悪い。支払いや両替時に2002年以前発行のドル紙幣が受け付けられないことがほとんどなので、

2003年以降発行のドル紙幣が必要である。クレジットカードは空港内の免税店や一部のホテルを除き、ほとんど利用不可能。カンパラ市内Barclays銀行、Standard Chartered銀行のATMではVISAカードを利用し、ウガンダ・シリング現金の引き出しが可能。

●エチオピア

国営銀行のほか、民間の両替屋もある。レートはさまざま。都市であればUSドルから両替可能。地方であっても少額のUSドル（現金）であれば可能である。日本円の両替が可能なところもあるが、レートは悪い。

国境の町などでケニア側の銀行（KCB）においてエチオピア・ブルをケニア・シリングに両替するとレートは悪いようだ。

●ケニア

円からケニア・シリングへの両替は、国際空港内や大きな都市の銀行や公認両替商で取り扱っているが、交換レートは悪いので、USドルからの両替が一般的だ。だいたいどこの銀行、両替商でも両替できる。通常9:00〜17:00（月〜金曜）、9:00〜12:00（土曜、一部の店は〜17:00）、日曜、祝日休。ナイロビやモンバサの国際空港内の銀行支店では24時間両替可能。銀行の両替レートはどこもほとんど変わらないが、手数料は異なり、無料のところから1〜2%取るところまである。US$50以上の高額紙幣は、US$20以下の小額紙幣より交換レートが高い。

クレジットカードでのキャッシングについては、ケニア各地にあるほとんどの銀行でVISAビザ（PLUS）とMasterマスター（Cirrus）で可能。大きな都市や国際空港内には24時間利用ができるATMもある。カード会社に払う規定の利子はかかるが手数料は取られない。また、**B**Standard Charteredや**B**National Bank of

ヤミ両替商にごまかされないように

レートがかなり低い、1桁ごまかすなどの手口は今までにもあったが、最近は公定レートを提示してわざと紙幣を1枚少なく渡してくる。こちらが数えなおすと1枚少ないので相手にもう一度数えさせる。相手は数えなおし、「ああ、足りないな」と言って数えた分に1枚足して返してくれる。こちらはそのままそれを受け取って、ポケ

ットに入れるのだが、ここは要注意で、もう一度返されたら再度数えなおすべきである。

両替商は自分で数えたときにマジシャンのように数枚抜き取っているのである。

国境越えの場合など、銀行がなく、とりあえずの両替をしなければならない場合もあるだろうが、正規の金融機関がある町では、必ずそちらを利用しよう。

Kenyaではビザのキャッシングは手数料が2.5%。
●タンザニア

2019年6月現在、銀行のみが両替可となっている。日本円からの両替ができるのは、一部の大きな銀行だけとなる。US$20以下の小額紙幣の両替は、高額紙幣の両替レートよりも悪くなる。また、タンザニアでは2005年以前発行のUSドル紙幣は、両替をしてくれないので、2006年以降発行の現金を用意するようにしたい。大きな町では24時間稼働のATMが数多く設置され、VISAや、PLUS、Cirrusといった国際キャッシュカードでのキャッシングが可能。タンザニア・シリングのみでのキャッシングとなり、1日の限度額はだいたい40万Tsh。
●ルワンダ

USドル以外の換金レートはあまりよくない。一般的に市内の両替所は銀行や空港と比べてレートがよい。現在、2006年以降発行のUS$50またはUS$100紙幣でないと両替を断られることがあるので、日本より持参する場合には注意が必要。また、小額紙幣はレートを下げられたり、両替を断られたりする場合があるので、US$100紙幣で両替するのが一般的。トラベラーズチェックは換金できる場所が少ないのでUSドル現金が最も確実である。換金はT-2000やN'Dorisなどのスーパー、Nakumatビル、MTNセンターなどで可能。道端で声をかけてくる両替商では換金しないようにすること。キガリではATMでクレジットカードによる現地通貨の引き出しが可能になってきている。

店頭にはレート表が出されている

国　名	通貨単位(本書使用略号) 英語名　(略号)	補助通貨単位 (略号)	US$1 当たり	100円 当たり	使用時の レート
ウガンダ	ウガンダ・シリング (Ush) Uganda Shilling (UGX)	セント =100cents (セント)	3707	3422	
エチオピア	エチオピア・ブル (B) Etiopia Birr (ETB)	セント =100cents (セント)	29.01	26.78	
ケニア	ケニア・シリング (Ksh) Kenya Shilling (KES)	セント =100cents (セント)	102.7	94.5	
タンザニア	タンザニア・シリング (Tsh) Tanzania Shilling (TZS)	セント =100cents (セント)	2308	2131	
ルワンダ	ルワンダ・フラン (RF) Rwanda Franc (RWF)	サンチーム =100centime (サンチーム)	917.6	847	

(表)各国通貨換算表　2019年7月1日現在

国際キャッシュカード

国際キャッシュカードは、文字どおり国外でも使用できるキャッシュカードで、直接自分の預金から現地通貨が引き出せる。クレジットカードでキャッシングをすると一時的な借金となり、後日利息とともに預金から引き落とされる。国際キャッシュカードの場合、即時に預金から引き落とされるので、手数料以外の利息はつかない。

大きなメリットは、犯罪に遭った場合の備えができることだ。クレジットカードを盗まれたり、スキミングされたりしてカードの限度額まで使われた場合は面倒な手続きや精神的ダメージが伴う。しかし国際キャッシュカードの場合は預金額以上の使用ができないので、当該の口座に必要な額だけ預金して海外にもっていけば、犯罪に遭っても被害額を抑えられる。

国際キャッシュカードの多くはVISA系のPLUSや、Macter Card系のCirrusオンラインシステムを利用しており、その表示がある海外ATMで現金の引き出しができる。2019年6月現在、新生銀行やSBMC信託銀行などが国際キャッシュカードを発行しており、似たような仕組みのVISA DEBITカードを多くの銀行が発行している。また海外専用プリペイドカードのNEO MONEYをクレディセゾンが発行している。

東アフリカで通用するお金

●USドルが便利

東アフリカの国々で共通して使用できるのがUSドルの現金だ。新品の高額紙幣で持っていけば、たとえ地方の店で使用できないとしてもすべての銀行と両替屋で受け取ってくれ、ときには公定レート換算よりよい値で直接物を買ったりできる。

次いで普及しているのは、ユーロやイギリスのポンドである。日本円は両替できない銀行や両替屋がほとんど。日本円現金を使えるところは、日系の旅行会社ぐらい。それでさえ一般的ではない。

●ケニア・シリングは強い

現地通貨で最強の通貨はケニア・シリングである。いってみれば東アフリカのドルである。

東アフリカの国に限らず、エチオピアを除き周辺諸国でもそのまま受け取ってくれる店があるくらいだ。ウガンダ・シリングとタンザニア・シリングはほかの通貨に両替してくれないか、交換比率が極端によくない。だから、ケニアからタンザニアとウガンダに行く場合、ケニア・シリングが余っていたら、何かのときには使えるだろう。

●USドル交換レートはよく変わる

貨幣の強さは、その国の信用度と物価につながっていることからも、東アフリカの国のなかでは、ケニア経済がいちばん評価されていることがわかる。先進国のなかで、残念ながら日本の経済力の評価は東アフリカではいまいちだ。

また、アフリカ特有の事情で、USドルとの交換レートは大きく変わる。政権転覆のクーデターや戦争の兆しがあると、交換レートはよくなるし（USドルの価値が上がる）、飢餓援助などで、各国の援助がこの地域に流れ込んだためUSドルは値が下がったこともある。

国境での両替について

国境の銀行ではKsh↔TshやKsh↔Ushへの両替ができないことが多い。ブジア、マラバともにケニア側Bでは US$→Ksh、ウガンダ側Bでは US$→Ushのみだ。またイセベニアのケニア側Bでも US$→Kshのみ。シラリのタンザニア側Bでは US$→Tshのみ。日本円は両替できない。陸路で行く場合にTshやUshが欲しい場合は、主要都市で両替を済ませておいたほうがよい。どうしてもシリング同士の両替をしたい場合は、どこの国境にでもヤミ両替屋で両替するしかないが、レートは悪いしだまされることもあるので、あくまでも小額にとどめておくこと。

緊急に海外送金するには

現金がどうしても足りなくなったら、日本円を指定の外国通貨で外国に所在する個人に送金するシステムがある。なかでも米資本の送金サービス、ウエスタンユニオンWestern Unionは、日本にも現地にも取扱店舗が多数あって便利だ。取扱店舗、セブン銀行のATM・インターネット・モバイルバンキング、コンビニエンスストア（ファミリーマート、サークルK・サンクス）の専用端末を利用して送金する方法がある。

取扱店舗から送金する場合は、受取人名、送金者の国名、送金額などを所定の送金依頼書に記入し、送金額と手数料を支払う（日本から送金する場合、日本円のみ可）。送金の際には免許証などの身分証明書が必要。手続きが終わると10桁の送金処理番号（MTCN）が発行されるので、送金額とともにその番号を受取人に知らせる。受取人は現地の取扱店舗で身分証明書とその番号を見せて、送金額を受け取る仕組みだ。セブン銀行やコンビニからの送金の場合もこの仕組みは同様だ。ただ、コンビニの専用端末を利用する場合は、事前に郵送で登録手続きをしてユーザーIDとパスワードを取得（7～10日かかる）する必要がある。送金の際は、専用端末で申込券を発行後、窓口で支払えばよい。送金方法の詳細や送金限度額などそれぞれ違うので、確認のこと。

◎ウエスタンユニオンカスタマー・サービス・センター
☎0034-800-400-733（国内専用フリーダイヤル）
営9:00～22:00 年中無休
HPwww.westernunion.com/JP/en/notice.html
◎セブン銀行海外送金カスタマーセンター
☎0120-000-277（国内専用フリーダイヤル）
営10:00～20:00（祝日および12/31～1/3は休み）
HPwww.sevenbank.co.jp/soukin/jp/
◎コンビニ・ウエスタンユニオン国際送金サポートセンター
☎0120-3630-44（国内専用フリーダイヤル）
営9:00～22:00 年中無休　HPwu-moneytransfer.com
●取扱店舗（取り扱い店舗は全国各地にある）
◎トラベレックスジャパン（株）
HPwww.travelex.co.jp
☎（03）3568-1061（代表）　営店舗により異なる。
◎H.I.S.
HPwww.his-j.com　営店舗により異なる。
◎大黒屋
HPwww.e-daikoku.com/moneytransfer
営店舗により異なる。
※このほかにもいくつかの会社が店頭での送金、受け取りを行っている。ウエスタンユニオンのHPから検索可。

旅の予算

東アフリカの物価

東アフリカの物価を日本円に換算するとかなり安い。

だが、現地での物価感覚がわかってきて、庶民の生活水準も見えてくると、最初の感覚はたちまち薄れていく。例えばケニアの1Ksh（ケニア・シリング）が、銀行レートの約1.05円（2019年7月現在）から10円ほどの実感レートに変わってくると、東アフリカの物価がそれほど安くないのに気づくだろう。ケニア庶民の平均日収を100Kshとすれば（当然この額より少ない人もたくさんいる）、1泊500Kshのホテル、1食100Kshの食事は安くないことになる。

国別・旅の予算

ここでは、3つのタイプに分けて旅の予算を考えた。通貨単位は各国とも違うが、ウガンダ・シリング（以下Ush）、エチオピア・ブル（以下B）、ケニア・シリング（以下Ksh）、タンザニ・アシリング（以下Tsh）とルワンダ・フラン（RF）で予算を立ててある。1Ksh≒1.05円、1B≒3.74円、1RF＝0.11円。

●タイプⅠ　アフリカを肌で感じたい人

アフリカの庶民の生活に入り込みたい人はこのタイプであろう。ただし、アフリカが初めてで、コミュニケーションが取りづらい人は、ウガンダ南部やルワンダ以外ではこのタイプの旅をしてはいけない。どこに危険があるかわからずに、犯罪に巻き込まれてしまう可能性が高いからだ。都市部では、銃犯罪が増えている。現地の人も行かないような場所へ行くことは避けなければならない。これは危険を予知することができる旅人のみが選ぶやり方だ。

ナイロビ、ダル・エス・サラームでは、危ない地域にある宿には決して泊まってはならない。多少お金がかかるが、安全な宿を探そう。地方の町では、現地の人が利用する宿がよいが、身の危険を感じたらほかの宿を探すべきだ。ただ、地方だといっても、すべて安全というわけではない。エチオピア南東部と北部、ケニアの南東部と北部、ウガンダ北部の国境地帯は、紛争のため治安が悪い。現地の新聞などから情報を得て、危険をさける姿勢で動く必要がある。

宿の料金としては、ウガンダでは2万Ushぐらい、エチオピアでは200Bで設備共同の安宿やブンナベットに泊まれる。ケニアのモンバサなどでは2000〜5000Ksh、地方では、500Kshが目安だろう。タンザニアでは大都市やザンジバルを除けば1万Tsh以内で設備共同の安宿に泊まれるだろう。

食事は、大衆食堂を利用すれば安く上がるが、ナイロビでは危険を考えて、大衆食堂は利用しないこと。都市部では1日800〜1000Ksh、地方では、300〜500Ksh。ウガンダでは2000Ush、タンザニアでは、地方の村なら500Tshぐらい、都市でも1000〜2000Tshで料理がひと皿食べられる。エチオピアでは町のレストランで20Bあればひと皿食べられる。ルワンダではキガリなら2000RF、地方なら1000RFでビュッフェスタイルのご飯が食べられる。

長距離の移動はカントリーバスが安いが、ナイロビなどでの発着場は危険地域にあるので、そこへの行き来は必ずタクシーを使おう。

ウガンダでは近隣の町への移動なら3500Ushぐらい、タンザニアでは近くの町なら5000Tshぐらいだろう。

エチオピアでは長距離バスがおもな交通手段になるだろう。80〜100Bで隣接するおもな都市には行ける。国境まではさらにバスを乗り継いでも合計300Bくらいで行けるだろう。

そのほかの雑費は、ケニアの場合は観光名所や博物館への入場料、通信費、雑費などで1日平均200〜400Ksh。このタイプの旅は1日の予算の合計はウガンダでは1日約3万Ushぐらい。エチオピアなら200B〜。ナイロビなどでは、1日5000Ksh、地方では、1000〜2000Ksh。タンザニアでは、地方なら1日5000〜1万Tshで済むだろう。危険度を考えて行動すること。ナイロビやダル・エス・サラームなどの都市は、このタイプの旅をする人は通過するだけのほうがよい。地方の村、町で人々の生活に触れるような旅をすることをすすめる。

●タイプⅡ　上と下を同時に眺めたい人

アフリカ旅行の一般的な旅をしたい人はこのタイプ。宿泊がポイントになる。

東アフリカには日本のビジネスホテルのような設備のしっかりした中級ホテルが少ない。郊外にあって交通費がかかるとか、付近に大衆食

堂がなかったりと、出費がかさむ。

宿泊はタイプ I よりは快適だが、値段はそれ以上に大幅アップ。このクラスのツインは空いていることが多いので、ふたり旅だと得。1日の宿泊は、ウガンダでは2万5000〜4万Ush。

エチオピアの場合ホテルは400〜500B。ドロ・ワットとメインひと皿、ほかにスープ、サラダ、ミネラルウオーター1本、飲み物などふたりぶんの夕食で約200B。宿泊、食事代ともに税15%が加算される。

ナイロビなどでは5000〜1万Ksh。地方では、2000〜4000Ksh。食事はこぎれいなレストランで取り、飲み物はチャイやフルーツジュースなどを水代わりにして、ときにはビールも楽しもう。1日3食でナイロビなどではタイプ I と同じ、郊外では800〜1000Ksh。

タンザニアの場合は地方の中級ホテルは4万〜5万Tsh。夕食をホテルで取ると、アルコール抜きで1万〜1万2000Tshで済むだろう。

ルワンダではキガリの中級ホテルは4〜6万RF、地方なら2〜3万RFで宿泊可。

移動はケニアの町の移動ならマタツ中心で、ナイロビなどでは市内の移動にもタクシーを使おう。遠出は乗合バスをベースに、列車なら2等に。1日平均800〜1000Ksh。ウガンダ、タンザニアとエチオピアはタイプ I と同様、バスを利用。

そのほかの雑費はタイプ I とほぼ同じで、ケニアの場合みやげ物を買ったり必要に応じてチップも払って、1日平均約2000Ksh。合計はナイロビなどでは1日6000〜1万Ksh、地方では1日4000〜6000Ksh、エチオピアでは500〜600B（移動除く）ぐらいだろう。

●タイプⅢ 「豪華、快適さ」を求める人

大都会や有名観光地では高級ホテルに泊まり、外出時はホテル前に待機しているタクシーを利用する。限られた時間内で旅行する人には、食事もショッピングも館内で済ませられるこの種の高級ホテルがやはり便利だ。

宿泊は、ケニアの首都ナイロビで客室にバス、トイレ付きのホテルなら外貨払いでUS$100以上、ナイロビ以外の町ではUS$80以上。

ウガンダやタンザニアでも、首都ならUS$100以上。アルーシャ、ムワンザなどの地方都市でUS$80以上はする。エチオピアではUS$120〜150のドル払いか相当の現地通貨。ルワンダは15万RF〜。

食事はホテル内や市内の高級レストランで、西欧料理やインド料理を中心に、飲み物はホテル内のカフェで。たまにはバーに飲みにいく夜もあるだろう。1日3食でUS$20〜30。タンザニアなら5万Tsh。エチオピアなら1000B。ルワンダならUS$30〜50（2万2000〜3万7000RF）。

移動は市内ならもちろんタクシー、遠出なら飛行機か1等列車。近年はエアコン付きの豪華バスもある。ケニアで1日平均5000Ksh。そのほかの雑費はホテル内やその周辺で買い物をすると高くなり、チップの出費もそれに比例する。

タンザニアではサファリなどに車を使う場合は、4WD車でUS$200〜300（1日当たり）。市内で車をチャーターすればUS$100〜150（1日当たり）だが、流しのタクシーで用は足りる。エチオピアでバスを使わず車をチャーターするならドライバー、ガソリン代込みで1日US$120〜150。ドライバーの食事代などもこちらが負担する。ルワンダではドライバー付きでUS$150（11万RF／日）かかる。

合計は1日最低の費用はウガンダで20万Ush、ケニアなら2万2000Ksh〜。タンザニアなら15万Tsh〜、エチオピアなら2500B〜（移動費を除く）、ルワンダなら10万RF〜。このタイプの旅は節約旅行と違って、慣れてくると出費が減るというわけではない。金を使うことに抵抗がなくなって、つい使い過ぎてしまう傾向がある。

●全体としていくら持っていけばよいか？

各タイプの1日の出費×滞在日数でだいたいの線は出る。タイプⅡ、Ⅲの人は予算オーバーし始めたらレベルを落として多少調整できるので安心。タイプ I については、それ以上大幅にダウンするのは難しいうえ、思わぬ出費に充てる余裕があまりない。やはり通信費や病気にかかったときの費用も考慮に入れておきたい。また、旅の日程の都合で飛行機を使うこともあり得るだろう。さらにこの予算には動物サファリの費用が入っていない。サファリを楽しむ、各国の国立公園、保護区など（→P.35〜112）、サファリとリゾートについて（→P.377〜386）を参考に、別枠で予算を立てよう。

以上を考え合わせて、「1日の出費×日数×1.5＋サファリ料金」くらいの金額を、USドルの現金（US$50以上の新札が両替レートがよい）で用意すればまず万全だ。万一の場合はクレジットカードの現地通貨キャッシングでしのぐのが合理的である。

モデルルート

旅のプランづくり

●旅のプランは余裕をもって

どんな旅にもいえることだが、特にハプニングが続出する東アフリカの旅では、プランはほんの気休めと考えておいたほうがよい。

綿密にルートを立てていても、いつ国境が閉鎖されるかもわからないし、クーデターが勃発すれば、こちらの意思などおかまいなしに交通機関はストップしてしまう。また時間どおりにバスが出ないこと、飛行機が飛ばないことは日常茶飯事だ。

どこへ行って何を見たいか、これが決まれば旅のプランは90%決定したも同然。行きたい所を中心に、だいたいの交通機関を決めるくらいの大まかなプランがよいだろう。

●初めての旅なら第一歩はカンパラから

初めて個人で東アフリカに周遊旅行をする場合、ウガンダのカンパラから入ることをすすめたい。なぜなら、

①治安がほかの国に比べてよいので、東アフリカが初めての人にとって旅行しやすい。

②高地にあるため、赤道に近いわりには1年中涼しく快適。だから日本との温度差による身体的ショックはそれほど受けなくて済む。

③旅行の必需品はここで揃えられる。

④アフリカ諸国の大使館が集まっているので、ビザの取得も便利。

⑤いろいろな旅をしてきた人が各国から集まっているので、行きたい国の情報や国境付近の情報もかなり集められる。

ただし、日本からの便数が多くないので格安航空券が少ないのが悩みである。

●エチオピアを回る

歴史のあるこの国をじっくり観光するのもよいだろう。ウガンダなどから回る場合、陸路での移動には危険がともなうので、必ず空路でアディスアベバに入ること。

エチオピア航空（ET）は比較的よく国内をカバーしている。また旅行会社で車をチャーターすることも可能。運転手、ガソリン込みでUS＄120～150／日。何人かでシェアすれば利用価値は高いだろう。

個人旅行で長距離バスを利用して行く場合は次の目的地まで1～2日の余裕をもってスケジュールを考えよう。パンクやエンジントラブル、ぬかるみに車がはまって立ち往生したり、増水のため橋を渡れないなどの事態はよくあることだ。旅行会社が手配したツアーならばチャーターした車がスタックしても代替案を取ってくれることもあるが、個人旅行の場合は帰国のためにアディスアベバへ陸路で向かう予定を立てるなら、アディスアベバに到着して2、3日後に帰国するぐらいの余裕が欲しい。

ルート例

東アフリカの旅はその人それぞれ。下記は自分の手作り旅行の参考にしてほしい。旅行期間には日本との往復日数も含めてある。

(以下、🚌バス　🚆列車　🚢船　✈飛行機)

●タイプⅠ　ケニアを知る旅約10日間

空港🚌アンボセリN.P.(ツアー参加)2泊🚌ナクル湖N.P.(ツアー参加)1泊🚌マサイ・マラN.R.(ツアー参加)2泊✈ナイロビ1泊🚆モンバサ1泊🚆ナイロビ1泊

ケニアの場合、交通網がナイロビを中心に放射線状に発達していて、いったんナイロビに戻らないと次の目的地に行くことが難しい。

サファリツアーの手配を日本にいる間にしておけば、空港に着いてすぐ次の行動ができる。モンバサまではバスでもよいが、列車のほうが楽であるため片道は列車を利用。時間がない人は、片道の飛行機を利用する。列車は時間の節約となるので往復とも列車でもよい。

●タイプⅡ　エチオピア～タンザニア　世界遺産とサファリの旅約2週間

アディスアベバ1泊✈ラリベラ2泊✈アディスアベバ1泊✈アルバ・ミンチ1泊　✈アディスアベバ1泊✈ダル・エス・サラーム1泊🚌アルーシャ1泊🚌ンゴロンゴロC.A.(ツアー参加)1泊🚌セレンゲティN.P.(ツアー参加)2泊✈ダル・エス・サラーム1泊

タンザニアとエチオピアの代表的な国立公園のサファリとエチオピアの歴史都市ラリベラを2週間で見て回る旅。滞在を延ばせるならラリベラ近郊の都市を加えるのがおすすめ。

●タイプⅢ　ケニア～エチオピア　サファリと少数民族の旅約12日間
ナイロビ1泊🚌アンボセリN.P.（ツアー参加）1泊✈ナイロビ1泊✈マサイ・マラN.R.（ツアー参加）2泊🚌ナイロビ1泊✈アディスアベバ1泊✈アルバ・ミンチ2泊✈アディスアベバ1泊

　ケニアの代表的な国立公園でのサファリと、エチオピアの少数民族を訪ねる旅。アンボセリN.P.は陸路利用のツアーに参加、マサイ・マラN.R.は往復空路利用のツアーに参加。アルバ・ミンチの周辺で車をチャーターし、ナッチサハルN.P.や付近の少数民族の村を訪ねる。少数民族に興味がある人はアルバ・ミンチから足を延ばし、ジンカに宿泊してジンカ近郊のムルシ族の村を訪ねてもいいだろう。

ンゴロンゴロC.A.でのサファリ

```
モデルルート
```

●タイプⅣ　ウガンダ～タンザニア～ケニア　駆け足の旅約12日間
カンパラ1泊🚌ジンジャ1泊🚌クイーン・エリザベスN.P.1泊🚌カンパラ1泊✈（ナイロビ経由）ダル・エス・サラーム1泊🚢ザンジバル2泊✈ナイロビ1泊🚌サンブルN.P.1泊🚌ナイロビ1泊

　とにかく忙しい旅である。この旅のハイライトはクイーン・エリザベスN.P.やザンジバルの海水浴など。12日間という短い期間のなかでは、このくらいの動きが精いっぱい。マリンディ、ワタムというリゾートを素どおりする、いわばイントロ旅行で、次回はゆっくり旅行しようと思うだろう。3ヵ国の魅力を知るには十分。

クイーン・エリザベスN.P.のゾウたち

●タイプⅤ　エチオピア　北部の歴史的遺産を巡る旅約2週間
アディスアベバ2泊✈バハルダール2泊✈ゴンダール2泊✈ラリベラ2泊（行事があれば3泊）✈アクスム1泊✈アディスアベバ2泊

　ラリベラは行事のある日など宿の確保が大変だが、3泊あるとゆっくり観光できる。神秘的な遺跡の数々を十分満喫できる旅だろう。

ラリベラの聖ギオルギス教会

●タイプⅥ　ルワンダ　歴史と国立公園を巡る旅約10日間
キガリ1泊🚌フイエ1泊🚌ニュングウェ・フォレストN.P.（トレッキング参加）2泊✈（キガリ経由）アカゲラN.P.（ボートトリップ参加）2泊🚌ヴォルカンN.P.2泊🚌キガリ1泊

　キガリ、フイエでルワンダの歴史をのんびり巡ったあと、ルワンダの代表的な国立公園を3つ回る欲張りなコース。トレッキングやボートで探索しながら、チンパンジー、ゴリラ、貴重な水鳥などを観察する、歴史と自然に触れる旅。

通信事情

電話事情

●日本から東アフリカへ

東アフリカの主要都市の電話は、国際電話会社の番号（下記参照）をプッシュし（マイラインに登録している場合は不要）、次いで010、各国のカントリーコード（ウガンダ256、エチオピア251、ケニア254、タンザニア255、ルワンダ250）、そして相手の市外局番から0を取った番号、最後に相手の番号をプッシュする。通話料金は各社とも異なる。

国際電話のかけ方（日本からケニア）

国際電話会社の番号
（下記参照）

010

国番号
（ケニアは 254）

相手先の電話番号
（市外局番や携帯電話の最初の 0 を取る）

国際電話会社名	番号
KDDI ※1	001
NTTコミュニケーションズ ※1	0033
ソフトバンク ※1	0061
au（携帯）※2	005345
NTTドコモ（携帯）※3	009130
ソフトバンク（携帯）※4	0046
ワイモバイル（携帯）※5	なし

※1「マイライン」の国際通話区分に登録している場合は不要。詳細はℍwww.myline.org
※2 au は 005345 をダイヤルしなくてもかけられる。
※3 NTTドコモは事前に WORLD WING への登録が必要。009130 をダイヤルしなくてもかけられる。
※4 ソフトバンクは 0046 をダイヤルしなくてもかけられる。
※5 ワイモバイルは 010 ＋国番号＋相手先の電話番号となる
■携帯電話の3キャリアは「0」を長押しして「+」表示し続けて国際番号からダイヤルしてもかけられる。

地方で電話が自動化していない所は国際電話のオペレーターをとおさないとつながらない。

○日本での国際電話の問い合わせ先
KDDI ☎0057（無料）
NTTコミュニケーションズ ☎0120-506506（無料）
ソフトバンクテレコム ☎0120-03-0061（無料）
au ☎0077-7-111（無料）
NTTドコモ ☎0120-800-000（無料）
ソフトバンク ☎157（ソフトバンクの携帯からは無料）

●東アフリカから日本へ

○携帯電話は比較的うまく通じる

各国の首都は、地方に比べると比較的通信事情はよい。国際電話をかける場合は大きなホテルか国際通話可能な携帯電話が便利である。

○直通電話をかける場合

ウガンダ、ケニア、タンザニア、ルワンダの各地からともにまず000、そのあとに日本の国番号81、0を外した市外局番と相手の番号を押す。エチオピアからは00+81+0を外した市外局番＋番号。

例：ウガンダから東京（03）1234-5678にかける場合、000-81-3-1234-5678

いずれの国からもコレクトコールはできない。電話局などから国際電話のオペレーターをとおしてかけることもできるが、かなり割高。

〔ウガンダ〕

カンパラからの国際電話は市内各地にあるプリペイドカード式の公衆電話からかけられるが、故障が多いので正常に通じるか確認すること。

近年、IP電話が普及し、首都カンパラなどではインターネットカフェや街頭の電話屋からかける人が多い。日本への国際電話も可能。料金は店によって違うが市内200〜300Ush／分が多い。携帯電話用のSIMカードは有効期間3ヵ月だが外国人も購入可能。

〔エチオピア〕

市内通話、国際電話の場合はホテルの電話からかけるか、携帯電話サービスがほぼ全域で利用できる。市内通話なら商店の電話を借りることもある。この場合は、事前に1分当たりの料金交渉をしないとあとでトラブルになる。固定電話や携帯電話からの市内通話は0.35〜0.50B

／分、日本へは23B／分くらいが目安。ホテルから国際電話をかけるとこの2〜3倍になる可能性がある。

外国人でもパスポート提示しSIMカード購入可。携帯電話から国際電話へのかけ方は＋に続き国番号、続いて頭の0を覗いた番号を入力する。日本へは90円毎分ぐらい。

〔ケニア〕

ケニアの通信事情は比較的よい。大都市では待ち時間なしでダイレクトに通じる。携帯電話の普及にともない公衆電話はほとんど撤去された。市外通話は距離によって料金が異なる。

長く話したい場合はナイロビなどのインターネットカフェではIP電話もできる。国際電話が可能なIP電話用プリペイドカードを使えばさらにお得。プリペイドカードはガソリンスタンドやコンビニ、キオスクで売っている。また長く滞在する場合は、日本からSIMフリーの携帯電話を持参するか、現地で携帯電話を買うと便利。安ければ携帯電話は2000Ksh〜購入でき、SIMカード（100Ksh〜）とプリペイドカード（100Ksh〜）を買えばすぐ使える。使い切ったら、チャージすればよい。

○携帯電話を買う（ケニアの例）

1.市内の代理店で購入可能。ニセモノや中古を売っているところもあるので、品質には注意。

2.代表的な通信会社のサファリコム、エアテルなどのSIMカードを買う（ナイロビでは150Kshくらい）※2019年6月現在、ケニアの非居住者はSIMカード購入可（ただし、購入の際パスポート提示が必要）。

3.選んだ携帯電話会社のプリペイドカード（スクラッチカードもしくはエアタイムと呼ぶ）を買う（キオスクなどで買える）。

4.暗証番号（ピンナンバー）を確認し、携帯電話に暗証番号を打ち込むと、金額が加算され、その料金内で通話できる。受けるのは無料。その場でやり方を教えてもらうとよいだろう。

ほかの国でも使い方はほとんど同じ。

※日本からかける場合は、国際電話会社の番号→010254をプッシュしたあとに最初の0を取った携帯番号をプッシュすればよい。

〔タンザニア〕

近年、携帯電話の普及とともに、公衆電話はほとんどなくなり、ホテルの電話を利用するか、携帯電話を利用してかけるのが一般的だ。SIMフリーの携帯電話を日本から持参するか、ケニアの例と同じく、現地で安い携帯電話を買う方法がある。US$30くらいからで購入することができ、SIMカード（1000Tsh）を町の携帯会社で購入し（購入時にパスポートが必要）、プリペイドカード（スクラッチ式）を購入して番号を入力するとかけられる。国際電話は約2〜3分で5000 Tshくらい。携帯会社のおもなものはVodacom、Airtelなどがある。インターネットカフェもある。

※日本からタンザニアの携帯電話へのかけ方は、国際電話会社の番号→010255に続けて携帯電話番号の最初の0を外し、あとはそのまま番号を入力、タンザニアの携帯電話から日本の携帯電話へかける場合の通話料金は、1000sh／分が目安である。

〔ルワンダ〕

基本的に公衆電話はないので、国際電話をかける場合は、ホテルの電話か携帯電話からかける方法しかない。携帯電話はレンタルできず、SIMフリーの携帯電話を日本から持参するか、安いものを購入する方法となる。安ければ日本円でだいたい3000円で購入可能。携帯電話は全国で使え、通信状態もよく国際電話も問題なくかかる。MTN、Tigo、Airtelの3社があり、MTNが最も普及率が高い。SIMカードを入れる、プリペイドカード式が一般的。プリペイドカードは、携帯電話会社の窓口だけでなく、町のいたるところで販売されているが、路上販売の場合、偽造品や使用不可のものが出回っていることがあるので、高額のものは買わず、購入したときに異常がないか確認すること。インターネットカフェは、たいていの町にあり、アクセスも比較的安定している。また、コーヒーショップなどはWi-Fiが使用可能な店が多い。ドリンクなどを注文すれば、接続料は無料となるところが多い。

※日本にかける場合は、000＋日本の番号81＋0を外した市外局番＋相手の番号でよい。ただし、携帯電話からの場合は先頭の000は不要。料金は、東アフリカ内、約300RF／分、そのほかのアフリカ約400RF／分、そのほかの国際電話約500RF／分くらい。

日本からかける場合は、国番号250のあと、固定電話へはそのまま9桁の番号を、携帯電話へは先頭の0を除いた残り9桁の番号を、続けてプッシュする。ルワンダには市外局番がなく、

固定電話は0252から始まる10桁の番号、携帯電話は078から始まる10桁の番号となる。国内間は、固定電話と携帯電話間の呼出しも相手方の電話番号をそのままかければよい。

●海外で日本の携帯電話を利用するには

　海外で携帯電話を利用するには、日本で使用している携帯電話を海外でそのまま利用する方法やレンタル携帯電話を利用する方法がある。おもに次の4社がサービスを提供しているので、利用方法やサービス内容など詳しい情報は、各携帯電話会社に問い合わせてみよう。

■ 料金や通話エリアの詳細

通信会社	料金などに関するURL
au	HPwww.au.kddi.com
NTTドコモ	HPwww.nttdocomo.co.jp/service/world
ソフトバンク	HPmb.softbank.jp/mb
ワイモバイル	HPwww.ymobile.jp/service/global

郵便、国際宅配事情

●郵便

　日本から東アフリカに送る普通の郵便物は、日数がかかることはあるが、問題なく届くようだ。小包は中身をチェックされるが、なくなることはまずない。東アフリカ各国には郵便配達制度がないため、郵便物は、郵便局の私書箱（P.O.Box）に留められ、受け取り人は郵便局に行く必要がある。

　旅先で日本からの郵便物を受け取るには、自分の名前、滞在先のホテル名または日本大使館の、P.O.Box番号を記入する。

　東アフリカから日本への郵便料金や事情は国によって異なる（各国の郵便料金は、各国のジェネラル インフォメーション参照）。

●国際宅配事情

　EMS（国際スピード郵便）とDHLが主要都市にあり、EMSは大都市の郵便局で取り扱っている。着払いはできない。EMSは、DHLよりも荷物の大きさなどの制限があるが、相対的に安い。0.5kg刻みで料金が設定されている。

○EMSの取り扱いのある主要郵便局

〔ウガンダ：カンパラ〕

住P.O.Box.7106　Plot35　Kampala Rd.

営8:00〜18:00（月〜金曜）9:00〜14:00（土曜）

〔エチオピア：アディスアベバ〕

住Genete Lemat Bld. Off. No. 755／14 Bole Rd.

☎011-6614281

営8:30〜17:00（月〜土曜）日曜、祝日休

〔ケニア：ナイロビ〕

住Postal House Kenyatta Ave.

☎0719072600　営8:00〜19:00（月〜金曜）、8:00〜16:00（土・日曜）　祝日休

〔タンザニア：ダル・エス・サラーム〕

住Nyerere Rd.　☎022-2863655〜4　営8:00〜17:00（月〜金曜）、8:00〜12:00（土・日曜）　祝日休

〔ルワンダ：キガリ〕

住P.O. Box 4　KN 4 St.　☎0252- 582703

営8:00〜17:00（月〜土曜）　日曜休

インターネット事情

　各国にインターネットカフェが増え、IP電話もできる。ホテルでは宿泊客は無料でWi-Fiが利用できるところが多い。

　インターネットカフェでは日本語入力できるところは少ない。

　各国ともインターネットカフェは24時間営業のところもあるが、治安を考えると夜間は避けたほうがよい。

インターネットを使うには

「地球の歩き方」ホームページでは、東アフリカ（ウガンダ、エチオピア、ケニア、タンザニア、ルワンダ）でのスマートフォンなどの利用にあたって、各携帯電話会社の「パケット定額」や海外用モバイルWi-Fiルーターのレンタルなどの情報をまとめた特集ページを公開中。

HPwww.arukikata.co.jp/net/

ホテルについて

宿泊事情

ホテルは予約しないと泊まれないと思っている人もいるかもしれないが、特別の期間でない限り予約なしで泊まれることがほとんど。東アフリカでも、行き当たりばったりで何とかなるものだ。

高級ホテルの室内

●Hotelは必ずしも宿を意味しない

東アフリカでは "Hotel" は高級ホテルを指し、それ以外の宿は、普通ロッジLodgeかゲストハウスGuest Houseと呼ばれている。

ときどき安宿街で "Hotel" の看板を見つけて行ってみると、食堂だけで宿泊できなかったりする。逆に "Boarding" の看板を掲げて、一見食堂だけのように見える店でも、聞いてみれば2階を宿にしていたりする。よく確認することが大切だ。

●世界にも通用する高級ホテル

いわゆる高級ホテルは、どこも一様に行き届いた設備で、中に入ると東アフリカにいることを忘れてしまうほどだ。ビールも飲めるし、世界中の料理も食べられる。内容も値段も他国と変わらない。外貨払いのところも少なくない。

ただし、地方によっては高級ホテルとはいえ、水やお湯の出ないところもある。あらかじめ確認しておいたほうがよい。また、高級ホテルは朝食付きが多く、ハーフボード（2食付き）、フルボード（3食付き）もある。

●増えつつある新興の中級ホテル

従来は高級ホテルか安宿かの両極端だったが、近年はその中間を埋めるようにさまざまな中級ホテルが出現してきている。これは国内に中産階級が育ってきたこととも無関係ではないだろう。安宿のようなドミトリーはなく、シングルやダブルが中心。部屋には高級ホテルのようなバスタブはないが、いわゆるシャワー、トイレ付きのセルフコンテインが多い。ほかにも朝食付きのB&B（Bed and Breakfast）スタイルを取り入れているところもある。利用方法によっては、さまざまに活用できる場所でもある。

蚊帳のある中級ホテルのベッドルーム

●庶民の味方、安宿

安宿は1階がレストランで階上が宿泊施設、あるいは入口がレストランで奥が宿泊施設のタイプが多いので、食事に煩わされる手間が省ける。一応部屋ごとに鍵はあるが、自分で持ってきた鍵をかけたほうがよい。用心のうえにも用心を重ねるという心構えが大切だ。相部屋のときは相手と相談すればよい。

だいたいどこのロッジも、簡易ベッド、毛布、シーツが揃っていて、部屋の隅に洗面台がある。床はコンクリート、窓にはシーツのような簡易カーテンがかかっている。テーブルや椅

ノミ、シラミ、南京虫をなめるべからず

安宿に泊まったり犬や猫と接すると、ノミ、シラミ、南京虫によく血を吸われる。マラリアを恐れるあまり蚊には神経質になるが、これらには油断する。しかし、南京虫に一度血を吸われると蚊と違い、なかなか毒は消えず、狂おしいほどのかゆみが続いて気が変になるほど苦しい。

南京虫は木製のベッドに巣くっていることが多いので要注意。「南京虫の3点喰い」といって、体に3ヵ所ほどの刺され跡が残るのでひと目で判断できる。ベッドの裏側に殺虫剤をまくと、かなり退治できる。白い布を体に巻いても多少は防げるようだ。

旅の技術　ホテルについて

子がある部屋もあって、値段のわりには居心地のよい宿が多い。

前述のとおり東アフリカでは一般に、Hotelは一流ホテルを指し、スワヒリ語のHoteliは安食堂（宿泊施設付きのHoteliもある）を指す場合が多い。バックパッカーが利用する宿は、普通、LodgingやGuest Houseの看板を掲げている。なかにはスワヒリ語やアムハラ語の看板を掲げた所もあるので、見落とさないように要注意。

安宿では蚊帳の有無を確かめて

●エチオピア独自の宿、ブンナベット

ブンナベットはエチオピアにしかない宿の形である。アムハラ語ではブンナ＝コーヒー、ベット＝家、つまり喫茶店を意味するようだが、現在ではタジ（ハチミツ酒）やタラ（地ビール）を飲ませる居酒屋に近い存在だ。それだけでなく、ブンナベットは宿、あるいはレストランとしても利用されている。

宿としての設備は小さなテーブルとベッドのみが一般的。トイレ、シャワーは共同。普通は居酒屋の裏に部屋が並んでいる。

荷物を部屋に置いて出かけることができないため旅行者にはすすめられないが、どんな地方の町にもたいていあるのはこのブンナベットだ。

レストランとしては、非常に手頃な値段で食べることができ、利用価値が高い。

外見的には喫茶店なので、見分けるのは難しいが「ベッドはありますか（アルガ：アレ）？」と聞くとわかる。

部屋の決め方

料金を聞いただけで決めてしまう人がいるが、部屋を見ないで高いか安いかは判断できない。特に安宿は門構えだけでは内部を判断しにくく、同じ宿でもずいぶん部屋に差がある。料金は部屋の善し悪しで決まるので、チェックインの前に必ず部屋を見せてもらおう。スワヒリ語なら"Nioneshe chumba?"（ニオネシュ チュンバ）、英語なら"Can I see the room?"と言えば部屋へ案内してくれる。部屋の明るさ、清潔さ、トイレの善し悪し、ベッドのスプリング、シャワーがあるなら水やお湯が確実に出るかどうか。そして、蚊帳があるかどうかも必ずチェックしよう。その際、穴が開いていないどうか念入りに確認すること。ただ穴が開いていたとしても、輪ゴムでしばるなどして、応急処置を施すことはできる。マラリアを防ぐためには欠かせない重要チェック項目だ。

最も大切なことはセキュリティがしっかりしているか、鍵はきちんとしているか、防音などをわずかな時間で判断する。もちろん"No"と言うだろうが、ノミや蚊のことも尋ねてみよう。

そこで気に入ればよいが、気に入らなかったら遠慮せず断ろう。どこが気に入らないかを言えば別の部屋を見せてくれる。それでもダメなときは相手も諦める。

部屋代を値切る

長期滞在をすれば、部屋代を安くしてもらえる。チェックインをする際、何日滞在するかマネジャーと交渉すれば値段も値切ることができる。

あまり強引に値切ろうとすると嫌がられることもあるが、笑顔で「安くして〜」とトライしてみよう。高級ホテルの場合もオフシーズンは、客を何とか集めるために、割引を了承してくれる所もある。

強盗に注意

駅、バスターミナル、空港からホテルへ行くときはタクシーを使おう。バックパックを背負った外国人はかなり目立ち、人どおりの少ない朝、夕は特に狙われる可能性がある。昼間のうちにホテルを探すことが大事だ。夜間のホテル探しは絶対してはならない。それから、ホテルから移動するときも利用する交通機関までタクシーを使うこと。また、見知らぬ人にホテルを

出る日、時間は教えないようにしよう。徒党を組んで待ちぶせされ、襲われる可能性もある。

また、宿帳に記入の際は、出発日は空欄にしておいたほうがよい。ホテルでの盗難は出発前日に起こることが多いからだ。現地の人の前でもいつ出るか、どこに泊まっているかなど具体的に話さないほうがよい。特にバスの中などは注意。周りでその会話を聞いているかもしれない。

おいしい食事をするために

東アフリカ食事情

●スワヒリ料理

　沿岸部に行くと、スワヒリ料理が食べられる。ココナッツライスを主食として、スパイスを使った魚の煮込みスープ、パパイヤなどの果物をココナッツで煮込んだ添え物、牛肉をスパイスソースにつけ込んでから焼くムシカキなどがある。インド洋の幸とさまざまなスパイス、そして豊かに実る果物を存分に楽しめる料理だ。

　内陸部では、トウモロコシ、豆などの穀物、食用バナナを主食として、肉のうま味だけで味わうニャマ・チョマをご馳走としている。非常にシンプルな料理が多いが、できたてのおいしさは、格別。ひいたばかりのトウモロコシの粉を練ったウガリは、甘みともちもち感がある。それにビクトリア湖で取れたティラピアのから揚げを一緒に食べれば、何の調味料がなくても、不思議なほどおいしい。ただし、冷めたら味は落ちるのですぐに食べよう。

　地域によっていろいろな食べ物があるが、最もおいしい食べ方を知っているのはそこに住む人だ。郊外の村、町を訪ね、現地の人々が食べているものを頼んでみよう。ただし、くれぐれもナイロビの大衆食堂がある危険な下町には行かないように。

●エチオピア料理

　エチオピアには80以上の民族がいるので主食もさまざまである。小麦粉を使用した普通のパン、エンセーテ（ニセバナナの木）から作るコチョというチャパティなどが主食として挙げられるが、なかでも全国的に食べられているのがインジェラだ。ふわふわとした薄いクレープ状で酸味がある。インジェラは常にワットという水気の少ないシチューとともに食べる。

　エチオピアの食事の中心は肉や豆である。牛肉に関しては、ワットももちろんあるが、クットフォー（牛肉のタタキ）などのような食べ方をすることが多い。

　またエチオピアには断食の習慣がある。今は断食中に魚は食べないが、かつてはタンパク質を断つ断食中にも魚なら食べられたため、魚だけの単品料理のメニューが多い。

コチョの原料、エンセーテ

東アフリカ食べ物ガイド

●おもな主食

ウガリ Ugali（海岸地方ではシマ Sima）

　東アフリカの代表的な主食。トウモロコシや小麦、キャッサバなどの粉を湯で根気よくこねて蒸したもの（場所により蒸さない所もある）。味はソバガキに似ていて、それだけを食べると無味だが、食べ慣れてくると日本のご飯のような味わいが出てくる。

ウガリ

　食べ方は片手で寿司のシャリを握る要領で団子状にし、おかずと食べる。ちなみに、ウガリをいちばんおいしく作るのはルオ人だといわれている。おいしいウガリを食べたければ、ルオ人が多く住むキスムあたりに行くとよいだろう。

ウガリにおかずをつけて食べる

チャパティ Chapati

　小麦粉を水で練り、薄く伸ばして鉄板で焼いたもの。インドのチャパティと違うのは、焼くときに油を使うところ。おやつ代わりに食べてもよいし、チャイを付ければ立派な朝食になる。

チャパティ

ワリ Wali

　ご飯のこと。ほかの主食と比べるとやや高級感があるが、ピラウやビリアニなど、米の料理は人気がある。自分で炊くときは、ココナッツの粉を大さじ2～3杯入れるとおいしく炊ける。

ムカテ Mkate

　ムカテはパンのことだが、普通はイギリス風パンを指す。

イリオ Irio

キクユ人の主食。いろいろな種類の豆、ジャガイモ、バナナ、緑菜などを煮てすりつぶしたもの。厳密にいうと豆だけをゲゼリ、豆とジャガイモでイリオ、緑葉を加えるとケネジという名称になる。手でひと口サイズにし、スープなどにつけて食べる。

マトケ Matoke

食用バナナを煮て（蒸すところもある）すりつぶしたもの。味はマッシュポテトやサトイモに似ている。主食として食べるのはウガンダ。タンザニアでもよく食べるが、タンザニアの食堂ではンディズィ（バナナ）という表示になっている。

インジェラ Injera

インジェラで料理を包んで食べる

エチオピアが原産のテフ（イネ科の穀物）が原料。テフを粉にひき、水に溶いて、発酵用のイーストを加えて2〜3日おくと発酵する。この種を鉄板に薄く伸ばしてクレープ状に焼く。ふわふわで、酸味がある。インジェラの種は使い切らず、コップ1杯ほど残しておく。これは次にインジェラを作るとき発酵用のイーストとして使われる。このように各家庭でインジェラの種は代々受け継がれていく。

レストランではワットというシチューに必ず付いてくるものなので、メニューには載っていない。インジェラにワットをつけたり包んだりして食べる（ワットの詳細は下記コラム）。インジェラでなく普通のパンを頼みたいときは「パン（バ：ダボ）」と言おう。

●おもな料理、食物

ニャマ・チョマ Nyama Cyoma

焼肉のこと。ポピュラーなのは牛肉だが、山羊もよく食べる。食べ方は焼き上がったものを細かく切って塩をつける。好みによりピリピリ（トウガラシ）をつけたり、カチュンバリ（タマネギとトマトのサラダ、辛い）と一緒に食べても美味。ニャマ・チョマ専門のレストラン、食堂、肉屋で食べられる。

炭火で焼くニャマ・チョマ

カランガ Karanga

ケニアのみの料理。タンザニアでカランガというと、「ピーナッツ」の意味になる。ジャガイモとニンジンと牛肉を煮込んだいわゆる肉ジャガ。スープとジャガイモのおかわり無料の店もある。

ムシカキ Mshikaki

牛肉の串焼き。焼き鳥スタイルで食べやすく、味も日本人好みの醤油風味。カチュンバリ（サラダ）の上に焼きたてを載せてくれる店も。

エチオピアの味、ワットのいろいろ

●ワットとは？

主食のインジェラにつきもののワットは水気の少ないシチューであり、カイ・ワットとアレチャ・ワットという2種類がある。カイ・ワットはバルバリという香辛料が入っているので、赤い色をしていて辛い。アレチャ・ワットはバルバリが入っていないので辛くない。料理を頼むときは、カイ・ワットなのかアレチャ・ワットなのかを明確にしよう。

●ワットの種類

具にもいろいろある。
バグ・ワット→羊肉のシチュー
スガ・ワット→牛肉のシチュー
ドロ・ワット→鶏肉のシチュー
アサ・ワット→魚のシチュー（身はほぐしてある）
シュロ・ワット→豆のシチュー（豆は粉状）
ムッスル・ワット→レンズ豆のシチュー（粒ごと）
アテュクルト・ワット→野菜のシチュー
クウォンタ・フルフル→乾し肉入り混ぜインジェラ

●ドロ・ワット（鶏肉のシチュー）の作り方

ワットを作るに当たり、大事な下地となるのがタマネギだ。まずたくさんのタマネギを鍋いっぱい、みじん切りにする。それをあめ色になるまで、水を足しながら炒める。バルバリを少し、水を少し加え、なめらかになるまで炒める。この作業を1〜2時間繰り返す。水とバルバリを一度に入れてしまうと味がマイルドにならないのだ。

具となる鶏は生きたまま買ってくる。女性は食用の動物を殺してはいけないので、絞めるのは男性の仕事である。血抜きをし捌くところからが女性の仕事。羽を手でむしって残った細かな羽を火であぶって取り、お湯の中で捌いたら、ロミ（レモン）を入れたお湯に入れて肉の臭みを取る。ロミ入りのお湯には殺菌と、身をしめる作用もある。それから、鶏をパーツごとに切り分ける。もも肉はゲスト用なので関節からきれいに分け、煮詰まった鍋に入れる。さらによく煮てできあがり。ほぼ1日がかりで作られるドロ・ワットは、ゲストのためのご馳走だ。レストランで出されるドロ・ワットにはかなり辛いものが多いので注意。

ピラウ Pilau

炒飯やピラフのアフリカ版。牛肉入りが多い。Nusu（半分）を注文できるところはNzima（ひと皿）よりもヌスをふた皿注文したほうが、値段が同じでも量が多い店もある。

ピラウ

ビリアニ Biriani

鶏肉が入っているピラフのようなもの。米をサフランで色付けし、油をたっぷり使うので、濃厚な味がする。牛肉のものもある。

スクマ・ナ・ニャマ Sukuma na Nyama

スクマというキャベツのような大型緑菜と牛肉を煮込んだもの。スクマは家庭料理によく使われる野菜で、各家庭でたい

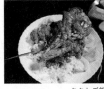

ククとご飯

てい自家栽培している。

クク Kuku

鶏肉のカレー煮。

キマ Kima

焼肉のカレー風煮込み。

マツンボ Matumbo

牛、山羊などの内臓（モツ）を煮込んだもの。

●エチオピア料理

トュブス Tubs

ぶつ切りの肉をソテーしたもの。

クックル Qugul

肉のスープ（基本的には羊を使う）。バルバリの入っていないアレチャである。

クウォンタ・フルフル Quanta Firfir

ちぎったインジェラに乾し肉入りシチューがまぶしてある。

クットフォー Kutfo

牛肉のタタキ。トレ（生）、ラブラブ（ちょっと火が入る）、ゲバヤロ（よく火がとおった）の3種から選ぶ。アイブ（カッテージチーズ）

エチオピアの調味料バルバリ

エチオピアの食事に欠かせない調味料はバルバリである。日本人が何にでも醤油をつけて食べるといわれるように、エチオピア人はこのバルバリをつけて食べる。

原料はトウガラシの粉と塩、数十種のスパイスを混ぜ合わせたもの。当然かなり辛いのだが、彼らはたっぷりと料理に振りかける。

しかし、毎日これを食べているとやみつきになって、とうとう帰国の際に何キロも買ってきてしまった、という人も。

森林コーヒー

文：JICAシニア海外ボランティア　合田嘉之

かつてエチオピアの国土の35％は森林に覆われていた。今はわずか2％である。しかもその2％も減り続けている。理由は人口増加にともなう樹木の伐採。電気もない地域では人々は木々を燃料として食事のしたくをする、また自分たちの農地を拡大するために森林を削っていく。

私のここでの活動は森林保護にともなう森林コーヒーの育成、販売である。エチオピアは知られているようにコーヒー発祥の地、実際にカファ地区という所があり、そこから世界に広まった。その地区で原種に近い森林コーヒーを農民たちから通常のコーヒーの2倍近い値段で購入し、日本や欧米に輸出している。森林コーヒーは通常のコーヒーとは違う風味を出しており、高い値段でも人気がある。また木洩れ日を好むため、森林にしか育たないのだ。

農民にすれば、高く買ってくれるので森林を伐採することなく森林コーヒーを育てる、という間接的森林保護を行っていることになる。先進国の消費者に高く買ってもらい、かなりの利益を生産者に還元する。このコーヒーはレインフォレスト・アライアンスというスペシャリティコーヒーの認証も受けている。この認証は農薬、肥料は使用しない、また森林の木々を伐採しない、そこにすんでいる生物たちを保護して、初めて得られる厳しいものである。

この国の森林保護に貢献していただけるなら、森林コーヒーをぜひ試してほしい。日本ではUCCから販売されているし、数社からネット販売も行われている。以下はそのひとつである。その名もベレテ・ゲラの森のコーヒーだ。

www.african-sq.co.jp/detail/gurume_coffee

収穫された森林コーヒー

とゴーマン（エチオ
ピアのキャベツをゆ
でてみじん切りした
もの）と食べる。追
加でケベをかけても
よい。

中央がクットフォー

※トレとラブラブは寄生虫がいることがあるのでおすすめしない。

ケベ Quebe

エチオピアのバター。匂いが強い。料理はケベの量によってグレードが変わり、たくさん入っているほど高級な料理である。調味料としてだけでなく、整髪料として男性も女性も使用する。ちなみに、エチオピアのお札はケベの匂いがするときがある。ケベは各家庭で女性が作る。生バターをフィルターにとおして精製し、各種スパイスを足し、その家独自のケベができる。

ウルゴ Erugo

エチオピアのヨーグルト。ドロッとしている。おもにワットに混ぜ、おかずとして食べる。

ナミャファ Namyafa

エチオピアの朝食用の硬いヨーグルト。

アイブ Iyb

エチオピアのカッテージチーズ。

●スナック類

マンダジ Mandazi

本来は揚げ物の意味。はんぺん形の揚げパンで、砂糖をかけないドーナツといった感じ。当然揚げたてのほうがおいしい。海岸地方ではマハムリMahamriとの通称も。

サモサ Samosa

地方によってはサンブサ（アラビア語）という。インドのサモサと同じ。ひき肉やタマネギ、ジャガイモなどを炒めたものを小麦粉の皮で包み、油で揚げたスナック。エチオピアではサンボサといい、中にはレンズ豆の煮ものや肉そぼろが入っている。

バジア Bhajia

野菜（おもにジャガイモ）に豆の粉をつけて揚げたもの。ピリピリ（辛いスパイス）をつけるとおいしい。

ムホゴ Mhogo

キャッサバ（甘みの少ないサツマイモのようなイモ）のこと。道端で中華鍋で揚げながら売っている。ナイフで切れ目を入れ、ライムとピリピリをかける。

マハラグウェ Mahargwe

もともと豆の意味。赤豆の煮たもの。日本の煮豆に似ているが塩味でココナッツの汁を入れ

る所もある。チャパティなどと一緒に食べると立派な食事になる。

ウジ Uji

トウモロコシの粥。オートミールのようなもので、朝食として食べる人が多い。

ケーキ Keki

ショートケーキやチーズケーキなどいろいろな種類があるが、一般にケーキと呼ばれているものは、日本の甘食のような三角錐の菓子のこと。

ボンボリーノ Bomborino

エチオピアのドーナツ。

●飲み物

水（マジ）Maji

東アフリカでは「生水は飲めない」と思っていたほうがよい。ナイロビの水は比較的安心。とはいっても一般的に歯磨きの際、口に入れるぶんにはよいが、そのまま飲んではならない。ひと目で危ないとわかるのはダル・エス・サラームの水。地元の人も敬遠するくらいだ。飲料を注文する際は安全のために氷を入れないように頼むこと。特にぬるいビールを冷やして飲む場合、氷を入れる習慣があるので注意。

各国ともミネラルウオーターが普及してきているので、利用したい。エチオピアではアンボAmboというメーカーのガス入りのミネラルウオーターが一般的。

マジワ・ララ Maziwa lala

マジワはミルク、ララは眠るという意味。ズバリこれはヨーグルト。タンザニアではマジワ・ムティンディという。牛や山羊などの家畜を飼っている家では、自家製を作っている。

ソーダ Soda（炭酸飲料の総称）

コーラ、ファンタ、スプライトなどが地方にまで浸透していて、子供から老人まで愛飲者は多い。人気があるのはビター・レモン。ファンタの東アフリカ版「タリノ」も出回っているので、飲み比べてみるのもよい。

生ジュース Fresh Juice

パパイヤ、オレンジ、パイナップル、パッションフルーツなどの生ジュースが飲めるが、新鮮なものを氷なしで飲むことが大事。海岸地方では露店のジュース屋が絞りたてを売っている。市販されているのは200mlの紙パック入りのフルーツジュース。一定期間保存もできる。アボカド、パパイヤ、マンゴー、グァバ（ゼイトゥー）のジュースは濃度が高いの

色鮮やかな生ジュース

でスプーンですくって食べる。

ミックス（スプリッス）と言えば、4種類のジュースをそれぞれ層状にして出してくれる。

チャイ Chai

インドから入ってきたミルクティー。東アフリカで最もポピュラーな飲み物。砂糖がたっぷり入っていて疲れを癒やしてくれる。どこへ行ってもチャイが飲める店はあるので、水代わりに愛飲することになるだろう。

コーヒー Kahawa

原産地はエチオピアである。エチオピアではコーヒーをブンナBunnaといい、コーヒーセレモニー（→P.347）という習慣があるなど、生活のなかで欠くことができない存在である。

ケニア、タンザニア、ウガンダ、ルワンダでもホテルのカフェなどでおいしい現地産のコーヒーが飲める。しかし、町の食堂のコーヒーはインスタントのところもある。メニューにも「ネスカフェ」とあるが、日本製のものとは違って、アフリカ産の味がする。

アラブ色の濃い海岸地方では、アラビアンコーヒーが飲める。道端のコーヒー売りに頼むと、器用な手つきであっという間に入れてくれる。

ビール Bia

アフリカ人は、一般的に、冷えていないビールを飲む。だから注文するときは「ビア（ケニアではポンベともいう。ただし、タンザニアではポンベはアルコール類全般を指す）、バリディ（冷たい）」と言わないと、ぬるいビールになってしまう。アフリカ人曰く、「生ぬるいビールは体によい」。

タンザニアのビール

いろいろな種類があるので飲み比べてみよう。また、ビールの値段は場所によってかなり違う。当然高級ホテルのバーは高く、場末のバーは安い。注文するときは数を忘れずに。何も言わないと人数分持ってくる。安全のために氷を入れないように頼むこと。

ルワンダにはバナナビールとよばれる、バナナを発酵させて作る飲み物もある。バナナの香りがする甘いお酒だ。

タジ Teji

エチオピアで飲まれるハチミツ酒。雑菌が混入していることが多く、下痢をする外国人が多い。

タラ Tela

エチオピアの地ビールの総称。種類が多いのでお気に入りの味を見つけてみよう。

彼女が持っているのがタラ

●果物

栄養が片寄りがちの旅行者にとって、果物は体にとって何よりの思いやり。食事にありつけなかった晩は、頼もしい夕食にも変身する。特に果物の種類も多く、安くておいしい東アフリカでは、なおさらのこと。

果物の呼び方は英語名が一般的だ。日本でもレモンやマンゴーなど、日本語の呼び方がないものもあるように、スワヒリ語化されていないものもある。

マンゴー（エンベ Embe）

やや臭みがあるが、熟れたマンゴーは中に熱い液体が詰まっているような感触で、思わず種までしゃぶってしまうおいしさ。東アフリカでもいちばん人気のある果物だ。

パパイヤ（パパイ Papai）

幻の竹の酒

東アフリカを旅行していると、必ずといってよいくらい、その地方独特の地酒なるものを見つけることができる。よく見るのは、アワやキビを発酵させた濁り酒で、これは酸味が強い。また、バナナを原料にしたワインのようなものもあり、これは甘くておいしい。ほとんどの場合、これら地酒は政府の許可なしで作られているので、大っぴらに販売はできないそうだ。

ところが、タンザニアのイリンガIringaという町では、彼らの地酒を工場で缶詰にして販売している。それがなんと、竹から作ったバンブーワインなのだ。アルコール度数4.92と書かれて

いる。この竹の酒はイリンガのみの限定販売なので、ほかの町では飲むことができない“幻の酒”なのだ。味は、ワインに近く、甘みがあっておいしい。「タンザニアに来たらぜひイリンガでバンブーワインを飲んでいってくださいよ。私なんか毎日飲んでいましたよ」とは、イリンガにあるイフンダ工業高校で教鞭をとられていた土井春夫さんの弁である。

ちなみにこの竹のワイン、現地ではウランジULANZIと呼ばれていて、ラベルには“PURE BAMBOO BEER”と印刷されている。

旅の技術 おいしい食事をするために

独特の香気と甘さをもった果物。中に黒くて小さい種が詰まっていて、果肉はオレンジ色。消化を助ける働きをするので、胃腸薬代わりによい。レモンをかけて食べるとおいしさが一層増す。

パッションフルーツ（パシェニ Pasheni）

原産地はブラジル。外側が黄色と黒色の2種類があり、どちらも中の実を食べる。黄色いほうは鶏卵をひと回り大きくしたくらいの大きさ。黒いほうはゴルフボールくらいで甘ずっぱい。

バナナ（ンディズィ Ndizi）

主食として食べることもあり、果物というより、貴重なエネルギー源といった感じだ。多品種で、煮なければ食べられない品種もある。外側が赤い種類も中身は同じで甘くておいしい。

エチオピアやルワンダでは一般のマーケットでも数種類のバナナを見かける。例えば白い皮の色をしたファランジムズ、もちもちとした食感が楽しめるアビシャムズ、タイワンバナナに似ているアスマラムズなどだ。

パイナップル（ナナシ Nanasi）

食べやすいように8分の1に切って売っていることもあるが、繊維が強く、口の中を切ることもあるのでさらに細かくして食べよう。まるごと1個買うときは、輪切りにして食べるのがいちばん。

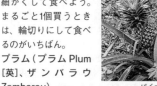

パイナップル

プラム（プラム Plum [英]、ザンバラウ Zambarau）

東アフリカでは年中店頭に並ぶ。みずみずしくて水分の補給にぴったり。赤いほうが甘くてやや大きい。

リンゴ（トファー Tofaa、トゥンダ・ラ・キズング Tunda la kizungu）

日本のリンゴよりやや小さめ。少し硬いがおいしい。

オレンジ（チュングワ Chungwa）

日本のミカンに似た小型のものも出回っているが、珍しいせいかほかの果物に比べるとやや高い。海岸地方では、露店のジュース屋でおいしいオレンジジュースが飲める。

ライム（ンディム Ndimu）

ビタミンCの補給によい。酸味が強いので、ジュースに絞り込んで飲むとよい。

アボカド（パラチチ Parachichi）

淡い黄色の果肉はバター状で、脂肪とタンパク質が多い。アボカドの化粧品があるくらいだから、栄養価の高い果物だ。また高級レストランにあるエビとアボカドをマヨネーズで和えたサラダもおいしい。

メロン（ティキティ Tikiti）

多種類あるが、ラグビーボールを小型にした形の黄色いメロンが甘くて安く、おすすめ。黄色が鮮やかなのでひときわ目立つ。

カスタードアップル（トモコ Tomoko）

アーティチョークに似た果物で、ゴルフボールよりもやや大きく、表面は灰色と青が混ざってくすんだような不思議な色。ストロベリーアイスクリームの味に似ていてとてもおいしい。東アフリカでも高級品で、庶民には手が出せない。

東アフリカのビールがおいしいわけ

東アフリカの飲み物でおいしいものがある。それはビール。意外に思うかもしれないが、東アフリカのビールは日本のビールと作り方が近く、私たち日本人には大変飲みやすい。これには、東アフリカの歴史が関係している。

かつて東アフリカには、ビールの本場ドイツの植民地があった。タンザニアはスワヒリ語の中にドイツ語の単語が混入されているように、数少ないドイツの植民地としてドイツ文化が注入されてきた。

ウガンダの「ナイル」や、タンザニアの「キリマンジャロ」など、その国を代表する自然景観を冠したビールはとてもおいしい。一方、ケニアは「マウントケニア」が国を代表する自然景観だが、あいにくこの名のビールはおいしくない。ケニアで、おいしいビールといわれているのは、「タスカ」というブランド。ラベルはゾウである。さすがにサファリの国だ。

おいしいものは、きっかけがどうであれ、定着するのが食の法則だ。東アフリカでいちばんおいしいスパゲティがかつてのイタリア植民地エチオピアにあるように、タンザニアのビールがとてもおいしいように。

では、ケニアの食べ物がたいしておいしくないのは、英国の植民地だったからであろうか。

飲み比べもおもしろい

コーヒーセレモニー

コーヒーセレモニーとはエチオピアにおいて、客をもてなすときの代表的な習慣であり、おしゃべりをしながら、目で見て、嗅いで、味わって、五感全部を使って楽しむものだ。

このセレモニー形式でコーヒーを飲むことをアボルブンナという。コーヒーを3杯で飲むのが基本なので、全部で1時間以上かかる。

●アボルブンナの流れ

部屋の隅にケテマという草を敷き、自然のなかであるかのような演出を施す。セレモニー用の小さいテーブル、小さい七輪、低い椅子、乳香をたくための器を前方に並べて準備完了。

まずファンデシャ（ポップコーン）を作る。ファンデシャのほかにはダボ（パン）を細く切ったもの、コロ（オオムギを煎ったもの）などが供される。

炭をおこし、上に乳香をたらしてよい香りを充満させる。

香りを演出する乳香

緑色のコーヒー豆を水で洗い、汚れを取り除く。鉄板の上で豆を煎る。ここで、煎られた豆の香りをゲストに楽しんでもらうため、1度器に盛る。

豆を小さな臼と杵で細かく粉状にする間、ジャバナというポットに水を入れ湯を沸かす。コーヒーの粉をジャバナの中にたくさん入れ、よく煮出したら、ポット置きの上にポットを斜めに置いて粉が沈殿するまで待つ。上澄みを各カップに注いでいただく。

いちばん濃い1杯目をアボルブンナという。1杯目の上澄みを取ったあとに水を足し、再び煮出して飲む2杯目をウレッテンニャ、同じように3杯目はソステンニャという。3杯目からは子供も飲んでよいことになっている。

エチオピアでは多くの家で朝ご飯のあとにコーヒーセレモニーをする。きちんと3杯目まで飲む家も多いが、近年、町ではそこまで時間をかけず、手間を省略する傾向がある。

飲み方は民族ごとに異なり、砂糖や塩、または塩とバターなどを入れて飲む民族もある。飲み方は多少異なっても、その習慣は共通である。

各村では女性たちが持ち回りで接待し合っている。社会生活においても非常に大事な儀式なのだ。

コーヒーセレモニー

コーヒーの歴史

伝説によると、コーヒーの発見は次のとおり。ある日カルディという名のアビシニア（エチオピアの旧名）の若い山羊使いは、山羊が赤い色の実を食べると踊ったりして興奮するのに気がついた。自分でも食べてみると、快い刺激を感じた。このカルディの様子を見た僧侶たちもこの実を試してみたところ、長時間の祈祷の際にも頭も心も冴え冴えとして臨めることに気がついた。

この僧院の僧侶たちは仲間へコーヒーを伝えていったので、エチオピア中の修道士がこの実を使い、眠気に惑わされなくなったという。

●コーヒーの呼び名について

コーヒーという名前は原産地のカファからきている。幾世紀もの間、コーヒーはそのまま食べるか、ギイというバターに混ぜて食べるもので、現在のように飲むものではなかった。この実を食べる習慣はカファやシダモといったコーヒー産地の地域には残っている。実際、生のコーヒーの実を食べるとかすかに甘い。

後にエチオピアのコーヒーはアラビア、インド、スリランカ、ジャワ、スリナム、ブラジル、コロンビア、アジア、南米、またケニアやタンザニアへも輸出されて、世界中に広まった。エチオピアのコーヒー豆は不思議なことにアラビカコーヒー（アラビアのコーヒー）と呼ばれる。

日本ではエチオピアのコーヒーのことをモカコーヒーというが、これはカファなどのコーヒーがイエメンのモハ港を通じ広まったためと思われる。

コーヒーの実

旅の安全情報

●ソマリアへの武力攻撃と報復テロ

この地域で最大の問題はソマリアの不安定な状勢である。東アフリカ沖での海賊行為や近隣諸国での誘拐などの犯罪やテロの根拠地がソマリアで、全土を実効的に支配する政府がないため、犯罪者が武装し、さらに国際テロ組織アルカイダ系団体の根拠地となっているといわれている。

これに対しエチオピアは、武力侵攻を繰り返しソマリアの武装勢力の封じ込めを狙っている。具体的には、2006年、2007年、そして2011年年末にもソマリアに侵攻した。

2009年、ソマリアに本拠をおく武装集団アル・シャバーブは、ウガンダ軍がAU（アフリカ連合）平和維持活動部隊としてソマリアへ派遣されたことへの報復としてウガンダに対するテロ攻撃声明を発した。翌年7月に首都カンパラ市内の2ヵ所で爆発事件が発生し、74人が死亡、84人が負傷した。同年12月にナイロビのウガンダ行き国際長距離バス乗り場で爆発が起き、3人が死亡、35人が負傷した。ウガンダ治安当局は、これらの犯行をアル・シャバーブによる犯行とみている。

海賊行為や沿岸のラム島や国境地帯でのソマリア武装集団の越境犯罪に業を煮やしたケニア政府も、2011年10月15日に軍隊による越境攻撃を行い、ソマリアの武装勢力を敗走させている。これに対し、アル・シャバーブは、同月17日にケニアに対して報復攻撃宣言を発した。2011年11月ナイロビのクラブを爆破し、さらに2013年9月にはナイロビのショッピングセンターを襲撃し、死者69名という惨事を引き起こした。さらに観光客に対するテロ攻撃を予言している。

エチオピアに対しては、直接的関係は不明だが、東北のアファール州のエルタ・アレ火山で外国人ツアー客を武装集団が襲撃し5名を殺害、4名を拉致する事件が2012年1月17日に起こっている。この事件は、エチオピア政府によれば、ソマリアを支援しているエリトリア政府の関与が疑われている。

●南スーダン内戦の影響

2010年7月に南スーダンが独立したが、石油産出地帯の帰属をめぐりスーダンとの戦乱が生じ、さらに南スーダン政府の内紛から反乱が生じ、これによって南スーダンからの難民がエチオピアやウガンダに流入した。

南スーダン政府は、国家建設に各国の支援を要請し、これに応え日本政府も2012年2月から首都のジュバ郊外に自衛隊を派遣していたが、内乱は一向におさまらない。

●東アフリカの犯罪事情

当然のことながら、このような背景はわれわれ旅行者にとっても他人事ではない。ナイロビ

東アフリカの日本大使館

トラブルに巻き込まれたり、パスポートをなくしたら、早急に以下の大使館に連絡を取ること。

在ウガンダ日本大使館
住Map P.120:1-B 外 P.O.Box 23553 Kampala Plot8 Kyadondo Rd. Nakasero Kampala Uganda
☎(256)41-4349542~4 FAX(256)41-4349547
HPwww.ug.emb-japan.go.jp

在エチオピア日本大使館
住Map P.150:2-C P.O.Box 5650 Addis Ababa Kirkose Kifle Ketema K.19 House No.653, Addis Ababa Ethiopia
☎(251)11-5511088 FAX(251)11-5511350
HPwww.et.emb-japan.go.jp

在ケニア日本大使館
住Map P.198:2-B 外 P.O.Box 60202 Nairo-bi Mara Rd. Upeer Hill Nairobi Kenya
☎(254)20-2898000 FAX(254)20-2898220
HPwww.ke.emb-japan.go.jp

在タンザニア日本大使館
住Map P.234:1-C P.O.Box 2577 Dar es Salaam Plot1018 Ali Hassan Mwinyi Rd. Dar es Salaam Tanzania
☎(255)22-2115827/9 FAX(255)22-2115830
HPwww.tz.emb-japan.go.jp

在ルワンダ日本大使館
住Map P.301:1-B P.O.Box 3072 Kigali Plot no. 1236 Kacyiru South Gasabo Kigali Rwanda
☎(250)252-500884 FAX(250)252-500885
HPwww.rw.emb-japan@kq.mofa.go.jp

など大都会を除けば、旅行者が被害を受ける犯罪は、ひったくりや詐欺事件がほとんどだったのが、近年は地方都市でも凶悪化し、強盗の集団化やピストル強盗が発生している。

●ナイロビやダル・エス・サラームの犯罪状況

以前は、凶悪犯罪は犯人が逃げやすい下町地域付近、住宅密集地の路地、川岸、ひと気の少ない郊外で発生することが多かったが、現在は高級商店街や大通りでも関係なく起こっている。17:00頃、特に週末や祝日などが狙われている。

ひとりを10～30人の強盗が襲い、しかもナイフやピストルを持っている場合もあるので、周りの人々も何の手助けもできない状況が多い。

比較的治安のよかったタンザニアでも、近年ダル・エス・サラームの下町やカリアコー・マーケット、セレンダー橋付近では、夜はもちろん昼間でもひったくりや強盗が出没している。これも深刻な就職難によるものだ。

頻発する凶悪犯罪に対し、ケニア政府、タンザニア政府は警備を強化するなどの予防策を講じているが、犯人の検挙率は極めて低いのが現状だ。周辺住人のなかにはこれら犯罪者の逃走を助け、かくまう例もあるほどだ。

2013年末には、ケニアでは凶悪犯への発砲を許可する警察長官令が出された。この結果、市民がこうした銃撃戦に巻き込まれて殺傷される例も起きている。

こうしたなか、在留外国人は自宅には非常ベル、窓に鉄格子を取り付け、外出の際も「道で人が倒れていても、車を停めたり手を貸したりしてはならない」「日没後は正規のタクシーを使う」「ひとりで歩かない」「警官とはいえ、むやみに信用はしない」といった自衛手段に出ざるを得ないのが現状である。

こうして防げるトラブルの自衛法

●日本大使館「防犯アドバイス」より東アフリカにおける犯行の手口と対策

犯罪者たちの標的はもちろん長期滞在の外国人に限ったことではない。ナイロビの日本大使館領事部が一般旅行者向けに配布している「防犯アドバイス」をもとに、犯行の手口と対策をまとめてみた。これはナイロビのみならず東アフリカに共通することなので参考にしてほしい。

■集団強盗

日没後、特に遅い時間、中心街でも街灯の少ない所は危険。武器を持った複数犯が多く、ときには数十人が白昼襲撃することすら起こっている。徒歩による不用の外出は絶対避けること。

■白タク（非認可タクシー）は使わない

正式なタクシーは都市にしかないので、地方などでは自家用車（ナンバープレートが白色。タンザニアは黄色）をハイヤーするしかない状態である。ただ、この場合は事故の補償などはまったくないし、外国人狙いの犯罪の温床になっているので、信用のあるタクシー以外絶対使用してはいけない。

特に空港などで旅行者を客引きする人たちはほぼ全員が法外な料金を要求する。正規のタクシーで営業許可を受けている車でも、東アフリカではメーター制を取っていないものがほとんどなので、乗車前に行き先を告げ、値段を交渉し、紙などに書いておく必要がある。

タンザニアではタクシーは白色ナンバープレートで、自家用車は黄色ナンバープレートなので注意が必要だ。

■スリの横行

バス（特にマタツ、ダラダラなど）は、とき

各国の緊急連絡先

ウガンダ
警察、消防、救急☎999、112（共通）
エチオピア
警察☎911　消防☎939　救急☎907
ケニア
警察、消防、救急☎999（共通）
ナイロビ地区司令センター☎020-2724154

タンザニア
警察☎112、0741322112
ダル・エス・サラーム中央警察☎022-2117362
消防、救急☎112（共通）
ルワンダ
警察☎112　交通事故☎113
消防☎111　救急☎912

日本で現地の治安を調べる

最新の安全情報を受け取れるので、自分で積極的に情報を集めよう。旅行する土地を考えるときの手がかりにもなる。
●外務省領事局領事サービスセンター

（海外安全担当）海外安全相談センター
☎（03）5501-8162（直通）
●外務省海外安全ホームページ
ℍℙwww.anzen.mofa.go.jp※

※2019年7月現在、本書掲載の各国に日本外務省より各レベルの危険情報が発出されています。旅行前に最新情報をご確認ください。

に刃物まで持った犯罪者の温床となっている。特にナイロビの市街地区と国際空港間のバスやマタツは、決して利用してはならない。外国人旅行者のほとんどが、スリ、引ったくりに遭っているので、乗らないのが賢明。またバス停でも警戒が必要。

■偽大使館員に注意

モンバサを中心として、大使館のローカルスタッフ(現地人)と称し、旅行者が宿泊しているホテルなどを直接訪れる人たちがいる。そこでパスポートや現金などの提示を求め、いつのまにか現金を抜き取る手口。大使館からこの種のローカルスタッフを派遣することはない。

■偽警察官や不良警察官に注意

献金を求めるソマリアやウガンダなどの偽難民、偽両替商などと組んで"逮捕"と偽って路地やビルの一室に連れ込み、所持品を強奪する手口。ときには本職の警察官がこうした犯罪を行うので、たとえ制服を着た警察官であっても路地やビルに連れ込まれそうになったら、逃げるか大声を出して周囲の人に伝える。

■銃撃戦に注意

ケニアでは凶悪犯への警官の発砲が許可されているため、犯人との銃撃戦に巻き込まれ、一般人が殺傷される例が発生している。夜間はもちろん白昼も、こうした事態に対処する用意をしておくこと。

■偽ツアーに注意

空港到着時やホテルなどを訪れ勧誘し、サファリツアーの前金または全額の前払いを要求、持ち逃げするのが手口。現地でツアーを申し込む場合は、料金をツアー会社で支払い、その会社名と電話番号が付いているレシートを受け取るのが鉄則。

■ひったくりや置き引きは注意すれば防げる

ひったくりには、路上での単純なものからバスターミナルなどで集団で襲うもの、またツアーバスの旅行者にひとりが話しかけ、その隙に仲間が反対側の窓から所持品を盗む例まである。これは列車、バス内でも同じ。ウエストポーチは標的になる。また、空港、ホテル(国立公園などの中にあるロッジなどを含む)、レストランなどで置き引きがよく発生している。かばんなどから目を離さないか、足の間にしっかり挟むこと。

■睡眠薬入り飲食物は死にいたることもある

睡眠薬入りの飲み物や飴をすすめ、眠り込んだ隙に荷物などを持ち去る手口。この睡眠薬は強力で、飴をなめたとたん意識不明になり、目が覚めたときには病院のベッドの上という被害が多数出ており、死にいたるケースも起きている。モンバサ〜ナイロビ間、ダル・エス・サラーム〜ナイロビ間のバスで多発している。

●身の守り方とそのヒント

①時計やアクセサリーなどを身につけて歩くのは危険。特に金色のものは、メッキでも狙われてしまう。派手な服装もひとめで旅行者とわかるので避けたい。

②ウエストポーチ、ポシェット、ナップザック、ハンドバッグはひったくりからは無力だ。持ち歩くのなら鍵をかける、小脇にしっかり抱える、たすきがけで前で押さえるなどがよい。特にウエストポーチは狙われるので衣服の下に隠すこと。

③人前で財布を開けてはいけない。必要なぶんの現金だけをポケットに分けてしまい、残りは隠しておくこと。

④目的をもって早歩きで歩く。あとをつけてくる人がいたら(後方に注意して歩こう)、振り向いて注意し、早く逃げること。

⑤昼間でも人影のないビルや路地は決してひとりで歩いてはいけない。ビルのエレベーターの中でも、ひとりで乗ったと同時に飛び込んで来た強盗にすべてを盗られた旅行者もいる。女性に対する性犯罪も増えているので、女性のひとり歩きは特に注意。夜間のひとり歩きは絶対に避けること。

⑥マーケット、バスターミナル、フェリー乗り場など人が多い所にスリが多い。日本から直接来た人は特に注意すること。

⑦日本語で話しかけてくる人には十二分に警戒する。よい人もいるが、ほとんどは日本人を狙った"日本語使い"と考えてよい。

⑧都市部では、人どおりの少ない日曜、夕方から夜間の外出を避ける、白タクは乗らないなど、世界のどこでも当てはまる注意を守ること。

⑨まとまったお金を欲しがるとき——クリスマス、イースター、ラマダン明けなどの行事前は、あらゆる乗り物が乗客で混雑しており、どんなハプニングが起こるかわからないので、バスなどで移動しないように。

⑩高級ショッピングセンターが国際テロ集団に襲撃される事件もあったので、金持ちや外国人のよく集まる所には近付かないこと。

●ホテルでの自衛策

高級ホテルや国立公園内のロッジでも、部屋に鍵をかけたからといって貴重品や現金などを部屋に置いておくのは危険。貴重品は封印のう

え、フロントに預けるのが賢明だ。安宿ではフロント自体が信用できないこともあるので、外部からわからないように服の下に隠して持って出かけるのが安全。出発前日が狙われ時なので、宿帳の出発日は空欄にしておくこと。万一被害に遭った場合は、犯行現場を極力そのままの状態にして、遺留品を含めて警察に届け出る。

こうした治安状況がいつ回復するのか、さらに悪化するのか明言はできないが、基本的な心構えだけはもっておく必要があるだろう。

●現地における情報収集

日本大使館や日本人スタッフのいる旅行会社で注意を聞く、日本人バックパッカーの常宿などに置いてある情報ノートを見せてもらう、地元英字新聞（見出しを読むだけでも違う）を読むなどが心強い情報源になってくれるはずだ。

それでも運悪く被害に遭ったら

●警察署へポリスレポートの申請

基本的に管轄の警察署へ行ってポリスレポートを申請することになる。ナイロビ中心部では、まず北部のHarry Thuku Rd.にある中央警察署Central Police Station (→Map P.198:1-B) に行く。

盗られたものはまず返ってこないので、警察からこのレポートをもらえばよしとするしかないだろう。パスポートやT/Cの再発行、海外旅行保険の申請などに必要になる。単なる自損や紛失でも、届け出をすれば作成してくれる。

●ポリスレポートの手続き

窓口で、被害に遭ったことを告げ、被害に遭ったときの状況、場所、日時、被害額などを報告する。担当の人はそれを聞きながらレポートに記入し、サインをしてくれる。

手続きはすべて英語でなされるので、通訳と同行するとよい。

●パスポートの再発行とビザの申請

万一、パスポートをなくしたら、すぐ在外公館（日本大使館領事部）(→P.348)へ行き、紛焼失届け出のあと、新規発給または帰国のための渡航書（緊急に日本に帰国する必要のある場合パスポートの代わりになる）の発給の手続きを取る。

パスポートの再発行手続きができたら、次にビザの再申請をする。当然、ビザは紛失したパスポートにしかないのだから、ビザがないと不法滞在になる。ビザの申請はイミグレーションオフィスですることになる。ケニアの場合はナイロビのニャヨ・ハウスだ。

●紛焼失届け出に必要なもの

①紛失一般旅券等届出書1通
②パスポート紛失証明書（ポリスレポート）
③写真1枚（縦4.5cm×横3.5cm）
④その他参考となる書類（必要に応じ、本人確認、国籍確認ができるもの）

●パスポート新規発給に必要なもの

①一般旅券発給申請書1通　②写真1枚（縦4.5cm×横3.5cm）　③戸籍謄本または抄本1通（持っていない場合は日本から郵送してもらうか持ってきてもらうのが原則）　④新規発給手数料（10年旅券は1万6000円に、5年旅券は1万1000円ただし12歳未満は6000円に、それぞれ相当する現地通貨の金額。毎年、4月に改定されるので金額は変動する）

紛失に備えてパスポートのコピーを取っておこう。新規発給までの一応の証明にもなるからだ。

●帰国のための渡航書の発給に必要な書類

渡航書は帰国前日に交付。

①申請書1通
②パスポート紛失証明書（ポリスレポート）1通
③6ヵ月以内に撮影された写真2枚
④国籍を証明できるものとして戸籍謄（抄）本
⑤eチケットの控えまたは予約確認書（搭乗日、便名が確認できるもの）
⑥発行手数料（2500円に相当する現地通貨の金額。）

●お金をなくしたら

現金はまず戻ってこない。お金をすべてなくしたら、旅を諦めるか、ウエスタンユニオン（→P.331）のような海外送金システムで送金してもらうしか方法はない。

●航空券をなくしたら

国際便については、最近はeチケットに切り替わっているので航空券の紛失は心配しなくてよい。国内線では従来のタイプが残っているところもあるので、盗難や紛失の場合は警察に届け出てポリスレポートをもらっておく。

日本人の評価と安全

●本人の意思より、金持ち日本人という看板

世界には1日US$1以下で家族の生活をまかなうことを余儀なくされる人々が無数にいる。またアフリカには郷里を追われた人々が1200万人もいる。こうした現実を直視すれば、日本人がどれほどの「貧乏旅行者」であっても「歩く金庫」であることに変わりはない。

1998年にはJICA（国際協力機構）の職員が、

日本製の4WD車をタンザニアに持ち込んだそ
の日に殺され、車が奪われた。本人の「協力し
たい」という善意が、そのまま地元民に伝わる
とは限らない。ここでは「日本の常識」は「世
界の非常識」ともいわれる場合が多いのだ。
　繰り返すが本人の思いなど、そのままでいれ
ば自己防衛には何の意味もなさないのだ。
●身を守る対策は
①米、英の政府関連機関には近づかない
　アメリカ大使館、ブリティッシュ・カウンシ
ルなど、米、英の政府関連機関には用もないの
に近づかないこと。
　1998年のナイロビの米大使館爆破事件では、
付近をたまたまとおっていただけの人も含め、
たくさんの人が巻き添えになった。日本人のけ
が人も出ている。さらに、その周辺に駐車して
ある車には絶対近寄ってはならない。自動車爆
弾はありふれた兵器である。
②銃器で武装された所には、決して行かない
　武装警察官や海兵隊がいるから安全なのでは
なく、武装しなければならないほど、敵意に包
まれた場所であることを自覚すべきだ。
③野次馬根性で近づかない
　何か事件があったからと、野次馬根性、物見
遊山で行ってはいけない。テロのプロは1発目
の攻撃で兵隊や警察官を集めておいて、本格的
な2発目の攻撃をそこにするものだ。
　またケニアでは凶悪犯への発砲が許可されて
いるため、重大事件が発生したら絶対に警察官
から離れるべきである。
　事件があったらホテルの部屋から出ないのが
いちばんである。

ウガンダ危険情報

　2019年7月現在、外務省よりウガンダに対
して以下の危険情報が発出されている。
渡航は止めてください（渡航中止勧告）
　カボング県西部（ブンディブギョ県、ントロ
コ県）
不要不急の渡航は止めてください
　南スーダンとの国境付近、（キデポ国立公園
を除く）
十分注意してください
　そのほかの地域（首都カンパラなど）
　　　　　　　　＊
●エボラ出血熱の発生
　2019年6月11日、世界保健機関（WHO）に
よりウガンダにおけるエボラ出血熱感染が確認
された。本症例は、6月9日にコンゴ民主共和
国から家族とともにBwera国境検問所を通じて
ウガンダに入国した5歳の少年が発病したもの。
2019年7月現在、監視体制が敷かれている。
●一般的治安状況
　南スーダン国境からの難民流入が一段落し、
この周辺の治安の悪化が懸念されたがそう悪化
はしていない。かつて北部ウガンダを中心に反
政府ゲリラが活動していたが、現在はあまりそ
の影響は認められていない。ただ、カラモジャ
地区はインフラが遅れているため飢餓などの対
応が遅れ、餓死者が出るケースが報告されてい
る。とりわけこの周辺は治安が悪くキデポ国立
公園へは陸路での移動は危険で航空機の利用を
すすめる。
　コンゴ国境付近では難民流入が頻繁に行われ
るが治安はそう悪化していない。ただしアルシ
ャバーブのテロが起きる可能性は否定できな
い。
【旅行者に対する注意】
　東アフリカの他国に比べ治安はいいといえる
が、スリ、ひったくりは多く、バックパッカーの
泊まる安宿周辺には物盗りが多い。これは従業
員が関与している可能性がかなり疑われている。
　具体的には2015年1月に夜間、ホテルから
空港へ車での移動中、道路で銃武装した連中に
止められ、金を盗りあげられたケースがある。
さらに夜間の高速バスごと強盗に遭うケースが
月に1回程度報告されている。このため夜行バ

個人セキュリティサービス

　短期の旅行者でも利用できる個人向けセキュ
リティサービスがある。個人でサービスを頼む
と3000sh／日と多少割高かもしれられるが、家族
やツアーなどで頼めば割安に感じられるだろう。
　このようなサービスを行う会社が数社あるの
で、信頼のおける会社を選びたい。

BM SECURITY
住P.O.Box 21606-00505　Polo Cottage, Jamhuri Park
Nairobi　Kenya
☎020-2058908/9、020-2158598/9、
0722330330　FAX020-3868671/3873249
Ｅinfo@bmsecurity.com　ＨＰwww.bmsecurity.com/

スの利用は控えたほうがよい。

・カンパラでは都市化傾向及び物価上昇にともない、強盗、窃盗といった一般犯罪が増加傾向にある。滞在中、市内のバス及びタクシーターミナル、市場、酒場、レストラン、ナイトクラブなど混雑する場所では特に注意が必要。また、夜間はスラム街やタクシーターミナル付近へは近づいてはならない。

・カンパラと地方都市を結ぶ幹線道路で強盗が出没している。交通事故も多発しているため、夜間の移動はできるだけ避ける。

・マリファナは非合法であり、所持、吸引してはならない。

・ウガンダより陸路西方へ行くことは大変危険である。大使館は決してこれをすすめない。

●病気に対する注意

　エボラ出血熱は過去5回程発生している。この近縁種であるマーブル熱、クリミア出血熱もときおり発生している。注意すべきことは悪性のマラリアが発生すること。劇症タイプで数日内に死にいたったケースが報告されている。さらにコレラがホイマ県で発生し、アメーバ赤痢がビクトリア湖周辺やナイル川沿いに発生している。このほか、腸チフスも起きるときがある。

　対策としてはカンパラのナカセロ病院やケーズホスピタルが外国人の治療経験があるが、できればケニアに行くかヨーロッパで治療することをすすめる。海外旅行保険に入るのは必須で、他国移動での治療を特約につけたほうが安全である。マラリアの予防薬としては「ネクロキン」が普及している。

エチオピア危険情報

　2019年7月現在、外務省よりエチオピアに対して以下の危険情報が発出されている。

退避してください。渡航は止めてください（退避勧告）

　エリトリア及びソマリアとの国境地帯

渡航は止めてください（渡航中止勧告）

　オロミア州西ウェレガ地区、ガンベラ州の国境地帯及びソマリ州（ジジガ市及びゴデ市を除く）

不要不急の渡航は止めてください

　オロミア州東ウェレガ地区、ケレム・ウェレガ地区、アムハラ州の一部、オロミア州の一部、ガンベラ州（南スーダンとの国境地帯を除く）、ソマリ州の一部、ベニシャングル・グムズ州ディンディル川以南のスーダン、南スーダン及びケニアとの国境地帯（ガンベラ州の国境地帯を除く）

十分注意してください

　そのほかの地域

＊

　エチオピアの反政府組織である「オガデン民族解放戦線」（ONLF）は、ソマリ州での石油開発に反対を表明しており、同地域におけるテロの脅威は依然として高い状態にある。2012年には北部アファール州でエルタ・アレ火山観光の外国人観光客がテロリストに襲われ、5人が殺され4人が誘拐されている。

　2019年3月、オロミア州の西ウェレガ地区で武装集団による武器を使用した、死者を伴う襲撃事件が発生。また、同地区周辺の東ウェレガ及びケレム・ウェレガ地区においても同様の危険性がある。アビィ首相主導による国内民主化の政策が進んでいる一方、武力を伴う反政府活動や民族間衝突などが懸念される。

●一般的治安状況

　都市と地方との経済的格差が大きく、都市流入人口も多い。都市で職のない者は貧しく、宗教のおかげでかろうじて道徳が保たれている。

　マルカート（市場）、ピアッサ、ボレ地区などの市内中心部バスターミナルの待合所、ミニバスや市電内強盗、スリ、ひったくりなどの犯罪が発生しているほか、市内において観光ガイドを装った客引きなどが飲食店に誘うなどしたあと、法外な金額を請求する事件が発生し、邦人旅行者が被害に遭っている。

　そのほか、市内には物乞いが多数おり、彼らによる外国人に対する嫌がらせや傷害事件が増えている。特に夜間の車内強盗や首締め強盗などの路上強盗が多発しているので、夜間の外出は特に注意が必要。また、サイドミラーなどがない廃車同然の車が多く、運転も乱暴である。アディスアベバ市内では車両の増加により、交通事故が多発している。人や家畜の飛び出しも日常茶飯事で、道路事情も悪い（各所に穴がある）ので、特に夜間走行の際には注意が必要。交通事故に巻き込まれたり、交通上のトラブルで暴力を受け負傷するという事件も発生している。

　対日感情はよいが、日本人が中国人と間違われて石を投げられることがある。

　また私服警察官も多く、政府系の建物、軍、警察、宗教関係の建物やそれらの従事者（軍人、警官、僧侶など）の写真は原則として撮影禁止である。

●近年の犯罪の傾向と被害例

　日本人観光客が最も遭いやすい犯罪は詐欺、スリ、ひったくり、置き引きなど。

・ミニバスの乗客全員がグルになって財布、携帯電話を盗む。

・物売りの子供が箱を押し付けてきて、その間にほかの子供が財布などを盗む。

・町なかで話しかけてきて、写真を撮ってあげると言ってカメラを奪って逃走する。

・知り合った現地人が紹介するレストランに行き、法外な値段を請求される。

・道を尋ねたら勝手についてきてあれこれ説明し、とんでもない金額のガイド料を請求する。

・チャーターした車に乗っていたら、政府の許可を取っていないタクシーとみなされ、帰りに警察につかまる。

【旅行者に対する注意】

・旅行前に必ず外務省の渡航情報を確認する。現地では大使館に寄って危険情報を聞くこと。

・外国人はぼったくりの対象であり、親切心から近づいてくる人にもむやみに気を許さないこと。案内などされそうになったら事前に値段を聞く。

・信頼のおける高級ホテル以外でのクレジットカードの支払いは控えたほうが無難。1回の決済で2、3回の請求がくることもある（機械の不調といってカードを何回か切ることがある）

・タクシーは乗る前に料金交渉する。

・ホテルの中も油断禁物。外出時はスーツケースをチェーンでしばること。

・パスポートは腹巻、バッグはチャック付きのたすきがけショルダーを使うなど所持品に注意を払う。

・車の中に貴重品を置かない。車を離れるときは鍵をかけたかドライバーにも確認。荷物には汚い新聞紙をかける。

・北部でエリトリアの話は避ける。

●病気に対する注意

　エチオピアでは標高と衛生に注意を払わなければならない。標高が高いアディスアベバ以北の都市は、高山病になることも多い。アルコールが早く回る。また、標高2000m以下はマラリア感染の危険がある。

【対策】

・標高が高い都市に行く場合、急に具合が悪くなった場合に備え、ガイドに緊急連絡先を伝えておく。

・雨季はネズミが繁殖し、衛生状態が悪い。虫（南京虫、ダニ、ノミ、アリ）刺されに注意すること。

・殺虫剤を買い、ホテルにチェックイン後、窓、ベッド、トイレの周りに吹きかける。殺虫剤は強力なので、吹きかけたらすぐ部屋を出られるように準備しておく。

・うがいはミネラルウオーターでする。

・トイレットペーパー、ウエットティッシュを携帯する。

・火のとおっていない生肉や野菜は食べない。

ケニア危険情報

　2019年7月現在、外務省よりケニアに対して以下の危険情報が発出されている。

退避してください。渡航は止めてください（退避勧告）

　ソマリアとの国境地帯、北東地域ダダーブ難民キャンプ周辺地域及び北東地域ガリッサ郡ガリッサ

渡航は止めてください（渡航中止勧告）

　リフトバレー地域トゥルカナ郡の南スーダン、ウガンダとの国境地帯及び南部一帯、ウェスト・ポコット郡、バリンゴ郡北部一帯、北東地域ワジア郡、ガリッサ郡（ダダーブ難民キャンプ周辺地域及びガリッサを除く）及び沿岸地域ラム郡（ソマリアとの国境地帯を除く）、北東地域マンデラ郡（ソマリアとの国境地帯を除く）

不要不急の渡航は止めてください

　ナイロビ郡（ナイロビ東部イスリー地区周辺地域及びスラム街周辺地域）及び沿岸地域モンバサ郡、リフトバレー地域トゥルカナ郡（南スーダン、ウガンダとの国境地帯及び南部一帯、ロドワ周辺地域を除く）、サンブル郡、東部地域マルサビット郡、及びイシオロ郡、沿岸地域タナリバー郡

十分注意してください

　その他の地域

＊

●一般的治安状況

　ソマリア国境付近と沿岸部はソマリアからの武装グループの犯罪の危険がある。これらの集団が関連するテロがナイロビでも発生しているので、情報収集は怠りなくしてほしい。近年は大統領選挙時の不安な状況やそれに関連する大規模な暴動と民族間抗争、ナイロビ・ジョモ・ケニヤッタ国際空港の火事、ソマリアのテロ集団アルシャバーブのナイロビのショッピングモール襲撃、モンバサでの在住邦人に対する強盗殺人、ナイロビでの日本人旅行者の刺傷事件な

どが次々起きている。2019年1月15日、ナイロビ市内Dusit D2ホテル襲撃事件が発生。1月26日、同市内中心部CBDエリアでも爆発事件が発生している。デモ活動が暴動に発展する場合もあるので、最新情報を収集し、大規模なデモが発生しそうな場所（ナイロビ大学、ウフルパーク付近など）には近寄らないなど、十分な警戒を怠らないこと。

●警察官による凶悪犯に対する強硬姿勢について

ナイロビ市内において、警察官が強盗などの凶悪犯に対して直ちに銃撃を行い、犯人を射殺した。その際、警察官と犯人との銃撃戦に市民が巻き込まれ、死傷者が出た。

犯罪現場などでは警察と犯人との銃撃戦が発生する危険性が極めて高く、犯罪に巻き込まれないように注意するだけでなく、銃撃戦から身を守るよう十分心掛けること。

●近年の犯罪の傾向と被害例

ナイロビはケニアのなかで犯罪率が突出し、次いでリフトバレー、コーストエリアでの犯罪が多い。一般犯罪では、強盗が最も多い60％以上を占め、車の強盗、スリ、置き引きと続く。殺人など凶悪犯罪の被害はない（外国人は1人殺害されている）が、2015年で日本人20件の一般犯罪の被害があった。

ナイロビは場所によって危険度が違う。昼間は基本的な安全対策をしていけば、町なかで危険を感じることは少ない。ただし、早朝や夕方以降はひと気がなくなるうえ、街頭がないので危険度は増す。

・マンデラ市にあるNGOのメンバーがソマリアからのゲリラに誘拐された。

・自動車ラッシュ時に車の外から声をかけられ、窓を開けたらバッグを盗まれた。

・インターネットを利用した振り込め詐欺に遭った。

・夜行バスには睡眠薬を使う泥棒がいる。マタツでキャンディか飲み物を口にしたら、体が動かなくなった。

・多くのゲストハウスで、部屋をシェアしているとパソコンなどの盗難が起こった。

・2010年、バーで親しくなった自称ナイロビ大学生が荷物預け所を教えてくれたので、そこに預けたが、取りに戻ったところ大学生が持っていってしまっていた。

・2010年夏、アンバサダーホテル前で日本人女性旅行者が羽交い絞めにされ、ポシェットを盗られた。

【旅行者に対する注意】

・ムンゲキ（キクユ族の右翼、ギャング団）の集まる所は危険なので近づかない。

・エルゴン山、トルカナ、サンブル付近は部族の争いがあり、危険なので近づかない。

・国立公園などのキャンプ場、特にエコキャンプなどアスカリ（警備員）がいない所には行かない。

・キベラツアーやエコツアーが注目されているが、しっかりした警護がないと危険。長年ボランティアでこの地を支援してきた日本人も襲われているほどなので、観光客だけでは行かないこと。

・早朝や夜間は絶対歩かない。

・危険地区といわれている所に行かない。

・白タクは使わない。※タクシーの場合、空港から市内は1500～1800shと料金はほぼ決まっている。5時間、1万shでチャーターも可。ナイロビN.P.でのサファリはタクシーも可なので、正式なタクシーのチャーターがかなり安心できる。

・服装に注意し、貴重品を人目のつく所に置かない。

・人前で財布から金銭を出さない。

・マタツでの被害（スリや引ったくり）が多いので、乗らないようにする。

・ATMは銀行内のみ使用にとどめておく。

・クレジットカードはスキミングの恐れがあるので、極力利用しないようにする。

・万一に備え、クレジットカードを1枚、財布とは別の場所に所持しておく。

・緊急送金対策としてウエスタンユニオンなどの国際送金システムを覚えておく。

・警察官の不正行為については、警察官への苦情を受け付け、腐敗防止に重点をおいている。憲法を改正して、2種類いる警察官を統一する方向に向かっている。不正をした警察官のID番号を覚えておいて、あとで大使館や警察署に通報すること。

・中国人が日本人パスポートを使った例が報告されている。これは、盗難パスポートを悪用したもの。保管に十分気をつけること。

●このほか、私服警察官の取り締まりがあり、以下の禁止事項違反に注意。

・公共の建物内は原則禁煙で、特別許可のある場所のみ可能。外部では一切禁止である。

・バス停以外でマタツの乗下車禁止。

・鉄道、橋、ショッピングモールの外観などの撮影禁止。撮影には市の許可が必要。

●病気に対する注意

ナイロビも高地にあり高山病の軽い症状が出

る人もいるが、キリマンジャロ登山で高山病になり死亡する例が少なくない。ナイロビに搬送されてくる場合はアガ・カーン病院、ナイロビ病院になる。

タンザニア危険情報

2019年7月現在、外務省よりタンザニアに対して以下の危険情報が発出されている。
渡航は止めてください（渡航中止勧告）
　ブルンジとの国境付近
十分注意してください
　インド洋沿岸部（ザンジバル含む）、タンガニーカ湖岸付近及びルワンダとの国境付近、アルーシャ州及びムトワラ州（インド洋沿岸部を除く）

また、感染症情報としては、2019年06月17日、コンゴ民主共和国及びウガンダ共和国におけるエボラ出血熱の発生があり、十分注意してくださいの警告が出されている。

＊

●一般的治安状況

東アフリカ地域、特にインド洋に面した沿岸部では国際テロの脅威が指摘されている。ザンジバルでは、2014年4月と6月にレストラン、教会、モスク付近で爆発により、死傷者が出る事件が発生した。テロの標的となる可能性がある施設にはできる限り近づかない、大勢の人が集まる場所では警戒する、周囲の状況に注意を払うなどし、安全確保に十分注意すること。アルーシャ州でも同様の事件が発生している。ムトワラ州では、住民の抗議行動などで情勢が不安定なので、注意すること。

また近年タンザニアでは、貧困に起因する一般犯罪が増化する傾向にある。ダル・エス・サラームやアルーシャにおいても外国人観光客を狙った犯罪の増加と凶悪化が顕著になっているので注意が必要だ。ダル・エス・サラームでは、人どおりの多い場所や外国人の居住区で比較的安全といわれている地区でも一瞬の隙をつかれ、強盗の被害にあってしまった事例も報告されている。特にカリアコー地区、ザンジバル行きフェリー乗り場周辺、シティー・センター、ムササニ半島のトゥーレ・ドライブ及びココ・ビーチ、セレンダー橋周辺、オーシャン・ロード、ウブンゴ・バスターミナル、市内長距離バス停留所付近は被害に遭う確率が高い。日の出前、日没後のひとり歩きは絶対に避け、いつも狙われていることを心に留めておくこと。また

ブルンジ、コンゴ及びルワンダとの国境付近の治安情勢も流動的で、周辺国の政情如何によってはタンザニアの情勢も急激に悪化する可能性があるので、常に最新情報を把握する必要がある。

●近年の犯罪の傾向と被害例

現在タンザニアの治安は東アフリカで最も悪いといわれている。ケニアのような凶悪犯罪が発生する確率は低いが、タクシー強盗やひったくりのような金銭に関する犯罪の発生率は高い。

タクシーを利用する際は、信用できる旅行代理店で運転手つきのレンタカーを手配してもらうのが一番安全だ。ホテルの紹介という手もあるが、ホテルの従業員とグルで強盗の被害に遭う例も少なくない。またどうしても街なかから急な利用が必要な場合は、声を掛けてくる白タクは絶対に避けるようにしよう。ダル・エス・サラーム市内なら、各所にあるタクシーのたまり場まで行き運転手と直接話してみて決めよう。たまり場のタクシーは評判を気にするため、流しているタクシーよりは比較的安全との意見がある。観光客を狙った犯罪には次のようなものがある。

○短時間（電撃）誘拐

数人で無理やり車両に押し込み、脅迫・拘束しつつ移動し、被害者のクレジットカードを利用して、銀行ATMで現金を引き出したあと、市街から離れた連絡手段のない場所で携帯電話や現金を奪ったあとに解放するのが一般的な手口。犯人は、単独行動をしている人、金品を所持してそうな人、隙がありそうな人などにターゲットを絞って犯行に及ぶことが多いので、十分注意すること。

○親しげに話しかけてくる人による恐喝

ホテルや観光スポットを案内してあげると親切な言葉で誘い、用意していた車に乗せた後、ひと気のない所に連れて行き恐喝するという事件が頻発している。見ず知らずのタンザニア人の車に乗らないよう十分注意すること。

○警察官を名乗る者による恐喝

乗車したタクシーの運転手にひと気のない場所に連れて行かれ、すすめられたタバコを手に取った途端、警察官を名乗る者が現れ、薬物不法所持の疑いで現金を脅し取られるという事件が発生。近年タンザニアではアジア人に対する不法滞在者及び労働者の取り締まりが強化され、入管職員や警察官に職務質問されるケースが増えている。それにともない、職員になりすまし、不当にお金を請求してくる犯罪が増えている。

警察官を名乗る者から現金などを要求された場合には、相手に対してIDカードの提示を求め、在タンザニア日本国大使館に連絡をする。また、外出時は必ずパスポートを所持すること。

○ハイウエイ強盗

武装強盗団が幹線道路を石や倒木などでブロックして観光バスを停車させ、乗客から金品を奪う事件が発生している。

【旅行者に対する注意】

・都市部では、偽造紙幣が出回っているので、注意が必要。

・幹線道路では、相次ぐ大規模な交通事故で、日本人が死亡するケースも発生している。速度超過に加え、過積載、定員オーバー、無理な追い越し、不注意、無謀運転、整備不良などが事故を起こす主因。バイクタクシーよりはバジャッジ、バジャッジよりはタクシーを利用するといったけがをしにくい方法を選択する。

・長距離バス利用で座席が選べるなら真ん中の席を選ぼう。確率の問題でしかないが、正面衝突と追突の被害は少なくてすむ。もしものときのために国外での緊急手術も考慮し、必ず海外旅行保険に加入しておく（→P.358）。タンザニアは手術の技術面の不安以上に国内のHIV感染率の高さがある（→P.362）。

・津波、地震及び火山噴火などの自然災害による被害が過去に発生している。自然災害に対する警報システムは万全とは言えないので、地震発生時には海岸から離れる、火山の噴火情報には注意するなど、自然災害に対する注意意識を習慣づけること。

・イースター及びクリスマス前から年末年始にかけては、治安が特に悪化する傾向にあるため、十分注意すること。

ルワンダ危険情報

2019年7月現在、外務省よりルワンダに対して以下の危険情報が発出されている。

十分注意してください

全土

感染症情報としては、2019年06月17日、コンゴ民主共和国及びウガンダ共和国におけるエボラ出血熱の発生があり、十分注意してくださいの警告が出されている。

＊

●一般的治安状況

ルワンダ政府は治安維持対策に積極的に取り組んでおり、現在の治安情勢は比較的安定して

いるが、2010〜2014年に、キガリ市内を中心として手りゅう弾を使用した事件が散発、多数の死傷者が出ている。特に市内の繁華街や市場などでは所持品に十分気をつけるだけでなく、人混みなどにはできるだけ近寄らないようにすること。特に、日没後〜早朝にはむやみに出歩かないこと。

また、隣接するコンゴ民主共和国東部とブルンジの治安情勢の悪化の影響を受けて、ルワンダの情勢が急変する可能性もある。それを受けて、ルワンダ国防軍は国境の警備を強化しており、兵士や軍事車両の撮影を行うとカメラを没収されることもある。

【旅行者に対する注意】

旅行者としての基本的な注意のほかに、以下について注意。

・歩道のない道路では歩行者は右側に1列縦隊で歩くことが義務付けられている。かなりの田舎でも武装した兵士が巡回していて治安は非常によいが兵士や警官の指示に従わない場合に発砲される危険があるので注意が必要。

・空港、大統領府周辺、軍施設などは撮影禁止。撮影をしなくてもカメラを手に持つなど疑いをかけられる行為は避けるようにする。また、市内の写真を撮影する際にも、カメラを向けることを極端に嫌がられたり、金銭を要求されたりすることがあるので、十分注意すること。

●病気に対する注意

・水道水は決して飲用せず、ミネラルウオーターを飲むこと。

・マラリア感染地域なので、屋内、屋外を問わず蚊取り線香、虫除けなどを使用し、肌の露出を控えるなど十分な対策を講じること。帰国後発熱があった場合には、必ずマラリア感染地に行ったことを医師に伝え、検査を受けること。

・キガリは海抜約1500mの高地に位置するため、到着後しばらくは息切れ、頭痛、不眠などの症状が発生する場合がある。また、アルコールに酔いやすくなるので、普段よりも量を控えるなど注意すること。

・外国人がよく行くレストランは比較的衛生面にも気を配っているようだが、食あたりなどの危険性を避けるため、生ものは避け、火がとおった物を選ぶこと。また、少しでも違和感のある物は食べないようにすること。

海外旅行保険

海外旅行保険とは

海外旅行保険は、海外で被るけがや病気、そのほか旅行中に発生する予期せぬ危険を補償する保険だ。海外でけがや病気にかかった場合、治療や入院は日本に比べてはるかに費用がかかる。また、いざというときには言葉の面でも、精神面でも非常に心細いもの。ひったくりなどの被害に遭ったときに打撲などを負う可能性、伝染病に感染する危険を考えると海外旅行保険に加入したほうが安心だ。

加入していれば、ほとんどの保険会社で日本語によるサービスが受けられるので、金銭面だけでなく精神面でも安心。

●保険種類と加入タイプ

旅行中に発生すると思われる病気やアクシデントに対して、保険の種類が設定されている。保険料は補償金額、限度額、旅行期間、旅行場所によって変わってくる。

加入タイプは、旅行中に発生すると予想されるアクシデントやトラブルに対しての補償が組み合わせてある「セット型」保険と旅行者のニーズに合わせ、各種保険のなかから予算に合わせて補償内容を選択できる「オーダーメイド型」保険に大別される。

海外旅行保険は旅行会社、空港で、またインターネットからも加入でき、ほとんどの場合まずすすめられるのが、「セット型」のようだ。

「セット型」は、旅行者に必要とされる保険はほぼすべてカバーされているので簡単だが、高価な持ち物のない人が、100万円分の携行品損害の保険に入っていても意味がない。しかし「オーダーメイド型」で予算にこだわるあまり「保険が効かなかった」と後悔する例もある。

いずれを選択するにしても、十分考慮のうえで自分のニーズに合ったほうを選ぼう。

●クレジットカード付帯保険の「落とし穴」

クレジットカードには、カードそのものに海外旅行保険が付帯されていることが多い。補償内容はカード会社、一般カードと特別会員カード（いわゆるゴールドカードなど）などにより異なる。またカード所有者のみを補償する、あるいは所有者の家族全員をカバーするなど、その条件はさまざまなので、カード会社に問い合わせるか、カード利用案内を確認のこと。

ただし、クレジットカードの付帯保険では、「疾病死亡補償」がない、補償金額が不足しており多額の自己負担金がかかった、複数のカードの傷害死亡補償金額は合算されない、いざというときの連絡先がわからなかった、旅行代金をカードで決済していないと対象にならないカードがあるなどの「落とし穴」がある。

まずは自分のカードの補償内容と連絡先をよく確認したうえで、「上乗せ補償」として、海外旅行保険に加入することをおすすめしたい。

●保険会社の選び方

おもな損害保険会社は損保ジャパン（URL www.sompo-japan.co.jp）、東京海上日動（URL www.tokiomarine-nichido.co.jp）、外資系のAIU（URL www.aiu.co.jp）など。大手の場合、現地連絡事務所、日本語救急サービスなど付帯サービスも充実している。

また、各損保会社も独自の保険商品や保険料体系を打ち出すようになっている。従来の保険に加え、AIUは旅行前にかかった病気の再発治療の初期治療を補償する既往症担保特約を発売、損保ジャパンはインターネット専用商品を発売している。各社趣向を凝らした商品を販売しているので、資料を取り寄せたりインターネットで調べて比較検討しよう。

地球の歩き方ホームページで
海外旅行保険に加入

地球の歩き方ホームページで、海外旅行保険に加入できる。手続きは簡単で、申し込み画面の案内に従って必要事項を入力するだけ。保険料はクレジットカード決済なので、振り込みや来店の手間は一切なし。毎日24時間、日曜、祝日いつでも受付可能。詳しくは地球の歩き方ホームページで。
URL www.arukikata.co.jp/hoken

こんな事故に気をつけよう（撮影：山本周史）

注意したい病気

東アフリカを旅行するにあたって

東アフリカを旅行するにあたって、自分の健康は自分で守るということを覚悟しておいてほしい。また持病のある人は継続して飲んでいる薬を持参するのはもちろん、健康な人でも出かける地域の特性に合わせた常備薬は日本から持っていくこと。トラベルクリニックにかかって、予防注射をして行くのはいうまでもない。東アフリカは衛生水準が低く、インフラ整備が不十分なため、感染性腸炎、消化管寄生虫症などが常に発生している。生水、生野菜、生肉などを摂取すれば、下痢や嘔吐が起こると考えてよい。HIV/AIDS、結核、破傷風、狂犬病、A型肝炎、B型肝炎、コレラ、腸チフスなど多彩な風土病や伝染病、ダニ・ノミ咬症なども常に存在している。

また、東アフリカは高地に位置しているところも多く、酸素濃度が薄いため、高山病症状が出たり、盆地のために排気ガスが停滞し、大気汚染による呼吸器疾患にかかる場合もある。

注意が必要なもの

●生水について

アフリカの水道水は飲用に適していない。浄水器をとおした水であっても煮沸する必要がある。旅行中はミネラルウオーターを購入するとよいだろう。

●食べ物について

季節を問わず、感染性腸炎がみられる。十分に加熱調理されていない肉、生魚介類、生野菜、氷などが原因のことがある。屋台などの食品はもちろんレストランの料理でも注意が必要。いつ作られたのかわからないものが多いうえに、屋外に放置していることが多いので傷みも早い。現地の人が多く購入している店のものを選んだほうがまだ安全だろう。よそ見をしていたりす

ると昨日作ったような、古いものを売りつけられることがあるので注意すること。

もしお腹を壊したら水分と塩分を十分に補給し、脱水を予防する。インスタント粥などを持って行くのもよいだろう。

旅行者下痢症はストレスや疲労、食習慣の違いや、病原体（細菌、寄生虫、ウイルス）などが原因となる。下痢、腹痛、嘔吐、発熱などの症状で、1週間ほどで症状は治まることが多い。長く続くときや血便をともなう場合は病院にいくか早期に帰国すること。

下痢止めはむやみに飲まず、必ず薬の使用説明書を読むこと。生の魚介類などが原因のA型肝炎もかかりやすい。潜伏期間は2週間〜30日くらいで、38℃以上の発熱や全身倦怠感などの風邪のような症状、吐き気、黄疸などが見られる。これはワクチンを日本で打つことで予防可能だが、生水や生ものを避けるという注意が重要。

●虫などについて

マラリア、デング熱、黄熱、リフトバレー熱など多くの熱帯病感染の原因は蚊。またサシチョウバエというハエの刺咬は皮膚リーシュマニア症を起こす。国立公園などで見られるツェツェバエはアフリカ睡眠病を媒介することがある。森林・灌木地帯では昆虫に刺されないよう肌の露出を少なくし、必要に応じて昆虫忌避剤を使用したほうがよい。また、安宿に泊まると、ノミ、シラミ、南京虫に血を吸われることがある。南京虫は木製のベッドに巣くっていることが多いので、ベッドの裏側に殺虫剤をまくとかなり退治できる。

もし体調をくずしたら

●自分の体調管理は自分で

旅行の出発前に、万全の体調にしておくのは当然だが、やむを得ず体調不良で出発した場合は、医療の整っていない東アフリカでは、発病しても治療がままならないことも少なくない。

●病院に行く

緊急の場合は、ホテルのフロントに救急車を呼んでもらう。もし自力で病院に行く場合は現地旅行会社に日本語通訳と車を頼み、病院まで一緒に行ってもらおう。持病がある人はその病名と服用している薬の名前、またアレルギー

飲み水はミネラルウオーターを

※2019年7月現在、コンゴで再発生したエボラ出血熱がこの地域にも広まる可能性が指摘されている。

（特に薬と食べ物に関して）がある人は、英語で書かれた経過説明書を持参すること。病院へは時間に余裕をもって行くこと。そしてスケジュールの変更が必要なら旅行会社に手配してもらおう。

都市の医療サービスは整備されつつあるが、医師数が絶対的に不足しており、設備も少なく、衛生環境が良好とはいえない病院もある。私立病院は比較的清潔ではあっても、輸血や手術において各種感染症の危険があると思われる。急病の場合は、日本大使館の医務官に相談して紹介してもらうのがよい。

奥地などにいて、早期帰国が不可能な場合を除いて、発病した場合はできる限り帰国することをすすめる。

●薬の買い方

医者に指示された薬を病院内、または町なかの薬屋で購入することになる。日本で売られている薬は現地にはないので、常備薬は必ず持参すること。

日本の医療機関

日本国内の医療機関でも海外の病気に慣れていないところもあるので、できれば海外での病気の予防や治療に特化したトラベルクリニックを受診したい。各地のトラベルクリニックは下記のウェブサイトから検索することができる。
日本渡航医学会（トラベルクリニックリスト）
HPwww.tramedjsth.jp

いざという時は

東アフリカの大都市では、比較的医療施設の整った病院があるので、海外で病気になったりけがをしたりした場合、病院にかかるしかない。そのような時は日本大使館には医務官がいる（いない場合もある）ので、どこの病院がよいか相談し紹介してもらうとよいだろう。東アフリカの日本大使館は以下のとおり。

■在ウガンダ日本大使館
住Map P.120:1-B 外　P.O.Box23553　Plot 8 Kyadondo Rd. Nakasero Kampala
☎（256）41-4349542〜4（ウガンダ国内からは041-4349542〜4）

■在エチオピア日本大使館
住Map P.150:2-C　P.O.Box5650　Kirkose Kifle

Ketama K.19 H.No.653 Addis Ababa
☎（251）11-5511088（エチオピア国内からは011-5511088）

■在ケニア日本大使館
住Map P.198:2-B 外　P.O.Box 60202 Nairobi　Mara Rd. Upper Hill Nairobi
☎（254）20-2898000（ケニア国内からは020-2898000）

■在タンザニア日本大使館
住Map P.234:1-C　P.O.Box2577　Plot 1018 Ali Hassan Mwinyi Rd.
Dar es Salaam
☎（255）22-2115827/9（タンザニア国内からは022-2115827）

■在ルワンダ日本大使館
住Map P.301:1-B　P.O.Box 3072　Kigali　Plot no. 1236 Kacyiru South Gasabo Kigali
☎（250）252-500884（ルワンダ国内からは500884）

病気の原因と症状

注意すべき感染症

東アフリカで注意すべき感染症には、エボラ出血熱や昆虫などからうつるマラリア、チクングニア熱、ウエストナイル熱、黄熱、デング熱などがある。動物からうつる狂犬病やトリインフルエンザ、性行為によりうつるHIVや淋病もある。飲食物からうつるA型肝炎、コレラ、赤痢、腸チフス、ノロウイルスがあり、寄生虫などの感染は河川や沼沼の住血吸虫、レプトスピラなどがあげられる。

感染症を予防するための注意事項

まずは出発前から体調を整えることが大事だ。旅行中に気をつけることは、以下のとおり。
・水は必ず沸かしたものかミネラルウオーターを飲む。
・搾りたてのミルクや乳製品は口にしない。
・川や湖、沼での遊びやスポーツは寄生虫感染のおそれがある。
・蚊、ダニ、ノミ、シラミに刺されないよう、虫除けスプレー、蚊取り線香を利用する。
・マラリアを媒介する蚊は夜間に出没するため、夜間の外出時は注意する。
・むやみに動物に近づいたり、感染者に触れたりしないようにする。

・手洗いの習慣をつける。特に、トイレ後や食事前には必ず手を洗う。

※日本全国の検疫所で、帰国後に健康相談やマラリア、デング熱などの検査を受けることができるので、うまく利用したい。東京空港検疫所（☎03-6847-9312）、成田空港検疫所（☎0476-34-2301）、関西空港検疫所（☎072-455-9012）など。

発症した場合

家庭常備薬（絆創膏、消毒薬、解熱剤、日焼け止め、体温計）を持参した旅行者が、高熱、下痢、嘔吐をともなうマラリア症状をいい加減に処理し、取り返しのつかない重篤に陥るケースが見られる。高山病、急性マラリアで自分勝手に対応し、命を落としたケースもある。

自分の症状を英語や当地の言葉で説明するのは、誤解が生じる可能性もあるので、複雑な手術や治療は受けないほうがよい。各大使館に勤務している医務官に相談することをすすめる。

東アフリカのおもな病院はナイロビに集中している。ナイロビ・ホスピタル、アガカーン・ホスピタル、MPシャーホスピタルなどが信頼できる。

蚊から感染する病気

●マラリア（Malaria）

マラリア原虫をもつ蚊（ハマダラカ）に刺され感染する。熱帯・亜熱帯の蚊の生息地域でみられる。この蚊は夕方から明け方にかけて活動する。

症状：感染後、約7日以降に、発熱、悪寒、下痢、嘔吐、筋肉痛、倦怠感などの症状が現れ、呼吸困難から死にいたる。

治療：抗マラリア薬の投与。アルテミシン系薬（商品名コアシン：2回／日、3日間服用）などが市販されている。

予防：マラリア予防薬（メフロキン・マラロンなど）が市販されている。毎日服用、毎週服用など薬の種類によって飲み方に違いがある。副作用のある予防薬もあるので、処方は医師、薬剤師に相談すること。また、予防薬だけでなく、虫除けスプレー、蚊取り線香の使用、長袖長ズボンを着用し肌の露出を避ける、就眠時の蚊帳の使用なども有効。最近は簡易検査法も普及し、指先から血液を採っただけで迅速に結果がでるキットもある。僻地のキオスクなどでも解熱剤の「ヘディック」「アクション」などが安価で市販されているが、乱用は避けたほうがよい。

ベッドの上につってあるのがホテルの蚊帳

●象皮病（Elephantiasis）学名バンクロフト糸状虫症（Bancroftosis）

糸状虫（Filaria）をもつ蚊から感染する。ゾウの皮膚のように肥厚変形し、足のリンパ管破壊によるむくみから、足の皮下結合組織が増殖する。陰嚢水腫も糸状虫感染病である。

症状：発熱、頭痛、腰痛、リンパ腺腫瘍、象皮病、陰嚢肥大。

治療：イベルメクチン投与。

●チクングニア熱（Chikungunya Fever）

ネッタイシマカ、ヒトスジシマカなど、チクングニアウイルスをもっている蚊から感染する。

症状：感染してから2〜12日後に、発熱、発疹が現れ、手首、足首、肘、膝、肩に関節炎が起こる。結膜炎、神経症状もみられる。

治療：対症療法のみ。

●ウエストナイル熱（West Nile Fever）

ウエストナイルウイルスをもった蚊から感染する。感染しても約8割が無症状で、発症するのは約2割のみ。

症状：感染して2〜4日後から、発熱、頭痛、筋肉痛が起こり、胸や背中に発疹がでる。高齢者は重症化し、麻痺、痙攣、意識不明を起こし、死亡することもある。

治療：対症療法のみ。

●黄熱（Yellow Fiver）

黄熱ウイルスをもつ蚊から感染する。潜伏期間は約3〜7日。

症状：高熱、悪寒、血液の混じった黒色嘔吐を起こし、肝臓、腎臓の障害から死にいたる。

治療：特別な治療法はなく、発熱、頭痛、嘔吐さらに黄疸を起こし、その対症療法がとられる。

予防：予防ワクチン接種。日本国内で接種を受けられる。証明書の有効期間がこれまでの10年から、永久になった（2019年6月）。黄熱病の汚染地域（ウガンダ、エチオピア、ケニアなど）に滞在してから他国へ入国する場合、イエローカード

（予防接種証明書）の提示を求められる。イエローカードの提示要求は常時変わるので、最新情報の収集が必要。

●ジカ熱

南米で小頭症が発生したが、まだ解明されてない病気である。予防治療も不明である。

ダニからうつる感染症

●クリミア・コンゴ出血熱（Crimean-Congo Hemorrhagic Fever）

本ウイルスを保有するダニに咬まれたり、ダニをつぶしたりすることにより感染。中近東・中国西部でも発生している。

症状：感染して1〜3日後、発熱、頭痛、筋肉痛、リンパ節の腫れ、発疹が起こり、血便、血尿、鼻血などの出血症状を起こす。発症後、約2週間で約30％が死亡する。回復する場合は約10日間で改善する。

治療：抗ウイルス剤治療、対症療法。

ツエツエバエからうつる感染症

●眠り病（Sleeping Sickness 学名Trypano-somiasis）

トリパノソーマ原虫をもつツエツエバエに吸血され病原体トリパノソーマ原虫の感染によって発症する。サハラ砂漠以南の33ヵ国のツエツエバエ生息地域で発生している。原虫をもつツエツエバエに咬まれると咬み跡が赤く腫れる。

症状：咬まれて1〜3週間の潜伏期を経て発症。発熱、頭痛、リンパ節腫脹が起こる。原虫トリパノソーマに中枢神経が侵され、嗜眠状態に陥り衰弱死する。

治療：早期治療で助かるが、重症に陥ると死亡する。特効薬アスコフラノンがあるが市販されていない。

予防：ワクチンはまだない。ツエツエバエ生息地域で刺されないこと。

ブユからうつる感染症

●オンコセルカ（Onchocerciasis）：

河川盲目症ともいわれ、発生多発地の河川で回旋糸状虫をもつメスのブユに刺され感染する。糸状虫が眼球に侵入し網膜を侵すため失明する。南米でも発生する。

症状：かゆみ、発疹、皮膚の変性、リンパ節の腫れ、視力低下から角膜が不透明になり失明にいたる。

治療：イベルメクチンを経口投与。

予防：ブユ生息地域を避け、防護衣服を着用し防虫剤を使用。予防ワクチンはない。

かわいい動物でも咬まれると危険

動物からうつる感染症

●狂犬病（Rabies）

狂犬病ウイルスをもつ哺乳動物に咬まれたり、傷口、粘膜を舐められたりして感染する。犬だけでなく、コウモリなど哺乳動物からも感染する。

症状：感染して10日〜数年後に発熱、頭痛、嘔吐が始まる。恐水病とも呼ばれ、筋肉の緊張により飲食物が飲みづらくなり、水を見ると恐れる。さらにこん睡状態から呼吸麻痺を起こし死亡する。100％の死亡率である。

治療：発病すると治療法はない。咬まれた直後から迅速に連続ワクチンを接種（暴露後ワクチン接種）し、発症を抑えることができる。

予防：予防ワクチン接種。動物にむやみに触らないこと。

性行為からうつる感染症

●エイズ（後天的免疫不全症候群 AIDS）

性行為による体液を介して感染、母子感染、注射針の回し使用など血液を介してHIV（エイズウイルス）に感染する。エイズ発症まで約10年間の潜伏期間があるため、感染に気付かないことが多い。感染後約4〜8週間で抗体が検出できるので、検査する。

症状：病原体への抵抗力がなくなるため結核、下痢、多くの感染症から死にいたる。

治療：ワクチンはまだ開発されていない。ウイルスによる後天的免疫不全症候群発現をおさえるカクテル療法が用いられている。

予防：不特定多数の相手とセックスをしない。血液検査結果を確認、コンドームを使用。

食物から感染する病気

●食中毒（Food Poisoning）

サルモネラ菌、大腸菌、腸炎ビブリオ菌、ブドウ状球菌、カンピロバクター属菌などが原因で、不衛生な食事、生水、不潔な手指などがその感染源である。

症状：おもな症状は下痢と嘔吐。

治療：抗生物質の投与、点滴であるが、病院で治療をしたほうがよい。

●コレラ（Cholera）

　コレラ菌によって感染。ワクチンはあるが効果の有無から日本では承認されていない。

症状：潜伏期間数時間から5日間後に下痢、嘔吐が始まり、重症になると白い水便になり、脱水症状から死にいたる。

治療：抗生物質の投与と水分補給の点滴。

●赤痢（Dysentery）

　細菌性赤痢とアメーバ性赤痢があり、菌に汚染された飲食物により経口感染する。汚い手や食器から感染することもある。

症状：通常1～3日後に下痢、発熱、激しい腹痛をともない、血便が出てしぶり腹になり、1日中頻繁にトイレに通う。

治療：抗生物質投与、下痢、発熱の対症療法。

●腸チフス（Typhoid）

　チフス菌によって感染。

症状：感染後1～3週間は症状がないが、そのあとに高熱、頭痛、便秘、倦怠感があらわれる。さらに発疹が出る。

治療：抗生物質の3週間の服用。

●ノロウイルス（Noro Virus）

　生ガキを食べたり、ノロ感染者の嘔吐、便から感染する。感染力が強く、集団感染を起こすこともある。

症状：感染後1～2日後から下痢、嘔吐、発熱を起こす。

治療：特効薬はない。対症療法がとられ、下痢、嘔吐による脱水症状を防ぐため水分補給をする。

予防：生野菜やサラダ、生ものを避け、加熱済みのものを食べること。氷からも感染することがある。感染者の対応にはマスクと手袋を使用。床、器具の消毒には漂白剤を用いてよく洗浄すること。アルコール消毒は効果がない。症状がなくなっても1ヵ月は便からウイルスが排泄される可能性があるので、消毒、洗浄は継続すること。

そのほかの感染症

●破傷風（Tetanus）

症状：破傷風菌の生産する破傷風毒素による全身の硬直性痙攣（牙関緊急）により、全身が弓なりになるほど痙攣し呼吸困難になり、死にいたるケースもある。死亡率50％である。

治療：菌体には抗生物質ペニシリン、テトラサイクリンなどが用いられるが、毒素には効果ない。

予防：不活化ワクチンが用いられ、1回目の接種から1ヵ月後に2回目、1年後に3回目の接種を打ち、破傷風の本免疫を長期間保持する。

●エボラ出血熱（Ebola Hemorrhagic Virus）

　出血をともなう死亡率90％の感染症。アフリカ中央部、西部で発生し、サルやコウモリが宿主といわれる。2014年からギニア、シエラレオネ、リベリアから流行し、感染者約2万9000人、死亡者約1万3000人を出した。2016年初頭に終息宣言がでたが、2019年コンゴで再発生した。エボラ出血熱により死亡した遺体の搬送など日本の法律的対応ははっきりしない。

症状：潜伏期間は1週間程度、発熱、悪寒、頭痛、筋肉痛、嘔吐、下痢が突発的に現れる。病状が進行すると、口腔、歯ぐき、結膜、鼻腔、皮膚、消化管など全身から出血がみられ、死亡する。

治療：有効な治療法、ワクチンは確立されていない。

予防：患者の血液、分泌物、排泄物、唾液など飛沫が感染源となるので、それらに接しないこと。空気感染ではないが、感染要因は確定していない。

寄生動物によって起きる病気

●スナダニ（Jigger）

　スナダニは砂地や乾燥した地面に生息するダニで、スナノミともいい、足の爪の間に寄生する。寄生後、1週間くらいで寄生部位は赤く腫れて黒く変色し、白い卵を産卵する。旅行者でも、局所麻酔のない診療所へ行くより、自分で裁縫用針やひげ剃り刃で虫体を穿り出す人が多いが、穿る途中で丸い虫体を破り、寄生部位に穴を空け、あとを化膿させてしまうケースが多い。卵は体内で孵化し、繁殖し人体の各所に穴を空ける。

症状：かゆみ、発疹、悪化すると寄生部位が壊死する。

治療：寄生部位の化膿は抗生物質軟膏を塗布。

予防：手足を常に洗浄し、靴を履く。

そのほかの病気

●高山病

　感染症ではないが、標高6000mものキリマンジャロ山で多発している。登山しやすい山のため、さまざまな登山客が登るが、登山道の脇に担架やベッドのフレームが転がっているのは、

病人、遺体の運搬用である。

症状：酸素分圧の低下により、激しい頭痛、嘔吐が起きる。精神かく乱を起こすと取り返しのつかないケースになり、死にいたる。

治療：ただちに下山する。

予防：体調が優れないときは登山をあきらめる。

●日射病

　炎天下の激しい運動、作業で大汗をかき、体内の水分減少から起こる症状。

治療：水分補給、涼しい場所へただちに移ること意識がおかしい重症者はただちに病院へ。

予防：水分の補給。

●熱射病

　熱が体内にこもり、高温を対処できず、体から熱を正常に発散できない症状をいう。

治療：体温の低下に努める。風とおしのよい所で冷たいタオルなど当てる。

予防：水分の補給。炎天下での激しい活動を避ける。

●脱水症

　体の水分が極度に減って、血液循環に障害を起こす病気。

治療：水分の補給。

予防：激しい運動、炎天下の活動を避ける。

●急性アルコール中毒

　東アフリカの国々は海抜が高いところが多く、日本と同じ酒量を飲んでいても、酔いが回るのがひどく速く、ときには急性アルコール中毒を引き起こし、命にかかわることすらある。飲酒の場合はできるだけゆっくり、しかも水分を十分とるほうがよい。万一、強度の頭痛や脈拍が異常に速くなった場合など、躊躇なく病院にいくこと。

予防：酒はゆっくり、日本での酒量の半分ほどに控える。

アフリカの医療方面での日本の貢献

　マラリア、HIV/AIDSなどのほかにシャーガス病、リシュマニア症、ギニア虫症、トラコーマ、ハンセン症、住血吸虫症など顧みられない熱帯感染症はNTD（Neglected tropical Diseases）と呼ばれ、長崎大学熱帯伝染医学部をはじめNTD関連校が日本政府支援のもとに予防、撲滅に多大な貢献をしている。

病院で見せるチェックシート

※該当する症状があれば、チェックをしてお医者さんに見せよう

☐ 吐き気 nausea	☐ 悪寒 chill	☐ 食欲不振 poor appetite
☐ めまい dizziness	☐ 動悸 palpitation	
☐ 熱 fever	☐ 脇の下で計った armpit	_____ ℃／℉
	☐ 口中で計った oral	_____ ℃／℉
☐ 下痢 diarrhea	☐ 便秘 constipation	
☐ 水様便 watery stool	☐ 軟便 loose stool	1日に　　回　times a day
☐ ときどき sometimes	☐ 頻繁に frequently	絶え間なく continually
☐ 風邪 common cold		
☐ 鼻詰まり stuffy nose	☐ 鼻水 running nose	☐ くしゃみ sneeze
☐ 咳 cough	☐ 痰 sputum	☐ 血痰 bloody sputum
☐ 耳鳴り tinnitus	☐ 難聴 loss of hearing	☐ 耳だれ ear discharge
☐ 目やに eye discharge	☐ 目の充血 eye injection	☐ 見えにくい visual disturbance

※下記の単語を指さしてお医者さんに必要なことを伝えましょう

●どんな状態のものを	落ちた fall	毒蛇 viper
生の raw	やけどした burn	リス squirrel
野生の wild	●痛み	（野）犬 （stray）dog
油っこい oily	ヒリヒリする burning	●何をしているときに
よく火がとおっていない	刺すように sharp	ジャングルに行った
uncooked	鋭く keen	went to the jungle
調理後時間が経った	ひどく severe	ダイビングをした
a long time after it was cooked	●原因	diving
●ケガをした	蚊 mosquito	キャンプをした
刺された・噛まれた bitten	ハチ wasp	went camping
切った cut	アブ gadfly	登山をした
転んだ fall down	毒虫 poisonous insect	went hiking (climbing)
打った hit	サソリ scorpion	川で水浴びをした
ひねった twist	クラゲ jellyfish	swimming in the river

予防接種

予防接種と予防薬

日本ではあまりみられない感染症のある東アフリカへの旅行や滞在の場合、予防として各種ワクチンを接種することが望ましい。特に黄熱については、黄熱ワクチンの予防接種をした証明書（イエローカード）提示を入国の際に求められる国は、アフリカのみならず周辺国でも少なくない。

予防接種の種類

通常日本で行われている三種混合ワクチンなどとは別に、東アフリカ旅行やそこに滞在する人が受ける必要のあるワクチンを紹介する。

●黄熱ワクチンの予防接種

アフリカ各国において入国の際このワクチン接種の証明であるイエローカードの提示が求められることがある（最新の情報は厚生労働省検疫所のホームページを確認のこと）。国によってはイエローカード不所持の者に空港内でワクチン接種をすることがあるが、通常は入国前に予防接種することが望ましい。

日本でも黄熱ワクチン予防接種は行われているが、すべての医療機関で行われているわけではなく、特定の医療機関や検疫所などで、決められた曜日に接種されることがほとんどである。それは、黄熱ワクチンは生ワクチンで、保存がきかないからである。

希望者は、上記医療機関などに電話し、予防接種の日時を予約し当日接種を受け、接種証明のイエローカードを発行してもらう。

料金などは各医療機関によりさまざまである。原則としてこれらの生ワクチンを接種すると別

のワクチン接種には1ヵ月間をおく必要がある。なお黄熱の予防接種の効果は、接種後10日以降、ほぼ一生にわたり持続するとされている。

●破傷風ワクチンの予防接種

日本では三種混合ワクチンとして予防接種した人がほとんどだが、この効力は10年ほどで低下するためその効力低下前に追加接種（1回）が必要となる。

●狂犬病ワクチンの予防接種

狂犬病と聞くと犬からのみ感染する病気と思われがちだが、このウイルスに感染し発病した動物（野生や家畜などすべての動物）に接した場合、感染の可能性がある。特にサファリなど動物と接する可能性がある場合は、接種をして行くことをすすめる。

●その他の予防接種

東アフリカで必要なのはＡ型肝炎ウイルスの予防接種だ。通常感染し発病しても1ヵ月ほどで回復するが、重症化して死にいたる場合もある。

予防接種の際の注意

多くのワクチンは数回接種を受けないと効力を発揮しない。破傷風ワクチンの予防接種で挙げたように10年単位で予防接種を繰り返すものもあるが、ほかのワクチンは初回接種後次回接種まで1ヵ月ほど間隔を空け、さらに3回目までは約1年の間隔を取る必要がある。

このような理由から遅くとも出発の1ヵ月前には、初回の接種を受ける必要があり、複数のワクチンの接種を行う場合もこれに準じるが、医療機関などによっては数種のワクチンを一度に接種するところもある。

✉マラリアの予防、治療薬

旅立ちの1週間前、友人と私は都内の内科クリニックにいた。目的はマラリアの予防薬を処方してもらうためだ。今回、我々が行くエチオピア南部はマラリア感染のリスクが高いエリア。現在メフロキンやドキシサイクリンという薬が一般的というが、副作用が心配だ。楽しい旅がこれでは困る。さらにいろいろ調べていたところ、新たな予防薬をみつけた。「マラロン」という新薬で、私の場合、副作用は若干の胃もたれぐらいだった

（この胃もたれがたまにキツかったけど）。唯一の問題が値段の高さ。感染エリアに入る前日から毎日服用、さらに感染エリアを出てからも1週間は服用が定められていた。健康保険が適用外なので、診療代と合わせて1万円が飛んでいった。
（インジェララブ　東京都　'13）［16］

※投稿は個人の体験です。薬の服用の際には必ず専門医と面談してください。

予防薬

この地域で特に猛威をふるうマラリアについては予防薬服用をすすめたい。日本でもこれらの予防薬を入手することが可能だが一般薬局で市販されているものはなく、通常医師の処方を

もらい購入する。東アフリカ各地では薬局などで購入することができるが、できれば大都市で購入するほうが品質の面で安心である。

☆熱帯病治療薬研究班
🏠trop-parasit.jp/
HTML/page4.html

東アフリカの大都市で買えるメフロキン

各ワクチンの接種回数

	接種回数	一般的な接種間隔	有効期限
黄熱	1回	当日	一生
A型肝炎	3回	当日、2〜4週間後、半年〜1年後	10年間
狂犬病	3回	当日、4週間後、半年〜1年後	2年以上
破傷風※	3回	当日、4週間後、半年〜1年後	10年間

※過去に接種していれば1回の追加接種のみを行う

※海外渡航者用の感染症情報や予防接種実施機関は厚生労働省検疫所のウェブサイト、FORTH（🏠www.forth.go.jp）に紹介されていて、日本渡航医学会の「トラベルクリニック」にも、渡航者用の予防接種機関が掲載されている。

日本で入手できるおもなマラリアの予防薬

薬剤名（商品名）	服用方法※	頻度の高い副作用
メフロキン（メファキン）	1錠を、流行地到着1週間前より滞在中および流行地出発後4週間目まで、毎週1回経口投与	消化器症状（嘔気、胃痛など）、精神神経症状（めまい、頭痛、不眠など）
アトバコン/プログアニル（マラロン）	1錠を、流行地到着2日前より滞在中および流行地出発後7日目まで、毎日1回経口投与	副作用の頻度はメフロキンより低いが、消化器症状や頭痛が起きることがある

※一般的な成人量を示す（専門医に相談して服用すること）

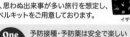

現地での交通手段

大陸を走るバスの旅

●アフリカのバスいろいろ

　バス事情は国や地域によってさまざま。ひと口にバスといっても、日本でよく見る大型バスから、ワンボックス型の小型バスや、トラックの荷台を改造したもの（ケニアではマタツ、ウガンダではタクシー、タンザニアではダラダラと呼ばれている）、大型のバンに乗客を乗せて猛スピードで走るプジョー（バスというより乗合タクシーに近い。ケニア、タンザニアではほとんど見かけなくなった）などがある。

　ちなみに数社の例外を除き、バス、マタツ、プジョーはともに客がいっぱいになるまで発車しないので、収容人数が多い大型バスは、待ち時間がいちばん長い。マタツは近距離の客が多く、途中下車が多い。ひどいときは目的地に行かないこともある。この場合返金するようきちんと交渉すると、払い戻してくれることが多い。泣き寝入りはあとの利用者のためにもよくない。

　マタツのなかでもワンボックス型はバスより割高だが、比較的出発時間も正確で到着も早い。プジョーは料金がいちばん高く、早さは確実だが、事故に遭いやすい。

　国境を越えて大都市間を結ぶ国際バスは、近年増えてきている。経済的な旅をしたい人にはぴったりだ。長距離用のデラックスな大型バスを使用するものも多く、リクライニングシートになっているバスもある。

●アフリカンバスは時間を気にしない？

　国際バスはたいてい時間どおりに出発する。各バス会社とも定時運行に努力しているようだ。それでもアフリカのバス旅行にハプニングは付きもの。定刻になっても出発しなかったり、出発してしばらくしてみたらもとの場所に戻って

土ぼこりを上げて走る

いたり、エンジントラブルで次のバスが来るまで何時間も待たされたり……。しかし、焦らず、のんびり待っていれば、必ずいつかは動き出す。何といっても大切なのは、時間にゆとりのある計画とイライラしないおおらかな心である。目的地まで行ってくれれば満足という気持ちで過ごすしかない。だが、ほかの乗客がいっせいに降りだしたらこれはおかしい。運転手や車掌、バスターミナルのオフィスなどに事態の成り行きを尋ねよう。次の便に振り替えがあることが少なくない。

長距離バスの注意

●バス乗り場はどこにある？

　バスターミナル（バスステーションとかバススタンドと呼ばれる所もある）はマーケットの近くにあることが多い。たいていは、どちらも町の中心に位置していることが多い。長距離バスに乗る前の食料確保や、腹ごしらえ、時間つぶしに、マーケットが近くにあるのはとても便利だ。

　ただ、バスターミナルは必ずしも町にひとつとは限らない。ナイロビやモンバサなどの大都市では、行き先によって乗り場がいくつかに分かれていたり、各バス会社のオフィス前からバスが出ていたりするので、自分の乗りたいバスの出発場所を事前に確認し、必要ならチケットを購入しておくと安心である。

●クリスマスとイースターは帰省ラッシュ

　閑散期や空席がある場合は予約なしでも乗れるが、基本的には前日までに席を予約し、チケットを購入しておいたほうが安心だ。

　また、週末やクリスマスから正月にかけてと、4月頃のイースターのラッシュシーズンは3日前から満席ということが多い。できれば5日前には予約を済ませ、念のため当日は1時間前にはターミナルへ行って、席に座るようにしよう。この時期は都会に出稼ぎに来ていた人々が里へ帰る際の荷物がものすごい。できればこの時期は避けたほうがよいだろう。

●乗車前と乗車中の注意

　バスの乗客は、出発の約30分前（Reporting Time）にはターミナルに来ることになっている。バスのフロントの行き先札を見て、自分のバスを探し、大きな荷物はバスのトランクか

バスチケット売り場

屋根にある荷台に預ける。その際、自分の荷物が収納されるまで見届けよう。バスが走り出してから、車掌がチケットのチェックに回ってくる。予約なし、あるいは道中で乗り込んだ場合は、このとき料金を支払う。

3時間に1回くらいはドライブインに停まって休憩時間を取ってくれる。ドライブインにはトイレのほか、売店もあり、飲み物や食べ物、たばこも手に入る。

休憩でバスを下車したら、置いていかれないように出発時間を聞いておくこと。バスの特徴、ナンバーなどを覚えておくことも必要。いつのまにか停車位置を移動することもあるし、ほかのバスが多い所では見つけるのに手間取る。警笛を鳴らす出発の合図はあるが、一人ひとり、客の確認などせずに動き出してしまう。こんなとき、少しでも隣の乗客と話をしておくとバスを停めておいてくれることもある。

エチオピアでは窓を開けるのを嫌う傾向があるので注意。開けるときは周りの人に確認してからにしよう。

●長距離バスの料金

大型の長距離バスは、会社、路線によって料金もさまざまだが、オフィスで購入する限り、特にボラれることはないだろう。ただ、ここ数年、バス料金が小刻みにアップしている。年に2～3度の値上がりは覚悟しておいたほうがよさそうだ。

料金の決め方は距離が一応の目安になっている。同じ路線内では短距離間の利用者は少し割高で、舗装道路は安く、未舗装道路は割高だ。これはバスの傷み具合から考えれば当然のことだろう。それと、未舗装道路は、その地域の利用者が少ないなどの経済状況も反映している。

お得なのは特急バス。普通のバスは左側が2席、右側が3席だが、ナイロビ～モンバサ間のバスは、左右両側2席ずつで、リクライニングシートのバスがある、いわゆるデラックス型。しかし料金は高め。ここの路線は多数のバス

会社が参入して、激しい競争関係にあるので、距離の割には割安感がある。

長距離特急バスは利用者の大半が最終目的地まで乗るので、途中停車しなくて済むのも利点のひとつだ。鈍行バスが遅れがちなのは、各町に立ち寄り、新しい客を待つことがあるからだ。

●夜行バスには乗らないように

かつては国際長距離バスはもちろん、国内便でも夜行バスが人気を集め、各社競って頻発していた。ところが過当競争のあまり、スピードの出し過ぎやドライバーの居眠り運転などにより重大事故が頻発してしまった。このため、ケニアとタンザニア政府は夜行バスを禁止している。しかし需要があるため、「闇夜行バス」がひそかに運行されている。非合法でもあり、事故を起こす危険も高いこの夜行バスには、たとえ経済的で日程上有利であっても、決して乗らないでほしい。

ゆっくり、鉄道の旅

列車は、ホテルの次にホッとできる空間かもしれない。乗ってしまえば、あとは目的地に着くまでの間、好きなことをしていて構わない。そんな列車の旅が好きな旅行者はわりと多い。

ところが残念なことに、東アフリカの鉄道はあまり発達していないし、旅客営業していない路線も少なくない。鉄道を利用できるところは、積極的に利用して、車とはひと味違う列車の旅を楽しもう。

●ウガンダ

2019年6月現在、旅客営業再開予定なし。貨物のみ営業。

●エチオピア

アディスアベバから東へ延び、ジブチへといたるこの鉄道は、かつては世界一遅い鉄道として有名で、いつ走るのか駅員にもわからないというのんびりとした鉄道だったが、アディスアベバ郊外のレブ駅とジブチ間に標準軌（1435mm）の新線が開通し、全長約760kmを12時間40分で結んでいる。

●ケニア

ケニアの鉄道は、ナイロビ～モンバサ間のみ旅客営業を行っている。もともとの鉄道は、イギリスの植民地時代に敷設された線路で、新線開通後は旧線となりモンバサからウガンダまでは貨物営業のみである。

料金（子供は3～11歳）

○ナイロビ－モンバサ間

ファーストクラス：大人3000sh　子供1500sh
席なしの3歳以下無料

エコノミークラス：大人1000sh　子供500sh
席なしの3歳以下無料

●タンザニア

　タンザニア鉄道（TRC）とザンビアとの国境を渡るタンザン鉄道（Tanzania Zambia Railway Authority。現地ではタザラTAZARAと呼ばれている）の2路線が旅客営業している。前者のタンザニア鉄道は、ダル・エス・サラームとキゴマ、ムワンザを結ぶ線が営業しているが、老朽化しているため運休が多い。特にムワンザ

線は運行が不安定で、あてにならない。

　後者はタンザニアのダル・エス・サラームとザンビアのニューカピリムポシを結ぶ国際鉄道で、中国の援助を受け1960年台に急斜面を克服する難工事の末に完成された。そのため現在でも中国の技術援助を受けている。海のないザンビアの鉱物資源を海外に輸出する重要なラインでもある。

　急行列車（Express）と普通列車（Ordinary）があり、週に各1往復ずつ、所要時間約2日で運行しているが、数時間程度の遅延がしばし起こる。

列車はこうなっている

●ケニアの列車

　電化された新線のみの営業で、Madaraka Expressと呼ばれていて、中国製車両が使われている。もとは日本の新幹線車両のコピーなので、座席配列は新幹線と同じである。ファーストクラスとエコノミークラスのみで、座席指定

▼ケニア鉄道時刻表（急行）

区間 都市名	モンバサ →ナイロビ 毎日	ナイロビ →モンバサ 毎日
モンバサ	14:35発	20:14着
ナイロビ	19:18着	15:15発

○時刻表

下り		駅	上り	
普通	急行		急行	普通
13：50火発	15：50金発	ダル・エス・サラーム	12：10木着	15：46日着
19：00火着 19：10火発	20：03金着 20：13金発	キサキ	07：57木着 07：47木発	10：35日発 10：25日着
07：53水着 08：03水発	07：16土着 07：46土発	マカンバコ	20：30水着 20：00水発	21：29土発 21：09土発
14：10水着 14：40水発	13：08土着 13：23土発	ムベヤ	14：28水着 14：13水発	15：00土着 14：32土発
13：27木着	09：26日着	ニューカピリムポシ	16：00火発	14：00金発

○運賃（急行運賃）：大人料金単位 Tsh

路線	1等	2等	Super Seater	3等
ダル・エス・サラーム／キサキ	1万4800 （1万7800）	1万2100 （1万4600）	1万1200 （1万3400）	1万200 （1万2200）
ダル・エス・サラーム／マカンバコ	3万4100 （4万1000）	2万8200 （3万3800）	2万5500 （3万600）	2万2800 （2万7400）
ダル・エス・サラーム／ムベヤ	3万9300 （4万7200）	3万2700 （3万9200）	3万200 （3万6300）	2万7800 （3万3300）
ダル・エス・サラーム／ニューカピリムポシ	8万6500 （10万4000）	7万600 （8万4600）	6万5600 （7万8700）	6万500 （7万2600）

高速鉄道へのリニューアルが進む東アフリカ

　アフリカの鉄道は植民地の宗主国が敷設したものがほとんどなので、設備が老朽化し、重量や運行速度の限界が常につきまとっていた。ところが、東アフリカにおいては、最近になって、路線の整備や新路線の敷設が盛んに行われている。ジブチとアディスアベバをつなぐ鉄道は、かつて世界で一番遅い定期運行鉄道として有名であったが、ここ数年の間に中国資本と技術の導入により、新線が作られ、標準軌の鉄道として

よみがえり、2016年に営業再開した。アディスアベバから北部や西部への敷設も進んでいる。
　ケニアでは、モンバサからキスムにいたる幹線鉄道の標準軌への改軌とリニューアルが進み、現在モンバサとナイロビ間の列車（Madaraka Express）が運行されている。
　さらにウガンダにおいても、ケニアからの鉄道に接続するため、基盤整備の計画が進められている。

である。前者はリクライニングシートで車内販
売があるが後者は座席は固定のまま車内販売も
ない。

　食堂車がついているが料理のデリバリーはな
いので、すべての車両から乗客は行くことがで
きるので、はじめから食堂車に座っている人も
いる。夜行電車がないので寝台車はない。

○切符の買い方

　乗車の2ヶ月前から購入できる。事前にオン
ラインで購入する場合はM-PESAのみ購入可。
または駅の窓口で直接購入するが、現金払いい
も可（変更の可能性あり）。

●タンザニアの列車

　機関車牽引型の列車で、中国製車両。座席配
下のように分かれている。

1等：コンパートメント4人部屋寝台付き。

2等：コンパートメント6人部屋寝台付き。

Super Seater：寝台無し。切符を購入すれば
必ず座れる。

3等：寝台無し　全96席　満席の場合立席とな
る。一旦確保した座席でも、トイレなどで席を
立つと別人に占領されてしまう。

　1等2等のコンパートメントは男女別。ただ4
人または6人のグループで1部屋貸切った場合、
男女混合利用も可。1・2等の場合は食堂車に
頼めば、食事を運んでくれる。

○切符の買い方

　ニューカピリムポシ方面行の切符はダル・エ
ス・エスサラーム駅（TAZARA鉄道の駅）に
て購入可能。ポスタからはダラダラでMBOTO
行きがあるが、このダラダラは駅舎正面の高架
上を通るため、ダラダラ下車後駅舎までは徒歩
5～10分かかるので、タクシー利用がお勧め。
駅舎1階入り口左手に切符売り場があり、1・2
等と3等は窓口が分かれる。窓口営業時間は7：
30～17：00（日曜休み）。支払いは現金のみ。
寝台付き車輌の切符は売り切れが早いため、一
週間以上前の購入を勧める。

●食堂車、トイレ、そのほかの設備

　ケニアの場合は、食事は食堂車で取るが、1

のんびり楽しもう！

働き者の女性車掌

等車はジュースやビールは売りに来てくれる。
トイレも清潔だ。

　タンザニアでは、食事は頼めばコンパートメ
ントまで運んでくれるので快適。部屋には洗面
台が付いている。

車中で楽しく過ごすために

●列車に乗る前に

　鉄道は東アフリカの主要な交通機関ではない
ので、駅はたいてい中心から少し離れた所にあ
る。列車が発着する時間以外は、人影もまばら
でひっそりとしている。都市の大きな駅にはレ
ストランや店があるが、小さい町の駅にはほと
んどないので、必要な物は乗車前に購入してお
こう。

　混み合う時期は週末と、やはりクリスマス、イ
ースターの頃。この時期に列車で移動するつも
りなら早めに現地旅行会社に頼み込むなり、コ
ネを探すなりの努力をしなければならない。

●車内の過ごし方とマナー

　ケニアの場合チケットには列車席が指定して
ある。

　タンザニアの場合はチケットにコンパートメ
ントと列車の番号のホームにネームボードがあ
り、指定されている。番号を確認して列車に乗
ろう。

　コンパートメント内の座席は指定されていな
いので、早い者勝ち。サバンナを走る列車なら
当然下の席で窓際がよいだろう。

　道中、駅に到着すると売り子たちが集まって
くる。彼らは列車の中までは入ってこないので、
買う気がなければ窓から顔を出さなければよい。
こういうところで買うときは、大きな札は禁物。
つり銭がない場合があるし、つり銭をもらい損

ねて列車が出てしまうこともあるからだ。

夜も更け、寝る時間になるとみんなでベッドを作る。列車によって少し違うが、作り方は簡単。ベッドの場所は話し合って決める。周りを無視して、自分の好きな場所を占領することのないように。お年寄りや小さな子供連れには優先して下の段を。コンパートメントの電灯は好きなときにつけたり消したりできるが、3等車内はついたままなので、熟睡できるとは思わないほうがよい。

●車内で気をつけなければならないこと

やはり第一は盗難。盗難を防ぐ方法は、荷物から目を離さないこと。特に2等車では、席を立ってほかの人に荷物を見てもらえるように、周りの人たちと親しくなっておくことだ。しかし、ほんのチョットした油断で荷物をすべて持ち逃げされた例もあるので、常に目を光らせておこう。もちろん貴重品は肌身離さず、カメラなどの高価なものは人目にさらさないように。眠るときはショルダーバッグを枕に（頭を窓側に）して、リュックのベルトを体に巻き付けておくとよい。チェーンロックも防犯に有効な手段だ。

空の旅

広大な東アフリカの移動では、飛行機を使えばぐっと時間の節約になる。旅の行動範囲はよりビッグになるだろう。

●どんな航空会社があるのか？

東アフリカ各国（ウガンダ、エチオピア、ケニア、タンザニア、ルワンダ）は自国のキャリアをもっている。ウガンダの「ウガンダ航空Ugand Airline」、エチオピアの「エチオピア航空Etiopian Airlines」、ケニアの「ケニア航空Kenya Airways」、タンザニアの「プレシジョン航空Precision Air」、ルワンダの「ルワンダ航空Rwanda Air」などがそれである。

東アフリカ各国に乗り入れているヨーロッパの航空会社（ブリティッシュ・エアウェイズやKLMオランダ航空など）は、東アフリカの都市間は結んでいない。東アフリカ内で飛行機移動をする場合は、上記の5つの航空会社かそのほかの小さい航空会社、または軽飛行機の会社を使う。

●どこを飛ぶか？

バスや列車に比べて高い料金を払うなら、やはり有効に飛行機は利用したいもの。列車で行ける場所では飛行機の利用はそれほどメリットがない。飛行機の移動時間は必ず日中になり、空港までの移動（たいてい町から離れた所にある）や待ち時間などで半日つぶれてしまうからだ。ただし、治安の悪い所や道の悪い所は、トラブルのリスクを考えると飛行機のほうが安全で、精神的、肉体的に楽かもしれない。

近頃新しい航空会社が参入し競争が進んでいるため、時期によってはたいへん安くなる。

ちなみに国内線はケニアのサファリリンクSafarilinkやFly540のような中型機をもつ会社もあるが、たいていは小型機が多く、揺れも激しいが、けっこう低い所を飛んでいくので景色もなかなか楽しめる。

●小型飛行機のおもな定期便

○エアー・ケニア Air Kenya

ナイロビとマサイ・マラ、アンボセリ、サンブルなどの各国立公園や保護区を結んでいる（国立公園や保護区の項に情報あり）。

ナイロビオフィス

住ウイルソン・エアポート　P.O.Box 30357

☎020-3916000/3925000

FAX020-6002951

○プレシジョン航空

タンザニアの小型飛行機の定期便を運航。

ダル・エス・サラームオフィス

住Samora&Pamba raad NIC building ground floor

☎022-2121718/2168000

○イーグルエアー

ウガンダの小型飛行機の定期便。

カンパラオフィス

住Plot11 Portal Ave. Kampala

☎041-4344292　FAX041-4344501

○ユナイテッドエアラインズ

　カンパラオフィス

住Plot4 Kimathi Ave. Kampala

☎041-4349841〜2　FAX041-4349843

小型飛行機に乗り込む

現地での交通手段

東アフリカ各国のおもなフライト

		区間(都市名～都市名)		航空会社	フライト頻度	運賃(片道)	運賃(往復)
主要国際線		ナイロビ	～ エンテベ	KQ	毎日5便	US$339～	US$452～
		ナイロビ	～ キリマンジャロ	KQ	毎日6便	US$227～	US$367～
		ナイロビ	～ キリマンジャロ	PW	毎日3便	US$226～	US$366～
		ナイロビ	～ ザンジバル	PW	毎日2便	US$347～	US$457～
		ナイロビ	～ ザンジバル	5H	毎日1便	US$224～	US$403～
		ナイロビ	～ アディスアベバ	KQ	毎日2～4便	US$222～	US$320～
		ナイロビ	～ アディスアベバ	ET	毎日4便	US$250～	US$372～
		ナイロビ	～ ダル・エス・サラーム	KQ	毎日7便	US$287～	US$529～
		ナイロビ	～ ダル・エス・サラーム	PW	毎日6便	US$285～	US$423～
		ナイロビ	～ ムワンザ	PW	毎日1便	US$311～	US$493～
		モンバサ	～ ザンジバル	5H	毎日1便	US$169～	US$293～
		エンテベ	～ アディスアベバ	ET	毎日3便	US$265～	US$401～
		エンテベ	～ ダル・エス・サラーム	KQ	毎日4～5便※2	US$323～	US$480～
		ダル・エス・サラーム	～ アディスアベバ	ET	毎日2便	US$372～	US$480～
		キリマンジャロ	～ アディスアベバ	ET	毎日2便	US$372～	US$439
		エンテベ	～ キリマンジャロ	KQ	毎日2～3便※2	US$322～	US$380～
		キガリ	～ カンパラ	WB	毎日3便～	US$183	US$300
		キガリ	～ カンパラ	KQ	週4便	US$94	US$182
		キガリ	～ カンパラ	ET	週4便	US$223	US$397
		キガリ	～ ナイロビ	WB	毎日4便	US$224	US$329
		キガリ	～ ナイロビ	KQ	毎日3便	US$227	US$329
		キガリ	～ ダル・エス・サラーム	WB	毎日1便～	US$278	US$388
主要国内線	ウガンダ	エンテベ(カンパラ)	～ カセセ	H7	毎日1～2便	US$273	US$452
	エチオピア	アディスアベバ	～ アルバ・ミンチ	ET	毎日1便	2981B～	5962B～
		アディスアベバ	～ アクスム	ET	毎日1便	4313B～	8626B～
		アディスアベバ	～ バハルダール	ET	毎日1～3便	2816B～	5632B～
		アディスアベバ	～ ディレ・ダワ	ET	毎日3便	3146B～	6292B～
		アディスアベバ	～ ガンベラ	ET	毎日1～2便	3765B～	7530B～
		アディスアベバ	～ ゴンダール	ET	毎日2便	3162B～	6324B～
		アディスアベバ	～ ジンマ	ET	毎日1便	2431B～	4862B～
		アディスアベバ	～ ラリベラ	ET	毎日1～3便※1	2926B～	5852B～
	ケニア	ナイロビ	～ マリンディ	KQ	毎日1便	US$115～	US$173～
		ナイロビ	～ モンバサ	KQ	毎日9便	US$102～	US$179～
		ナイロビ	～ キスム	KQ	毎日5便	US$90～	US$155～
	タンザニア	ダル・エス・サラーム	～ ザンジバル	PW	毎日3便	US$60～	US$120～
		ダル・エス・サラーム	～ ザンジバル	Za	毎日2～4便	US$80～	US$160～
		ダル・エス・サラーム	～ キリマンジャロ	PW	毎日5～6便	US$75～	US$200～
		ダル・エス・サラーム	～ ムワンザ	PW	毎日2便	US$110～	US$200～
		ダル・エス・サラーム	～ キゴマ	TC	毎日1便	US$130～	US$260～
		ダル・エス・サラーム	～ タボラ	TC	週3便	US$102～	US$165～
		ダル・エス・サラーム	～ ムトワラ	PW	毎日6便	US$90～	US$190～
		ザンジバル	～ アルーシャ	Co	毎日2～3便	US$280	US$605
		ムワンザ	～ キリマンジャロ	PW	毎日1～2便	US$125～	US$316～
		ダル・エス・サラーム	～ マフィア島	Co	毎日2便	US$145	US$290

KQ＝ケニア航空、U7＝エア・ウガンダ、PW＝プレシジョン航空、ET＝エチオピア航空、Co＝コースタル航空、Za＝ザン航空、TC＝エア・タンザニア、H7＝イーグル航空、5H＝Fly540、WB＝ルワンダ航空
※1経由便を含む　※2経由便のみ

2016年5月現在

予約と発券

●チケットの予約はどこで?

飛行機の予約は、原則として搭乗都市の旅行会社や各航空会社のオフィス、インターネットで行う。ただし国際線に限っていえば、自分の乗る航空会社のオフィスであれば、どんな路線でも予約は可能だ。

特にケニア(アフリカのなかでも航空チケットが安い)は原則として国内線、国際線ともに外国居住者は外貨払いだが、現地通貨でも受け付けてくれるところもある。ただし、明らかに安いところは用心したほうがよいだろう。ナイロビではニセ旅行会社があり、被害に遭った人も多い。しっかりしたところの割引率は少ないが、リスクを考えるとこちらのほうが安心できる。

●予約の方法

人気の高い路線は、予約にもチェックインにもかなりの労力がいる。1週間以上前に予約しておく必要があるだろう。もちろん空いていれば、当日の予約でも大丈夫。予約の仕方は簡単だ。各航空会社、または旅行会社のオフィスで、どこからどこへ行きたいと日時を告げればよい。英語がわからなければ、紙に書いて渡そう。

フライトがいつかわからない場合は、その場で聞けばよいが、自分で調べたければ時刻表を見せてもらえばよい。時刻表はどこの航空会社もだいたい同じ。読み方はさして難しくないが、曜日が数字で示されている。ちなみに1が月曜、2が火曜……7が日曜だ。

チケットは外国人(タンザニアは外国居住者と国内居住者は別料金、エチオピアは外国人とエチオピア国籍者は別料金である)は原則はすべて外貨払い。現地通貨表示のところもあるが、そのときのレートで換算し、支払うシステムだ。原則としてクレジットカードで支払うが、現金払いの会社もある。

これらのチケットは期限付き往復チケットにするとかなり安い。路線によっては特典があったり、1週間以上1ヵ月未満の滞在だと安くなったりする場合もあるので、購入前に確認しておこう。また、タンザニアの国内線は、学割もあるし、国内居住者用料金でチケットを売る業者もいる。

ほとんどの航空会社がeチケットシステムになっているので、支払いと同時に予約の日時、フライト区間、予約番号と路線を記載したeチケットをプリントアウトした紙をくれる。

eチケットを手にしたら、その場でもう一度確認してみよう。確認事項は、自分の名前、フライト区間、フライトナンバー、搭乗日、出発時間。チェックインの時間と空港への行き方も聞いておこう。

●ボーディングパスを手に入れるまで安心はできない

どの航空会社もそれなりに努力しているのだが、オーバーブッキングで席が確保できないことがある。予約ができていたとしても、チェックインが遅れればキャンセル待ちの人にボーディングパスが渡され、乗れなくなってしまうこともある。空港には遅くとも出発の2~3時間前には着くようにして、カウンター近くで待ち、チェックインが始まったらすぐ受付を済ませよう。リコンファームのリコンファームをするくらいのねばりもときには必要だ。

ボーディングパス

船の旅

おもな近海航路として、ダル・エス・サラームとザンジバルを結ぶ高速フェリーやボートは主要な交通手段で、毎日人や貨物を運んでいる(→P.249 Access)。

内陸航路としてはタンガニーカ湖を縦断しタンザニアのキゴマとザンビアのムプルングを結ぶ国際航路(→P.285 Access)などもあり、エチオピアのガンベラから南スーダンを結ぶ小型ボート便なども国際航路である(外国人は警察の許可が必要)。

東アフリカのインド洋では、いまだにダウ船が漁や輸送に使われているが、これの利用はすすめられない。

モンバサのフェリー

国境の越え方

●陸路の国境越えは運次第

　国境を越える方法は、陸路と航路、空路があり、いちばん簡単なのは空路だ。航空運賃をはじめ空港税や費用もかかるが、早く、確実に国境を越えたいときは飛行機がいちばんだ。

　それに比べると、陸路の国境越えは非常につらい。まず国境までの長い道のりがあり、同じ国でも時期や場所、イミグレーションの係員によって、国境でのチェックはさまざまだ。いつ、どう状況が変わるか誰にもわからない。体験者の話をそのまま信じて行くと「話が違う」と慌てることになる。それでも体験者の話や多くの情報があると心強い。あとは身につけた旅のテクニックと運に任せるしかない。

　そんな思いをして国境を突破すると満足感はひとしお。飛行機で国境を越えるときには味わえない、旅の醍醐味を味わえるはずだ。島国日本では体験できない陸路の国境越えを、ぜひ体験してほしい。

ルート別、国境の越え方

　タンザニア・ケニア間の国境通過にはイエローカードの提示が必須となっている。（2019年6月現在）

●ケニア←→タンザニア

〔ナマンガNamangaルート〕（→P.226　ナマンガ）

　国境の町（ケニア側、タンザニア側ともにナマンガ）がつながっているので、ケニア〜タンザニア間の出入国ルートでは最も一般的。

　出入国手続きは、ケニア側もタンザニア側も類似しており、ここでは、ケニアからタンザニアへ入国する際の手続きを紹介しよう。

　タンザニアの観光シングルビザは国境でも取れる（US$50）が、日本で取っておいたほうが安心だ。ケニアの場合、シングルビザであっても、ケニアから出国してタンザニアやウガンダだけを旅行し、ケニアに再入国する場合は、ケニアのビザの有効期限内であればケニアのビザを改めて取り直す必要はない。

　ナイロビからナマンガを経由してアルーシャ、モシを結ぶ直通バスも各社から出ている。

　安く行くなら、ナマンガへは、ナイロビRiver Rd.とRonald Ngala St.の交差する三角地帯から出ているマタツ（中型の乗合バス）を利用するのがよい。ただし、その周辺は治安が極めて

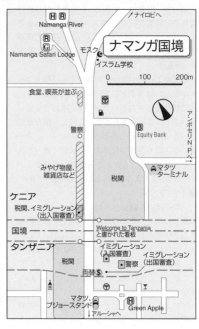

ナマンガ国境

0　　　100　　　200m

悪いので、そこまではタクシーを使って行くこと。マタツは6:00〜20:00頃まで、客が集まりしだい出発する。サバンナを二分する舗装道路を快適に走り約3時間。料金は席数により異なり、8人乗り（Toyota Noah）500Ksh、11人乗り500Ksh、14人乗り450Ksh。

（ケニア側国境通過）

　ナイロビのマタツ乗り場にも、ナマンガの両替を心配する日本人旅行者専門のタンザニアシリング両替詐欺師が出没しているので注意が必要である。また、ここではナイロビ〜ナマンガの交通費のほか、荷物料としていくらか請求されることがある。しかし、これは途中のポリスチェックで開けられてはまずい品物を持っている人が渡す賄賂である。

☆国境からタンザニアへ

　ナマンガの国境にはイミグレーションの建物が2つある。それぞれケニアとタンザニア両国のイミグレーションと税関が入っている。

ケニア側から来た場合は、国際バスなどは国境をまたいで【タンザニア側】のイミグレーションの建物の脇に停車する。この建物に入り、荷物検査のX線を行い、イエローカード審査窓口

に並ぶ。その後、ケニアの出国審査窓口に並び、終わり次第同じ建物内にある、すぐに隣のタンザニアの入国審査に並ぶ。かつては、ケニア側のイミグレーションで手続き後、国境をまたいで荷物を運んでタンザニア側のイミグレーションの建物に移動しなくてはならなかったが、現在は改善された。タンザニア側のナマンガからはアルーシャ、モシ行きのダラダラが頻発している。7000tsh～（US＄4～5）。

（両替の注意）2019年6月現在、タンザニア国内の両替所は全て閉まっている。国境では、イミグレーションの建物内のNMB銀行で両替が可能である。しかし、前述のようにケニアシリングでもこのダラダラ分は支払える。

☆国境からからケニアへ

タンザニア側から来た場合は、国境をまたいで【ケニア側】のイミグレーションの建物に入り、建物内では荷物検査のX線を行い、イエローカード審査窓口に並ぶ。その後、タンザニアの出国審査窓口に並び、終わり次第すぐに隣のケニアの入国審査に並ぶ。ケニア側にはKCBとEquityのふたつの銀行があり、USドルからケニアシリングへの両替が可能。

（タンザニア国境通過）

注意：ケニアからタンザニアに入国し、再びケニアに入国する場合、たとえ観光用1次ビザであってももとのビザの有効期限内であれば入国できる。しかしこの逆は不可で再度タンザニアのビザを国境で取り直さなくてはならない。

（両替の注意）

ただしナマンガからアルーシャ（→P.269）、ナイロビへの交通では、ケニアとタンザニア両国の通貨が使用できるので、両替しなくてもアルーシャには行ける。

（以上2019年6月現在）

〔イセベニアIsebenia・シラリSirariルート〕

ビクトリア湖東岸側のケニア～タンザニアの国境越えは、ケニア側イセベニアとタンザニア側シラリをとおる。

ケニア～タンザニア間の出入国手続きは、どこをとおっても基本的には同じなので、手順については前記のナマンガ・ルートの項を参照。

ナイロビのダウンタウンからはキスムへのバス、マタツが出ている。季節や時間帯によっては防寒具を用意しておいたほうがよいだろう。

キスムからまずミゴリへ、5:00から夜間まで毎時1本のマタツやバスが出ており、所要約4時間、500Ksh。そこから国境の町イセベニアまでは、マタツで30分、50Ksh。下車後、

徒歩約10分で国境。

両国の国境の間は約20m。どちら側にも安宿や食堂、雑貨屋のほか、イセベニアには両替屋がある。通りにはヤミ両替商が大勢いるが、両替が必要な場合は小額のみ両替すること。

タンザニアに入国後、シラリからはタリメ行きのミニバスが頻発（所要約30分、1000Tsh）。タリメからはムソマ行きのミニバスが客が集まりしだい出発（所要約1時間、4000Tsh）。ただしムソマ郊外のバスターミナルで下車後、そこからムソマ市街地まではシャトルのミニバスに乗ることになる（所要約5分、300Tsh）。

タンザニアからケニアへ入る場合は、ムワンザ（→P.280）から各社がシラリ行きバスを毎日数便出している。

〔ルンガルンガ（Lunga Lunga）・ホロホロ（Horo Horo）ルート〕

ケニアのモンバサのバスターミナルからタンザニアのタンガ、ダル・エス・サラームまで直通のバスがある（→P207、P235）。

少しでも節約したい場合はモンバサの町中からリコニフェリー乗り場までマタツ（20Ksh）または、トゥクトゥク（50～100Ksh）で行き、フェリーで対岸に渡る。フェリーを降りたら人の流れに沿って向かって左手の階段をのぼり、道路に出たら左折、道沿いの左側にバスターミナルがある（徒歩約5分）。

国境の町、ルンガルンガまでのバスは7:00～20:00頃まであり、人が集まり次第出発する（所要2時間15分、300Ksh）。ルンガルンガのバスターミナルではバイクタクシーが待っており、国境まで所要15分、100Ksh。ルンガルンガのバスターミナルではバイクタクシー以外を見つけるのは難しい。この時、イエローカードの提示を求められることがあるため、念のため準備をしておこう（→ P365）。この国境には銀行やATMはなく、ヤミ両替がいるのみ。

ホロホロ（タンザニア）のイミグレーションを出たところで、タンガ行きのダラダラが待っている。タンガまでは所要1時間30分、3000Tsh。この国境は両国とも各社の国際バスの通過時間が重なる（7:00～8:00頃）と、国境を通過するだけで約3時間かかるとの話もある。時間に余裕をもっていくこと。

（以上2014年現在）

●ケニア←→ウガンダ

〔マラバMalabaルート〕

　ナイロビとカンパラの間には、バスの直行便がある。Easy Coachほか数社が毎日直行便を出している。所要約11〜14時間。

　カンパラからマラバまでは所要約5時間、1万5000Ush、ジンジャからマラバまでは所要約3時間、1万2000Ush、トロロからマラバまではミニバスがある。集まり次第出発する（所要約20分）。バイクタクシーでも行ける。マラバからナイロビまではミニバスが多発（1400Ksh）。ケニア、ウガンダ側ともに食堂や店のほか、ホテルやロッジもいくつかある。銀行も両側にある〔營9:00〜16:00（月〜金曜）、9:00〜12:00（土曜）〕。

　タンザニアとウガンダだけを回って、ケニアに再入国する場合には、前記同様、ケニアのビザがシングルであったとしてもその有効期限内であればケニアビザを取り直さず再入国できる。

マラバ国境

〔ブシアBusiaルート〕

　キスムを経由してウガンダに入国するなら、ブシアからの入国が便利だ。キスム〜ブシア間は、毎日5:00〜21:00間にたくさんのマタツがある。所要約3時間。

　またクラウンバスなど数社がナイロビからブシアまで運行。両国とも銀行〔營9:00〜16:00（月〜金曜）、9:00〜12:00（土曜）〕、ホテル、レストラン、店がある。ウガンダ側のブシアからは、カンパラ、ジンジャ行きのタクシーが国境

より約1km離れた所で待っている。ブシア発ジンジャ経由カンパラ行きのバスは所要約5〜6時間。ミニバスは5:00〜21:00頃まで頻繁にある。（以上2014年現在）

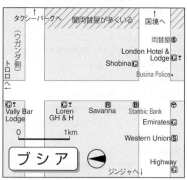

ブシア

●ウガンダ←→ルワンダ

〔カトゥナKatounaルート〕

　カンパラとキガリの間には、Horizon Coach（カンパラ発5:00、11:30）、Kampala Coach（カンパラ発5:30、18:00）、Jaguar Coach（カンパラ発5:30、9:00、11:30、18:00）など直通便あり。所要約11〜12時間、8万Ush。乗り継ぎの場合はウガンダ側の町カバレから国境のカトゥナまでは乗合タクシーのみ。所要約20分、1万Ush。両国とも出入国の手続きはいたって簡単。ルワンダ入国の際は、国境でビザがUS$30で取得できるが、ケニア・ウガンダ・ルワンダの東アフリカ共通観光ビザを日本で入手しておくと便利。また、ビニールやポリエチレンなどの袋は持ち込み禁止なので注意。ウガンダは国境でビザが発給される。US$100）。

　両替所はルワンダ国境側にあるが、キガリよりレートが悪いので最小限にしておこう。ただキガリのレートを知っていれば交渉可能。銀行より両替所のほうがレートはよい。ウガンダ側も両替所が並んでいる。レートはあまり変わらない。ルワンダ側は国境を越えて約500mのミニバスの発着所から、不定期（1時間に1〜2本）でキガリまでは所要約2〜3時間、国境を越えてすぐの所にも乗合タクシーが客引きしていて、キガリまで1万RFと言われるが値切り可能。
（以上2019年3月現在）

●エチオピア←→ケニア

〔モヤレMoyareルート〕

　このエリアでは武装強盗団による事件が多発しており、非常に危険。

サファリについて

東アフリカの大部分で野生動物の狩猟が禁止になる以前は、ライフルを持ったハンターがいわゆるサファリルックでサバンナを駆け巡っていた。現在はいくつかの例外を除き、ハンティングは禁止で、動物の写真を狙うフォトサファリが主流だ（→P.384）。

時代とともにサファリも大衆化し、現在は誰でも楽しめるようになった。アウトドアを十分楽しめて安上がりなキャンピングサファリから、豪華なバルーンサファリまで、料金、日数、方法によってさまざまなスタイルが選べる。日本の旅行会社の主催するサファリツアーに参加するのもよいし、現地で情報を集め、自分に合ったツアーをオーダーするのもよいだろう。

サファリのできる所

現在、開発と破壊によって、動物たちは限られた領域に追いやられてしまった。サファリができる保護領域は、ケニアの場合、以下の3つに分けられる（他国もほぼ同様）。

○国立公園National Park（N.P.と略して表記）：国の管理の特別指定区域で、公園維持に必要な人の居住しか認められない。

○動物保護区Game Reserve（G.R.と略して表記）：地方自治体の管理の野生動植物の保護区域で、昔からの住人の居住や家畜の放牧などが一部認められている。

○国立保護区National Reserve（N.R.と略して表記）：G.R.とほぼ同じで国の管理が建前だが、実態は地方自治体からの移行が不完全な地域。

基本的にはこれらの区域に入る場合は入園料を支払い（ツアー参加の場合は料金込み）、観光には自動車を使う所がほとんど。その国の居住者でない外国人の入園料はいずれも原則として居住者料金の10倍近い。しかし、場所によっては入場無料だったり、ウオーキング・サファリができたりする。また、4WD車でなければ入れない所やボートサファリなどもあるので、事前に調べておく必要がある。

N.P.やG.R.の周辺にも多くの野生動物が生息している原野があり、こうした所では無料でサファリが楽しめる。

大都会のすぐ隣にあるナイロビN.P.

ウガンダ観光局からのメッセージ

かつて、ウィンストン・チャーチルは、ウガンダを「アフリカの真珠」と表現しています。彼は著書「My African Journey」において、ウガンダをこのように説明しています。「さまざまな色や形、力強い生命力にあふれたすばらしい場所だ。隅から隅まで美しい庭園のようだ。」と。

ウガンダに暮らす人々や文化、歴史、遺産、自然、野生生物、植物動物などは、一見の価値があります。サバンナと赤道直下の熱帯林に挟まれ、56もの民族がここに暮らしている世界屈指の多様性にあふれた国なのです。

北東に暮らす世界で最も背の高い民族のカリモジョン族と、南西に暮らす世界で最も背の低い種族のバトワ族などの存在は、さまざまな人種が集まっているということがわかるでしょう。

また、バード・ウォッチングにぴったりな1057種を超える野鳥の多様性も、ウガンダの魅力のひとつ。およそ1300種の蝶も観察されています。ウガンダとは、美しさと冒険心に包まれた詩のような存在です。ウガンダは、あらゆる場面で冒険と驚き、奇跡を生み続けている国なのです。

また、眠らない町、カンパラは東アフリカの娯楽の中心で、一年を通してさまざまなイベントが行われます。

ウガンダの王たちの足跡をたどる冒険に出かけましょう。奇跡のような緑の景色や、ルウェンゾリーの永久氷河、肥沃な谷、輝く湖を見に……。

マウンテンゴリラや、チンパンジーなど最も多くの類人猿が誕生したのもここウガンダです。国立公園が10ヵ所、自然保護区が12ヵ所あり、多くの旅行者たちを引きつけて止みません。あなたも「アフリカの真珠」ウガンダの美しい庭園をのぞきに来ませんか。

●UGANDA TOURISM BOARD
住Map P.120:1-D
HPwww.visituganda.com

宿泊施設

宿泊施設はサファリの形態によって変わってくる。ツアーもそうだが、宿泊施設によってずいぶん料金が違うので、予算と相談して決めよう。

《ロッジ》

サファリのできる区域にあり、設備もサービスもナイロビの高級ホテル並みがほとんど。建物もアフリカらしさを醸し出したり、眺望のよい所に建てられていたり、半乾燥地なのにプールがあったりとそれぞれ特徴があり、ゆっくり滞在すれば十分満足できるだろう。

料金も高級ホテル並みで、季節や区域によって異なるが、ケニアではハイシーズンならば3食付きのツインで約US$300以上がほとんど。ローシーズンはこれより30%ほど安くなるが、クリスマスや正月などのトップシーズンは逆に30%高くなる。

ウガンダ、タンザニア、ルワンダは一部を除き設備やサービスが多少落ちるぶん料金は安め。エチオピアは未発達な所がほとんどで期待しないほうがよい。

《固定テント》

住居部分が固定式や半固定式のテントで、サ

ロッジタイプの客室

ービスや食事などはロッジと同じ。ロッジに付設されているものもある。料金はロッジより安いものが多いか、なかには超豪華なサービスを売りにした高級テントもある。

テント式客室内部

《バンダ》

ふたり～家族用の小屋で、観光客の多い区域にまれにある。蚊帳とトイレ、水シャワー付きが多いが、寝具は持参の必要がある。食事は自炊かロッジのレストランですることになる。料金は1人当たりUS$60～70とかなり安いが、数は減少している。

《キャンプ》

各区域に設けられているキャンプサイトにテントを張る。区域によって異なるが、料金はいちばん安い。テントの張り代と宿泊者1人当たりの使用料を事前に公園事務所やキャンプサイトの管理人に払うか、料金徴収に来るレインジャーに支払う。自炊の設備はないこともあるので持参すること。ただ、治安の点で問題が多く、アフリカに慣れた人以外にはおすすめしない。

そのかわり、ワイルドなサファリを味わうのならキャンピングサファリ（→P.382）に参加してはどうだろうか。

サファリでの宿

サファリでどんな宿に泊まるかによって、料金もかなり変わってくる。宿は大きく3種類にわけられる。まずは本書で紹介しているような、常設のロッジタイプ。大きな施設で24時間通電のところがほとんど。2番目はテントキャンプと呼ばれる、大きなキャンバス生地のテントの中にベッドやトイレ、シャワーが完備された宿。クレジットカード支払いができなかったり、給湯時間や通電の制限がある所がほとんどだが、夜は動物の鳴き声が間近に聞こえたり、朝の小鳥のさえずりと共に目覚めたりと、大自然を体感できる。豪華テントキャンプも多く、常設ロッ

ジよりも料金が高いものも多い。

最後に、一番安くサファリを楽しみたいなら、公共キャンプ場に自分たちのテントを持ち込んで寝泊りするキャンピングサファリ。現地旅行会社に頼むと、ドライバーガイドの他に専属のシェフを付けてくれるので、キャンプ場での食事はすべてつくってくれる。国立公園内のキャンプ場はトイレやシャワーの施設があり、観光シーズンは世界中からの観光客で混み合う。人気のロッジやテントキャンプは半年以上前から満室になることもあるので、早めの予約が確実だ。

サファリの準備と心得

●旅の服装と持ち物

サファリをする公園や保護区などは、夜になるとかなり冷え込む。セーターか薄手のダウンジャケットを1枚は用意したい。日中は動きやすい長袖シャツやスラックスがよいだろう。

サファリ中はだいたい車内にいるので、服装の色は特にこだわる必要はないが、白は汚れやすい。また、日中は直射日光がかなりきついのでサングラスや帽子、日焼け止めがあるとよいだろう。

サファリ中は照りつける太陽光の下にいるので熱射病になりやすい。それを防ぐためにミネラルウオーターは必須である。スポーツドリンク系粉末を溶かしておくとさらによい。

昆虫の攻撃にも対処する必要がある。車中では虫除けを使い、宿泊施設では蚊帳や蚊取線香があったほうがよい。

ろうそくや懐中電灯、特に両手が空くヘッドライトがあると便利だ。電気のないロッジもあるし、あっても深夜は止める所が多い。夜行性動物を見るときにも使用できる。

そのほか双眼鏡、ウエットティッシュ、殺虫剤、ライター、乾燥しているのでリップクリームやのど飴、うがい薬などがあればなおよい。

キャンピングサファリに参加する場合は寝袋が必要だ。寝袋はサファリを頼む旅行会社でも借りられる。1日US$10が相場。ほかは日本から持っていくか町のスーパーで買っておこう。

町のよろず屋にはない物がスーパーでは買える

サファリツアーの料金例（ウガンダ）

下記は、ウガンダとルワンダのゴリラ・トレッキングとチンパンジー・トレッキング以外は、すべて最低催行人数ふたり、カンパラの旅行会社BIC TOURS（→P.385）の催行するツアーのひとり当たりの料金。料金には交通費、公園入場料、宿泊代、3食が含まれる。個人的に利用するアルコールやランドリーなどの費用、ガイドやドライバーのチップは含まれない。なおこの料金例はあくまでも目安で、季節などによって上下する。

●日帰りコース
・ムブロ湖N.P.と赤道訪問　　US$284

●1泊コース
・キバレ・フォレストN.P.　　US$367
　※別途チンパンジー・トレッキング費用US$150加算。
・マチソン・フォールズN.P.　　US$435
　※早朝発、ボートクルーズと早朝サファリを含む強行軍。

●2泊コース
・クイーン・エリザベスN.P.と巨大角のアンコーレウシ見学　US$594
　※ボートクルーズと早朝サファリを含む。
・クイーン・エリザベスN.P.とキバレ・フォレストN.P.　US$582
　※ボートクルーズのみ、別途チンパンジー・トレッキング費用US$150加算

●5泊以上コース
・マチソン・フォールズN.P.、クイーン・エリザベスN.P.、キバレ・フォレストN.P.　US$1620〜
　※ボートクルーズと早朝サファリを含む強行軍。別途チンパンジー・トレッキング費用US$150加算。

●ゴリラ・トレッキング（15歳以上の健康な者のみ参加可能）
ブウィンディ原生N.P.　　US$638
※ゴリラ・トレッキング費用US$600加算。予約は6ヵ月以上前に。
ウガンダとルワンダのゴリラ観察　　US$2499（陸路往復）US$2699（往路陸路、帰路空路）US$2899（往路陸路、ルワンダから帰国）
※ブウィンディ原生N.P.（ウガンダ）とヴァルカンN.P.（ルワンダ）訪問。予約が非常に困難のため1年前から予約が望ましい。別途ゴリラ・トレッキング費用US$1350加算

マウンテンゴリラ・トレッキングが得意

●公園でのエチケット

各公園や保護区の規則は、だいたい共通している。これらの規則を知らずに侵せば、数1000Kshの罰金をレインジャーから請求されかねない。動物に危害を加えない、植物を採らない、ゴミを捨てないなどは常識の問題。自然の秩序を乱すことなく行動してほしい。

大まかな規則は、以下のとおり。

・車道以外一切車を乗り入れてはいけない。
・クラクション、ヘッドライトの使用禁止。
・許された場所以外で車の外に出る行為の禁止。
・車のスピード制限厳守。
・動物に餌を与えない。生態を乱さない。
・動植物はもちろん、落ちている羽、骨、石を拾うことは禁止。
・日没後（だいたい19:00過ぎ）、日の出前（だいたい6:00前）の走歩行禁止。

●写真撮影のエチケット

よい写真を撮るために動物を脅かしたり、車道を外れて車を乗り入れるのは、許可されている地域以外は厳禁。また、動物に近づき過ぎると攻撃されることもあるので注意。

人を撮る場合にも、承諾を得ることが原則。マサイやサンブルのなかにはモデルで生計を立てている人もいるので、撮影前の値段交渉が必要となる。その場合、支払う金額やシャッター数を決め紙に書いておくべきだ。

サファリツアーの選び方

ツアーへの参加が簡単にサファリをするなら、いちばんだ。利点は何といっても、いちいち車や宿泊の手配をせずに、気楽に旅ができることだ。ナイロビやカンパラ、アルーシャ、ダル・エス・サラームなどの各都市には、サファリツアーを売りにする旅行会社がたくさんある。町を歩いて探してもすぐに見つかるし、客引きも多いが、なかには料金だけ取って消えてしまう悪質な旅行会社や偽旅行会社もある。観光案内所に相談したり、パンフレット、新聞、雑誌や本書を参考に見当をつけるとよいだろう。

●現地のサファリツアーに参加する

現地発のツアーは日本のツアーに比べて安いのが利点といえる。欠点は、参加者は日本人だけではないから、英語が話せないと仲間に入れず、かえってさびしいこともある。この類いの問題は、日系の現地旅行会社のツアーなら日本語で用が足りることが多いので、安心といえよう。

また、ひと口にサファリツアーといっても、料金、日数、方法によってさまざまなスタイルがある。自分の要望するサファリのスタイルやだいたいの予算をまず先に決めよう。

●キャンピングサファリに参加する

これ専門の旅行会社のツアーに参加するのがよいだろう。どの旅行会社でも一応キャンピン

サファリツアーの料金例（ケニア）

下記は、特記以外はすべて最低催行人数ふたりで、キャンピングサファリ以外は、ナイロビの旅行会社DODO WORLD（→P.386）の催行するツアーのひとり当たりの料金。料金には交通費、公園入園料、宿代、3食が含まれる。個人的飲用のアルコール、ランドリーサービス、ガイドやドライバーのチップは含まれない。時期により値段は変動する。

＊料金は季節により異なりますのでお問い合わせ下さい。

ツアー（A）：ケニア国立公園王道7日間
（アンボセリN.P.2泊、ナクル湖N.P.1泊、ナイバシャ湖1泊、マサイ・マラN.R.2泊）　US$1950/人

ツアー（B）：空路でらくらくマサイ・マラN.R.4日間
（マサイ・マラN.R.3泊）　US$1230

ツアー（C）：赤道超えてケニア満喫7日間
（ナンユキ1泊、サンブル2泊、ナクル湖N.P.1泊、マサイ・マラN.R.2泊）　US$1960/人

ツアー（D）：国境超えてタンザニア8日間
（アンボセリN.P.1泊、タランギーレN.P.1泊、セレンゲティN.P.2泊、ンゴロンゴロG.R.2泊、アルーシャ1泊）　US$3310/人

※以上はダブル部屋使用の場合の料金。シングル部屋使用の場合は追加料金が必要。

キャンピングサファリ（往復陸路）

※DODO WORLDの手配会社によるもの。

マサイ・マラN.R.　2泊3日　US$ 435
アンボセリN.P.　2泊3日　US$ 425
マサイ・マラN.R.　3泊4日　US$ 585
ナイバシャ湖（1泊）＋マサイ・マラN.R.（3泊）＋ナクル湖N.P.（1泊）6日間　US$980
ナクル湖N.P.（1泊）＋マサイ・マラN.R.（2泊）＋ナイバシャ湖（1泊）＋アンボセリN.P.（2泊）7日間　US$ 1145

※2016年7～12月の料金

グサファリを扱っているが、実際はキャンピングサファリ専門の旅行会社へ回されてしまうのだ。直接申し込んだほうがマージンぶんがないので、安くなる。

また、バックパッカーが多い宿では情報も多く競争も激しいので、ここに来る旅行会社は交渉によっては料金が安くなる。その際の交渉材料は参加人数と日数だ。どちらも多いほうが値引には有利。ただし、あまりに安い会社は、入園料が別払いだったり、正式なライセンスをもたない非合法な会社だったりするので要注意。

また、どの旅行会社もツアーの最低催行人数をだいたい4人で計算しているので、人数が集まればオリジナルツアーをつくることも可能。

カーハイヤーで行くサファリ

●カーハイヤーとは

自由に動物を観察したい、ツアーコースとは違うルートでサファリをしたい、1ヵ所に長期間滞在したい人などにすすめるのが車をドライバー付きでチャーターするカーハイヤーサファリだ。

ただし、サファリツアーと同様に料金のほかに運転手へのチップを払う。チップやプランについてははじめに旅行会社の担当者を間に入れて話し合っておいたほうが、あとあと面倒なことにならない。

●メリットとデメリット

保険や事故の心配をしなくてもよいこと。もちろん、運転のできない人、したくない人、少々高い料金を払っても面倒なことをしたくない人にも、ぴったり。料金の中には、客の宿泊や食費、ガソリン代、保険料、運転手の宿泊や食費など個人使用分以外のすべてが含まれている（各ロッジでのポーターやレインジャー代、ドライバーのチップを除く）から、よけいな手間は省ける。デメリットは、運転手しだいですべて決まるということ。ただし、これはよい運転手に当たればメリットになる。

運転手を選ぶことはできないので、それは運しだい。運転手とはいろいろな方法でコミュニケーションをはかるよう努力することが大切だ。しかし、こちらが努力しているのにもかかわらず、まったく打ち解けない相手だったら早々にキャンセルをするか、計画を変更するしかない。キャンセルする場合は、車をハイヤーするときと同じで、乗った日数分の料金とチップを払えばよい。キャンセル料は特に必要ない。

なお、カーハイヤーの場合、デポジット料金は、車だけを借りるときのほぼ倍額である。さらに後述する自力で行くサファリのようにテントや食料を持ってキャンピングすることも可能だ。こちらの要望をきちんと話し、その要望をすべて受け入れてくれる旅行会社を見つけることが、このサファリの成功の第一歩だ。

サファリツアーの料金例（タンザニア）

ここでは世界遺産のセレンゲティ国立公園とンゴロンゴロ保全地域に宿泊する3泊4日のサファリツアーの一例を紹介する。セレンゲティ国立公園は広いので、ぜひ2泊以上の滞在をおすすめしたい。以下はアルーシャの旅行会社F&K CULTURAL TOURS AND SAFARIS（→P.386）の料金例。

<日程>
1日目：アルーシャを出発して、セレンゲティ国立公園へ（移動約5～6時間）
セレンゲティ国立公園にてゲームドライブ　<セレンゲティ泊>
2日目：終日セレンゲティ国立公園にてゲームドライブ　<セレンゲティ泊>
3日目：ンゴロンゴロクレーターへ（移動約2時間30分）
ンゴロンゴロクレーターに下りてゲームドライブ　<ンゴロンゴロ泊>
4日目：タランギーレ国立公園へ（移動約1時間30分）ゲームドライブ後、夕方アルーシャへ。

<料金>
ハイシーズン（4～5月以外）：2人参加の場合US$1560／人、4人参加の場合 US$1215／人
ローシーズン（4～5月）：2人参加の場合 US$1517／人、4人参加の場合US$1140／人
※セレンゲティは中央部セロネラエリアの中級テントキャンプ2泊、ンゴロンゴロは中級ロッジ泊の場合の料金。
<料金に含まれるもの>
専用サファリカー・ガソリン・ドライバーガイド（英語）・宿泊代および食事代（1日目の昼食～4日目の昼食）・国立公園、保全地域の入園料・車内でのミネラルウォーター
<料金に含まれないもの>
宿泊先での飲物・ツアー前後のアルーシャ宿泊代・空港送迎・オルドバイ峡谷見学料（オプション）・マサイ村訪問（オプション）・ドライバーなどへのチップ（US$20～／日が目安）

●ドライバーとのトラブルを避けるために

　まず、車の中に荷物を置きっぱなしにして外へ出ないこと。貴重品は当然肌身離さず、荷物からも目を離さないように。泊まるときも、荷物は車内からひとつ残らず自分の部屋やテントに持っていったほうがよい。

　国立公園や保護区では、走行時間が決まっているので、無理な注文をしないように。また、スピードを出しそうになったら、「ポレポレ（ゆっくり）」と声をかけよう。

　ドライバーによっては、スケジュールを変更すると怒りだす人もいるので、最初に決めたスケジュールに従ったほうがよい。どうしても変更したいときは、少なくとも前日までにドライバーの了承を得る。そして行きたい場所ははっきり告げること。意味もなくみやげ物屋に行くドライバーは要注意である。それらのみやげ物屋で割高な商品を買わせて、店からリベートをもらうことを狙っているからだ。こうしたドライバーにはみやげ物屋にはもう行かないようはっきり伝えること。

キャンピングサファリ

●セルフドライブはすすめない

　現在、セルフアレンジのサファリは、レンタカーやガソリン価格の上昇のため、旅行会社が行っているキャンピングツアーよりも高くなってきているものが多い。国立公園や保護区までの治安が悪い（ケニアの例）ほか、車の整備状態や道も悪いため絶対にすすめられない。また、公園や保護区内の道に慣れていない人には悪路での運転は難しいだろう。

　そのかわりにキャンピングサファリに参加してはどうだろう。

キャンピングサファリのゲームトラッカーズ・ザンブル・キャンプ

●キャンピングサファリの参加

　食料や装備類は主要な都市で揃えたい。日数にもよるがレトルト食品や缶詰などを多く持っていったほうがよいだろう。国立公園などによっては売店もあるが、品数が少ないのであまりあてにしないほうがよい。ロッジでは別料金で食事を取ることもできるが値段はかなり高い。

　テント、簡単なコッヘルと食器類、寝袋などは旅行会社がすべて用意している。燃料のブタンガスボンベは各国の首都ならまず大きいスーパーなどで手に入る。

●キャンプサイトでの心得

　どの国立公園もキャンプサイトだからといって、安全だとは限らない。平気で動物たちが近づいてくるし、泥棒や強盗も出没する。塀や囲いなどはあっても簡易なものだ。

　ただ、キャンプサイトで近づいてきた動物に危害を被った話はほとんど聞かないし、レインジャーも見回りに来てくれるし、警備員もいる所が多い。しかし、テントの中に食料や残飯を置いたまま留守にすると、ゾウがその匂いを嗅ぎつけ、帰ってきたらテントが踏みつぶされていたり、バブーンやサバンナモンキーなどのサルの仲間がテントの中に入り、食料を全部食べてしまっていたなどはよく起こる。出かけるときは、テントに食料を置いていかないか、ファスナーが開かないよう鍵を掛けておこう。

サファリの掟

　ゲームドライブは原則として日の出から日没までと決められている。その際、許可された地点以外で車の外に出ることは厳禁。また、例外的な場所を除き、車以外の移動手段をとることも禁止されている。

　もっとも国立公園に入らなくても、その周辺に行けば、群れからはぐれたゾウやキリンなどの草食動物に出合うことはそう難しくない。ただし、これらを狙う肉食動物もどこかに潜んでいる可能性があるので、軽はずみな行動は慎もう。

　また、公園内は舗装されていない悪路となっている。ときには大きな凹凸を越えられず、車が転覆してしまうこともある。決められた道以外は車両進入禁止であり、動物を見るためにサバンナを横切ったりしているのが見つかると、高額の罰金を取られる。

　また、チップの習慣がない日本人はとかく忘れがちだが、お世話になったドライバーやガイドにはサファリ終了後チップを渡す習慣がある。誤解やトラブルを避けるためにも開始前に、申し込んだツアー会社にチップの相場や渡し方について必ず確認をしておくこと。

サファリの一日

①モーニングサファリ

モーニングサファリが始まるのは、朝食前。日の出の6:00頃にはドライバーが迎えに来てくれる。肉食動物のハンティングは早朝が多いので、ハンティングの瞬間が見られる可能性が大きい。2時間ほどゲームドライブを楽しんだあとはロッジでの朝食。大きいロッジではビュッフェスタイルが多い。朝食後にサファリに出かける人も多く、ドライバーはどこでどんな動物が前日見られたという情報を聞いているので、動物のいそうなところに車で連れて行ってくれる。人気のある動物を発見すると数台、ときには十数台の車が集中することもある。

②ランチタイム

たいていのロッジは豪華なビュッフェスタイルの昼食が出る。もちろんアルコールも飲める（別料金）。外にそのまま出ている場合はランチ

寝ているライオンにもサファリカーが集まる

ボックスを前日までに頼んでおくこと。サファリをしながらの〝お弁当〟もなかなかおつなものだ。

③昼間はゆったり過ごそう

気温が40℃近くまで上昇する日中は、野生動物はだいたい寝ているか木の陰にいる。この間観光客は、のんびりロッジで過ごす人が多い。テラスの椅子に座り、サバンナを眺めつつ読書をしたり、旅の思い出を綴ったり。元気のある人はロッジのプールで泳いでいる。

たいていのロッジにプールがある

④イブニングサファリもある

イブニングサファリは16:00頃から日没までで、やはり肉食動物のハンティングシーンを期待して出かける人が多い。夜は満天の星空が頭上に広がる。

これがランチボックス

ウガンダ野生生物公社からのメッセージ

赤道直下に位置するウガンダは、10の国立公園と13の動物保護区を持ち、霊長類好きやバードウォッチャーたちに、豊かな環境の中で生物多様性を経験できる場所を提供しています。ウガンダには、アカシア、バオバブ、ヤシ、クイーン・エリザベスのバラの花などの植物が点在するサバンナから、マチソン・フォールズ、キデポ国立公園、豊かなブウィンディの熱帯雨林やキバレ・フォレスト国立公園まで、あらゆる自然が揃っています。ルウェンゾリ山、エルゴン山、ムガヒンガ国立公園には、すばらしいハイキングやトレッキングコースがあり、ベテランたちもそうでない人たちも楽しむことができます。

なかでもゴリラ・トレッキングはウガンダで最も人気があり、2つの国立公園で体験できます。ゴリラ・トレッキングは許可制で、12群のゴリラが生息するブウィンディ原生国立公園は1日96名、1群のゴリラが生息するムガヒンガ国立公園は1日8名、合計104人までの入園が許可されて

います。

また、チンパンジー・トレッキングは13種の霊長類が生息するといわれているキバレ・フォレスト国立公園で、午前と午後の1日2回、それぞれ36名まで参加することができます。チンパンジー・トレッキングはクイーン・エリザベス国立公園内のキャンプラジョージとマチソン・フォールズ国立公園内のブドンゴ森林区でも行われています。

国立公園内の数多くの湖や川は、水生生物や鳥たちを観察するのに最適な環境です。ボート・クルージングではすぐ近くで野生生物たちを観察することができます。カジンガ水路クルーズやナイル川クルーズは、ウガンダのサファリでは絶対に欠かせません。

ぜひ皆様もウガンダに大自然を満喫しに来てください。

●UGANDA WILDLIFE AUTHORITY
住Map P.120:1-D
HPwww.ugandawildlife.org

ドライブの注意

①ケニア、タンザニア、ウガンダでは、車は日本と同じ左側通行。エチオピアとルワンダは右側通行。

②交差点では、信号のある所もあるが、だいたいは信号のないロータリー式。交差点では右側から来る車を優先させるのが原則。信号のある所も、夜間は信号が作動しない所もある。夜間の運転は避けること。交通量は減るが、無謀なドライバー、犯罪者が多くて、事故や強盗に巻き込まれやすい。

③東アフリカの道路は起伏も少なく直線が多い。景色が単調なためスピード感覚が鈍くなり、ついついアクセルを踏む足に力が入りがちになる。また、マーケット、バスターミナル、学校など人どおりの多い所は、安全のため、スピードを落とさせるように路面が少し盛り上がっているバンプ（段）があるので、注意する。

標識は道路脇にあるが、小さくて見落としがち。

フォトサファリをしたい人に

フォトサファリといっても、何も特殊な撮影をする必要はない。使い慣れたカメラと少し多めのメディア（SDカードなど）があればそれで一応事足りる。

●カメラについて

最近はスマホで撮影している人もいるが、やはり迫力のある写真を撮るためには、レンズ交換式のデジタル一眼レフやミラーレス一眼レフがよいだろう。コンパクトデジタルカメラで高倍率のものがあるが、望遠側でのピントに難があるものも少なくない。

●レンズについて

多少値は張るが、望遠レンズ、しかも焦点距離200mm（35カメラに換算して）以上のものを用意したい。欲をいえば400mmのズームレンズがあるとよい。そこまでこらない人なら80～200mmのズームレンズを標準装備することをおすすめする。

●カメラの大敵

これらのカメラで写真を撮る場合、大敵は土ぼこり、高温、振動、ブレである。

・土ぼこりについて：ビニール袋や土ぼこり除けのカメラ用品がよいだろう。レンズ保護のためのUVフィルターなどを装着することは重要だ。さらにこまめにブロアーブラシでフィルター面を掃除する習慣を身につけよう。ウエットティシュなどでレンズ表面以外を拭くのも効果的である。

・高温について：日中の気温が30℃以上にもなるサバンナでは直射日光にさらされるとかなりな高温になる。カメラ類が直射日光にさらされないよう袋に入れるか白い布をかけておくことをすすめる。

・振動について：振動を少しでも軽減するために、公園内の移動中はクッション性のある袋にカメラやレンズ類を入れ、座席の上に置くか、膝に抱えること。想像を絶する悪路や落とし穴のため、車の振動は致命的なダメージをカメラ器具に与えるからだ。

・ブレの防止について：撮影の際はドライバーにエンジンを切ってもらうことを心掛け、同乗者も車内を動き回らない注意が必要である。さらにカメラやレンズの下側に座布団を敷くようにブレ軽減のためのクッションを置くとよい。日系の旅行会社のサファリツアーではこれらのクッションが常備されていることもあるが、できれば持参するか、現地で袋入りのコーヒー豆を購入し、代用するのもよいだろう。

●動物写真をうまくとるには

ケニアのN.P.では動物があまり車を恐れないので、静かにゆっくり接近することが可能。しかし、動物にはそれぞれ警戒ラインがあって、それを越えて近づくと完全に逃げてしまう。車内で大きな声をあげたり、窓や天窓から急に顔を出したりすると攻撃とみなされ、彼らも自衛のため攻撃してくる。

ともかく、よい写真を撮るにはゆっくり動くこと、気長に待つことが大切である。また、太陽がどこにあるかを見てなるべく太陽光が直接レンズに入らないように体を移動させるのも心掛けたい。ただ、完全に逆光の場合、白いバンタイプの車なら、車体が反射板の役をしてくれることもあるので、ドライバーに頼んで車の位置を多少変えてもらうこともテクニックとして知っておくとよい。

こんな近くにいるゾウ

④道路状態も大きな穴が開いていることがあるなどよくない。よほど気をつけていないと恐ろしい事故を招くことになる。常に走行スピードが上がらないようにするとともに、路面にも注意を払うこと。

⑤家畜や野生動物が道路に出没するので注意する。動物をひき殺した場合、罰金が課せられる。道路脇に野生動物出没警告の表示を見かけたら、スピードダウンして特に慎重を期すこと。夕方や夜間は暗いし、活動が活発になる動物もいて特に危ない。
ケニアのツァボ付近ではゾウが描かれた警告表示がある。ゾウにぶつかったら、車ごと飛ばされてしまうので、特別に注意が必要。

⑥オフロードでは、先行車の砂ぼこりで前がまったく見えなくなることがよくある。こういうときは、しばらく停まって前の車が遠ざかるのを待とう。

⑦事故や故障で車が動かなくなった場合、路肩に車を寄せてあとから来る車に、停まっていることを知らせなければいけない。日本のような三角の反射板などは盗まれるので、車が停まっている約50m手前から、ほぼ5m間隔で木の枝を折って置いておく。昼間も夜間もこれが駐車中の合図となる。走行中にこの合図を見たら、前方に車が停まっているので注意して走ろう。

⑧水たまりや、軟らかい土にタイヤがはまり込んで、動きが取れなくなった場合は、安全を確認してから外へ出て、板か鉄板をタイヤの下に入れて地盤を固める。雨季でなくても、こういうトラブルは多いので、前もって鉄板を用意しておくとよい。レンタカー店や車の部品を売っている店で借りられる。

サファリの道はこんな感じ

サファリ中にパンクの修理

各国の日系および外国人向け旅行会社①

●ウガンダBIC TOURS

[住]Map P.118
☎ (256) 776527333
[e]sam@bic-tours.com
[HP]www.bic-tours.com/Japan

日本への留学経験をもつサムエルさんがウガンダをより多くの人に知ってほしいと始めた旅行会社。日本語が通じる。

BIC TOURSのスタッフたち

●ウガンダAfrica Runners

[住]Map P.120:1-A外 P.O.BOX 27751Kampala PLOT 79 Bukoto St, Kamwokya
☎ (256) 393250014、／(256) 772400701
FAX (256) 31-2262659
[e]info@africarunners.co.ug
[HP]www.africarunners.co.ug

日本人オーナーの旅行会社。日本人スタッフもおり、ツアー同行可。カーレンタルもしている。ウガンダ人スタッフも親切。ウガンダ在住の日本人も重宝している。

●ウガンダ:Greenleaf Tourist Club

[住]Map P.120:1-D外 P.O.Box 27139 Kampala 1st Floor, Forest Mall, Sports Lane (Jinja Rd.の[S]Shopliteの隣のモール)
☎ (256) 41-4230460～1 FAX (256) 41-4230464
[e]web@green.co.ug [HP]www.green.co.ug

日本人経営の旅行会社。設立から15年経ちますます充実。日本人スタッフもいる。

各国の日系および外国人向け旅行会社②

●エチオピア：Travel Ethiopia

住Map P.150:2-B HNational内 P.O.Box 9438 Addis Ababa
☎(251)11-5525478/5510168/5523165/5508870
FAX(251)11-8810200
Etravelethiopia@ethionet.et
Hwww. travelethiopia.com
営9:00～18:00 日曜、祝日休

エチオピアに帰化した欧米人と元ファッションモデル夫妻の経営する規模の大きい旅行会社。外国人観光客手配経験が20年以上あり親切。HNational内に本社がある。英語可。

Travel Ethiopiaのスタッフたち

●エチオピア：ELMI Tour

住Map P.150:2-C Kasanchis 地区 H Elilly 斜め向かいのNigist Tower ビル2階。Addis Ababa
☎(251) 911057030、911512439
EMiyuki@elmitourethiopia.com
Hwww.elmiethiopiatour.jp

日本人女性と結婚したエチオピア人エリアスさんが夫妻で経営。日本人スタッフも常駐で日本語対応可能。きめ細やかなサービスが期待できる。ジブチへの国際列車手配可。

ELMI Toursのスタッフたち

●ケニア：DODO WORLD

住Map P.198:1-A外 P.O.Box 837-00606 Nairobi Unga House 2階、Westlands, Nairobi
☎(254) 20-4450012/4450015、0721381298
交マタツ22、23番でウエストランドのUnga House
Einfo@dodoworld.com
Hwww.dodoworld.com
営9:00～16:30(平日のみ。祝日・土日曜休)

1982年10月よりケニアナイロビにて旅行会社として創業。グループツアー・個人旅行の手配、映画・ＴＶの撮影、航空券販売、国際会議・シンポジウム手配、通訳・ガイド手配、民宿紹介など幅広く活動している。

DODO WORLDのスタッフたち

●タンザニア：JAPAN TANZANIA TOURS

住Map P.234:1-B P.O.Box9350 Dar Es Salaam Patel Building Maktaba/Mpituni St. 1st Floor
☎(255)767-273115
FAX(255) 22-2134152
Ejatatours@jatatours.co.tz
Hjatatours.intafrica.com

日本人経営で日本人スタッフがいる日系旅行会社の老舗。

●タンザニア：F & K CULTURAL TOURS AND SAFARIS

住Map P.269:1-A外 P.O.Box 650 Arusha
☎(255) 767273115
Ekaribu@fk-safari.com
Hwww.jp.fk-safari.com

タンザニアでのサファリツアー、キリマンジャロ登山のほか、カルチャーツアーや南部のキルワ遺跡ツアーなど、興味や予算に応じて様々な手配をしている。日本人スタッフがいるので現地でも安心。

F & Kのスタッフたち

●ルワンダ：ルワンダ開発機構（RDB）

住Map P.301:2-B
Hwww.rdb.rw

ルワンダの開発に関わるなかでも特に観光関連を管理・監督する機関。ヴォルカン国立公園のゴリラ・トレッキングも運営している。

旅の言葉

英語が通じるわけ

東アフリカの各国を旅していると、各国それぞれ別の言葉を話していることがわかる。しかし、私たちは、すべての言語に通じているわけではないので、意志の疎通をはかるには何らかの共通言語を用いる必要がある。その共通言語に相当するのが東アフリカでは英語である。そしてエチオピア以外の東アフリカでは、都市の銀行や店、高級レストランにおいて、ほとんどの人は英語を使うことができる。とりわけケニア、ウガンダの大都市では、彼らは現地のお客にも英語を使う。また、専門的な会話になるとケニア、ウガンダ人同士でも英語を使う。当然のことながら高等教育機関や会社ではすべて英語が使われている。そのように考えると、東アフリカでは、英語が話せればタンザニアの地方とエチオピアでない限りほとんど問題はない。

このように一般的に英語が使われるのはエチオピアを除く東アフリカの大半がかつてイギリスの植民地であったことと大きく関係する。イギリスの植民地時代、すべての教育は英語で行われていた。それは支配者であるイギリス人が現地人を使用するには自分たちの言葉を話せるほうが都合がよかったため英語を教え込んだのである。そのため、東アフリカでは英語は社会で必要な道具として庶民の間に広まっていった。それが現在では社会経済、政治のいたるところで使われる結果につながった。

どんな言葉を話しているのだろう

現地の言葉を話そう

残念ながら英語はよそ行きの言葉で、固い話、気取った話をするときに使うので、現地の人々の暮らし、彼らの本音ははっきり見えてこない。

「サファリがしたい」、「アフリカの大自然を堪能したい」。それを目的にしてきた人は英語を使って旅行すれば問題ない。

しかし、現地の人の生活、本音を垣間見ようと思っている人は現地の言葉を覚えたほうがよいだろう。ただ、現地の言葉といっても、民族の数だけ言葉がある。確かに、あいさつの言葉ぐらいは覚えられるし、コミュニケーションをするうえで便利ではある。けれども、たくさんの民族が暮らす東アフリカのさまざまな土地で、現地の言葉をそれぞれ覚えるというのは容易ではない。そうすると、どの民族ともコミュニケーションができて、生活、本音がわかる言葉はないかと思うのではないだろうか。そこにスワヒリ語という言葉が見えてくる。

実際、ケニアやウガンダでは英語によって民族間を越えたコミュニケーションを行っている。しかし英語は、学校で使う言葉、イギリスという先進国の言葉という意識から、固いイメージを人々はもっている。ナイロビでは英語しか話せないという子供もいるが、地方では学校へ行っていないことで英語を話せない子供もいる。またタンザニアでは、スワヒリ語が公用語、共通語なので英語があまり話されていない。エチオピアではアムハラ語がそれに当たる。

タンザニアにおいてはイギリスの植民地から独立する際に独自の社会建設を目指したため、言語もスワヒリ語を教育の中心におき、全国の共通語としてスワヒリ語の普及に力を入れた。また、ザンジバルがスワヒリ語のネイティブスピーカーの住む土地であり、大陸側のタンガニーカと連合する際もこの言語による統一が大きな力となった。

スワヒリ語の本場はザンジバル

旅の技術 サファリについて／旅の言葉

「地球の歩き方」とECC Web Lessonの共同企画で、旅に役立つ英語会話の文例が"ネイティブの発音"で聞ける！「ゆっくり」「ふつう」の再生スピードがあるので初心者でも安心。 HP www.arukikata.co.jp/tabikaiwa

そういう点でスワヒリ語というのは、覚えやすい言葉であり、たくさんの民族の間でも、気取らず、打ち解けた親愛な意志を表す言葉として庶民の間で使われている。スワヒリ語を覚えることは、たくさんの民族語を覚えることなく、東アフリカの庶民の生活を知ることができる、最もふさわしいやり方であると思う。

それがほかの東アフリカの民族から際立たせている。米を主食とし、椰子とともに暮らし、舟をもつことを夢見、イスラムの神の加護を願う人々がスワヒリ族。住んでいる地域の広さ、商業という移動をともなう暮らしが、彼らの言葉を東アフリカに広まらせ、共通語へと押し上げたのだろう。

スワヒリ語とスワヒリ人

スワヒリ語は、東アフリカで広く庶民に使われている。ケニアでは、英語が公用語であり、スワヒリ語は共通語となっている。またタンザニアでは、スワヒリ語は公用語であり、共通語である。ウガンダは、英語とスワヒリ語が公用語、共通語である。また、ソマリア、コンゴ、ブルンジ、ルワンダ、マラウイ、モザンビーク、マダガスカルの一部の地域でも使われているといわれている。アフリカ大陸から離れ、インド洋に浮かぶコモロ諸島でも使われている。

このスワヒリ語は、もともとスワヒリ族が話していた言葉であった。よく知られるケニアのマサイ族、キクユ族と同様に、彼らはひとつの民族である。ただ、多くのほかの民族は、牧畜、農耕という暮らしから、大地というものに頼って生活していたが、スワヒリ族は、大陸と海が接する沿岸部、また島嶼部に住み、内陸貿易と海洋貿易の仲介役として大きくインド洋に身を委ねて暮らしてきた商業、海洋民族であった点が違っている。船を使って暮らしを立ててきたので、東アフリカ沿岸という南北に細長い地域に広がって住んでいるせいか、自分たちがスワヒリ族であるという認識、連帯感をあまりもっていない。スワヒリ語がいろいろな国での共通語となっているにもかかわらず、政治的に声が小さいといわれるのは、そんな彼らの認識からであろう。けれども、スワヒリ族には、スワヒリ語、スワヒリ文化という共通の要素があり、

アムハラ語とエチオピア人

エチオピアの公用語になっているアムハラ語はおもにエチオピア中央高原に住むアムハラ族に使われている言葉でセム語に属し、いわゆるエチオピア諸言語のひとつである。13世紀以来エチオピアの支配階級を形成していた部族の言語として使われ、やがてエチオピアの公用語として定着した。

ケニア、ウガンダ、タンザニアにおけるスワヒリ語と同様、エチオピアの事実上の共通言語と考えてよいだろう。このほかに北部のティグレ語も広く話されるがアムハラ語と近縁の言語であり両者の意志の疎通は可能である。

エチオピアにおいては外国語、特に英語は比較的観光関連の部署ではよく使われているが一般の人々の間では日本とは比較にならないほど通用しない。簡単なアムハラ語のフレーズを知っておけば個人で旅行するうえでは大きな力になるだろう。

エチオピアの女性たち

スワヒリ語の伝わり方の話

「スワヒリ語はザンジバルで生まれ、タンガニーカで育ち、ケニアでグレて、ウガンダで発病し、コンゴで死んだ……」という笑い話がある。タンザニアの東、インド洋沖に浮かぶザンジバル島で生まれたスワヒリ語は、西へ行くほどに汚い言葉に変遷し、コンゴまで行くとほとんど通じなくなるという比喩を、日本語が話せるウガンダ人とケニア人が自虐的に話していた。

スワヒリ語入門

スワヒリ語とは

スワヒリ語は、バンツー語群のうち、サバキ語群のなかに分類されている。サバキ語群には、ミジケンダ語群（ギリアマ語、ラバイ語、カウマ語、リベ語、カンベ語、ジハナ語、チョニ語、ドゥルマ語）、ディゴ語、ポコモ語が含まれる。すべて、ケニア沿岸に住む民族の言語である。ほかのサバキ語群の言語と比べると、スワヒリ語は時制、名詞クラスに簡略化がみられる。歴史を通じて、アラビア人にも覚えやすい文構造になっていったのだろう。

植民地時代から現在にいたるまで、かなりの単語を英語から借用しているとはいえ、アラビア語からの借用語が圧倒的に多く、イスラム教の影響が色濃くみられる。ペルシャ語、ヒンドゥー語、ドイツ語などからも借用がある。

また、スワヒリ人の居住地が、南北に細長く横たわっていたこともあって、いくつかのスワヒリ語方言がある。その方言のなかから最終的に1928年、ザンジバル方言（都市部）キウングジャKiungujaが標準スワヒリ語としてイギリス植民地政府の東アフリカ4国代表会議で選ばれたことから、その時代の現地人の学校教育にスワヒリ語が使われ始めた。この標準スワヒリ語がもとになって現在のケニア、タンザニアのスワヒリ語教育が行われている。

スワヒリ人は、現在も方言を使っているので、標準スワヒリ語とどのくらい違うのか聞き比べてみるのもよいだろう。また、この標準スワヒリ語をもとに、ナイロビでは英語やさまざまな民族語が混ざった若者言葉シェーンshengが生まれ、タンザニアも含め、ケニアで広まっている。言葉は、どこの国でもそうだが常に変化している。新しい言葉に触れてみて、その国の様子を感じ取るのもよいのでは。

スワヒリ語を使って値切ってみよう

スワヒリ語の表記法だが、以前はアラビア語表記であった。しかし、スワヒリ語の音声どおりに、母音、子音が書き表せられないということもあって、キリスト教使節団体がローマ字を使い始め、学校教育、出版においてローマ字表記が定着した。

スワヒリ語を覚えよう

スワヒリ語を学ぶうえで、大切なことは、名詞がいくつかのクラスに分類されていて、その分類に合わせて、形容詞、代名詞、動詞などの接頭辞も置き換える点である。そのため、名詞がどのクラスに属しているか知らなければ、文をつくることができない。

（例） Hiki kikombe kimoja kimevunjika.
　　　この　コップ　ひとつ　　割れた
　　　　　（このコップがひとつ割れた）
　　　Hivi vikombe viwili vimevunjika.
　　　この　コップ　ふたつ　　割れた
　　　　　（このコップがふたつ割れた）

kikombeという名詞は、複数になると接頭辞がkiからviに置き換わるので、これにともなって、形容詞も代名詞も動詞も、接頭辞がviに置き換わる。これに慣れれば、日常会話では問題ないだろう。

スワヒリ語の発音とアクセント

スワヒリ語のローマ字表記を、日本語のヘボン式どおりに発音すればほぼ通じる。アルファベット26文字中、c, q, xは、人名、地名などの固有名詞でなければ、単独で使われることはない。lとrの区別は、東アフリカのいくつかの部族によっては発音しづらい音声なので、区別しなくても理解してもらえる。

●注意しなければならない子音の発音

日本語では注意をはらわれていないが、スワヒリ語では気をつけなければならないのが発音の違い。

1. shとs [ʃ, s]（iを母音とする場合）
shindano（競技会）　sindano（針）
2. jとz [d, z]（iを母音とする場合）
uji（おかゆ）　uzi（いと）
3. vとb [v, b]
visha（着させる）　bisha（ノックする）
4. thとdh [θ, ð]（舌を歯と歯の間に入れ

スワヒリ語で仲良しになれる？

て発音する子音）、英語のthree［θriː］やthat［ðæt］で使われている子音と同じ。

〈th〉methali（ことわざ）、thelathini（30）

〈dh〉tafadhali（どうぞ〜してください）、fedha（銀）

5．mとn［m, n］（鼻音）

このふたつの子音は母音をともなわずに語頭によく現れる。子音が続いて現れる例のひとつ。

(m) mwanafunzi（学生）

(n) ndizi（バナナ）

※子音が続く例は、このほかにいくつかある。

子音＋w、yの場合

swali（質問）、myasumini（ジャスミン）、bwana（〜さん［男性への呼びかけ］）

※外国語起源の言葉によく見られる。

kiswahili（スワヒリ語）、binafsi（個人で）、daktari（医者）、soksi（靴下）

6．kh、gh［χ, ɤ］（のどで出す子音）

このふたつの子音は、k、gの音とは違っていて、舌の奥と口蓋垂（のどちんこ）の部分の間をとおして発音される摩擦音。kh［χ］はあまり使われず、h［h］の音で発音されることが多い。

masalkheri（こんにちは）、ghafla（突然）

7．ng'［ŋ］（鼻音）

舌の後ろを使って出す鼻音で、英語のsing［siŋ］の［ŋ］と同じ発音で、ngとは異なる。

ng'ombe（牛）

8．ny、fy、vy［ɲ, fj, vj］（拗音）

日本語にないものとしては、nye、fya、fye、yo、vya、vyeなどの音節がある。

nyesha（雨が降る）、fyatua（放つ）、fyeka（なぐ）、vyema（よく）

●スワヒリ語で使われる子音の音声記号と語例

p［p］pokea（受け取る）

b［b］baba（お父さん）

t［t］tatu（3）

d［d］dada（姉、妹）

ch［tʃ］chora（描く）

j［dʒ］jamhuri（独立）

k［k］kohoa（咳をする）

g［g］gonga（ぶつかる、たたく）

f［f］fuata（従う）

v［v］vuka（渡る）

th［θ］thamani（価値）

dh［ð］dharau（あざける）

s［s］sikia（聞く）

z［z］ziba（ふさぐ）

sh［ʃ］shangaa（驚く）

h［h］homa（熱）

kh［χ］masalkheri（こんにちは。タンザニアで使われる）

gh［ɤ］ghali（高い）

m［m］mbwa（犬）

n※［n］nanasi（パイナップル）

ny［ɲ］nyanya（トマト）

ng'［ŋ］ng'oka（引き抜かれている）

w［w］wimbo（歌）

y［j］yai（卵）

l［l］lala（寝る）

r［r］ruka（飛ぶ）

※nはgの前では［ŋ］で発音される。

ngoma（太鼓）

アクセント

スワヒリ語のアクセントは、普通、語の後ろから2番目の母音にくる。多くは、アクセントの部分の母音が長くなる。

fundisha（教える）、fundishana（教え合う）

kata（切る）、kataa（断る）

イントネーション

またスワヒリ語では、イントネーションだけで、肯定文と疑問文を分けるようになっている。なので英語のように主語と述語の倒置の必要はない。

Anakula mayai.　↓（彼は卵を食べている）

Anakula mayai?　↑（彼は卵を食べてるの？）

※疑問詞が入った疑問文の場合はイントネーションが下がる。

Unafanya nini?　↓（何をしているんだ）

ちょっと休憩

390

スワヒリ語の文法

1. 名詞クラス

名詞はいくつかのクラスに分かれて、単複の区別がある。専門書では、ほかのバンツー語と比較するためにクラス分類されるので、文法書でよく使われる8クラスに分類する。

1) M-WAクラス（人、動物を表す名詞が含まれる）

「Asante sana」と言ってみよう（→P.397）

単数	複数
mtu（人）	watu
mnyama（動物）	wanyama
mtoto（子供）	watoto
Mjapani（日本人）	Wajapani
mwanamke（女）	wanawake
mwanamume（男）	wanaume

※国籍を表す場合、頭文字は大文字になる。

2) M-MIクラス（植物、体などを表す名詞が含まれる）

単数	複数
mti（木）	miti
mwembe（マンゴーの木）	miembe
mkono（手、腕）	mikono
mwaka（年）	miaka
mkate（パン）	mikate
mji（町、市）	miji

3) Nクラス（親族名称、動物を表す名詞や多くの外来語が含まれる。単複同形）

nyumba（家）	baba（父）
paka（猫）	pombe（酒）

sabuni（石鹸、洗剤）　nguo（服）

4) KI-VIクラス（物体、体などを表す名詞、小さい対象、言語を表す名詞が含まれる）

単数	複数
kitu（物）	vitu
chumba（部屋）	vyumba
chakula（食事）	vyakula
kijiko（スプーン）	vijiko
Kijapani（日本語）	

※言語は頭文字を大文字にする。

5) MAクラス（果物、体などを表す名詞、外来語、大きい対象を表す名詞が含まれる）

単数	複数
tunda（果物）	matunda
nanasi（パイナップル）	mananasi
dawa（薬）	madawa
gari（自動車）	magari
soko（市場）	masoko
sikio（耳）	masikio

※jua（太陽）は単数のみで、maji（水）は複数のみ。

スワヒリタイム

スワヒリ語圏にはふたつの時間があるので、しばしば混乱してしまう。

日が沈む18:00に、スワヒリ時間の0:00はスタートする。翌朝6:00がスワヒリ時間12:00だ。1日24時間を夜の部と昼の部に二分すると考えればよい。

現在は、時間の計り方がスワヒリ流で、昨日と今日の区別は西洋式なので、約束の際ひどくわかりづらく、互いに誤解することが多い。英語で時間を聞いて、相手が英語で答えたので安心していたら、スワヒリタイムで答えていた、ということもある。

1週間は、スワヒリ文化では土曜に始まり、金曜の礼拝で終わる。キリスト教徒もその曜日に合わせて生活していて、ちょっと奇妙だ。

月の考え方はガラッと変わって、ケニア、タンザニア政府ともに太陽暦を採用し、英語の月名をスワヒリ語に音訳している。だがその日常生活とは別に、イスラム教徒は宗教行事を太陰暦でやっている。それは、アラブ諸国のアラブ暦とも違うスワヒリ暦なのが特徴。1年は30日と29日が交互にきて、うるう月の観念がないため太陽暦とは毎月ずれていく。そのため30年に1度、11日のうるう日を設けて調節する。

と、もっともらしく説明したが実際にはゴチャゴチャになってしまうのがオチだ。難しい月や年の観念は、この際諦めても、せめてスワヒリタイムの観念だけは理解しておこう。実際、バスの出発時間などにスワヒリタイムが使用されることもあり、大事なバスに乗り遅れることもあるからだ。

日本との時差が6時間なので、日本時間がそのままスワヒリタイムとなることを知っておくと便利だ。

旅の技術　スワヒリ語入門

6) Uクラス（抽象的なこと、数えられない対象を表す名詞等が含まれる）

単数	複数
wema（よさ）	—
Uislamu（イスラム教）	—
Uingereza（イギリス）	—
wali（ご飯）	—
uso（顔）	nyuso
ufunguo（鍵）	funguo

※宗教、国名は、頭文字を大文字にする。
※ugonjwa（複magonjwa）病気、ugomvi（複magomvi）争いは、例外で複数がMAクラス複数になる。

7) PAクラス（場所を表す名詞が含まれる。単複なし）

pahali、pahala、mahali、mahala（場所）
nyumbani（家のある場所）
shuleni（学校のある場所）
mjini（町のある場所）
nchini（国のある場所）
sokoni（市場のある場所）

8) KUクラス（動名詞"Ku＋動詞"が含まれる。単複なし）

kuandika（書くこと）
kusoma（読むこと）
kujua（知ること）
kulala（寝ること）
kunywa（飲むこと）
kula（食べること）

2. 形容詞クラス

形容詞は、修飾する際、名詞の後ろにおかれる。バンツー語起源の形容詞の場合、名詞クラスに応じて接頭辞がおかれ、アラビア語起源の形容詞の場合、多くは接頭辞はともなわない（数詞も含まれる）。

バンツー語起源の形容詞：zuri（よい）
アラビア語起源の形容詞：muhimu（大切）

M-WAクラスの例
mtu mzuri（よい人）
mtu muhimu（大切な人）
watu wazuri（よい人たち）
watu muhimu（大切な人たち）

M-MIクラスの例

mti mzuri（よい木）
mti muhimu（大切な木）
miti mizuri（よい木々）
miti muhimu（大切な木々）

KI-VIクラスの例
kitu kizuri（よい物）
kitu muhimu（大切な物）
vitu vizuri（よい物たち）
vitu muhimu（大切な物たち）

※バンツー語起源の形容詞は、語幹が母音の場合には、母音の変化がある（→P.396）。また、bila（～なしに）＋名詞、ya＋名詞、関係詞＋名詞が形容詞句として使われる。

※kila（毎～、～ごとの）、nusu（半分の。名詞で$\frac{1}{2}$）、robo（$\frac{1}{4}$の。名詞で15分。）といった形容詞は、前におかれる。

仲良しさん

文章

niを使った文（～は～です。英語のbe動詞に当たる）と動詞を使った文がある。

1) ～は～です（否定はsiで、～ではない）
※現在の時制でしか使われない。

A ni B.	AはBです。
A si B.	AはBではありません。
Mimi ni Mjapani.	私は日本人です。
Mimi si Mjapani.	私は日本人ではありません。

A. 人称詞

mimi（私）	sisi（私たち）
wewe（あなた）	nyinyi（あなた方）
yeye（彼、彼女）	wao（彼ら、彼女ら）

B. 所有詞
※所有を表す言葉で、名詞クラス、単複によって

辞書の引き方

名詞は単数形（kikombe）で、形容詞は接頭辞を取った形（moja、wili）で、動詞は語幹を取った形（anguka）で。英語ースワヒリ語の辞書をひとつ持っていると便利だ。

接頭辞が異なる。(→P.396)

-angu(私の) -etu(私たちの)
-ako(あなたの) -enu(あなた方の)
-ake(彼の、彼女の) -ao(彼らの、彼女らの)

M-WAクラスの例

mwanafunzi wangu(私の学生)
wanafunzi wangu(私の学生たち)

Nクラスの例

kalamu yangu(私のペン-単)
kalamu zangu(私のペン-複)

C. 指示詞(これ、それ、あれ、を指す語で、これ
も名詞クラス、単複によって異なる。※→P.396)

M-WAクラス

mtu huyu(この人) watu hawa(この人たち)
mtu huyo(その人) watu hao(その人たち)
mtu yule(あの人) watu wale(あの人たち)

Nクラス

kalamu hii(このペン) kalamu hizi(このペンたち)
kalamu hiyo(そのペン) kalamu hizo(そのペンたち)
kalamu ile(あのペン) kalamu zile(あのペンたち)
(例文)

Wewe ni Mjapani?　あなたは日本人ですか。
Yeye si mwalimu.　彼は先生ではありません。
Sisi si wezi.　私たちは泥棒ではありません。
Nyinyi ni wageni.　あなたたちはお客さんです。
Wao ni wagonjwa?　彼らは病気ですか。
Huyu si mpishi.　この人はコックではありません。
Mtu huyu ni mgeni.　この人はお客さんです。
Yule ni mwalimu?　あの人は先生ですか。
Yule mwanamke ni mwizi.
　あの女の人は泥棒です。
Hawa si Waingereza. この人たちはイギリス人ではありません。
Wanyama hao ni wagonjwa?
　その動物たちは病気ですか。
Huyo ni mganga.　その人は医者です。
Wale wazee ni walimu.
　あの老人たちは先生です。

2) 動詞を使った文

例えば以下の文

Ninakupenda.　私はあなたが好きです。

この構成要素を基準にして分かち書きをする
と次のようになる。

Ni-na-ku-penda.
　　2　3　4

1 Ni-はあとに続く動詞の動作主、主格を表す
もので、主格接頭辞と呼ぶ。この Ni-は「私は」
を表す。

タンザニアの中学生

2 -na-は時制を表すもので、時制辞と呼ぶ。
この -na- は「現在」を表す。

3 -ku-対象、目的格を表すもので、目的格挿入
辞と呼ぶ。(動名詞のku-とは異なる)

4 -pendaは動詞。これは「好む」の意味。

このように、動詞を使った文をつくるとき、主
格接頭辞＋時制辞＋(目的格挿入辞)＋動詞の
形をとる。-ambia(言う)、-pa(あげる)などの動
詞以外は、必ずしも目的格挿入辞をともなわな
くてもよい。

例文Ninapenda kitabu.　私は本が好きだ。

A. 主格接頭辞、目的格挿入辞

(肯定)

ni-(私) tu-(私たち)
u-(あなた) m-(あなた方)
a-(彼、彼女) wa-(彼ら、彼女ら)

(否定)

si-(私) hatu-(私たち)
hu-(あなた) ham-(あなた方)
ha-(彼、彼女) hawa-(彼ら、彼女ら)

※名詞が主格に立つとき、主格接頭辞、目的格
挿入辞は、クラスによって異なる(→P.396)。

B. 時制辞

現在 -na- 過去 -li-
未来 -ta- 完了 -me-

簡略化のために、目的辞を入れない例文を挙げる。

主格接	時制辞	動詞	例文
(1) M	-na-	-soma	→Mnasoma.
(2) U-	-li-	-amka	→Uliamka.
(3) Wa-	-ta-	-kimbia	→Watakimbia.
(4) Tu-	-me-	-fika	→Tumefika.

例文訳

(1)あなたたちは勉強しています。(現在)
(2)あなたは起きました。(過去)
(3)彼らは走ります。(未来)
(4)私たちは着きました。(完了)

C. 否定文(否定の主格接頭辞を使う)

現在

Ni-na-kimbia.　私は走っています。
Si-kimbii.　私は走っていません。

過去

Ni-li-kimbia. 　　　　　私は走りました。
Si-ku-kimbia. 　　　　　私は走りませんでした。
未来
Ni-ta-kimbia. 　　　　　私は走ります。
Si-ta-kimbia. 　　　　　私は走りません。
完了
Ni-me-kimbia. 　　　　　私は走りました。
Si-ja-kimbia. 　　　　　私は走っていません。

※現在の場合は、主格接頭辞を換え、時制辞を取り、母音のaをiに換える（アラビア語起源の動詞の場合、母音は換わらない）。
※過去の場合は、主格接頭辞を換え、時制辞liをkuに換える。
※未来の場合は、主格接頭辞だけ換えればよい。
※完了の場合は、主格接頭辞を換え、時制辞meをjaに換える。
※単音節動詞、アラビア語起源の動詞の場合、置き換えのやり方が異なる。

D. 動詞

　動詞はバンツー語起源とアラビア語起源の動詞に大きく分かれ、さらにバンツー語起源の動詞は複音節と単音節に分かれる。

〈バンツー語起源、複音節の動詞〉

ku-amka	起きる	ku-nunua	買う
ku-anguka	落ちる	ku-ona	見る
ku-anza	始める	ku-pata	得る
ku-chukua	取る、運ぶ	ku-penda	好き
ku-faa	役に立つ	ku-piga	たたく、殴る
ku-fanya	する	ku-pika	料理する
ku-fika	着く	ku-saidia	助ける、手伝う
ku-fuata	従う	ku-safisha	掃除するきれいにする
ku-fundisha	教える	ku-sema	言う
ku-funga	閉める	ku-sikia	聞く
ku-fungua	開ける	ku-simama	立つ、止まる
ku-jifunza	勉強する	ku-tafuta	探す

ku-jua	知る	ku-taka	欲しい
ku-kaa	滞在する	ku-toa	出す
ku-kamata	つかまえる、つかむ	ku-tosha	十分である
ku-kata	切る	ku-tumia	使う
ku-leta	持ってくる	ku-uza	売る
ku-lipa	払う	ku-vunjika	壊れる
ku-ngoja	待つ	ku-weka	置く
ku-lala	寝る	ku-weza	できる
kwenda（ku-enda）	行く		
kwisha（ku-isha）	終わる		

〈バンツー語起源、単音節の動詞〉

ku-fa	死ぬ	ku-la	食べる
ku-ja	来る	ku-nywa	飲む
ku-wa	〜である、〜になる		

スワヒリ語で何と言うの？

〈アラビア語起源の動詞〉

ku-samehe	許す	ku-rudi	戻る、帰る
ku-baki	残る	ku-faulu	成功する
ku-fikiri	考える	ku-haribu	壊す
ku-furahi	喜ぶ	ku-jaribu	試みる
ku-hitaji	必要である	ku-jibu	答える
ku-keti	座る	ku-sahau	忘れる
ku-safiri	旅行する		

ケニアで通じるおかしな英語

●ナイロビのスワヒリ語

　ケニアの国語はスワヒリ語だが、英語もよく通じる。だから、普段のスワヒリ語の会話のなかにも、英単語がポンポン入ってくる。
　そして近年、部族の基盤から離れたナイロビ生まれの若い世代の間でシェーンSheng（Swahili＋English）という合成語が流行している。例えば英語のFather（父親）とスワヒリ語のMzee（年寄り）を合わせてFathee（父親）なる単語をつくる。

●言葉の三重構造

　仕事上の言葉、エリートや上流階級の言葉と

して英語は必要不可欠。
　下町の焼肉屋での注文、市場での買い物などの日常生活にスワヒリ語は切っても切り離せない存在。
　ある部族の居住地である小さな村などは、部族語が主流。ナイロビのエリート銀行員も田舎に帰れば、部族語へと切り替える。
　現地の人にとっても英語は母語ではないので、必ずしも流暢というわけではない。だから英語圏の人間のように早口ではないし、発音も日本人にとっては聞き取りやすい。

3）肯定文と否定文の違い

※（肯定文＝肯）、（否定文＝否）

①（肯）Wageni walikuja nyumbani jana.
お客さんたちは昨日家へ来ました。
（否）Wageni hawakuja nyumbani jana.
お客さんたちは昨日家へ来ませんでした。

②（肯）Mtoto alifurahi sana.
子供はとても喜びました。
（否）Mtoto hakufurahi sana.
子供はあまり喜びませんでした。

③（肯）Wageni walilala nyumbani.
お客さんたちは家で寝ました。
（否）Wageni hawakulala nyumbani.
お客さんたちは家で寝ませんでした。

④（肯）Ameamka.
彼はすでに起きました（起きています）。
（否）Hajnaamka.　彼は起きていません。

⑤（肯）Tunakwenda shuleni leo.
私たちは今日学校へ行きます。
（否）Hatuendi shuleni leo.
私たちは今日学校へ行きません。

⑥（肯）Tunafika shuleni.
私たちは学校に着きました。
（否）Hatunjafika shuleni.
私たちは学校に着いていません。

⑦（肯）Tunajifunza sana shuleni.
私たちは学校でよく学びます。
（否）Hatujifunzi sana shuleni.
私たちは学校であまり学びません。

⑧（肯）Wamerudi nyumbani.
彼らはすでに家へ帰りました。
（否）Hawajarudi nyumbani.
彼らは（まだ）家へ帰っていません。

⑨（肯）Wageni wale wataondoka kesho.
あのお客さんたちは明日出発します。
（否）Hageni wale hawataondoka kesho.
あのお客さんたちは明日出発しません。

⑩（肯）Nitalala kidogo.
私は少し寝るでしょう。
（否）Sitalala kidogo.
私は少しも寝ないでしょう。

⑪（肯）Kikombe kimeanguka.
コップが落ちました（落ちています）。
（否）Hakikombe hakijaanguka.
コップは落ちていません。

⑫（肯）Viti vimevunjika.
椅子が壊れました（壊れています）。
（否）Haviti havijavunjika.　椅子は壊れていません。

⑬（肯）Watu wale watasafiri kesho.
あの人たちは明日旅行に出ます。
（否）Hawtu wale hawatasafiri kesho.
あの人たちは明日旅行に出ません。

⑭（肯）Mtanzania huyo atafanya kazi kesho kutwa.
そのタンザニア人はあさって仕事をします。
（否）Mtanzania huyo hatafanya kazi kesho kutwa.
そのタンザニア人はあさって仕事をしません。

⑮（肯）Atakula chakula hiki.
彼はこの料理を食べるでしょう。
（否）Hatakula chakula hiki.
彼はこの料理を食べないでしょう。

4）疑問文

前述したように、肯定文の後ろのイントネーションを上げれば疑問文になる。疑問詞（何、誰など）を使った場合は、イントネーションは下がる。

（疑問詞）

nini（何）、nani（誰）、
lini（いつ）、wapi（どこ）、kwa nini（どうして、なぜ）、
名詞＋gani（どんな～）。
※名詞のクラスによって接頭辞が換わる疑問詞がある。
-ngapi（いくつの）、-pi（どの）

（例文）

Hii ni nini?　これは何ですか。
Yeye ni nani?　彼は、誰ですか。
Unaenda wapi?
あなたはこれからどこへ行くのですか。
Utakuja lini?
あなたはいつこちらへ来るのですか。
Kwa nini alifanya hivyo?
どうして彼はそうしたのですか。
Kitu gani?　どんなものですか。
Umenunua mikate mingapi?
あなたはパンをすでにいくつ買ったのですか。
Unapenda kitabu kipi?
あなたはどの本が好きですか。

一緒に勉強しよう！

スワヒリ語のクラス別単複変化表

区分	語	M-WAクラス		M-MIクラス		Nクラス		KI-VIクラス		MAクラス		Uクラス	
		mtu人	watu	mti木	miti	nyumba家	nyumba	kitu物	vitu	jicho目	macho	ubao板	mbao
指示詞 これ		huyu	hawa	huu	hii	hii	hizi	hiki	hivi	hili	haya	huu	hizi
それ		huyo	hawo	huo	hiyo	hiyo	hizo	hicho	hivyo	hilo	hayo	huo	hizo
あれ		yule	wale	ule	ile	ile	zile	kile	vile	lile	yale	ule	zile
主格接頭辞 肯定		a	wa	u	i	i	zi	ki	vi	li	ya	u	zi
否定		ha	hawa	hau	hai	hai	hazi	haki	havi	hali	haya	hau	hazi
～の～	-a	wa	wa	wa	ya	ya	za	cha	vya	la	ya	wa	za
所有詞 私の	-angu	wangu	wangu	wangu	yangu	yangu	zangu	changu	vyangu	langu	yangu	wangu	zangu
あなたの	-ako	wako	wako	wako	yako	yako	zako	chako	vyako	lako	yako	wako	zako
彼の	-ake	wake	wake	wake	yake	yake	zake	chake	vyake	lake	yake	wake	zake
私たちの	-etu	wetu	wetu	wetu	yetu	yetu	zetu	chetu	vyetu	letu	yetu	wetu	zetu
あなた方の	-enu	wenu	wenu	wenu	yenu	yenu	zenu	chenu	vyenu	lenu	yenu	wenu	zenu
彼らの	-ao	wao	wao	wao	yao	yao	zao	chao	vyao	lao	yao	wao	zao
形容詞 よい	-zuri	mzuri	wazuri	mzuri	mizuri	nzuri	nzuri	kizuri	vizuri	zuri	mazuri	mzuri	nzuri
悪い	-baya	mbaya	wabaya	mbaya	mibaya	mbaya	mbaya	kibaya	vibaya	baya	mabaya	mbaya	mbaya
小さい	-dogo	mdogo	wadogo	mdogo	midogo	ndogo	ndogo	kidogo	vidogo	dogo	madogo	mdogo	ndogo
大きい	-kubwa	mkubwa	wakubwa	mkubwa	mikubwa	kubwa	kubwa	kikubwa	vikubwa	kubwa	makubwa	mkubwa	kubwa
新しい	-pya	mpya	wapya	mpya	mipya	mpya	mpya	kipya	vipya	jipya	mapya	mpya	mpya
軽い	-epesi	mwepesi	wepesi	mwepesi	myepesi	nyepesi	nyepesi	chepesi	vyepesi	jepesi	mepesi	mwepesi	nyepesi
よい	-ema	mwema	wema	mwema	myema	njema	njema	chema	vyema	jema	mema	mwema	njema
別の	-ingine	mwingine	wengine	mwingine	mingine	nyingine	nyingine	kingine	vingine	lingine	mingine	mwingine	nyingine
						(ingine)	(zingine)	(chengine)	(vyengine)	(jingine)			(zingine)
すべての	-ote	—	wote	wote	yote	yote	zote	chote	vyote	lote	yote	wote	zote
どんな～でも 何でも 誰でも	-o-ote	yeyote	wowote	wowote	yoyote	yoyote	zozote	chochote	vyovyote	lolote	yoyote	wowote	zozote
～自体	-enye	mwenye	wenye	wenye	yeneye	yenye	zenye	chenye	vyenye	lenye	yeneye	wenye	zenye
～を持っている	-enyewe	mwenyewe	wenyewe	wenyewe	yenyewe	yeneyewe	zenyewe	chenyewe	vyenyewe	leneywe	yenyewe	wenyewe	zenyewe
どれ 誰	-pi	yupi	wepi	upi	ipi	ipi	zipi	kipi	vipi	lipi	yapi	upi	zipi

●名詞クラス対応表（PAクラス・KUクラスを除く）

スワヒリ語　旅行会話

これだけは、覚えよう

日本語	スワヒリ語	カタカナ
こんにちは（お元気ですか）。	Habari gani?／Jambo?	ハバリ　ガニ？／ジャンボ？
いいです（元気です）。	Nzuri.	ンズリ
ありがとう。	Asante.	アサンテ
すみません。	Samahani.	サマハニ
どういたしまして（どうぞ）。	Karibu.	カリブ
さようなら。	Kwa heri.	クワ　ヘリ
また、会いましょう。	Tutaonana tena.	トゥタオナナ　テナ
はい。	Ndiyo.	ンディヨ
いいえ。	Hapana.	ハパナ

これは使えるフレーズ

日本語	スワヒリ語	カタカナ
これは何ですか。	Hii ni nini?	ヒイ　ニ　ニニ？
あなたの名前は。	Jina lako nani?	ジナ　ラコ　ナニ？
私の名前は～です。	Jina langu ni ～.	ジナ　ラング　ニ　～
あなたは中国人ですか。	Wewe ni Mchina?	ウェウェ　ニ　ムチナ？
私は日本人です。	Mimi ni Mjapani.	ミミ　ニ　ムジャパニ
何歳ですか。	Una umri gani?	ウナ　ウムリ　ガニ？
私は25歳です。	Nina umri wa miaka ishirini na mitano.	ニナ　ウムリ　ワ　ミアカ　イシリニ　ナ　ミタノ
私は、ケニアが好きです。	Napenda Kenya.	ナペンダ　ケニャ
私はスワヒリ語が話せます。	Naongea Kiswahili.	ナオンゲア　キスワヒリ
～はスワヒリ語で何と言いますか。	Unasemaje ～ kwa Kiswahili.	ウナセマジェ　～　クワ　キスワヒリ
理解できません。	Sifahamu.	スィファハム
知りません。	Sijui.	スィジュイ
私は　～　したい（ほしい）。	Nataka ～.	ナタカ　～
私は　～　できる。	Naweza ～.	ナウェザ　～
どうぞ　～　してください。	Tafadhali ～.	タファダリ　～

日本語	スワヒリ語	カタカナ		日本語	スワヒリ語	カタカナ
何	nini	ニニ		父	baba	ババ
いつ	lini	リニ		母	mama	ママ
どこ	wapi	ワピ		兄	kaka mkubwa	カカ　ムクブワ
なぜ	kwa nini	クワ　ニニ		姉	dada mkubwa	ダダ　ムクブワ
誰	nani	ナニ		弟	kaka mdogo	カカ　ムドゴ
いくら	bei gani	ベイ　ガニ		妹	dada mdogo	ダダ　ムドゴ
私	mimi	ミミ		子供	mtoto	ムトト
あなた	wewe	ウェウェ		ケニア人	Mkenya	ムケニャ
彼、彼女	yeye	イェイェ		タンザニア人	Mtanzania	ムタンザニア
日本人	Mjapani	ムジャパニ		行く	ku-enda	ク-エンダ
中国人	Mchina	ムチナ		来る	ku-ja	ク-ジャ
外国人	Mzungu	ムズング		食べる	ku-la	ク-ラ
これ	hii	ヒイ		飲む	ku-nywa	ク-ニワ
それ	hiyo	ヒヨ		買う	ku-nunua	ク-ヌヌア
あれ	ile	イレ		話す	ku-ongea	ク-オンゲア
暑い	joto	ジョト		歩く	ku-tembea	ク-テンベア
寒い	baridi	バリディ		好き	ku-penda	ク-ペンダ
美しい	maridadi	マリダディ		嫌い	ku-chukia	ク-チュキア
よい	nzuri	ンズリ		うれしい	ku-furahi	ク-フラヒ
悪い	mbaya	ンバヤ				

0	sifuri	スィフリ	1月	Januari／Mwezi wa kwanza	
1	moja	モジャ		ジャニュアリ／ムウェズィ ワ クワンザ	
2	mbili	ンビリ	2月	Feburari／Mwezi wa pili	
3	tatu	タトゥ		フェブラリ／ムウェズィ ワ ピリ	
4	nne	ンネ	3月	Machi／Mwezi wa tatu	
5	tano	タノ		マアチ／ムウェズィ ワ タトゥ	
6	sita	スィタ	4月	Aprili／Mwezi wa nne	
7	saba	サバ		アプリル／ムウェズィ ワ ンネ	
8	nane	ナネ	5月	Mei／Mwezi wa tano	
9	tisa	ティサ		メイ／ムウェズィ ワ タノ	
10	kumi	クミ	6月	Juni／Mwezi wa sita	
11	kumi na moja	クミ ナ モジャ		ジュニ／ムウェズィ ワ スィタ	
12	kumi na mbili	クミ ナ ンビリ	7月	Julai／Mwezi wa saba	
20	ishirini	イシリニ		ジュライ／ムウェズィ ワ サバ	
30	thelathini	セラスィニ	8月	Agosti／Mwezi wa nane	
40	arobaini	アロバイニ		アゴスチ／ムウェズィ ワ ナネ	
50	hamsini	ハムスィニ	9月	Septemba／Mwezi wa tisa	
60	sitini	シティニ		セプテンバ／ムウェズィ ワ ティサ	
70	sabini	サビニ	10月	Octoba／Mwezi wa kumi	
80	themanini	セマニニ		オクトバ／ムウェズィ ワ クミ	
90	tisini	ティスィニ	11月	Novemba／Mwezi wa kumi na moja	
100	mia	ミア		ノベンバ／ムウェズィ ワ クミ ナ モジャ	
1000	elfu	エルフ	12月	Desemba／Mwezi wakumi na mbili	
2500	elfu mbili mia tano	エルフ ンビリ ミア タノ		デセンバ／ムウェズィ ワ クミ ナ ンビリ	
10000	elfu kumi	エルフ クミ	明日	kesho	ケショ
月曜	Jumatatu	ジュマタトゥ	昨日	jana	ジャナ
火曜	Jumanne	ジュマンネ	今日	leo	レオ
水曜	Jumatano	ジュマタノ			
木曜	Alhamisi	アルハミスィ			
金曜	Ijumaa	イジュマア			
土曜	Jumamosi	ジュマモスィ			
日曜	Jumapili	ジュマピリ			

ホテルで

部屋はありますか。	Kuna nafasi ya chumba?	クナ ナファスィ ヤ チュンバ？
部屋を見せてください。	Nionyeshe chumba.	ニオニェシェ チュンバ
部屋を予約しました。	Nimewekesha chumba.	ニメウェケシャ チュンバ
部屋を変えてください。	Nibadilishie chumba.	ニバディリシエ チュンバ
1日いくらですか。	Ni bei gani kwa siku moja?	ニ ベイ ガニ クワ スィク モジャ？
何日泊まりますか。	Utakaa kwa siku ngapi?	ウタカアア クワ スィク ンガピ？
2日泊まります。	Nitakaa kwa siku mbili.	ニタカアア クワ スィク ンビリ
鍵をください。	Nipatie kifunguo	ニパティエ キフングオ
朝食付きですか。	Kifungua kinywa kitapewa?	キフングワ キニュワ キタペワ？
お湯がありますか。	Kuna maji moto?	クナ マジ モト？

部屋	chumba	チュンバ
鍵	kifunguo	キフングオ
クーラー	kiyoyozi	キヨヨズィ
扇風機	feni	フェニ
シングル	chumba chenye kitanda kimoja	
チュンバ チェニェ キタンダ キモジャ		
ダブル	chumba chenye vitanda viwili	
チュンバ チェニェ ヴィタンダ ヴィウィリ		

レセプションで「Kuna nafasi ya chumba?」

日本語	スワヒリ語	カタカナ
メニューを見せてください。	Nionyeshe menu.	ニオニェシェ　メヌ
塩をください。	Nipatie chumvi.	ニパティエ　チュンヴィ
何がおすすめですか。	Unanipendeleza nini?	ウナニペンデレザ　ニニ？
おいしい。	tamu	タム
ビールを持ってきてください。	Niletee bia.	ニレテエ　ビア
水を入れないでください。	Usitie maji.	ウスィティエ　マジ
これは注文していません。	Sijaomba hii.	スィジャオンバ　ヒイイ

食事、食べ物	chakula	チャクラ
ご飯	wali	ワリ
スープ	mchuzi	ムチュズィ
ジュース	jusi	ジュスィ
お茶	chai	チャイ
コーヒー	kahawa	カハワ
水	maji	マジ
パン	mkate	ムカテ

ビール Bia

ショッピング

日本語	スワヒリ語	カタカナ
ミネラルウォーターを買いたい。	Nataka kununua maji ya chupa.	ナタカ　クヌヌア　マジ　ヤ　チュパ
いくらですか。	Bei gani?	ベイ　ガニ？
高すぎます。	Bei ghali sana.	ベイ　ガリ　サナ
これを見せてください。	Nionyeshe hii.	ニオニェシェ　ヒイ
見ているだけです。	Naangalia tu.	ナアンガリア　トゥ
いりません。	Sihitaji.	スィヒタジ
おつりをください。	Nipatie chenji.	ニパティエ　チェンジ

マーケット	soko	ソコ
大きい	kubwa	クブワ
小さい	ndogo	ンドゴ
みやげ物	ukumbusho	ウクンブショ
高い	ghali	ガリ
安い	rahisi	ラヒスィ
領収書	bili	ビリ

いくら？「Bei gani?」

旅の技術　スワヒリ語　旅行会話

必ず役立つ部族語1〜10の数え方

　ケニアのおもな言語を挙げておこう。キクユ語はスワヒリ語と同じくバンツー語系に属す。ソマリ語はハム系のクシュティク。マサイ語、ルオ語は同じナイロティック系だが厳密には細分化されている。面倒臭い区別はともかく、数を言うときなどに使うとウケることマチガイナシ！

　1〜10の数え方は、各部族語で次のとおり。
スワヒリ語は、1 moja、2 mbili（ンビリ）、3 tatu（タトゥ）、4 nne（ンネ）、5 tano（タノ）、6 sita（スィタ）、7 saba（サバ）、8 nane（ナネ）、9 tisa（ティサ）、10 kumi（クミ）。
　キクユ語は、1 imwe（イムウェ）、2 igiri（イギリ）、3 ithatu（イダトゥ）、4

inya（イニャ）、5 ithano（イダノ）、6 ithathatu（イダタトゥ）、7 mugwanja（ムグワンジャ）、8 inyanya（イニャニャ）、9 kenda（ケンダ）、10 ikumi（イクミ）。なお、キクユ語特有のダイアクリティカルマークは省略。
　ソマリ語は、1 kowu（コウ）、2 labaa（ラバー）、3 sada（サダ）、4 afar（アファール）、5 shan（シャン）、6 lih（リー）、7 totoba（トトバ）、8 sided（シデド）、9 sagal（サガル）、10 tobaan（トバーン）。
　マサイ語は、1 mabo（ナボ）、2 are（アレ）、3 uni（ウニ）、4 onguan（オングアン）、5 imieti（イミエティ）、6 ile（イレ）、7 naapishana（ナーピシャナ）、8 isiet（イシエト）、9 naando（ナーンド）、10 tomon（トモン）。
　ルオ語は、1 achiel（アチエル）、2 ariyo（アリヨ）、3 adek（アデク）、4 angwen（アングウェン）、5 abich（アビチ）、6 auchiel（アウチエル）、7 abiriyo（アビリヨ）、8 aboro（アボロ）、9 ochiko（オチコ）、10 apar（アパール）。

ナイロビ駅に連れていってください。	Nipelekee stesheni ya Nairobi.	ニペレケエ ステシェニ ヤ ナイロビ
ナイロビ駅までいくらですか。	Ni bei gani mpaka stesheni ya Nairobi.	ニ ベイ ガニ ムパカ ステシェニ ヤ ナイロビ
時間はどのくらいかかりますか。	Itachukua muda gani?	イタチュクア ムダ ガニ？
バス停はどこですか。	Kituo cha basi kiko wapi?	キトゥオ チャ バスィ キコ ワピ？
ここで写真を撮ってもいいですか。	Nipige picha hapa?	ニピゲ ピチャ ハパ？
きれいですね。	Nzuri.	ンズリ

地図	ramani	ラマニ		トイレ	msala (choo)	ムサラ（チョオ）
空港	uwanja wa ndege	ウワンジャ ワ ンデゲ		右	kulia	クリア
タクシー	teksi	テクスィ		左	kushoto	クショト
自転車	baiskeli	バイスケリ				
片道の切符	tikiti ya kwenda tu	ティキティ ヤ クウェンダ トゥ				
往復の切符	tikiti ya kwenda na kurudi	ティキティ ヤ クウェンダ ナ クルディ				

日本に手紙を出したい。	Nataka kutuma barua kwa Japani.	ナタカ クトゥマ バルア クワ ジャパニ
日本に電話をしたい。	Nataka kupiga simu kwa Japani.	ナタカ クピガ シム クワ ジャパニ
ファクスを送りたい。	Nataka kutuma faksi kwa Japani.	ナタカ クトゥマ ファクスィ クワ ジャパニ
ドルをシリングに両替してください。	Nibadilishie dola kwa shilingi.	ニバディリシエ ドラ クワ シリンギ
1ドルは何シリングですか。	Ni shinlingapi kwa dola moja?	ニ シリンガピ クワ ドラ モジャ？
日本円の両替ができますか。	Naweza kubadilisha yen?	ナウェザ クバディリシャ イェン？

郵便局	posta	ポスタ		切手	stempu	ステンプ
航空便	kwa ndege	クワ ンデゲ		絵はがき	kadi ya posta	カディ ヤ ポスタ
船便	kwa meli	クワ メリ		銀行	benki	ベンキ
小包	mzigo	ムズィゴ		両替する	kubadilisha	クバディリシャ

医者を呼んでください。	Niiteie daktari.	ニイティエ ダクタリ
病院へ行きたい。	Nataka kwenda hospitali.	ナタカ クエンダ ホスピタリ
お腹が痛い。	Ninaumwa tumbo.	ニナウムワ トゥンボ
熱があります。	Nina homa.	ニナ ホマ
けがをしました。	Nimejeruhi.	ニメジェルヒワ
パスポートをなくしました。	Nimepoteza paspoti.	ニメポテザ パスポティ
お金を盗られました。	Nimeibiwa pesa.	ニメイビワ ペサ

病院	hospitali	ホスピタリ	マラリア	maleria	マレリア
病気	ugonjwa	ウゴンジュワ	エイズ	ukimwi	ウキムウィ
熱	homa	ホマ	保険	bima	ビマ
風邪	mafua	マフア	警察	polisi	ポリスィ
下痢	harisho	ハリショ	泥棒	mwizi	ムウィズィ
嘔吐	tapishi	タピシ	盗難証明書	ripoti ya uwivi	リポティ ヤ ウウィヴィ

スワヒリ語の歴史

そもそも、スワヒリ語がどのように生まれてきたのか。考えてみるとおもしろい。

●スワヒリ語の語源

スワヒリとは、アラビア語のサワヒールsawahil（単sahil）からきているといわれている。これは、岸、端という意味で、サハラ砂漠のサヘルsahelと同じ語源である。つまり、アラビア圏から見て、辺境にあるということでこの名前がついたようだ。アラビア半島からこの東アフリカを見た場合、インド洋というアラビアの海洋での商圏の端に当たることからこのスワヒリという言葉が定着したのだろう。

早くからこの東アフリカはアラビアなどのインド洋に接する国から知られていたようだ。『エリュトゥーラ海案内記』にはアラビアの船が東アフリカを訪れていたことが書かれている。そのようなアラビアと東アフリカとの商船の行き来のなかで、スワヒリの人たちが歴史に現れてきた。

●スワヒリ人とは

貿易風を使ってアラビア商人が象牙、乳香、金などを求めて東アフリカ沿岸にやって来る。アラビア商人のほとんどは男性で、東アフリカの女性と通じ、子をもうけた。その子がお母さんの言葉のなかで、年に数度しか会えない父親のアラビア語でいくつか単語を置き換えて話し始めたのが、スワヒリ語の始まりなのだろう。

ひと時代前、人々はスワヒリ語はアラビア語のひとつといっていたことがあったが、スワヒリ語はあくまでもアフリカの言語である。アラビア語からの借用語が多いが、文の構造を見ればアフリカ独自の言語だとわかる。

貿易風が、季節をスワヒリ人に教える。「ランブータンが実る時期」、「フエフキダイがたくさん出回る頃」。この貿易風に従って、アラビア人だけでなく、ペルシア人、中国人もこの東アフリカに訪れていた。インド洋の西端に位置する東アフリカは、貿易風の恵みによって、さまざまな国の人々から興味をもたれ、貿易が行われてきた。風がなければ、スワヒリ人もスワヒリ語もなかっただろう。

●スワヒリ都市国家が生まれた

商船の行き来によって、人が集まって栄える港ができてくる。それがモンバサ、マリンディ、ラム、パテ、キルワなどだ。今もにぎやかなのはモンバサぐらいで、ほかの場所は、時代に取り残されてしまった感がある。港はやがて、王を頂く都市国家になっていく。

ただ、注意しなければならないのは、内陸には内陸でいろいろな民族がいたことだ。ビクトリア湖の周辺にはガンダ王国があり、マサイ人は牧畜をして草原を求めて移動し、キクユ人やルオ人は農耕生活を送っていた。〜人、〜人と書いたが彼らも広大な東アフリカの土地で移動を繰り返している。決して、民族としてひと括りにはできないわけで、不変の集団ではない。

前記の都市国家も枠組みであって、内陸の人々と交流をもち、いろいろな人々が出たり入ったりしていた。象牙、乳香などアフリカでしか手に入らないものを内陸からもってきて、アラビア商人に売り渡す。そういった内陸の人々とアラビア商人の仲介役をスワヒリ都市国家は果たしていた。

●オマーンの支配下へ

都市国家間の戦争、ポルトガルの到来、抗争といった時代を経て、イギリスと手を組んだオマーンがタンザニアのダル・エス・サラーム沖にある植民島ザンジバルからスワヒリ都市国家のすべてを治め、東アフリカの商権を握った。そしてオマーン勢力の要求からスワヒリ商人は集中的に象牙と奴隷の貿易を行い始めた。西アフリカのアメリカ大陸への奴隷の輸出は有名だが、東アフリカの場合はもっぱらアラビア圏への労働力の提供が理由であった。

商人は内陸の人々と隊を組んで奥へ奥へと進んで行った。この隊商の通路の最終地はビクトリア湖やコンゴで、沿岸からの商路の途中にスワヒリ商人は居住地をつくった。そこが起点となって内陸の人々にもスワヒリ語が伝わり、話されるようになった。また同時にイスラム教が内陸にも広まった。

現在、東アフリカではキリスト教信者が多くを占めているが、イスラム教は沿岸部、島嶼部だけでなく、ビクトリア湖周辺地域、タンザニアの広範囲にわたって信仰されている。

●英国植民地からの独立

ザンジバルの勢力の衰えが、欧米列強諸国の分割統治をもたらした。後に東アフリカをイギリスが植民地としたが、1960年代東アフリカ諸国は独立をし、近代化の模索をしながら、現在にいたっている。

今、スワヒリ人は経済的に、内陸の人々に押され、あまり力をもっていない。けれども、彼らは、イスラム教圏の文明化された社会を繁栄させていたという誇りをもっている。彼らの建物、船、料理などに、その繁栄の面影を感じる。イスラム教徒だと思って、距離をとるよりも、スワヒリ語を使って、彼らの生活に触れてみてはどうだろうか。案外、日本人と同じような考えをしていると驚くことがあるかもしれない。

スワヒリ語の本を読む

アムハラ語入門

登場人物は旅行者A子、エチオピア人ガイドB、みやげ物屋店員C、ウエートレスD子、タクシー運転手E。文法的には日本語と同じく、基本的に主語→述語の順番。

基本会話

わかりました。
ガバニュ
ገባኝ።

わかりません。
アルガバニム
አልገባኝም።

ありがとう。
アムセグナッロフ
አመሰግናለሁ።

どういたしまして。
ムヌム　アイダル
ምንም፡አይዳል።

納得しました。
グルツ　ノウ
ግልፅ፡ነው።

納得できません。
グルツ　アイデラム
ግልፅ፡አይደለም።

寒い。　ブルドダル　暑い。　モカル
በረዶ　ሞቀ

お腹がすいた。　レハブ　のどが渇いた。　タマニュ
ራብ　ጠማኝ

うれしい。　ダス　ブロニャル　悲しい（残念だ）。　アズヤラフ
ደስ፡ብሎኛል　አዝያለሁ

疲れた。　ダカメニュ　急いでいる。　チャクヤラフ
ደከመኝ　ቸኩያለሁ

何て言ったのですか。（男性に）　/　（女性に）

ムヌ　アルク　　　　ムヌ　アルシ
ምን፡አልክ?　/　ምን፡አልሽ?

どういう意味ですか。（男性に）
ムス　マラトゥフ　ノウ
ምን፡ማለትህ፡ነው?

どういう意味ですか。（女性に）
ムス　マラチシ　ノウ
ምን፡ማለትሽ፡ነው?

買い物

A：こんにちは。
テナ　イストゥリン
ጤና፡ይስጥልኝ።

B：こんにちは。お元気ですか。（女性に）
テナ　イストゥリン　デナ　ネシ
ጤና፡ይስጥልኝ።　ደህና፡ነሽ፡

A：おかげさまで元気です。お元気ですか。（男性に）
デナ　イグザビエル　イマスガン　デナ　ネフ
ደህና፡እግዚአብሔር፡ይመስገን፡ደህና፡ነህ?

B：おかげさまで、元気です。
デナ　イグザビエル　　イマスガン
ደህና፡እግዚአብሔር፡　ይመስገን።

A：おみやげの十字架が欲しいです。
マスタウシャ　マスカル　ウファラガレン
ማስታወሻ፡መስቀል፡እፈልጋለሁ።

B：行きましょう。
イヌヘドウヌ
እንሄድና።

● みやげ物屋で 《የማስታወሻ፡ሱቅ》

B：十字架はありますか。
マスカル　アレ
መስቀል፡አለ?

C：はい、あります。
アウォ　アレ
አዎ፡አለ።

A：これ、いくらですか。
イヘ　スントゥ　ノウ
ይህ፡ስንት፡ነው?

C：これは300ブルです。
イヘ　ソストゥ　マト　ブル
ይህ፡ሶስት፡መቶ፡ብር።

A：安くして。超大特価だといくらですか。
カヌス　イェマチャラシャ　スントゥ　ノウ
ቀንሰዉ፡መጨረሻ፡ስንት፡ነው?

C：280ブルではどうですか。
フラット　マト　サマニャ　ブル
ሁለት፡መቶ፡ሰማንያ፡ብር።

A：OK。いただきます。
イッシー　スタヌ
እሺ።፡ሰጠኝ።

食事

A：このあたりにレストランはありますか。
イジフ　アカバビ　ムグブ　ベトウ　アレ
እዚህ፡አከባቢ፡ምግብ፡ቤት፡አለ?

A：エチオピア料理の店がよいです。
イイティヨピヤ　ムグブ　ベトウ　ウファラガレン
የኢትዮጵያ፡ምግብ፡ቤት፡እፈልጋለሁ።

B：はい。よいレストランがあります。
アウ　コンジョ　ムグブ　ベトウ　アレ
አዎ፡ቆንጆ፡ምግብ፡ቤት፡አለ።

A：ここから近いですか。
イジフ　カルブ　ノウ
እዚህ፡ቅርብ፡ነው?

※レストランの位置を聞き、教わった場所へ行ったところナイフで脅迫される被害が多発しているため、注意すること。

● 伝統料理のレストランで 《በሐፊዊ፡ምግብ፡ቤት》

A：料理は何がありますか。
メグブ　ムン　アレ
ምግብ፡ምን፡አለ?

D：鶏のシチュー、牛肉のシチュー、肉のソテー、
ドロ　ワット　スガワット　ティブス
ዶሮ፡ወጥ፡ሥጋ፡ወጥ፡ጥብስ

エチオピア南部の民家

肉のタタキ、辛くない肉のシチュー、魚のシチュー。

<small>クット・フォー クックル アサワット</small>
ክትፎ፦ቅቅል፥አሳ፡ወጥ፡፡

A：OK。鶏のシチューがいいです。

<small>イッシー ドロ ワット ウファラガレン</small>
እሺ፡ዶሮ፡ወጥ፡ እፈልጋለሁ፡፡

B：断食用の料理（野菜や豆）はありますか。

<small>バイアイネット アレ</small>
በያይነቱ፡አለ?

D：今日はありません。

<small>ザレ イェレム</small>
ዛሬ፡የለም፡፡

B：OK。魚のシチューをお願いします。

<small>イッシー アサワット ウファラガレン</small>
እሺ፡ አሳ፡ወጥ፡ እፈልጋለሁ፡፡

D：お飲み物は何にしますか。

<small>イェミタタス</small>
የሚጠጣስ?

B：アンボ（ミネラルウオーターの商品名）を。

<small>アンボ ウハ</small>
አምቦ፡ውሃ፡፡

A：ソフトドリンクは何がありますか。

<small>ラスラサ ムヌ アレ</small>
ለስላሳ፡ምን፡አለ?

D：コカコーラ、ペプシコーラ。

<small>コカ ペプシ</small>
ኮካ፦ፔፕሲ፡፡

A：OK。コカコーラをお願いします。

<small>イッシー コカ ウファラガレン</small>
እሺ፡ ኮካ፡እፈልጋለሁ፡፡

D：冷えたものですか、冷えていないものですか。

<small>カズカザ カウチィ</small>
ቀዝቃዛ፡ከውጭ?

A：冷えたほうを（ください）。　<small>カズカザ</small>ቀዝቃዛ፡

A：それから、フルーツのジュースが欲しいです。

<small>イナ イェフラフレ チマキ ウファラガレン</small>
እና፡የፍራፍሬ፡ጭማቂ፡እፈልጋለሁ፡፡

B：すみません、お嬢さん（女性への呼びかけ）。

<small>イバクシ ウンマベトゥ</small>
እባክሽ፡እመቤት፡፡

B：ジュースは何がありますか。

<small>チマキ ムン アレ</small>
ጭማቂ፡ምን፡አለ?

D：アボカド、パパイヤ、マンゴー、グァバ、

<small>アボカド パパイヤ マンゴ ゼイトゥヌ</small>
አቮካዶ፡ፓፓያ፡ማንጎ፡ዘይቱን፡

オレンジ、パイナップル、それとバナナ。

<small>ブルトカン アナナス ウナ ムズ</small>
ብርቱካን፡እናናስ፡ እና፡ሙዝ፡

A：スプリッツ（ミックス）。　<small>スプリス</small>እስፕርሶ፡፡

A：すみません、いくらですか。

<small>イバクシ ヒサブ スントゥ ノウ</small>
እባክሽ፡ሂሳብ፡ስንት፡ነው?

D：36ブルです。<small>サラサ セデスト ブル</small> ሰላሳ፡ስድስት፡ብር፡

エチオピアのカレンダー

乗り物

A：今、ギオンホテルに行きたいです。

<small>アフン ワダ ギオン ホテル メヘッド ウファラガレン</small>
አ ሁን፡ወደ፡ግዮን፡ሆተር፡መሄድ፡እፈልጋለሁ፡፡

B：タクシー！ ここからギオンホテルまでいくらですか。

<small>タクシ カジ ワダ ギオン ホテル スントゥ ノウ</small>
ታክሺ፡!! ከዚሀ፡ወደ፡ግዮን፡ሆተር፡ስንት፡ነው?

E：20ブルです。<small>ハヤ ブル</small> ሃያ፡ብር፡፡

A：安くしてください。10ブルがいいな。

<small>カンネッス アッスル ブル トゥル ノウ</small>
ቀንስ፡፡ አሥር፡ብር፡ጥሩ፡ነው፡፡

E：OK、15ブルではどうですか。

<small>イッシー アッスル アムンスト ブル</small>
እሺ፡አስራ፡አምስት፡ብር፡፡

A：高いです。 <small>ウッディ ノウ</small> ውድ፡ነው፡፡

A：OK、ミニバスで行きたいです。

イッシー　バミニ　バス　メヘド　ウファラガレン
እሺ :በሚኒ:ባስ:መሄድ:እፈልጋለሁ::

A：スタジアムまで、いくらですか。

ワダ　スタディアム　スントゥ　ノウ
ወደ:ስታዲአም:ስንት:ነው?

B：1ブル10セントです。

アンド　ブル　アッスル
አንድ:ብር:ከስነሥር::

A：降ります！
ワラジ　アレ
ወራጅ:አለ::

エチオピア人は力持ち？

単語集

あなたは（男性に）	アンタ አንታ		
あなたは（女性に）	アンチ አንቺ		
明日	ネガ ነገ	今日	ザレ ዛሬ
昨日	テナント ትናንትና	昼（日）	カン ቀን
午後	カサアトゥ　ボハラ ከሰዓት:በሀላ	夕方	ムシェトゥ／マタ ምሽት／ማታ
夜	レリート ለሊት	年	アメト ዓመት
月	ワル ወር	週	サムント ሳምንት
時間	サアート ሰዓት	分	デキーカ ደቂቃ
朝食	コルス ቁርስ	昼食 ムサ ምሳ	夕食 ウラット እራት

1	アンド አንድ	2	フラット ሁለት	3	ソスト ሶስት
4	アラット አራት	5	アムンスト አምስት	6	セデスト ስድስት
7	サバット ሰባት	8	スムンスト ስምንት	9	ゼタニ ዘጠኝ
10	アッスル አሥር	11	アスラ　アンド አሥራ:አንድ		
20	ハヤ ሃያ	30	サラサ ሰላሳ	40	アルバ አርባ
50	ハムサ ሃምሳ	60	スルサ ስልሳ	70	サバ ሰባ
80	サマニャ ሰማንያ	90	ザタナ ዘጠና	100	マト መቶ

フラット　マト　　　ソスト　マト　　　シ
200 ሁለት:መቶ 300 ሶስት:መቶ 1000 ሺ

※11以上の言葉は10の位を意味する言葉＋1の位の言葉になります。この際、発音はアッスルがアスラに変化します。

水	ウハ ውሃ	コーヒー	ブンナ ቡና
マキアート	マキャート ማኪያቶ	紅茶	シャイ ሻይ
パン	ダボ ዳቦ	インジェラ	インジェラ እንጀራ
肉	スガ ሥጋ	シチュー	ワット ወጥ
ミルク	ウォタット ወተት	ヨーグルト	ウルゴ ዕርጎ
塩	チョウ ጨው	砂糖	スクワル ስኳር
好き	イウダラフ እወዳለሁ	好きでない	アルウダウム አልወድም
やあ	サラーム ሰላም		

元気？（対男性）	デナ　ネフ ደህና ነህ?	
元気？（対女性）	デナ　ネシ ደህና ነሽ?	
元気だよ	デナ　ネニ ደህና ነኝ	
おはよう（対男性）	ウンデムン　アッダルク እንደምን አደርክ	
おはよう（対女性）	ウンデムン　アッダルシ እንደምን አደርሽ	
こんばんは（対男性）	ウンデムン　アマシュフ እንደምን አመሹ	
こんばんは（対女性）	ウンデムン　アマシャシ እንደምን አመሸሽ	
さようなら（対男性）	デナ　フン ደህና ሁን	
さようなら（対女性）	デナ　フニ ደህና ሁኚ	
名前は？（対男性）	スムフ　マン　ノウ ስምህ ማን ነው	
名前は？（対女性）	スムシ　マン　ノウ ስምሽ ማን ነው	
OK（あいづちとしても使用可）		イッシー እሺ
おいしい（美しいの意味もある）		コンジョ ቆንጆ

市場の男性

東アフリカ体験のすすめ

東アフリカを回ろう

アフリカの人々と話がしてみたい。野生動物や大自然に触れてみたい。大自然の音、太鼓の音を聞きたい。困っている人たちを助けたい。そんな期待を胸に東アフリカへ行く人もいるだろう。

サバンナに沈む夕日のすばらしさ、アフリカ人の親切な心、海岸の日差しとダウ船がゆったり流れる風景。そういったアフリカのよさに出合えるかもしれない。

けれども同時に東アフリカに生きている人たちの厳しさ、大変さも感じてほしい。治安の悪さ、お金を求めるアフリカの人々の実態を旅のなかで感じるだろうが、それも体験。東アフリカを回って人々のなかに入り、東アフリカを体験しよう。

道を歩けば……

●焼きトウモロコシ

歩いていると、道端でおばさんが焼きトウモロコシを売っている風景をよくみかける。七輪に炭を入れ、火をおこして、その火でトウモロコシをあぶる。売っているのは、黄色ではなく白いトウモロコシ。このトウモロコシはウガリの粉になるのだが、いくら焼いてもとても固い。おそらくゆでても固いだろう。道行く人が焼けた頃をみはからって買う。1本丸ごとでもよいし、食べられなければ半分にしてもらえる。そばにライムとチリペッパーが置いてあり、客は好みに応じてそれをかけて食べる。醤油味に慣れた日本人には奇異に感じるかもしれないが、食べてみるとおいしい。

だいたい朝と晩、2食で済ます人がほとんどなので、日が高い昼間にはお腹をすかせて買う人が多い。

●キオスク

東アフリカでキオスクといえば、町角に建つ便利な売店。炭酸飲料は、ほとんどがコカコーラなので、広告のためにキオスクの小屋全体が赤く塗られ、同社のロゴが入ったものや丸いコーラの看板がよく見られる。たばこが1本ずつ売られ、ビスケット、牛乳、小麦粉などの食料品から、ノートや鉛筆のような文具、薬、蚊取り線香、電池、木炭、ランプなど売れそうなも

のはすべて売っている。ナイロビではファクスや電話サービスをしているキオスクもある。また近郊からの野菜を置いたり、ちょっとした食堂を併設している所もある。

しかし利益は微々たるもので、お金に余裕がある人が、知り合いにキオスクを任せて、副業としているような運営だ。キオスクのおばさんなどは周辺のことをよく知っているので、友達になると貴重な情報源になる。

●ゴミ

アフリカの人は一般的に平気で道端にゴミを捨てる。ところによっては家の中でもおかまいなしだ。バスの窓からジュースの紙パックを捨てるなど、汚すという概念に欠ける人が多い。ことに捨てられた物がプラスチックの容器や袋などの場合、分解されないので、道端にいつまでも残っている。

家庭のゴミの処理にしても問題がある。空き地にゴミ袋を捨てにいく。そこにハエがわく。不衛生な環境でコレラ、赤痢などの感染病がはやる。ゴミの汚染がひどいのはナイロビのスラムだけでなく、ザンジバルのきれいなビーチや郊外の村でも起こっている。本来ならば自治体がゴミ処理施設を設けたりしなければならないが、資金がないので造れない。

昔ながらのゴミの捨て方が環境を悪くするということを、地域の人々が学ぶ場がないのも問題だ。都市部では、お金を出して清掃会社に頼むようになってきているが、そのゴミがどこに捨てられているかは利用者も知らないような状態である。

そのなかでも、ルワンダは道端にゴミがほとんど落ちていないというアフリカでも異例の国だ。住民によるゴミ拾い活動も頻繁に行われており、「アフリカのシンガポール」といわれている。入国時にビニール袋が没収されるのも、環境保護条例により海外からのビニール袋やポリ包装の持ち込みが禁止されているから。

フイエの町。ゴミはほとんど落ちていない

405

人々の考え方

●あいさつは大切

アフリカでは、あいさつはとても大切だ。コミュニケーションの第一歩はまず、あいさつから始まるといってもよい。だから、知っている人なのにあいさつをしないと、あとで「お前、今日何か悪いことがあったのか」、「俺が嫌いなのか」と聞いてきたりする。また、そのまま放っておくと、「あいつは、すましていばっている」と陰口を言われるかもしれない。

相手の民族語を覚えてあいさつすれば、壁がすぐ取り払われて、会話が弾んでいくこともある。どんな形でもよいから、まず伝えようとする気持ちが大切なのだ。握手でもよいし、お辞儀でも構わない。そこからコミュニケーションが始まるのだから。

●ゆっくりゆっくり

東アフリカの生活のリズムはたいていゆっくり。独立から50年ほどたっても人々の意識はすぐには変わらない。昔からゆっくりと仕事をしていた流れで、現在も焦って仕事をしないから、怠けているように見えるだけだ。でも忙しい日本人にとってはストレスになることも。役所の手続きは総じて遅い。ドライビングライセンスや学生ビザの取得なども役所のリズムに合わせなくてはならない。銀行手続きも係員の遅さが目立つ。地方のバスの発着はもっといいかげんだ。人が集まらなければ、予定時刻を過ぎても出発しない。

遅いのが当然の社会では、待っているほうも長く待つことを苦にしない。電気や電話会社で払い込みの列がよくできるが、長くなっても黙って並んでいる。焦っている人は横から入ってくるので、みんなきちんと間を詰めて並んでいるが、入ったとしてもあまり文句は言わない。処理の遅さに文句を言うのは外国人ばかりという光景がよく見られる。

しかし世界中どこもそうだが、スピード化の時代、働く人々の意識はしだいに変わってきている。定期バスが出発予定時刻を過ぎようものなら、誰かが車掌に詰め寄って早く出発させろと怒る。必ず約束の時間を守り、遅れるときは電話を入れるビジネスマンも増えている。

けれども、まだ地方では急いで仕事をするようなことはほとんどない。昔からのゆったりとしたリズムで、できなかったら明日するといった感じだ。

●おみやげは?

町で見も知らぬ男に「デジカメをくれ」と言われたらどう思うだろうか。東アフリカでも、これは明らかに失礼で、普通の人は決してしないが、あり得ない話ではない。友達同士になると会うたびに「おみやげないの?」と聞かれることもよくある。どうしても欲しいというわけではない。もらえたらもうけものという気持ちと親愛の気持ちからだ。あいさつみたいなもので、相手がどう切り返すか楽しんでいるようだ。聞かれて「みやげなんかない」とそっけなく言わずに、「代わりに何くれるの?」、「俺を笑わせる話をしたら、考えてもいい」など気の利いた返事をするとよいだろう。

お世話になった人、友達にはお礼の気持ちを込めて、贈り物をするのが礼儀だ。高くなくてもよいが、相手が喜ぶものを贈ろう。女の人はカンガがよい。身につけてもよいし、テーブルクロスにもなる。カレンダー、ポスターも喜ばれる。アフリカ人の家へ行くと、壁中に貼ってあることもある。

また、マーケットでの買い物で、売り手が、時計や服を「くれ」、「交換しよう」と言ってくることがある。外国人の身につけているものは何でもよく見えるらしい。現地で買ったものなのに、買った値段よりも高いものとおみやげ屋さんが換えてくれる場合もある。

ねだられてもコミュニケーションのひとつとして考えてみるとよいだろう。それがきっかけで、話が弾むこともある。

●お金を貸して!

雇われ人は、よく前借りをする。子供が病気だ、父親の葬式代がないという理由で雇い主に頼む。給料が少ないので、前借りをするのが当然だという思いもある。またお金を貯めるという習慣がないのも原因だろう。特に男性はお金が全部お酒に消えてしまうことがよくある。

きちんとした人なら、使わないように銀行に預金口座をつくって、給料をすぐ入れてしまうが、多くの人は前借りが積もり積もって返すことができない。子供の授業料、実家への仕送りをわずかながらの給料から送っていても、ストレスからかパッと使ってしまうこともある。結局前借り分が払えないまま、辞めさせられて退職金代わりに棒引きという人もいる。

それでも職がないよりは給料があるだけましと思って働いているのが普通の人々だ。

社会の問題

●新聞から聞こえる声

新聞を買うお金がないので、ほかの人が読み終わった新聞を回し読みしている光景もよく見かける。

ケニアでは多くの人が英語教育を受けているが、英語がわからない人でもとりあえず写真や見出しを見ようとするし、葬式や死亡通知欄を必ず見る。日本と違って掲載料がとても安いので、一般の人が葬式や死亡通知を新聞に簡単に載せることができる。ラジオも必ず死亡通知をどこの局でもする。

この前まで元気だった人が、今日新聞を見たら掲載があったということがある。また実家から遠く離れて住んでいた人が亡くなった場合、新聞を見て家族が初めて気づくこともある。病気、事故などで平均寿命が短い地域では当たり前なのかもしれないが、日本では考えられないほど身近で人がよく亡くなる。

スワヒリ語の新聞は、ケニアでは英紙に比べ、あまり読まれないのでページ数が少ない。けれどもおもしろいコラムがたくさんある。日本では一般紙に載せられないような性の話。例えば若いツバメを探すヨーロッパのご婦人、ゲイになった若者、艶のある声が聞こえる夜間バスといった話が笑い話となっている。

それからスワヒリ詩の欄。日本でいう短歌や俳句欄のようなものだろう。1999年にタンザニアのニエレレ初代大統領が亡くなり、国葬にたくさんの国民が詰めかけたが、死後半年たっても、タンザニア各紙で、彼をたたえるスワヒリ詩の投稿が続いた。スワヒリ詩は世評を表すものともいえる。

読者欄も興味深い。ここには普通の記事で出てこない人々の苦悩や思いが現れている。大統領が来れば道がきれいになるのでお願いします、という地方の女の子の投稿。ケニアは原子力発電所を造って、干ばつによる電力不足を解消すべきという計画停電で苦しんだナイロビ住民の声。政府はどうしてソマリア人にIDカードをくれないのかという高校進学希望のソマリア人。

人々の気持ちはその国の新聞によく現れる。新聞に目をとおすことをすすめる。

地方でも自動車は増えている

●増えゆく自動車

車に乗ることがステータスとなっている現在のケニア社会。ナイロビでは道路整備が追いつかなくて渋滞がいたるところで起こっている。ラウンドアバウト（環状交差点）が大きな原因だ。

ラウンドアバウトというのは、大きい道路の交差点にあるロータリーで、十字路であれば、流れ込む4本の道を順々に車が動いていくという方式だ。当然のことながら、車が多ければ渋滞になる。このラウンドアバウトはもともと馬車を使っていた植民地時代の名残で、ナイロビの中心部に数多くある。日本のように一度に道2車線ぶん車を動かすようなやり方にすればよいのだが、運転手のマナーが悪いので事故が増える可能性がある。酒気帯び運転はまったくチェックされないし、車検もないケニアの交通事情では難しいのかもしれない。

警察は乗合バスの乗車人数と車のライセンスのチェックに忙しい。賄賂を要求できるからだ。違法な乗合バス、積載量を超えたトラックでも賄賂を払えば、どんな道も通行できる。

東アフリカをバスで旅をすれば、道に穴が開いている場所をよく見ることだろう。穴ができる原因は、水はけの悪さと昼夜の温度差で舗装がだめになること、そして積載量を超えたトラックがとおることだ。予算がないので道路が整備できず、違法なトラック輸送がまかりとおれば、どんどん道が悪くなる。政府はわかっていても改善できない。

今後、車の走行台数が増えればより大きな問題になる。中古車がどんどん輸入されている現在、バンコク、ジャカルタなどの渋滞のひどさがここでも生まれてしまうのだろうか。

●子供への教育

アフリカの子供たちの屈託のない笑顔にひき込まれる旅行者も多い。外国人を見ると、

ケニアの小学生

"Jambo!" "How are you?"と誰ともなく呼びかけてくる。手を振れば、姿が見えなくなるまで手を振り返す。その素朴さに旅の疲れも癒やされることだろう。好奇心から近所を案内してくれる子供、土地の歌を歌い、ダンスを見せてくれる子供、日本へ泳いでいけるのかと尋ねる子供。彼らとのコミュニケーションから、アフリカのよさを知ることもある。

けれどもこうして会った子供たちの将来はどうなのであろうか。

ナイロビの中流層の家庭ならば余裕があるので、子供をよい学校に入れて、大学は外国へと考えているが、地方では子供たちは立派な働き手で、教育は二の次になっている。特にお金を稼ぐすべがない親は、授業料を払って教育を受けさせることに抵抗を感じている。なかには、仕事やお金を得るためには教育と考え、親戚から寄付金を募って、無理をしてでも学校へ通わせようとする親もいる。けれども優秀な子供でなければ援助されない。

近頃、ナイロビの中流層では子供が少ないほど、教育費がかからないとして少子化の傾向にあるが、地方では昔と変わらず子供が多ければ働き手になると考えている。自給自足の生活をしていれば問題はないだろうが、近代化した社会生活を望む子供には、伝統社会は障害となっている場合すらある。

加えて、女生徒の退学が多い。地方では、12歳ぐらいからの早婚、早期妊娠、都市部ではディスコ通いからの売春行為、または麻薬の常用などもその原因とされている。アフリカはいまだに男尊女卑が根強い。都市部では考えが変わってきているとはいえ、男女平等社会にはまだ遠い。

●安い酒

アフリカの人はお酒が好きだ。多くの人は、飲むと陽気になり、踊ろうとする。そんな楽しさ、華やかさがバーにはある。けれども、酔っ払って、相手構わず、議論をふっかけようとする人も酒場には必ずいる。そういう人とはなるべく話さないほうがよい。

バーに来る人は収入がある人たちで、日本と比べれば値段は安いが、貧民にとっては高価なビールを飲んでいる。一方でスラム街に住み、何の贅沢もできない人はチャンガーと呼ばれる安い密造酒を飲む。毎晩飲んで、日々のつらさを忘れようとするためだ。ときどき、そのチャンガーに混ぜものが入っているときがある。近年、そのために何百人もの人が死んだという事件があった。けれども、貧しい人は危険だとわかっていても、安いお酒を飲むしかないのだ。

●近代化の波

近代化が進み、ナイロビの景観がどんどん変わっていくにつれ、ストリートチルドレンが増えている。町に職を求めて、地方から出稼ぎに来る人たちが、職にあぶれてスラム街をつくる。そこにストリートチルドレンが生まれている。不特定多数の性的交渉で、産んでも育てられない若い女性が捨てた子だ。なかには、干ばつがひどい地域から食べ物を探しにやって来た子供もいる。また、里子に出され、たくさんのほかの子供に混じって生活し、育ての親からの虐待を受けて町に逃げてきた子もいる。ストリートチルドレンは本来、みんなで助け合う社会ではあり得ないことだ。けれども、ナイロビではそんな子供がシンナーを吸いながら、道行く人にお金をねだる現実がある。そんななか、NGO団体モヨ・チルドレンセンターを立ち上げ、現在もストリートチルドレンの支援活動を続けている日本人女性がいる。

●異常気象

近年、エルニーニョ現象の影響といわれた長期的な大雨があって、舗装道路に穴が開いたり、建物が倒壊するような被害が起きたりしている。またそれと反対に大干ばつに見舞われ、水力発電所の貯水量が落ち、ほぼ全域で半年以上の計画停電が続いたということも起きている。

ビクトリア湖周辺、グレート・リフト・バレー、インド洋の沿岸部などでは農業を営めるだけの降雨量が見込めるが、サバンナや乾燥地帯では、少しでも雨が降らないと人々が生活できない環境になる。

マサイ族やサンブール族などの牧畜民は牛に頼って生きているので、草原が枯れてしまうと牛を連れて草を探さなければならない。近年の干ばつのため、牧畜民のケニア山周辺の自然林や私有牧草地への侵入、ナイロビ市内での草探し、タンザニアへの越境といった行動が見られている。

また北部のツルカナ湖周辺では、かつて大干ばつで食料が取れずイギリスの緊急食糧援助が行われたこともあった。異常気象は東アフリカでも例外なく起こっているのだ。

人々の楽しみ

●ファッション

女性のおしゃれは見ていておもしろい。髪型ひとつみても、いろいろな形がある。

村、地方だと、男性と同じようにバリカンで全体を刈ったような丸い髪型か、縮れた髪の毛を編み込んで、おでこから後頭部にかけて10本ぐらいの縦縞にしたものが普通だ。お金がかからないので幼い女の子も多くがこの髪型。

都市部や町だと、ストレートパーマをかけるのが主流で、コテを髪に当てるのと、薬品を使って伸ばす方法がある。真っすぐになった髪をなでつけ、後ろでしばったり、髪を立てたりする。つけ毛をつけ、編み込む、ラスタヘアーも人気である。

週に1回髪型を変えるという女性も少なくない。都市部だと、休みはどこのヘアーサロンも女の人でいっぱいだ。みんな髪にはお金を惜しまないし、十分気を使っている。例えば、薬品で髪を伸ばす場合、髪の毛が水にぬれると切れてしまうといって、雨の日は外出したくないという女性がいる。当然のことながら髪が洗えない。それでもがまんができるのは、美を求める気持ちが強いからだろう。

手が込んでいるヘアスタイル

●女性の装いも千差万別

昔ながらの生活をしている所は、胸がはだけても気にせず、布を体に巻きつけるだけがほとんど。マサイなら赤い布、ギリヤマならカンガ。マサイなどの牧畜民は、ビーズでできた首飾り、腕輪、耳輪などのアクセサリーを好んでつける。

沿岸部のスワヒリの人々は黒いブイブイ（チャベル）を着るか、室内ではカンガを羽織ってできるだけ肌の露出を控える。でも服の下には金や銀の腕輪、指輪をつけ、アイシャドウを塗って目を大きく見せるなどこまやかだ。クローブの香水も彼女たちの装いに欠かせない。

普通の町や村では多くがTシャツまたはブラウス、スカートを着るか、その上にカンガを巻く。教会へはとっておきの服を着て出かける。

都市部になると、がらりと様相が変わってくる。特に若い世代はアメリカ、ヨーロッパのファッションの影響が強く、日本で見るような服装も見かける。昔はズボンをはくことは避けられたが、今はジーンズ、パンツ姿が好まれている。肌を露出するのも売春婦のようだといわれていたのが、ノースリーブが好んで着られるようになった。ヒールの高いサンダル、スポーツシューズも道端でよく売られている。

保守的なクリスチャンは白を好む。ただ、赤道直下の太陽光線は原色の服でも浮いた感じはせず、逆に黒い肌に映えて輝いて見える。そのせいか、色よりも生地の善し悪しが彼女らの関心のようだ。

●スポーツ

いちばん人気のあるスポーツは何といってもサッカーだ。2010年のワールドカップでもテレビの前にみんながくぎづけになっていた。けれど自国はどうかというと、東アフリカのチームはどこも弱く必ず強国に負けている。選手はよいのだけど監督が悪い、協会が悪いとみんな口々に文句を言う。それでもテストマッチがあれば、スタジアムは満員になる。自国のチームが勝てば大騒ぎだが、負ければ、瓶をフィールドに投げたりと過激なところもある。

ケニアだとビクトリア湖周辺のルオに優秀な選手が多い。背が高く、体格がよいからだといわれている。沿岸部のスワヒリ人やアラブ移民もサッカーが大好きだ。町にいくつもサッカークラブがあり、砂浜をサッカー場にして毎週試合をしている。大衆食堂ではアラブの衛星放送を入れ、お客を呼び込む。大きな大会はほとんど放送されるので、日本人を見ると「ナカタの国から来たのか」という人もいたほど、日本のサッカー選手の名前を知っている人も増えている。ケニアに一度、中田英寿選手が来たらしく、

俺はナカタを見たと喜んでいる人もいた。

　おそらくお手製のボール1個でできる手軽さ、ルールの明快さ、みんなが参加できるスポーツだからだろう。世界で有名な選手はだいたいみんな知っているので、それをきっかけに東アフリカの人々と話してみるのもおもしろいだろう。

　陸上競技もアフリカ勢の得意なところ。2012年のロンドンオリンピックでのアフリカ勢の活躍は華々しかったし、2015年の世界陸上北京大会では男子5000mでケニアとエチオピアが2位と3位を獲得し、男子マラソンではエチオピアが2位、ウガンダが3位となった。同じく女子は5000mでエチオピアが1〜3位を独占し、1万mではケニアが1位、エチオピアが2位を獲得した。マラソンでもエチオピアとケニアが優勝と準優勝を飾った。このように陸上が盛んになったのは、大会などでの活躍がプロとしての魅力ある収入につながることが知られてきたためであろう。今後も、次々と有能な若手選手が登場し、アフリカ勢は活躍していくことだろう。

●ダンス

　アフリカでは踊りは喜びの表現だ。雨乞い、結婚式、割礼のような儀式で伝統的な踊りが行われる。音楽が聞こえ出すと、みんなが呼応して踊り始める。それぞれ踊りには型があるが、すべて規則正しく踊る必要はない。流れのなかでアドリブがあっても構わない。調和していればよいのである。踊りは儀式だが音楽の喜びに浸る祭りでもある。なかにはトランス状態になる人もいる。

　都市や町ではクラブに人々は踊りに行く。仕事のストレスを踊りで発散するのだろう。リンガラの曲はどこでも人気があり、年輩の人もリズムに合わせて踊る姿が見られる。また教会では、ゴスペルのなかでダンスをすることもある。熱心な学校では伝統的な踊りをアレンジして、コンテストで発表するところもある。

　アフリカ人の伝統的な踊りを見て、日本人が真似できないところがいくつかある。

　まずリズムが違う。4分の1、3分の1のリズムで踊らない。切れ目をつくらず、大きなビートのなかで踊っている。そのビートは踊り手がほとんど無意識に感じている拍感覚で、呼吸のリズムのようなものだろう。

　次に、どんなに激しく踊っていても首が常に垂

独特なリズムの踊り

女性への伝統社会の弊害

　よくいわれることだが、伝統社会というものは民族の知識で動いている。けれども現代の視点に照らせば、疑問を感じることがいくつかある。

　特にアフリカは、依然、男尊女卑の社会で、現代の女性にとって弊害になっていることがいくつかある。

　まず一夫多妻制だが、都市ではキリスト教の影響で行われていないが、多くの地方では行われている。「民族」側にも理由がある。飢饉や災害の場合、犠牲になるのは女、子供だ。扶養できるものが養うのは当然で、妻が同意していればまったく問題ないとのこと。これはイスラム教の教えでもいわれていることで、戦火、災害で夫を失った未亡人を庇護するため4人までの一夫多妻制を認めている。またルオの兄弟婚（未亡人を夫の兄弟が妻とする結婚）も、同じ理由から現在も行われている。しかし現在、エイズの蔓延防止が緊急課題のアフリカ諸国で、この一夫多妻制は、複数の性交渉をもつためにエイズ蔓延につながるという意

見もある。

　次に女性の早期結婚、これは子供を多く産むには若いほうがよいという考え方からだ。また、人手を確保するためには女性は多産すべきだという理由もある。けれどもこれが女性の教育機関への進学の妨げになっている。女は子供を産めばよい、教育を受ける必要はないと考えている親も地方では多い。

　最後に女性の割礼。男性の割礼による包皮の切除は、包茎による病気を防ぐということで容認されているが、女性の陰核切除は性交による喜びを奪うことが目的であるとし、WHOから実施しないよう勧告が出されている。都市部では行われてはいないが、地方では今も行われている。「民族」側の理由として、割礼は通過儀礼で、大人と子供を区別するうえで必要とされている。この割礼は女性、男性ともにいえるが、村では切除をひとつのナイフで行っているので、エイズの蔓延にもつながるとされている。切除をともなう割礼とは違った通過儀礼を模索している地域もある。

直に保たれている。村へ行くと、女の人が手放しで大きなバケツやタンクを頭に載せて歩く姿をよく見かけるが、アフリカ人なら誰でももっている身体感覚なのかもしれない。

そして女性のダンサーの腰の振り。日本人がやるとどうしても肩や胸が一緒に動いてしまう。彼女たちは腰だけを動かすことができるし、またその振り幅が大きいのにもかかわらず、とても速いのだ。伝統的民族舞踊が観られる機会があれば、じっくり観察してみよう。

東アフリカで活躍する日本人③
ケニアで養護施設や女性の自立のための
裁縫工房を立ち上げています　文：荒川　勝巳

1984年から1985年にかけてエチオピアで飢饉がありました。私は、そこの避難民キャンプ地でお手伝いができないものかと考えましたが、当時はエチオピア入国は難しかったため、1985年に入国の難しくないケニアに入り、そこからタンザニア、ウガンダと回り、ケニアのナイロビに戻ってきました。そのナイロビで、スラムでボランティアをしている日本人の方たちにお会いし、ケニアの子供たちの支援に興味をもつようになり、1992年にケニア人の友人と共同運営で子供たちの自立を支援するサイディアフラハプロジェクトを始めました。

このサイディアフラハプロジェクトは、児童養護施設、裁縫教室、縫製工房、幼稚園、小学校（小学校は2014年1月開校）からなる、子供支援のNGOプロジェクトです。最初に幼稚園からプロジェクトをスタートさせて地域に根づかせつつ、徐々に活動範囲を広くしていきました。といっても、ほかの国際NGOと比べたら、はるかに小さい規模ですが。

サイディアフラハの幼稚園、小学校は共学ですが、プロジェクトの核である児童養護施設は女の子だけを受け入れています。それはケニアにおいて男尊女卑がひどく、女の子のほうがこのような施設を必要としているからです。

裁縫教室や縫製工房を開いたのも、女の子たちが自立するための技術を習得させるためです。このようなことから、サイディアフラハはどちらかというと、女の子や女性を対象としているところに特徴があります。

そして、いまも資金の多くを日本からのご寄付によっているので、日本の支援者の方および団体には畏敬の念を抱き、日本の窓口というべき「サイディアフラハを支える会」とは常に情報交換をして、連動した活動をしています。

もっとも、資金をご寄付だけに頼るのではなくケニアでも自主財源をつくろうと、裁縫工房で布製品のバッグやタオルなどを制作販売して、みやげ品店にも卸しています。

サイディアフラハプロジェクトのあるキテンゲラ市は、ナイロビに近いために多少危険であるため、訪問の際には必ず事前に下記にご連絡ください。

●サイディアフラハ
🏠 P.O.Box10　Kitengela 00242 Kenya
☎ (254) 733812179
📧 sfoarakawa@yahoo.co.jp
🚌 ナイロビ駅から110番Kitengela行きマタツバスで終点下車、徒歩約15分
荒川（プロジェクトコーディネーター）までご連絡ください。
見学料500Ksh　ワークキャンプ実施。HP参照。

●「サイディアフラハを支える会」
🏠 〒176-0011　東京都練馬区豊玉上2-1-11-901
大門千春（代表）
☎ (03) 3391-6600　担当：横山
📧 kwa.saidia@gmail.com
🌐 saidiafuraha.sakura.ne.jp/top.html

日本からの贈り物（前列右端が荒川さん）

サイディアフラハのおみやげ品
これらはいずれもサイディアフラハ裁縫工房で作られたもので、養護施設の人々の自立を助けるための製品です。
手拭き用のキコイドレス人形（人形とドレスセット）800sh（大）、着替えドレス1着200sh
小銭入れ200Ksh（小）

東アフリカ人の考え方

東アフリカ、特にウガンダ人にとっての財産とは何を示すのであろうか。現在地方に住み農業に従事している人はもちろん、都市に住み商業や経営者、サラリーマンとして働いている人においても最大の財産は土地である。

その土地というのはカンパラなどの街の土地よりも出身のふるさとにおいて牛やヤギを飼育できるだけの土地をもつことが成功者として評価される。基本的には土地さえあれば家族をつくれ、家族がいれば繁栄することができると考えている。その土地で牛やヤギを飼い、牛やヤギを子供に与えることができ、バナナや茶を作って生きていくこともできる。

子は親から土地をもらい、そこに家を建てて初めて妻を迎えることが可能になる。妻を迎えるためにはそれ相応の牛の数が必要とされるので親からどれだけ牛を引き継ぐのかも重要な財産分与となる。

土地を持つことが大切である

●ウガンダでどのような人間が尊敬されるのか

まず、家を所有していること。例えばどんなに学歴が高く、あるいは政府の高官であろうと借家生活をしている者は一人前とみなされない。しかも家には必ずソファセットがなくてはならない。だから働き出してすぐの若者でも、たとえ借家であっても、真っ先にソファセットを購入する。ウガンダにおいてはテレビを持つことよりもソファを買うことが最優先される。

さらに家のほかに牛を何十頭も飼うことができる土地をもち、バナナ畑をもつことが世間的に成功した人間と認められる最低条件である。

このため、政府の役人などは自分の故郷に土地を購入する金を貯めるためにせっせと賄賂を取ることに全力をあげるのである。

●どのような女性と結婚するか

妻にしたい女性は子供を産むことができる人で、なおかつ太っている人が美人とされる。それは子供をたくさん産めそうに思えるからだ。さらに子供のために一生懸命働く女性が偉いとされている。しかし、子供の数は町では3〜4人、田舎では10〜15、6人と相当差がある。子供の産めない女性は子供を産むまで実家に戻ることができない。そのため牛をたくさん持っている男は一番夫人から二番夫人、

故郷に学校をつくる

西部のコンゴとの国境に近いウガンダのKANUNGU 県KAMBUGA 地区NYAKAGYEZIG 村出身のサムエルさんは子供の頃は牛飼いをしていた。

しかし、学校に行くようになってから努力して首都の名門マケレレ大学を卒業し、文房具屋を開業。その後、日本の知人の招きで、自費で日本に留学し、2年の日本語学校終了後、さらに2年間日本の会社で営業職として勤務し、ウガンダに帰郷した。

教育の大切さを痛感した彼は、先輩のジョンソンさんたちとともに、エイズで両親を亡くした子供ための小学校を設立した。学校の名はNYAKA AIDS ORPHANS SCHOOL。今は中学NYAKA VOCATIONAL SECONDALY SCHOOLも併設している。ここに学ぶ生徒は463人、食事も制服も無料だ。

中学生は寄宿制だが、不足分は教室を寄宿舎として生活している。ただ、生徒の生活用品や下着までは手が回らず、厳しい生活を送らざるを得ないのが現状だ。

ブウィンディ原生N.P.にゴリラ・トレッキングに来た際には、生徒たちを励ましに立ち寄ってほしいとのこと。と同時に、学校を維持運営するため、生徒たちが学業を続けることができるよう寄付も募っている。

NYAKA AIDS ORPHANS SCHOOL
⌂ Nyakagyezi Village Kanungu P.O. Box 96 Kanungu
✉ info@nyakaschool.org.
☎0772629595
●寄付送り先：The Nyaka AIDS Foundation
⌂ P.O. Box 12540 Kampala　（事務所）
☎ (256)414-669483

子供の数は町と田舎で違う

三番夫人とたくさん妻をもらうことになる。しかも子供は後継ぎとなる男の子が絶対必要とされている。女の子は他家に嫁に行く時に男性側から牛をもらうことができるため、女の子が産まれると豊かになるといわれている。

●都会の人の考え方

都会の人はただ田舎に土地があるだけでなく、地位や職業におけるステータスがあるか、まずお金を稼げる職業に就くか、現在お金をもっているか、賄賂をもらうことができるようになるかが基準である。例えばお金を稼げるようになる（医者）、お金をもっている（経営者）、賄賂をもらう（政治家）、である。日本では人気のある学者や教師、ジャーナリストはあまり地位が高くない。また、いかに地位が高くても子供が少ない人は評価されず、そのため妻が何人いてもそしられることはない。原則として妻とその子供たちの家を建てる必要があり、子供が多いことは自慢となる。妻の人数に制限はないので5人も妻がいる人もいて、自慢げである。

●日本と日本人について

一般的にいえば、アジア系の人間は韓国人か中国人とひと括りにされているケースが多い。最近、我々に対してニーハオと言われることが多いのは、中国人の滞在者が圧倒的に増えているからである。日本のイメージの多くは、トヨタ車の評価からくるものが強く、さらに日本の電子製品は信頼されている。これらのことから日本人に対するイメージはよいといえるだろう。

●外国人に接する態度

東アフリカはフレンドリーな態度の人が多く、基本的に外国人はウエルカムである。なかでも日本人に接したことがある人は片言の日本語で「こんにちは、ありがとう」などと言ってにこやかに笑う者が非常に多い。ただし、日本側からの彼らに対する組織的積極的な働きかけは、公的組織のJICAなどを除き、ケニアにおけるかつての星野学校、現在のJACI以外、ほとんど見られないといってよい。日本語教育の面からすると、ウガンダでは、中国がマケレレ大学に中国語教育施設を寄付し、中国語の教員を送り込んでいるのに対し、日本はJICAの協力隊員を除けば、みやげ物屋の店員に簡単な日本語会話を教えているケースがあるだけである。

中国語も教えているマケレレ大学

太陽と月の話 《東アフリカの民話》

昔々、太陽は月と夫婦でした。ある日、太陽と月は夫婦げんかをして、月が太陽から逃げていきました。月と太陽の間にはたくさんの星である子供たちがいました。子供たちも乱暴なお父さんの太陽を嫌って、お母さんの月と一緒に逃げていきました。

だから、お父さんの太陽が現れる朝になると、お母さんの月は夜へ逃げていきます。子供たちもお母さんと一緒に夜にいて、決してお父さんの太陽と会おうとしません。だから、星は夜になると姿を現すのです。

猫はなぜ家にいるか 《東アフリカの民話》

昔々、猫はサバンナにすんでいました。しかし、ひとりでは恐くてたまりません。そこで賢いウサギと一緒にすむことにしました。ところがウサギはジャッカルに食べられてしまいました。そこで猫はジャッカルについていきました。ところがジャッカルはライオンに食べられてしまいました。猫はライオンについていくことにしました。そのライオンもゾウに踏みつぶされてしまったのです。この強いゾウについていれば安

心と猫は思いました。ところがそのゾウも狩人に殺されてしまったのです。

これこそ最強の生き物に違いない、猫は迷わず狩人についていきました。ところが狩人の家にはもっと恐い生き物がいて「これっぽっちしか捕ってこなかったのかい。もっと捕っておいで」といって狩人を追い出してしまいました。

それから猫は、この地上最強の生き物がいる家にすみ着くことにしましたとさ。

エチオピアの人々

独自の暦

●エチオピア暦

エチオピアではユリウス暦の影響を受けたエチオピア暦（Julian Calender）が使用されている。それに対し、現在日本も採用している西暦はグレゴリオ暦（Gregorian Calender）という。

エチオピア暦では12ヵ月はすべて30日までで、残りの5日（うるう年のときは6日）を13ヵ月（パグメ）とする。13ヵ月目は新年の前に準備をするための月である。

グレゴリオ暦からみれば7年8ヵ月遅れの9月11日がエチオピア歴の新年（日本でいう元日）である。つまり西暦2016年9月11日がエチオピアの2009年元旦となる。このずれにより、9月11日から12月までは西暦より7年遅れ、1月から9月10日までは8年遅れとなる。

エチオピア暦の詳細は以下のとおり。

9月11日	～10月10日	マスカラルム
10月11日	～11月9日	タカミツ
11月10日	～12月9日	ヘダル
12月10日	～1月8日	タハサス
1月9日	～2月7日	トゥル
2月8日	～3月9日	イェカティトゥ
3月10日	～4月8日	マガビットゥ
4月9日	～5月8日	ミヤズィア
5月9日	～6月7日	グンボットゥ
6月8日	～7月7日	セネ
7月8日	～8月6日	ハムレ
8月7日	～9月5日	ナハセ
9月6日	～9月10日	パグメ

●時間について

エチオピアではおもに12時間制が使われることを、頭に入れておこう。この場合の12時間制は日本の感覚とは大きく異なる。まずはじめのサイクルは日の出（朝の6:00）を時間の出発とし、朝7:00を「1:00」とする。「12:00」（日本でいう18:00）がこのサイクルの終わり。2番目のサイクルは18:00が「0:00」となってスタート、翌朝6:00の「0:00」に終わる。ちなみに朝8:00は「2:00（ウレット・サアット）」、12:00は「6:00（セディスト・サアット）」、13:00は「7:00（サバット・サアット）」

という。

バスの時刻を尋ねたりするときや待ち合わせをするときは、エチオピア時間なのかヨーロッパ時間なのかを必ず確認しよう。

人々の生活

●名前

エチオピアの人には名字がない。自分の名の次に、父親の名前、父方の祖父の名前と続く。例えばアベベ：ベキラ：セラシという名なら、アベベが本人の名でベキラは父の名、セラシは祖父の名である。なのでこの人に「ベキラさん」と呼び掛けても本人を呼んでいるとはいえないのだ。名字と間違えて呼ばないようにしよう。

●仕事

エチオピアでは女性が家事全般を請け負う。地方で生活する人は毎日瓶を背負って川へ行き、水くみ、洗濯をする。子供も薪を運んだり子守をしたりと、手伝いをする。

男性は農業に従事している人が85%以上。大都市にはサラリーマンや役人といった職種の人もいるが町よりは地方に住んでいる人が多い。観光業、工場などで生計を立てる人はごく少数である。

牧畜をする人々もいる

●結婚

イスラム教徒の結婚は家同士の契約のような側面が強い。一夫多妻制（4人まで）が認められているが、すべての妻に平均的に愛情を注がなくてはいけないので、それなりの難しさがある。

エチオピア正教徒の婚約は親同士で決める。基本的に女性に主導権はない。男性が気に入った女性の親に結婚を申し込み、許可されて初めて結婚できる。15歳頃にエチオピア正教の教

会で婚約式を執り行い、それからそれぞれが長い間準備をすることもある。新居の決定や、男性は盛大な結婚式のためにお金を貯め、女性は花嫁修行をする。さらに生後間もない赤ん坊と成人男性が婚約式を執り行い、女性が5〜6歳になると婚約者の家に行き結婚を待つという極端な例もある。

結婚の儀式はものすごく重要であり、全財産をかけて結婚するくらいの派手な儀式である。

新婦は式の間、伝統的ドレスの上にカバという金刺繍の入ったローブを着る。教会で結婚式を挙げたあと、新郎の家で親戚を呼んで祝い、新婦の家に移り親戚を呼んで祝い、それからホテルなどへ移り親戚、近隣の人、できる限りの人々を招待する。そこで食べきれないほどの食事を振る舞いながら儀式は延々と続く。主食のインジェラや、高級料理として牛の生肉（トレスガ）がビュッフェ形式で出される。会場に1頭分の牛肉がつるしてあり、好みの部位をコックに伝え切り取ってもらい、ミテミッタという辛い香辛料をつけて食べる。ホテルでの儀式には、招待されていないとおりがかりの人でも参加してご馳走になることができる。

食事を終えるとリボンと花で飾り立てられたベンツなどの高級車に親戚とともに乗り込み、何十台もの連なりとなってクラクションを鳴らしながら町を練り走る。お金持ちはホテルを借り切ってこの儀式を何日にもわたって行う。

翌朝には新婦が処女であった印の儀式がある。マッサブ（壺）の中に証を示し各親戚のもとに運ばれる。これも結婚式のなかの大事な儀式のひとつである。以上はアディスアベバでの一般的な結婚式の流れである。各民族ごとに違いがある。

● 葬式

結婚式同様、葬式は非常に大きなできごとである。身内が亡くなった場合は泣きながら地を転がる、髪を剃る、自分の胸をたたいて傷つける、自分で髪を引き抜くといった悲しみの表現をすることも多い。

彼らは長い間喪に服す。この間の服装は黒ずくめである。また葬式に行く場合はナタラ（頭にかぶる布）のかぶり方も普段とは異なるので、お葬式に行くのだということがすぐわかる。

朝、カバレ（市役所のようなもの）で故人が亡くなったことを告げてもらい、近隣の人に埋葬の日時が知らされる。

その家の担当司祭が墓場で故人をしのぶ言葉を述べ、墓へ埋める。火葬の習慣はない。

また遺族は家の中に弔問客の座る場所を用意する。亡くなって間もない時期は家の中だけではなく、外にテントを張り椅子を並べて、できるだけ多くの弔問客を迎える。また多くの料理やお酒などを準備し、弔問客に振る舞う。結婚式と同じように、食事は基本的にビュッフェ形式である。

このような葬式のためのお金は、日頃から互助会のような地域ごとのグループで積み立てて備えている。グループのなかの本人、あるいはその家族が亡くなった場合は、グループで助け合い、テントや食事など葬式の準備をする。

3日、7日、12日、40日、80日、6ヵ月、1年、7年ごとに葬式の儀式と同じような故人をしのぶ集いを開く。一回忌などでは多くの人にはがきを出し、家に来てもらう。

80を超える民族の集まるエチオピアでは葬式の習慣も民族ごとに異なり、南部に住む民族のなかには葬式の儀式で、みんなで歌ったり、食べたり踊ったりする人々もいる。

● 女性の生活

エチオピアの女性は働き者である。キリスト教徒なら日が出る前に教会に行くことから彼女たちの1日は始まる。家に戻ったらタマネギを刻みワットを作る。起きた夫の身繕いをし、食事の準備をする。ワットは冷めないように少量ずつ運ぶため、夫が食事を取っているときはそばについている。グルシャという夫が妻に食べさせる習慣があるので、自分で食べるのではなく夫が食事の際食べさせてくれるのを待つ。夫が食べ終わったら片づけ、ケテマ（草）を散らしてコーヒーセレモニーの準備を始める。女性は自分たちで食事を取る場合も男性と一緒に取ることはしない。

またエチオピア正教徒は女性も男性も割礼を受ける。男性は生後8日目、女性は10歳未満で行うが、このとき細菌感染のため亡くなる人も少なくない。

主食のコチョ作り。家事は女性が行う

エチオピアの少数民族

エチオピア南部にはまだまだ伝統的な生活をしている少数民族がかなりいる。彼らの昔ながらの習慣や文化に触れることは、少なからずこれからの人生に影響を与えるだろう。世界広しといえども、アフリカ大陸の限られた地域でしか経験することはできないのだから。比較的容易に訪問できる集落もあるので、ぜひ足を運んでみよう。

●ムルシ族

かなり強烈な印象を受ける。女性は唇に土や木で作った皿をはめ込んでいるので容易に見分けがつく。これは奴隷時代に自分を美しくみせないための方法であったが、今では習慣となりそれが観光客の目を引きつけている。ジンカから2時間程の地域にムルシ族の集落が点在している。写真撮影には5B／人を支払う必要がある。なお、午後からは地酒を飲む習慣があるので午前中にいくのがおすすめ。

ムルシ族の女性

●ハマル族

トゥルミという地域周辺で暮らしており、赤土とヤギのバターを髪の毛や体に塗り込んでおり体全体が赤っぽいので、すぐに見分けがつく。女性はおしゃれで、ヤギの皮で作ったスカート（後ろ面を地面に着くほど垂らし、ビーズや貝で飾ったもの）をはき、赤土を塗り込んだ髪を編み込んでいる。また、ネックレスや腕輪を何重にもつけている。成人の儀式は男性が3頭ほど並んだ牛の背中を飛び越すなど、見どころが多い。月に2〜3回行われるようだが不定期で、見学できるかどうかは運しだいだが、現地近くに行け

ば正確な情報が得られる。ディメカやツルミのマーケットに行くと、果物、蜂蜜、バター、ソルガム、コーヒーをプラスチック製品や布などと交換に来ている彼らに会うことができる。

●バンナ族

見た目はハマル族とほぼ同じ。ハマル族より装飾が控えめ。カイアファール周辺で暮らしているので、時間が許せば訪れたいところ。

●ダサネチ族

女性は愛らしい皮のフレアスカートをはいている。オモラテ周辺で暮らしている。時間が許せば彼らのもとも訪れたい。

〈そのほかの少数民族〉

●ニャンガダム族

女性は、髪を器用に編んで束ね、たくさんの首飾りと腕輪や耳飾りをつけている。男性は髪をきっちり結い、土で色をつけ、枕を持ち歩く。

●コンソ族

彼らの住居は二重屋根で、未婚の女性のスカートが二段になっている。昔から環境保全を考えた生活を徹底的にしているので有名。

地ビールを作っているコンソの女性

●カロ族

体に白く模様をつけ、ヘアバンドに鶏の羽を飾り勇ましい。

どこも公共の交通機関はないので、アディスアベバや、コンソあるいはジンカなどの現地近くでツアーをアレンジできる。

●コンソの観光案内所

住Konso Secondary- Preparatory Schoolの正面
料コンソ族の集落120B／人、ローカルガイド200B／人、300B／グループ
チャーターやガイドをアレンジしてくれる。

●ジンカのツアー会社

Siraj Ahmed Omo Valley Guide
☎0928988882
ⓔajnzazsbyat10@gmail.com
諸民族のガイドをしてくれる。

エチオピアの舞踊

エチオピアの音楽と舞踊は分けて考えにくく、ほぼ一体になっているといえる。人々は歌いながら踊り楽しむ。エチオピアは「民族のモザイク」といわれるように、80以上の民族により構成されていて、それぞれの民族が文化と言語をもち、独自の世界を維持している。ゆえにエチオピアの民俗舞踊も80以上あり、それぞれが特長を維持し、影響し合っている。大別すると宗教的音楽と舞踊、世俗的音楽と舞踊、地方民俗音楽と舞踊の3つに分けられる。

●宗教的音楽と舞踊

宗教的音楽と舞踊は、教会の儀式の際に演奏され踊られるもの。僧侶たちによる「歩く祈りの」舞踊といったものと、ダーカン（僧侶見習い）によるものとがある。

アクスムなどのエチオピア正教の儀式に見られる、何十名もの僧侶たちが向かい合って2列に並び、カバロ（大きなドラム）の拍子に合わせてゆっくりと行きつ戻りつ歌いながら歩く踊りは厳かで、また興味深く壮観である。踊りはやがて速いテンポへと移り小走りに変わり終わるが、その際、祈祷用の長いステッキ（マクァミァ）とワイヤーでできた鈴（システラ）が使われ、歌と踊りに華を添える。

毎年それぞれの教会で行われるアークにまつわる儀式でも「歩く祈りの」舞踊が見られる。エチオピア正教では、旧約聖書に出てくるモーセの十戒を納めたといわれるアークをメネリクⅠ世がエルサレムからアクスムに移したとされており、儀式はこれに由来するといわれている。

また6世紀に宗教と音楽、舞踊が結びついたことを説明する聖ヤーレイドの伝説がある。

505年4月25日、アクスムで父アダムと母テュークリアの間に産まれた聖ヤーレイドは幼いときから叔父アバ・ゲデオンに預けられ聖職者の勉強をしていた。叔父アバ・ゲデオンはヘブライ語とギリシア語に長け、聖書をグズ語に翻訳した人である。聖ヤーレイドはあまりに勉強が厳しいのでアクスムを逃げ出そうとしたが、大雨が降ってきたので雨を逃れるため木の下に入った。そこで1匹の毛虫が葉っぱを求めて何度も登る姿を見て、「こんな小さな虫でもがんばっているんだ」と気を取り直し、叔父のもとに戻り、非常によく勉強した。2年後には僧侶

として弱冠14歳で叔父アバ・ゲデオンの地位に取って代わるほどとなった。

熱心に仕事をする彼に、ある日3人の天使がパラダイスから鳥に姿を変えて臨み、聖歌を授けた。彼はそ

ダーカンたちのダンス

の歌をエチオピア正教の聖歌として確立した。また天使は彼に楽器も与えた。エンザラ（大きなフルートのようなもの）、マシンコ（1弦の楽器）、テナシテル（鈴）、カバロ（大きなドラム）、バガナ（ダビデの琴といわれるハープ）であり、現在でも僧侶たちはこれらの楽器を使用している。

後に時の統治者、ガブレマスカル王の前でも披露し、エチオピア中に広まったという。アディスアベバ大学内の民俗学博物館に彼が王の前で聖歌を披露する場面を描いたテンペラ画が展示されている。

●世俗的音楽と舞踊

アズマリ・ベットといわれる伝統的な社交場では、音楽と民族ダンスを見ることができる。アディスアベバ市内に100以上数えられるアズマリ・ベットは安価で楽しめるものから高級なものまでバラエティに富んでいる。かつては村々を歩き回り、人々が集まる所で歌い踊り、小銭をもらって生活していたアズマリ（芸人）たちがやがて軒を借りて定着して行くようになり、さらにその店を自分たちでもつようになって現在のアズマリ・ベットになった。

ほとんどのオーナーは歌手かダンサーである。ひとつのアズマリ・ベットは約20席から30席といった広さで、2～3人の歌手、2～3人のダンサー、ドラマーによって成り立っている。

アズマリ・ベットの歌手

アズマリ・ベットのマシンコ奏者とダンサー

使われるのはマシンコ（1弦の楽器）と太鼓。このマシンコは弦を左の指で押さえ弓で弾いて音を出す。マシンコ奏者は歌手でもあり、またときにはコメディアンともなり、弾き語りを即興で行う。これにも3つの型がある。あるときは、それぞれの客の前で即興でその客のことを歌い上げ、ジョークを飛ばす。

またあるときは女性の歌手とかけ合いで日々の生活の機微を歌い上げる。例えば、美しいあなたの名前を呼ばずにローズという名をあなたに付け、あなたをローズと呼ぼう、ほかの男性があなたの名を覚えて呼ばないように、といった具合。歌の合間に女性のダンサーたちはエスケスタ（首、肩、胸を小きざみに動かすエチオピア特有の踊り）で歌を盛り上げていく。そしてまたあるときは、女性歌手2～3人で歌と踊りのハーモニーを楽しませてくれる。

これらの歌がひと息つくと踊りの番がきてダンサーたちはエスケスタを踊る。始めは静かに首を動かしていき、やがて肩、そして胸。音楽も盛り上がり、客の手拍子も弾んでくると、ダンサーたちはそれぞれ客の前へ行き、客にも踊りを促す。促された客たちは立ち上がって自分の得意な分野を披露したり、ダンサーの促しに合わせて競い合って踊る。周りの皆は手拍子でこの競い合いに拍車をかけ、客が疲れたところでダンサーにチップを渡して終わる。ダンサーは次の客、次の客へと次々に客の前で踊り、競い、ひととおりすべての客を回り、歌手とダンサーと客はひとつに溶け合っていく。歌い踊り、快い疲労感と開放感と一体感とがひと段落したら、次の店へと繰り出して行こう。どこのアズマリ・ベットもそれぞれ特徴があり、ひととおり終わると短い休憩のあとに同様のプログラムがまた最初から繰り返されるので、1～2時間もいれば十分だ。ダンサーや歌手を多く抱えて

いる店は、多少のバラエティを見せ楽しませてもくれる。

アズマリ・ベットは開始が遅く21:30頃から始まり、終わりは翌3:00頃である。このアズマリ・ベットでは、ミネラルウオーターやソフトドリンクで2時間以上いる客も多く、ダンサーへのチップを含めても安価な料金で十分楽しめる。

●地方民俗音楽と舞踊

地方民族音楽と舞踊は彼らの社会生活と密接につながっていて、命名式、成人式、結婚式、葬式や一般的な共同生活におけるめでたい行事の折々に伝統的に歌われ踊られるものである。起源はと聞かれれば、社会生活が始まると同時であり、音楽や踊りをとおして文化的儀式が古来から脈々と受け継がれてきたといえるだろう。また文化生活に占めるその割合は大変大きく、驚くほど豊かなものである。

さてこの地方民俗音楽と舞踊について少し説明していきたい。前記のとおりエチオピアの民族は80以上あり、文化も音楽、舞踊も多種多様である。かなり大雑把ではあるが、これらの音楽、舞踊を、アディスアベバのあるショワ地方を中心にして北部地域と南部地域に分けることができる。

北部地域の踊りはおもに胸から上の部分を動かすエスケスタが中心となり、首、肩、胸を上下左右に動かしたり振ったり揺すったりして微妙なバリエーションを楽しむ。これはウォンロ、ティグレ、ゴンダール、ゴッチャムといった地方に代表される。

一方ティグライ地方などの南部地域はおもに腰から下を動かすものが中心であり、これはさらに2種類に分けられる。腰を回したり振ったりするウォライタに代表されるものと、ジャンプを主体にするアルシー、コンソやガンベラに代表されるものとである。そのなかには、コーヒーの原産地であるカファやジマ地方に見られる、足、腰の動きを中心としたハンティング・ダンスも含まれる。

ガンベラの踊り

東アフリカで活躍する日本人④
退職後、ケニアで児童教育に取り組んでいます　都丸つや子さん

都丸さんは40年にわたって保育園の保育士と園長をされていた方です。保育園退職後、大学の非常勤講師を務めていたとき、ケニアのサファリに出かけたのがきっかけですっかりこの国の子供たちに魅せられました。と同時に子供たちのおかれている劣悪な環境に大変心を痛めました。これは何とかしてあげたいなと思い立った都丸さんは非常勤講師を退職され、早速ケニアに飛び、幼稚園と小学校の開設に取り掛かりました。

この時、都丸さんがまだ若い保育士だった頃に言われた「幼児期にしっかり教育しないとその子は一生苦労する」という先輩園長の言葉が頭を離れなかったそうです。ケニアの幼児を教育して立派な人間に育てたい、こうした都丸さんの固い決意を理解してくれる現地の協力者も現れ、本格的に準備を開始しました。

協力者が手配してくれたロイトキトクLoitokitokの土地に、退職金をつぎ込み、勤めておられた東京渋谷区の保育園の保育士さん達の協力で、正門、職員室、食堂兼ホールが完成しました。その後はおもに幼児教育の参考書を出版している萌文書林さんより幼稚園建設資金が提供され、2012年に校舎が完成しました。さらに友人の資金で2013年7月に、7、8年生（中学生に当たる）の校舎が完成し、幼稚園から中学校にいたる一貫教育の学園が完成し、2015年に第一期生が卒業しました。

ケニアの若い先生方にも恵まれ、日本でのマネージメントを引き受けてくださる方と協力し学園を運営しています。現在、都丸さんは保育園のアドバイザーという立場です。私立学校なのでわずかですが授業料（給食費込みで1200Ksh、ほかの私立校の半額）が必要です。そのほとんどは先生方の給料と給食代になるのですが、ケニアでは公立学校は無料なので児童の保護者には負担なはずです。しか

都丸つや子さん

し、ここは教育熱心な

学園にはケニア国旗が揚がる

土地で、子供によい教育を与えようと、この学校に子供を入れたがる親があとを絶ちません。

ケニアでは、学校教育はいわゆる勉強だけを教えるものと思われていますが、都丸さんは美術や音楽、そして体育も教えようとしています。しかし、ケニアではこうした方面の教具や用具がほとんど手に入らないのが悩みだそうです。また、学費を出すのがやっとの家庭も少なくなく、擦り切れるまで衣類を着ている子も目につきます。

学園は、ロイトキトクの町の郊外のガマにあります。ロイトキトクはナイロビ・ジョモ・ケニヤッタ国際空港からアンボセリ国立公園に向かうルートにあるので、サファリの途中でぜひ立ち寄ってくださいと都丸さんはおっしゃっています。ただ、突然来ていただくと授業中であったり学園行事などで応対に失礼があるといけないので、事前に連絡いただければ幸いとおっしゃっていました。

●寄付大歓迎です

衣料品、文房具、画材などはありがたくいただきたいそうです。訪問できない場合は下記にご郵送ください。寄付金もいただければありがたいそうですが、下記メールアドレスにお問い合わせください。

学園名:South Mount Nkama Academy

🏠 P.O.Box 104-00269　Loitokitok Kenya

☎254-0703-116-1713（都丸）

📧 tsuyakotomaru@gmail.com

🚌ナイロビからロイトキトク行きマタツかバスで終点下車、所要約4時間。途中のエマリ（ロイトキトクまでバスで1時間ほどの町）まで来たら、都丸先生まで電話してください。ロイトキトクの町まで迎えにきてくれます

全生徒と職員、左端が都丸さん

地理と歴史

東アフリカの地理を知る

　ゆったりと野生動物が行き交うサバンナのはるか向こう、白く雪を頂いたキリマンジャロ山が浮かぶ。そんな光景を、テレビや写真で目にしたことがあるだろう。広大なサバンナ、高い山々、たくさんの湖。変化に富んだ東アフリカの自然は、雄大で美しい。

●東アフリカの地形

　赤道直下という位置にありながら、東アフリカの国々は意外なほど冷涼で過ごしやすい。それは海岸地方を除くこの地域が、高度1000～3000mという高原地帯だからだ。例えば、ケニアの首都ナイロビは、標高約1661mの所にあり、平均気温は18℃だ。高原の上には、4000～5000m級の山々がそびえ、このあたりはアフリカ大陸の屋根になっている。

　海岸地方には平野があまりなく、50～200km幅の低地帯が続いている。海域では珊瑚礁の発達が見られる。

　多くの湖が点在するなか、地図上でもひときわ目立つのは、ビクトリア湖、タンガニーカ湖、マラウイ湖の三大湖だ。

```
東アフリカの
地形概略図
```

　ナイルの水源であり、世界第3位の広さを誇るビクトリア湖は、水深82m（琵琶湖は103m）。大きな皿に水を張ったような湖だ。それにひきかえ、細長く横たわったタンガニーカ湖とマラウイ湖は、それぞれ世界第2位と第4位の水深、1435mと706m（異説もある）を誇っている。

　比較的近い位置にありながら、どうして湖の性格が異なっているのだろうか。

●アフリカ大陸を引き裂く
巨大な地球の割れ目、大地溝帯

　東アフリカの高原地帯を南北に貫いて走っているのは、グレート・リフト・バレー（大地溝帯）だ。幅35～60kmの正断層による陥没地帯で、その総延長は7000kmにも及ぶ。

　死海にはじまり、アカバ湾、スエズ湾、紅海、そしてアデン湾の底から、エチオピアの低地を横切り、エチオピア高原を二分し、ツルカナ湖からケニア、タンザニアへといたる東部地溝帯。アルバート湖にはじまり、タンガニーカ湖、マラウイ湖からモザンビーク、そしてインド洋へと抜ける西部地溝帯。グレート・リフト・バレーは、東西ふたつの列からなっている。地図の上をたどってみよう。

　地溝帯に沿ってタンガニーカ湖、マラウイ湖をはじめとする細長い湖が、いくつも連なっている。これらがとても深いのは、大断層の底にできた湖だからだ。タンガニーカ湖の湖底などは海水面より約655mも低い所にある。

　グレート・リフト・バレーの深部では、プレートが互いにぶつかり合い、今も活発な地殻運動が行われている。地球の割れ目は、さらに広がるばかりだ。アフリカ大陸は引き裂かれ、ここに数千年後、新しい海が誕生するそうだ。

グレート・リフト・バレー（大地溝帯）

ウガンダ小史

11世紀以降、バンツー族、ナイロート族、ハム族などが次々とこの肥沃な土地に移住してきた。彼らはそれぞれブガンダ、ブニョロ、ソガ、ギス、トロ、アンコーレなどの王国を形成し、19世紀に入るとビクトリア湖の北に位置するブガンダ王国が勢力を強めたのである。

同じ頃、象牙と奴隷貿易を営むアラブ人がこの地に進入した。その後、ヨーロッパ諸国、特にイギリスとドイツの東アフリカ分割の野望にともない、この地はイギリスの勢力圏にされ、1900年にはブガンダ王国（国王はカバカと呼ばれた）は保護領化され、植民地の状態になってしまった。

第2次世界大戦後、アフリカ諸国の独立が続いた1960年代には、

ありし日のカバカの墓

イギリス領東アフリカの北部はブガンダ王国の存続を含むウガンダ連邦として1962年に独立し、翌年、ブガンダ王ムテサ2世を大統領とする共和国となったのである。ところが、民族の対立が原因で、首相のオボテが大統領ムテサ2世を追放し権力を握った。

ここから今日にいたる権力闘争が始まるのだが、これは多民族国家ウガンダの民族闘争の意味合いが濃い。大統領となったオボテも、1971年の外遊中に陸軍総司令官イディア・アミンのクーデターにより追放され、アミンが政権の座に就く。

アミンは、追放されロンドンで死んだブガンダ王ムテサ2世の遺体を持ち帰り、国葬を行い、自らの御輿を白人に担がせるなどの行為によって人気を得、国民の支持を得て、独裁者となっていった。経済実権を握っていたアジア人（ウガンダ国籍をもたないインド系）やユダヤ人商人、海外技術者を国外追放し、国民の感情的共感を得たが、資本や技術者を失った国内経済はたちまち破綻してしまった。イギリスやケニア、タンザニアとの関係は悪化し、イスラム教徒のアミンはリビアの軍事援助を受ける。ウガンダ軍の反アミンクーデター未遂事件も頻発した。アミンは政府要人の反対者ばかりでなく、キリスト教会の大司教も抹殺し、国内は恐怖政治におののいていた。

1978年、ウガンダ軍がタンザニア西部の国境地帯を占領したが、再起を図るオボテはタンザニアのニエレレ大統領の支持を受け、翌年、タンザニア軍と反アミンのウガンダ解放戦線はウガンダに侵攻し、アミンを追放、権力を握った。

このタンザニア・ウガンダ戦争が、独立後の東アフリカ諸国での最初の国家間戦争であり、この後、他国のあと押しで引き起こされる武力紛争の典型的パターンとなった。しかし1985年には、オボテは参謀であったチトー・オケロのクーデターでまた追放されてしまう。

オケロ政権もさらに短命で、翌年、反アミン派として一大勢力を有するヨウェリ・カグタ・ムセヴェニによって追放されてしまった。その後ムセヴェニは選挙によっても大統領に選ばれ、2016年6月現在にいたるまで大統領の地位を保っている。

エチオピア小史

「ルーシー」と名付けられた350万年前の直立二足歩行したとされる人骨の化石がほぼ完全に近い形で発見され、続いて440万年前の人骨の化石「ラミダス：根、あるいは先祖の意」が発見されるなどエチオピアの人類居住の歴史は古い。

伝説によれば、紀元前10世紀頃にはスーダン、イエメン、エチオピア一帯を治めていたシバの女王（名はマケダ）がイスラエルのソロモン王との間にもうけた息子がエチオピア初代皇帝メネリク1世になったという。息子は後に父親であるソロモン王に会い、十戒の記された石板、アークの入った『契約の箱』をエルサレムから持ち帰り、エチオピアに安置したとされる。

エチオピアの国は古く旧約聖書にも登場する。モーセの妻はエチオピア人であったとされ、エチオピア人はノアの孫エチオピックの子孫であるというのがそれである。エチオピックの息子アクスマイが建国したとされる古代アクスム王国は紀元前2、3世紀頃に存在していた。その地は水も豊かで穀物栽培に適し、付近にはゾウが生息したため多くの象牙やカメの甲羅、サイの角などを輸出し、貿易が盛んに行われた。

3世紀にはコインが鋳造され、4世紀エザナ

土の時代にはキリスト教が国教に定められたことによりコインに十字架が刻まれた。

古代アクスム王国期のオベリスク（アクスム）

7世紀にはアラブ人が紅海を支配下においたためアクスム王国は南下する。アクスム王国は、9世紀にはキリスト教徒ではないアガウ族の女首長グディト（ヨディトともいう）と争い、キリスト教の建築物はことごとく破壊され、オベリスクも倒されたといわれている。

12世紀にはアクスムからラスタ地方に遷都され、ザグウェ王朝の時代に入る。13世紀の終わり頃にはイエクノ・アムラクにより政治の中心はショワに移され新王朝が建った。

14世紀、アダム・セヨン王の治世には『王たちの栄光』がグズ語で記された。

17世紀になるとスセニヨス王によりゴルゴラに、そしてファシリデス王によりゴンダールへと政治の中心が移る。16世紀以降イスラムの侵略や争乱のために国内は荒廃していた。

19世紀、テオドロス王は近代化を図りイギリスに接近しようとするが、当時のイギリスはエチオピアと対立関係にあったトルコ、エジプトと同盟を組んでいたため、エチオピアに軍隊を派遣する。テオドロス王は敗戦し、1868年に銃により自害する運命をたどった。

テオドロス王

19世紀には、イタリアはエチオピアとの間に結んだ条約を拡大解釈し、エチオピアの宗主権を主張してエチオピアに侵入するが、メネリク2世（1844〜1913年）は1896年、アドワの戦いにおいてイタリア軍を打ち破ることに成功した。

1913年、メネリク2世の没後、ザウディト

女王の時代に摂政をしていたフメ・タノァリ・マコーネン（のちのハイレ・セラシエ皇帝）が1930年に皇帝に就く。

彼はすぐにエチオピアの近代化に着手し、憲法を制定し立憲君主国とした。1935年、イタリアのムッソリーニがアドワの戦いの雪辱を果たすためエチオピアに侵攻した。翌1936年、アディスアベバは陥落した。

1941年ムッソリーニはイギリス、フランスに宣戦布告し第2次世界大戦へと突入する。エチオピアはただちにイギリス軍の支援を得てイタリア軍を攻撃し、アディスアベバを奪回した。

1963年ハイレ・セラシエ皇帝はアフリカ諸国の首脳会議を開きOAU（アフリカ統一機構）、現AU（アフリカ連合）の創設に貢献し、OAUの本部をアディスアベバに設けた。

1974年、エチオピア革命がデルグ（革命委員会）により起こり、ハイレ・セラシエ皇帝は廃位され、暗殺される。のち17年間は軍による社会主義政策により国は統治される。

ハイレ・セラシエ皇帝の墓

1985年、干ばつと大飢饉がエチオピアを襲い、1960年代から独立運動をしていた北部のエリトリアがティグレ人民解放戦線とともにアディスアベバに突入、1991年5月軍事政権は崩壊し暫定政府が樹立、1995年にエチオピア連邦民主共和国が成立し、マラセ・ゼナウィが首相に選出された。エリトリアは1993年5月に正式に独立した。

1995年にスーダン、1997年にソマリアとの関係が緊張化。1998年にはエリトリアとの間で国境をめぐり軍事衝突が発生し、エリトリア軍がエチオピア北西部を占領した。この国境紛争は2000年の和平合意まで続いたが2016年6月現在でも国境は未確定である。

また2000年、初代大統領ネガソ・ギダダの任期が満了し、2001年、ギルマ・ウォルデギ

オルギス・ルチャが新大統領に選出された。2006年と2011年には無政府状態の隣国のソマリアに侵攻し、この地域の軍事大国としての存在感を強めている。

ケニア小史

　およそ3000年前にエチオピアからケニアへ遊牧民族が気候の変化とともに移り住んできた。その後約2500年前までにアフリカ各地の部族が移住するようになる。約2000年前には現在のケニアを構成する部族の一部、バンツー諸語族（グシイ族、キクユ族、カンバ族、メルー族など）が中央アフリカから移住してきた。

　8世紀頃からアラブの人々がダウ船で東アフリカを訪れる。アラブの貿易商人がケニアに移住し始め、アフリカ人とアラブ人の混血も多く誕生し、16世紀の終わりにはナイル諸語族（マサイ族、ルオ族、サンブル族、ツルカナ族など）が移住してきた。

マリンディにあるバスコ・ダ・ガマ記念碑

　1498年ポルトガルの航海者バスコ・ダ・ガマは、交易地であったモンバサやマリンディの港を訪問し、マリンディの水先案内人の指示に従ってインドに到することができた。いわゆるインド航路の「発見」である。ポルトガルは東海岸にフォート・ジーザスを築き、植民地化を試みたがアラブ勢力の抵抗により不成功に終わった。しかし1505年にはソファラ、モンバサ、キルワがポルトガルに相次いで占領され、その後約200年の間、厳しい植民地制度が課せられた。1698年にアラブ人の包囲によって、フォート・ジーザスはついに打ち破られポルトガル人はこの地を去り、アラブ人は再び東アフリカ海岸地域の実権を握った。

モンバサにあるフォート・ジーザス

　18世紀の間はオマーンから派遣されモンバサで勢力を伸ばした総督マズルイ家などが、関税の徴収、軍隊の統率、都市の統治などを委任されており、形のうえではモンバサはオマーンの君主の支配下であった。

　1822年に即位したスルタン（特定の地域を支配する個人の称号）であるサイード・サイードはマズルイ家の支配下にあったモンバサ、パテ、ペンバ（現タンザニア領）に兵を送り、その地を征服する。1830年代にはザンジバル（現タンザニア領）にストーン・タウンという王都を築き、それから沿岸部から内陸へ延びる交易、象牙の運搬を行うルートを支配した。

　マズルイ家はイギリスに助けを求め、一時フォート・ジーザスは一方的にイギリス保護領であるとされた。3年後、イギリス政府は保護領の宣言を取り消し、サイード・サイードは再度フォート・ジーザスの支配を宣言し、王宮もザンジバルに移された。

　1823年、イギリスが再度この地に進出を開始し、おもに内陸のウガンダとの取引のためイギリス東アフリカ会社を設立した。1888年、イギリス東アフリカ会社が帝国イギリス東アフリカ会社に名称を変更するとともにイギリスの統治下に入り、1895年には東アフリカ保護領となった。当時この地はマサイ族占有の土地と考えられていたが、19世紀後半になるとマサイ族は病気の流行と飢餓、また部族内部の対立により弱体化する。イギリスはマサイ族の酋長オロナナと話し合い、条約を結ぶ。この条約によりモンバサからウガンダのビクトリア湖までを結ぶ鉄道工事が開始された。鉄道工事は住民の抵抗を受けたものの、1901年には線路はビクトリア湖岸のキスムまで達した。

　こうしたヨーロッパ諸国のアフリカ植民地化政策により、19世紀の後半までにアフリカ大

陸の国境線がほぼ定められた。

1907年、東アフリカ保護領の中心地がモンバサからナイロビに移転された。ナイロビは以後急速に都市的発展を遂げる。

ウガンダ鉄道沿いの土地には西欧諸国からの移住者が増加しており、政府は「ホワイト・ハイランド」という白人専用地を建設した。さらには保護地区を設けてアフリカ人住民をそこに居住させた。ホワイト・ハイランドを拡大するため、ウガンダ東部も保護領に組み込んだ。

1920年、東アフリカ保護領は直轄植民地として王室領となり、アフリカ人住民の危機意識も高まった。白人に土地を奪われたキクユの人々は自分たちの土地からしめ出されたことの怒りから、自らの土地を取り返すことをおもとした政治団体「東アフリカ協会」を結成した。ここからジョンストーン・カマウという後にジョモ・ケニヤッタと名前を変え、ケニアの初代大統領になる若者が出る。1921年には、反植民地運動を開始した。その後、キクユ族、ルオ族、ルイヤ族などの大部族の間に民族主義的な運動が芽生えた。1924年キクユ中央協会（KCA）が結成され、ジョモ・ケニヤッタを中心として活発な活動を開始した。

第2次世界大戦中、アフリカ人の政治活動は非合法下におかれた。ケニヤッタはヨーロッパ滞在中にヘイスティングス・バンダ（後のマラウイ大統領）、クワメ・ンクルマ（後のガーナ大統領）とパン・アフリカン同盟を結び、ケニア自由化運動の指導者として認識されるようになった。1946年に帰国したケニヤッタは植民地政府と対決姿勢にあったアフリカ人団体のなかで特に中心的な役割を果たしていたケニア・アフリカ人同盟（KAU）で、初代ツク、2代目ジェームス・ギチュルの後に党首となった。

マウマウは当時の政治的な組織のひとつで、1952年におもにキクユ族によって結成され、反植民地闘争を行っていた。植民地政府はKAUの勢いを恐れマウマウの活動を禁止し、1952年にはKAUに対する弾圧を開始した。この強大な弾圧で1万人以上の死亡者と30万人以上の逮捕者が出た。ケニヤッタは逮捕され自宅監禁となる。

このマウマウ事件をきっかけとして多くの白人移住者は現ジンバブエ、南アフリカ、オーストラリアに退去し、植民地政府も政策の転換を

マウマウの基地となった洞窟（アバデア付近）

迫られた。

1957年の初めての選挙ではアフリカ人議員が選出された。1959年には、「ケニア独立運動」がアフリカ人により結成され、この主張は1960年にイギリスが打ち出した『1963年12月ケニア独立』の計画により公認された。

この間KAUは、ナイロビを中心とする中央集権国家を目指す派閥のケニア・アフリカ人民族同盟（KANU）とキクユ族の独裁を防ぐため連邦制をとるべきという派閥のケニア・アフリカ人民主同盟（KADU）に分かれた。1961年に釈放されたジョモ・ケニヤッタがKANU総裁に就任、1962年にKANUとKADUは連立政

ケニア紙幣の
ジョモ・ケニヤッタ初代大統領

府を結成したが、KANUが権力を握るようになった。1963年12月にイギリス連邦内の自治国としてケニアは独立を達成し、ケニヤッタはケニア最初の大統領に就任する。

イギリスは新ケニア政府に対してUS＄1億もの資金援助を行い、これにより新政府はヨーロッパ人の経営する農場を買い取って土地を各民族に返還することが可能になった。

1964年のKADUの自主解散により、連邦主義政策は消滅し、政府も二院制から一院制へと移行された。

1971年、ルオ族とカンバ族によるクーデターが勃発、ケニヤッタ大統領暗殺未遂事件など、キクユ族の支配に対する反感や政府不信が強まった。1978年にケニヤッタ大統領が死去し、大統領に少数民族出身のダニエル・アラップ・モ

イ副大統領が就任した。2002年モイ大統領の任期終了後、野党出身のムワイ・キバキが3代目の大統領に就任した。

2007年12月27日の大統領選挙でキバキが再選されたが、野党から不正選挙を指摘され、これがキクユ族と反キクユ族の民族的対立を激化させ、各地で暴動や虐殺が発生したが、今は、表面的には何ごともなかったように鎮静化している。2013年に初代大統領ジョモ・ケニヤッタの息子、ウフル・ケニヤッタが第4代目大統領に就任した。

また2011年にはソマリア南西部に侵攻し、現地武装勢力を鎮圧した。しかし、ソマリアを拠点としているテロ集団は、ケニアのソマリア侵攻への復讐として、ケニア各地でテロを繰り返した。特に2013年9月21日、ナイロビ最大のショッピングセンターを襲い、ケニア大統領の甥を含む数百人を人質に取り立てこもり、人質の非イスラム教徒を次々と殺害した。ケニア政府は軍隊で鎮圧したが、テロリストたちはそのビルを爆破し、犠牲者は69名という大惨事となった。

タンザニア小史

タンザニアの海岸地域は、インド洋のモンスーンを利用した交易によって古くから開けていた。特にアラブ、ペルシアとはつながりが深く、また中国ともつながりがあったことをザンジバル島から出土した唐銭が物語っている。

アラブ商人たちはおよそ2000年前にはタンザニアの海岸に到達し、7世紀頃にはザンジバル島や沿岸部のキルワなどに定住するようになった。これにともないタンザニア内陸部への通商ルートが確立されたため、バンツー語にアラビア語の語彙が多く借用されたスワヒリ語が共通語となり、イスラム教とスワヒリ文化を中心とした都市国家が繁栄した。

1498年にバスコ・ダ・ガマが喜望峰を回り東アフリカに到達してからこの地にポルトガル人が進出し、1503年にザンジバル島はポルトガルの保護下におかれた。キルワには、ポルトガル人が1505年に建造した砦の遺跡「ゲレザ」が残る。

しかし17世紀後半、ポルトガル人は象牙や奴隷の売買を始めたアラビア半島のオマーン人に勢力を奪われる。この時期アフリカ産の象牙は日本にももたらされている。さらにオマーン人はキルワを根拠地とし、奴隷貿易を開始した。

1840年、オマーンはザンジバル島を平定してザンジバル王国を建国。さらに勢力を沿岸部へと拡大し、ソマリアからキルワまでの海岸都市を支配下におき、内陸はタンガニーカ湖東岸のウジジにまでいたる広大な領土を支配し、奴隷貿易を経営した。1860年にオマーンから独立したザンジバル王国は、奴隷貿易に加え香辛料のクローブ（丁子）の貿易によって繁栄した。

19世紀になると西欧諸国によるアフリカ内陸部の探検が活発になった。さらにイギリス、ドイツは東アフリカの植民地化へと乗り出し大陸側を支配する。沿岸部、内陸のアラブ人やアフリカ人首長はこの支配に対して抵抗を示した。なかでも1905年、キンジュケティレの率いた、ルフィジ川流域地方で起こったマジマジの乱は有名である。この反乱は、10万人を超える犠牲者を出しつつも2年間続いたが、武力により鎮圧された。

第1次世界大戦が始まるとイギリスおよびベルギー領コンゴの軍隊がドイツ領東アフリカのタンガニーカを占領し、その大部分はイギリス保護領とされ、タンガニーカと呼ばれることとなる。タンガニーカは、イギリス領東アフリカとしてケニア、ウガンダと通貨、関税などが統一された。ダル・エス・サラームはイギリス領タンガニーカの首都とされた。

第2次世界大戦後、タンガニーカは国際連合の信託統治領となり、イギリスはケニア、ウガンダ、タンガニーカの統合をさらに強めたが、1950年代にはニエレレの指導のもと民族主義運動が発展し、1954年、タンガニーカ・アフリカ人民族同盟（TANU）が結成された。TANUは勢力を強め、大陸側タンガニーカは1961年12月9日独立を果たした。

そして翌1962年12月9日、ニエレレを初代大統領とするタンガニーカ共和国が発足する。おって1963年にザンジバルが独立

タンザニア紙幣のニエレレ大統領

し、1964年、タンガニーカとザンジバルが統合され、現在のタンザニア連合共和国が建国された。

ニエレレ大統領はムワリム（先生）というニックネームをもち、全土にスワヒリ語と義務教育を普及させるなど20年以上にわたって社会主義的政策を行った。中華人民共和国とも早くから国交をもち、同国初の本格的対外援助によってタンザン鉄道（現地ではタザラ鉄道と呼ばれている）を開通させた。しかし社会主義的政治は停滞を生み、国内は貧窮から抜け出せなかった。

この政権の後はムウィニ、ムカパと大統領が交代し資本主義的政策を取り入れ、2005年の選挙ではジャカヤ・キクウェテが大統領の座に就き（2015年再任）、安定した政治が行われている（2016年6月現在）。

ルワンダ小史

ヨーロッパ勢力が進出する以前は、この地には農耕民族フツ族と遊牧民族ツチ族が共存し、ルワンダ王国が形成されていた。このふたつの民族の意識は曖昧であったといわれる。19世紀にヨーロッパ勢力によるアフリカ分割の結果、新興のドイツ帝国がタンガニーカ、ブルンジを含めこの地域を領有し、王国の統治を利用した間接統治を行っていた。第1次世界大戦に敗北し帝国が崩壊したドイツからベルギーがこの地域を引き継ぎ、ベルギー領ルワンダウルンディ植民地となってから王国は全く形骸化した。

20世紀初頭、この地をドイツ帝国より引き継いで植民地としたベルギーは、植民地統治の手段としてツチ族をことさら優遇したため、ふたつの民族の差異が強調され、対立をあおられた結果、民族対立が顕在化してしまった。そのためふたつの民族に優位の差が生じ、それが民族対立につながり、ジェノサイドと呼ばれる大事件が生じた。

1994年4月6日に当時のルワンダ大統領、ジュベーナール・バビャリマナとブルンジ大統領、ンタリャミリャの搭乗した飛行機がミサイルにより墜落し、暗殺された事件からジェノサイドはスタートしている。多数民族であったフツ族によって、支配階級であったツチ族とそのツチ族に対し温和な政策をとろうとしていた穏健派フツ族を殺害するというジェノサイドが開始された。約100日間にフツ族の過激派民兵らによって、50万人から100万人のルワンダ国民が虐殺された。これは、当時のルワンダ国民の10～20％を占めていた。

1994年7月、亡命していたツチ族を中心としたルワンダ愛国戦線RPFが全土を武力制圧し、政権を樹立し、ここにジェノサイドは終焉を迎えた。この間の事情は日本でも公開された映画『ホテル・ルワンダ』に詳しく描かれている。

RPF中心の政権樹立後、ジェノサイドに加担もしくは傍観していたフツ族の多くが、ツチ族による報復を恐れ、国外に脱出しザイールやブルンジ、タンザニア、ウガンダなどで難民となった。これらルワンダ難民のキャンプは衛生及び食糧、治安いずれも劣悪な状況であり、欧米中心の多国籍軍が支援活動を行った。日本も国際平和協力法に基づき、難民キャンプに自衛隊を派遣していた。

RPF政権はツチ族による報復を抑え、ツチ族出身者のみならずフツ族出身閣僚の任命など国民融和策を計って民主化のための努力を行ってきた。2003年の大統領選挙と議会選挙では、ツチ族のカガメ大統領と与党RPFが勝利し、2010年8月の大統領選挙でもカガメ大統領が高得票で圧勝し、民主化と民族和解は着々進行している。

もともと肥沃な土地だったため、コーヒー、茶などの生産が盛んであった。しかし内戦により経済は壊滅的打撃を受けたが、その後国際社会からの大規模な支援もあり、ここ数年、安定した経済成長を続けている。とりわけ欧米に逃れていた難民が技術と資金を携え帰国し、発展に寄与するようになり、年6～7％近い経済成長を果たしているため「アフリカの奇跡」と呼ばれている。今後も同水準の経済成長が続くとみられる。

現ルワンダ政府はかつての経験を踏まえ治安維持政策に積極的に取り組んでおり、ツチ族やフツ族の呼称は公には廃止され融和政策は進んでいて、治安は安定している。このため、いまやアフリカ諸国のなかでも最も一般犯罪の少ない国のひとつといわれている。

また旧宗主国がベルギーであったため東アフリカでは異色のフランス語が通じる国である。今は公用語が英語になっているが、まだまだフランス語のほうが通じるようだ。

宗教

現地の人と仲よくなり、お互いのことを話しているうちに、宗教について相手が話し出すかもしれない。そして、わざわざ東アフリカまでやって来た遠い国の異邦人に「あなたはどんな宗教を信じているの」と問いかけるかもしれない。そのとき、あなたはどのように答えるだろうか。もし「私は、仏教徒です」と答えて、相手が何も知らなければ、「仏教」とは何か説明する必要がある。説明するなかで、仏教ではいろいろな仏様に祈ると説いても、それは宗教ではないと言われるかもしれない。また、「私は、どの宗教も信じていない」と答えたら、相手に、じゃあ仏様も信じていないのかと言われるだろう。あなたが、敬虔な仏教の帰依者、敬虔なキリスト教の信者であれば、そのとおりに答えればよい。

けれども、そこで「宗教とは何だろう」と思ったのなら、彼らの宗教、日本の宗教について考えてみるよい機会になるだろう。

イスラム教

イスラム教においては、神様はひとりであり、ほかのユダヤ教やキリスト教と同様に、創世記の神話を信じている。ただ、彼らがほかの一神教を認めないのは、モーゼ、イエスも預言者であるが、最後の預言者はムハンマドであるとして、彼らからもたらされた言葉が最後の神の言葉であり、ほかの宗教はこの最後の言葉を認めるべきだとしているところにある。この言葉が

集められたものがコーランであり、彼らの聖典となっている。そこには、生きていく際のさまざまな取り決めが書かれていて、彼らの生活は、コーランを中心としている。

断食もそのひとつであり、ラマダンの時期は1ヵ月間、日が沈むまで何も食べずに夜間に断食用の食事を取り、食べ終わったら祈りをささげる。

東アフリカの沿岸部を回ると、イスラム教徒と思える姿がよく見られる。男性は頭にコフィアKofiaという帽子をかぶり、カンズKanzuというつなぎの着物を着ている。女性はブイブイBuibuiと呼ばれる真っ黒い布をかぶり、特に、若い女性は目だけ残し、顔をすべて隠す。これは、男性が誘惑されないようにという配慮である。

タンザニアでは、イスラム教徒が多いが、ケニアでは、キリスト教徒のほうが圧倒的に多い。そういう点からか、ケニアのイスラム教徒は、政府やキリスト教徒から差別されているように感じるらしい。かつてのアメリカ大使館爆破未遂事件のとき、かなりのアラブ人が疑われて何

タンザニアのイスラム教徒の少女

イスラム教徒のおしゃれ

イスラム教徒の多い地方に行くと、よく女性が手足に、花や蝶などの模様を描いているのを見かける。これはアラビアから伝わってきたイスラム教徒女性のおしゃれで、ヒナとピコを使ったもの。

ヒナは、まず、小さなムヒナという木の葉(大きくなったムヒナは、モハヌニという)を取り、細かくなるまですりつぶす。これにライム、あるいは濃いタマリンジュースを加えて、一昼夜干す。その固まったものを水で溶き、筆で描くのである。これは泥のようなもので、描いてしばらくすると固まって取れる。すると描いたところが鮮やかなオレンジ色になるのだ。何度も

重ね描きをすると、3週間は消えない。

ピコは黒色をしている。これは髪染めで、意外なことに日本では白髪染めとして輸入していた。

昔は手足を染めるだけだったものが、今はヒナとピコの2色を使い、さまざまな模様を描くようになったという。基本的には既婚者のみのおしゃれで、結婚式前に花嫁に、友人や姉妹に、腕や手足に描いてもらうことが、ひとつの儀式となっている。

興味のある人は、イスラム教徒の女性に尋ねるといいだろう。親しくなるきっかけにもなる。ただし女性のみ。男性がやると変人扱いされるのがオチだ。

週間も抑留されたことがあるが、その頃からか、政府やキリスト教徒への対立感情が事件につながるケースが、新聞によく見られる。

ウガンダは、アミンの時代にイスラムをアピールしてイスラム国家とされているが、イスラム教徒の人口は10%ほどである。

ルワンダはキリスト教徒が大多数であり、後述するエチオピアは独特のキリスト教（エチオピア正教）徒とイスラム教徒が半々である。

キリスト教

どこの町にも教会がある。しかし、その様子はさまざまである。たくさんの信者が集うゴシック風の大きな教会から、そのあたりのあばら屋を教会にして、住民が集まって自主的に礼拝を行うものまである。また、キリスト教のなかにもさまざまな宗派がある。厳かな儀式を行い、法王の権威を重んじるカトリック。イギリスの植民地時代の名残をとどめるイギリス国教会。聖書に基づいた神への信仰を説くプロテスタント。太鼓をたたき、白い服に身を包んで、行進しながら人々に訴えるアフリカ独立教会。エノク伝などのユダヤ教に関連のある教典をもち、エリトリアで信仰されているコプト教、エチオピアのハイレ・セラシエ皇帝をキリストの再来とするジャマイカ生まれの宗派、ラスターまでもあるのだ。

神の人々への愛は、キリストの教えを通じてもたらされているとキリスト教徒は皆信じているが、それぞれどこか違っている。その違いが大きい場合もあり、小さい場合もある。

エチオピア正教

エチオピアの広い範囲で世代を問わず信仰されている原始キリスト教のひとつがエチオピア正教である。4世紀（321年）にキリスト教（エチオピア正教）をエチオピアの国教にしたとされている。エチオピアは東アフリカのなかで唯一のキリスト教国家だが、それは預言者ムハンマドがエチオピアを聖戦（ジハード）から外すようにと定めたためという説がある。

エチオピアの教会は教会ごとにデザインの異なる十字架をもつ。特にラリベラはラリベラ全体の十字架のほかに各教会で特徴的な十字架をもっている。

エチオピア正教にはユダヤ教色の強い断食（ツォム）の習慣があり、熱心な信者はその時期15:00まで何も食べず、特に熱心な人はコロ（大麦を煎った物）と水しか取らないようである。地方の人のほうが熱心な傾向にある。

断食の時期は肉、ミルク、卵などの動物性タンパク質を取らない。シロ・ワット（ひいた豆）、ムッスル・ワット（豆）、ゴーマン・ワット（エチオピアキャベツ）、デンネッチ・ワッ

エチオピア正教の僧侶と十字架

エチオピアとイスラム教の関係

エチオピアが東アフリカの国々のなかで、孤島のようにただひとつ残ったキリスト教国家である由縁を説明する伝説がある。

イスラム教の祖、預言者ムハンマドと最初の弟子たちは、メッカで異端として迫害を受けていた。エチオピアは「誰もが不当に扱われない」土地であると、祖父の話で知っていたムハンマドは弟子たちや後に妻となるウンマ・サラマなどをエチオピアのアクスムへ逃がした。

アクスム王はエチオピア正教とイスラム教という宗教の違いがあったにもかかわらず追っ手のアラブ人に「彼らは我が国にとって大事な客人である。あなたたちには差し出さない」と断固とした態度を貫きムハンマドの弟子や家族たちをかばった。ムハンマドはアクスム王の魂に祈りをささげ、イスラム教を広めるための聖戦、ジハードからエチオピアを除外したという。

ムハンマドが最初に造ったモスクはエチオピア、ティグレ州にあるサイドガーメッシュ寺院である。そしてエチオピア唯一のイスラム教の町ハラールはメッカと並ぶイスラム教の聖地となり、現在でも多くの巡礼者が訪れ栄えている。

ト（ジャガイモ）、ビーツ・ワットなど8〜12種類の野菜のワットを食べる。断食用の食事（バイアナトゥ）は断食日や断食期には多くのレストランに用意されている。

エチオピア正教では365日のうち約250日が断食に当たる。毎週水・金・日曜は断食の日であるし、特別なセレモニーの前の40〜50日間は断食である。特別な儀式とは、マスカル祭（「真実の十字架を発見した日」9月27日。1ヵ月ほど前から断食）、クリスマス（「ガンナ」イエス・キリストの誕生日。1月7日。その前の40日間断食）、トゥムカット祭（「公現日」イエス・キリストがヨルダン川で洗礼を受けたことを記念する日。その前の50日間断食）、イースター（「ファシーカ」十字架にかけられたイエス・キリストが復活したことを祝う祭り。その前の50日間断食）などである。

また毎月、聖人の記念日がある。13ある聖人の記念日のなかで最も大きいものは、アクスムのヘダル・ツィオン（11月末）とクルビの聖ガブリエルの日（7月末）のふたつである。

ヘダル・ツィオンという祭日はヘダルの月21日目にある祭日である。この日にちなみ、毎月エチオピア暦の21日目は聖マリアの日である。毎月エチオピア暦で21日目には、全国の聖マリア教会で特別なミサがある。ヘダル・ツィオンの日にはいわば総本山に当たるアクスムのシオンの聖マリア教会に多くの信心深い人々が集まり特別な祈りをささげる。このときに願ったことは叶うといわれている。

ヘダル・ツィオンはメネリク1世がアークをエチオピアにもたらしたこと、これを祝ってシバの女王が祝典を開いたこと、ふたりのエチオピアの王と女王が321年にアークを安置するシオンの聖マリア教会を建てたこと、残虐な女王ヨディットから逃れズワイ湖に避難させてあったアークを再びアクスムに戻した4つの宗教的できごとを祝う祭りである。

同様に19日は聖ガブリエルの日（7月27日頃）で、全国の聖ガブリエル教会には特別のミサに参加するため多くの人が集まる。なかでもハラール近郊のクルビの聖ガブリエル教会では年に1度の特別な祭りが催され、エチオピアだけでなく全世界から人々が集まる。この日クルビの教会で祈ったことは叶うといわれている。

ほかには12日の聖ミカエルの日、23日の聖ギオルギスの日などがある。

ちなみにうるう年によりエチオピア暦とグレゴリオ暦（西暦。一般的に使われている歴）との対応日はずれることがあるので注意。

ヒンドゥー教

旅のなかで、夜、花火の音がどこからか聞こえてくることがあったら、それは、ヒンドゥー教の祭日の祝いだ。新年祭かもしれないし、シバ神への祭りかもしれない。

ヒンドゥー教徒の多くは、インド系アフリカ人であり、全体の宗教人口に比べ、少ない。植民地時代、イギリス人が鉄道建設のための労働力としてインド人を東アフリカへ連れてきて以来インド系の人々の移民が始まった。現在、人口は少ないが、経済的に大きな力をもっている。移民時代の当初は貧しかったかもしれないが、畑をもち、店をもち、親戚をインドから呼び寄せ、しだいに力をもっていったのだろう。

そのヒンドゥー教から生まれ、インドのパンジャブ地方で広く信じられているのがシーク教だ。当初の移民のなかにこの地方出身の者がいて、鉄道建設の頃の写真などに彼らの服装が見られる。ターバンを巻き、若いときから口ひげを生やしている。彼らは生まれてから一度も毛を剃ってはいけないとされているようだ。イスラム教の影響を受けた一神教であるが輪廻思想、カルマの概念をヒンドゥー教と共有している。東アフリカの都市部でいくつか、シーク教の寺院が見られるだろう。多種多様な神を祀るヒンドゥー教には、いろいろなものが混在しているが、何か力強いエネルギーを感じる。祖国から離れた異国の地で生活するインドから来た人々を見ると、ヒンドゥー教の力強さを感じる。

シーク教寺院

伝統宗教

　地方はもちろんのこと都市部でも、なかには伝統宗教を信じている人々がいる。伝統宗教とひと口にいっても、民族によって、信仰の対象、形態が違うようだが、精霊、祖霊信仰が、根底にあるのだろう。民族によっていろいろな呼び方があるが、スワヒリ語では、精霊はジニjini（マジニmajini）または、ペポpepoと呼び、祖霊はコマkomaという。精霊と祖霊は、はっきり区別されていない場合がよくある。死んだあとには精霊となり、今生きている人を見守ると考える人もいる。

　jiniは、アラビア語、イスラム教のジンjinからきている。pepoは、もともと風という意味だが、精霊に取りつかれた人が風のようにゆらゆらと揺れるので、pepoと呼ばれ始めたようだ。よい精霊だけでなく、悪い精霊もいるが、都市であっても、この精霊信仰がどこかにある。世間話をしているうちに精霊の話が出てくることもあるかもしれない。

　例えば、十数年前には、小学校の児童を襲う精霊のうわさが、ケニアの新聞で報道された。子供たちが、授業中突然倒れる。また小学校の寮に霊が取りつき、子供たちに毎晩呼びかける。校長や親たちは、何とか悪霊払いができないかと、呪術師を雇い精霊を払ってもらった。けれどもあとで呪術師にお金を払わないことがまた学校で問題になった。ザンジバルでは、精霊がすむ家の話がある。住人たちが、毎晩のごとく騒ぐ精霊に悩まされ、ついには出ていき、現在、家は主のいないまま朽ち果てているといわれている。

　ある沿岸部の町では、植民地時代に、あるドイツ人が強いjiniがいる場所を探し出して、すべてつかまえていってしまったので、今、強いjiniはその町のどこにもいないという長老の話もある。

　物理的に精霊が個人に力を及ぼす場合だけでなく、天候不順などでも精霊についての話が出てくる。例えば、東アフリカでは、近年、深刻な干ばつに見舞われたが、木々を乱伐したために、森の精霊が怒ったからだと言う人もいた。また、干ばつでの雨乞いは、精霊に願いを伝えるための祈祷とされている。昔、ある民族では、雨乞いに失敗した祈祷師は殺されてしまったという話もある。また、ケニアのキクユの人は、イチジクの一種を聖なる木として拝んで雨乞いをしたといわれ、その木には霊が宿るとされている。この木は、木のうろに生え、そこから根を地面にまで伸ばし、地面から養分を得られるようになると、もとの木を取り囲んで腐らせてしまうというものである。この強い力に畏怖感を込めて、大切にしているのであろう。この信仰は、ギリヤマ人にも当てはまる。

　人に利益を与える呪術師、祈祷師は、スワヒリ語ではムガンガmgangaと呼ばれ、その反対に悪意で呪術を使って、害を人に与える者をムチャウィmchawiと呼ぶ。例えば、神隠しに遭った子供がいて、親が嘆き悲しむなか、ある男が子供を隠したmchawiとされ村人が総勢でmchawi狩りを始めるという話もよく新聞で見られる。つかまった男が、自分はmchawiだと認めて、断罪させられる場合もあれば、有無をいわさず、殺される場合もある。本当に呪術があるのかはわからないが、それを信じる人にとっては、真実なのであろうし、その論理がわからなければ、無知からの行動とはすぐにはいえない。ただ、死をもって償わせることには抵抗を感じる。

　伝統宗教というものには、確かにさまざまな弊害があるとは思うが、その一方で自然を慈しむ態度を養い、人々の共同生活を律してきた側面がある。伝統宗教がもたらす文化のよさをアフリカ人がどのように考えているのかを知るのも大きな経験になるであろう。

美術と工芸

画廊

東アフリカの美術の発信源となっているのがナイロビ市内にある画廊、ギャラリー・ワタツ Gallery Watatuである。ここには絵画をはじめ彫刻、オブジェなどが展示されており、東アフリカの芸術の今を垣間見ることができる。入場無料なので興味のある人はのぞいてみよう。ここに展示されている作品は、東アフリカを代表する画家から無名の作家のものまでさまざまだが、一見の価値はあるだろう。ここでは販売もしているため「これは！」と思う作品があったら購入してみるのもよい。しかし、そこは芸術作品、それなりのお値段もすることをお忘れなく。またワタツだけでなく、ヒルトン・ホテルなどのショッピングアーケードやスタンダード通り周辺のお店でも、質のよい絵画を売っている。

気に入った作品があったら購入しよう

ティンガティンガ

東アフリカで有名な絵画のひとつが、ペンキ画、ティンガティンガである。四角い板に描か

ティンガティンガ派の絵

れた動物や生活風景は東アフリカの旅の思い出にもってこいかもしれない。タンザニアのダル・エス・サラーム郊外にティンガティンガ村（→P.239）があるので足を延ばしてみよう。

ティンガティンガはナイロビのみやげ物屋でも手に入るが、質は残念ながらあまりよくない。人気が高いのがジャファリー・アウシの作品で、動物画がすばらしい。

絵画のモチーフとしては動物が圧倒的に多いが、伝統的呪術や生活一般を描いたものも少なくない。近年では果物や病院の風景などが描かれるようになり、新しい方向性が出てきているようだ。また、板に描かずキャンバスに描くようになり、持ち運びにも苦労しなくなった。しかし画材がペンキゆえ、変に丸めたりするとバリバリ取れてきてしまうものもあるため、運ぶときには慎重に。そのほか、色とりどりに彩色された魚の置物やコースター、お盆、ネームプレートなども売っている。自分の名前を書いてもらうこともできる。

バティック（ろうけつ染め）

ナイロビはもとより、どこのみやげ物屋にもあるのがこのバティック。描かれているモチーフやサイズもいろいろだ。そのなかでおすすめしたいのはマサイ人を扱ったもの。バティックは一般に独特の雷のようなひび割れた模様がたくさん入っていて厚いものがよいとされているようだ。ただしこれは布の厚さではなく、表面に塗られたロウが厚いというもの。バティックは壁に貼るだけで異国情緒があふれ、額装すればより見栄えもよくなるので、自分のみやげにもぜひ1枚欲しいところ。モチーフは前述したように、マサイ人や動物などいろいろある。

彫刻

東アフリカを代表する芸術は何といってもタンザニアのマコンデ彫刻であろう。マコンデ彫刻の歴史は200〜300年前までに遡る。ダル・エス・サラームの国立博物館（→P.237）でそのオールド・マコンデが見られるので、ぜひ行ってみ

よう。マコンデ彫刻に使われる木は黒檀という種類で、表面は普通の木肌だが中は真っ黒で固い。最近のおみやげ用のマコンデ彫刻は森林保護のためソフトウッドを用いたものも出てきている。

マコンデ彫刻には大きく分けてふたつのテーマがある。ひとつはウジャマーUjamaaと呼ばれる家族愛、もうひとつはシェタニShetaniと呼ばれる妖怪、悪魔である。

前者は幾人もの人間が山のごとく連なる人間ピラミッド形をしている。これは相互扶助や人間のつながりを背景にかたどっており、東アフリカの象徴的考えの具象化とも捉えられる気がする。

もうひとつのテーマである妖怪、悪魔は、実におどろおどろしくもあり、愉快でもある。目や口が大きく裂けていたり、耳が尖っていたり、その姿形は実に変化に富んでいる。

おみやげ用の動物やブックエンドなども売られているが、マコンデを買うならばこの2大テーマを扱ったものをおすすめする。時間のない場合は仕方ないが、余裕があれば実際に彫っている現場を見ながら、じっくり選んでみてはどうだろう。マコンデ彫刻はただ芸術的価値が高いだけでなく、そこからたくさんの物語が想像できるところにいちばんの魅力がある。マコンデを見て自分だけの物語を創り出してみよう。

ケニアの木彫り

タンザニアのマコンデもよいがケニアのカンバ彫刻も忘れてはいけない。ナイロビ市内のみやげ物屋でいちばん目にする木彫り製品のほとんどがカンバ人のものだ。柄の先が動物になっているスプーンやフォークをはじめ、身の丈3mはありそうなキリンの置物はまさにアフリカらしい作品である。モチーフはマサイ人やゾウなどの動物、杖を持った老人などで、実に多種多様な彫り物があふれ、見ているだけで楽しくなる。近頃のお店で売られている彫刻は、単に飾るだけのものから生活用品が多くなり、ペーパーナイフ、ナプキン置き、菜箸、コップなどその種類は数え切れない。アフリカの香りのする実用品を日本で使うのもちょっとおしゃれだ。ただ、純粋にアフリカのおみやげとしてカンバ彫刻を購入するのであれば、ナイロビのシティマーケットよりモンバサのアカンバ村などの大きなショッピングセンターで買うことをおすすめする。よい木彫りを簡単に見分ける方法は、「彫りが深いか」「木自身にひび割れがないか」「色むらがないか」などが挙げられるが、いちばん大切なことは『その彫刻はしっかり立つか』である。「何を馬鹿な」と侮ってはいけない。平らな机の上に載せても立たない物があるばかりか傾いているのも要注意。よほど気に入った物ならいざ知らず、チェックを怠ると、帰国してから落ち込むことになる。

そのほか、キシイストーン（ソープストーン）と呼ばれる石彫りもよい。球が丸いお盆の上に載ったゲームや、ろうそ

木彫りキリンに彩色する職人

森を守ろう

豊かな大自然と野生動物の王国として知られるケニアだが、東アフリカを訪れる観光客に人気の木彫りの動物、黒檀の彫刻、サラダスプーンの材料の原木はどこから来るかご存じだろうか。

これらおもな木彫り品はケニアの東部半乾燥地帯と東海岸部に住むカンバ民族によって作られている。木彫りに適した木は成木になるのに50〜100年かかるムピンゴ（黒檀）、マホガニー、アフリカンオリーブ、ローズウッド、ターミナリアブラウニーなどだが、これらの木は心材の美しさゆえ乱伐され、森は消失する。森の消失で荒廃した土地は土壌侵食や水不足で深刻な環境破壊が起きている。特に激減し絶滅危惧種に指定され入手が難しくなっている黒檀、シルバーオークの一部はルンガルンガの国境を越えタンザニアから闇ルートでケニアにやって来るといわれる。

私たちが人類のふるさと東アフリカの森を守るためにできる一助がある。それは木彫り品を買うときは、原生林由来のハードウッド製品でなく、成長が早くかつ木肌が滑らかで美しいニーム、ジャカランダなどのソフトウッド製品を選ぶことである。そうすることで私たちは東アフリカの森を環境破壊から守り、かつ持続可能な循環型のケニア木彫り産業を応援することができる。

く立て、動物などがある。水面から少しだけ体を出したようなカバの置物はペーパーウエイトとしても使えるので、よいおみやげになるだろう。きれいに彩色されたお皿も捨てがたい。

カンガとキテンゲ

　カンガKangaは女性が腰に巻いている布のことである。通説では当初のデザインが水玉模様だったので、ホロホロチョウ（スワヒリ語でカンガ）に似ていることからこの名が付いたとされている。

　カンガは四方を枠で囲ったデザインで独特のことわざがプリントされている。色も1色から多くて3色のプリントである。

　それに対してキテンゲKitengeはカンガと同じように使われているが、プリントは多色でデザインも複雑な物が多い。デザインはともに多種多様で、単なる連続パターンのものから、動物や花などの具象物まである。

　カンガとキテンゲの選ぶポイントは、デザインはもとより、必ず広げてみること。プリントムラがあることが考えられるからだ。キテンゲは1m単位で売ってくれるから、服を作りたい人には便利かもしれない。

　それに対してカンガは一般にダブル（2枚ひと組）で売られている。ついつい色のきれいさだけで選んでしまいがちだが、せっかくだからプリントされているカンガのことわざにも目を向けてみよう。スワヒリ語で書かれているのが普通だが、なかには英語表記の物もある。そしてとても珍しいのはアラビア語で書かれている物。これは滅多にお目にかかれないので、カンガ好きになってしまったら、ぜひとも手に入れたい。買うときに書かれた字句の意味を尋ねてみよう。英語で教えてくれるはずだ。カンガはスワヒリ文化に根ざした物だから、そのときど

きで時代を反映するデザインが出てくる。そういうお国柄が出ている物だけを集める楽しみもある。

　カンガに書かれていることわざに、こんなものがあった。「TAMU YA MUA KIFUNDOサトウキビのフシはおいしい」。直訳するとこうだが、これは「節目、節目が大事」という意味である。こういった文面に遭遇するとあらためてスワヒリ文化は奥深いものだと感心する。

　カンガやキテンゲは日本で腰巻きとして使うことはあまりないだろうが、テーブルクロスや壁かけにすればよい。もし、たくさん買ったらお店のように壁面いっぱいにつるしてみよう。味気ない壁がたちどころに華やかになる。

　気に入ったカンガやキテンゲを複数枚買って服を作ってもよいし、玄関先などにつるして、目隠しカーテンとして使用してもきれいだ。カンガやキテンゲは単に色がきれいな装飾品にとどまらないので、ぜひ彼らが日常どうやって使っているかを観察してみよう。もしかしたら、あなた独自の使い方を発見できるかもしれない。

布の色にも流行がある

フレスコ画

　エチオピアの多くの教会に聖書からモチーフを得たフレスコ画が残されている。僧侶たちは旧約聖書、新約聖書の内容を壁一面に描き、伝道活動の際、話の補助に使用した。

　宗教的フレスコ画で正面を向いている人は善人、あるいは聖人で、横向きは悪人である。壁だけでなく皮にフレスコ画を描いたこともあった。モチーフも宗教的内容以外に、人々の生活を描いたものもある。

　なめした牛や羊の皮に描いてあるものはおみやげにもよいだろう。

カンガのデザインはさまざま

皮革製品

エチオピアの皮革製品はコーヒーの次に多く日本に輸出されている製品である（ちなみに3位は黒ゴマ）。牛、羊、ワニ（養殖）、ヤギなどの皮をなめし、スーツ、ジャケット、ベルト、かばん、靴などに加工する。これらはイタリア、フランスなどのヨーロッパを中心に出荷されている。エチオピアのなかでもオロモ族はなめしの技術が高いといわれている。

皮の上に絵を描いた装飾品もたくさんある。これらはおみやげにもよい。エチオピアの人が

利用している皮革製品にはエチオピア式お弁当箱というものもある。三角形をしていて、色や模様が付いていてかわいい。赤ちゃんのしょいこ（アンカラバ）も皮製であるが、これは持ち帰っても使いみちはないようだ。

皮製のしょいこ、アンカラバ

いろいろなバスケットが売られている

バスケット

エチオピアの女性はみんなバスケットを編めるように母親から仕込まれるという。バスケットを編むのは女性の仕事であり、女性たちは自分の好みの大きさ、色でこのバスケットを仕上げ、家のおもな備品として使っている。

バスケット編みにはアカルマとセンデドゥという草を使い、センデドゥで枠組みを決め、アカルマで編んで形を作る。アカルマを赤や紫に染めてシンメトリーで独特な模様を作る。

ハラール（→P.176）ではカラフルなバスケットがたくさん作られているのでみやげ物をみつけるには最適。マッサブといって主食のインジェラを載せる小さなテーブルのような物から、宝石を入れる小さな箱状の物まで種類や形はさまざまである。

編まれたバスケットの皿は壁かけとしても使われている。ゲストをコーヒーセレモニーでもてなすときにもこのきれいな皿にコロ（大麦を煎ったもの）やファンデシャ（ポップコーン）を盛る。

ティグレ族やオロモ族の踊りの際に、女性らしさのシンボルとして編まれたバスケットを頭に載せたり、手に持ったりするのも興味深い。

アフリカゾウを絶滅の危機から救おう！

アフリカ全土では、現在生息するアフリカゾウの約1割にあたる年間3万5千頭から5万頭のアフリカゾウが密猟者の手によって殺され続けています。多くのアフリカゾウ研究者が、この数字は生物学的に種の維持がほぼ不可能であるとし、アフリカゾウの絶滅の大きな可能性を訴えています。「この地球からアフリカゾウが絶滅する日」もそう遠くないといわれ、アフリカゾウたちが面している危機は、そこまでの深刻な状況になっているのです。

1989年にワシントン条約会議で象牙の国際取引が廃止されましたが、その後、2000年に流通・販売実験として「合法象牙」を日本が50トン、2008年には中国と共に108トンもの象牙を3度にわたって輸入したことはあまり知られていません。「合法象牙」の供給は、象牙需要復活と価格上昇につながるという不幸な結果に終わってしまいました。

高額で取引される象牙の販売ルートは麻薬シンジケートや暴力団によって支配されており、またアフリカ諸国のテロリストグループや反政府組織は象牙による外貨獲得と、象牙による武器購入を広く行い始め、紛争地帯の資金源と化しています。

こうしたアフリカゾウをはじめとする野生動物の密猟と違法取引を根絶するために、2014年2月には、日本など40以上の国々がロンドンに集まり、象牙の国際取引停止の継続を支持し、密猟の厳罰化を定めた宣言を発表しました。

私たちが何気なく手にする商品が遠いアフリカ大陸で野生動物と現地の人々の生活にどのような影響を及ぼしているのか？ 東アフリカの旅がこの問題を真剣に考えるきっかけになってくれればうれしいです。

参考文献

東アフリカ読書案内

〔和書〕※価格はすべて税込み

絶版になっていて書店にない場合は、古書扱いのあるウェブサイトや図書館などで探そう。

●文学作品

『スラム』トマス・アカレ著 永江敦訳 緑地社（1993年）2039円

貧困層にいる主人公の目をとおし、スラム街を中心にナイロビを描いた作品。1993年の作品だが、表されているスラムの様子は現在のナイロビにも当てはまるところがある。

『現代アフリカ文学短編集1、2、3』土屋哲編訳、鷹書房（1977年）1、3巻各1026円 2巻918円

アフリカ文学における代表的な作家が取り上げられている。東アフリカではエングギ・ワ・ジオンゴ、グレイス・オゴトなどの短編が収録。

『アフリカの日々』アイザック・ディネーセン著 横山貞子訳 晶文社（1981年）2700円

コーヒー農園を経営していた著者がケニアの思い出を綴ったもの。植民地時代のナイロビの様子、ケニアの人々の生活が描かれている。

『神の刻印』グラハム・ハンコック著 田中真知訳 凱風社（1996年）上下巻2160円 在庫切れ

エチオピアの口承伝説をもとに失われたアークを探し求める旅の記録。聖書の謎に迫るミステリー。

●動物ガイド

『フィールドガイド・アフリカ野生動物 サファリを楽しむために』小倉寛太郎著 講談社ブルーバックス（1994年）2052円

東アフリカをサファリツアーで訪れる人に

とっては、日本語フィールドガイドとして必携の書。新書サイズでコンパクトで持ち運びに便利。わかりやすい動物解説と写真、サファリガイド、動物名スワヒリ語辞典などが載っている。著者は故人となったが、小説『沈まぬ太陽』の主人公のモデルとされた元日本航空ナイロビ駐在員。

『東アフリカの鳥』小倉寛太郎著 文一総合出版（1998年）3200円

上掲書の著者によるエチオピア、ケニア、タンザニア、ウガンダの野鳥の解説と写真集。東アフリカのバードウオッチングに最適。

●歴史、文化

『ハンドブック 現代アフリカ［オンデマンド版］』岡倉登志著 明石書店（2007年）3780円

現代アフリカ情勢を幅広く紹介してあり、ありのままのアフリカを知るのにはおすすめの1冊。

『新書アフリカ史』宮本正興、松田素二編 講談社現代新書（1997年）1512円

教科書で学べなかったアフリカの歴史を知りたい人にきっかけを与えてくれる本。猿人から現代アフリカ社会まで時間軸に沿ってテーマ別に記されている。歴史的事件よりも人々の生活が中心になっているので、現在のアフリカを知るうえでも参考になる。

『NGOとは何か』伊勢崎賢治著 藤原書店（1997年）3024円

アフリカを含む発展途上国でのNGO活動の経験をもとにNGOのあり方を説いている。現在のアフリカの政治、NGOに対する著者の批判や提言は、アフリカと援助者間の問題を知るうえで適切な指摘。

『知っておきたいエチオピアの実像―アフリカ最古の国の素顔』山田一広著 ほるぷ出版（1992年）在庫切れ

エチオピアの歴史、人々の生活、日本との関係を踏まえ、エチオピアの抱える飢餓問題に焦点が当てられている。

旅の技術 美術と工芸／参考文献

435

『アフリカ現代史Ⅱ　東アフリカ第3版』
（世界現代史14）吉田昌夫著　山川出版社
（2000年）2108円
　多少古いが、東アフリカ各国の現代の歴史の
根本にふれる本。入門書としても最適。

『ルワンダ中央銀行総裁日記増補版』服部
正也著　中公新書（2009年）1036円
　1965年ルワンダの中央銀行総裁に着任した
著者が、財政と国際収支の恒常的赤字のなか経
済改革を遂行した記録。この増補版では1994年
の大虐殺の一文を増補し、著者の功績をその後
のアフリカ経済の推移のなかに位置づけている。

『なぜ、世界はルワンダを救えなかったのか
―PKO司令官の手記』ロメオ・ダレール著
金田耕一訳　風行社（2012年）2268円
　悲劇を防ぐために派遣されていたPKO部隊
の司令官が、当時目の当たりにした虐殺とそれ
に対する世界の無関心、自身の無力感に精神を
病んでいった回想録。ルワンダの危機的状況の
なか、国連安全保障理事会やアメリカを始めと
する世界の大国がどのような立場をとったかが
なまなましく記されている。

『タンザニア100の素顔―もうひとつのガイ
ドブック』東京農業大学タンザニア100の
素顔編集委員会編東京農業大学出版会
（2011年）1836円
　タンザニアにまつわる100の記事が１ページ
ずつにまとめられており、気軽に読める。写真
も多く楽しめる。

『経済大陸アフリカ』平野克己著　中央公論
新社（2013年）950円
　援助を受ける側のアフリカと食糧や石油、レ
アアースなどの資源を供給する側のアフリカ。
今、中国を筆頭に世界各国がアフリカとの経済
連携を進めている。世界の食糧とエネルギーの
循環とそこから見えるアフリカをわかりやすく
説明している。

●語学
「スワヒリ語のしくみ〈新版〉」
竹村景子著　白水社（2016
年）1836円

初心者にもわかりやすく書かれたスワヒリ語の
入門書。スワヒリ文化のうんちくも。会話CD
付録。

●紀行文、エッセイ
『アフリカを食べる』松本仁一著　朝日文
庫（1998年）583円
　記者として赴任したアフリカでの貴重な経験
をコラム形式でまとめており、アフリカの食を
はじめ色々な体験談が語られている。

『神よ、アフリカに祝福を』沼沢均著　集
英社（1995年）
　アフリカをこよなく愛した元共同通信記者が、
アフリカ諸国の問題や姿を赤裸々に記した本。

『アフリカ音楽探検記』のなか悟空著　情
報センター出版局（1990年）
　日本人ドラマーが、ドラムセットごとアフリ
カへ渡り、太鼓で交わした現地の人とのコミュ
ニケーション。独自の視点でアフリカンビート
に挑んだ本。

『サバンナの話をしよう』神戸俊平著　時
事通信社（1999年）
　著者は約40年間ケニアで過ごしている獣医
師。自然環境やエイズの問題、NGO活動、人々
の暮らしなどについて独特な調子で語る。

『アフリカ旅日記 ゴンベの森へ』星野道夫著
メディアファクトリー（2010年）637円
　写真家の遺稿となった10日間の旅の記録。
タンガニーカ湖周辺やゴンベ・ストリーム国立
公園を訪れ、チンパンジー研究者のグドール女
史と出会う。

『おいしいコーヒーの経済論「キリマンジ
ャロ」の苦い現実（増補版）』辻村英之著
　太田出版（2012年）2052円
　キリマンジャロコーヒーの生産、流通、価格
形成を追って、フェアトレー
ドの意味を見つめる好書。

『ザンジバルの笛』富永智津子著　未來社
(2001年) 2376円
インド洋世界とアフリカ世界との交流が生み出
したスワヒリ世界、その中心の島であるザンジ
バルの歴史と文化を知るための好書。

『チンパンジー』中村美知夫著　中公新書
(2009年)
　タンガニーカ湖東岸に近いマハレでチンパン
ジー観察を続けている著者の記録。チンパンジ
ーと向き合うなかから見えてきたもの。電子版
あり (724円)。

『親指ピアノ道場！』サカキマンゴー著
ヤマハミュージックメディア (2009年)
1296円
　本書の音楽の項の執筆者のひとりでもあり、
日本では親指ピアノとよばれるカランガの第一
人者によるアフリカ各地の親指ピアノと演奏探
しの旅。

〔洋書〕
　ケニアの大きな書店であれば、次のものは手
に入る。これ以外にも日本で手に入らないよう
な良書があるので、興味がある人は書店を回る
のもよいだろう。ただしナイロビでの移動には
タクシーを使うように。

"Facing Mount Kenya" Jomo Kenyatta
Kenway Publications (1938年)
　後にケニア初代大統領になるジョモ・ケニヤ
ッタがイギリス留学中に綴った論文。キクユ人
の伝統文化という副題で、親族関係、通過儀礼、
呪術について記されている。かなり古いが、ケ
ニアの最大民族であるキクユ人の伝統観を知る
うえで必読の書。邦訳『ケニア山の麓で』もあ
るが古書のみ。

"A Guide to The Seashores of Eastern
Africa" Matt D. Richmond (ed.)
The Swedish International Development
Co-operation
　東アフリカの海洋ガイド。インド洋で見られ
る海洋生物の図鑑だけでなく、養殖産業、珊瑚
礁、沿岸で使われる伝統的な船などの解説もさ
れている。

"Field Guide toThe Larger Mammals
of Africa" Chris Stuart and Tilde
Stuart Struik Pub (1998年)
　アフリカに生息する292種類の動物 (哺乳類、
亜種も含む) を載せたガイドブック。400枚も
のカラー写真のほか、それぞれの動物の特徴、
大きさ、足跡、分布図など詳細な情報が得られ
る。ペーパーバックなので持ち運びにも便利。

"Birds of Uganda" Tourguide Publi-
cations (2014年)
　ウガンダに生息す
る約280種の鳥を載
せた写真集。カラー
写真のほか、それぞ
れの鳥の名前、特徴、
生息地について解説されている。巻末に和名が
記載されていてわかりやすい。

"East Africa:An Introductory Histo-
ry" Robert M.Maxon West Virginia
Univ Pr (1986年)
　東アフリカの歴史を総括的に知るのに便利な
本。石器時代から現代まで民族の移動に触れな
がら、地域別に具体的に記されている。

"A Standard Swahili-English Dictionary"、"A
Standard English-Swahili Dictionary"　Fredrick
Johnson Oxford University Press (1939年)
　スワヒリ語の辞書は、コンパクトなものがい
くつも出版されているが、語彙が豊富で、いち
ばん利用しやすいのは本書であろう。ただし
1939年出版なので、かなり語彙が古い。

見どころインデックス

ルワンダ

あなたの**旅の体験談**をお送りください

「地球の歩き方」は、たくさんの旅行者からご協力をいただいて、
改訂版や新刊を制作しています。
あなたの旅の体験や貴重な情報を、これから旅に出る人たちへ分けてあげてください。
なお、お送りいただいたご投稿がガイドブックに掲載された場合は、
初回掲載本を1冊プレゼントします！

ご投稿はインターネットから！

URL www.arukikata.co.jp/guidebook/toukou.html
画像も送れるカンタン「投稿フォーム」
※左記のQRコードをスマートフォンなどで読み取ってアクセス！

または「地球の歩き方　投稿」で検索してもすぐに見つかります

 地球の歩き方　投稿 〔検索〕

▶投稿にあたってのお願い

★ご投稿は、次のような《テーマ》に分けてお書きください。

《**新発見**》───ガイドブック未掲載のレストラン、ホテル、ショップなどの情報
《**旅の提案**》───未掲載の町や見どころ、新しいルートや楽しみ方などの情報
《**アドバイス**》───旅先で工夫したこと、注意したこと、トラブル体験など
《**訂正・反論**》───掲載されている記事・データの追加修正や更新、異論、反論など

※記入例「○○編20XX年度版△△ページ掲載の□□ホテルが移転していました……」

★データはできるだけ正確に。
　　ホテルやレストランなどの情報は、名称、住所、電話番号、アクセスなどを正確にお書きください。
　　ウェブサイトのURLや地図などは画像でご投稿いただくのもおすすめです。

★ご自身の体験をお寄せください。
　　雑誌やインターネット上の情報などの丸写しはせず、実際の体験に基づいた具体的な情報をお
　　待ちしています。

▶ご確認ください

※採用されたご投稿は、必ずしも該当タイトルに掲載されるわけではありません。関連他タイトルへの掲載もありえます。
※例えば「新しい市内交通パスが発売されている」など、すでに編集部で取材・調査を終えているものと同内容のご投稿をい
　ただいた場合は、ご投稿を採用したとはみなされず掲載本をプレゼントできないケースがあります。
※当社は個人情報を第三者へ提供いたしません。また、ご記入いただきましたご自身の情報については、ご投稿内容の確認
　や掲載本の送付などの用途以外には使用いたしません。
※ご投稿の採用の可否についてのお問い合わせはご遠慮ください。
※原稿は原文を尊重しますが、スペースなどの関係で編集部でリライトする場合があります。

地球の歩き方 シリーズ一覧 2023年7月現在

*地球の歩き方ガイドブックは、改訂時に価格が変わることがあります。 *表示価格は定価（税込）です。 *最新情報は、ホームページをご覧ください。www.arukikata.co.jp/guidebook/

地球の歩き方 ガイドブック

A ヨーロッパ

A01	ヨーロッパ	¥1870
A02	イギリス	¥1870
A03	ロンドン	¥1980
A04	湖水地方＆スコットランド	¥1870
A05	アイルランド	¥1980
A06	フランス	¥2420
A07	パリ＆近郊の町	¥1980
A08	南仏プロヴァンス コート・ダジュール＆モナコ	¥1760
A09	イタリア	¥1870
A10	ローマ	¥1760
A11	ミラノ ヴェネツィアと湖水地方	¥1870
A12	フィレンツェとトスカーナ	¥1870
A13	南イタリアとシチリア	¥1870
A14	ドイツ	¥1980
A15	南ドイツ フランクフルト ミュンヘン ロマンチック街道 古城街道	¥1760
A16	ベルリンと北ドイツ ハンブルク ドレスデン ライプツィヒ	¥1870
A17	ウィーンとオーストリア	¥2090
A18	スイス	¥2200
A19	オランダ ベルギー ルクセンブルク	¥1870
A20	スペイン	¥2420
A21	マドリードとアンダルシア	¥1760
A22	バルセロナ＆近郊の町 イビサ島／マヨルカ島	¥1760
A23	ポルトガル	¥1815
A24	ギリシアとエーゲ海の島々＆キプロス	¥1870
A25	中欧	¥1980
A26	チェコ ポーランド スロヴァキア	¥1870
A27	ハンガリー	¥1870
A28	ブルガリア ルーマニア	¥1980
A29	北欧 デンマーク ノルウェー スウェーデン フィンランド	¥1870
A30	バルトの国々 エストニア ラトヴィア リトアニア	¥1870
A31	ロシア ベラルーシ ウクライナ モルドヴァ コーカサスの国々	¥2090
A32	極東ロシア シベリア サハリン	¥1980
A34	クロアチア スロヴェニア	¥1760

B 南北アメリカ

B01	アメリカ	¥2090
B02	アメリカ西海岸	¥1870
B03	ロスアンゼルス	¥2090
B04	サンフランシスコとシリコンバレー	¥1870
B05	シアトル ポートランド	¥1870
B06	ニューヨーク マンハッタン＆ブルックリン	¥1980
B07	ボストン	¥1980
B08	ワシントンDC	¥2420
B09	ラスベガス セドナ＆グランドキャニオンと大西部	¥2090
B10	フロリダ	¥1870
B11	シカゴ	¥1870
B12	アメリカ南部	¥1980
B13	アメリカの国立公園	¥2090
B14	ダラス ヒューストン デンバー グランドサークル フェニックス サンタフェ	¥1980
B15	アラスカ	¥1980
B16	カナダ	¥1870
B17	カナダ西部 カナディアン・ロッキーとバンクーバー	¥2090
B18	カナダ東部 ナイアガラ・フォールズ メープル街道 プリンス・エドワード島 トロント オタワ モントリオール ケベック・シティ	¥2090
B19	メキシコ	¥1980
B20	中米	¥2090
B21	ブラジル ベネズエラ	¥2200
B22	アルゼンチン チリ パラグアイ ウルグアイ	¥2200
B23	ペルー ボリビア エクアドル コロンビア	¥2200
B24	キューバ バハマ ジャマイカ カリブの島々	¥2035
B25	アメリカ・ドライブ	¥1980

C 太平洋／インド洋島々

C01	ハワイ1 オアフ島＆ホノルル	¥1980
C02	ハワイ島	¥2200
C03	サイパン ロタ＆テニアン	¥1540
C04	グアム	¥1980
C05	タヒチ イースター島	¥1870
C06	フィジー	¥1650
C07	ニューカレドニア	¥1650
C08	モルディブ	¥1870
C10	ニュージーランド	¥2200
C11	オーストラリア	¥2200
C12	ゴールドコースト＆ケアンズ	¥1870
C13	シドニー＆メルボルン	¥1760

D アジア

D01	中国	¥2090
D02	上海 杭州 蘇州	¥1870
D03	北京	¥1760
D04	大連 瀋陽 ハルビン 中国東北部の自然と文化	¥1980
D05	広州 アモイ 桂林 珠江デルタと華南地方	¥1980
D06	成都 重慶 九寨溝 麗江 四川 雲南	¥1980
D07	西安 敦煌 ウルムチ シルクロードと中国北西部	¥1980
D08	チベット	¥2090
D09	香港 マカオ 深セン	¥1870
D10	台湾	¥2090
D11	台北	¥1650
D13	台南 高雄 屏東＆南台湾の町	¥18
D14	モンゴル	¥20
D15	中央アジア サマルカンドとシルクロードの国々	¥20
D16	東南アジア	¥18
D17	タイ	¥22
D18	バンコク	¥18
D19	マレーシア ブルネイ	¥20
D20	シンガポール	¥19
D21	ベトナム	¥20
D22	アンコール・ワットとカンボジア	¥22
D23	ラオス	¥20
D24	ミャンマー（ビルマ）	¥20
D25	インドネシア	¥18
D26	バリ島	¥18
D27	フィリピン マニラ セブ ボラカイ ボホール エルニド	¥18
D28	インド	¥20
D29	ネパールとヒマラヤトレッキング	¥22
D30	スリランカ	¥18
D31	ブータン	¥19
D33	マカオ	¥17
D34	釜山 慶州	¥15
D35	バングラデシュ	¥20
D37	韓国	¥20
D38	ソウル	¥18

E 中近東 アフリカ

E01	ドバイとアラビア半島の国々	¥20
E02	エジプト	¥19
E03	イスタンブールとトルコの大地	¥20
E04	ペトラ遺跡とヨルダン レバノン	¥20
E05	イスラエル	¥20
E06	イラン ペルシアの旅	¥22
E07	モロッコ	¥19
E08	チュニジア	¥20
E09	東アフリカ ウガンダ エチオピア ケニア タンザニア ルワンダ	¥20
E10	南アフリカ	¥22
E11	リビア	¥22
E12	マダガスカル	¥19

J 国内版

J00	日本	¥33
J01	東京 23区	¥22
J02	東京 多摩地域	¥2
J03	京都	¥2
J04	沖縄	¥2
J05	北海道	¥2
J07	埼玉	¥2
J08	千葉	¥2
J09	札幌・小樽	¥2

地球の歩き方 aruco

●海外

1	パリ	¥1320
2	ソウル	¥1650
3	台北	¥1650
4	トルコ	¥1430
5	インド	¥1540
6	ロンドン	¥1650
7	香港	¥1320
9	ニューヨーク	¥1320
10	ホーチミン ダナン ホイアン	¥1430
11	ホノルル	¥1320
12	バリ島	¥1320
13	上海	¥1320
14	モロッコ	¥1540
15	チェコ	¥1320
16	ベルギー	¥1430
17	ウィーン ブダペスト	¥1320
18	イタリア	¥1320
19	スリランカ	¥1540
20	クロアチア スロヴェニア	¥1430
21	スペイン	¥1320
22	シンガポール	¥1650
23	バンコク	¥1430
24	グアム	¥1320

25	オーストラリア	¥1430
26	フィンランド エストニア	¥1430
27	アンコール・ワット	¥1430
28	ドイツ	¥1430
29	ハノイ	¥1430
30	台湾	¥1320
31	カナダ	¥1320
33	サイパン テニアン ロタ	¥1320
34	セブ ボホール エルニド	¥1320
35	ロスアンゼルス	¥1320
36	フランス	¥1430
37	ポルトガル	¥1650
38	ダナン ホイアン フエ	¥1430

●国内

	東京	¥1540
	東京で楽しむフランス	¥1430
	東京で楽しむ韓国	¥1430
	東京で楽しむ台湾	¥1430
	東京の手みやげ	¥1430
	東京おやつさんぽ	¥1430
	東京のパン屋さん	¥1430
	東京で楽しむ北欧	¥1430
	東京のカフェめぐり	¥1480
	東京で楽しむハワイ	¥1480
	nyaruco 東京ねこさんぽ	¥1480
	東京で楽しむイタリア＆スペイン	¥1480
	東京で楽しむアジアの国々	¥1480
	東京ひとりさんぽ	¥1480
	東京パワースポットさんぽ	¥1599
	東京で楽しむ英国	¥1599

地球の歩き方 Plat

1	パリ	¥1320
2	ニューヨーク	¥1320
3	台北	¥1100
4	ロンドン	¥1320
6	ドイツ	¥1320
7	ホーチミン／ハノイ／ダナン／ホイアン	¥1320
8	スペイン	¥1320
10	シンガポール	¥1100
11	アイスランド	¥1540
14	マルタ	¥1540
15	フィンランド	¥1320
16	クアラルンプール／マラッカ	¥1100
17	ウラジオストク／ハバロフスク	¥1430
18	サンクトペテルブルク／モスクワ	¥1540
19	エジプト	¥1320
20	香港	¥1100
22	ブルネイ	¥1430

23	ウズベキスタン サマルカンド ブハラ ヒヴァ タシケント	¥16
24	ドバイ	¥13
25	サンフランシスコ	¥13
26	パース／西オーストラリア	¥13
27	ジョージア	¥15
28	台南	¥14

地球の歩き方 リゾートスタイル

R02	ハワイ島	¥16
R03	マウイ島	¥16
R04	カウアイ島	¥18
R05	こどもと行くハワイ	¥15
R06	ハワイ ドライブ・マップ	¥19
R07	ハワイ バスの旅	¥13
R08	グアム	¥14
R09	こどもと行くグアム	¥16
R12	プーケット サムイ島 ピピ島	¥16
R13	ペナン ランカウイ クアラルンプール	¥16
R14	バリ島	¥14
R15	セブ＆ボラカイ ボホール シキホール	¥16
R16	テーマパークinオーランド	¥18
R17	カンクン コスメル イスラ・ムヘーレス	¥16
R20	ダナン ホイアン ホーチミン ハノイ	¥16

「地球の歩き方」の書籍

地球の歩き方 GEM STONE

「GEM STONE（ジェムストーン）」の意味は「原石」。地球を旅して見つけた宝石のような輝きをもつ「自然」や「文化」、「史跡」などといった「原石」を珠玉の旅として提案するビジュアルガイドブック。美しい写真と詳しい解説で新しいテーマ＆スタイルの旅へと誘います。

地球の歩き方 BOOKS

「BOOKS」シリーズでは、国内、海外を問わず、自分らしい旅を求めている旅好きの方々に、旅に誘う情報から旅先で役に立つ実用情報まで、「旅エッセイ」や「写真集」「旅行術指南」など、さまざまな形で旅の情報を発信します。

エスニックファッション
シーズンブック

地球の歩き方
国内版

日本の
よさを
再発見！

地球の歩き方　2023~24
日本
Japan
世界をふだん歩く今
ニッポンを
"深"発見！
47都道府県完全収録！

地球の歩き方　2024~25
東京 23区
Tokyo 23 wards
粋と旬が交わる
一歩先の東京へ

地球の歩き方　永久保存版
東京 多摩地域
高尾・御岳・奥多摩と全30市町村を完全網羅
Tokyo Tama
武蔵野がつなぐ
東京を新発見！

＼日本も、はじめました。／

地球の歩き方　2023~24
京都
Kyoto
1200年の歴史と
雅が息づく町へ

地球の歩き方　2023~24
沖縄
本島周辺の島々・八重山諸島・宮古諸島
Okinawa
悠久の時を経た
琉球の島々へ

地球の歩き方　2023~24
北海道
Hokkaido
旅の大事典！

地球の歩き方　2023~24
埼玉
Saitama
歴史と今を彩る
すごい埼玉新発見

地球の歩き方　2023~24
千葉
Chiba
週末ビバ★千葉
房総パラダイスへ

地球の歩き方　2024~25
札幌・小樽
札幌10区・北広島・豊別・余市・ニセコ・稚内
Sapporo Otaru
札幌"深"発見！

……さあ、次はどの街を歩きましょうか。

トラベル・エージェント・インデックス

Travel Agent INDEX

専門旅行会社で新しい旅を発見!

特定の地域やテーマを扱い、
豊富な情報と経験豊かなスタッフが
そろっている専門旅行会社は、
航空券やホテルの手配はもちろん、
現地の生活情報や最新の生きた情報などを
幅広く蓄積しているのが魅力です。
＜トラベル・エージェント・インデックス＞ は、
旅のエキスパートぞろいの
専門旅行会社を紹介するページです。

※ 広告に記載されている内容（ツアー料金や催行スケジュールなど）に関しては、直接、各旅行代理店にお問い合わせください。
※ 旅行契約は旅行会社と読者の方との直接の契約になりますので、予めご了承願います。

今回取材に当たったのは、エチオピアとウガンダ、ケニアとタンザニアの一部を合田嘉之さん、タンザニア南部とザンジバルとケニアの一部を鈴木智子さん、ウガンダ西部とルワンダ、ケニアとエチオピアの一部は川田です。アムハラ語はバーバリッチ優子さんと升田正晴さん、おもな動物リストはケニアを本多喜員さん、タンザニアを獣医師の小俣知子さん、東アフリカで注意したい病気はナイロビ在住の獣医師で長崎大学院で熱帯病を研究する神戸俊平さん、美術と工芸は山下哲司さん、東アフリカ入門とスワヒリ語は黒田毅さんがそれぞれ執筆してくださいました。

ケニアのDODO WORLD、タンザニアのF&K CULTURAL TOURS SAFARIS、ウガンダのSamuel Mugishaさんや各地にお住まいの邦人の方々のご協力をいただきました。東アフリカを旅した多くの方からも投稿をいただきました。写真は取材者が撮影したもののほか、ストックフォト・エージェンシー株式会社C.P.C.フォトのカメラマン（川田秀文、今野雅夫など）などにお借りしました。編集協力は谷口佳恵さん、川田文子さん、平本真理さんです。

皆様、本当にありがとうございました。

制　作：	福井　由香里	Producer	Yukari Fukui
編　集：	川田　秀文（C.P.C.）	Editors	Hidehumi Kawada(C.P.C.)
	古谷　玲子（C.P.C.）		Reiko Furuya(C.P.C.)
デザイン：	山田　麻由子（由無名工房）	Design	Mayuko Yamada(yumunakobo)
	大岡　まどか		Madoka Ooka
表　紙：	日出嶋　昭男（サンルーフ）	Cover Design	Akio Hidejima(Sunroof)
地　図：	高棟　博（ムネプロ）	Maps	Hiroshi Takamune(Mune Pro.)
校　正：	對馬　久美子	Proofreading	Kumiko Tsushima

協力：在日本ウガンダ大使館　在日本エチオピア大使館　在日本ケニア大使館　在日本タンザニア大使館　在日本ルワンダ大使館　在エチオピア日本国大使館　在ケニア日本国大使館　在タンザニア日本国大使館　UTB (Uganda Tourism Board)　UWA (Uganda Wildlife Authority)　RDB (Rwanda Development Board)　JICA (UGANDA, ETHIOPIA, RWANDA)　BIC TOURS (UGANDA)　AFRICA RUNNERS (UGANDA)　TRAVEL ETHIOPIA (ETHIOPIA)　ELMI Tours (ETHIOPIA)　DODO WORLD (KENYA)　F&K CULTURAL TOURS SAFARIS (TANZANIA)　JAPAN TANZANIA TOURS (TANZANIA)　Sherry McKelvie　滝田明日香　宮城裕見子　ルダシングワ真美　園田裕明　佐々木浩二（敬称略、順不同）　©iStock

本書の内容について、ご意見・ご感想はこちらまで

〒141-8425　東京都品川区西五反田2-11-8
株式会社地球の歩き方
地球の歩き方サービスデスク「東アフリカ編」投稿係
URL▶https://www.arukikata.co.jp/guidebook/toukou.html

地球の歩き方ホームページ（海外・国内旅行の総合情報）
URL▶https://www.arukikata.co.jp/

ガイドブック『地球の歩き方』公式サイト
URL▶https://www.arukikata.co.jp/guidebook

地球の歩き方 E09 東アフリカ　ウガンダ エチオピア ケニア タンザニア ルワンダ　2016～2017年版
1986年2月1日　初版発行
2023年8月1日　改訂第17版　第1刷発行

Published by Arukikata. Co.,Ltd.
2-11-8 Nishigotanda, Shinagawa-ku, Tokyo, 141-8425

著作編集	地球の歩き方編集室
発行人	新井邦弘
編集人	宮田　崇
発行所	株式会社地球の歩き方
	〒141-8425　東京都品川区西五反田2-11-8
発売元	株式会社Gakken
	〒141-8416　東京都品川区西五反田2-11-8
印刷製本	株式会社ダイヤモンド・グラフィック社

※本書は基本的に2015年10月～2016年6月の取材データに基づいて作られています。
発行後に料金、営業時間、定休日などが変更になる場合がありますのでご了承ください。
更新・訂正情報：https://www.arukikata.co.jp/travel-support/

●この本に関する各種お問い合わせ先
・本の内容については、下記サイトのお問い合わせフォームよりお願いします。
　URL▶https://www.arukikata.co.jp/guidebook/contact.html
・広告については、下記サイトのお問い合わせフォームよりお願いします。
　URL▶https://www.arukikata.co.jp/ad_contact/
・在庫については　Tel 03-6431-1250（販売部）
・不良品（乱丁、落丁）については　Tel 0570-000577
　学研業務センター　〒354-0045　埼玉県入間郡三芳町上富279-1
・上記以外のお問い合わせは　Tel 0570-056-710（学研グループ総合案内）